KB260046

대한민국과 손자 孫子

국가흥망 선택게임

이준구 지음

● ● ●

육군 중장으로 예편한 국제정치학박사. 육군 사관학교 34기로 임관하였으며, 백골 부대장, 육군본부 군수참모부 장비정비처장, 39사단 장, 국방부 군수관리관, 제7기동군단장 등을 역임했다. 한국군 최초로 유엔군 사령부 주요 참모로 앙골라 분쟁 지역에 파병 근무 이후, 한미 연합사 처장으로 보직되어 한반도 워게 임 락드릴(Rock-Drill) 기획과 훈련을 총괄 · 주관한 바 있다.

70 노병(老兵)의 변명

왜, 대한민국은 김정일 핵 개발을 뻔히 보면서 막지 못했을까? 막지 못했나, 막지 않았나? 왜, 실패한 사회주의독재는 확산할까? 왜, 자유민주주의는 쉽게 사회주의독재 늪에 빠질까? 왜, 시진핑은 한반도를 '수천 년 속국'이라 했을까? 왜, 위기의 대한민국 정치세력은 극한 충돌을 멈추지 않을까? 동북아시아에 "실패한" 사회주의 혁명전쟁의 부활인가? "속이는 정치세력" 망국병의 부활인가?

김정은 핵전쟁 위협! 중국 패권 속국 위협! 대한민국 정치세력의 적대적 대결!

세 가지 위협의 공통점은 진화한 사회주의 '혁명전쟁'이다. 2006년 10월 김정일이 최초 핵실험을 강행했다. 천안함이 폭침당했다. 연평도가 포격 당했다. 김정은 6차 핵실험과 중국 공산당(이하 중공) 사드 배치 보복이 대한민국을 뒤집었다. 김정은 핵미사일 개발은 2025년에도 계속된다. 북한 핵은 미국 문제인가? 중공 모공(謀攻)은 아닐까? 중공 없이 북한 핵 개발은 가능했을까? 예비역인 필자는 군 전역 시까지 북한 핵에 대한 어떤 교육도, 소개도 받은 적 없다. 북한 핵은 미국 문제란 주장을 반복 들었을 뿐이다. 1994~2013년 한국군은 정권교체시마다 요동친 진급 비리 의혹 사태 속에서, 북핵을 '바라보기만' 했다. 더구나 2005년 합참의장은 '2020년 북핵 소멸'을 가정한 「2006 국방개혁안」을 대통령에게 보고했었다. 대한민국 어느 정권도 북핵 해법을 찾지 못했고, 북한 비핵화에 한 발짝도 다가서지 못했다. 반면 대한민국 세번째 대통령 탄핵 사태가 발생했다.

인류는 대자연「생존 법칙」을 학습, 선택하며 지구촌을 지배해 왔다. 인류가 선택한 생존술은 두 가지였다. 첫째 가족공동체, 둘째 생존 도구(이하 생존 무기)! 인류는 가족공동체 '생존 무기'를 수백만 년 동안 '구전(口傳)' 축적했다. 농업혁명이 일어났고 문자가 발명되었다. BCE. 500년 경 마침내 지식혁명이 일어났다. 이른바 "축의 시대(Axial Age)"이다. 인류 선각자 노자와 공자, 그리고 피타고라스와 소크라테스, 플라톤, 예수가 나타났다. 인류의 "생존기술 교육"이 시작되었다.

BCE. 500년 경 대자연 "생존흥망 법칙"을 통찰한 자가 나타났다. 손무(孫武)다. 손무는 '선승후전(先勝後戰)'으로 '부민(富民) 안국(安國)'을 달성하는 원리를 통달했다.『손자』는 대자연 법칙에 역행하는 선택을「멸망의 길」로 규정했다. 19~20세기 인류 '생존의 길'을 정반대로 선택한 두 정치세력이 나타났다. 하나는 자유민주주의 세력이요, 다른 하나는 사회주의독재 혁명세력이다.

인류의 가장 성공적 생존공동체는 국가다. 국가흥망은 근대 이전 "왕이 선택했고, 근대 이후는 "국민이 선택한 정치세력"이 결정했다. 18세기 "왕이 없는" 최초 자유민주주의 국가가 탄생했다. 자본주의 시장경제 미국이다. 19세기 자본주의를 거부한 사회주의독재 세력이 등장했고, 20세기 소련, 중공은 마르크스 레닌 공산혁명을 선택했다. 1948년 대한민국 국민은 자유민주주의 시장경제를 선택했고, 북한 김일성은 사회주의독재 공산혁명을 선택했다. 2025년 남북한 국력 격차는 1948년 양측 정치세력의 국가체제 선택 결과라고 노벨경제학상 수상자 아케모글루(Acemoglu)는 분석했다.

2025년 대한민국 '부민(富民) 안국(安國)' 70년이 뿌리째 흔들리고 있다. 국가 사법기관마저 분열되고, 공무원과 군인 정치화 현상은 일상화되었다. "평등에 자유를 종속시킨" 속임수 정치 기술로 자유민주주의 시장경제를 '파괴하는' 정치세력이 급증했다. 왜 그럴까? 정치세력은 '그들 이익을 최우선 선택해' 권력을 독점하는 태생적 속성을 갖는다. 고대부터 정치세력의 '권력 독점' 기술은 은밀히 끝없이 발전해 왔다. 북한과 중공의 '실패한 사회주의' 포기가 절대 불가능한 이유이기도 하다.

2025년 대한민국은 "국내, 북한, 중국" 3면의 사회주의독재 위협에 직면했다. 그 위협은 '아주 심각' 상태다. 지난 70년을 북한은 '대남선거 침투 공작'으로 대한민국 전복을 추구해 왔다. 중국 공산당은 '2049년 사회주의독재 패권'을 목표로 중국몽을 선언했다. 1950년 한국전쟁 이후 중공-북한 군사동맹은 '한반도 자유민주주의 말살 공작'을 중단한 적이 없다. 대한민국 정치세력이 세계 최고 '적대적 갈등상태'로 분열된 원인이기도 하다. 대한민국 정치세력 갈등은 중국 G-2 급부상 이후 극도로 심화했다. 대한민국 21세기를 '매우 심각' 비관적 상태로 전망하는 연구기관 또한 급증했다.

2025년 지구상 최악 '핵전쟁 게임'에 봉착한 대한민국에 "김정은 자폭 핵전쟁"을 진실로 고민하는 정치세력은 있을까? 생존전략서 『손자』에 「한반도 핵전쟁 위기 해법의 길」은 있을까? 대한민국 생존과제 제1은 "속이지 않는" 정치세력 선택이다. 제2는 "초일류 신무기 개발" 선택이다. 한반도 '핵전쟁 억제' 절대 조건의 두 선택은 동북아 '전략 평형(strategic equilibrium)'과 대한민국의 부민안국을 결정하는 요인이다. 대한민국 국민은 "속이지 않는" 정치세력을 선택할 수 있을까? 대한민국 정치세력 모두는 평화를 외친다. 그런데 2024년 12월 3일 비상계엄이 선포되고, 현직 대통령의 세 번째 탄핵사태가 발생했다.

　인류 역사에 '불가능을 이겨온' 유일한 힘이 있다. 바로 '생존본능의 힘'이다. 생존본능은 '식량 활동의 자유'를 극대화 추구해 왔다. 종족공동체는 '식량 활동의 자유' 보장기구였고, 국가는 '국민의 자유' 보장기구였다. 18~19세기 유럽 시민들은 생존본능의 힘으로 왕권독재 폭정을 무너뜨렸고 '자본주의 기반 위에 자유민주주의'를 건설했다. 자본주의는 '자유'라는 나무에 '부민(富民)' 열매를 맺는 시장경제 시스템이다. 자유민주주의는 '식량 활동의 자유'를 보장한 시장경제공동체이다. 그 대한민국 자유민주주의 시장경제가 뿌리째 흔들린다. 자유에 대한「국민의 마음의 소리」가 분열되고 있다.

　필자는 군인 생활 40년간 풀지 못한 숙제의 답을 지난 10년간 찾아다녔다.『손자』13편에서 그 답을 찾아보았다. 고대 유럽과 춘추시대 '생존흥망 선택과정'을 조사해 보았다. 생존은 '속이지 않는 정치'였고, '속이는 정치' 는 멸망이었다. 인류 생존흥망 역사는 '정치세력 이익 선택게임'이었다. 생 존공동체의 평민은 정치세력과 '중단없는 이익투쟁'을 벌여 절대 왕권을 붕괴시키고 '자유로운 개인'으로 재탄생했다. 근대「자유로운 개인」은 지 식혁명, 과학혁명, 산업혁명을 주도했고, 개인의 사유재산 규모가 국가를 능가했다. 마침내 국민은 '피와 살과 눈물'로 자유민주주의 시장경제 체제 를 만들었다.

　국가흥망 선택의 원리는 의외로 단순했다. 원인은 외부 아닌「내부 정치세 력 투쟁」에 있었다. 국가는 정치세력 '이익 선택게임 기구'였다.「국민의 소 리」를 선택한 정치세력은 흥했고,「속이는 정치세력」을 선택한 국민은 멸망 했다. 한반도 핵전쟁 위기 또한 정치세력의 '이익 선택 결과'였다. 역사는 정 치세력의 흥망 선택기록이었고,『손자』는 정치세력의 무한(無限) '갈등 연 속체'를 통찰해 낸 '생존흥망 선택법칙'이었다.

　필자의 어리석은, 40년 숙제에 대한 답을 이 책에 담았다. 많은 부족을 느 끼며, 이 책이 모든 분에게 조금이나마 도움이 되기를 진심으로 희망한다. 지난 12년을 묵묵히 응원해 준 영원한 나의 친구, 사랑하는 아내에게 끝없 는 고마움을 전한다.

2025년 5월, 송파 연구실에서

(예) 육군 중장, 국제정치학 박사

이 준 구

❈ 일러두기

1. 대한민국 생존사업의 근본원리를 손자병법 13편을 통해서 찾아보았다.

2. 이 책은 자유민주주의 원리와 손자의 도(道), 천(天), 지(地), 장(將), 법(法)을
   근간으로 기술했다.

3. 인류역사에 등장한 자유민주주의의 '필연성' 탐색을 이 책의 '핵심목적'으로 삼았다.

4. 손자병법의 13편 순서를 제2부 소제목으로 사용했다.

5. 국가생존사업은 '목적, 주도 세력, 환경'의 세 영역으로 구분했다.

   1) 목적: 생존이익 – 「식량, 무기, 공동체 생존」

   2) 주도 세력(National Power for survival business): 「민(民)과 정치세력」⇒도(道)

      – 정치 세력(Political Power): 공동체 생존 주도 세력. 분야별 장(將)을 임명
      – 경제 세력(Economic Power): 식량 주도 세력, 실질 생존사업, 군사력 결정요인
      – 군사 세력(Military Power): 무기 주도 세력, 생존사업의 최종승패를 결정

   3) 환경: 천(天)–시간(Time), 지(地)–공간(Space), 장(將)–인재(人才), 법(法)–국가체제

6. 죽간 손자병법을 다음같이 새롭게 해석했다.

   1) 한자 생성 초기 본래의 뜻을 최대한 그대로 적용해 해석했다.

      (예) 병자(兵者) – 기존 해석: 전쟁.

              새로운 해석: ① 무기 ② 생존사업 ③ 군사 세력 ④ 전쟁 등

         도(道) – 기존 해석: 원리

            새로운 해석: ① 길, ② 원리

         위군(委軍) – 기존 해석: 경무장

            새로운 해석: 맡기다→ 위군(委軍): 군사작전 위임 지휘

   2) 고어(古語) 처리, 차용(借用)글자 적용을 최소화했다.

      (예) 輕(경)을 經(경)의 차용글자로 보지 않고, 본래 글자 그대로 해석

   3) 한자(漢子) 생성 초기 본래의 뜻을 가능한 최대 적용 해석했다.

      ※ 한자는 춘추시대 이후 초기 글자가 다양한 뜻으로 본격 사용되기 시작했다.

      ※ 병법은 본래 '공동체 생존전략'이다. 한나라 이후 '군사 작전술'로만 해석되었다.

7. 주)는 각 1, 2, 3부로 구분하여 번호를 부여하였다.

목 차

인류가 선택한 생존의 길〔道〕

❀ 제1부 ❀

인류가 선택한 생존의 길〔道〕

생존은 「식량 자유경쟁」으로 결정된다. BCE. 160만 년 경 인류는 식량을 찾아 지구촌 곳곳으로 이동했고, BCE. 4~1만 년 경 지구촌을 지배했다.[01] 원시인류(prehuman, homo-erectus)는 도구(무기)와 언어로 사냥팀 생존술을 선택하며 '현대 인간(homo-sapiens)'으로 진화했다.[02] 인류는 '협력과 경쟁', '교류와 전파', '전쟁과 평화'를 통해서 공동체 생존술(농업, 문자, 정부, 국가)을 진화시켜 왔다.[03] 야생 자연의 생존 법칙은 "먼저 나의 능력을 갖추고 나서, 외부 도전과 싸워 '속이는 기술'로 이기는 것이다." BCE. 500년 경 자연의 생존흥망 선택법칙에 통달한 손무(孫武)는 이를 "선승(先勝) 후전(後戰)"이라고 불렀다.

| 제1장 | 인류의 「생존기술 선택」

인류는 어떤 '생존기술'을 선택해 지구촌을 지배했을까? 생존(survival)은 "식량과 자손"을 상징한다. 인류는 자연의 생존 법칙에 순응하는 '생존기술'을 선택해 왔다. 첫째로 인류는 가족공동체(7~8명)를 선택했다. 가족공동체

---

01   Mcdougal Littell, World History: Pattern of Interaction (2009), p. 10.; Marsha E. Ackermann 외 4명 (eds), ENCYCLOPEDIA OF WORLD HISTORY: The Ancient World Prehistoric Eras to 600 c.e (2008), p. xxix.

02   Mcdougal Littell, 동상서 (2009), pp. 5~11, 14~17.; Marsha E. Ackermann 외(eds), 동상서 (2008), p. xxxi; William H. Mcneill, The Rise of West: A History of Human Community (Chicago Univ. press, 1963), p. 4~5.

03   Marsha E. Ackermann 외(eds), 동상서 (2008), pp. xxix~xxxix.

는 식량과 자손 관련한 협력을 통해 생존 효율성을 극대화했다. 둘째 인류의 선택은 생존 도구였다. 도구는 물리적 도구와 정신적 도구로 발전했다. 물리적 도구는 무기-병(兵)으로 발전했다. 정신적 도구는 종족공동체의 「전통과 도덕, 종교」로 정립되었다. 야생 자연은 허약한 가족공동체 생존을 허락하지 않았다. 가족공동체는 일정한 행동 준칙을 만들어 태어난 후손이 최우선 학습할 생존과제로 삼았다. 그 준칙은 생존공농체의 고유 「전통, 도덕, 종교」로 발전했다.

어느 순간 병(兵)을 앞세운 무력 전쟁은 일상화되었고, '내적 통합력'이 강한 공동체가 약한 공동체를 지배했다. 공동체를 위험에서 구한 개인은 영웅과 초자연적 신(神)으로 숭배되었다. 우발적 무력 충돌은 계획적인 장기 「군사 전쟁」으로 발전했다. 인류공동체는 군사동원 통치조직체로 변모했고 「군사 전쟁사업」이 유일한 생존술이 되었다. 「전통과 도덕, 종교」는 죽음의 공포와 존망의 혼란에서 공동체 내적 통합력을 극대화 해주는 필수 불가결의 생존사업 기술로 발전되었다.

한반도에 수천 년 계속된 군사 전쟁의 소용돌이가 또다시 몰려오고 있다. 21세기 대한민국은 「김정은 핵전쟁, 시진핑 속국 위협」과 정면충돌이 불가피해졌다. 2025년 한반도 핵전쟁 위기는 중국몽(中國夢)과 직접 연결되어 있다. 북한 핵은 한반도를 입술로 보는 중국 정치세력의 의도적 안보 프로그램일 수 있다는 예상된(?) 사실이 서서히 밝혀지고 있다.[04] 2023년 김정

---

04   김정일 핵미사일이 본격 개발되면서 1991년부터 미 의회 조사보고서(CRS report 96-767: Chinese Proliferation of Weapons of Mass Destruction, 1996)와 COX report (The Report of the Select Committee on U.S. National Security and Military/Commercial Concerns with the People's Republic of China, 1999)에 중국 역할이 보고되었다. 마이크 폼페이오 미국 전 국무장관은 "어떤 면에서 북한 핵무기는 중국 핵무기 프로그램의 연장으로 볼 수 있다. 중국은 세계 모든 국가를 속국(vassal state)으로 만들려고 한다"라고 폭로했다. (2022년 7월 7일 조선일보 보도 자료). 2022년 11월 18일 발사한 북한 화성-17형 미사일 기술은 2021년 북한이 전략군을 중국 대미전략 수행 '전위대'로 선언한 후 급진 전했다. (2022년 11월 27일 동아일보 보도 자료: "미 미사일방어체제에 편입 시급한 한국")

은-푸틴 정상회담 이후 북한과 러시아는 군사동맹 조약을 체결했고, 러시아는 북한 미사일과 파병된 병력으로 우크라이나를 공격했다. 21세기 급변하는 지구촌 생존흥망 선택게임에서, 대한민국은 동북아시아 전략주도권을 장악해 핵전쟁 위기를 주도적으로 극복해 나갈 수 있을까?

1955년 김일성 핵 개발착수 70년! 그의 손자 김정은에게 남은 유일한 생존수단은 미국과 한국을 향한 전략핵미사일, 전술핵무기 공격 위협뿐으로 보인다. 1994년 김정일은 오직 세습 정권을 위해 서슴없이 '핵무기'를 선택했다. 김정일에게 핵무기는 가장 극단적인 최후의 생존 수단이었다. 아버지 김일성 죽음도 방치하고, 국경폐쇄로 국민생존권마저 던져버렸다. "마지막 순간에 누가 웃는지 보자"라며 핵 개발을 강행했다. 그러나 한반도 전략환경은 김정일 희망대로 변하지 않았다. 북한은 자발적 국경폐쇄와 유엔경제제재로 지구상 최악의 고립국가가 되었고, 국가 경제는 회복 불가능 상태에 빠졌다. 2021년 이후 김정은 핵무기 고도화전략 또한 정권 생존 불확실성과 핵전쟁 위기만 고조시켜 왔다.[05]

인류 역사는 '군사 전쟁의 역사'로도 불린다. 2022년 2월 핵무기 초강대국으로서 접경국 우크라이나를 사상 최초 침공한 러시아 푸틴은 핵미사일 작전 대기명령과 전술핵무기 사용을 당연한 듯이 반복 발표했다. 김정은은 북-중-러 동맹을 복원하며 '핵무기를 사용하는' 대남전쟁계획을 법제화했다. 한반도 속국 운운한 시진핑은 의도적으로 미국과 충돌해 새로운 국제질서 재편의 틈새 기회를 탐색한다. 2024년 1월 17일 뉴욕 포스트는 중

---

05   2022년 미 해군 분석센터(CNA), 적성국 분석센터장 켄고스(Ken Gause)는 「VOA 위싱턴 톡」에 출연해, 북한의 핵 사용 가능성은 1) 북한 정권 붕괴 위기 직면 시, 2) 북한에 대한 외부공격 시 매우 커진다고 분석했다.

국 연구팀이 치사율 100% 코로나 변이 바이러스를 만들었다고 보도했다.[06]
2020년 1월 전세계로 전파된 최초 코로나 원인균은 중국 세균연구소 '연구 바이러스 누출' 가능성이 높다고 미국 CIA, FBI가 발표했다. 2020년 독일 연방 정보국(BND)은 중국 연구소 누출 가능성을 80~95%로 평가했다.

미국 대통령 바이든이 '민주-독재' 국가체제 세계전쟁을 선언했다. 대한민국에 이 변화는 위기일까, 기회일까? 한반도 통일 기회는 아닐까? 분명한 것은, "국민이 선택한 정치세력"이 한반도 핵전쟁 위기를 결정하며, "국민이 선택한 정치세력"이 대한민국 미래를 결정한다는 점이다.

◆ 인류생존 비밀은 '가족공동체의 힘 극대화'에 있었다.

원시인류는 가족공동체를 형성해 생존했다. 야생에서 인간 개인의 생존은 불가능했다. 「가족은 생존이었고, 생존은 가족이었다.」 원시인류는 「자유로운 식량 활동」을 극대화 추구했다. 식량 작업은 동물사냥과 열매 채취, 그리고 다른 가족과 경쟁이었다. 남자는 식량 사냥과 안전을 전담했고, 여자는 육아 주거지 관리와 열매를 채취했다. 식량 활동은 '함께 또는 분담'해야만 필요한 수량을 얻을 수 있었다. 식량 작업은 도구를 제작해 협력기술로 사냥하고 채집하는 가족공동체 '생존사업(business for survival)'이었다. 장거리 사냥은 다른 종족과 우발적 무력 충돌을 초래했다. 사냥터와 주거영역에 관련된 이익충돌이 빈번해졌다. 가족공동체 생존이익 충돌은 계획적,

---

06   조선일보 보도자료(2024년 1월 19일): 2024년 1월 17일 뉴욕 포스트는 중국 베이징 공대와 난징데 의대 등 공동 연구팀이 치사율 100%의 천산갑 코로나 변이 'GX-P2V' 바이러스를 만들었다고 보도했다. 2019년 12월 28일 중국 세균연구소 런리리 박사는 코로나바이러스 염기서열 분석자료를 미국 국립보건원 세계 유전자 연구 데이터 베이스 젠뱅크(Genbank)에 등록 했다가 2020년 1월 16일 삭제했다. 2020년 1월 11일 중국은 세계보건기구(WHO)에 코로나바이러스 존재를 통보했다. 2020년 1월 12일 중국 다른 연구진 연기서열이 젠뱅크에 등록됐다.

조직적인 기습공격으로 발전되었다. 야생 자연 상태에서 인류는 루소(Jean-Jacques Rousseau)의 말과는 전혀 다르게 "선량하고, 평등하고, 행복한" 존재가 아니었다.[07] 원시인류는 언제나 식량부족과 생명 위협에 대한 공포와 싸워야 했다. 식량부족은 인류의 지구촌 대이동을 강요했고, 사냥감을 찾아서 지구촌 곳곳으로 거주지를 옮겨 다니는 유목민을 만들었다. 식량 사냥은 다른 종족, 다른 동물과 끝없이 싸워야 하는 존망의 생존사업이었다. 홉스가 말한 "만인에 의한 만인의 투쟁(the war of all against all)"은 원시「식량 자유경쟁」의 일상을 표현한 말이었다.

인류는 "공동체 협력기술" 극대화로 거주지 야생을 지배해 '가족의 평화'를 추구했다. 야생의 생존 기본단위 가족은 태생적「같은 마음의 소리」를 갖는다. 원시 수렵채집을 위한 '협력기술'은 가족공동체 소통 "언어의 기원"이라고 인류학자들은 추정한다.[08] '언어' 소통은 가족을 태생적「같은 마음의 소리」로 결합한 새로운 '도구-무기'를 발명해 낸 마법의 힘이었다. 가족공동체는 독창적 능력을 배양해 극대화하는 가장 이상적인 사적(私的) 영역이며 '개인의 자유(liberty)'를 맘껏 즐길 수 있는 유일한 소왕국이다.[09] 가족은 학습과 경쟁을 통해서 생존기술을 배우는 "생각의 자유(liberty)"가 탄생한 고향이다.[10]

---

07 루소는, "인간은 문명 이전 자연 상태에서 자유롭고 평등했으며, 자연은 인간을 선량하고 자유롭고 행복하게 만들었다. 그런데 사회가 인간을 사악·노예·불행으로 몰아넣었다"라고 보았다.

08 Chris knight and Camilla power, Social Conditions for the Evolutionary emergence of Language (Oxford Univ. Handbook Ch 37); 고광현, Origins of human intelligence: The chain of tool-making and brain evolution ANTHROPOLOGICAL NOTEBOOKS 22 (1): 5–22.(2016), p. 12. 인류 언어사용 두뇌의 패턴은 도구 제작과 깊은 관련성이 존재한다. 특히 석기 제작과 언어는 동일한 두뇌영역을 사용하며 진화했다.

09 Erik von Kuehnelt-Leddin, *Liberty or Equality: The Challenge of our Time* edited by John P. Hughes (the Caxton Printers, 1952), p. 108.

10 Jonathan Sacks, The Persistence of Faith Lecture 3: The Family (BBC Radio 4 in the Reith Lectures archive, 1990), p. 5.

가족공동체는 인류생존과 진화의 모체요, 원동력이다. 1964년 영국 W.D.해밀턴은 진화론 자연선택(natural selection)을 설명하는 '혈연선택 이론(theory of kin selection)'을 발표했다. "왜, 부모-자식은 생명을 바쳐 이타적 행동을 반복할까?" 해밀턴은 이를 진화이론으로 설명했다. 혈연선택이란 가까운 혈연관계일수록 이타적 행동이 급격히 증가하고, 멀수록 감소한다는 이론이다. 그는 생물학적 생명체의 이타적 행동은 자기 유전자를 더 많이 퍼뜨리기 위한 행동이라고 설명했다. 그의 이론 발표 이후 1966년 미국 생물학 교수 윌리엄스(George Christopher Williams)는 '자연선택 적응(adaptation) 이론'을 발표했다. 해밀턴 혈연선택 이론은 "모든 유전자는 자기복제 사본을 만드는 데 유리하도록 이타적 선택 본능을 최대한 발휘하게 만든다."라는 리처드 도킨스의 「이기적 유전자(selfish gene)」 이론 기반이 되었다.

원시 가족공동체(약 25~70명)[11]는 수백만 년 동안 「전통과 도덕(morality)」을 핵심 생존기술로 발전시켜 왔다. 인류학자 올리버 큐리(Oliver Scott Curry) 옥스퍼드대학 교수는, "도덕은 인간사회의 '협력을 향해' 반복된 생물학적, 문화적 해법의 모음"이라고 주장했다. 그는 모든 인류사회가 공통 적용하는 7가지 도덕 가치를 발표했다. ① '가족 가치(family values)' ② 집단 충성(group loyalty), ③ 상호이익(reciprocity), ④ 영웅주의(heroism), ⑤ 존중(deference), ⑥ 공정성(fairness), ⑦ 재산소유권(property rights)이다.[12] 도덕은 공동체 질서를 유지하는 정치, 경제, 군사, 사회 제도로 발전되었고 강제력을 가진 '법(法)'으로 최종 정립되었다.

---

[11] Mcdougal Littell, 동상서 (2009), p. 15.

[12] Oliver Scott Curry 외 3명, Moral Molecules: Morality as a combinatorial system (Oxford, 2020), pp. 4~10/43

인간의 절대적 생존공동체는 가족이다. 아리스토텔레스는 저서『경제(Oeconomica)』에서 원시인류 가족 생존사업(household management)이 자연발생적으로 도시국가로 어떻게 통합되었는지를 상세히 설명했다.[13] 어느 때부터인가 공동체 권력자는 가족을 개인의 재산축적 수단으로 삼았다. 왕과 정치세력은 가족공동체 생존권을 위탁받아 역으로 가족을 노예처럼 착취했다. 왕은 가족공동체의 '전쟁 동원'을 정당화하는 정치이론(political theory)을 발전시켰다. 2022년 푸틴 우크라이나 침략전쟁은 고금을 막론하고 최고 권력자 권력남용에는 그 차이가 없음을 명확히 보여주었다. 푸틴은 우크라이나 침략전쟁을 러시아 '가족의 미래'를 위한 선택이라고 주장했다.

가족공동체는 평화로운 '이익 질서'를 추구했고, 외부 강적들과 불가피 싸우면서「규모의 생존기술」을 선택했다.[14] 가족공동체 규모는 '씨족→부족→연맹부족' 그리고 최종「국가(state)」로 확대되었다. 족장(chieftain)은 주변 종족을 조직적, 체계적인 무력전쟁으로 정복 지배했고, 무력전쟁은 거대한 대규모「군사 전쟁사업」으로 발전했다. 규모가 거대해진 생존공동체는 다른 종족과 이익충돌로 내부갈등이 끊이질 않았다. 공동체는 현자(賢者) 또는 강자(強者)를 리더로 찾았고, 그를 '영웅 또는 신으로' 숭배하는 문제 해결 방법을 선택했다. 신(神)과 종교가 출현했고, 제사장이 나타났다.

농업혁명이 일어나고 모계사회는 부계사회로 변화되어 '가부장 제도(paternalism)'가 정착되었다. 원시 공동체의 가장 현명한 지식인은 왕과 제사장이었다. 모든 공동체 생존이익 정보는 왕에게 의무적으로 보고되었고,

---

13   Aristotle, *Politics Aristotle* translated by Benjamin Jowett (Batoche books kitchener, 1999); 아리스토텔레스는 book 1~book 2에서 가족이 어떻게 국가로 진화 발전되었고, 가족 생존사업(household business)이 어떻게 국가 생존사업(state business)으로 확대 정착되었는지 그 자연적 발전과정과 원리를 상세히 기록하고 있다.

14   Gettell Raymond G, *History of Political Thought* (London, Roworth Co., 1936), p. 22.

왕은 가장 지혜로운 자로 인식되었다. 신(神)으로 숭배된 왕의 업적은 그림 문자 등으로 기록되었다.

'가부장(家父長) 제도'는 종족공동체를 「같은 마음의 소리」로 만드는 통치 기술이었다. 동아시아 가부장 제도는 왕정 절대권력 지지 학문 유학(儒學)을 탄생시켰다. 동아시아 대륙의 종족공동체가 거주한 읍(邑)과 성(城)은 본래 '국(國)' 또는 '방(邦)'으로 불리었다. 춘추시대 공자는 공동체 이익충돌과 내부분열을 막는 방편으로 주나라 종법(宗法) 제도 회복을 주장했다. 공자 제자들은 종법 제도를 예법(禮法)으로 발전시켜 가부장적 위계질서를 사회의 근본으로 삼았다. 유학은 진시황 분서갱유 핍박을 받았으나, 한무제(漢武帝) 선택으로 백성세뇌 교육용 정치 이념학문으로 거듭났다. 이때부터 천하를 일가(一家)로 규정한 통치개념이 발전했고 국(國)은 국가(國家)로 불리었다. 유학은 19세기까지 대동(大同) 일가사회(一家社會) 절대 왕권 이념을 수호한 '화석학문'으로 끈질긴 생존력을 과시해 왔다. 유학 세뇌 교육 통치술은 21세기 중국과 북한에서 아직도 계속되고 있다.

가부장 제도는 서양의 핵심 통치술이기도 했다. 씨족-부족공동체는 왕을 뽑아 지도자로 삼았다. 왕은 공동체 아버지였고, 통치이념은 가족주의였다.[15] 왕은 주민을 자식처럼 여겨야 했으나, 어느 때부터인가 권력자 왕은 그들을 노예로 취급했다. 연안무역을 중심으로 생존한 지중해 지역 주민은 이에 반발해 생존권 협상-조정을 요구하며 공동체 독재 폭정을 거부하는 전통을 만들어갔다.[16] 그 전통은 고대 그리스-로마 공화정과 민주정 그리고 서양 철학의 기원이

---

15   Erik von Kuehnelt-Leddin, 동상서 (1952), p. 138.

16   역사학자들은 지중해 지역에서 독재 폭정을 거부하며 나타난 공화정과 민주정은 동아시아 대륙에서 전혀 나타나지 않는데, 그 이유를 농업 중심 내륙지역 사회에서는 자연과 권력에 복종적인 농업종사자 생활습관때문으로, 지중해 지역에서는 해상무역 중심 사회로서 생존이익을 자유롭게 추구했던 생활습관때문으로 분석하기도 했다.

되었다. 서양 철학은 고대 그리스-로마「시민의 자유」를 정치, 법률, 과학, 경제 핵심 지식으로 발전시켰고 현대 정치, 경제, 교육사상의 기반이 되었다.

인류는 도덕, 전통, 종교와 '보이지 않는' 역사의 힘을 통찰하는 노력을 계속했다.[17] 15세기 경까지 개인은 전통과 도덕, 종교 속에서 생존하는 개체일 뿐이었다.[18] 전통과 도덕, 종교는 개인을「공동체 같은 마음의 소리」에 녹이는 가부장(paternalism) 통치술의 도구였다. 왕권 체제는 공동체 전통 종교와 함께 발전했다. 왕은 종족에게 은덕을 베풀기 위해서 하늘이 내린 존재 또는 하늘의 아들로서 이를 숭배하는 종교적 전통이 확립되었고, 백성을 공동체 생존사업 '자원'으로 규정한 전제조건(tribal premise)이 정착되었다.[19] 개인은 왕이 베푼 박애(fraternity)로 생존한다고 확고히 인식했고, 공동체에 의존해야만 그의 권리를 행사할 수 있었다.[20]

인류 역사는 공동체 정치세력의 생존기술 선택에 관한 기록이다. 인류학자들은 수백만 년 불가능의 한계를 이겨온 인류「생존본능(survival instinct)의 힘」발자취를 약 1만 년 전후 문명의 흔적에서 찾는다. 그 흔적은 인류 가족 공동체 생존기술 선택과정을 설명해 준다. 생존(生存, survival)은 사전적 의미로 '생명 유지상태'다. 모든 생명은 탄생 즉시 개별적 '생존본능'을 발휘한다. 인간 생존본능은 '사냥도구(무기) 제작기술'로 발휘되었다. 공동체 식량 생존사업은 '사냥 무기' 사업이었으며, 그것이 '병자(兵者)'였다. 원시 수

---

17   "How can the human race, whether for selfish or more cosmopolitan ends, understand and control the seemingly blind forces of history?"

18   Benjamin Constant, The Liberty of the Ancient compared with that of the Moderns in a Lecture to the Athenee Royal of Paris in 1819 (Jonathan Bennett, 2017), p. 3.

19   Ayn Rand, *Capitalism: The unknown Ideal* (A Signet Book, 1965), pp. 12, 26.

20   Isaiah Berlin, Two Concepts of Liberty in a Inaugural Lecture at Oxford Univ.(original dictation A)(1958. 10 31), pp. 26~29/37.

렵채집 사회 인간은, 특히 남성은 언제나 양손에 도끼를 들고 싸워야 했다.[21] 갑골문자 병(兵)은 그렇게 원시 사회 남성이 양손에 도끼를 든 모습으로 그려져 있었다.

마침내 농업혁명이 일어났다. 농업혁명은 「사유재산, 문자 발명, 지식 축적, 도시혁명, 국가성립, 영토제국, 과학기술」로 이어졌다. 농업혁명은 BCE. 3,500~3,000년 경 메소포타미아 유프라테스 티그리스강과 이집트 나일강 계곡지역, 2,500년 경 인더스강 계곡지역과 1,500년 경 황하강 계곡지역, 그리고 기원후 멕시코 계곡과 페루 해안지역에서 도시(town, city)공동체를 형성했다.[22] BCE. 3,000년 경 동물의 힘을 이용한 소달구지가 수메르에서 발명되었고, BCE. 2,000년 경 2륜 전차가 발명되었다.[23]

농업혁명은 인류문명의 초석을 세운 '최고의 혁명'이었다. 생존본능은 농업혁명과 함께 '교환경제 상업 무역기술'을 동시에 발전시켰다. 야생동물을 길들이고, 식물을 재배하는 생존기술 선택으로 정착 생활을 시작했고, 잉여 식량과 필요한 물품의 교환 거래를 시작했다. 정부가 수립되고 문자가 발명되었으며 신무기혁명과 군사 전쟁사업이 계속되었다. 농업혁명은 밀림의 가족공동체를 촌락을 형성한 씨족-부족공동체로 변화시켰다. 종족 단위 거주지가 형성되고 '농업 영토' 확보 경쟁이 시작되었다. 농경지 주변으로 인구가 집중했고, 촌락은 복잡한 대규모 도시(city)로 발전했다. 도시혁명이 일어났다. 농업혁명과 도시혁명으로 사유재산 제도가 출현했고, 다른 지역

---

21 Maurice R. Davie, *The Evolution of war: A study of its role in early societies* (Yale Univ. 1929), p. 1.

22 Elman R. Service, Origins of the state and Civilization : the Process of Cultural Evolution (W.W.Norton & Company, 1977), PP. 4~5.

23 Martin Van Creveld, *Technology and War* (1998), 「과학기술과 전쟁(김동욱 번역)」 (황금알, 2006), p. 23. 저자 크레밸드는 BCE. 2000~ A.D. 1500년 기간을 '도구의 시대(The Age of Tools)', A.D. 1500~1830을 '기계의 시대', 1830~1945년 기간을 '시스템의 시대'로 규정했다.

과 생활필수품의 교환 거래와 약탈 전쟁이 급증했다. BCE. 3,000년 경 메소포타미아는 구리-주석으로 청동을 만들었고, BCE. 2,600년 경 이집트는 페니키아와 시리아에서 나무와 상아를 수입해 사용했다.

농업혁명 시대 씨족공동체는 강력한 군대를 육성해야 생존 가능했다. BCE. 10,000년 경 농업공동체 정부(government)는 왕을 선발해 물 관리 치수(治水)에 집중하면서 식량 이익갈등을 조정했다.[24] 생존사업 도구 석기가 청동기, 철기로 바뀌었고 동시에 공동체 사회계급구조가 출현했다.

BCE. 8,000~1,500년 경 동아시아 대륙 문명의 기원으로 평가된 석기-청동기 시대 대규모 유적이 발굴되었다. 한반도 서북쪽 요령성, 내몽고 지역에서 1908~1980년 경 발굴된 동북아시아 최고(最古)유적 홍산(紅山) 문화이다. 이 유적에서 BCE. 6,000년 경으로 추정된 치아 수술 흔적도 발견되었다.[25] 홍산 유적은 아직 발굴 진행 중이나, 현재까지 조사된 유물에 의하면 대체로 고조선, 고구려, 발해 등 한반도 종족과 깊이 관련된 유적으로 평가되었다. 홍산 문화 유적 평가가 공식화되면 중국 한족 중심 황허강 역사기록은 전혀 다르게 기술될 수 있다. 중국 동북 역사공정은 이 유적을 중심으로 진행되었다.

어떻게 공동체 대표 왕의 직위가 자손에 계승되었을까? 일부일처 결혼제도는 어떻게 발전 정착되었을까? 원시 사회 무력 전쟁사업은 타 부족 여성 납치가 핵심 목표중 하나였다.[26] 여성 납치와 도둑질은 원시 사회 일반적 현

---

24   Harry Elmer Barnes, Theories of the origin of The State in classical political philosophy in Oxford Journals from The Monist, January, 1924, Vol. 34. (Oxford univ. press, 1929), p. 17.

25   2008년 2월 일본학자들은 정식 기자회견에서, 틀림없는 인공적인 치아 수술 흔적이 발견되었음을 발표했다. 두 개골이 그대로 나왔고, 치아에 뚫린 구멍에서 모두 같은 도구를 이용한 연마 흔적도 발견되었다.

26   Maurice R. Davie, *The Evolution of War* (1927), pp. 96~102.

상으로 야생시대 생존관습이었다. 트로이 전쟁은 그렇게 발생했다. 여성은 정복한 부족을 절멸시킨 원시 군사 전쟁사업에서도 예외였다. 포획한 여성은 성적 대상과 노동력, 노예로 사용했다. 신석기 농업혁명과 청동기 도시혁명은 인류문명 대변화의 시작이었다.[27] 농업혁명은 원시 '모계 거주지 혈통사회'를 '부계 거주지 혈통사회'로 바꾸었다. 농경시대 가부장 제도가 정착되었다. 농업공동체의 생존이익 갈등이 급증했고 사회적 신분 체계가 출현했으며, 수평적 정부 조직은 질서 유지와 이익갈등 관리를 위한 수직적 관료체제로 변화했다. 공동체 결혼제도 또한 진화적 변화가 계속되었다. 인류학자 루이스 모건(Lewis H. Morgan)은 야생 짝짓기, 원시 친족 결혼, 집단결혼, 일부다처제, 일부일처제로 진화해 온 결혼제도 진화 과정을 깊이 연구했다. 그는 일부일처제(一夫一妻制, monogamy)는 '생존결속력'이 절실했던 원시인류가 야생의 짝짓기에서 '가족 단위 생존술'을 선택한 진화의 결과라고 분석했다.[28]

가족공동체가 "씨족(gens)→부족(tribes)→국가(nations)"로 변화는 농업혁명이 가져온 결과였다. 농업혁명은 떠돌이 유목 생활 모계사회를 정착생활의 부계사회로 변화시켰다. 식량비축 개념과 농경토지 사유재산이 등장했다. 사유재산 소유욕망(greed of gain)은 재산상속(property inheritance)으로 발전했고, 사유재산 이익갈등은 "정부(government)와 정치(politics)"의 출현을 가져왔다고 루이스 모건은 분석했다.[29] 종족공동체 족장은 왕이 되었고, 왕의 직책은 장자에게 상속되었다.

---

27 이기백 외, 『한국사 ㅣ 총설』 (국사편찬위원회, 1991), p. 9.; Childe, V. Gordon, Man Makes Himself (London, Watt, 1936), What Happened in History (Harmondsworth, Penguin, 1950), pp. 7~23.

28 Lewis H. Morgan, *Ancient Society : Researches the Lines of Human Progress from Savagery through Barbarism to Civilization* (Chicago Charles H. Kerr & company, 1877), pp. 510~515.

29 Lewis H. Morgan, 동상서, pp. 549~563.

공동체 생존흥망 공포의 주도적 해법은 '군사 전쟁사업'이 유일한 대책이었다. 원시인류는 "전쟁이냐, 굴복이냐?" 불가피한 선택상황에 자주 직면했다. BCE. 600년 경 페르시아 예언자 조로아스터(Zoroaster)는 "지구는 전쟁터이며, 인간은 선악 대투쟁에서 각각의 역할을 담당할 것"이라고 예언했다.[30] 공동체 군사동원은 거주민 규모와 위치 그리고 세금 제도 등에 의한 사회조직구조 변화에 결정적 요인으로 작용했다.[31] '신무기와 군사혁신'은 생존의 상징이었고, 실패는 멸망이었다. 공동체는 존망의 '생존술'로 군사 전쟁사업을 선택할 수밖에 없었다. 청동기(BCE. 3500~400년 경), 철기(BCE. 1450~500년 경) 신무기는 군사 전쟁사업 승패를 결정했고 거대한 영토제국이 탄생했다.[32] 모건(Morgan)은 철광석 제련기술을 인류 최고의 발명기술로 평가했다.[33] 철광석 제련기술은 BCE. 2100~1950년 경 오늘날 튀르키예(Türkiye, 과거 터키) 아나톨리아(Anatolia) 지역에서 발명되어 BCE. 1600년 경 히타이트 제국의 번영을 이끌었다.

『손자(孫子)』에는 BCE. 570년 경 종족생존사업의 일상을 생생하게 기록했다. 첫 구절은 《병자(兵者), 국지대사야(國之大事也): 병은 (제후)국의 가장 큰 사업이다.》 당시 종족공동체 존망을 결정한 군사 전쟁사업의 치명성을 그대로 묘사했다. 춘추시대 「병자(兵者)」는 종족공동체의 생존수단이며, 흥망 선택의 전부였다.

---

30   Mcdougal Littell, 동상서 (2009), p. 103.

31   Elman R. Service, 동상서(1977), pp, 215~216.

32   인류는 BCE. 약 6000년 경부터 금속을 알고 있었으며, BCE. 1200년 경에는 지구 대부분 지역에서 철을 사용했다고 고고학계에 알려져 있다. 한반도에는 BCE. 108년 낙랑군이 설치되면서 대륙 철기문화가 전파된 것으로 본다.

33   Lewis H. Morgan, 동상서, p. 549.

군사 전쟁사업은 야생의 원시인류를 농경 문명사회로 이끌었다.[34] 메소포타미아 유프라테스 티그리스와 이집트 나일강 그리고 인더스강 계곡과 동아시아 황하강 계곡에서 '군사 전쟁역사(history of military war)'가 시작되었다.[35] 철과 문자는 신무기 혁명과 군사기술 발전에 결정적 영향을 미쳤다. 러시아 사회학자 노비코프(Jacques Novicow)는 BCE.1,496 ~ CE.1,861년 3,357년 기간 중 평화는 오직 7%(227년)였고, 군사 전쟁이 93%(3,130년)였으며 "13년 군사 전쟁, 1년 평화"가 반복된 상태였다고 기록했다.[36] 평화조약은 BCE. 1500 ~ CE. 1,860년에 약 8,000회 체결되었다. 앨빈 토플러는 『전쟁과 반전쟁』에서, 1945~90년 2,340주(週) 기간 중 '군사 전쟁이 전혀 없던(truly war-free)' 기간은 단 3주밖에 안된다고 분석했다.[37]

고대 가족과 인권(human rights)을 중시한 최초 왕이 나타났다. 바로 BCE. 539년 세계 최초의 광대 영토제국 페르시아를 건국한 키루스 대왕(Cyrus the Great, BCE. 585~529)이다. 그의 업적을 기록한 「키루스 대왕 실린더」는 인류 최초 인권기록으로 불리기도 한다. 실린더에는 노예해방, 종교 선택의 자유, 인종 차별 철폐 등 키루스 대왕의 업적이 기록되어 있다.[38] 키루스 대왕 통치 사상은 주변국 인도, 그리스, 로마로 전파되었다. 헤로도토스 『히스토리아(Historiae / Ἱστορίαι)』는 키루스 대왕 일대기를 수록했다. 페르

---

34 Johan M.C. van der Dennen, *The Origin of War; the evolution of a Male-coalitional reproductive Strategy* (Origin Press, Groningen, 1995), pp. 113~118.

35 R. Ernest Dupuy and Trevor N. Dupuy, *The Encyclopedia of Military History from 3500 BCE. to the present* (Harper & Row, Publishers, 1977), pp. 1~4.

36 Jacques Novicow(Sociologist for Peace and Freedom), *War and its alleged Benefits* translated by Thomas Setzer (Henry Holt and Company, 1911), p. 14. 노비코프는 당시 Moscow Gazette 기사 분석자료와 Mr. Valbert의 분석자료를 인용했다. 이 자료는 버트란 러셀과 같은 많은 유명 학자들이 인용했다.

37 Alvin and Heidi Toffler, War and Anti-war (a time Warner company, 1993), p. 13.

38 Mcdougal Littell, *World History: Pattern of Interaction* (2009), pp. 99~100.

시아 용병대장 크세노폰은 『키루스의 교육(Cyropaedia)』 저서에서 그에 대해 상세히 기술했다. BCE. 500년 경 지중해-중동-인도-유럽지역을 연결한 육상 및 해상도로가 건설되었고 아시아 교류와 함께 흑해, 카스피해 일대까지 문화교류가 활발히 일어났다. 일대의 광범위한 문화교류와 함께 고대 그리스 「시민의 자유사상」이 성장했고, 셈족 유일신 유대교가 출현했다. 고대 그리스 「시민의 자유사상」은 로마와 중세를 거쳐서 르네상스 계몽사상을 일으키며 1688년 영국 명예혁명과 1776년 미국독립선언서, 그리고 1789년 프랑스혁명의 '권리장전(Man of Rights)'으로 계승되었다.

원시인류는 '자유로운' 사냥과 채집으로 식량을 획득했다.
사냥 및 채집의 가장 효율적 방법은 '가족공동체 협력 사업'이었다.[39]
가족공동체는 '종족공동체'로 발전했고, 생존을 위한 군사 조직이 만들어졌다.

춘추전국시대 백가쟁명(百家爭鳴) 사상가들은 다양한 통치술을 주장했다. 명재상 관중은 "필선부민(必先富民: 반드시 부유한 백성이 먼저)"을 내세운 '궤리연향법(軌里連鄕法)'으로 행정-군사동원 일원화 통치체제를 수립해 제나라를 패권국으로 만들었다. 진나라 효공은 상앙(商鞅)의 법령통치로 부민(富民)에 성공했고, 진시황은 이사(李斯)의 강병육성으로 대륙을 통일했다.

손무(孫武)는 BCE. 530년 경 '생존흥망 선택원리'를 정리한 『손자』를 저술했다. 제후국 흥망은 야생 자연 생존 법칙에 달려있음을 통찰했고, '제1의 법칙'이 「백성 마음의 소리」에 있음을 직시했다.[40] 손무는 "「백성 마음의 소

---

39   사업이란 "어떤 일을 일정한 목적과 계획을 짜임새 있게 지속 경영하는 일"이라고 사전은 정의한다.

40   원문은 "도자(道者) 영민여상(令民與上) 동의야(同意也)이다.

리」를 얻은 리더의 선승(先勝) 후전(後戰) 선택"을 비책(祕策)으로 삼았다. 춘추오패는『손자』'비책'을 선택한 제후국들이었다. 진나라 통일과정은『손자』선승(先勝) 후전(後戰)의 전형을 보여주었다.

진나라 생존흥망은「백성 마음의 소리」에 따라 결정되었음을 명확히 보여주었다. BCE. 221년 진나라 대륙통일은 역대 왕들이 건국 초기부터 수많은 백년대계 사업을 선택한 결과였다. 특히 효공은 법령통치를 주장한 상앙을 등용해 국력을 크게 신장시켰다. 혜문왕부터『손자』"선승 후전" 선택은 계속되었다. 그렇게 대륙통일에 걸린 시간은 1대 장공 사후 600년, 25대 효공 사후 117년, 26대 혜문왕 사후 90년이었다.[41] 그러나 진시황은 통일 직후「백성 마음의 소리」를 무시했고 계승자 교육에 소홀했다. 천하를 소유했다는 착각은 통일국가를 15년 만에 멸망케 했다. 고대 아테네 민주정도 소피스트 선전 선동으로「시민 마음의 소리」가 분열되어 패망했다. 역사상 최장수 1,500년 로마제국도「공동체 시민 마음의 소리」에 따라 흥하고, 망했다.

　BCE. 530년 경 그리스-로마는 공화정-민주정을 정착시키는 과정에 있었다. 그리스 아테네는 BCE. 508년 직접민주주의를 시작했다. 로마는 BCE. 510년 경 왕의 동생이 권력을 남용해 평민 아내를 겁탈하자, 시민들이 반발해 왕정을 폐지하고 원로원과 민회가 통치하는 공화정을 만들었다. 고대 그리스-로마 '시민권' 제도는 그렇게 정립 발전했다.

　시민권 제도는 지중해 제국 그리스-로마 번영의 원동력이었다. 아테네가 민주정 정착에 걸린 시간은 4대 왕 테세우스가 '민(民)의 정부'를 약속한 이후 1,000년이나 걸렸다. 로마는 왕정 폐지 이후「시민권」기반 공화정을 약

---

[41]　　진(秦) 효공과 혜문왕은 인재 등용으로 민의에 기반한 법치(法治)를 시행해 통일 기반을 닦기 시작한 왕들이다.

600년 유지했다. 그리스-로마 시민권은 원로원과 민회가 「시민의 소리」 요구대로 정치참여를 보장한 참정권이었다. 시민의 민회는 왕권을 대신 행사할 집정관을 선출했고, 시민 이익 보호를 위한 법률을 제정했다. 공화정의 로마법은 시민처벌에 관대했다. 사형은 국가적 재난과 위험 등의 특별한 경우에만 집행되었으며, 로마시민은 전체가 잘못된 판결에 이의를 제기하는 재판관이었다.[42]

역사상 모든 국가흥망은 정치세력의 「백성의 소리」 선택 여부로 결정되었다. 모든 왕조(王朝)는 「백성 마음의 소리」를 앞세워 입국(立國)했다. 국가재정과 군사능력은 백성에게서 나온다. 그러나 국가권력을 장악한 대부분 왕은 백성의 소리에 귀를 닫았다. 그런데 18세기 「식민지 주민의 소리」를 앞세운 혁명 세력이 "왕이 없는 국가"를 건설했다. 바로 미국 독립혁명이다. 1775년 독립 전쟁을 시작한 아메리카 13개 주(states) 영국 식민지 주민들은 1783년 독립전쟁사업에 승리해 미국을 건설했다. 미국 국민은 인류 최초의 대통령으로 워싱턴을 선택했다. 루이스 니콜라(Lewis Nicola) 연방군 대령의 '국왕 추대 쿠데타 제안'을 단호히 거절했던 워싱턴은 만장일치로 선출된 유일한 미국 대통령이었다. 워싱턴은 대통령 2번을 마치고 조용히 귀향했다. 3선 불출마를 고별사로 대신한 그는 정치파벌의 극단적 대립을 '연방의 가장 무서운 적'이라고 규정했다.[43]

워싱턴은 지구촌 최초의 자유민주주의 국가 건국 대통령이다. 워싱턴은 1789년 1차 취임사에서 국민 명령에 복종하고자 대통령직을 수락했으며, 국민의 소리를 따르는 연방정부 운영을 약속했다. 그는 "지금까지 이 세상

---

42   M. De Condorcet, *Outline of an Historical view of the Progress of the Human Mind*: being a posthumous work of the Late transted from the French (St. Paul's church-yard, 1795), p. 81.

43   조지 워싱턴 대통령 고별사(1796년 9월 17일)

에 없었던 미답(未踏)의 '자유 정부' 실험의 운명은 미국 국민의 손에 결정적으로 달려있다"라며, 상·하원 의회가 보낸 대통령 선출 통지서는 그의 인생에서 가장 큰 불안감을 안겨준 사건이었다고 고백했다. 1796년 고별사에서는 "국민의 이익에 직결되는 문제에 압도되더라도, 미국 국민의 자유는 통합정부(연방정부) 수호 유지에 있다"라고 강조했다. 그는 국민 이익을 빙자한 파벌적 '이익 선전 선동'을 미국이 가장 경계할 문제로 특별히 지적했다. 그의 말대로, 1861년 노예제도를 지지한「남부 연합」주들은 연방정부와 분리를 선언했고, 링컨 대통령은 전쟁을 선포해 1865년까지 계속된 남북전쟁에서 승리했다. 워싱턴이 지적했던 파벌은 남북전쟁을 일으켰다. 워싱턴은『손자』"백성이 위와 더불어 갖는「같은 마음의 소리」"가 국가의 근본임을 통찰한 대통령이었다.

　미국 민주주의 기반인 '자유, 평등, 자연법' 사상은 어디서 유래했을까? 인류역사상 최초 대통령제 국가로서, 미국 민주주의가 18세기 등장한 것은 우연이 아닌 필연이었다. 현대 정치학자들은 서양 정치사상의 기원을 고대 그리스 아테네 철학에서 찾는다. 고대 그리스는 '자유(liberty)에 기반한 도시공동체'를 형성했다. 아테네 자유민은 알파벳 문자 교육으로 지식인 계층을 형성했고, 귀족과 평민은 사유재산 수준에 따라 참정권을 부여받았다. 시민들은 고대에 존재하지 않았던 '사상의 자유, 표현의 자유'를 누렸다. 귀족과 평민 이익투쟁으로 시민들은 '동등한 참정권'을 획득해 직접민주주의에 참여했다. 공동체 중심 그리스 도시국가에서 개인은 하나의 개체일 뿐이었다. 고대 그리스의 알파벳을 교육받은 지식인들은 개인과 국가의 상호관계를 고민했다. 소크라테스와 플라톤, 아리스토텔레스 등의 지식인들은 어떤 정부(왕정, 공화정, 민주정)가 "자유, 평등, 행복"에 가장 효율적인지를 끝없이 토론했다. BCE. 404년 로마가 점령 후, 아테네 시민들의 관심은 도시국가에 대한 희생적 애국심보다 '개인 이익과 행복'에 집중되었고, 삶의 가치와 윤리적 근본을 돌아보는 전환기를 맞이했다. 에피쿠로스학파와 스토아 철학은 그렇게 번성했다.

로마제국 '1500년 번영의 원동력'은 「시민권 제도」라고 학자들은 평가한다. BCE. 500년 경 건국된 로마는 세력을 서쪽으로 확장해 동쪽의 그리스와 충돌을 피했다. 고대 로마의 왕은 원로원에서 민주적 방식으로 선출했다. 특히 "왕과 국가의 권한은 시민에게서 나왔다"라는 '계약(contract) 사상'은 로마 정치제도 형성에 결정적 영향력을 발휘했다. 로마 정치제도는 귀족과 평민의 이익충돌 과정에서 "평민 요구를 대폭 수용한" 실용적 선택 방향으로 발전했다. 왕정이 폐지되고 공화정이 수립되었으며 평민회와 호민관이 신설되고, 최종 귀족과 평민의 정치적 권한이 동등한 상태에 이르게 되었다. 정치적 권한이 동등해진 귀족과 평민의 이익충돌 조정과정은 아테네 민주정 정착 과정과 유사했다. 특히 로마법은 '시민과 판사의 협의 조정'으로 제정되었다는 독특한 특징을 나타냈다. 그렇게 제정된 최초 성문법이 '12표법'이었다. 로마 시민권 제도는 아테네 정치사상과 스토익(stoic) 철학사상의 지배적 영향을 받았다.[44] 로마법은 중앙과 지방 민회에서 왕을 선출하고 사법부 업무를 담당한 로마 북부지역 독일계 튜톤 종족(Teutonic tribes)의 민주적 통치제도 전통에 결정적 영향을 받았다. 실제 19세기까지 독일은 '선거인단이 황제를 선출하는' 선거제도를 유지했다. 튜톤 종족 영향으로 로마는 '개인' 시민을 국가가 보호할 절대적 존재로서 규정했다. "나

---

44   Raymond G. Gettell, History of Political thought (London George Allen & Unwin Ltd and Roworth Co., 1936),

는 로마시민이다"라는 말은 당시 최고 특권의 상징이었다. 그리스-로마의 시민권 사상은 14세기 르네상스와 19세기 유럽 국민국가, 그리고 현대 자유민주주의 국가의 사상적 뿌리로 평가받는다.

　로마 멸망 이후 중세 이탈리아 도시국가에서 '르네상스' 사상이 꽃을 피웠다. 가족기업 해상무역 국가 베네치아는 CE. 726년 '선출된 도제' 우르수스(Ursus)가 수립한 해상 자치정부(self-government) 도시국가이다. 우르수스가 '시민의 소리'로 건국한 작은 자치 도시국가 베네치아 공화국(republic of Venice)은 13세기 아드리아해와 그리스 그리고 콘스탄티노플까지를 모두 정복하면서 중세 유럽의 해외무역 최강대국으로 번영했다. 베네치아는 당시 유럽 최고 부국으로 '자본주의 기원(origin of capitalism)'이라 평가된 각종 화폐경제 제도를 창출했다. 베네치아는 개인과 가족기업에 최대의 자유를 보장했다. 마르코 폴로는 자유무역 덕분에 원(元)나라를 방문한『동방견문록(The description of the world)』을 저술할 수 있었다.

　14세기 이탈리아 도시국가는 베네치아같이 '왕이 없는' 가족기업 기반 공화정 국가들이었다.[45] 특히 피렌체는 르네상스를 주도한 경제 강대국으로서 마키아벨리 군주론을 탄생시킨 국가로 유명하다. 중세 이탈리아 밀라노, 베네치아, 피렌체, 토스카나 등의 공화정 도시국가는 '거의 완벽한 수준의 자유로운 해상 이동과 소통'을 보장했다.[46] 베네치아를 비롯한 이탈리아 도시국가들은「시민의 소리」대로 가장 자유로운 가족공동체 생존사업정책을 보장했다.「시민의 소리」는 가족공동체의 힘을 극대화했고, 자유로운 이동과

45　Fernand Braudel, *The Perspective of the World: Civilization & Capitalism 15th~18th century* (Berkeley Univ. press, 1984), pp. 89~93.

46　Fernand Braudel, 동상서 (1984), p. 89.

소통은 광범위한 해외무역에 의한 '부의 축적'을 가져왔다. 그리고 가족기업의 자유로운 이동과 소통은 세계 각국 지식을 융합한 '초기 자본주의' 금융제도 창출의 기반이었다.

> 중세 도시국가 생존흥망은 "정치세력과 「시민의 소리」"에 달려있었다.
> 이태리 도시국가 시민은 '자유로운 식량 활동 보장'을 요구했고,
> 도시국가는 '해외 자유무역' 활동을 거의 완벽하게 보장했다.
> '해외 자유무역'은 중세 르네상스를 일으켜 유럽 전역에 전파했고,
> 르네상스는 그리스 '자유사상'과 로마 '시민권 제도'를 부흥시켰다.
> 도시국가 흥망은 「자유와 시민권」을 찾아가는 시행착오 과정이었다.
>
> 수천 년 국가흥망은 '필선(必先) 부민(富民)' 생존 법칙을 중심으로 일어났다.
> 르네상스는 '자유로운 부민(富民)'과, '개인의 자유'를 탄생시킨 역사적 필연이었다.
> 자유로운 개인은 부민의 '자본과 융합하여' 근대 자본주의 산업혁명을 일으켰고,
> 18세기 미국 민주주의는, 최초 '왕 없는' 자본주의 대통령제 국가로 탄생했다.

◆ 생존기술 혁명: 도구〔兵〕→농업혁명→문자혁명

원시인류 생존기술은 「도구(tool) 제작법」이 전부였다. 도구는 바로 식량 사냥 '무기-병(兵)'이었다. 인류는 BCE. 180만 년 경 최초 발명품 돌도끼(2.3kg)와 돌칼(hand axes and cleavers)을 만들었다.[47] 불(fire)을 최초 사용한 시기이기도 하다. 인류는 돌도끼, 나무창으로 '거대 사냥꾼 게임 작업팀(big-game hunters working in teams)'을 구성해 맘모스, 순록 등의 대형 동

---

47 Danial R. Headrick, *Technology: A World History* (Oxford Univ. Press, 2009), pp. 1~3.

물을 사냥했다.[48] 갑골문 상형문자 「병(兵)」은 '돌도끼를 양손에 든 사냥꾼' 모습의 문자였다. '무기-불' 제작 기술은 "발명의 기원"으로 평가된다.

BCE. 100만 년 경 인류(Homo-erectus)는 사냥감을 찾아 아프리카에서 다른 대륙으로 장거리 이동을 시작했고 생존기술 혁명은 계속되었다. BCE. 7만 년 경 "인류 생존기술의 빅뱅(big-beng)"이 일어났다. 뼈로 플루트 피리를 만들고, 조상 시신을 땅에 묻었으며, 선박 제조술과 바다 항해술이 등장했다.[49] 인류학자들은 이러한 변화를 언어 사용으로 인해 급격히 발전한 공동체 생존기술의 '대변혁적 혁명'으로 평가한다.

BCE. 12,000년 경 농업혁명이 일어났다. 수렵채집은 인구 증가에 걸맞는 식량을 충분히 제공하지 못했다. 티그리스 유프라테스 계곡(Tigris-Euphrates Valley) "비옥한 초승달 지역(Fertile Crescent)"에서 최초 농업혁명이 시작되었고, 지구촌 다른 지역에서도 비슷한 농업혁명이 동시적으로 나타났다. 농업혁명은 인류 생존술의 근본을 바꾼 혁명 중 혁명이었다. 인류는 농업혁명 약 2,000년 기간에 수렵채집 생활을 정착촌 농경 생활로 급속히 바꾸었다. 개, 양, 염소, 돼지 등을 가축으로 기르기 시작했다. 농경 마을, 집단촌락과 거대 도시가 형성되었다. 정착민 집단생활로 다양한 생존기술이 축적되었고, 마을과 촌락 도시공동체는 전통과 도덕, 강제 규칙이 제정되었다. BCE. 250만 년 경 출현한 구석기는 BCE. 8,000년 경 신석기로 바뀌었고, 다른 종족과 급증한 생존이익 갈등이 군사 전쟁을 촉발했다. 종족공동체는 군사 전쟁사업으로 다른 종족을 정복해 포획한 노예를 농업노동력에 투입해 식량 생산을 극대화했다. 잉여 식량을 계산하고 사유재산을

---

48   Danial R. Headrick, 동상서 (2009), p. 3.

49   Danial R. Headrick, 동상서 (2009), p. 4.

관리하는 기술이 발전했고 구전(口傳)이 불가한 문제에 대한 그림 표식과 기록을 시작했다.

문자는 '구전(口傳)을 기록으로' 변화시킨 인류 최고의 발명품이다. 문자 지식은 생존기술 발전 속도를 완전히 바꾸어버렸다. 인류 최초 문자는 BCE. 3,500년 경 수메르인의 쐐기 모양 설형(楔形)문자로 알려졌다. 서양 알파벳 초기문자는 1799년 발견된 이집트 로제타 비석에 새겨진 BCE. 2,000년 경 상형문자에서 확인되었다.[50] 로제타 비석에는 그리스 문자, 상형문자, 상형문자 필기체의 세 가지가 새겨져 있었다. 수메르 쐐기문자의 영향을 받은 이집트 상형문자는 서양 알파벳 문자의 기원이었다. 고대 바빌로니아와 고대 이집트는 지식축적의 상징인 도서관을 보유했음이 밝혀졌다.

BCE. 9세기 경 마침내 서양 알파벳이 탄생했다. 고대 그리스 알파벳 발명이다. 그리스 알파벳의 기원은 이집트 상형문자와 수메르 쐐기문자가 융합된 페니키아인 자음 24개 문자로 밝혀졌다. 고대 그리스어는 서양 알파벳으로 불린다. 헤로도투스는 테베를 건국한 카드무스(Cadmus)가 페니키아 문자를 그리스에 BCE. 2,000년 경 도입했다고 기록했다. 고대 그리스인들은 BCE. 9~8세기 페니키아 자음에 모음을 더한 알파벳 문자를 만들었다. BCE. 403년 아테네 아르콘 유클레이데스(Eucleides)는 시민투표를 통해서 그렇게 발명된 24자 알파벳을 표준어로 채택해 시민교육을 장려했다. 로마 문자는 그리스어를 기초로 BCE. 7세기 경에 만들어졌다.

동양 알파벳은 훈민정음(訓民正音)이다. 훈민정음은 세종대왕이 1443년 창제 · 반포했다. 훈민정음 창제는 서양 알파벳 진화와 전혀 다른 과정을 거

---

50   John man, *Alpha Beta* (2000) 「세상을 바꾼 문자, 알파벳. 남경필 번역」 (예지, 2003), pp. 88~97.

쳤다. 훈민정음 서문에 밝혔듯이, 세종대왕은 한자가 백성 교육에 심각한 결함을 지니고 있음을 절감했다. 우선 조선의 말은 한자와 전혀 달랐다. 알파벳은 말하는 소리를 기호로 표시해 만든 문자를 뜻한다. 그래서 표음문자(表音文字)라고 한다. 한자는 사물 모양과 뜻을 기호로 만든 표의문자(表意文字)이다. 그래서 한자는 한반도 종족의 말과 다를 수밖에 없었고, 중국도 19세기 말하는 것과 다르게 쓰는 한자를 간체자로 만들어 사용하기 시작했다. 한자는 말하는 법과 쓰는 법이 달라 평생을 배워도 다 못 배우는 글자로 알려져 있다. 고대한자는 재산과 시간이 충분한 지배층만 배울 수 있는 난해한 문자였다. 그래서 동아시아 대륙 평민 99.9% 대부분은 19세기까지 문맹이었다. 한자는 왕권 지배층 유학자의 문자로서 그 가치를 이어왔었다.

한자(漢字) 원형은 BCE. 1,400~1,100년 경 발명된 갑골문(甲骨文)으로 추정한다. 갑골문은 1898년 왕의영(王懿榮)이 어느 상인에게서 구매한 갑골에서 문자를 발견하고 이를 기초로 1928년부터 상나라(BCE. 1600~1046년) 은허 유적을 발굴해 확인된 갑골에 새겨진 문자를 말한다. 한자는 한마디로 배우기 어려운 특수 지식층 문자였다. 공자는 모든 백성이 문자를 배우는 사회적 환경을 만들어 춘추시대 지식혁명을 이끌려했다. 한자는 평생 배워도 모두를 다 배울 수 없는 난해한, 권력층 자제가 배우는 문자로 전락했다. 19세기까지 한자 문화권의 동아시아 문맹률은 알파벳을 사용한 서양보다 대단히 높았다. 그렇게 깨우치지 못한 우매한 백성은 수천 년을 지식인 유학자들의 사실상 노예로 지배당했다. 문자 지식의 힘은 거대했다. 19세기 서양 알파벳 지식 세력의 한자 문화권 문맹 세력 지배는 당연한 결과였다.

문자는 인류 생존술 혁명의 만년지계(萬年之計) 도구였다. 문자 지식은 '생존사업의 원리'를 쉽게 통찰하도록 만들었다. 서양에는 기술혁명이 계속되었다. 생명 DNA같이, 문자는 생존술 'DNA'였다. 식량 생산기술, 사유재산 축적 기술, 공동체 생존술, 군사 전쟁술 등 새로운 생존사업 기술 발전은 오직 문자 지식 덕분이었다. 국가 제도가 문자로 기록한 성문법 (written law) 출현 이후 정착되기 시작한 점은 이를 뒷받침한다. 그래서 법은 '국가의 몸(body')으로 평가된다. '문자 보유 종족'은 독자 생존사업 기술을 창출해 '비문자 종족'을 지배했고, 공동체 지식인들은 유리한 법과 제도를 만들어 문맹인 평민을 지배했다. 알파벳 문자 지식으로 깨어난 고대 그리스 시민은 지중해 지역을 지배했고, 한자(漢字) 지식으로 무장한 동아시아 대륙 세력은 공자, 순자, 맹자 등 유학자를 배출해 동아시아 대륙을 지배했다. 문명국 주변의 미개국은 그렇게 정복되었다. 알파벳 지식은 그리스 철학(Philosophy from Greek philosophia), 라틴 과학(Science from the Latin word scientia), 아라비아 수학 등과 융합되어 중세 과학혁명과 근대 산업혁명, 20세기 과학기술 혁명, 그리고 현대 정보기술 혁명을 이끌고 있다.[51]

고대 한반도 종족은 한자를 '차용(借用) 문자'로 사용했다. 구결(口訣), 향찰(鄉札), 이두(吏讀) 등을 사용한 한반도 역사는 '한자 역사' 기록일 수밖에 없었다. 문자가 없는 한반도 종족은 독자 생존술과 지식축적에 분명한 한계를 갖고 있었다. 한반도 역사는 고려 시대 이후 한자 기록자료만 존재한다. 그 이전 자료는 사라져 중국 문헌에 의존할 수밖에 없다. 고려 시대 이전 한반도 종족공동체는 생존술 지식축적과 교육 전파체계가 절대 미흡했다. 고조선 이후 한반도는 중국 조공국으로 생존했다. 자국 문자가 얼마나 중요한가? 이것이 세종대왕의 훈민정음 창제 배경이다. 일부 학자들은 고조선 문자, 가림다문

---

51   철학(Philosophy from Greek: φιλοσοφια, philosophia)은 "지혜 사랑(love of wisdom)" 뜻의 단어이며, 과학 (Science from the Latin word scientia)은 "지식, 의식, 이해(knowledge, awareness, understanding)"를 의미한 단어이다. 플라톤의 철학자 왕(philosopher's king)은 모든 지혜를 갖춘 자(all-wise man)를 뜻한다.

(加臨多文) 존재를 주장하나 당시 기록도 없고, 역사적 고증 또한 부족한 상태이다. 고조선 이후 한반도 국가의 조공 외교는 비문자 종족의 부족한 생존 기술 갭을 극복하려던 불가피한 선택이었을 수 있다. 대륙 선진 기술은 철저히 통제되었으며, 문맹인 일반 백성에게 한자 지식은 구전으로 전파될 수밖에 없었다. 고려 문익점이 목화씨를 들여온 과정은 이를 잘 설명해 준다.

고조선이 한(漢)나라에 정복당한 근본 원인은 뒤처진 철제무기 기술 때문이었다. 고조선은 청동기 국가로서, 대량 생산된 한나라 철제 신무기를 극복하기 어려웠다. 그러나 고조선 패망의 직접 원인은 신무기가 아닌 '고조선 정치세력 분열'에 있었다. 한무제(漢武帝)는 고조선 정치세력을 집요하게 회유, 협박, 유인했다. 고조선 내분을 "모공(謀攻)"으로 유도했고, 결정적 기회에 철제무기로 무장한 대규모 병력을 동원해 정복했다. 고구려, 백제 또한 당나라 "모공(謀攻)" 내분 공작으로 신라-당나라 연합군에 의해 멸망했다.

『손자』는 당(唐) 현종 760년 경 신라에 전파된 것으로 추정된다.[52] 병법은 고대국가 존망의 비책으로 특급기밀이었다. 책사 장량이 다리에서 어느 노인이 준 병법을 익혀 유방과 한나라를 건국했다는 『사기(史記)』 기록은 고대 병법 위상을 잘 말해준다. 병법은 흥폐(興廢) 존망(存亡)의 대사(大事)를 올바로 선택하는 결정적 기술이었다. 자국 문자는 흥망 선택 기술의 학습, 교육, 전파 면에서 결정적 영향력을 발휘했다.

한자 학문, 공자의 유학은 동아시아 대륙을 수천 년 완전히 지배해 왔다. 특유의 독창 전략으로 유라시아 대륙을 정복한 칭기즈칸 몽골족은 한자 유

52　　오구룡(吳九龍) 외, 『손자교석(孫子校釋)』 (중국 군사 과학출판사, 1990), p. 9.

학문화에 빠져 자국의 정체성을 상실했고, 대륙지배 100년을 넘기지 못했다. 원(元)나라는 유학의 벽을 넘지 못한 채 몽골고원으로 쫓겨 갔다. 한자 지식 유학은 중원 대륙을 지켜냈다. 고려는 고구려 고토 회복을 외쳤으나 오히려 최초로 원나라에 직접 지배당했다. 원나라 지배 이후 한반도 국가는 조선 멸망까지 독자 연호조차 사용하지 못했다. 1296년 고려 안향이 도입한 주자학이 또다시 한반도를 지배했다. 유학을 국가통치 이념으로 선택한 조선은 중국문화 부속 지역으로 전락했다. 조선 지배층 양반은 모두 유학자였고, 말기에 스스로 소중화(小中華)를 자칭했다. 그리고 멸망했다.

 한국전쟁 잿더미에서 한강의 기적을 일으킨 대한민국 산업혁명의 원동력은 무엇일까? 세종대왕 훈민정음 아닐까? 독일 구텐버그 인쇄술이 종교개혁에 결정적 영향을 미쳐 근대 혁명을 이룩했듯이 한글은 대한민국 국민을 20~30년 만에 세계적 지식인으로 만들어 산업혁명을 이룩했다. 손으로 일일이 필사했던 성경을 짧은 시간 대량 발간해 유럽의 평민들이 성경을 직접 읽게 된 것처럼, 한글은 대한민국 국민을 수천 년 문맹에서 깨어나도록 만들었다.

 마틴 루터 종교개혁사상은 유럽을 로마가톨릭 통치체제에서 벗어나게 했고, 시민들은 르네상스 근대 계몽사상에 깨어나 인간중심의 근대문명을 이룩해 냈다. 중세문맹에서 벗어난 유럽 시민들은 자기 권리를 이해했고 초등-중등-대학 교육제도가 수립되었다. 자유농민이 대폭 증가했고, 상업 무역으로 자유로운 개인이 탄생했다. 자본주의 시장경제가 출현했으며, 산업혁명이 일어났다. 문자는 인쇄술로 인해 일반 평민의 생존사업 도구로 변했고, 소수 지배층(0.1~1%)의 수천 년 특권을 박탈했다. 영국 왕의 권한은 서서히 감소했고, 마침내 입헌군주국 의회정치가 시작되었다. 그리고 산업혁명이 일어났다. 문자의 힘은 그렇게 근대문명을 이룩했다.

대한민국 산업혁명 원동력 또한 한글세대 인재(人才)들에게서 나왔다. 세종대왕은 "백성의 어리석음을 제거할" 문자의 필요성을 통감해 훈민정음을 만들었다. 계몽 군주 세종대왕이 염원한 훈민정음 백성교육을 지배층 유학자들은 철저히 반대했다. 모든 왕정은 본래 백성의 문자 보급을 극도로 경계했다. 백성이 문자 지식에 눈을 떠 깨어나면 왕권이 위험해지기 때문이었다. 문자 지식 독점은 왕권 독재체제 지배층의 중대한 봉지 수단이었나. 조선 후기 훈민정음 교육은 왕실 상층 신분 사람들과 궁궐 하층 신분의 사람들이 가장 먼저 배웠고, 이어서 서울 도성의 양반, 중인, 양인들이 배웠다.[53]

"아는 것이 힘이다. 배워야 산다." 조선 말기 근대교육 구호이다. 1895년 갑오개혁 이후 1905년까지 소학교는 서울 10개, 지방 50개교였으며 문맹률 95%를 상회했다. 일제강점기 1920년은 638개교 취학률 3.9%였다. 중등학교는 전체 24개교 학생 1만 명 내외로 취학률 0.045%였다. 1930년 조선총독부가 조사한 조선의 한글 문해율은 15.44%였다.

> 한반도 지식층은 나라를 잃고 나서야 1920~30년대 "문자보급운동"을 벌였다.
> 국민이 문맹에서 깨어나야 나라를 되찾을 수 있다는 믿음 때문이었다.

1443년 훈민정음 반포 470년 후, 그것도 나라를 잃은 1920년대 본격 한글 보급운동은 역사의 큰 아이러니가 아닐 수 없다. 1894년 고종은 한글을 '국문'(나랏글)으로 지정해 조선 공식 문자였던 한자를 대체하도록 했다. 1908년 8월 31일 주시경 선생이 창립한 '국어연구학회'는 1921년 조선어연구회, 1931년 '조선어학회'로 이름을 바꾸어 한글 보급을 적극적으로

---

53   백두현, 『조선 시대의 한글 교육과 확산』 (2023, 태학사), p. 192.

추진했다. 1943년 일본은 제4차 조선교육령 정책으로 조선어교육을 폐지하고 일본어 교육을 강요했다.

1945년 미군정이 조사한 대한민국 문맹률은 78%를 넘었다. 미군정이 국문강습소를 설치해 문맹 퇴치 운동을 벌인 결과 1948년 문맹률은 41%로 낮아졌다. 1950년 이승만 대통령은 국민의무 교육을 단행했다. 그리고 1958년 문맹률은 4.1%로 대폭 하락했다. 만약 한글이 없었다면 문맹률의 혁명적 해소가 가능했을까? 실제 해방 이후 태어난 세대는 과거 한자 기록을 해독할 능력이 없다. 한반도 역사 기록 번역본이 일반 국민에 전파되기 시작한 것도 1990년대 중반 이후이다. 서양 신문명을 번역한 한글 지식정보가 전 국민에 쉽게 전파되었고 자원으로는 사람밖에 없었던 대한민국에 한강의 기적이 일어났다. 한글이 없었다면 대한민국 현재는 어떤 상태일까? 세계가 놀란 한강의 기적은 한글이 얼마나 우수한 문자인가를 극명하게 보여준다. 한글은 대한민국 생존사업 도구이자 기술이며, 무기였음을 명확히 확인해준다.

인류학자들은 '생존기술' 발전의 흔적을 야생 자연에서 찾는다. BCE. 12,000~8,000년 경 무기 혁명이 일어났다. 인류학자들은 약 20만 년 전부터 무기를 만들었으며, 신석기 시대 인류는 무기를 '설계 제작'했다고 분석했다.[54] 최초 무기는 활(bow), 투석기(sling), 단검(dagger), 곤봉(mace) 등이었다. 무기 사용법을 극대화하는 전투기술(tactic and technic)이 나타났고, 여러 날 집단 전투(combat)가 계속된 전쟁(war)이 출현했다. 지중해 지역 동굴

---

54   Johan M.C. van der Dennen, *The Origin of War: the evolution of a Male-coalitional reproductive strategy* (Origin Press, Groningen, 1995), p. 212.

벽화에서 BCE. 10,000년 경 활과 화살 그림이 발견되었다. 아나톨리아에서는 BCE. 7,000년 경 활, 투석기, 곤봉이 발견되었다.

생존 전쟁은 「인류의 가장 중대한 사업(the great business of mankind)」이었다.[55] 침팬지 등 영장류 세력 투쟁에서 나타나듯이, 인류의 여성 납치사업은 폭력전쟁의 중대한 원인이었다. 인류의 여성 납치는 동물 짝짓기에 수놈이 생명을 걸고 싸우는 현상과 비교된다. 미국 일리노이대 교수 로렌스 킬리(Lawrence H. Keely)는『문명 이전 전쟁(War before civilization)』에서, "원시 사회는 전혀 평화롭지 않았으며 약 90~95% 사회가 살인, 학살, 무력 전쟁이 계속된 폭력사회였다,"라고 분석했다.[56] 홉스가 주장한 "만인에 의한 만인의 투쟁" 흔적이 원시 전쟁 연구로 명확히 드러났다.

지상 및 해상이동로는 원시인류 생존의 기반이며, 상징이었다. 약 20만 년 전 출현한 현생 인류가 약 10만 년 전부터 지구촌 곳곳으로 식량을 찾아 떠난 이동로는 하천 및 해상도로였다고 인류학자들은 추정한다. 청동기-철기 기술혁명은 지상 및 해상 이동 기술과 2륜 전차, 전투용 승마 기술 발명을 촉진했다.[57] 춘추시대는 BCE. 600년 경 청동기 말기, 철기 초기로「무기 혁명과 군사 전쟁」의 시대였다. 지중해 지역 BCE. 600년 경은 고대 그리스-로마 시대였다. 당시 생존사업전쟁은 지상 및 해상도로가 승패를 결정했다. 지상 및 해상도로(道路)를 따라 무기 제작 기술이 전파되었고, 원거리 영토 정복 전쟁이 가능해졌다. BCE. 10세기 경 동서양 실크로드 초원길이 개척되었고 BCE. 6세기 경에는 오아시스 길이 개척되었다. 해안가 연안 바닷길은 농업혁명 이전부터 발달했다. 유라시아 지상 도로와 지중해-유럽지역

---

55   Johan M.C. van der Dennen, 동상서 (1995), pp. 214~215.

56   Lawrence H. Keeley, War before civilization (Oxford Univ. Press, 1996)

57   R. Ernest Dupuy and Trevor N. Dupuy, 동상서, p. 2.

해상도로는 거대 영토를 정복한 군사 제국(military empire)의 핵심 기반이었다.[58] 군사 전쟁사업으로 국가는 번영했고, 2륜 전차를 보유한 '전사(戰士, warrior) 귀족층'과 '귀족-평민-노예' 신분제도가 나타났다.[59]

페르시아 왕 다리우스는 티그리스강 최대도시 수사(Susa)와 아나톨리아(Anatolia)를 연결하는 '왕의 도로(royal road)' 약 2,684km를 건설해 제국을 통치했다. 고대 로마제국은 약 6,000km 포장도로를 건설해 속지를 통치했다. 칭기즈칸은 유럽과 동아시아를 연결한 세계 최초 지상 도로 역참제도를 시행해 통치했다. 중세 이후 유럽은 과학적 근대 항해술을 발전시켜 세계 바다를 지배했다. 현대는 우주기술 혁명을 일으키며 우주 도로 탐험을 계속한다. 우주탐험 기반 기술은 미래 인류 생존술로 인식되고 있다.

동아시아 서주(西周) 시대 '도(道)'는 천(天)과 함께 자연의 철리(哲理)와 신(神)을 뜻했다. 상(商)나라 주신(主神)은 상제(上帝)였으며, 주나라 주신은 천(天)이었다. 주나라는 상나라를 지배하고 상제를 천에 통합했다. 천에 '도(道)+명(命)'이 합해졌고, '하늘의 의지'를 표현한 천도(天道), 천명(天命)은 춘추시대에 매우 광범위하게 사용되었다.[60] 춘추시대에는 지식 혁명으로 신과 분리된 인간중심 사상이 등장했다. 천도는 천명을 뜻하는 '인간의 길 또는 인간의 도리'로 인식되었다. 『서경(書經)』『시경(詩經)』은 도(道)를 '규칙', 자연의 철리(哲理)로 개념화했다. 자연의 철리(哲理)로 규정한 노자(老子)의 도(道)는 도교(道敎, Taoism) 등 신비주의 기원이 되었다. 제(齊)나라 관중은 '도로 기준' 군사동원과 주거 단위 행정조직을 일치

---

58   Elman R. Service, 동상서 (1977), pp. 222~224.

59   Martin Van Creveld, 동상서, p. 24.

60   류쩌화(刘泽华), 『중국 정치사상사 1-선진(先秦)』 장현근 번역 (글항아리, 2019), p. 159.

시킨 궤리연향법(軌里連鄕法)을 시행해 춘추오패로 군림했다. 전국시대 순자(荀子)는 "도(道)란 하늘의 도도 땅의 도도 아니며, 사람이 따라야 할 길이고 군자가 따르는 길"이라며 인간의 '욕망을 직시'하면서 도의 '신비적 해석'을 비판했다.[61]

로마제국의 핵심 국가사업은 '도로 건설' 중심으로 진행되었다. 로마제국 전성기에 돌과 시멘트로 포장된 4,080 로마 마일(5,984km) 도로 건설은 로마군단 신속 배치 작전을 위한 전략 선택 결과였다.[62] 모든 길은 로마로 통했다. 이것이 국가 도로, 관도(官道)였다.[63] 국가는 전쟁사업과 영토정복에 유리한 도로 중심의 군사동원 시스템을 최대한 확장했다. 국가생존사업 최우선 고려사항은 엄청난 도로 건설 비용이었으며, 도로 정보는 극비였다. 생존사업은 전사 귀족층의 군사 동원사업이 되었고, 모든 공동체 역량이 군사 동원 효율성 향상에 집중되었다. 근대 이전까지 국가체제는 사실상 "군사 국가(military state)" 체제였다. 근대 이전 "군사 국가체제"는 현대 독재국가에 그대로 남아있다. 중국, 러시아는 과거 시스템을 그대로 유지하고 있으며, 북한은 군사 국가를 넘어 "병영 국가체제"를 고수하고 있다.

고대 농업혁명은 「군사-행정 일원화」 통치체제를 정착시켰다.
근대 산업혁명은 「경제-군사 일원화」 제국주의 체제를 만들었다.
현대 정보기술 혁명은 「경제-군사-과학기술 일원화」 국가체제를 구축한다.

---

61 장원태, "순자의 '군(群)' 개념을 통해 본 욕망과 본성: 인간과 동물의 구분을 중심으로" 「동양철학 제44집」 (2015), p. 198. ; 「순자(荀子)」, 「유효(儒效)」, 도자(道者), 비천지도(非天之道), 비지지도(非地之道), 인지소이도야(人之所以道也), 군자지소도야(君子之所道也).

62 Edward Gibbon, *The history of the Decline and Fall of Roman Empire* 「로마 제국 쇠망사 1권」 윤수일 김희용 번역 (민음사, 2010), p. 55.

63 손자는 '법(法)'을 곡제(曲制), 관도(官道), 주용(主用)'으로 규정했다.

BCE. 200~140년 경 종족공동체는 군사 전쟁을 존망의 생존사업으로 추구했다. 군사 전쟁사업은 철제무기 혁명과 함께 폭발적으로 증가했고 거대한 영토제국이 형성되었다. 군사 전쟁사업의 승리자는 신(神)으로 군림해 '천자(天子) 또는 황제(emperor)'로 불렸다.[64] 서양은 시민권 중심으로, 동양은 왕권 중심으로 서로 다른 전쟁사업 통치체제가 자리 잡았다.

BCE. 221년 동아시아 대륙에 거대한 영토제국이 나타났다. 대륙 최초 통일국가 진(秦)나라는 '차이나(China)'로 불렸고[65], 차이나는 동아시아 역사를 '중국 역사'로 왜곡해 왔다. 양계초(梁啓超)는, "공자『춘추』로 시작된 왜곡역사 2천 년을 갖고 있으면서도 역사를 창작해 기본으로 삼았으니 한심하기가 이보다 더할 수는 없다."라며 탄식했다.[66] 사마천『사기(史記)』가 동아시아 역사 왜곡의 근원이었다는 사실을 양계초를 포함한 많은 중국 역사학자들은 인정한다.[67] 역사 조작은 동아시아 대륙 모든 민족을 '화하(華夏)민족'으로 규정해 화이공조(華夷共祖)를 역사 왜곡의 기반으로 삼았다.[68]

공자는『춘추』로 대일통(大一統)을 강조했고, 사마천『사기(史記)』는 화이

---

64 천자(天子)는 '하늘의 아들'을 자칭했던 동아시아 대륙 군주의 명칭이다. 황제(皇帝, Emperor)는 임페라토르 (imperator) 단어에서 제국으로 발전한 이후 파생되었다. 임페라토르는 로마 공화정 군대의 대장을 말한다.

65 필자는 동아시아 대륙 역사가 모두 중국 역사라는 주장에 동의하지 않는다. 동아시아 대륙은 한족, 몽골족, 융족, 만주족, 고조선, 흉노족 등의 역사이기 때문이다.

66 梁啓超,『中國歷史研究法』(上海, 商務人書館, 1926). 第三章 史之改造: 這惡習起自孔子, 而二千年之史, 無不播其毒 孔子所修春秋今日世界最古之史書也若作史而宗之則秉莫甚焉

67 중국 역사학자 양계초는 "공자가 고친『춘추는 오늘날 전해지는 세계 最古의 역사책이 되었다. 이런 악습은 공자로부터 시작되어 2천 년의 역사를 가지고 있으며, 그 독이 퍼지지 않은 곳이 없다."라고 저서『중국역사연구법』에 지적했다. 구제강(顧頡剛)은 사마천 사기의 역사기록 왜곡을 다음과 같이 평가했다. "신화의 계통을 인간의 계통으로 바꾸었을 뿐만 아니라, 사방 민족들의 선조들을 배열하여 횡적 계통을 종적 계통으로 바꾸었다. 이렇게 하여 '이(異) 종족-이(異) 문화'가 모두 화하(華夏) 민족과 중원문화의 계통으로 포함되는 사기 연표가 탄생한 것이다." 부사년(傅斯年)은 고대 중국 문명을 동과 서의 서로 다른 문화가 대치된 것으로 보았다. 즉 "대체로 동서 문화의 서로 다른 양 계통은 대치 또는 투쟁으로 인하여, 또는 투쟁을 통한 혼합으로서, 서로 다른 문화로 발전하였던 것이니, 대개 이(夷)와 상(商)은 동쪽 계통에 속하고, 하(夏)와 주(周)는 서쪽 계통에 속한다."라고 했다.

68 장현근, 중화주의의 시원과 화이공조(華夷共助)론 비판 (2014), p. 35.

공조, 즉 '화(華)-한족'과 '이(夷)-주변 종족' 조상이 같다고 왜곡했다. 동아시아 대륙은 BCE.10,000년 경부터 '씨족→연맹부족→한족(漢族)→몽골족→만주족'으로 이어진 치열한 생존사업전쟁의 현장이었다. 특히 고대 융족(戎族), 고조선, 흉노족, 몽골은 동아시아 대륙 패권을 다툰 대표적 종족들이다. 동아시아 역사 왜곡은 한자 기록만 있고, 다른 문자 기록이 없어 발생한 현상이다.

한자 기록에만 의존한 동아시아 역사는 근본적 재평가가 시급하다. 그러함에도 중국 공산당은 요녕성 홍산지역 문화재 발굴을 이유로 '동북 역사공정'을 계속하고 있다. BCE. 272~146년 지중해를 장악한 로마가 유럽을 1,500년 동안 지배했으나, 유럽 역사를 '로마의 역사'로 부르지 않는다. 한자를 무기로 주변국 역사를 왜곡해 온 중국 역사는 '동아시아 역사'로 새롭게 기술되어야 한다.

과학기술은 어떻게 21세기 생존흥망 선택게임을 좌우하게 되었나? 현대 국가는 과학기술이 생존흥망을 결정하고 있다. 원시 생존술 구전(口傳) 지식은 문자의 체계적 생존술 지식으로 축적되었고, 도구 제작 기술은 또 다른 기술혁명을 일으켰다. 1534년 코페르니쿠스 지동설과 1632년 갈릴레오 저서 『프톨레마이오스와 코페르니쿠스의 대화론』은 근대 「과학혁명(scientific revolution)」의 문을 활짝 열었다.[69]

18세기 유럽은 절대왕정 폐쇄사회였다. 중세 인쇄술과 종교개혁은 고대 그리스-로마 시민 사상으로 다시 깨어난 '자유 시민 세력'을 육성했다. 근대 유럽은 신의 존재를 증명하려 노력했던 이슬람 과학을 이어받아 중세 과학

---

69   Toby E. Huff, *The Rise of early Modern Science* (Cambridge Univ. press, 2003), p. 40~44.

혁명과 르네상스 계몽사상을 일으켰고, 18세기 산업혁명은 유럽을 세계 중심에 우뚝 서도록 만들었다.[70] 19세기 유럽은 군사 전쟁사업 무력 충돌을 대체하는 '산업혁명과 상업무역'을 발전시켜 열린 사회(open society) 근대민주주의로 서서히 바뀌었다. 1819년 뱅자맹 콩스탕은 군사 전쟁은 충동적이나 상업(commerce)은 계산적임으로, 상업이 전쟁을 대체할 것이며 19세기가 바로 그 시대라고 외쳤었다.[71] 상업의 군사 대체 현상은 중세 과학과 산업기술이 19세기 「과학+기술」로 융합되면서 나타난 새로운 현상들이다.

 1939~45년 제2차 세계대전은 승자-패자 모두를 잿더미로 만들어버렸다. 현대 군사 무기의 가공할 파괴력은 "기습공격 중심의 전쟁사업을 방어 중심 안전보장 사업"으로 변화시켰다. 지구를 파괴할 수준의 핵무기는 군사력 직접 충돌의 열전(hot war)을 간접 충돌 냉전(cold war)으로 바꾸어 버렸다. 1991년 일부 학자들은 냉전 종식 이후 나타난 세계화를 콩스탕 말대로 "경제가 전쟁을 대체하는 시대" 현상으로 착각했었다. 그러나 푸틴의 우크라이나 침략, 시진핑 대만 무력 통일 선언, 김정은 핵무기 선제사용 선언은 군사 전쟁의 본질이 그 양상과 유형만 변화될 뿐임을 분명히 보여주었다.

◆ 종족 '세력'의 극대화: 정부(government)–법(law)–국가(state)
 BCE. 15,000~8,000년 경 씨족공동체 정착촌 사회에 복잡한 '정치체제(political system)' 정부가 출현했다.[72] 신석기 농업혁명 시대에 씨족공동체

---

70 Toby E. Huff, 동상서(2003), p. 45~46.

71 Benjamin Constant, The Liberty of the Ancients compared with that of the Moderns (1819), p. 4.

72 Richard B. Lee, Primitive communism and the origin of social inequality presented at an Advanced Seminar on "The Development of Political Systems in Prehistoric Sedentary Societies", (Univ. Toronto, 1987), pp. 235~245. (해당 문단 내용은 저자 논문에서 요약 인용한 것이다)

가 형성되었고, 청동기 도시혁명 시대(약 8,000년 전)에 부족 연맹 족장사회(chiefdom society)와 도시국가가 출현했다. 공동체 족장 회의(council of chiefs)는 왕을 선발했고, 왕에게 위탁된 초기권력은 점차 확장되었다. 공동체 사업기구 정부(government)와 공동체 대표 왕이 탄생하면서 법(law)과 세금 제도(taxation)가 생겼다. 원시 평등사회 씨족공동체는 평화롭지 않았다. 강력한 무력(武力)을 보유한 종족은 폭력과 약탈로 주변 지역을 지배해 자원을 독점했다. 농업공동체의 리더 족장(族長, chiefdom)은 정치권력을 강화해(self-aggrandize) 주민의 복종을 강요했다. 그의 말은 바로 법(law)인 족장 개인 지배체제가 정착되었다. 농업혁명 도시 공동체 정부는 극심한 생존이익 갈등 관리를 위해 자연스럽게 더욱 강력한 통제권한을 갖게 되었다.

  공동체는 사유재산에 의한 신분 계층이 형성되었고, 정부는 단순한 평등 조직에서 계층적 정치관료조직으로 발전해 나갔다. 족장사회 귀족은 '민(民, demos)'과 구분되기 시작했다. 씨족사회는 본래 '귀족-민(民)' 신분의 구분이 없는 평등한 사회였었다. 농업혁명으로 인구가 증가하고, 촌락 규모가 확대되면서 경제적, 사회적 구조는 복잡하게 변화했고 재산축적 계층이 나타났다. 사유재산이 등장했고, 재산 정도에 따른 공동체 신분 계층이 형성되었다.[73] 씨족공동체 족장(族長)과 재산축적 계층은 상류 귀족층이 되었고, 그들의 소작인은 하위 피지배 신분 '민(民)'으로 전락했다. 부족 연맹 족장들은 리더를 왕(王, king)이라 호칭했고 정부(政府, government)는 자문 기구로 민회(民會)를 설치해 공동체 생존사업에 관여했다. 공동체 내부에 직업이 생겨나 다양한 생존사업으로 분화했다. 씨족 평등사회(egalitarian society)의 불평등 계층사회(hierarchical society)로 변화는 족장(族長,

---

73   역사학자들은 사유 재산설, 대 씨족의 약소 씨족 정복설을 고대사회 신분이 형성된 주요 요인으로 본다.

chiefdom) 왕의 씨족 연맹체 성립 시기에 나타난 일반적 현상이었다.[74]

　최초 왕을 선발한 족장들은 왕의 자문기구 민회(족장 회의) 구성원으로 공동체 권력을 장악했다. 그리스-로마 원로원, 고구려 5개 나부(那部) 연맹 제가(諸加) 회의, 신라 6개 부족 연맹 사로국(斯盧國) 골품(骨品)제도와 화백(和伯)회의 등이 그 사례들이다. 특히 고대로마 북부 투톤 종족의 중앙과 지방 민회 선거제도 전통은 현대 선거제도에 결정적 영향을 미친 민주적(democratie) 통치제도였다. 원로원과 민회는 정부 행정기능을 장악했고, 수평적 정부 조직은 수직적 '명령-복종'의 정치세력 운영기구로 변화했다.

　동아시아 대륙 역사의 최고(最古) 기록『상서(尚書), 서경(書經)』에 백성(百姓), '민(民)'에 대한 기록이 최초 등장한다. 상서 요(堯)임금 요전(堯典)에는 다음과 같은 기록이 있다.

> **원문** 구족(九族) 기목(旣睦), 평장(平章) 백성(百姓), 백성(百姓) 소명(昭明), 협화(協和) 만방(萬邦), 여민(黎民) 어변(於變) 시옹(時雍),
>
> **해석** 구대(九代)에 걸친 혈족이 이미 화목하고, 백성을 공명정대하게 통치하여, 백성이 사리 분별에 밝고, 만방이 협력으로 화평하니, 때맞추어 어린 '민(民)'도 변했다.

　여기서 '백성(百姓)'은 왕이 성씨(姓氏)를 하사한 '백(百) 개 씨족' 집단을 총칭한 말이다. 백성은 귀족이며, '민(民)'은 백성에 속하지 못한 평민이다.[75]

74　Elman R. Service, 동상서 (1977), p. 50.

75　황정원, "고대 중국의 예치와 법치" 사회과학연구논총 1994년 제2집, (한국해양대학교, 1994), pp. 326~327.

성씨(姓氏)는 본래 공로자에게 성(性)과 씨(氏. 토지를 의미)를 왕이 부여해 귀족 지위와 함께 하사함으로써 세력을 확대했던 왕권 강화제도였다. 주나라는 성씨와 봉토를 하사한 하, 은나라 통치제도를 발전시켜 장자 상속 종법(宗法) 봉건제도를 구축했다.

한반도 성씨 보급과정을 시기별로 보면, 첫째 왕실과 중앙 귀족 계층에 부여된 시기는 삼국 말기부터 신라 하대까지이다. 둘째 일반 귀족층에 성과 본관이 부여된 시기는 고려 초기이다. 셋째 양민 계층에는 고려 시대 전반에 걸쳐 성씨 부여가 확대 시행되었다.[76] 조선 시대에는 16세기 말 성씨가 없던 천민 계층(전체 민의 약 40%)이 신분 해방과 함께 성을 갖게 되었다. 초기 귀족은 시간이 지나 평민으로 전락했고 '백성' 호칭 또한 고려 이후에 민(民)의 통칭 용어로 바뀌었다.

갑골문 '민(民)'은 본래 '천하게 태어난 눈먼 사람과 노예'를 뜻했다. 1928년 갑골문 발굴과 함께 동아시아 대륙 최초 왕조는 하나라가 아닌 상(商, BCE.1600~1046)나라로 확인되었다. 상(商)나라는 수도가 은허(殷墟)로 밝혀져 은(殷)나라로 불리기도 하는 씨족 연맹체 읍제국가(邑除國家)였다. 왕은 대읍(大邑)에, 가신(家臣: 후, 백, 방백)은 족읍(族邑)에 거주했으며 일반 주민은 족읍에 종속된 소읍(小邑)과 씨족공동체 혈연마을에 거주했다. 따라서 공자가 3,240편 기록을 구해 102편을 골라 편집했다는 『상서(尙書)』 요전(堯典)의 요임금은 씨족공동체 연맹의 선발된 리더 현자(賢者)로 추정된다. 요임금도 순임금을 후임으로 선발 임명했다. 『상서(尙書)』 요임금, 순임금이 씨족들을 설득하는 연설문과 상(商)나라 탕(湯)왕이 하(夏)나라 마지막 걸(桀) 왕과 결전을 앞두고 전군을 설득한 연설문 탕서(湯誓), 그

---

76   한국민족문화대백과사전, 「성씨(姓氏)」 (인터넷 검색일: 2022년 9월 4일)

리고 전쟁 승리 이후 연설문 탕고(湯誥)는 이를 설명해 준다.[77]

'국가(國家)' 명칭은 어디서 유래되었는가? 봉건제 주(周)나라는 왕이 제후에게 하사한 봉토를 '국(國)'이라 불렀다. 주나라는 은나라 시대 대읍(大邑)과 족읍(族邑)을 봉토 '국(國)'으로 하사했다. 『사기(史記)』 주본기(周本紀)에 다음 기록이 있다.

> **원문** 왕행(王行) 폭학치오(暴虐侈傲), 국인방왕(國人謗王),
>   소공(召公) 간왈(諫曰), 민(民) 불감명의(不堪命矣)
> **해석** 왕이 폭정과 사치로 오만하여, 국인이 왕을 비난하니, 소공이 간하여
>   말하되: '민(民)'은 명령(命令)을 견디어 내지 못합니다.

'소공(昭公)'이란 왕의 지시에 따라 제사(祭祀) 또는 의례(儀禮)를 수행하며 업무를 보조한 사람의 명칭이다. 그들 직책 통칭은 '상(相)'이다. 당시 왕의 업무는 보조로 충분할 만큼 단순했다. 상(相)은 춘추시대 제나라 관중(管仲) 직책 명칭이기도 하다. 춘추시대 상(相)은 '상(相)-장(將)'을 겸직한 직책으로 "입즉상(入則相), 출즉장(出則將), 안에 들어가면 재상이요 밖에 나가면 장군" 임무를 수행했던 직책이다. 상(相)의 직책은 전국시대에서야 재상과 장군으로 분리되었다.[78] 상(相) 직책은 주나라가 고대 부족 연맹국임을 나타낸다.

갑골문 국(國)은 "백성(口)과 땅(一)을 지키기 위해 국경을 에워싸고(口) 적의 침입을 막는 성읍(城邑)"의 호칭이었다. 읍이 국(國)이며, 국 바깥 지

---

77 차주환 역저, 『서경(書經)』 (명문당, 1975), pp. 110~112, 117~118.

78 조법종, "한국 고대 신분제 연구" 국사관(國史館) 논총(論叢) 제52집 (국사 편집위원회, 1994. 6월), p. 107. : 이춘식, 『중국 고대사의 전개』 (1990), pp. 113~114, 149~150, 221. 재상과 장군은 19세기까지도 교차 임명되었다.

역은 '야(野)'이고, 야(野) 지역에 광범위하게 형성된 소규모 취락(聚落) 마을을 '비(鄙)'라고 불렀다. '민(民)'은 야(野) 지역 마을 비(鄙)에 거주하는, 농업에 종사한 일반 평민 피지배 계층들이었다.

위『사기(史記)』기록의 '국인(國人), 민(民)'은 구체적으로 무엇을 뜻할까? 국(國)은 주나라 지배층 '경(卿), 대부(大夫), 사(士)'의 거주지 읍의 명칭이며, 인(人)은 그 읍 거주민을 통칭한 말이다. 즉 '국인(國人)'이란 주나라 수도 호경(鎬京)에 거주한 귀족을 호칭한 말이다. 위의『사기(史記)』인용문은 BCE. 841년 국인(國人) 폭동 반란으로 인해 주나라 10대 여왕(厲王)이 수도 호경(鎬京)을 탈출해 도망한 사건의 일부 기록이다. 여왕은 백성이 소유한 토지와 산림, 호수 등을 강제 회수해 폭정을 강제하다가 도망갔다.[79] 주나라 귀족 국인들은 '민(民)'의 반발이 극심해져 통치권이 위험해지자 반란을 일으켜 왕을 죽이려 했으며, 왕은 이를 미리 알고 다른 지역으로 도망했다. 여왕 도망 후 주나라는 BCE. 828년까지 14년간 '왕 없는' 귀족정치를 계속했다. 사마천은 왕이 없던 주나라 귀족정치를 '공화(共和)'로 기록했다. '공화'는 서양 정치체제 'republic' 번역어로 사용되었다.

주나라는 국인 반란 사건 이후 쇠퇴하기 시작했다. BCE. 841년부터 약 1,400개 읍과 약 180개 제후국은 치열한 군사 전쟁을 시작했고, 5~10개 제후국으로 통합된 약육강식 춘추시대가 시작되었다. 주나라 1,400개 이상 읍은 당시 대륙 거주 종족이 수천이었음을 의미한다. 주나라는 동아시아 대륙 수천 종족 연맹의 족장사회였다. 공자는 수천 종족을 하나로 통일하는 대일통(大一統)을 강력히 주장했다. 사마천은 BCE. 841년을『사기(史記)』연표

---

79 이 사건은 동아시아 대륙에서 국가를 왕의 개인 사유재산으로 만들어가는 과정에 대한 최초 기록으로 추정된다. 국가를 왕의 사유재산으로 보는 가산제(家産制)는 모든 왕권 국가 특징이며, 근대 입헌군주국은 국가재산과 왕의 사유재산을 엄격히 구분하고 있다.

작성 기준연도로 삼았으며 수천 대륙종족의 조상을 화하족(華夏族)으로 왜곡 기술했다. 화하족이란 고대 황하강 주변 지역에 거주했던 화족(華族)과 하족(夏族)을 말한다. 사마천이 화하족을 한족(漢族) 조상으로 기술하면서 중화(中華)는 대륙통일과 중국(中國)을 상징하는 중심사상이 되었다.

2008년 중국 학자들은 DNA 검사로 "한족(漢族)은 실체가 없는 종족"임을 인정했다.[80] 2009년 중국 신화통신 인터넷판은 다음 기사를 보도했다.[81] "최근 1세기 동안 고고학적 발굴로 전통 인식이 크게 바뀌었는데 8,300년 전의 산둥 후이문화(后李文化)를 시작으로 약 7,300년 전의 북신(北辛) 문화, 약 6,500년 전의 대문구(大汶口)문화, 약 5,000년 전의 삼리하(三里河)문화, 약 4,500년 전의 용산(龍山)문화, 약 3,900년 전의 악석(岳石) 문화 등은 전체 모두가 「동이인(東夷人)」이 창출한 계단적 문화로 밝혀졌다." 중국 역사 왜곡의 출발점을 사마천『사기』에서 찾는 이유가 여기에 있다.

BCE. 6~5세기 경 그리스-로마에서도 주나라 국인 반란과 매우 유사한 사건이 일어났다. 그리스 '솔론의 개혁'과 로마 평민들 반란 '성산 사건'이었다. 주나라 국인 사건 100년 후인 BCE. 776년 경(고대 올림픽 시작 시기) 그리스 도시국가는 왕정이 폐지되고 귀족정이 수립되었다. BCE. 594년 아테네 아르콘(집정관)에 선발된 솔론은 귀족들의 기득권 전면포기를 강요하는 평민부채탕감정책을 시행했다. 귀족들 빚에 시달린 평민들이 '토지 재분

---

80   2008년 중국 간쑤(甘肅)성 란저우(蘭州)대학 생명과학학원 셰샤오둥(謝小東) 교수는 "순수한 혈통의 한족은 현재 없다"는 연구 결과를 최근 발표했다고 중국 언론들이 보도했다. 그의 연구 결과는 중국 서북지역의 소수민족 DNA 연구 등을 통해 나온 것이다. 셰샤오둥 교수는 "DNA 조사 결과 현대 중국인은 다양한 민족의 특질이 고루 합쳐진 것으로 어떤 특정 민족의 특질이 나타나지 않았다"고 설명했다. 플러스코리아 보도 자료 인용(2008. 4. 7) "중국 한족(남방계'하'족)의 기원과 역사, 동남 아시아 지역에서 서서히 북상하여 중원까지 이동한 한족의 실체"

81   월간 조선(2013년 6월호) 보도 자료: 신화통신 인터넷판 신화왕(新華網) 2009년 9월 24일 자 중국문화보(中國文化報)를 인용한 <동이족 문화 족적을 찾아서(推尋東夷族的文化足跡)> 제목의 보도 자료 재인용

배'를 요구하며 반란의 조짐을 보였기 때문이었다. 솔론은 채무불이행으로
전락한 '노예를 해방하는' 개혁을 단행하고 모든 성인 남성이 참여 가능한
'400인 민회(차후 500인회)'를 구성해 최종 국가정책 의사 결정권을 부여했
다. '400인 민회'는 현대 국회(國會)의 기원이다.

BCE. 494년 로마 평민들은 귀족 착취와 가혹한 통치에 반항해 로마 동
북쪽, 성산(聖山)으로 이동해 로마 이외의 새로운 도시 건설을 선언했다. 로
마에서 귀족 통치에 저항한 평민 반란 사건은 BCE.287년까지 총 5회 발
생했다. 로마는 평민 반란 사건이 일어날 때마다 호민관(護民官) 제도와 시
민권을 확대하는 타협정책을 도입해 위기를 극복했다.

BCE. 7~5세기 경, 동서양에 평민 반란 사건이 동시에 일어났으나 동서양 왕정 체제
는 전혀 다르게 발전했다. 동양 절대왕정은 19세기 말까지 존속했고, 서양은 "왕정→
공화정→민주정→왕정" 순환을 거쳐서 19세기 근대민주주의로 발전했다.

고대 그리스-로마의 귀족-평민 관계는 '종속보다 자유로운' 협력-경쟁 상태
였다. '귀족-평민' 투쟁은 그리스-로마 왕정을 폐지했고 공화정과 민주정을
창출했다. 왕정 폐지 이후 도시국가 정치체제는 '공화정-민주정-공화정' 순
환을 반복했다. 서양 정치체제는 귀족-평민의 '타협 정치'를 근본으로 삼아왔
다. 서양 원로원(또는 민회) 정치는 고대 그리스-로마 이후 근대국가 성립까
지 중단된 적이 없었다. 특히 오늘날 중부 유럽 서쪽(독일-오스트리아) 영토
를 유지했던 신성로마제국 역사에서는 그 과정을 생생히 찾을 수 있다. 신성
로마제국은 962년부터 1806년까지 황제(또는 독일 왕)를 영주(선제후) 5명이

선거로 선발하는 제도를 지속해 왔다.[82] 1806년 나폴레옹 지배 시기까지 신성로마제국은 '제국의회, 최고재판소, 선제후 선거인단'을 유지했다.

춘추시대 백가쟁명은 왕권 강화 논쟁이었다. 양주, 순자, 묵자 등이 제기한 인간의 본능적 욕구에 따른 '왕의 부패' 문제는 무시되었다. 동양에서 민-귀족 이익투쟁에 따른 '정치적 타협기록'은 없다. 진통일 직후 분서갱유로 왕권을 반대한 서적과 기록이 모두 불태워졌을 가능성도 있다. 민본을 내세워 역으로 왕권 강화를 주장했던 유가(儒家)는 분서갱유를 당했으나, 한나라 국학으로 선택되었다. 한무제(漢武帝)가『춘추』대일통(大一統) 사상을 통치이념으로 선택한 이후 유학은 수천 년 동안 왕권 강화학문으로 군림했다.

왜, 동서양 정치체제는 전혀 다르게 발전했을까?

19세기 '근대 정치사상의 동서양 만남'은 무엇을 의미하나?

인류 정치체제 변화의 원동력, "평민의 식량"은 무엇을 뜻하는가?

21세기「독재와 민주」,「사회주의와 자유민주주의」 대결은 무엇일까?

한반도 '민(民)'은 '자유민'을 지칭한 말이었다. 그들은 언제나 식량 생산과 군사동원을 전담했다. 한반도는 BCE. 8,000년 경 신석기 씨족공동체 사회를 형성했다. 고조선은 BCE. 10세기 경 청동기 부족 연맹체 족장사회였다. 고조선 건국 연도 BCE. 2333년은『동국통감(東國通鑑)』을 근거로 계산한 결과였다.[83] 한반도 조, 기장 등의 작물은 BCE. 3000년 경에, 벼농사는

---

82   선제후는 바이에른, 작센, 프랑켄, 슈바벤, 로트링겐 공작(제후) 5명이다. 최초 5명 공작이 선거로 오토 1세를 선출했던 결과가「제국 황제선거」전통이 되어 이후 황제는 계속 선거로 임명되었다. 1257년 선거인단 공식기구가 발족했으며, 1298년부터 5명 공작을 '선제후'라고 불렸다.

83   민성욱, 고조선의 국가성립 시기와 연대 표기법의 바른 이해 (국학 칼럼) 국학을 통해 본 우리 역사 (K 스피릿, 2014년 09월 11일 보도자료); 1485년(성종 16년) 편찬된 편년체 역사서「동국통감」은 요(堯) 임금이 즉위한 갑진년(甲辰年)보다 뒤인 '무진년(戊辰年)'에 단군이 즉위했다고 기록했다. 중국 북송 사마광은 '자치통감'에 요 임금 즉위년도를 기원전 2357년으로 기록했는데, 이를 기준으로 단군이 즉위한 무진년'은 기원전 2333년이 된다고 한다.

BCE. 1000년 경 재배되었다고 추정하며, 고조선 후기와 고구려, 신라, 백제 삼국시대를 고대국가 성립 시기로 국사학자들은 보고 있다.[84] 고조선은 가장 발전된 족장사회 부족 연맹국으로서 대동강~요하(遼河) 유역의 광대한 영토를 지배했고, 송화강 유역에는 부여(夫餘)가, 한강 이남은 진국(辰國)과 삼한(三韓)이 지배했다.[85] BCE. 10세기 경 한반도 출토유물 청동검, 청동화살은 이 시기 왕과 정치조직의 농민 지배상태를 보여준다.

고조선 관련 역사기록에는 BCE. 5세기 경 왕(王), 비왕(裨王), 상(相), 대신(大臣) 등의 신분이 나타난다. 한서(漢書) 지리지(地理志) "조선(朝鮮) 민(民) 범금(犯禁) 팔조(八條)" 기록에서 '민(民)'은 고조선 피지배층을 뜻했다. 부여(夫餘) 지배층은 군왕(君王)과 제가(諸加)였으며, 중간 계층은 읍락(邑落)을 지배한 부유층 호민(豪民)이었고, 피지배층은 읍락 거주민(民), 하호(下戶), 노비(奴婢)'였다.[86] 부여 '민(民)'은 자유민으로서 군사동원의 핵심 기반이었고 하호, 노비는 군사동원에 제외된 전쟁 포로였다. 삼한 사회 '민(民)'은 누에치기, 뽕나무 심기, 면포를 제작하는 농업생산경제 기반 계층이었다.[87] 이렇게 한반도 '민(民)'은 자유로운 일반 주민으로서 생산경제와 군사동원, 부역(賦役)을 담당한 피지배층이었다. 고구려 일반 서인(庶人)은 「지주-일반민-용작인(傭作人-소작인)」으로 구분되었고, 상환능력 없는 소작인 노비는 당시 '재산'이 신분을 결정한 중요 요인이었음을 보여준다.[88]

고려 '민(民)'은 귀족을 제외한 모든 평민(平民)으로서 조세와 부역을 전담

84　이기백 외, 『한국사 4』, 김정배의 초기국가, (1991), pp. 4~8

85　이기백 외, 동상서, 이기백의 한국사 전개, Ⅲ 귀족의 탄생과 왕권의 강화, (1991), pp. 4~5.

86　조법종, 동상서, pp. 111~115.

87　조법종, 동상서, p. 121.

88　조법종, 동상서, p. 127.

했다. 이들은 양인(良人) 또는 서인(庶人)으로 불렸다. 그들 직무는 향리, 군인, 잡류(雜類), 향·소(所)·부곡인, 진척(津尺), 역민(驛民), 공장(工匠), 상인이었으며, 조세와 현물 납품 공부(貢賦), 토목공사 노동 요역(徭役), 지방군 동원 군역(軍役)을 전담했다.[89] 고려 전기 귀족과 평민의 신분 구분은 후기 공민왕 집권 시에는 사류(士類), 향리, 기인(其人), 군인 등 중간층 신분이 등장했고, 이후 조세 부역은 순수 평민인 농민 전담이 되었다.[90]

조선 시대 '민(民)'은 양반, 중인(中人)을 제외한 '상민(常民)'으로서 농민, 공장(工匠), 상인들이었다. 상민은 관료진출에 법적 제한은 없었으나 교육 받을 기회가 거의 없어 진출은 사실상 불가능했다. 교육 기회는 신분 상승의 결정적 요인이었다. 조세, 역, 공납 등을 전담했던 상민은 교육비용과 시간을 감당할 수 없었다. 조선 시대 신분 계층은 능력에 따라 상하 이동이 자주 나타났다. 조선 후기에는 천인(賤人)의 양반 진출이 눈에 띄게 증가했다.

조선의 유학 지식층 양반은 상민과 전혀 달리, '의무 없는 무소불위(無所不爲) 특권'을 누렸다. "양반은 사농공상(士農工商)에서 사족(士族) 최상급 신분으로 경제적 지주층이자, 정치적 지배층이었다. 그들은 '유학을 업(業)으로' 주요 관직과 제반 특권을 모두 독점해 명교(名敎) 예법(禮法)을 주도한 국가지도층이었으나, 정신적 의무 이외에 어떤 책임과 의무도 지지 않는 최상의 특권을 누렸다.[91]

동아시아 '민(民)'은 서양 시민과 전혀 다른, 철저히 왕권에 종속된 피지배층이었다. 모든 세금과 부역은 '민(民)'의 의무였고 지배층은 '의무 없는 특

---

89 이기백 외, 『한국사 12, 고려 전기 경제 사회 사상교육 문화』 Ⅰ 사회구조, 1. 신분 구조 (홍승기) (국사 편찬위원회, 1991). pp. 17~19, 47~75.

90 하태규, "고려 시대 백성의 개념과 그 존재 형태: 고려 평민 신분 이해를 위한 시론" 『국사관 논총 제20집』, pp. 98~105.

91 이수건, 『한국사 25, 조선 초기의 사회와 신분 구조(김진봉 외)』의 개요 (이수건) (국사편찬위원회, 1991), pp. 5~8

권'만을 즐겼다. 왕의 신민(臣民)으로 수천 년을 견딘 동아시아 민(民)은 계몽사상에 깨어난 근대 서양 시민들과 너무나 큰 차이가 있었다. 한자 문화권 '민(民)'은 99% 문맹이었으며 생존본능의 힘을 독창적으로 발휘할 만큼 깨어있지 못했다. '19세기 한반도 식민지 전락'은 서양과 생존술 지식의 거대한 차이가 빚어낸 당연한 결과였다.

동아시아 대륙은 수천 년을 군주전제주의, 신민(臣民) 의식, 성인(聖人) 숭배 정치사상이 확고히 지배했던 지역이었다.[92] 동아시아는 수천 년 왕정 독재 폭정을 바꾸려는 시도 자체가 거의 없었던 참으로 기이한 현상이 지속된 지역이었다. 한반도는 유학에 세뇌된 '왕권 비판 불가능 사회'였다. "비판 정신없는 사회는 미래가 없는 사회"라는 프랑스 어느 석학 주장 그대로였다. 후세학자들은 당시 유학자들을 '왕이 길들인 지식인'으로 불렀다. 한반도 어용학자(御用學者)들은 수천 년을 그렇게 득세해 특권을 누려왔었다. 주나라 쇠퇴로 인간 중심 정치사상과 지식혁명이 폭발했으나, 한무제(漢武帝)의 정치 이념 도구로 선택된 유학은 왕권 절대복종을 주도했다. 1911년 청(淸) 멸망과 1910년 조선 멸망까지 '잘못 사용된 유학(misused Confucianism)'은 수천 년 백성 고통을 가중하기만 했다.[93]

서양 지중해 지역 족장(族長)사회는 시민(people)이 도시국가 건설을 주도했다. BCE. 약 6,000년 경 동서 교류 중심지 메소포타미아 수메르에 신정(神政) 도시공동체가 형성되었다. 그 지역은 도시혁명과 설형문자 발명으로 야만인 생활이 서서히 사라지고 3계급(전사 귀족, 상인·공인, 노예) 신분이 형성되었다. BCE. 1581년 메소포타미아 문명 영향을 받은 그리스 아

---

92 류쩌화(劉澤華), 동상서, 서문, (글항아리, 2019)

93 Benjamin Isakhan and Stephen Stockwell (eds), *The Secret History of Democracy* (palgrave macmillan, 2011), p. 61.

티카(Attica)에 초대 왕 케크롭프스(Cecrops)가 집권했다. 아티카(차후 아테네)는 이오니아인 4개 부족(tribes)-12개 씨족연맹-360개 씨족'의 도시국가였다.[94] 1개 씨족 연맹체는 10개 씨족, 1개 부족은 3개 씨족 연맹체(30개 씨족)였다.

『도시국가 아티카 360개 씨족을 완전히 통합한 왕은 4대 테세우스(Theseus)였다. 그는 360개 씨족을 '강제 아닌 설득'으로 통합해「왕 없는 국가(commonwealth without monarchy), 시민 정부, 민주정(democracy)」을 약속했다.[95] 그는「전쟁지휘관과 법의 수호」두 가지 의무만을 남기고 왕의 권한 모두를 시민들에게 반환했다. 그는 '귀족, 농부, 기능인' 3개의 신분을 수평적으로 규정하고 각각의 역할과 기능을 부여했다. BCE. 776년 경(제1회 올림픽 개최년도) 귀족과 평민 대립 격화로 '왕의 사무실(office of basileus)'은 폐지되고 '집정관 아르콘(archon)'이 신설되었다.[96]』

BCE. 594년 아테네 군인 정치가 솔론(Solon)이 아르콘으로 선발되었다. 그는 토지재산 수익을 중심으로 시민 계층을 4개 수평적 신분으로 재분류하고, 그에 상응한 참정권과 군사적 의무를 부여했다. 솔론은 금권정치로 400인 시민 평의회를 신설하고 시민 중심의 '민주정' 기반을 마련해 귀족 정치 탈피를 시도했다. 그러나 솔론 이후 BCE. 546년 참주(tyrannos) 독재가 다시 나타났다. BCE. 510년 클레이스테네스는 참주 독재자 히피아스

---

94   Alan Pakin, Social Class: Historical origins and Psychological influences (1961), pp.178~184.:

95   Plutarch, *The Lives of The Noble Grecians and Romans* translated by John Dryden, and revised by Arther Hugh Clough (digitized by internet Archive in 2007) p. 15~16.

96   Lewis H. Morgan, 동상서, pp. 267~284.

를 쫓아내고 모든 시민의 평등한 참정권을 부여하였고, 마침내 BCE. 508
년 아테네 민주정을 시작했다. 테세우스 왕의 약속 '시민의 정부(people's
government)'는 솔론의 개혁과 클레이스테네스 민주정 정착까지 약 1,000
년이 소요되었다.

아테네 시민이 이렇게 획득한 참정권은 「시민권」으로 불렸다. 고대 그리스
는 인구 50% 이상이 노예인 사회였다. 아테네는 '귀족-평민' 타협의 결실인
시민권을 약 2만 명의 아티카 씨족에게만 부여했다. 아테네 순혈주의 시민
권 제도는 정복한 주변국 주민을 융합하지 못하고 지중해 영역 확장 능력을
상실하며 로마에 지배당했다. 반면 인접 로마 공화정은 정복민에게도 시민
권을 부여하는 군사제도를 도입해 대제국으로 성장했다.

BCE. 753년 로물루스가 로마를 건국하고 왕으로 추대되었다. 그는 자신
을 추대한 씨족장 100명을 왕의 자문기구, 원로원(the senate) 회원에 임명
했다. 로마 초기정부는 지배기구가 아니었다. 로마 초기 사회적 신분은 재
산(property), 농경지, 가축의 수로 결정되었다. 왕과 정부(government)는 공
익사업(public services)에 집중했다. 고대 로마는 외부 침략전쟁에 대응하면
서 '평민(民)'은 병사로, 귀족은 지휘자로 참전했다. BCE. 213년 로마 통치
자들은 한니발과 제2차 포에니 전쟁을 치르면서 극심하게 부족한 군사력
충원을 위해 새로운 방법을 채택했다. 바로 면제되었던 하층민 군사동원과
정복한 주변국 노예를 군에 복무시켜 충분한 보상을 지급하는 방법이었다.
하층민 군 복무자에게는 전역할 때 정착 농지를 지급했고, 노예들에게는 로
마 시민권을 부여했다. 로마군 지휘관들은 정복한 주변국 주민 참전을 독려
하면서 시민권을 약속했고, 주민들은 시민권을 위해 로마군에 자발적으로
참여했다. 로마제국 1500년 패권 원동력은 군사력이었다. 로마 군사력은
상대보다 압도적으로 우세한 병력충원제도였는데, 그 기반은 로마 시민권

제도였다. 오늘날 미국이 외국인 군사 복무자에게 시민권과 충분한 봉급을 보장하는 미군 군사제도와 유사하다.

◆ 공동체 통치체제: 왕정→공화정→민주정 생존사업 체제순환 사이클[97]

> 「유럽국가에 아시아 왕국 같은 '절대권력'은 존재할 수가 없었다.
> 도시민과 상인의 "부와 생존사업 자주권 경쟁"이 계속되었기 때문이다.[98]」

고대국가 법은 지배층 이익 보호를 위한 강제 장치였다. 동서양 모든 왕은 '민(民)'이 아닌 왕권과 지배층 이익 보호에 집중했다. 민의(民意)가 표출되기 시작했다. 씨족공동체 사회가 부족 연맹국으로 전환되면서 사회적 하층 계급으로 전락한 평민은 군사동원과 부의 불균형, 경제적 불평등에 대한 불만이 폭발했다. 그 불만은 식량부족 문제였다.

공동체는 언제나 '전쟁과 평화' 선택에 최종 직면했다. 평민의 전투 현장 투입은 증가했고, 귀족 지배층 권력남용은 더욱 심해졌으며, 평민 생존이익은 치명적 위협을 받았다. 평민들은 왕과 귀족을 향해 집단 저항하기 시작했다. 평민은 생존이익을 위협당할 때 언제나 그들을 대변할 지도자를 선택해 저항했다. '민(民)의 저항'은 수천 년 동서양 왕조 멸망을 주도하며 생존이익, '식량 보장' 정치개혁을 끝없이 추구했다.

BCE. 700~500년 경 고대 그리스-로마 평민들은 왕정 폐지 정치개혁을 단

---

97   Niccolo Machiavelli, *Discourses on Livy (1531)* translated by Julia Conaway Bondanella and Peter Bondanella (Oxford world classics, 2008), p. 24~25.

98   Daniel R. Headrick, Technology: A World History (Oxford Univ.Press, 2009), p. 89.

행했다. 그리스 아테네는 왕정을 폐지하고 귀족 집단 지도체제 공화정을 만들었으나 평민 불만은 지속되었다. 마침내 솔론과 클레이스테네스의 정치개혁이 민주정을 수립했다. 아테네 민주정은 시민이 통치권을 직접 행사하는 인류 최초 직접민주주의 정치체제였다. 한편 스파르타는 왕정을 유지하며 평민회와 공동으로 통치권을 행사하는 '왕정-공화정' 혼합 정치체제를 유지했다. 로마는 왕정 폐지 이후 원로원 중심 공화정 체제로 평민과 타협 정치를 계속했다. 시저 암살 이후 옥타비아누스 아우구스투스 황제가 집권하면서 공화정은 유명무실해졌으나 시민권을 중심으로 이익을 조정하는 '귀족-평민 타협 정치'는 계속 유지되었다.

고대 그리스-로마 「시민권」은 국가정책 선택의 근본이었다. 시민으로 구성된 민회는 '평민 권리'를 법률로 보장했고, 시민의 이익 대변자, 집정관을 중심으로 마법처럼 하나로 뭉쳤다. 시민권 제도는 전체 시민을 「같은 마음의 소리」로 만들었고 그리스를 지중해제국으로, 로마를 유럽제국으로 만들었다. 그리스-로마시민의 귀족과 타협 정치는 「좋은 정부(good-government), 좋은 리더」를 찾는 전통을 만들었고, 18세기 미국 독립혁명과 프랑스혁명으로 계승되어 현대 자유민주주의 기원이 되었다.

1789년 프랑스혁명은 수천 년 평민 불만이 대폭발한 사건이었다. 프랑스혁명은 대폭발했으나, 평민의 꿈은 폭발로 끝났다. 구체제(Ancient-Regime) 절대왕정은 나폴레옹 왕정으로 이름만 바뀌었을 뿐 프랑스의 정치적 혼란은 20세기까지 지속되었다. 프랑스혁명 지도자들과 후세 정치사상가들은 그 원인을 찾아 끝없는 논쟁을 반복했다. 프랑스혁명으로 자유를 갈망한 평민의 꿈은 사회주의 좌파 운동으로 연결되었으나 소련 사회주의 독재 붉은 혁명과 히틀러 전체주의 독재 폭정에 또다시 좌절되었다. 그리고 승자와 패자 모두를 파멸시킨 제2차 세계대전과 미소 냉전으로 이어졌다.

1991년 냉전 종식 이후 전문가들은 '자유민주주의 지구촌'을 예상했으나 그 판단은 또다시 크게 빗나갔다. 21세기 인류학자들 연구로 루소의 원시인류 공동체 평화는 허구로 가득한 환상이었음이 드러났고, 폭력살육의 공포와 위험이 원시 사회 일상이었음이 확인되었다. 2022년 2월 러시아의 우크라이나 침략전쟁은 세계「민주-독재」대결을 본격화했다. 2025년 현재 세계국가 50% 이상이 독재 폭정과 군사 전쟁에 시달리고 있다.

「생존본능의 힘」극대화에 성공한 대표적 두 국가가 있다. 칭기즈칸 몽골과 2천년의 망국을 극복한 벤구리온 이스라엘이다. 세계 최대 영토정복자 칭기즈칸은『손자(孫子)』생존 법칙, 도(道)를 실천한 리더였다. 칭기즈칸은 군사 전쟁 사업 노획물을 공평하게 분배한 논공행상(論功行賞)으로 유명한 리더이다. 그는 언제나 군사 전쟁사업으로 획득한 재화를 몽골 부족 모든 '민(民)'에게 공평히 분배했다. 칭기즈칸의 공정한 논공행상은 몽골족의 적극적이고 자발적인 참전과 절대 충성의 전통을 만들었다. 그 힘을 바탕으로 칭기즈칸은 유라시아 대부분을 단시간 점령해 역사상 세계 최대 정복국가를 완성했다. 칭기즈칸의 또 다른 중요한 정책은 '정복지역 부족민 포용 정책'이었다. 그는 모든 정복민 전통을 존중하고 몽골족과 차별 없는 평등한 대우를 보장했다. 대제국을 건설한 로마가 정복민에게 부여했던 시민권 제도와 똑같은 원리를 칭기즈칸도 사용했다. 정복지역 공동체를「같은 마음의 소리」로 만들어 하나의 통치체제로 융합시킨「자유와 평등」의 원리였다. 칭기즈칸은 자신이 겪은 수많은 고난 극복 경험을 통해 「생존본능의 힘」이 얼마나 위대한가를 정확히 통찰했다. 그러나 원(元)나라는 몽골 아닌 대도(大都, 현재 북경)에 수도를 두고 유학을 통치이념으로 선택한 치명적 실책을 범했다. 이 선택은 몽골족 전통과 주체성을 상실

케 했고 원은 건국 97년(1271~1368) 만에 멸망했다.[99]

1948년 5월 14일 16시! 이스라엘 수상이자 국방상 벤구리온은 독립헌장을 읽어 내려갔다. 이스라엘의 국가 '희망((Hatiqva)'이 울려 퍼졌다. CE 70년 유다 국가멸망 이후 1,878년 만에 이스라엘 재건 독립이 선언되었다. 바로 그날 밤, 아랍 5개국 연합군이 기습 공격했다. 이스라엘은 1920년 하가나(자위대) 창설 이후 최초로 압도적으로 우세한 아랍 연합군 공격을 격퇴했고, 놀랍게도 아랍국가 영토를 오히려 점령 확장해 나가는 마법의 힘을 발휘했다. 1960~70년대 이스라엘군 전략 전술은 세계 군사전략 표준으로 취급되었다. '적 위협 징후 조기경보'를 최전방 제일전선이라고 선언한 이스라엘은 정보기관을 통한 예방전쟁을 계속해 왔다. 미국은 이스라일-아랍 전쟁 교훈을 기초로 '조기 경보 항공기' 개발을 시작했고, 아폴로 우주계획과 함께 21세기를 선도하는 초일류 정보기술 혁명을 이끌고 있다. 이스라엘의 실시간 조기경보-타격체제는 2011년 아이언 돔 전력화 배치로 이어졌다. 이스라엘은 세계 무인기와 조기경보 레이다 기술을 선도하며 2022년 세계 10대 방위 산업 강국에 이름을 올렸다. 2023년 이스라엘은 건국 75년을 맞았다. 그들은 예수가 아닌 전통 유대교 신앙을 고수한다. 유대교는 망국 유랑생활에서도 그들 종족의 희망이었다. 미래도 그럴 것이다. 유대교는 그들의 「같은 마음의 소리」를 지켜준 핵심 도구이기 때문이다.

동아시아 대륙은 유학을 「백성 마음의 소리」 대변자로 착각해 왔다. 2025년 지금도 그렇게 착각하는 학자들이 많다. 그러나 동아시아 흥망역사는 유학이 정반대 역할에 충실했음을 분명하게 알려준다. BCE. 6세기 경 공자(孔子)는 쇠퇴하는 주(周)나라 부흥을 위한 역사서 『춘추(春秋)』를 기술

---

[99]　몽골족의 동아시아 대륙지배 기간은 금(金)나라 정복 1234년부터 원나라 멸망 1368년까지 134년이다.

했다. 『춘추(春秋)』는 노나라 제후 은공(隱公)~애공(哀公) 242년 역사 기록(BCE. 722~479)을 공자가 재편집한 책이다. 『춘추』는 후세 유학자들이 국가를 바라보는 기준이 되었고, 이를 "공자 필법"으로 불렀다.

공자는 주나라 종법 제도를 이상적 국가체제로 규정해 재건을 주도했다. 주나라는 분봉제(分封制) 기반의 '씨족공동체 봉건국가'로서, 인류학적 부족 연맹 읍제(邑制) 국가였다. 가족공동체 장자 상속 '종법(宗法)' 제도를 통치 수단으로 사용했고, 목재와 석재 농업 기구를 사용한 부족 연맹체였다.[100] 주나라 왕실 관직 제도와 전국(戰國)시대 각국 제도를 기록한 책이 『주례(周禮)』이다. 모든 국가 조직과 관직은 수직적 위계를 기준으로 했다. 공자는 주나라 말기 혼란 상황을 예법이 무너진 현상으로 인식했다. 예(禮)는 '국가를 가족으로' 규정하여 명령-복종 위계를 확립하고 안정을 추구했던 통치개념이다. 부자유친(父子有親), 군신유의(君臣有義)는 대표적이다. 공자는 주나라 예법 「씨족공동체 종법 질서」를 이상향(理想鄕)으로 상정해 『춘추』를 기술했고, 하은주(夏殷周) 역사서 『서(書)=서경(書經)』을 재정리했다. 공자는 가족 질서(order) '효(孝)'를 '충(忠)'으로 확대한 국가 질서 '예(禮)' 회복을 목표로 했다. "군군(君君) 신신(臣臣) 부부(父父) 자자(子子)"는 이러한 질서를 말해준다. 중원 대륙이 '질서 있게 하나 되는 대일통(大一統)'이 공자가 『춘추』를 재편집한 의도라고 후세학자들은 말한다.

『춘추』는 『서경』과 함께 유교 사상의 원전으로 취급되었다. '춘추시대'란 주나라가 낙읍으로 천도한 BCE. 770년부터 제후국 진(晉)이 한(韓), 위(魏), 조(趙)로 분리된 BCE. 403년까지를 말하는데, 그 명칭도 『춘추』에서

---

100   글로벌 세계 대백과사전, 세계사/인류 문화의 시작/제2기 문명 : 주의 봉건제도 (2022년 8월 8일 검색)

유래되었다. '전국시대'는 BCE. 403~221년 진(秦)통일 역사를 기록한 유향(劉向)『전국책(戰國策)』에서 유래된 명칭이다. 춘추전국시대는 철제무기 혁명의 시대였다. 주나라 약 1,400개 읍과 약 180개 제후국이 5~10개국으로 통폐합되어 고대 중앙집권 왕권 국가가 성립된 시대다. BCE. 7~3세기(BCE. 750~480년)는 고대 그리스(508년 아테네 민주정), 로마(BCE. 753 건국, 509~27년 공화정) 국가성립 시기이기도 하다. 인류가 종교적, 철학적 통찰과 공동체 정치실험을 반복한 청동기 말기, 철기 초기이다. 신권정치가 인간의 정치로 바뀌고, 민(民)-귀족의 생존이익 투쟁으로 '왕정, 공화정, 민주정' 국가체제가 실험된 시기였다.

로마제국은 그 폭이 북쪽으로 아틀라스 산과 북회귀선에 이르는 2,000마일이 넘었고, 길이는 대서양에서 유프라테스강까지 3,000마일이 넘었다.[101] 로마 영토정복은 대부분 공화정 시대에 이룩되었으며, 제정 시대 황제들은 영토 유지에 만족했다.[102] 로마 정치가 키케로(Marcus Tullius Cicero, BCE.106~43)는 공화정의 미래를 염려해 로마정치사 토론내용을 『공화정(De Res Publica)』에 기록했다. 리비우스(Titus Livius, BCE.59~CE.17)는 공화정 발전과정을 『로마의 역사(BCE. 753~BCE. 9년)』에 기록했다. 전체 142권 중 35권만 남은 리비우스 역사서는 시민-귀족 투쟁을 중심으로 「군주제→공화정→제국」의 변천과정과 자유인-노예시민권 문제를 집중해 다루었다.

마키아벨리는 『로마사 논고(discourse on Livy)』에서, "민(民)이 지배한 아테네 민주정은 100년 지속되었으나, '왕-귀족-민'의 공동통치제 스파르타

---

101   Edward Gibbon, 동상서, p. 30.

102   Edward Gibbon, *The History of the decline and fall of the Roman Empire* 「로마 제국 쇠망사 1권, 번역 윤수인/김희용」 (민음사, 2010), p. 2.

공화정은 800년 지속되었다."라면서, 「왕정→공화정→민주정」 변화를 정치 체제 순환 사이클이라고 평가했다.[103] 로마의 역사는 '민-귀족'의 생존이익 투쟁과 정치체제의 변화 상관관계를 잘 보여주고 있다.

귀족-평민, 지배-피지배, 독재-민주! 세 가지 유형의 대립관계는 인류 생존 사업을 정치체제 문제로 규정했다. 정치 이념과 체제 논쟁은 1991년 소련 공산 사회주의독재 체제가 붕괴한 냉전 종식과 함께 끝나는 듯했었다. '역사의 종언'이란 말이 나오기도 했다. 그러나 2022년 러시아의 우크라이나 침공은 「독재(autocracy)⇔민주(democracy)」 정치체제 전쟁을 다시 촉발했다. 러시아 의 우크라이나 침공은 핵 초강대국이 주변국을 침략한 최초 사건이다. 세계 핵 전략체계와 국제질서를 바꾼 러시아-우크라이나 전쟁은 특히 한반도 핵 전쟁 위기에 변곡점을 제공할 중대 사건이 아닐 수 없다.

인류의 지식축적은 '생존과 죽음'을 고민한 선각자들을 등장시켰다. 석가 (BCE. 560~480), 공자(BCE. 551~479), 소크라테스(BCE. 469~399), 플라톤 (BCE. 428~348), 아리스토텔레스(BCE. 384~322), 예수(BCE. 7~CE 30), 무함 마드(CE 570~632)가 태어났다. 「자유, 평등, 평화」 세 관념이 지구촌 전체로 전파되기 시작했다. BCE. 4~1세기 인류 4대 성인(聖人)의 동시 등장은 우연 이 아닐 것이다. 그 시대는 끝없는 약탈, 파괴, 학살을 반복한 군사 전쟁사업 의 시대였다. 선각자들은 군사 전쟁사업에 갇힌 '생존과 평화', '자유와 평등' 그리고 '부민(富民) 안국(安國)'을 깊이 고민했다. 선각자들 고민은 인류 영혼 에 안식처를 제공한 현대종교 기반을 제공했다. 원시 종교가 기복신앙에 기 반했다면, 현대종교는 '자유와 평등' 그리고 '평화'를 고민했다.

---

103   Niccolo Machiavelli, 동상서 (2008), p. 26.

종교는 인류생존과 관련된 문화적 행동의 상징체계이다.[104] 원시 인간에게 가장 큰 공포는 능력을 초월한 외부 위협과 죽음의 질병이었다. 원시 종교는 이를 극복할 의지와 신념체계를 제공했으며 질병의 정신적 육체적 치료법을 제공했다. 원시 사회 주술사는 공동체 최고의 현자요, 의사요, 지식 보유자였다.[105] 그래서 모든 공동체의 왕은 통치자이며 대제사장이었다. "국가 대사는 제사와 군사에 있다"라고 명시한『춘추』역사기록은 이를 말해준다. 종교는 인간의 삶에 대한 정신적 영성(spirituality)과 도덕적 가치를 관련지어 왔다.[106] 현대 모든 종족공동체가 전통 종교를 신념체계로 신봉하면서 그들 삶에 대한 가치와 의미를 부여하는 이유이다. 종교의 자유는 인간의 삶 자체를 규정하는 중대한 일이다. 아인슈타인은 종교, 예술, 과학을 '같은 나무의 다른 줄기'라고 말했다.

종교는 국교(國敎)로 공인될 때 생존공동체에 심대한 정치적 영향력을 미쳐왔다. BCE. 560년 석가는 공자보다 10년 일찍 태어났다. 석가 불교사상에 녹아있는 수많은 번민과 공포극복 의지는 현대와 조금도 차이가 없음을 보여준다. 석가의 깨달음과 구원 사상은 동아시아 대륙에 전파되어 모든 종족공동체에 사상적 회오리를 일으켰다. 유학과 경쟁하며 발전되었고, 이스라엘 예수에게도 깊은 영향을 주었다고 일부 학자들은 주장한다. 한반도는 불교 호국 사상이 깊게 뿌리내려 있다.

BCE. 551년 태어난 공자는 왕정(王政)을 이상국가(理想國家)로 본 유학을 교육하며 주나라를 주유했다. 공자가 교육한 과목은 육예(六藝)로서, '예

---

104   Robert N. Bellah, *Religious Evolution* given as an open lecture at the University of Chicago (Harvard univ. 1963)

105   Friedrich Ratzel translated by A. J. Butler, *The History of Mankind, 7. Science and Art* (London Macmillan and Co., 1896), pp. 65 ~76.

106   Council of Europe, *Religion and belief* in Manual for Human Rights Education with Young People (2023)

(禮)·악(樂)·사(射)·어(御)·서(書)·수(數)' 여섯 가지 생존기술이었다. 예는 제사 예법이다. 악은 음악이다. 사(射), 어(御)는 활쏘기 말타기 전차 타기 등 전쟁기술이다. 서(書)와 수(數)는 문자 지식과 숫자 계산이다. 여섯 가지 교육 과목은 공자 시대 생존기술이 무언가를 말해준다.

'유(儒)'는 본래 제사 예법을 담당한 관리의 직책 명칭이다. 공자『춘추』에서 시작된 유학은 분서갱유(焚書坑儒) 수난을 당했으나, 진의 조기 멸망으로 대전환점을 맞이했다. 한무제(漢武帝)가 동중서(董仲舒) 현량대책(賢良對策)을 통치이념으로 채택해 유학을 관학으로 지정했기 때문이었다. 한무제는 전국에 유학 교육기관을 설립해『춘추(春秋)』대일통(大一統) 사상을 국가정치이념으로 교육했다. 동아시아 최초의 통치이념 백성세뇌 교육이었다. 왕의 의도로 백성을 세뇌한 사상 최초 교육정책이었다. 한무제는『역(易)』,『서(書)』,『시(詩)』,『예(禮)』,『춘추(春秋)』의 오경(五經)박사를 두고 시험으로 능력을 평가해 관리를 선발하는 수(隋)나라 과거(科擧)를 선도적으로 시행했다. 이는 기존 혈족 종법 제도기반의 관리선발체제를 '유학시험 체제'로 바꾼 혁명적 변화였다. 유학(儒學)은 국가이념이 되었고 모든 문물, 제도, 윤리, 도덕은 유가 5경과『악(樂)』,『논어』기반으로 재정립되었다.[107] 유학은 절대적 영향력을 발휘하며 '종교 유교(儒敎)'로 신봉되었다. 종교 유교는 국가 정치이념과 사회도덕 윤리 규범으로서 동아시아 대부분 국가를 19세기까지 지배했다. 유교는 가족 효(孝)를 충(忠)으로 만든 왕권 통치 사상이자「절대복종」이념의 실천 종교였다.[108]

유교 '절대복종' 위계 사상은 21세기에도 동아시아에 치명적 영향력을 미

---

107 위키백과, 중국철학-문헌 경학 시기 (인터넷 검색일: 2022년 2월 14일)

108 류쩌화(劉澤華), 동상서, p. 196.

치고 있다. 김정은 정권이 국경폐쇄로 주민을 외부와 단절시키고 '수령 절대복종'을 세뇌하는 정책은 화석화된 유교 통치방식이다. 중국 시진핑 또한 언론-인터넷을 수단으로 중국몽과 중화 민족주의를 세뇌 교육하고 있다. 시진핑은 전국에 실시간 디지털 주민감시체제를 설치 · 운용하고 있다. 디지털 감시체제는 외부 정보와 차단된 국민을 사회주의 이념으로 세뇌 교육하는 공산당 절대복종 습관화 도구로 자리잡았다. 19세기 왕의 도구 유교가 21세기 김정은-시진핑 도구로 바뀌었다.

BCE. 469년 소크라테스가 태어났고 제자 플라톤은 BCE. 428년 경 태어났다. 플라톤은 '철학자 왕(philosopher king)'이 통치하는 철인정치 왕정 이상국가(理想國家)를 주장하며 아카데미아에서 제자들을 교육했다. 소크라테스는 귀족정(aristokratia), 명예정치(timokratia), 과두정(ὀλιγαρχία), 민주정(δημοκρατία), 참주정(τύραννος)으로 정치체제를 구분했고 이 개념은 플라톤, 아리스토텔레스, 마키아벨리에게 계승되었다. 플라톤의 아카데미아는 CE. 529년 유스티아누스 황제의 폐쇄까지 약 1,000년 동안 존속했고 르네상스 시대를 거쳐서 오늘날 대학교육 기관으로 재탄생했다.

예수(BCE. 4년 경~A.D.33)는 "신은 사람을 동등하게 만들었다. 네 이웃을 내 몸과 같이 사랑하라"라고 외치며 순교했다. 서양 가톨릭교는 로마 국교로 공인되면서 유럽 전역에 절대적 영향력을 미쳤다. 바로 예수의 「자유와 평등사상」이었다. 로마인들을 사로잡은 가톨릭 사상은 죽음을 두려워하지 않는 신념체계와 신분 귀천 없이 모든 인간은 똑같다는 만인 평등사상이었다. 노예국가 그리스에서 "신이 노예로 만든 사람은 없다."라고 외쳤던 알키다마스(Alcidamas)나, "그리스도 안에서 그리스인과 유대인, 바바리아인, 스키타이인은 없다."라는 바오로 성인의 말은 모두 「자연 평등사상」이었다.[109] 예수는 부활하는 내세(來世) 구원 사상을 강조했다. 예수 탄생의 서력기원(西曆紀元: 약칭 서기)을 지구촌 모든 국가가 채택한 것은 예수 사상의 위대함을 보여준다. CE 313년 로마제국이 가톨릭교를 공인한 밀라노 칙령은 서양문명 「자유, 평등」의 사상적 뿌리가 되어 절대적 영향력을 미쳤다. 개인은 밀라노 칙령 이후에 새롭게 탄생했다고 말할 정도였다. 19세기 이후 '자유, 평등, 인권' 기독교 사상은 자유민주주의 시장경제의 사상적 원천으로 작용했다.

◆ 「식량 활동의 '자유(Liberty)'」 생존본능은 교육본능으로 진화했다.

문자 발명 이후, 인류 최대 관심사는 미래 생존기술 교육에 집중되었다.[110] 인간은 태생적으로 자유로운 생존기술 학습본능을 갖고 태어난다. 모든 생명체가 본능적으로 생존기술을 학습하듯이, 인간은 생존기술을 '교육하는(educate)' 동물이다. 인류생존은 학습 본능의 자유의지 '자기 갱신(self-renewal)' 과정이다.[111] 갓 태어난 어린아이는 생존을 향한 「배움의 본능」을 갖는다. 어린아이들이 관찰과 놀이(play)를 통해서 도움 없이 복잡한 생존기술을 배우고 익히는 현상은 모든 생명체의 생존기술 배움의 본능으로 설명된다. 그러나 문자 교육을 통해서 생존기술 지식을 축적하며 「생존의 자유의지(free will for survival)」를 배양하는 것은 인간만의 고유특징이다. 그 자유의지는 교육본능(education: learning+teaching)으로 진화했다.

109　James Bryce, Modern Democracy Vol. 1. (the Macmillan Co., 1921), p. 61.

110　William Boyd, *The History of Western Education fourth edition* (Adam & Charles Black in London, 1947), p.1.

111　John Dewey, *Democracy and Education* (The Macmillan company, 1955-1916), P. 2~3.

2011년 미국 심리학자 피터 그레이(Peter Gray)는『배움의 자유(Freedom to Learn)』에서, 「교육 본능(educative instincts)」은 부모 가르침이 크게 제한되거나 없는 원시 사회 어린아이가 생존기술을 배우게 만든 자유로운 본능이라고 분석했다.[112] 그는 실제 사례로 "어린아이들은 그들 자신을 교육한다(Children educate themselves)"며 1968년 미국 메사추세츠 주에 설립된 '서드베리 계곡학교(Sudbury Valley School)'를 제시했다. 서드베리 학교는 4세부터 고등학생까지 어떤 선생도, 어떤 시험도, 어떤 통제나 강제도 없이 모두 스스로 '놀고 모험하며(play and explore)' 생존기술을 배우고 익히는 학교이다. 특히 일반 학교와 다른 중요한 특징은 학교 모든 규율과 규정을 전교생이 참여한 학생 회의에서 학생들 투표로 결정한다. 4살 아이에게도 똑같은 한 표 행사권이 주어진다. 교직원 모두가 학생들 투표로 1년 근무계약과 재신임이 결정된다.

인간의 교육본능은 수렵채집 협력사업을 위한 언어소통으로 가능해졌다. 인류 언어는 약 1백만 년 전 '발성 소리 언어(articulatory language)'가 약 50,000년 전에 '단어-문장식 소통 언어(propositional language)'로 진화되었고, 약 6천 년 전에 문자언어로 발전했다고 추정한다. 인류학자들은 배움의 본능이 가족공동체 식량-안전 보장기술을 발전시켜 마침내 농업혁명과 문자 발명을 가져왔다고 본다. 식량 획득기술은 수렵-채취에서 약탈 전쟁과 교환 거래를 거쳐, 내륙의 농업과 해안의 무역기술로 발전했다. 원시 교환시장(market)은 물품을 교환가치로 환산하는 암묵적 약정 상거래 전통을 수립하면서 자유경쟁 교환시장으로 발전했다. 이러한 문명교류와 발전은

112　　Peter Gray, *Freedom to learn: The roles of Play and Curiosity as foundations of learning* (Psychology today blog, 2011), p. 4~17

　대한민국과 「손자(孫子)」 : 국가흥망 선택게임

언어소통과 문자에 의한 체계적 생존기술 교육의 결과였다.

생존기술 진화에서, 「자유의지」는 도구와 무기 기술 혁명의 원동력이었다. 도구-무기 제작기술은 언어소통(communication)을 통해 다음 세대에 전파되었고 농업기술과 무역기술로 발전했다. 고대 그리스-로마 지중해 해상무역은 자유로운 상업활동을 통해 시민의 자유를 배양한 산실이었음을 역사는 기록하고 있다. 아테네는 BCE. 5~4세기 경 신분 차별 없는 시민교육을 장려했고, 평민 7~14세 남자들에게 무역기술을 교육했다. 아테네는 2년 군사훈련을 제외한 모든 교육을 사교육 학원에서 실시했다. 대표적 학원은 플라톤의 아카데미아(Academia)와 아리스토텔레스 라이세음(Lyceum)이었다. 당시 아테네 문자 해독율은 전체 시민의 약 5~15%였다. 고대 모든 사회 문자 지식층이 대체로 전체인구 0.1~1% 지배층뿐이었음을 고려하면 당시 아테네 시민 문자 해독률은 대단히 높은 수준이었다.

특히 아테네 정부의 '대중 교육장려 정책'은 어느 고대국가에서도 없었던 아주 특이한 현상이었다. 아테네 교육장려 정책은 알파벳 문자가 본격 사용된 BCE. 750~350년 경 나타난 현상이다. 이 시기는 민주정이 정착되고 도시국가가 가장 번영했던 아테네 최고의 전성기였다. 현대 학자들은, 아테네가 왕정을 폐지하고 민주정을 수립한 혁명적 통치체제의 변화가 알파벳 문자를 배운 시민들이 그들의 권리를 정부에 공식 주장하고 행동할 수 있었기 때문으로 분석한다. 아테네는 지중해 해상무역을 장악해 부를 축적했고, 주변 다른 도시국가들을 식민지로 복속시켜 번영을 구가했다. 20세기 존 듀이(John Dewey) 등 교육학자들은 「민주주의와 교육」의 깊은 상관관계를 주장하기도 했다.

알파벳은 유럽지역 언어로 발전되어 '자유와 번영'의 상징 문자가 되었다. 알파벳은 자기 생각을 말하는 대로 쓰고 읽을 수 있는 표음문자(表音文字)

이다. 언어는 인간 생명 활동(human biology)이다.[113] 문자를 말하는 대로 쓰고 읽는다면, 누구나 쉽게 배워 자유로운 의지대로 생명 활동을 영위할 수 있다. 알파벳 문자를 배우는 시간은 최대 2년으로 충분하다. 알파벳 문자는 아테네 시민의 자유로운 생각과 행동, 권리를 보장한 핵심 생존기술이며, 도구였다. 백성이 배우려면 최소 20년 이상 평생을 바쳐야 하는 표의문자(表意文字) 한자와는 근본이 다르다. 동아시아에 민주정과 공화성 정치사상의 부재가 한자 때문은 아닐까?

알파벳 문자는 자유로운 의사소통을 통해서 아테네 시민의 「자유의지」를 배양했다. 알파벳 문자를 배운 아테네 시민들은 지중해 지역의 우수한 상업(commerce) 거래와 해상무역 기술을 '쉽게 익혀' 주변 모든 국가를 장악했고, 주변국 선진 기술을 융합하기 시작했다. 로마 라틴어와 융합된 알파벳 문자는 영국, 프랑스, 독일, 스페인 등 모든 유럽국가 기본문자로 분화되었다. 역사적으로 알파벳 문자를 사용한 국가는 모두 번영했다. 중세 이탈리아 도시국가는 가족기업의 해상무역 기술을 알파벳 문자로 교육했다. 그들의 상업무역기술은 초기 자본주의 경제체제와 시민의 자유를 탄생시킨 르네상스 산실이 되었다. 반면, 알파벳의 원조 문자를 발명했던 메소포타미아와 이집트 등 중동지역 국가와 아시아 지역 국가는 아직도 알파벳 문자를 사용하지 않는다. 알파벳 문자 사용 여부와 국가 경제 발전은 어떤 깊은 관련성이 있을까?

BCE. 500년 경 공화정과 민주정을 수립한 지중해 지역과 절대 왕정 체제만을 지속했던 동아시아 대륙의 가장 큰 차이점은 「알파벳 문자 사용과 해상무역 발전」 여부에 있었다. 이집트, 메소포타미아, 황하 지역은 농업생

---

113   Jose' Morais, Literacy and democracy (UNESCOG, Center for research in Cognition and Neuro-science, 2017), p. 5.

산에 유리한 지역이었으나, 지중해 지역은 농경지가 협소해 필요한 물품을 해상 연안무역으로 교환하는 상업거래가 일찍부터 발전했다. 지중해 지역은 농업기술보다 무역기술을 최우선 교육했다. 해상 연안무역은 통제가 어려워 상대적으로 자유로운 생존사업으로 발전되었다. 자유로운 해외 무역사업은 중세 마르코 폴로가 수억 만 리 원나라『동방견문록』을 저술하는 역사적 기회를 부여했다.

「문맹(文盲)은 노예 사슬과 같으며, 문자해독능력은 자유를 얻는 결정적 도구다.」[114] 생존사업전쟁에서 부를 창출한 원동력은 「개인의 자유」였으며, 국가 지배층은 비밀 고등교육으로 후손을 지식층으로 양육해 그 자유를 독점했다.」

개인과 공동체는 생존에 충분한 재산축적을 절실히 추구한다. 새로운 부는 그러한 자유롭고 공정한 생존사업 경쟁으로 창출된다. 인류는 언제부터인가 새로운 부를 창출하는 자유로운 시장경쟁 원리를 최대 활용해 왔다. 「개인의 자유」는 자유경쟁 시장을 발전시켜 왔고, 「자유경쟁」은 사유재산 축적을 촉진하며 초기 자본주의(capitalism) 시장경제 발전을 주도했다. 미국 독립혁명과 프랑스혁명은 바로 '인간의 권리(Man of Rights) 선언'으로 개인의 자유 보장을 외친 혁명이었다.

1989년 소련 공산당 사회주의(socialism) 명령경제 체제가 몰락했다. 사회주의 경제체제는 모든 사유재산을 강제 몰수해 식량과 생필품 등을 강제 분배했었다. 개인의 자유로운 경제활동은 금지되었었다. 1917년 소련 공산주

---

[114] Jose' Morais, 동상서 (2017), p. 13.

의 혁명 세력의 목표는 지배-피지배 계층 없는 「절대 평등 국가체제」 실현
이었다. 스탈린은 "전체는 하나요, 하나는 전체" 구호를 내세웠다. 모택동
의 대동(大同), 대일통(大一統)과 같은 구호이다. 절대 평등은 자유로운 개
인의 선택을 제한하고 통제하는 강제력을 필연적 동반했다. 소련-중공 공
산당은 절대 평등을 위한 강제력을 역으로 '국민 약탈, 착취 폭정 도구'로 사
용했고, 정당화했다. 개인의 자유로운 경쟁은 금지되었고, 식량은 강제 배
급되었다. 절대 평등은 절대빈곤을 낳았고 개인은 한 개체, 하나의 국가 구
성품으로 전락했다. 사회주의 체제에서 개인은 존재할 수 없었다. '공동생
산-공동 소비'의 국가 체제를 추구했으나, 현실은 정반대 독재 폭정국가를
만든 것뿐이었다. 1989년 소련공산권 경제는 붕괴했고, 1991년 구소련연방
이 해체되었다.

  1980년대 미국 경제학자 밀턴 프리드먼(Milton Friedman)은 텔레비전
방송 『선택할 자유(Free to choose)』에서, 자유시장(free market)의 작동원리
를 상세히 설명하면서 사회주의 경제체제 모순을 폭로했다. 그러나 소련이
해체됐어도 사회주의독재 체제는 사라지지 않았다. 사회주의 형태만 변형
되었을 뿐 독재 폭정은 계속되고 있다. 2025년 시장경제 원리를 도입한 중
국-러시아는 개인의 자유를 통제한 사회주의독재를 계속 유지하고 있다.

  원시 가족공동체는 본래 사유재산의 개념 자체가 없었다. 가족공동체의
힘을 최대 발휘하여 식량을 획득해야 겨우 생존 가능했다. 인류의 생존 근
본원리는 가족공동체 힘의 극대화였다. 가족은 「같은 마음의 소리」 생존본
능을 태생적으로 갖는다. 가부장(家父長)은 가족 리더이며 재산관리자이
다. 가족공동체 규모를 확대한 공동체가 국가이다. 왕은 가부장을 대표한
공동체 리더였고, 국가는 장자 상속 제도를 기본 질서로 선택했다. 종법(宗
法) 제도는 공자 예법(禮法)의 근본이다. 유학자들은 왕권 절대복종 위계만

이 안정된 국가 질서를 만든다고 인식했다. 한나라가 유학을 국가통치기술로 선택한 이유였다. 모택동은 마르크스 사회주의독재 공산당 일당 지배체제를 대동사회(大同社會)라고 주장했다. 그들은 처절히 실패했다. 공산당 권력이 가족공동체의 힘을 통제해 극대화되어야 할 자유로운 생존 경쟁력을 역으로 약화, 제거했기 때문이었다. 가족공동체 생존이익 경쟁과 갈등을 국가발전 저해 요인으로 규정해 완전히 금지했기 때문이었다. 그들은 가족공동체의 생존이익 갈등이 국가경쟁력이었음을 등소평 시대 이후에야 뒤늦게 깨달았다.

고대 그리스-로마의 통치기술은 달랐다. 아테네 가부장은 공동체를 설득으로 통치했다. 아티카의 4대 왕 테세우스는 140개 부족을 설득해 하나의 도시국가로 융합했다. 그리스-로마시민은 그들이 위탁한 권력을 왕이 남용할 때 이를 용서하지 않고 왕정을 폐지했다. 아테네 민주정과 스파르타의 혼합정(왕정+공화정), 로마의 공화정은 그렇게 발전했다. 이 과정을 분석한 플라톤은 '철학자 왕(philosopher king)'의 국가통치를 주장했다. 그러나 아리스토텔레스는, 왕정이 쉽게 부패함을 절감하고 공화정 선택을 지지했다. 공화정 통치체제를 지속했던 로마가 시저 반란으로 일인 제국 통치체제 전환이 임박하자 당시 로마 집정관이었던 키케로는 공화정 위기 극복을 위해 로마정치를 분석한 『Republic』을 저술해 왕정과 일인 독재체제의 위험성을 폭로했다.

고대인은 자유를 평등으로 인식했다. 평등 개념은 가족공동체가 씨족과 부족 연맹체로 확대되면서 발생한 이익갈등과 부의 불균형 심화로 인해 나타났다. 내부갈등은 공동체를 파괴하는 생존 문제였음으로 공동체를 하나로 융합한 통치기술은 군사 전쟁 승리와 함께 가장 중대한 생존기술로 취급되었다. 내부갈등을 해소하는 근본적 답은 강제력이 아니었다. 유일한 답은 이익의 철저한 공정 분배였다. 이익의 균등 분배만이 공동체를 「같은 마음의 소리」로 만들 수 있었다. 현대 아마존강 밀림 부족에는 사유재산 개념이 없다. 모든 재산은 공동재산이며, 부족민들은 철저히 동등하다. 그것이 평등의 기원이었다.

자유-평등사상은 고대국가 성립 이전 이미 동서양 모든 지역에 존재했었다. BCE. 539년 키루스 대왕(BCE. 600~530)은 신바빌로니아에 무혈 입성했다. 페르시아 제국을 건설한 그는 모든 정복지 종교를 존중하고 노예제를 폐지했으며, 점령지 백성의 약탈을 금했다. 채무자를 노예로 전락시킨 제도와 인간을 억압한 대부분 제도를 폐지했고, 노동임금 제도를 시행했다. 이러한 법조문은 '키루스 실린더(Kyrus Cylinder)'에 새겨져 있다.

동아시아 대륙 최고(最古) 역사서, 『서경(書經)』은 하은주(夏殷周) 시대 자유-평등사상의 흔적을 기록하고 있다. 그 기록에 의하면 요임금, 순임금은 절대권력자가 아니었다. 그들은 족장들과 협의해 생존사업을 결정한 부족연맹 정부의 대표자였다. 『서경』은 하나라를 멸망시킨 탕왕과 은을 멸망시킨 주 무왕 모두가 제후들과 군사들에게, 왜 불가피 군사 전쟁을 선택할 수밖에 없었는지를 설득하는 연설문을 수록했다. 춘추시대 이후 역사기록에는 왕이 제후를 설득하는 연설문을 찾아볼 수 없다. 오직 지역 패권을 위한 군사 전쟁사업과 국가통치 기록들 뿐이다.

고대 그리스-로마 시대는 유럽 최초의 지식혁명 시대였다. 당시 자유-평등사상은 동서양 문화교류의 산물이었음을 플라톤과 아리스토텔레스는 그들 저서에 기록했다. 고대 그리스는 인접 지중해 연안국가와 활발한 무역교류를 했고 메소포타미아 페르시아, 인도 그리고 흑해 지역과도 광범위한 육상 및 해상무역을 수행했다. BCE. 221년 통일국가 진(秦)나라를 차이나

(China)로 호칭한 것은 동서양 교류 없이는 불가능한 일이다. 아리스토텔레스는『경제(Oeconomica)』에서 메소포타미아 상호교류로 발전한 그리스의 정치, 경제, 사회 제도를 소개하며 그리스 자유인이 어떻게 노예를 다루어야 하는지 상술했다.[115] 특히 그는 '부(富)의 축적 보존'은 가족공동체 생존사업(household management)임으로 페르시아와 리비아 지역 방법 적용을 추천하기도 했다.

플라톤은『법률(Law)』에서, 왜 페르시아에 왕정 독재가 정착되었는지 설명했다. 플라톤은 아테네와 전혀 다른「시민교육을 무시한」페르시아 교육에서 원인을 찾았다. 키루스 대왕 시대의 페르시아 통치는 아테네 같이 개인 지배(personal rule) 요인과 '시민의 국가통제(popular control) 요인'이 공존했었다. 키루스 대왕 실린더 기록은 이를 분명하게 알려준다. 이스라엘 민족은 그 시기 바빌론 노예에서 해방되어 팔레스타인 지방으로 이동했다. 키루스 대왕은 개인 인권을 존중해 노예를 해방했으며, 종교의 자유를 인정했다. 정복국가 자치권을 인정했다. 그러나 그의 사후 페르시아는 '시민의 국가통제'가 완전히 사라지고 개인 지배 절대왕정 체제로 고착되었다. 다리우스 1세 이후 페르시아 왕들은 유아기 왕자를 여자와 환관들에게 맡겨 '우월한 존재'로만 양육했고 '국가통치자' 소양 교육에 소홀했다고 플라톤은 분석했다.[116] 유아기부터 절대권력자로 양육된 후대 페르시아 왕들은 절대권력은 강화했으나 '시민의 권리'는 완전히 제거했다.

'왕정'이 BCE. 700년 경 동서양에 동시 등장했다. 서양은 그리스 알파벳 시민교육 이후 중세 르네상스까지 지식혁명이 계속되었고 왕정-공화정-민

---

115   Aristotle, *Oeconomica* translated by E.F. Forster (Oxford, 1920)

116   Plato, *The Laws of Plato* translated by A.E. Taylor (J. M. DENT & SONS LTD, 1934), xxix~xxx.

주정 통치체제가 순환되었다. 동아시아 대륙은 한자의 난해성으로 극소수 지식층만 문자해독이 가능했고 '인구 99.9% 일반백성'은 19세기까지 문맹이었다. 춘추전국시대 백가쟁명 이후 새로운 지식혁명은 일어나지 않았다. 동양의 지식혁명은 19세기 서양 지배 이후에 나타났다. 알파벳과 한자의 '교육 난이도 차이'가 동서양 문명의 차이를 가져왔다.

동양 춘추시대는 고대 메소포타미아 아시리아 제국(BCE. 1000~700년), 신 바빌로니아 왕국(BCE. 700~600년), 페르시아 제국(BCE. 600~400년)과 같은 시대였다. 키루스 대왕(BCE. 600~530, 재위 20년)은 서쪽으로는 '그리스 접경지역 ~ 이집트', '북쪽으로는 흑해, 동쪽으로 인더스강'에 이르는 역사상 최초로 가장 광대한 영토제국 페르시아를 건설했다. 페르시아 제국은 동서 문명교류를 대폭 증가시켰고 바빌로니아 포로였던 노예 유대인들을 예루살렘으로 돌아가도록 해방했다. 고대 그리스 학자들은 그를 정복지 종교와 관습을 존중하고 지역주민을 보호한 왕으로 기록했다.

고대 가장 존경받은 왕인 키루스 대왕의 행적은 고대 그리스-로마에 깊은 영향력을 미쳤다. 알렉산더 대왕은 어려서부터 키루스 대왕을 존경했다고 알려져 있다. 알렉산더 대왕은 실제 정복지역 종교와 관습을 최대 존중한 주민 보호 정책을 선택했고, 키루스 대왕의 묘를 새롭게 단장했다. 알렉산더의 정복지 배려정책은 차후 로마에서 거의 동일한 유형으로 나타났다. 키루스 대왕 용병으로 그와 많은 전투에 참전했었던 크세노폰은『키루스의 교육』에서 그의 위대성을 깊이 찬양했다. 칭기즈칸도 로마와 유사한 정복지역 배려 정책을 적용했다.

동서양 고대문명은 유사하게 발전했다. 춘추시대(BCE. 770 ~ 403년)는 고대 그리스-로마 도시국가 시대였다. 그리스는 약 200개 도시국가(BCE. 750~146년)의 공화정-민주정 체재였다. 고대로마는 왕정(BCE.

753~508년)과 공화정(BCE. 509~27년) 체재였다. 고대그리스 알파벳 문자교육은 소크라테스, 플라톤, 아리스토텔레스 등을 배출하며 서양 최초 지식혁명을 일으켰다. 고대그리스 철학사상은 중세 종교개혁과 르네상스로 부흥했다. 고대 그리스의 '초등-고등교육' 체계가 다시 도입되어 '인간의 행복'을 추구했다. 그리스 교육체계를 도입한 로마의 '초등-중등-고등-대학' 교육체계는 현대 교육제도의 기반이 되었다.

프랑스혁명을 주도했던 콩도르세는 『인간 마음의 역사적 진보(The Progress of the Human mind in Historical view)』를 저술했다. 그는 동양 피타고라스 학문이 서양 그리스로 전파 계승되었고 소크라테스, 플라톤, 아리스토텔레스가 철학, 과학 그리고 인간 이성(理性)이 지배한 자연권(natural rights) 사상을 발전시켜 신정(神政)체제 극복이 가능했다고 설명했다. 고대 그리스 학문은 로마가 멸망하고 이슬람 제국 학자들에 의해 아랍어로 번역되었다. 이슬람 제국은 그리스 학문을 우수한 아랍 전통 학문과 융합시켜 중세 르네상스 과학혁명을 일으킨 중간 산실의 역사적 역할을 수행했다.

식량(food)은 생존의 상징이다. 모든 민란(民亂) 원인은 식량이었다. 세계 인구가 CE.1000년 약 3억에서 1800~1900년 16억으로 급증했다. 그 원인이 '남미 감자' 전파 때문이라는 연구 결과는 「식량은 곧 생존」을 재확인해주었다[117] 생존이익은 안전(security)보다 식량이었다. 인간사회는 '식량을 위한' 정치, 경제, 군사 생존술을 발전시켜 왔다. 경제(economy)가 현대사회 중심이듯, 식량은 인류문명을 결정해 왔다. 정부는 공동체 식량 관리 기구이며,

---

117　Nathan Nunn and Nancy Qian, The Potato's contribution to population and urbanization: Evidence from a Historical experiment (The Quarterly Journal of Economics, 2011), pp. 593~594.

정치는 식량 이익충돌 조정 기술이며, 군사는 수렵, 약탈, 정복에 의한 식량 충족 최후수단이었다.

21세기 세계인구 50% 이상은 기아와 빈곤, 폭력과 착취 속에서 살아간다. 수천 년의 독재 폭정은 아직도 아시아, 아프리카, 남미, 그리고 구소련 국가들에서 계속되고 있다. 그 중심에 식량이 있다. 1991년 이전의 소련 공산당 패권은 2023년 중국 공산당으로 넘어갔다. 한반도 북쪽에 지구상 최악의 국경폐쇄 독재국가 북한에서는 수천 년 인류의 식량생존투쟁 흔적이 그대로 남아있다.

인류 '생존기술'은 19세기 「개인의 자유」로 귀결되었다. 「개인의 자유」는 21세기 시대정신이며, 최상의 인류가치로 규정되었다. 개인의 자유는 인류의 수만 년 생존기술 혁명을 이끈 원동력이다. 19세기 이전 '개인의 자유'는 한낱 꿈이었으며, 개인은 공동체에 종속된 개체일 뿐이었다. 그런데 어떻게 현대에 공동체 생존기술이 개인의 자유로 귀결되었을까? 현대 자유민주주의 시장경제를 이해하는 길이 「개인의 자유」통찰이 아닐까?

현대인은 자유의 뿌리를 고대 아테네 '시민권'에서 찾는다. 고대 그리스-로마시민은 민회를 통해 경제적 평등을 요구하며 입법권과 참정권을 획득해 정부 정책 결정에 직접 참여한 권리를 「시민의 자유」로 인식했다.[118] 그리스-로마 지배층은 시민의 자유를 평등하게 인정하며 모든 시민에게 시민권을 부여하였으나, 개인의 자유는 허용되지 않았다. 개인은 사생활을 감시 통제당한 아테네 2만 시민 가운데 한 개체였을 뿐이었다.

현대 「개인의 자유」 논쟁의 뿌리는 무엇인가? 「개인의 자유」는 기독교 평등사상과 중세 르네상스 계몽주의 그리고 마키아벨리와 홉스사상과 애덤

---

118   Isaiah Berlin, Two concepts of Liberty in lecture at Oxford Univ. (The Isaiah Berlin Virtual Library, Original dictation(a), 1958. 10. 31), p. 13/37.

스미스(Adam Smith) 자유시장경제 사상이 미국-프랑스 권리장전(the man of rights)에 계승되어 탄생한 '근대국민사상'이다. 프랑스혁명 세력은 루소(Jean-Jacques Rousseau) 영향으로 '평등을 자유로 착각'했었다. 그들은 불평등하다고 인식한 국가기반 체제를 모두 파괴했었다. 국가기반 체제 파괴로 대혼란에 빠진 프랑스는 나폴레옹 전쟁과 왕정복고를 거치며 반복된 "피의 혁명"을 피하지 못했다. 프랑스혁명 이후 유럽은 20세기 초까지 '자유와 민주주의' 본질에 대한 논쟁을 계속했다. 그 논쟁은 두 유형의「국가체제(system of state)」를 탄생시켰다. 하나는「개인의 자유」가 본질인 '자유민주주의 시장경제'이고, 다른 하나는「평등」이 본질인 '사회주의독재 명령경제' 국가체제이다.

1776년 독립을 선언하고 1781년에야 독립전쟁에 최종 승리한 미국은 독립선언서에, "신은 인간에게「자유, 생명, 행복」을 동등히 부여했으며, 정부 권력은 국민 동의로부터 유래 되었으므로 부패 권력 제거와 새로운 정부 건설은 국민 권리이다"라고 발표했다. 미국 독립은 인류 역사에 두 가지 새로운 흐름을 만들어냈다. 하나는 '왕 없는 민주주의'를 구축한 것이며, 다른 하나는 '자본주의 시장경제'의 열린 사회(open society)를 건설한 것이다. 자본주의 시장경제는 부민(富民)으로 식량을 충족시켰고, 민주주의는 개인의 자유와 행복(happiness) 추구권을 보장해 주었다. 미국 정치세력은 자유민주주의 시장경제를 피로써 선택했고, 「과학기술혁명과 부민안국(富民安國)」의 새로운 전통을 만들었다.

1945년 8월 15일! 제2차 세계대전은 5년 11개월 만에 종전되었다. 그해 12월 노벨상 수상 경제학자 프리드리히 하이에크(Friedrich A. Hayek)는 어느 대학 강의에서, "독일 개인주의는 '자유로운 정치체제'를 정착시킬 수 없는 중대 결함요인이 있었다"라고 고백했다.[119] 하이에크는 영국과 미국 동년배 친구들이 사회적 관습과 전통에 '자발적으로 융화(voluntarily conformity)' 하는 모습을 보고 너무나 놀랐다고 말했다. '독창적 개성 (original personality)'이 목표였던 그의 과거 자부심은 개인주의를 '잘못 이 해한 착각'이었음을 뒤늦게 깨달았다고 말했다.

1806년 아우어 슈테트(Auerstedt) 전투에서 나폴레옹에게 참패한 프러시 아는 피히테(Johann Gottlieb Fichte) 국민주의(nationalism) 강의에 열광했 다. 피히테는『독일 국민에게 고함』강의에서, 이기주의를 전쟁 패배 원인으 로 규정하고 이를 극복하기 위한 엄격한 청년 애국심 시민교육을 강조했다. 피히테 국민주의는 당시 세계 식민지 국가 국민까지도 열광시켰다. '민족주 의'로 잘못 번역 전파된 피히테 강의는 미국 대통령 윌슨의 민족자결주의와 연결되었다. 한반도에서 '민족'이란 단어가 최초 나타난 시기가 이때였다.

피히테 독일 국민주의는 똑같은 속성의 쌍둥이, 국가사회주의(national socialism)를 동시 잉태했다. 철학자 헤겔은 "국민은 무조건 국가에 복종해 야 한다"라고 강조했다. 국민주의(nationalism) 교육에 집중했던 프러시아 철학자들과 비스마르크, 몰트케는 탁월한 국가전략을 창출해 낸 1870년 보불전쟁 승리로 독일 통일을 완성했다. 통일 전쟁을 승리로 이끈 국민주의 가 미래 독일에는 심각한 독약으로 작용했다. 독일은 국민을 국가에 자발적 으로 희생해야만 하는 '기계적 개체'로 인식했고, 독일 전략가들은 국민을 '전쟁 기계'로 만들어 제1, 2차 세계대전(1914~18)을 일으켰다. 독일 국 민주의 인식은 스파르타 시민인식과 일치했다. 독일은 1차대전 패배로 막

---

119   Friedrich A. Hayek, *Individualism: True and False,* in a Lecture delivered at Univ. College Dublin published by Hodges, Figgis & Co. Ltd. and B.H. Blackwell, Ltd, Oxford (1945. 12. 17), pp. 21/37~24/37

대한 부채와 함께 영국-프랑스 등 승전국의 감시를 받는 처지로 전락했다. 1929년 유럽경제 대공황으로 힌덴부르크 대통령은 1933년 국가사회주의당 '나치스 총재' 히틀러를 총리로 임명했다. 권력을 장악한 히틀러는 국민 선동과 테러 위협을 이용해 총선거 투표에 승리했고, 이후 '일당독재 국가'를 만들어 자신은 총통이 되었다. 게르만의 영광을 외치며 제2차 세계대전(1939~45년)을 일으킨 히틀러는 유럽을 잿더미로 만들고 자살했다. 히틀러와 국가사회주의당은 피히테 국민주의「같은 마음의 소리」를 군사 전쟁사업에 잘못 사용해 독일을 파멸로 이끌었다.

하이에크는, "독일 국민주의교육은 독일식 개인주의와 나치스 독일의 뿌리가 되었으며, 히틀러에 대한 충성을 애국심으로 착각하도록 교육해 그의 신봉자로 만들었다"라며 개탄했다. 독일 국민주의교육과 '인종 차별 정책(tribal policy)'은 개인의 자유를 박탈했고, 전쟁 승리를 국가 영광으로 포장한 독일 제국주의로 발전했다.[120] 이로써 독일은 19세기까지 영주들이 왕을 선발했던 신성로마제국의 민주적 전통과 프리드리히 대왕이 만들었던 민주적 요소들을 모두 상실했다. 하이에크는, 어떤 개인이나 공동체도 타인의 지위, 신분, 자격을 좌우할 권력을 소유하는 순간 '개인의 자유'는 존재할 수 없다고 강조했다.

프랑스혁명과 독일 제국주의 패망은 플라톤이 말한 '독재의 기술'과 아리스토텔레스의 '평등과 독재 연관성' 같이 민주적 절차가 초래한 국가재난이었다.[121] 프랑스혁명을 주도한 니콜라 콩도르세(Nicolas de Condorcet)는 고대 그리스-로마시민에게 '정치적 자유' 참정권은 있었으나, 개인의 자유 사

---

120   Erik Ritter von Kuenhnelt-Leddihn, *Liberty or Equality: the challenge of our time* edited by John P. Hughes (the Caxton printers, 1952), p. 17.

121   Erik Ritter von Kuenhnelt-Leddihn, 동상서 (1952), pp. 18~19.

생활은 허용되지 않았다고 지적했다. 아테네의 리라(lyre) 현악기에 다른 현을 추가 설치하는 것도 국법 위반이었고, 스파르타 젊은이는 아내도 자유롭게 만날 수 없었으며, 로마 감시관은 은밀한 사생활 모두를 상세히 묻고 조사할 수 있었다.[122] 영국 정치가 로드 액턴 경(Lord Acton)은 근대민주주의 기본원리를, "누구도 국민 위에 군림할 권력을 소유하지 못하도록 철저히 감시해야 하며, 누구도 국가권력을 억누르고 회피할 수 없어야 한다."라고 단정했다. 그는 1789년 프랑스혁명(1789.7.14.~1794.7.28.)은 "평등(equality)을 자유로 착각한 결과로 '자유를 외치면서 자유를 상실했고' 세계를 바꿀 절호의 기회가 공포정치 대재난으로 변질했다"라고 탄식했다. 프랑스혁명은 부르봉 왕조를 나폴레옹 왕조로 바꾼 엉뚱한 결과로 끝나면서 "절대권력은 절대 부패한다"라는 금언을 실증했다. 후세학자들은 프랑스혁명의 사상적 오류를 루소 사회계약론과 가브리엘 마블리(Gabriel Bonnot de Mably) '급진적 사회주의 혁명사상'을 잘못 이해한 교육 때문이라고 분석했다. 알렉시스 토크빌은 "민주주의는 '자유 속의 평등'을 추구하나, 사회주의는 '노예(servitude)의 평등'을 강제한다"라며 프랑스혁명에 대한 회한을 토로했다.[123]

　BCE. 510년 그리스 아테네 클레이스테네스는 참주(僭主) 독재자를 몰아내고 인류 최초 시민 직접민주주의를 시작했다. BCE. 약 508년 경 클레이스테네스(Cleisthenes)는 4개 부족 연맹체를 '10개 지역(deme)'으로 개편하고, 민회를 부족대표가 아닌 지역 대표로 구성함으로써, '지역민(demos)의 힘(kratos)'에 의한 「민주정(demo-kratia)」 체제를 확실하게 정착시켰다.[124] 아

122　Isaiah Berlin, 동상서(1958. 10), p. 13/37.

123　Friedrich A. Hayek, 동상서, pp. 26~28/37 재인용; 알렉시스 토크빌, Journey to America

124　Benjamin Isakhan and Stepen Stockwell eds, *The Secret History of Democracy* (Palgrave macmillan, 2011), p. 5.

　대한민국과 「손자(孫子)」 : 국가흥망 선택게임

테네 시민은 '평등(equality)'을 가장 중요한 가치로 인식했다. 아테네 2만 시민들은 매일 공공회의 장소에 모여 국정 최고 의결기관 민회의 일원으로 "전쟁이냐? 평화냐?" 선택의 국가생존사업 문제를 「시민투표」로 결정했다. 시민들은 500인회에서 법률을 제정했고 집정관 등 치안판사를 직접 선발했다. 재판은 시민들이 선발한 배심원 투표로 판결했으며, 이러한 시민 참정권을 「시민권」이라고 불렀다.

 아테네 직접민주주의는 100년 이상 지속되지 못했다. 시민투표가 대중 인기영합주의로 변해 지도자를 수시 교체, 추방, 사형했기 때문이었다. BCE. 430년 아테네-스파르타 전쟁을 지휘하던 페리클레스는 전쟁 지휘 중 소환당했고, 소크라테스는 BCE. 399년 시민재판에서 사형을 선고 받아 독약을 마시고 죽었으며, 아리스토텔레스는 마케도니아로 추방되었다. 아테네 시민은 국가 행정, 사법, 입법권을 직접 행사하는 '절대 주권자'였다. 플라톤은 '교육받지 못한(uneducated)' 시민들이 선동자에게 이용되어 폭도처럼 행동했다고 탄식했다. 그렇지만 모든 시민은 개인행동 감시 통제로 사생활을 사실상 즐길 수 없었다.[125] 아테네 시민에게 「개인의 자유」와 「사생활」은 없었다. 후세학자들은, 아테네 시민은 투표를 통해서 권리를 자유롭게 행사했으나 소피스트 정치세력의 대중인기 영합주의에 지배되어 조기 쇠퇴했다고 패망 원인을 분석하고 있다.

　인류 대철학자 공자와 플라톤은 모두 왕정(王政) 예찬론자였다.
　플라톤은 철학자 왕정을, 공자는 종법(宗法) 대일통 왕정을 주장했다.

125　George L. Scherger, *The Evolution of Modern Liberty* (London, Long man Green & Co., 1904), pp.1~2.

어떻게 아테네「시민의 자유, 시민권」은 자본주의 시장경제와 자유민주주의를 잉태한 씨앗이요, 뿌리가 되었는가? 고대 그리스-로마시민의 자유는 중세유럽 도시국가 상업 무역을 통해서 상인들 자유사상으로 계승되었으며, 로마가톨릭 종교 공인과 함께 천부인권 평등사상으로 융합되었다. 중세 르네상스 시대 과학혁명과 인쇄술, 종교개혁을 통해서 계몽사상 선각자들은 그리스-로마 민주정과 공화정의 진화역사를 발굴해 보완 발전시켰다. 그렇게 신(god)으로부터 해방된 개인의 자유, 자연법 사상이 탄생했다.

동아시아 대륙에도 BCE. 514년「민(民)의 생존」을 직시한 현실주의 전략가가 등장했다. 손무(孫武)이다. 그는 유(儒)도, 상(相)도 아니었다. 공자가 『춘추』를 저술해 제자들을 교육할 때, 손무는 오나라 왕에게『손자』를 제안했다. 공자는 주나라 왕권 복원을 추구했으나, 손무는 인류 생존기술을 총정리한「생존흥망 선택원리」를『손자(孫子)』에 수록했다.[126] 손무는 공동체 생존흥망의 길을 도(道)라고 했다. 최상의 도(道)는 공동체 '민(民)'과 지도자가「같은 마음의 소리를 갖는 상태」라고 손무는 통찰했다.[127]

손무는「같은 마음의 소리」가 공동체 생존 성패의 근본임을 통찰했다. 종족공동체 흥폐 존망은「공동체 내부분열」이 직접원인임을 그는 직시했다. 공동체 민본사상(民本思想)은「리더와 백성의 같은 마음의 소리」임을 그는 알았다. 20세기 영국 철학자 이사야 벌린(Isaiah Berlin)은 옥스퍼드대학 취임 강의에서, "자연권(natural rights)은 신의 말(word of God) 또는 가장 깊은 인간 이익(the deepest interests of man)"이라고 주장했다.[128] 손무의「같은 마음의 소리」와 이사야 벌린「가장 깊은 인간 이익」은 생존이익의 근본이

126　손자병법(孫子兵法) 명칭은 후세에 병법을 추가해 붙인 이름이며, 본래 명칭은『손자(孫子)』이다.

127　BCE. 500년 경 춘추시대는 인류학적으로 부족 연맹 공동체 시대로서, 고대국가 성립 이전이었다.

128　Isaiah Berlin, 동상서(1958.10), pp. 33~34/37.

라는 공통점을 갖는다. 인간의 가장 깊은 이익은 '같은 마음의 소리'로 외친
「개인의 자유(freedom)」가 아닐까?

> 「BCE. 500년 경 동서양 정치는 모두 왕정 체제로 출발했다. 그런데 왜,
> 서양은 동양과 전혀 다른 정치체제를 선택하게 되었을까? 시대별 동서양
> 문명 발전과정은 매우 유사한 특징이 많이 나타난다. 그런데 유독 공화정
> 과 민주정을 만들어낸 시민권제도는 동아시아 수천 년 역사기록에 그 존재
> 자체가 없다. 왜 그렇게 되었을까? 그 근본 원인에 대한 이해와 통찰이 동
> 아시아 미래의 중대한 생존사업과제가 될 것이다.」

영국 정치가 로드 액턴 경은 "자유는 좋은 행동의 동기이나, 범죄의 일반
적 핑계이기도 하다"라는 첫마디로 자유의 역사 강의를 시작했다.[129] 그는
2,460년 전 아테네 자유의 씨앗이 1877년에야 수확이 시작됐다면서, 자
유는 수천 년 피지배층 희생과 투쟁의 소산이라고 강조했다. 동아시아 대륙
평민은 19세기 유럽 세력 정복 덕분에(?) 수천 년의 절대왕정 장벽을 깨고
20세기에야 현실로 나왔다. 그런데 21세기 북한주민은 19세기보다 더 참
혹한 절대폭정 폐쇄사회에서 아직도 끝없는 고통을 당하고 있다.

"나는 로마시민이다. (Civis Romanus sum)". 이 말은 로마시민의 특권
을 상징한 키케로의 말이다. 키케로는 그 말 한마디로 BCE. 70년 로마 유
명 연설가이자, 핵심 정치인으로 부상했다. BCE. 44년 3월 15일 루비콘강

---

129 John Emerich Edward Dalberg-Acton, *The History of Freedom and Other Essays* (Macmillan and CO.
1907), p. 1.

을 건너 로마 원로원을 지배한 시저가 암살됐다. 그해 10월 24일 키케로는 『Philippics 2』 연설문에 "브루투스는 시저를 죽이고, 로마는 자유를 되찾았다"라고 썼다.[130] 그는 BCE. 43년 1월 4일 여섯째 연설문에서, "다른 나라는 노예의 고통 속에서 산다. 자유는 로마시민만의 전유물이다"라며 대혼란에 빠진 로마 공화정의 내전 위기 극복을 역설했다.[131] 로마 시민권은 아우구스투스 황제 친정체제 강화로 공화정이 무력화된 이후에도 국가 핵심 정책으로 계속 유지되었다. 그리고 중세 유럽 르네상스 계몽사상으로 돌아왔다.

BCE. 750년 경 로마족장들은 로물루스를 왕으로 선발하고 왕의 자문기구 원로원을 구성해 국정을 장악했으나, BCE. 509년 왕정을 폐지하고 공화정을 수립했다.[132] BCE. 494년 로마는 전쟁에 동원된 평민들의 참전 거부로 원로원에 호민관(護民官)과 평민회를 설치했다. 로마 공화정은 인접 도시국가 아테네 민주정과 스파르타 공화정의 직접적 영향을 받았으며 로마만의 독특한 시민권 제도를 발전시켰다.

BCE. 216년 8월 2일, 로마 집정관 타렌티우스 바로(Tarentius Varro)는 그가 지휘한 86,400명 중 약 60,000명(당시 로마 인구의 약 2%)이 '칸나이 전투'에서 전멸하여 대패했다. 로마를 침공한 카르타고 공화국 한니발은 50,000명 군사 중 약 6,000명 손실했다. 로마는 이 전투 패배 이후 군대 유지 자체가 어려웠다. 로마는 이전 2차에 걸친 트레비아강 전투, 트레시메네호 전투에서 이미 참패해 북부 이탈리아를 한니발에게 상실한 상태였다. 한니발은 칸나이 전투 대승으로 이탈리아 도시국가 동맹의 해체를

130　Marcus Tullius Cicero, *Cicero Philippics* with an English translation by Walter. C.A. (Harvard Univ. press, 1957), p. 93.

131　Marcus Tullius Cicero, 동상서 (1957), p. 313.

132　신철희, 「한국정치연구 제24집 제2호」: 고대 로마 시기 '포풀루스(populus)'의 정치적 의미 (2015), p. 290.

예상했으며 로마 정복을 기대했다. 그러나 BCE. 202년 10월 19일 한니발은 '자마 전투'에서 로마 장군 스키피오에게 패배해 전멸당했고, 카르타고는 역사에서 영원히 사라졌다. 칸나이 전투에서 파멸적 패배를 당한 로마가 다시 재기해 카르타고를 멸망시킨 그 힘은 도대체 어디서 나온 걸까? 후세학자들은 그 힘의 근원을 「로마 시민권 제도(civitas Romanus)」에서 찾았다.

　로마는 시민권을 이민족에게 부여하는 정책을 결정적 국가생존사업 무기로 사용했다. 그리스 아테네와 스파르타는 이민족에게 시민권을 절대 부여하지 않았다. 자국 시민에게만 시민권을 부여한 그리스는 세력 확장 한계에 봉착했고, 마침내 마케도니아와 로마에 점령 지배되었다. 반면 로마 공화정은 BCE. 494년 성산(聖山) 사건 이후 속주(屬州) 주민과 해방된 노예까지 시민권을 부여하는 정책을 계속 확대 시행했다.[133] BCE. 450년 12표법은 로마 최초 성문법으로서 귀족의 자의적 평민재판을 금지한 법이다. BCE. 367년 리키니우스 섹스 타우스 법은 집정관 2명 중 1명의 평민 선출을 규정한 법이다. BCE. 287년 호르텐시우스법은 원로원 의결 없이 평민회 의결을 즉각 법적 효력으로 발휘되게 하여 귀족-평민의 법적 평등을 실현했다. CE. 212년 안토니우스 칙령(Constitutio Antoniniana)은 역사상 최초 유럽, 아프리카, 아시아 3개 대륙 수백만 주민에게 로마 시민권 부여를 규정했다.[134] BCE. 91~84년 로마 시민권법 주요 내용은 다음과 같다.[135]

133　　Edward Gibbon, 동상서, pp. 36~44.

134　　UNESCO & Heritage, 유네스코 유산목록 세계기록유산 안토니우스칙령 (검색일 : 2022년 6월 8일. https:// heritage.UNESCO.or.kr/안토니누스칙령/)

135　　위키백과, 「로마 시민권」 (인터넷 검색일: 2022년 9월 4일)

① **투표의 권리**: 로마 의회에서 투표할 수 있는 권리

② **명예의 권리**: 공적 직무로 나아갈 수 있는 권리

③ **사업 권리**: 로마시민으로서 계약을 체결하고 사업을 할 수 있는 권리

④ **결혼 권리**: 로마 시민권자와 결혼할 권리, 그 자손의 시민권 합법적 상속 권리

⑤ **이주의 권리**: 로마 식민지로 이주할 수 있는 권리

⑥ **신체의 권리**: 고문받지 않을 권리

⑦ **재판의 권리**: 신체의 자유, 잘못에 대한 정당한 재판 받을 권리

로마의 일반적 통치원칙은 현명하고 단순하며 이로운 것으로, 속주민(屬州民)은 조상 종교를 그대로 유지하는 한편, 시민의 명예나 혜택은 점차 로마 정복자들과 대등한 수준으로 누리게 되었다.[136] 로마시민 특권이었던 면세와 면책 내용은 다음과 같다.

① 재판정에서 기소하거나 기소를 회피할 수 있는 권리.
② 사실 심리를 할 수 있는 권리(재판정에서 자신을 변호할 권리)
③ 판사의 판결에 항소하거나, 하급심의 판결에 항소할 수 있는 권리.
④ 로마시민은 고문과 채찍질할 수 없고, 반역죄 외 사형 선고를 할 수 없다.
⑤ 반역 혐의 시 로마에서 심리를 받아야 하고, 사형 선고도 십자가형을 받지 않는다.

1962년 5월 4일 미국 대통령 케네디는 뉴올리언스에서 다음과 같이 연설했다. "2000년 전, 「나는 로마시민이다. I am a Roman citizen.」라는 이 말은 세계에서 가장 자랑스러운 말이었다. 오늘날은 「나는 미국 시민이다.: I am a citizen of United States」 외침이 세계에서 가장 영광스러운 말이다." 케네디는 다시

136　Edward Gibbon, *The History of The Decline and Fall of The Roman Empire* 「로마 제국 쇠망사(김희용 번역)」 (민음사, 2010), (pp. 31~32

1963년 베를린 장벽 앞에 섰다. 그는 "나는 베를린 시민이다."라는 말이야말로 자유세계 최고의 자랑스러운 말이라 외치며, '노예국가' 소련 사회주의독재 체제를 비판했다. '개인의 자유', 시민권의 역사는「국민 마음의 소리」가 생존사업 선택과 국가흥망에 어떻게 작용했는가를 잘 보여준다. 고대 그리스-로마의 시민교육제도는 시민권 제도를 지속시켰으며, 가톨릭교회 국교 공인 이후 만인 평등 자유사상에 대한 종교적 교육은 근대 계몽사상으로 발전했다.

◆ 최후의 생존 선택: 군사 전쟁인가, 굴복인가?

농업혁명 이후 인류는 공동체 식량 사업에 집중해 왔다. 공동체 생존경쟁 심화로 타 종족과 이익충돌이 불가피해졌고, 그때마다 공동체는 전쟁이냐, 협상이냐를 선택하는 존망의 생존사업을 반복해야 했다. 고대 '평화적 협상'은 한 공동체가 타 공동체에 굴복해 속국이 됨을 의미했다. 흉노족에게 패배한 한나라는 협상을 요청해 동아시아 최초 자발적 조공국이 되었으며, 고대 로마는 군사적 협상으로 주변국을 속국으로 만들어 성장했다.

BCE. 2500~1500년 메소포타미아 최초 도시 문명국(The first Urban Civilization), 수메르 제국 번영은 군사 권력(military might)과 정부 관료제도 발전에 따른 것이었다.[137] 종족공동체 생존사업 기구인 국가흥망에는 일정한 법칙과 원리가 작용했다. '민(民)'을 속인 정치세력이 '폭정-약탈'로 통치한 국가는 패망했다. 반면, 정치세력이 '민(民)'의 자유로운 식량 활동을 보장한 국가는 부민(富民) 창출에 성공해 번영했다.

137　Elman R. Service, Origins of the state and Civilization : the Process of Cultural Evolution (W.W.Norton & Company, 1977), pp. 214~222.

인류 생존공동체는 식량과 안전 사업을 분담해 생존해 왔다. 그래서 원시 수렵채집 사회 인간, 특히 남성은 언제나 싸우거나 무기를 들고 있어야만 했다.[138] 무력 전쟁은 원시인류 생존을 결정한 남성의 가장 중대한 사업이었다.[139] 갑골문자 병(兵)은 양손에 도끼를 든 모양 글자이다. 가족에서 시작된 종족(tribe, clan)은 공동체 힘의 극대화를 달성해야 생존 가능했다. 가족공동체는 농업혁명으로 안정적 식량을 획득했고, 도시공동체는 무기 혁명으로 군사 전쟁사업의 효율성을 추구했다. 영농사업과 군사 전쟁사업 수행을 위한 공동체 사업 운영기구가 정부이며, 군사 전쟁사업으로 다수 종족을 정복해 영토 규모를 대폭 확대한 생존공동체가 국가이다. 원시 가족공동체 사회를 '촌락→도시→부족 연맹→국가'로 발전시킨 핵심 동인은 농업혁명과 군사 전쟁사업이었다.

군사 전쟁사업은 원시 가족공동체를 현대국가로 발전시킨 생존사업 최후수단이었다. 국력은 '가족공동체 힘의 총합'이었다. 국가(國家)란 단어는 '국(國)+가(家)' 합성어이다. 국(國)은 농경지 중심으로 모여든 씨족-부족공동체 집단 거주지의 읍(邑) 명칭이었다. 한자 어원사전에 의하면, '나라'는 본래 '或'이며, 이는 성(城)의 울타리(口)를 창(戈)으로 지키는 모습의 글자다. 그런데 나라 글자 '或'이 '혹시'라는 뜻으로 변화되었다. 나라를 뜻하는 글자는 '或' 바깥에 '口'를 덧씌운 국('國')이 되었다.

국가(國家)는 '한 가족나라'를 강조한 명칭이다. 동아시아 유학은 천하(天下) 일가(一家)를 규정하고 효(孝)를 충(忠)의 기본으로 삼았다. 주나라는 가족공동체 장자 상속의 종법(宗法) 제도를 통치의 근본으로 삼았다. 주나라

---

138   Maurice R. Davie, *The Evolution of war: A study of its role in early societies* (Yale Univ. Press, 1929), p. 1.

139   Johan M.C. van der Dennen, *The Origin of War: the evolution of a Male-coalitional reproductive strategy* (Origin Press, Groningen, 1995), p. 214.

쇠퇴 시기 태어난 공자(孔子)는『춘추』를 저술해 주나라 종법 제도를 이상적인 국가 체제로 규정해 복원을 주장했고 맹자, 순자 등 제자들은 이를 국가 통치이념으로 더욱 발전시켰다. 진시황은 통일 이후 천하(天下)를 일가(一家)라고 불렀다. 한무제는『춘추』대일통(大一統) 사상과 '천하 일가'를 통치 사상으로 도입했다. 이후 국(國)에는 가(家)를 붙여 '국가(國家)'로 호칭했다.

　한무제(漢武帝) 대일통(大一統) 사상은 대륙통일국가 통치이념이다.[140] 공자는 대일통을 주장해 주나라 모든 제후국 통일을 강조했다. 대일통 사상은 동아시아 대륙 모든 통치자를 대륙통일에 집착하도록 만든 핵심 이념이다. 이는 유럽국가(State)에 국(國)은 있어도 가(家) 개념이 없는 점과 비교된다.[141] 수천 년 동안 유학자들은 변함없는 지배층으로 군림하며 대륙통일을 끝없이 추구했다. 그들은 유학강령을 도덕으로 포장해 민의 일상 행동을 강제 통제했다. 한반도 국가의 서당(書堂)과 향교(鄕校)는 통치이념 교육체제이며, 향약(鄕約)은 주민 일상생활 통제체제이다. 유학자들은 향교를 통해서 '민(民)' 세뇌 교육으로 가족공동체를 왕권에 충성하도록 만드는 노력을 지속했다. 중공 모택동 신격화와 북한 김일성-김정일-김정은 신격화는 청나라와 조선의 유교 국가교육 통치체제에서 비롯되었다. 유학 충성 세뇌 교육은 북한 김일성 3대 세습 신격화 세뇌교육과 수법이 똑같다. 유교 전통 국가는「왕이 없으면 생존 불가능하다」라는 관념을 '민(民)' 뇌리에 깊이 각인시켜 그들을 왕의 종교적 노예로 만들었었다. 왜 21세기에도 북한 '김일성 3대 세습 절대 충성' 현상 지속이 가능한가를 유학 통치 이론은 잘 설명해준

140　사마천은 공양전 대일통(大一統) 사상을 발전시켜 주변국과 소수민족을 아우르는 다양한 종족의 대일통 사상을 제시했다. 황제(黃帝)를 한족은 물론 주변 민족들의 공동 조상으로 설정해 모두를 하나로 묶는 종족통일을 강조했다. 출처: 중국학 위키백과(2022. 12. 26. 검색)

141　최진묵, 고대 중국의 제국적 특성, p. 29.

다. '어버이 수령 김일성 동지 그리고 위대한 영도자 김정은 동지' 호칭의 진실은 「가족 세뇌 교육」이었다. 김일성은 가족을 해체해 국민을 김일성 종족으로 만들었다. 자식이 부모를 고발해 동무라 부르게 했다. 대한민국에도 유학의 뿌리, 절대복종 체제는 대통령을 왕으로 인식하고 '생존이익 세력 보스'에게 절대복종하게 만드는 정치 권력 부패 현상에서 똑같이 나타나고 있다.

국가란 무엇인가?

가족공동체는 '협력→경쟁→군사 전쟁사업'을 거쳐 국가를 만들었다.

① 농업혁명 마을 거주민(民)은 그들의 생존사업기구로 '정부'를 만들었다.

② '민(民)'은 정부의 리더, 왕을 선발해 공동체 생존 사업권을 맡겼다.

③ 공동체 존망 생존사업의 최후수단은 「군사 전쟁」이었다.

④ 군사 전쟁 리더는 '민(民)'을 지배하고, 왕이 되어 '하늘의 아들'로 자칭했다.

⑤ 왕은 귀족 정치세력과 '민(民)'을 지배하고 '개인 국가'를 만들었다.

    – 동아시아 대륙: 왕정 국가 지속

    – 유럽 지역(지중해): 왕정→공화정→민주정→공화정→왕정→민주정

⑥ 유럽 지중해 지역 '민(民)'은 왕정을 폐지하고 민주정과 공화정을 수립했다.

⑦ 동서양 왕정 국가는 그렇게 19세기까지 '민(民)'을 지배해 왔다.

⑧ 1776년 '자유, 평등, 행복'을 외친 '왕 없는' 민주–공화정, 미국이 건설되었다.

⑨ 1760년 영국에서 자본주의 산업혁명이 일어났다.

⑩ 1897년 '자유, 평등, 박애'를 외친 프랑스혁명이 일어났다.

⑪ 미국의 민주–공화정은 프랑스혁명 이후 민주주의로 발전되었다.

⑫ 민주주의는 정부를 본래 '민(民)의 생존사업기구'로 부활시켰다.

⑬ 민주주의는 가산제 왕정 국가를 '부민(富民) 사업기구'로 만들었다.

⑭ 자유를 외친 민주주의 산업혁명 모순은 사회주의 절대 평등 혁명을 잉태했다.

⑮ 사회주의 혁명 세력은 민주적 선거를 위장한 강제 평등 독재체제를 수립했다.

⑯ 1991년 소련 사회주의 혁명체제가 내부 모순충돌로 해체되었다.

⑰ 세계 군사 전쟁 종결과 평화 정착을 예상했다. 착각이었다.

⑱ 미국 트럼프가 중국 시진핑에게 무역-경제전쟁을 선포했다.

⑲ 2022년 러시아가 우크라이나를 침공했다.

⑳ 미국 바이든 대통령은 「민주-독재」 대결을 선언했다.

㉑ 2025년 현재 세계 50% 이상 국가에서 독재 폭정이 계속된다.

"모든 개인은 평화와 안전보장을 조건으로 주권을 공동체에 위임했다."
에피쿠로스의 사회계약 공동체를 최초 이론화한 홉스(Thomas Hobbes)는 이를 '공동재산(common wealth), 시민공동체(civitas)'로 불렀다.[142]
그러나 주권을 위임받은 국가는, 언제나 국민 채권자(creditor)로 군림했다.[143]

홉스는 생명을 지키는 '공공 권력(common power) 부재 상태'를 전쟁(war)이라 했다. 왕패지병(王霸之兵)만이 백성의 평화를 보장한다는 손무 주장과 같다. 전쟁의 본질은 실제 전투가 아니라, 이미 알려진 상대의 '싸우려는 의지 지속 시간'에 있다고 홉스는 강조했다.[144] 이것이 최후의 생존사업 '군사전쟁 선택의 원리'이다. 홉스는 공동체 주민이 자발적으로 생존을 위해 '주권(sovereignty)'을 정부에 맡겼다고 인식했고, 주권을 위임받은 공공권력을 「리바이어던(Leviathan)」이라 했다. 그는 왕정 옹호론자였으나, 개인 주권은 신이 부여한 권력이 아니라 태어나면서 누구나 동등하게 갖는 '생존권'임을 분명히 했다. 이후 국가목적은 개인 생존권 보장으로 인식되었다.

홉스 기준으로 보면 푸틴, 시진핑, 김정은 모두는 국민 위탁 권력을 남용

142　Thomas Hobbes, *Leviathan or The Matter, Forme, & Power of a Commonwealth ecclesiasticall and civill* (printed for Andrew Crooke, at the Green Dragon in St. Pauls Church-yard, 1651), p. 132.

143　Erik Ritter von Kuenhnelt-Leddihn, 동상서 (1952), p.60.; Hippolyte Adolphe Taine(1828~1893), *Les Origines de la France Contemporaine* (1891), pp. 288~289

144　Thomas Hobbes, 동상서 (1651), p. 96.

해 군사 전쟁을 선택하고 국민을 착취 지배하는 자들이다. 그들 공통점은 선전 선동 세뇌 교육으로 국민을 속여서 선택한 군사 전쟁으로 국민을 지배한다는 점이다. 따라서 독재자 절대적 통치조건은 군사 전쟁에 필요한「공동의 적」을 만드는 것이다. 그들은 이를 위해 외부 정보 유입을 완전히 차단해 조작한「가공의 적」을 만들어낸다. 푸틴, 시진핑, 김정은이 그렇게 만든「가공의 적」은 바로 미국과 자유민주주의이다. 사회주의독재 체제의 적은 자유민주주의 체제임으로 대한민국은 김정은 독재 정권의 영원한 적, '남조선 괴뢰정권'이 될 수밖에 없다. 따라서 대한민국은 김일성 종족과 같은 민족이 아니다. 독재자들은 그렇게 '국민을 속이는 장기 집권 전략'을 법(law)으로 규정해 지배한다. 왕권 국가는 '가족공동체 질서'를 충성통치 이념으로 세뇌 교육해 백성을 지배하였으나, 현대 독재국가는 민주적 절차와 '강제 평등'을 정책이념으로 내세워 국민을 지배하고 있다.

홉스는 국가권력에 국민을 종속시키는 힘을 '욕망에 지배된 지능(passion-ridden intellect)'이라 불렀다. 그는 왜 시민들이 자유와 평등을 갈망하는지, 그 시민의 힘(civil power)이 무엇이고 어떻게 현실에서 작용하는지 추적했다. 그가 탐색한 최선은 공화정이나 민주정이 아닌 '분리와 제한 없는 절대주권' 왕정이었다. 홉스는 왜 절대주권을 주장했을까? 듀랜트(Will Durant)는 지구촌 최상의 정치체제는 분명 자유민주주의이나 대중에 의해 쉽게 무너질 수 있으므로 대중 시민교육이 필수임을 강조했다.[145] 그는 정치, 경제, 사회적 관습 모두가 '시간과 문화의 산물'이라고 했다.

왜 자유민주주의는 평등을 내세운 세력에 의해 사회주의독재로 쉽게 변

---

145   Will Durant and Ariel Durant, The Lessons of History Summary and review

질하는가? 현대국가는 또다시 '민주-독재' 전쟁상태에 돌입했다. 모든 국가는 통치 세력 선택이 흥망성쇠를 결정했다. 정치세력의 '자기 이익 선택'이 공동체 미래를 결정했었다. 그러나 자유민주주의 국민은 그들 이익 대변자를 정치세력으로 선택한다. 그래서 대변자 정치세력은 국민 이익을 기준으로 미래를 선택해야만 한다. 그러나 많은 자유민주주의가 독재 국가로 어느 순간 변질해가고 있다. 독재국가는 일인 또는 소수집단이 정치를 지배해 그들 이익을 기준으로 국가 미래를 선택한다.

국가 정통성은 "국민 생존권을 효과적으로 보호하는가?" 여부로 결정되며, 국가의 정치적 의무는 보호임무 완료로 종료된다.[146] 다음 두 사례는 국가목적과 의무가 무엇인가를 되새기게 하는 중대한 사건들이다.

사례 1 2017년 식물인간으로 귀국한 미국인 프레드리 웜비어(Otto Frederick Warmbier)의 북한 강제 억류 사망 사건이 발생했다. 웜비어는 북한 여행 도중 돌연 구속되어 형을 살고 있었다. 미국은 시민 웜비어 구출에 모든 노력을 집중해 2017년 성공했으나 귀국 직후 사망했다. 웜비어 가족이 북한에 신청한 분노의 배상금을 2018년 미국 연방지방법원은 5억 113만 달러(약 5,643억 원) 배상금을 북한이 지급하도록 판결했다. 미국은 북한 재산을 동결해 웜비어 가족 배상금을 강제 회수 중이며, 웜비어 가족은 북한 정권 붕괴 운동을 벌이고 있다. 이는 미국의 힘과 '국민 보호 국가 의무'가 무언가를 보여준 상징적 사건이 되었다.

사례 2 2022년 대한민국 전직 국정원장, 국가안보상황실장, 국방부 장관이 동시 고발당하는 초유의 사태가 일어났다. 2020년 서해 조난사고가 발생

---

146 Stanford Encyclopedia of Philosophy, Hobbes's Moral and Political Philosophy (2022. 09. 12), p. 5/14.

하면서 북한군에게 사살당한 해경 공무원을 대한민국은 자진 월북으로 처리했고, 동해로 자유를 찾아 탈북한 북한 어부를 강제 북송한 두 사건 때문이었다.

북한에 강제 억류된 자국민 구출에 국가의 모든 힘을 집중했던 미국! 북한군이 사살한 자국 공무원을 월북 처리했고, 자진 탈북 어부를 강제 북송한 대한민국! 달라도 너무 다른 두 국가의 모습이다. 대한민국은 국민 보호보다 정치세력 이익을 우선하는 국가였던가?

고대국가는 BCE. 500년 전후 성립된 것으로 본다. 동서양 모든 국가통치자는 "민심은 천심"이라고 수없이 외쳤다. 그들은 식량을 공동체 통제 수단으로 사용했고, 우민(愚民)정책으로 지식정보 전파를 제한했으며, 주민 거주지 이동을 철저히 통제했다. 법령(法令)을 제정해 군사동원을 위한 '행정-군사' 일원화체제를 정립시켰다. 군사 전쟁은 생존사업 효율성 극대화를 추구해 왕정과 공화정 국가성립 핵심 동인으로 작용했다. 춘추전국시대를 지나며 왕권 독재국가로, 고대 그리스-로마를 거치며 민주정과 공화정 국가로 발전했던, 동서양에 전혀 다른 정치체제를 정착시킨 힘은 천심인 백성과 시민의 힘이었다.

마키아벨리는, "로마는 생명 위협을 받은 원주민과 외부 자발적 이주민이 건설을 시작한 도시"라고 로마사 논고(Discourse on Livy, 1513~17년 완성)를 시작했다.[147] 고대 로마는 왕을 선발할 때 원로원과 신탁의 도움을 받아 전임자나 섭정자(interrex)가 개인 능력을 기준으로 후임자를 선발했으

---

147   Niccolo Machiavelli, 동상서, p.19.

며, 왕권 계승제도는 존재하지 않았다.[148] 왕정이 폐지된 로마 공화정을 마키아벨리는 " '왕-귀족-평민'의 견제와 균형이 만든 상대적으로 완벽한 형태의 정부"라고 평가했다. 또한 마키아벨리는, "스파르타 '왕-귀족-평민' 권력 분점통치체제는 800년을 지속했으나 아테네 민주주의(democracy)는 독재 40년 참주 정치를 극복했음에도 100년 이상을 지속하지 못했다."라고 기록했다.[149] 그는 또한 1인 지배 군주제(principality)가 소수 지배 귀족 정치(aristocracy)나 '무정부 상태' 민주정치(democracy)로 바뀌는 통치체제 사이클 변화가 지속되었는데, 이는 '평민의 자유(liberty)' 때문이라고 분석했다.[150]

BCE. 841년 주나라 제10대 여왕(厲王)은 '독점전매제도 전리(專利)'를 시행해 국인(國人)과 백성 반란으로 도망간 사건이 발생했다. 모든 국가 자산을 왕의 소유로 선언했던 그 제도는 백성 토지 회수와 세금-부역을 추가 강요해 백성 불만이 폭발한 사건이다. 왕이 도망가 서주(西周) 귀족들이 14년 동안 왕 없이 국가를 통치했다. 이 사건은 주나라 왕이 지배자가 아닌 국가 공동체 대표자였음을 말해주고 있다. 사마천은 이 시기를 '공화(共和) 시대'로 호칭해『사기(史記)』연표 원년으로 삼았다.[151] 그러나 이 사건으로 국가는 왕의 사유재산이 되었고, 독점전매법 시행으로 백성은 왕에 종속된 신민(臣民)으로 전락했다. 동아시아에 공화 시대는 그 이상 존재하지 않았다. 이 사건 이후 주나라는 제후국들의 군사 전쟁으로 혼란에 빠졌다. 바로 춘추시

---

148   Johan Kaspar Bluntschli, *The Theory of The State*, pp. 299~300.

149   Niccolo Machiavelli, 동상서, pp. 22~28.

150   Niccolo Machiavelli, 동상서, pp. 24~25.

151   사마천(司馬遷), 사기(史記): 태사공기(太史公記), 주본기(周本紀) 정범진 역 (한국사 데이터베이스시스템, 검색일 : 2022년 7월 28일), PP. 8~9/21. , 이것은 'the republic'을 공화제(共和制)로 번역한 어원이다.

대 시작이었다. 동아시아는 19세기 유럽 민주주의 사상 'the republic'을 표현할 단어로 사마천 '공화(共和)' 명칭을 사용했다.

동아시아 대륙에 「개인의 자유」가 등장한 유일한 시기는 아이러니하게도 춘추전국시대였다. 그래서 공자는 『서경』과 『춘추』를 기술해 주나라 종법(宗法) 제도를 바로잡으려 했다. 춘추전국시대 학문과 정치사상 비판은 대단히 자유로웠으며, 공자 제자 교육과 각국 여행은 그래서 가능했다. 전국시대 BCE. 347년 제(齊)나라 직문(稷門) 아래 직하(稷下) 학궁(學宮)이 설립되었다. 전국 학자들이 모여 온갖 통치 이론과 사상을 자유롭게 비판하고 평가했다. 이를 백가쟁명(百家爭鳴) 시대로 부른다. 맹자, 순자도 이곳에서 수학했다. 순자는 직하 학궁 제주(祭主)를 3번이나 역임했다. 제나라 환공(桓公) 전이가 세운 '직하(稷下) 학궁(學宮)'은 당시 학문 활동을 폭발적으로 증가시켰다. 이른바 동아시아 대륙의 지식혁명 시대였다. 동양철학과 정치사상은 모두 이 시기에 기반한다고 후세학자들은 평가한다. 그런데 진시황은 분서갱유를 단행했고, 한무제(漢武帝)는 유학을 정치이념교육 도구로 선택해 다른 학문을 폐지했다. 두 선택은 '사상의 자유' 지식혁명을 사실상 금지한 조치였다. 이후 동아시아 대륙은 유학 이외 다른 학문은 유학 보조수단만으로 사용되어 사실상 사라져갔다. 춘추전국시대 백가쟁명(百家爭鳴) 사상가들의 다양한 주장은 한무제(漢武帝) 이후 유학 왕권 강화 정치이념 안에서만 존재했다.

17세기 동아시아 절대 왕권을 통렬히 비판한 최초 유학자가 나타났다. "전제군주가 사적인 가족 이익을 목적으로 제정한 법(法)은 천하를 위한 법이 아니다."[152] 이렇게 주장한 자는 『명이대방록(明夷待汸录)』 저자 황정희 (1610~1695)다. 1662년 황정희는 명나라 멸망 원인을 분석하여, "천하의 근 본은 '민(民)'이며 군주의 원천 임무는 '민(民)'의 이익증진과 해악 제거이다. 그런데도 천하를 군주 개인재산으로 규정한 가산국(家産國) 악법을 만들어 군주는 '민(民)'을 수천 년 착취해 왔다."라고 통렬히 비판했다.

황정희 『명이대방록(明夷待汸录)』의 「원군(原君)」 내용은 다음과 같다.[153]

> **해석** 옛날에는 천하가 주인이고 군주가 객으로, 통상 군주의 치세는 천하 를 위한 경영이었는데, 지금은 군주가 주인이고 천하가 객이며, 모 든 천하에 숨을 땅도 없게 만드는 통치는, 군주를 위한 일뿐이다. 그러함에도 그(군주)가 안녕을 얻지 못하면, 독을 뿌려 천하의 간과 뇌를 꺼내 죽이고, 천하의 자녀를 강제 이주로 흩어지게 하고, 자기 이익 산업 확장에는, 참혹함이 없는 당연한 것으로 취급하며 말하되 "나는 확고히 내 자손을 위해 창업했다."라고 한다. ~중략~ 그러니 천하 대해(大害)를 만든 자는, 바로 군주이다. ~중략~ 앞으로 만약 군주가 없다면, 사람들은 각자 가족을 챙기며, 자기 이익을 얻게 될 것이다.

한편 동아시아 최고(最古) 역사서 『서경』「고종(高宗) 융일(肜日)」 기록은 다음과 같다.

---

152   Benjamin Isakhan and Stepen Stockwell eds, 동상서 4. Digging for Democracy in China by Pauline Keating, p. 68

153   황종희(黃宗羲), 「명이대방록(明夷待汸录)」 원군(原君) (1662).

위의 두 글 중에서 『서경』에 기록된 왕은 '백성 공경'을 위탁받은 씨족공동체 대표자였음을 확실히 보여준다. 고대 아테네와 로마 시민권 사상과 같으며, 리바이어던에서 홉스 주장과 일치한다. 반면 『명이대방록(明夷待訪彔)』에서 황정희가 비판한 왕은 백성 지배자였다. 씨족공동체 대표자로 선발된 왕은 어느 날 절대권력자, 백성 지배자로 변신했다. 수천 년 동아시아 대륙 역사에 서양의 민회와 같은 국가기구는 존재하지 않았다. 황종희도 왕정을 통렬히 비판했으나 전제군주 옹호자였다. 중국 일부 학자들은 황종희를 동양의 사회계약론 선구자라고 주장하나, 『명이대방록(明夷待訪彔)』에서 자유, 인권 사상은 찾아볼 수 없다. 백성을 근본으로 주장했으나, 왕의 권력남용만을 비판했다.

반면 그리스-로마시민은 권력을 남용한 왕정을 폐지하고 집정관을 대표로 임명해 공화정을 수립했다. 그리스 아테네는 그 공화정마저 폐지하고 직접민주주의 민주정 정치체제를 도입했다. 로마는 황제 1인이 지배한 제국 시대에도 원로원과 민회(民) 그리고 시민권 제도를 끝까지 유지했다. 그리스-로마 민회는 유럽국가 근대민주주의가 시행된 19세기까지 계속해 존속해 왔다.

동아시아 유학자들은 「안민(安民)은 국가 근본이요, 천명(天命)」이란 주장만을 수천 년 되풀이했을 뿐, 왕권독재 폭정을 19세기 청(靑)나라 멸망까지 지지했다. 왕정의 백성 핍박과 약탈은 더욱 강화되었고, 새로운 왕조는 오직 군사 전쟁으로만 교체되었다. 유학자들 대부분은 왕권에 아부해 그들 이익만을 챙긴 지배층일 뿐이었다.

인간의 궁극적 생존이익은 식량(현대의 돈)이다. '백성 마음의 소리'를 듣고 따른 왕권의 번영은 '식량문제' 해결 덕분이었다. 18~19세기 서유럽 절대 왕권 타도를 외친 '국민 세력' 등장도 오직 '식량문제' 때문이었다. 세금 약탈로 식량에 굶주린 서유럽 국민 세력은 「'민(民)'을 속인 군주」를 타도했다. 그래도 그들이 꿈꾸던 국가는 건설되지 않았다. 나폴레옹 왕정이 구 왕권 체제를 대체했을 뿐이었다. 프랑스혁명 이후 식량과 자유를 외친 국민투쟁은 19세기 내내 계속되었다. 그리고 마침내 20세기 초반 영국, 프랑스 등 몇몇 국가에 새로운 정치체제가 정착되기 시작했다. 국민 스스로 국가주인이 되는 민주(民主)국가였다.

민주국가는 원시 공동체와 같이 「국민의 식량과 평등 보장」을 목표로 했다. 국가정책은 「개인의 자유와 생존권 보장」에 집중되었다. 헌법에 「국민 이익증진」을 국가목표로 규정한 입헌국가가 수립되었다. 자유민주주의는 「식량은 경제 세력이, 무기는 군사 세력이, 국가생존사업은 정치세력이」 주도하도록 과거 상상할 수 없었던 지식 전문성 기반의 국가 제도를 정립했다. 가족공동체 '생존본능'을 극대화하는 「개인의 자유」를 국가의 핵심 가치로 규정했다.

영국의 1215년 마그나 카르타 대헌장, 1689년 영국 의회제정법 권리장전, 1776~83년 미국의 독립, 1789~94년 프랑스혁명은 각각 그 시대의 새로운 흐름을 만든 결정적 역할을 해냈다. 특히 미국 1776년 독립선언은 인류 최초 「왕 없는 자유민주주의 국가」를 건설했다. 미국은 1773년 영국과 독립 전쟁을 시작해 17~8세기 시대 정신을 독립선언서로 발표하고 1783년 파리조약에서 자주적 독립을 쟁취했다. 미국독립선언서는 '국가와 정부

정통성'의 근원이 국민(people)에 있음을 분명하게 규정했다. 그리고 국가 목적은 국민의 자유와 권리, 평등과 행복 보장임을 명확하게 규정했다. 국가목적은 「국민 마음의 소리」 그 자체에 있었다. 미국 독립선언서는 다음과 같은 선언을 했다.

『우리는 다음과 같은 것을 자명한 진리로 믿는바, 모든 사람은 평등하게 창조되었다. 그들은 창조주로부터 양도할 수 없는 일정한 권리를 부여받았다. 인류는 생명과 자유와 행복의 추구, 이 권리를 확보하기 위하여 정부를 조직했다. 중략~ 정부의 정당한 권력은 국민의 동의로부터 유래한다. 어떠한 형태의 정부이든 이러한 목적을 파괴할 때 ~중략~ 새로운 정부를 조직하는 것은 국민의 권리이다.」 - 1776년 7월 4일 -

2005년 경제학자 로버트 아우만(Robert John Aumann)은 노벨상 수상 기념 강연에서 "경제는 인센티브(incentive) 관련 모든 것이다"라고 했다.[154] 인센티브 제도는 개인 생존본능의 힘을 극대화 해주는 적극적 동기를 제공한다. 1618년 영국 버지니아 식민지회사가 모든 미국 정착민에게 적용한 인류역사상 최초 인센티브 제도는 영국의 미국 식민지 경영에 대성공을 가져왔다. 1619년 미국 버지니아 제임스타운 정착민은 자치정부 '일반 총회(general assembly)'를 설립했고, 이후 미국 12개 식민지 자치정부에도 동일 의회가 설립되었다. 1774년 독립을 위해 설립된 미국 대륙회의(continental

---

154 Robert Aumann, War and Peace Lecture for Nobel Prize 2005

1). War is not irrational, but must be scientifically studied in order to be understood, and eventually conquered;

2). Repeated game study de-emphasizes the "now" for the sake of the "later";

3). Simplistic peacemaking can cause war, while an arms race, credible war threats and mutually assured destruction can reliably prevent war.

congress)는 식민지 자치정부 의회를 모델로 설립된 최초 연방조직기구이며 현재 미국 연방의회 전신이다. 1618~19년 도입된 '인센티브 제도'와 '일반 총회'는 1776년 미국 독립선언과 왕 없는 민주주의 출발점이 되었다.[155] 「왕이 없는 미국 민주주의」는 17~18세기 해외무역 전쟁으로 절대 왕권 강화와 국가자본 축적에 집중했던 유럽에 결정적 타격을 가해 절대군주제 붕괴를 가속 시켰다.[156] 미국은 인류 최초 근대 자유민주주의와 자본주의 시장경제를 시작한 나라이다. 미국 대통령 중심제는 근대국가 최초 '대표 민주주의' 모델이다.

인류는 식량 없이 생존할 수 없다. 그러나 인류생존의 실질적 도구는 '식(食)이 아닌 병(兵)'이었다. 원시인류의 생존 도구는 동물사냥 '무기-병'이었다. '무기-병'은 작은 동물과 거대한 동물사냥을 위해 고안된 맞춤형 도구였다. 직접 접촉해 사냥하는 도구와 원거리에서 던지는 사냥도구를 만들었다. 사냥도구는 도끼, 칼, 활, 창의 무기로 만들어졌고, 무기 재료로 돌-청동-철을 사용했다. 병은 식량 사냥을 위해 고안된 도구였다.

춘추시대 말기, '병자(兵者)'가 공동체 존망 문제임을 통찰한 손무(孫武)가 나타났다. 식량과 무기는 공동체 생존사업의 필수 불가결 요소임을 통찰했다. '신(信)'을 최우선으로 주장한 공자(孔子)는 손무와 동시대 사람이다. 손무 또한 신을 국가생존사업의 중심요인으로 규정했다. 국가사업 '도, 천, 지, 장, 법' 5가지 중에서 제1로 제시한 도(道)가 바로 신이다. '도(道)'는 백성과 리더가 「같은 마음의 소리」를 갖는 것이다. 손무는 '생존이익 통찰', '냉정한

---

155   Daron Acemoglu and James A. Robinson, *Why Nations Fail : The origins of Power, Properity, and Poverty* (Crown Publishers, 2012), pp. 21~24.

156   Maurice R. Davie, 전상서, pp. 160~175. ; Hendrik Spruyt, "War, Trade, and State Formation" in The Oxford Handbook of Political Science Edited by Robert E. Goodin (Oxford Univ., 2013) ; Charles Tilly, "War-making and state-making as organized crime" (Michigan Univ. 1982)

계산', '선승 불패 사업 선택'은 공동체의 도(道)에 달려있다고 강조했다.

인류생존은 병(兵) 없이 불가능했다. 공자는 식이나 신보다 병을 먼저 버려야 할 대상으로 규정했다. 손무는 생존사업 현실을 공자와 다른 각도에서 통찰했다. 손무는 리더가 「민(民)과 같은 마음의 소리」를 가질 때만 공동체가 생존했음을 직시했다. 공자가 춘추시대 국가통치 질서였던 '주나라 종법제도' 복원을 목표로 할 때, 손무는 실질적 '부민(富民) 안국(安國)' 보장 수단이 무엇인가를 고민했다. 손무는 「백성과 같은 마음의 소리」를 갖는 리더의 통치 방법을 "수도(修道) 보법(保法)"으로 규정했다. '수도(修道)'는 같은 마음의 소리로 백성을 통치하는 리더의 통치술이다. 백성의 마음의 소리는 충분한 식량에 있다. 즉 수도(修道)는 백성의 식량을 충분하게 만드는 부민(富民) 통치술이다. 보법은 「같은 마음의 소리」로 부민을 달성하는 방법을 법령으로 제정해 시행함을 말한다. 이것이 "부민(富民) 안국(安國)"의 선승(先勝) 전략이다. 선승 과정에는 불가피한 후전(後戰)이 나타날 수 있다. 그래서 군사 전쟁사업을 평시 반드시 준비해 불가피 할 때 선택한다. 손무의 선승 개념은 「국민 마음의 소리」로 통치하는 21세기 자유민주주의 정치원리와 같다.

손무는 생존사업을 '병, 식, 신'과 '천시-지리'의 융합으로 보았다. 생존사업의 성공원리는 인재 육성과 등용에 있으며, 그것이 「선승(先勝), 후전(後戰)」의 불패기반이었다. 그래서 생존사업은 필연적으로 백년대계 '장기전략'을 요구한다. 장기전략은 임시방편의 단기적 방법이 아니다. 인재육성은 장기간 몇 대에 걸쳐서 지속되어야 걸출한 인재가 탄생한다. 2021년 유엔무역개발회의(UNCTAD)가 분류한 대한민국 선진국 진입은 1948년 건국 73년만의 일이다. 대한민국은 선승에 성공했는가?

선승(先勝)은 승리를 보장할 나의 능력완비를 절대 요구한다. 후전(後戰)

은 나의 능력완비 이후 불가피한 경우에만 선택하는 군사 전쟁사업이다.
「선승(先勝), 후전(後戰)」은 사실상 수백만 년 자연의 생존경쟁 원리이며,
적자생존(適者生存)의 원리이다. 손무는 '개인의 힘'을 '조직의 힘'으로 극
대화하는 원리를 통찰해 냈다. 그 원리가 공동체 선승이고, 선부민이다. 왕
이 백성 마음의 소리를 듣고 따르면, 백성은 절대 속이지 않고 목숨을 걸고
싸운다. 그것이 도(道)이다.

> **원문** 도자(道者), 영민(令民) 여상(與上) 동의야(同意也).
>
> 중략 ~ 민불궤(民弗詭),
>
> **해석** 도란 백성이 위와 더불어 갖는 '같은 마음의 소리'이다.
>
> 중략 ~ 백성은 절대 속이지 않는다.

◆ '개인의 자유'는 과학기술 혁명으로 탄생했다.

인간 생존본능은 '더 나은 평화'를 끝없이 추구해 왔다. 원시 수렵-채집기
술은 농업혁명과 상업 무역, 산업혁명을 거쳐 '과학기술'로 재탄생했다. 산
업혁명 세력은 새로운 '근대 과학기술' 시대를 이끌었다. 그 과학기술은 '미
래 문명 창조와 파괴'의 양면성을 모두 내포하고 있는 21세기 로봇 인공지
능 시대를 열고 있다.

니콜라우스 코페르니쿠스(Nicolaus Copernicus, 1473~1543)는 1542
년『천체 회전에 관하여』라는 책에서 지동설을 발표했다. 당시 지동설은 '지
구가 우주 중심'이라는 천동설을 전면 부정하는 파격적 이론이었다. 지동
설은 이후 튀코 브라헤(1546~1601)와 요한 케플러(1571~1630) 연구
를 거쳐, 1632년 갈릴레오의『프톨레마이오스-코페르니쿠스 두 개의 주

요 우주 체계와 대화』 출간으로 새로운 우주관으로 인정되었다. 지동설 행성 운동이론체계는 뉴턴(1642~1727)이 완성했다. 뉴턴은 '만유인력 법칙'과 1687년 『자연철학의 수학적 원리(Mathematical Principles of Natural Philosophy)』 발표로 현대 이론물리학 기초를 확립했다. 근대과학의 탄생은 BCE. 3세기 아리스타르코스(Aristarchos) 태양중심설을 후대 선각자들이 포기 없이 '수백 년 연구'를 계속한 결과였다.

수천 년 인류의 생존기술 지식정보는 1440년 경 구텐베르크(1397~1468년) '이동식 금속활자' 개발로 유럽과 세계로 널리 쉽게 전파되기 시작했다. 고대 이집트 파피루스, 6세기 경 동아시아 목판 인쇄술이 구텐베르크 금속활자 개발로 본격 열매를 맺기 시작했다. 새로운 생존기술정보가 세계로 급속히 전파되었다. 이때부터 '자유롭게 생각하고, 행동하는 개인'이 나타나기 시작했다. 1517년 독일 신학대 교수 마틴 루터의《속죄의 효력에 관한 95개 조문》발표로 '종교개혁' 운동이 유럽을 덮쳤다. '인쇄술'은 성경을 자국어로 번역해 유럽 전 지역에 신속하게 전파했다. 왕에게 종속된 시민들은 성경을 읽으며 '자유로운 개인'으로 깨어나기 시작했다. 지배층 전유물 문자 지식이 시민 핵심 생존기술로 변신했다. 금속활자로 대량 인쇄된 각종 서적은 중세 이후 잠자던 시민의식을 다시 깨우면서 인류사를 대 변혁하는 핵심 도구가 되었다.

과학적 무시(scientific iganorance)와 과학적 지혜(scientific knowledge)는 현대인의 특징이 되었다.[157] 과학적 방법(scientific methods)은 현대 학문의 가장 기본적인 연구 방법이다. 모든 영역의 생존기술은 과학과 융합되었다.

---

157   Toby E. Huff, *The Rise of Early Modern Science* (Cambridge Univ. press, 2003), p. 8.

　　과학혁명과 함께 자유로운 개인은 그렇게 탄생했다. 새로운 정보로 각종 기술을 발명하는 '개인의 생존사업'은 과거 상상도 할 수 없던 일이었다. 왕의 특허권 독점이 무너졌고, 개인 생존사업이 폭발했다. 종교개혁으로 촉발된 생존지식정보의 전파는 '개인의 자유' 영역을 대폭 확대해 주었다. 신대륙 발견으로 유럽 해외무역 시장과 각국 국내시장이 활성화되면서 애덤 스미스의「보이지 않는 손」은 역동적으로 작동했다. 마침내 영국 산업혁명을 주도한 증기기관이 발명되어 상업화되었다. 1705년 영국 발명가 토머스 뉴커먼은 증기기관을 발명했고, 1769년 제임스 와트가 개량하여 1776년 볼턴&와트(Boulton & Watt)는 동업회사로 증기기관 상업화에 성공했다. 역사상 최초 증기기관은 BCE. 2세기 고대 이집트 알렉산드리아 수학자 헤론의 '아에오리파일(Aeolipile)'이다. 이는 물그릇에 있는 물을 끓이면 파이프를 타고 올라가 분출되는 증기로 공이 회전하는 장치로서, 헤론은 증기의 힘을 이용해 알렉산드리아 신전에 자동문을 설치했다.

　　근대과학은 진실(truth)을 향한 '열린 생각과 자유로운 토론'을 통해서 탄생했다. 열린 생각과 토론은 진실에 대한 의문을 가진 '자유로운 개인'을 끝없이 양산했다. 갈릴레오는 교황청 금지에도 불구하고 진실에 대한 도전을 멈추지 않았다. 개인이 정부와 싸우는 "갈릴레오 도전의 근본적 문제는 코페르니쿠스 가설의 이론 정립 여부가 아니라, 지동설 그 진실(truth)을 교황청이 아닌 개인이 발표한 것에 있었다. 교황청과 갈릴레오의 극적 충돌은 거대한 공식 권력이 개인의 자유를 억압하려 했던 마지막 결전(showdown)이었다."[158] 교회 신학과 대학의 열린 토론을 보장해왔던 교황청은 과학의

158　　Toby E. Huff, *The Rise of Early Modern Science: Islam, China, and the West* (Cambridge Univ. press, 2003), p. 44.

근본질문을 던진 갈릴레오를 종교재판으로 처벌할 수 없었다. 지동설은 자연스럽게 널리 전파되기 시작했다. 16~17세기 '과학혁명'은 끝없이 진실을 추구해 온 '자유로운 개인'을 탄생시켰다.

　과학혁명으로 탄생한 '자유로운 개인'은 「자유의지」를 더욱 추구했다. 과학적 진실은 정치, 경제, 군사혁명을 촉발했고, 혁명기술은 절대왕정 생존사업의 도구가 되었다. 그러나 과학혁명으로 육성된 자유로운 시민들은 절대권력 왕정의 부패를 용서하지 않았다. 18~19세기 왕에게 종속된 시민들은 과학과 계몽사상의 영향으로「같은 마음의 소리」를 가진 국민 세력으로 결집했다. 고대부터 선각자들이 외친 "자유와 평등"은 국민 세력의「같은 마음의 소리」가 되어 마침내 절대왕정을 무너뜨리고 「자유」를 얻어냈다. 드디어 수천 년 절대권력 지배체제가 무너지기 시작했다.

　현대 과학기술은 국가생존사업의 성패를 결정하고 있다. 개인은 생존본능의 힘을 자유롭게 발휘할 기회를 끝없이 추구한다. 모든 개인에게 기회를 동등하게 보장할 책임과 의무를 헌법에 규정한 현대국가가 성립되었다. 자유로운 개인은 능력을 최대 발휘할 기회를 만나면 독창적 창의력을 과시한다. 왜 첨단 과학기술은 시장경제 자유경쟁 체제 국가에서 더욱 빠르게 발전하는가? 독재란 자유로운 개인을 가장 두려워한다. 자유로운 기술경쟁은 국민을 억압, 통제, 약탈하는 독재 속성을 정면 거부한다. 독재는 첨단 과학기술 연구의 독창성을 두려워한다. 왜 현대 과학의 아버지라 불리는 갈릴레오(1564~1642)는 코페르니쿠스 지동설을 "맹세코 포기하며, 저주하고 혐오한다."라고 선언했는가? 왜 구소련 핵물리학자 사하로프 박사(1921~89)는 그의 조국 소련을 배반하는 반체제인사가 되어야만 했는가?

　대한민국과 「손자(孫子)」 : 국가흥망 선택게임

「개인의 자유」는 독재 파멸의 원동력이었다. 로마제국(BCE. 27~1453년) 황제는 1대 아우구스투스 이후 총 171명이다. 그중 암살 41명, 처형 13명 등 154명이 타살되고 5명은 자살했는데, 로마제국 황제 약 34%이다. 로마 171명 황제는 모두 군대를 세력 기반으로 삼았었다. 그런데 군대 세력이 황제를 가장 많이 암살했다. 군대의 황제에 대한 지지가 약할 때는 반드시 통치체제에 문제가 발생했다. 대한민국 대통령은 총 12명 중 1명은 추방되고, 1명은 암살되고, 1명은 자살하고, 4명은 구속되고, 2명만 자연사했다. 2명은 실권을 잃고 물러났다. 로마제국 군주와 대한민국 대통령의 수난은 무엇을 의미하는가?

진나라는 BCE. 821년 주나라가 장공(莊公)에게 하사한 제후국이었다. 9대 목공(穆公)은 널리 인재를 구해 백리해(百里奚), 건숙(蹇叔), 비표(丕豹) 등을 등용하고 진(晉)을 통합해 춘추오패로 군림했다. 건국 시조 장공 사후 119년 만이었다. 진나라는 목공 사후에 그의 가신 인재 177명을 순장(殉葬)해 한때 기세를 잃고 영토마저 대폭 축소되었었다. 목공 사후 260년이 지나 25대 효공(孝公)이 즉위했다. 효공과 그의 아들 26대 혜문왕(惠文王)은 백년 대계를 위한 인재 등용에 집중했다. 효공은 상앙(商鞅)을 등용해 세제(稅制), 군제(郡制), 법제(法制)를 개혁한 변법(變法)으로 강력한 중앙집권 국가를 만들었다. 도성을 함양으로 옮겨 미래패권을 준비했다. 그의 아들 혜문왕은 파촉(巴蜀)을 점령해 장강(長江) 상류를 차지했고(BCE. 316), 장의(張儀)를 등용해 연횡(連橫) 책략으로 패권을 장악했다. 혜문왕의 손자 28대 소양왕(昭襄王)은 범저(范雎)를 등용해 원교근공(遠交近攻)을 구사하면서 BCE. 255년 주나라를 멸망시켰다. 효공 사후 92년, BCE. 246년에 정(政)이 즉위했다. 정은 정국(鄭國)을 등용해 120km의 정국거(鄭國渠) 운하를 건설했다. 진은 정국거 완성으로 농지 2억 2천만 평을 개간했고, 곡식 약 4천만 섬을 생산해 부민(富民)을 달성하면서 통일 전쟁에 충분한 재정적 능력을 얻게 되었다. 이후에도 진왕 정은 울료(蔚繚), 이사(李斯), 왕전(王翦) 등을 등용해 정치, 외교, 군사적 승리로 통일을 완성했다. 1대 장공 사후 600년, 25대 효공 사후 117년, 26대 혜문왕 사후 90년 만의 일이다. 국가생존사업은 이러한 백년대계가 반복되어 부민(富民) 안국(安國)이 달성될 때 그 열매를 얻는다.

로마제국 건설 과정과 진통일 과정은 매우 유사한 공통적 현상을 보여준다. 강대국 로마를 탄생시킨 힘은 국가 제도 혁신을 지속한 인재 등용과 교육 제도에 있었다. 두 나라는 대외적으로 개방된 국가 제도를 '질서 있게' 정착시킨 공통점이 있다. 2022년 세계는 반도체 기술전쟁에 진입했다. 미국이 중국 대결에 자신감을 보이는 이유는 세계 인재들이 스스로 찾아오게 만든 개방된 전문 인재교육 제도 때문이다. 세계적 인재들은 독재국가 중국보다 자유민주주의 미국을 우선 선택하는 경향이 분명하다. 그 이유는 미국이 개인의 자유가 원동력인 자본주의를 시장경제 원리 그대로 선택해 국가경쟁력을 강화하는 '열린 사회'이기 때문이다.

국가와 기업의 흥망원리는 같다. 대한민국 삼성은 메모리 반도체 세계 1위이나, 반도체 설계 분야의 시장점유율은 1%로서 미국(64%), 대만(18%), 중국(15%)과 비교가 안 된다. 이는 사업 선택전략 문제이며, 당연히 '미래 반도체 설계인력'에 부족을 초래했다. 2022년부터 삼성은 대만 TSMC에 반도체 세계 1위 자리를 내주었다.

강대국은 우수 인재를 등용해「백년대계 국가혁신」을 지속할 때 탄생했다. 모든 국가 제도는 시대변화에 따른 자연적 구식화, 부패 현상을 벗어날 수 없다. 국가 인재란 시대변화를 통찰해 미래를 먼저 준비하는 자를 말한다. 인재를 '공정하게' 등용하는 국가 인사제도가 국가 백년대계의 첫걸음인 이유가 여기에 있다. 그래서 인재 등용에 폐쇄적 국가, 인사제도가 부패한 국가는 결코 강대국이 될 수 없었다.

　국가인재 육성정책과 백년대계 선택은 정치세력이 결정한다. 역사상 대표적 국가혁신 지속 국가는 1,500년의 강대국 로마제국이다. 고대 로마는 귀족-평민의 이익경쟁 및 협력체제를 '공정한 인사정책'으로 해결했다. 권력을 남용한 왕을 추방하고 집정관을 선발해 공화정을 수립했다. 모든 시민의 동등한 정치참여 권리를 인정했고, 로마 시민권 제도를 도입했다. 노예도 시민권을 획득하고 능력을 인정받으면 황제 자리에 오를 수 있었다. '해방 노예의 아들' 푸블리우스 헬비우스 페르티낙스(Publius Helvius Pertinax) 황제는 말단 병사에서 사령관을 거쳐 집정관을 역임하고 CE 193년 황제에 오른 전설적 인물이다. 한반도 국가는 500~1,000년마다 왕권이 교체되었다. 중국은 통일 왕조 190~300년, 분열 왕조 130~200년의 교체 주기를 반복했다. 한반도 왕조가 대륙보다 2배 긴 것은 국가혁신이 그만큼 지속되었음을 뜻한다. 정복한 주변국 주민에게 시민권을 부여해 국가인재 풀을 대폭 확대했던 로마의 국가혁신은 국가흥망이 「인재 등용 문제」였음을 보여준다.

　21세기 시대정신 「자유와 기술」은 고대 그리스-로마 국가혁신의 유산이다. 고대 그리스는 알파벳 문자를 발명해 지식혁명을 이룩했고, 철학과 과학을 발전시켜 현대문명의 기원으로 평가받는다. 로마는 국가 위기가 초래되면 시민권을 확대 부여한 이민족을 동원해 위기를 극복했다. BCE. 5세기 도입된 로마 '시민권'은 모든 정복국가에 확대 적용되어 대제국을 건설했다. 13세기 몽골 칭기즈칸은 로마와 유사한 정복국가 통치정책으로 역사상 최대 영토제국을 건설했다. 18~19세기 영국은 세계 해양과 해외식민지를 점령하면서 정복국가 융합정책으로 우수 인재를 흡수해 21세기까지 영연방 제도를 유지하고 있다. 미국은 세계 최초 '왕 없는' 자유민주주의를 선택해 19세기 과학기술 혁명과 '열린 개방사회'를 건설함으로써 세계 인재를 흡수해 21세기 '초일류기술 강대국'을 유지하고 있다.

◆ 21세기 선택: 자유민주주의인가, 사회주의독재인가?

 원시인류는 수백만 년 동안 새로운 생존기술을 선택하며 현대 인류로 진화했다. 인류의 생존기술 선택은 농업혁명, 과학기술 혁명, 자유민주주의 시장경제를 창출했다. 동시 사회주의독재 명령 경제를 만들었다. 현대 인류는 생존사업전쟁의 흥망 선택에서 성공한 원시인류 후손들이다. 현대 인류는 잘못된 흥망 선택으로 진화에 실패한 수많은 종족소멸의 결과이기도 하다. 그런데 러시아의 우크라이나 침공은 21세기 「민주-독재 대결」을 재확인했다. 현대 인류는 어떤 선택을 할까? 자유민주주의일까, 사회주의독재일까?

가족공동체는 자유로운 식량 경쟁 가능한 자유민주주의 시장경제를 만들었다. 자유민주주의는 평민과 지배층의 끝없는 생존이익 타협의 산물이다. 21세기 평민과 지배층 타협 정치는 어떠한 미래 생존사업 체제를 선택할지 아무도 모른다. 가족공동체의 자유로운 식량 경쟁을 통제하고 제한했던 모든 체제는 역사에서 사라졌을 뿐이다. 그렇게 왕정이 폐지되었고, 모든 독재 폭정은 멸망했다.

| 인류생존의 법칙 |

 인류생존 법칙은 「가족공동체 이익 극대화」였다. 인류 가족공동체는 두 방향으로 「이익 극대화 선택」을 반복했다. 첫째, '더 자유로운' 식량 경쟁이다. 식량은 농업혁명, 도시혁명, 문자혁명, 과학혁명, 지식혁명을 거쳐 더욱 자

유로운 생존사업 체제 선택을 강요해 왔다. 인류는 그렇게 현대문명에 도달했다. 생존본능은 '더 자유로운' 식량 경쟁을 강요했고, 존망의 식량 경쟁은 생존기술 혁명을 이끌었다. 식량 사냥기술은 언어와 협력기술 진화의 기원(origin)이었다. 식량 사냥도구 제작기술은 약 5만 년 전 기술 빅뱅을 가져왔고, 1만 년 전 마침내 농업혁명을 일으켰다. 농업혁명은 인류문명과 역사의 시작점이다. 식량은 생존이었고, 안전은 그 다음 문제였다.

둘째, "개방된" 최상의 공동체 건설이다. 생존기술은 더욱 자유롭고도 비밀스럽게 전파되어 새로운 발명을 촉진했다. 원시인류는 야생에서 개체보다 수많은 천적과 싸워야 하는 유리함을 본능적으로 찾아서 '생존공동체'를 만들었다. 야생에서 가족보다 유리한 생존공동체는 없다. 당연히 가족은 생존팀으로서 이익 극대화를 추구했고, 위험요인의 급증으로 규모가 큰 종족공동체를 건설했다. 종족공동체 규모가 대폭 확대된 결정적 요인은 농업혁명이었다. 농업혁명은 정착촌과 도시를 만들었고, 사유재산과 문자를 만들어 공동체 생존기술 지식을 축적했다. 지식축적은 인류공동체의 정치, 경제, 사회, 군사의 제도적 혁명을 일으켜 문명사회 국가를 창출해 냈다.

인류는 무기 혁명과 군사 전쟁사업을 통해서 국가체제를 발전시켜 왔다. 수천 년 계속된 군사 전쟁사업은 흥망을 철저히 계산하면서 가장 효율적인 생존사업기구로 국가공동체를 선택했다. 그러나 국가는 지배와 피지배 관계로 양분된 끝없는 생존이익 투쟁을 반복해 왔다. 동양은 왕과 백성이 '종속 관계'로, 서양은 귀족층과 평민이 동등한 시민 관계인 국가체제를 정착시켰다.

동서양 선각자 공자와 플라톤은 거의 일치된 '이상적 국가개념'을 갖고 있었다. 공자는 '군자(君子)의 나라'를 꿈꾸었고, 플라톤은 '철학자의 나라'를 꿈꾸었다. 두 사람은 '개인과 사유재산'을 공동체 통합의 방해요인으로 인식했다. 개인의 능력 차이를 인정하면서도 '빈부격차'를 공동체 분열의 근본요인이라고 보았다. 결국 원시인류부터 시작된 '식량 갈등'은 현대사회 '경제 양극화' 문제로 귀결되고 있다. 공자의 대일통(大一統)과 플라톤 사회통합(unity in social life) 사상도 '식량 갈등' 문제를 의미했다.

동서양 정치세력은 전혀 다른 정치체제를 발전시켰다. 동양은 19세기까지 절대 왕권 체제가 유지되었고, 서양은 시민권 중심의 왕정-공화정-민주정 체제의 순환을 거쳐 19세기 자유민주주의 체제를 정립했다. 고대 그리스-로마는 BCE. 500년 경부터 「시민의 권리」를 중심으로 정치체제를 발전시켰다. 아테네는 BCE. 502년 민주정을 수립했고, 로마 공화정은 시민권 기반의 로마법을 제정했다. 특히 개인을 "공동체의 동등한 개체"로 규정한 게르만(German) 튜톤 종족의 민주적 전통과 모든 개인을 "신의 동등한 창조물"로 규정한 로마 가톨릭교회 교리는 로마 시민권 제도에 지배적 영향을 미쳤다. 중세 이탈리아 도시국가 르네상스는 종교개혁 사상과 융합되어 유럽 근대 계몽사상을 일깨웠고, 1215년 영국 마그나칼타 헌장과 1688년 명예혁명은 세계 최초 '입헌군주국 의회'를 만들었다. 18세기 왕이 없는 대통령제 국가 미국이 탄생했고, 유럽 절대 왕권 체제가 무너져 19세기 근대민주주의 정치체제가 등장했다.

야생자연의 남자 생존사업, 군사 전쟁은 21세기에도 중단될 기미가 전혀 없다. 2022년 우크라이나를 침공한 핵 초강대국 러시아는 2년 이상 전면 전쟁을 계속하고 있다. 푸틴은 김정은과 긴급군사동맹 조약을 체결하고 북한군을 쿠르스크 전장에 투입했다. 미국 대통령 트럼프는 군사력 지원 대가로 우크라이나 희토류를 요구했다. 중국 시진핑은 대만 무력 통일을 공식 선언하고 해상침공훈련을 반복한다.

핵전쟁 위기에 직면한 대한민국의 정치상황은 '정치세력'이 국가흥망을 선택한 대표적 사례로 평가될 것이다. 중국 사회주의독재 부활은 자유민주주의와 '국가체제 전쟁사업'을 재점화했다. 선진국 '부의 양극화' 현상은 자본주의 시장경제 뿌리를 흔들며 사회주의 혁명세력의 부활을 촉진하고 있다. 특히 미국과 한국 정치세력은 세계 최악의 극한 대결을 벌이고 있음이 퓨 리서치(PEW Research) 연구소 조사에서 확인되었다. 미국은 트럼피즘으로 몸살을 앓고 있으며, 대한민국은 비상계엄 선포-해제로 세 번째 대통령 탄핵사태라는 최악의 위기를 맞았다.

원시인류 이후의 생존기술 혁명은 끝없이 계속될 것이다.
인류 생존사업전쟁의 본질은 21세기에도 전혀 변하지 않을 것이다.
대한민국 생존흥망 선택게임은 "2025년 정치세력 선택"이 결정할 것이다.
대한민국은 한반도 핵전쟁 위기를 극복할 것인가?
대한민국은 중국의 사회주의 패권전쟁을 극복할 것인가?

| 제2장 | 왜, 『손자(孫子)』 「생존흥망 선택법칙」인가?

《병자(兵者), 국지대사(國之大事), 불가불찰야(不可不察也)!
병(兵)은 가장 큰 국가사업(事業)이니, 깊은 통찰 없이는 불가하다.》

노나라 역사서 『춘추(春秋, BCE. 722~481년)』 약 224년을 요약정리하면 전쟁
사업 70%(군사 전쟁 40%, 회맹(會盟) 20%, 축성 10%), 자연현상 10%, 제사 ·
수렵 20%였다.

◆ 시대 배경

『손자(孫子)』는 인류 '생존흥망 선택법칙'을 수록한 책이다. 공자『춘추』역
사기록은 노나라 생존흥망이 군사 전쟁사업 선택에 달려있었음을 보여준
다.『손자』는 "백성 마음의 소리"가 「선승(先勝), 부전승(不戰勝)」의 비책(祕
策)임을 강조했다. 손무(孫武)는 승리보다 '더 좋은 평화(Better Peace)'를 추
구한 현실주의(Realism) 전략가였다. 그의 목표는 부민(富民) 안국(安國)을
보장할 「왕패지병(王覇之兵)」 국가건설이었다. 손무의 목표는 현대 국가전
략과 맥락이 일치한다. 왕패지병이 없는 국가는 무정부 상태를 면치 못하기
때문이다. 소말리아, 에디오피아 내전은 수십 년째 계속되고 있다.

『손자(孫子)』는 세계에서 가장 오래된 약 2,500년 이전의 국가생존사업 전
략서다. 춘추시대(BCE. 770~403년)는 청동기 말기, 철기 초기로 연맹 부족
국가(tribal state)가 절대왕권 개인 국가(personal state)로 전환되던 군사 전
쟁사업의 시대였다. 춘추시대 주나라 1,400개 읍과 180개 제후국(종족 연
맹)은 '내전(內戰)'을 300년 이상 지속하면서 5~10개로 통폐합되었다. 군사

전쟁은 종족공동체 이합집산과 정치, 경제 그리고 '사회적 변화의 핵심' 동인으로 작용했다.[01] 제후국들은 군사 전쟁사업의 효율성을 제도적으로 철저히 추구했고, 그 결과 가장 유리한 '생존사업 도구(business instruments for survival)'인 국가(國家)를 만들어냈다.[02] 노자, 공자 등이 국가통치 논쟁을 벌이는 가운데 국가권력 장악을 과학적으로 고민한 현실주의 전략가 손무가 나타났다. 국가 통치술 백가쟁명(百家爭鳴)이 계속되면서 이른바 "축의 시대(Axial Age)"로 일컫는 지식혁명이 일어났다. 춘추시대 백가쟁명 지식은 그렇게 동양철학의 기원이 되었다.

원시인류는 사냥도구, '병(兵) 즉, 융(戎)'을 만들어 식량과 안전을 확보했다. 약 12,000년에 일어난 농업혁명으로 인류는 집단촌락을 형성해 식량과 안전보장을 위한 끝없는 군사 전쟁사업을 시작했다.[03] 종족공동체에 정부가 등장했고 사회적 신분 계층이 분화되었다. 공동체 리더 왕은 영웅으로 신격화되고 절대권력자가 되었다. 씨족공동체는 부족 연맹국으로 통폐합되었다. 노비코프(Novicow, 1911)는 BCE. 1496 ~ CE. 1861년에서 군사 전쟁 기간은 총 3,130년이었으며, 평화 기간은 227년뿐이었다고 분석했다.[04] 그 기간에 체결된 약 8,000회 평화조약은 매 4년 군사동원을 의미했다. 미국 예일대 사회과학 교수 모리스(Maurice)는 『전쟁의 진화(The Evolution of War)』 첫 문장을 "인간은 원시부터 지금까지 분쟁 갈등을 결판내기 위해 무기를 들고 항상 싸워왔다."라고 썼다.

---

01 Maurice R. Davie, *The Evolution of War: A Study of Its Role in Early Societies (1929)*, p. 219~221.

02 Maurice R. Davie, *동상서 (1929)*, pp. 225~233.

03 Richard A. GabrielandKaren S. Metz, *A Short history of War: The Evolution of Warfare and Weapons* (U.S. Army War College. SSI, 1999), pp. 2~3.

04 J. Novicow. translated by Thomas Seltzer, *War and Its Alleged Benefits (1911)*, pp. 13~14.

그는 "전쟁은 '남자의 사업(man's business)'이며 야생 자연의 생존 선택 경쟁이다"라고 분석했다.[05]

손무(BCE. 545~470년 경) 사후 40년에 플라톤(BCE.428~348경)이 탄생했다. 플라톤은 저서 『법(Law)』에서 "그리스 모든 도시국가는 '본래 선포되지 않은 전쟁(undeclared war by nature)' 상태에서 살아간다"라고 기술했다. '선포되지 않은 전쟁'이란 무엇일까? 바로 야생 자연의 '중단 없는' 생존 전쟁을 말한다. '선포되지 않은 전쟁'은 『손자』의 첫 단어 병자(兵者), 즉 '생존 전쟁'을 뜻한다. 인류는 수렵채집 도구(무기)로 식량을 획득하면서 야생동물과 다른 종족 공격에 대비해야 했다. 인간에게 가장 치명적 위협은 다른 인간종족이었다. 원시인류는 전사를 육성했고, 최초 전문조직 군대(軍隊)를 만들었으며, 군사전문가를 절실히 필요로 했다. BCE. 9세기 경 건국된 전설적 군사 국가 스파르타의 전사(warrior) 양성 특별교육체계는 수백 년 그런 과정을 거쳐서 정립된 대표적 사례이다.

고대 동아시아 대륙의 정치세력은 주거(住居) 단위별로 군사를 동원한 '군사-행정 일원화 통치체제'를 수립했다. 하(夏)나라는 병민(兵民) 합일(合一) 민군제(民軍制)를 시행했고, 교(敎)라는 학교에서 말타기, 활쏘기를 가르쳤다. 사방 10리 거주지에서 동원된 약 500명 군사 조직 '여(旅)'를 편성했으며, 사병(士兵)을 중(衆)이라 불렀다. 제나라 관중은 궤리연향법(軌里連鄕法)을 만들어 춘추시대 패권을 차지했다. 궤리연향법은 주나라 군사제도를 발전시켜 행정-군사동원을 일원화한 통치제도이다.[06]

국가통치 행정과 군사동원 일원화는 고대국가의 공통된 특징이었다. 고

---

05   Maurice R. Davie, 동상서 *(1929)*, p. 1, p. 23.

06   백기인, 『중국 *군사 제도사*』 (국방 군사연구소, 1998. 06), p. 20-61.

대 그리스 아이네이아스(Aeneas)의 군사서『포위전 생존술(How to survive in siege)』은 포위된 공성전에서 주민을 동원한 군사 조직편성을 어떻게 수행하는지 상세히 기록했다. 그 책은 평시 지역별 유능한 주민을 리더로 임명하고, 전투 능력을 보유한 주민을 소그룹으로 조직해 주거지 주변 지형에 맞게 배치해 주야간 순찰과 경계 임무를 수행한 방법을 기록했다.[07] 또한 식량 수확기 '군사동원' 방법을 제시함으로써 불가피한 '생존흥망 선택사업'이 군사 전쟁사업임을 강조했다.

고대 군사제도는 현대 군사 조직편성의 원칙과 기준을 제공한다. 대한민국 국군의 분대 편성기준 5~7명은 주나라 주거 단위 오(伍: 5가구)와 군사동원 오(伍: 5명) 편성기준과 같다. 지휘자 1명이 가장 효율적으로 통제 가능한 인원 5명이 기준이 되었다. 한국군 "사단(師團), 군(軍)" 명칭도 주(周)나라 사(師: 2,500명), 군(軍: 12,500명)에서 유래되었다. 주나라 오(伍)와 진나라 십오제(什伍制) 오가작통법(五家作統法)은 북한 주민감시체제 5호담당제의 기원이다. 동서고금 독재자의 착취 폭정은 주민감시체제를 기반으로 자행되었음을 보여준다.

춘추시대 군사 세력은 바로 각 지역의 종족공동체 정치세력이었다. 정치세력은 군사 전쟁사업을 수단으로 지역별 종족공동체의 분리 통합을 강요했다. 마침내 변방 약소국 진(秦)이 동아시아 대륙을 최초 통일했다. 진(秦)은 손자가 염원했던 '왕패지병(王牌之兵)' 육성에 성공한 국가였다. 동아시아 고대국가 성립과정은 로마 멸망후 중세 유럽국가 그리고 프랑스혁명 이

---

07   *Aeneas Tacticus, Asclepiodotus and Onasander* with an english translation by members of the Illinois Greek Club (Harvard Univ. press, 1943). 27~38.

후 근대 유럽국가 성립과정과 유사하다는 연구가 발표되기도 했다.[08]

군사 전쟁은 인류 생존흥망 선택게임의 최종수단이었다. 로마 멸망 이후 끝없는 군사 전쟁은 유럽 근대국가 발전을 가져온 초석이 되었다. 11~13세기 십자군 전쟁, 영국과 프랑스 100년 전쟁(1337~1453), 1517년 종교개혁, 30년 전쟁(1618~1648)을 포함한 16세기 유럽지역 종교전쟁, 영국 독일과 프랑스 러시아 등의 7년 전쟁(1756~1763), 나폴레옹 전쟁(1803~1815), 독일 통일 전쟁과 프러시아-프랑스 전쟁(1870~1871) 등 계속된 군사 전쟁은 19세기 제국주의 식민지 전쟁에서 절정에 이르렀다. 1914년 제1차 세계대전, 1939년 제2차 세계대전은 지구촌 전체가 소용돌이에 휘말린 군사 전쟁이었다. 지구촌은 1945년 제2차 세계대전 종전 이후 미국 자유민주주의 진영과 소련 공산주의 진영의 대립으로 냉전(冷戰, Cold-War)을 계속했다. 전쟁을 통한 국가발전과정은 국가조직이 왜 계층적 관료체제로 정착되었으며, 통치체제가 왜 군사 지휘체계와 같은 상명하복의 조직체제를 갖추고 있는지 설명해준다.

춘추전국시대 군사 전쟁사업의 파괴력은 지배층과 지식인의 정치적, 사상적 통찰을 일깨웠다. 백가쟁명이 계속되었다. BCE. 221년 진시황은 대륙을 통일했으나 가혹한 법(法) 통치로 BCE. 206년 한(漢)나라에 멸망했다. 통일 15년 만이었다. 한나라(BCE. 202~CE. 220)는 중앙권력 강화를 위해 백성에게 정치교육을 시작한 최초 국가다. 한무제(漢武帝)는 진의 멸망을 교훈 삼아 유학(儒學)을 국교(國敎)로 선택하고 백성을 세뇌 교육해 정권 안정을 추구했다. 동중서(董仲舒)는 공자의 『춘추(春秋)』 대일통(大一統) 사상을 '대륙 통일국가' 통치이념으로 추진했다. 한무제는 전국에 학교를

---

08   Victoria Tin-Bor Hui(Univ. of Notre Dame), *War and State formation in ancient China and Early Modern Europe* (Cambridge Univ. Press, 2005)

세워 공자가 주장한 "군군(君君) 신신(臣臣) 부부(父父) 자자(子子)"를 왕권
절대복종의 기본이념으로 삼았다. 국가 관리시험을 최초 도입해 유학자를
선발, 관리로 임명한 정책은 이후 과거시험 제도로 발전되었다. 수-당 시대
과거시험으로 유학 정치이념은 세뇌 교육을 통해서 백성 일상생활까지 도
덕과 윤리로 통제했다. 한나라 교육체제는 동아시아 주변국으로 확산되어
수많은 유학자를 배출했다. 유학은 배우기 어려운 한자 특성 때문에 지배층
과 부유층 자제 소수만 교육받을 수 있었다. 그렇게 소수 유학자 지배층은
중국, 한반도, 일본, 베트남 절대왕권을 19세기까지 지배했고 20세기 화석
학문(化石學文)으로 남았다.

◆ 『손자』 죽간(竹簡) 본(本) 해석

　1972년 중국 산동성(山東省) 은작산(銀爵山) 한(漢)나라 묘(墓)에서 『죽
간(竹簡) 손자병법』(BCE. 140~118년)이 발굴되었다. 죽간 손자병법의 발간
시기는 영토를 가장 넓게 확장했다는 서한(西漢) 한무제 시대로 추정되었
다. '산동성(山東省)) 한묘(漢墓) 죽간본(竹簡本)(이하 죽간본)' 발굴로 그동
안 많은 논쟁이 되어 왔던, 『손자(孫子)』 저자는 '손무(孫武)'이고, 전체 편수
는 '총 13편'으로 명확히 확인되었다.

　손무(孫武)는 공자(BCE. 551~ 479), 노자(BCE. 571~471년)와 동시대 제
(祭)나라 사람으로 알려져 있다. 그는 오(吳)왕 합려에게 발탁되어 7만 병력
으로 초(楚)나라 20만 대군을 오초(吳楚) 전쟁(BCE. 584~506), 백거(柏擧) 전
투(BCE. 506)에서 격파해 대승했다. 손무 활약으로 오나라는 당시 패권국으
로 도약했다. 그러나 합려는 월왕(越王) 구천에게 패해 사망했고, 그의 아들
부차(夫差)는 '와신(臥薪)'하며 강병을 육성해 월왕 구천을 포로로 잡았다. 부

차는 문관(文官) 백비(伯嚭) 간언에 속아 무관(武官) 오자서와 손무를 탄압했다. 오자서는 자결했고 손무는 오나라를 떠났다. 오자서와 손무를 잃은 부차는 오월(吳越) 전쟁(BCE. 496~473) 마지막 전투에서 월왕 구천에 대패했다. '상담(嘗膽)'으로 재기에 성공한 구천에 패배한 부차는 자결했고 오나라는 멸망했다. 오나라 멸망은 『손자』에 기록된 "부차 스스로 저지른 3가지 재앙" 때문이었다.[09] 『손자』 진위에 대해, 손무가 합려에게 제공한 병법이라는 설(說)과 손무가 오나라를 떠난 뒤 기술했다는 두 가지 설(說)이 있다.

한반도에 『손자』가 전파된 시기는 당나라 현종 통일신라시대로 추정된다.[10] 현재 한국에 출판된 『손자』는 대부분 송(宋)나라 무경본(武經本) 번역본이다. 무경본은 앞뒤 편(篇)-구절에 대한 단절적 해석으로 '전략원리의 상호충돌 현상'이 많이 나타난다. 특히 「계(計) ~ 구지(九地)」를 '하나의 연속된 전략기획체계'로 해석하지 않았다.

진나라 통일과 함께 국가생존사업의 개념은 크게 변화했다. 진통일로 국가생존사업은 "입국(立國)에서 보국(保國)으로" 근본이 바뀌었다. 그래서 병법(兵法)은 국가생존사업전략에서 군사 작전술(作戰術)로 취급되었다. 백가쟁명 핵심 주제였던 '입국(立國)' 논쟁은 사라졌고, '황제의 휘(諱)' 관습이 생겨났다. 진시황의 이름 정(政)은 다른 글자로 바꿔 쓰거나 아예 쓰지 못 하게 금지했다. 진나라는 춘추전국시대에 상상도 못 했던 절대권력 통제

09　군지소이환어군자삼(君之所以患於軍者三), 군주가 만든 3가지 군사 재앙 (손자병법 제3편 모공 참조)

10　오구룡 외 4명, 『손자교석(孫子校釋)』(중국 군사과학 출판사, 1990. 5. 5), p. 8. 손자병법은 8세기 경 한반도에 전파되었다. 손자교석(孫子校釋)은, 당(唐) 현종 760년 11월 유학생에 의해 일본에 전파되었으며 비슷한 시기 조선에도 전파되었다고 기술했다. 무경본은 고려 때 전파된 듯하다; 정해은, 한국 전통 병서의 이해 (국방부 군사편찬연구소, 2004.7), p. 37. 1091년 송(宋) 선종이 고려에 서신을 보내 구하는 서적 목록에 제갈량집(諸葛亮集) 24권과 병서적요(兵書摘要) 7권이 있었다고 한다.

사회로 변모했다. 그리고 15년만에 멸망했다. 왕조의 교체는 모든 서적의 수많은 훼손과 첨삭으로 인한 원문 변화 가능성을 매우 높여주었다. 진통일 직후 분서갱유는 대표적 사례이다.

1972년 은작산 발굴, 서한(西漢) 초기 죽간본은 무경본 '원문글자'와 많은 차이가 있다. 죽간본 계(計)편 첫 구절에《민불궤(民弗詭): 백성은 절대로 속이지 않는다.》가 있다. 1400년 이후 송나라 무경본에 이 구절은《민불외위(民不畏危): 백성은 위험을 두려워하지 않는다.》로 바뀌어 있다. 왜 바뀌었을까? 어떤 설명도, 주석도 없다. 이 외에도 죽간본과 무경본 원문 글자는 상당히 많이 다르다. 고어(古語)와 차용(借用)글자로 해석도 아주 많다.

1972년 은작산 발굴을 주관한 '은작산 한묘 죽간 정리 소조'는 1985년 죽간본의 공식 명칭을『은작산(銀雀山) 한묘(漢墓) 죽간(竹簡) 손자병법(孫子兵法)』이라고 붙였다. 서한(西漢) 초기(BCE. 140~118)로 추정된 필사본 죽간본은 손무(BCE. 550~506년) 사후 약 360년 그리고 진나라 멸망 66년 이후 발간되었다. 지금까지 발굴된 손자병법 최고(最古)의 본이다. 손자병법 최초 주석서 조조(CD. 155~220년)의『조주손자(曹注孫子)』,『손자약해(孫子略解)』보다 약 300년 이전이며, 송나라 십가주손자(十家注孫子)와 무경본(武經本, 1083년)보다 약 1,400년 이전이다. 서한(西漢) 초기 사마천 탄생(BCE. 148년) 시기이며, 한무제(漢武帝)가 유학을 국교로 도입하기 이전의 시기다. 죽간본은『손자』원본에 가장 가까운 본(本)이다.

서한(西漢) 시대에 3차에 걸친 병서(兵書) 수집정리사업이 있었다.[11] 제1차는 서한 초기 "한신(韓信) 신(申) 병법(兵法)"과 "장량(張良), 한신(韓信)

---

11   오구룡 외 4명, 동상서, P. 6.

서차(序次) 병법(兵法)"이 정리되었다. 제2차는 한무제(BCE. 141~87) 집권 시기 군정(軍政) 관련 기록을 병록(兵錄)으로 정리했다. 제3차 시기는 한성제(漢成帝) 때였다. 죽간본은 한무제(漢武帝) 2차 정리기(BCE. 140~118)에 발간된 본으로 추정됐다. 그때는 유방과 항우의 초한(楚漢) 전쟁 직후 시기이다. 『손자』 원문이 비교적 첨삭 수정 없이 그대로 전해진 시기로 추정된다.

죽간(竹簡) 손자병법은 송나라 무경본(武經本) 원문과 많은 글자가 다르다. 지금까지 확인된 『손자』의 변천 과정은 다음과 같다.

① 『손자』 원문은 서한(西漢) 초기 병서 3차 정리사업(유향, 유흠, 임굉)으로 최초 수집되어 교정되었다.[12]
  – 당시 다수의 본(本)을 뽑아서 문자를 비교 정리 교정했으며
  – 편명을 통일하고, 편의 나열순서와 책의 명칭을 확정해 '국가 정본'으로 보관했다.
  – 한서 예문지에는 "오손자병법(吳孫子兵法)"으로 기록되어 있다.
② 300년 후 후한(後漢) 말기, 조조(CE 155~220)가 『손자약해(孫子略解)』를 발간했다.
③ 1400년 이후 송(宋) 시대에 『칠서(七書)』로 발간되어 '무학(武學)'이라 호칭했다. 무경칠서는 이를 지칭한 말이다.
④ 남송에서 『십가손자회주(十家孫子會注)』를 발간했다.
⑤ 명 시대 유인(劉寅)은 『무경칠서 직해』 주석본을 발간했다.
⑥ 현재 유통되는 『손자』는 모두 송본(宋本)이다.

◆ 『손자』 본류를 찾는 다음의 해석방법을 적용

첫째 최고본(最古本) 은작산(銀雀山) 한묘(漢墓) 『죽간(竹簡) 손자병법』을 해석 원본으로 선택했다.[13] 죽간본 『손자』 원문 해석과 무경본 해석내용은 무엇이 다르고 같은지를 비교했다.

죽간본 『손자』는 손무가 직접 선택한 한자가 가장 많은 본(本)이다. 따라서 죽간본 원문을 최대한 그대로 해석해 손무가 의도했던 본래의 전략원리를 탐색했다.[14] 문자는 쓴 사람의 생각과 의도를 말해주기 때문이다. 『손자』가 탄생한 춘추시대는 백가쟁명(百家爭鳴) 사상가들이 갑골문 초기 한자를 다양한 뜻으로 사용해 그들 사상을 표현한 시기였다.[15] 죽간본 『손자』의 '망실(亡失) 글자'는 『손자교석(孫子校釋)』에 수록된 글자로 대체했고, 『손자교석(孫子校釋)』에서 고어(古語)나 차용글자로 정리한 주석을 최소화해 적용했다. 죽간본 『손자』 원문의 '글자 그대로 해석'에 집중했다.

죽간본 『손자』 원문 글자 '그대로 해석'은 기존에 없었던 새로운 전략원리 해석을 가능하게 해주었다. 앞뒤 구절의 '전략개념 상호충돌 현상'이 해소되는 대단히 괄목할 성과도 얻었다. 원문글자 그대로 해석에 『손자』의 새로운 전략원리를 찾는 성과를 가져왔다고 조심스럽게 판단한다. 기존 해석과 차이점은 제3부에서 주(註)를 달아 설명했다.[16]

'죽간본'이 '무경본' 원문과 다른 이유는 시대별 글자 첨삭 때문이다. 『손

---

13   오구룡 외 4명, 동상서, 중국 손자병법 대전위원회는 '한간(漢簡) 손자병법'으로 불렀다. 필자는 '죽간(竹簡) 손자병법'으로 명칭을 정한다.

14   이러한 해석을 위하여 NAVER 사전이 제공한 '한국한자어사전(단국대학교 동양학연구원)'과 '디지털 한자 사전 e-한자(㈜ 오픈 마인드)' 출처의 한자 사전을 사용했다.

15   춘추시대 한자는 주요 지식인들에 의해 그 뜻이 새롭게 규정되었다. 도(道)는 노자가, 인(仁)은 공자가, 병(兵)은 손무가 '생존사업 중심요소'로 규정했다. 동시대 그리스 플라톤은 '철학'을 생존사업 중심요소로 규정했다.

16   죽간본 원문 그대로 해석으로 드러난 새로운 전략원리는 많은 논쟁을 일으킬 수 있다, 따라서 죽간본 전문의 새로운 해석은 이 책의 후속편으로 발간해 열정을 갖고 계신 분들의 냉철한 평가를 구할 예정이다.

자』해석에는 깊은 전략적 식견과 통찰이 요구된다. 자신의 전략적 인식, 경험, 식견이 원문 내용과 달랐던 후대 사람들은 필요한 글자를 첨가 삭제해 자신의 견해대로 손자병법을 수정 사용했을 정황은 충분하다. 『손자약해』는 조조가 자신의 경험과 이해대로 손자병법을 주석한 책이다. 『십일가주손자(十一家注孫子)』는 주석자 11명 대부분 무관(武官)이 아닌 시-문장에 능통한 문관(文官) 정치가들이다. 문관 주석자들은 한자 '변천 과정'을 추적해 주석했다. 시대별 국가생존사업과 정치체제 성격의 변화 그리고 한자 변천 과정은 원문을 재해석하는 핵심 고려 요소이다.

『손자교석(孫子校釋)』은 조조 이후 모든 주석을 분석, 비교, 재정리한 책이다.[17] 『손자교석』은 죽간본 『손자』 최초 발굴자 오구룡 외 4명으로 구성된 '중국 손자병법 대전 편집위원회'가 '한간본(漢刊本)'으로 1990년 편집 발간한 책이다. 『손자교석』은 조조 주석을 포함, 역대 모든 주석(注釋) 내용을 총정리 비교 수록했고, 죽간본 원문의 고어, 훼손, 망실 여부를 종합 판단해 재정리 편집했다. 따라서 『손자교석』과 죽간본 『손자』 해석의 차이는 고어와 차용글자 주석 여부에 있다. 『손자』 본류를 찾는 해석에 조선 시대 유일한 주석서, 조희순의 『손자수(孫子隨)』도 참조했다. 조선 병서(兵書)에 나타난 손자병법 전략사상 또한 새로운 해석에 최대한 참조했다.

둘째 죽간본 『손자』를 '군사전략서' 아닌 '국가생존전략서'로 해석했다. 손자병법은 군사 전쟁사업 승리를 목표로 한 전략서가 아니다. 『손자』는 "생존흥망 선택법칙"을 수록한 국가 이전 종족공동체의 생존전략서였다. 13편

---

17 십일가(十一家)는 조조(曹操, 후한 장군), 이전(李筌, 당 학자), 두우(杜佑, 당 재상), 두목(杜牧, 당 시인), 진호(陳皞, 당 학자), 가림(賈林, 당 전략가), 매요신(梅堯臣, 북송 시인), 장예(張預, 남송 학자), 왕석(王皙), 하연사(何延錫), 맹씨(孟氏) 11명이다.

전체에 관통하는 전략원리는 '선승(先勝) 후전(後戰)' 부전승(不戰勝)이다. "군쟁(軍爭) 없는 부전승"이 궁극적 목표이다. 군쟁은 군사 전쟁이다.『손자』는 최소비용으로 최대효과를 얻는 선승원리를 13편에 순서대로 수록했는데 이는 오늘날 '국가전략기획체계'와 거의 같다.

특히 '병법' 단어는『손자』책명에서 사용된 적이 없다.『손자』에는 국(國)이 있을 뿐 국가(國家)란 단어도 없다. 전쟁(戰爭) 단어도 없다. 춘추시대 군사 전쟁사업(war business)은 종족공동체가 불가피 선택했던 존망의 생존사업일 뿐이었다.[18] 현대 국가생존사업이다. 당시 정치, 외교, 경제 모두는 군사에 통합된 시대였다. 군주(君主)는 모두 장군(將軍)이었고, '입국(立國)'을 목표로 군사 전쟁사업을 조직적 체계적으로 끝없이 추구했다. 공자가 재편집한『춘추(春秋)』224년 노나라 역사기록은 이를 잘 보여준다.『춘추』역사기록은 군사 전쟁 40%, 회맹(會盟) 20%, 자연현상 10%, 제사와 수렵 20%, 축성 10% 기록으로 분류된다.[19] 다시 정리하면 군사 전쟁사업 70%, 제사 사냥(전쟁연습) 20%, 천재지변 10%로서, 국가사업 90%가 군사 전쟁사업뿐이었음을 명확히 보여준다. 노나라 역사기록은『손자(孫子)』"계-작전-모공-형-세-실허-군쟁" 사업의 반복 과정을 그대로 보여준다. 노나라 회맹 20%는 나라의 형(形)과 세(勢) 구축으로 주변국 실허(實虛)를 탐색한『손자(孫子)』모공(謀攻) 벌모(伐謀), 벌교(伐交), 벌병(伐兵)의 과정이었다. 제사 수렵 20%는 공동체 통합을 위한 군사훈련이었다. 자연현상 10%는 천재지변과 기후-기상에 따른 농업과 치수를 의미한다.

지금까지는『손자』첫 글자 '병자(兵者)를 전쟁(戰爭)으로' 해석했다. 그

18　Maurice R. Davie, The Evolution of War: A Study of Its Role in early societies(1929); Maurice는 전쟁과 국가의 관계 분석에서 영토정복 전쟁은 농경지, 노예, 부(富)의 축적으로 국가성립 핵심 역할을 했다고 분석했다.

19　전통문화연구회, "동양고전해제집: 경부(經部) 춘추(春秋)" (2022. 2. 18), p. 2/4.

래서 '전쟁의 기술(The Art of War)'로 불렀다. 손자병법에 전쟁이란 단어
는 없다. '쟁(爭)' 그리고 '군쟁(軍爭)'이 있을 뿐이다. '쟁(爭)'은 이익을 다투
는 상태(conflict)를 뜻한다. 군쟁(軍爭)은 무력으로 이익을 다투는 쟁(戰爭),
'군사 전쟁'이다. 그러면 '군쟁' 이전 단계는 무엇인가? 동서고금 모든 국가
는 군사-비군사 수단을 동원한 '쟁(爭) 과정'에서 군쟁(軍爭) 선택 여부를 결
정했다. 모공(謀攻)의 벌모(伐謨), 벌교(伐交), 벌병(伐兵)이 그것이다. '적
(敵)의 계책'을 벌(伐)하는 벌모(伐謀)와 '적(敵) 외교 관계'를 벌(伐)하는 벌
교(伐交)는 모두 군쟁(軍爭) 이전 단계에 비군사적 '쟁(爭)' 수단이다. 벌모
(伐謀), 벌교(伐交)의 구체적 실천 방법은 형(形), 세(勢), 실허(實虛)이다. 생
존사업은 부민을 달성해 상대를 제압하면서 군사적 수단을 동시 준비하는
국가사업이다. 즉 먼저 경제부국을 성취하고 군 현대화로 강병을 추구한다.
이것이 선승(先勝)이다.

 '군(君)' 글자는 장군이 지휘봉을 들고 있는 모습 '尹(다스릴 윤)과 명령 내
리는 입모습 口(입구)'의 두 글자를 결합한 글자다. 당시 전쟁은 21세기 군
사전략과 전혀 다른 생존사업이었다. 『손자(孫子)』에 군사 전쟁 백번 승리
보다 부전승(不戰勝)을 최상으로 규정한 이유는 군쟁에 승리해도 재정 피
폐(疲弊)로 패망하는 나라가 속출했기 때문이었다. 당시 공동체는 부족 연
맹체로서 수많은 종족공동체를 중심으로 고대 국가건설을 향한 군사 전쟁
사업이 치열한 시대였다.

 전쟁(war)은 인류의 생존흥망 선택사업이다. 인류학자들은 전쟁의 기원을
생존공동체 전체 시스템이 적대행위에 광범위하게 동원된 제도화된 생존

사업이라고 분석했다.[20] 원시 전쟁은 약 40만 년 전부터 인류 생존사업의 일상이었으며, 청동기 시대에 급증해 "축의 시대(Axial Age)"에는 극에 달했다. 춘추시대는 축의 시대 였다.『손자』는 당시 생존사업 선택법칙을 정리한 책이다. 그래서인지『손자』에 군사 전쟁을 뜻하는 군쟁(軍爭)은 있으나 전쟁(戰爭)은 없다. "전(戰)자는 單(홀 단) 자와 戈(창 과) 자가 결합한 글자다. 갑골문 單 자는 새총 모양의 사냥도구를 그린 글자이다. 사냥 무기에 창(戈)을 결합한 전(戰) 자는 무기를 들고 서로 다툰다는 뜻을 표현했다. 쟁(爭) 자는 갑골문에 소의 뿔을 놓고 서로 잡아당기는 모습의 '다툼과 싸움'을 표현한 글자이다. 軍(군)은 전차 여러 대를 늘어놓은 진형(陣形)을 표현한 글자로, 네 마리 말이 끄는 전차에 세 사람 무사(武士)가 타고 열 사람의 보병이 딸려 하나의 車(차)를 이루고, 이를 백승(百乘)·천승(千乘) 등으로 세어서 군대(軍隊) 규모와 크기를 나타냈다."[21] 한자 어원에서도 전쟁은 사냥을 포함해 일상적으로 무기를 들고 '싸우는 생존사업'이며, 군쟁은 군사 전쟁을 뜻한다.

따라서 전쟁은 군사 전쟁만을 뜻하는 단어가 아니었다. 인류학자들은 전쟁(war)과 전투(warfare)를 명확히 구분한다.『손자(孫子)』는 부족 연맹국 주나라 쇠퇴로 모든 제후국이 겪었던 생존사업전쟁의 수행 과정을 13편에 정확히 순서대로 수록했다. 군쟁 이전 '모공~실허'는 공동체 존망을 결정하는 군쟁보다 더 중요한 비군사 전쟁사업이었다. 제나라 관중(管仲)은 행정-군사 일원화 궤리연향법 통치체제로 패권을 장악했다. 관중은 '모공(謀攻)→형(形)→세(勢)→실허(實虛)'를 선택해 선부민(先富民)을 달성했고, 불가피

---

20   Johan M.C. van der Dennen, *The Origin of War: the evolution of a Male-coalitional reproductive Strategy* (Origin Press, Groningen, 1995), pp. 69~70.

21   출처: Naver 한자 사전 (검색일: 2024년 8월 27일)

한 후전(後戰) 군쟁(軍爭)을 선택해 패권을 차지했었다. 관중의 궤리연향법은 군쟁 이전의 선승(先勝) 전쟁사업이었다.

유럽에서도 손자병법은 작전술(military operational art) 중심의 군사 전략서인『전쟁의 기술(The Art of War)』로 번역되어있다. 제2차 세계대전 이전 유럽은 군사전략을 국가전략으로 적용했다. 즉 국가전쟁사업이 바로 국가생존사업이었다. 그러한 유럽국가 시각에서 손자병법은 군사전략서였다. 그러나 모택동의 인민 전쟁은 그러한 군사전략 개념으로 설명할 수 없는 국가전쟁사업이었다. 1970년대 이후 유럽 군사전략은 냉전 시대를 거치며 국가전략의 하위개념으로 위상이 바뀌었다. 2017년 미국과 중국 경제전쟁 이후, 국가전략 중심축이 경제로 전환되는『경제의 군사 대체현상』이 분명해졌다. 2016년 미국 외교협회(CFR)는『다른 수단에 의한 전쟁(war by other means)』을 출간했다.[22] 전략 전문가들은 이 현상을 전략의 새로운 변화라고 주장한다. 그러나 그 현상은 '생존사업의 본질' 그 자체일 뿐이었다. 손자병법 재해석은 앞뒤가 상호 충돌하고 모호했던 군사 이외 수단에 의한 생존사업을 '비군사적 전쟁사업'으로 해석한다.

> 국가생존사업은 '정치세력, 경제 세력, 군사 세력'이 선택한다.
> 춘추시대는 군사 세력이 생존사업을 선택했다.
> 『손자』는 군사 세력의「생존사업 선택기술」을 기록한 책이다.

『손자』의 생존사업원리는 현대 중국 공산당이 그대로 계승하고 있다. 그것을 그들은 초한전(超限戰)으로 재해석했다. 현대 중국은 국가생존사업을 '연

---

22 Robert D. Blackwill and Jennifer M. Harris, *War by other Means, Geoeconomics and statecraft* (2016), pp. 8~11.

속되는 정치, 경제, 군사전쟁사업의 연속 과정'으로 인식했다. 2013년 중국 전략학(戰略學)은 "전략은 강군(强軍) 승전(勝戰)의 길[道]이며, 치국(治國) 안방(安邦: 국가 평안)의 책(策)이다. 전략의 정치성(政治性)은 군사의 정치적 복종성(服從性)을 결정하며, 정치적 요구와 정치가 부여한 임무를 만족하게 완성한다.[23]"라고 규정했다. 즉 정치가 전략 목적과 수단을 지배하고 통제한다고 규정했다. 전략 목적을 정치가 요구하는 '형(形)과 세(勢) 구축'에 두고, 세계로 뻗는 세(勢) 구축을 국가전략의 핵심목적으로 정의했다.[24]

'세(勢)'란 국가생존과 번영을 결정하는 정치, 경제, 군사 '세력(勢力)'을 말한다. 중국의 '세(勢) 확대 전략'은 바로 『손자』의 모공 '벌모(伐謀), 벌교(伐交), 벌병(伐兵)'이다. 손빈은 《병자(兵者), 비사항세야(非士恒勢也): 병자(兵者)는 군사가 아니며 언제나 세력이다.》라고 했다.[25] 병자를 정치, 경제 세력이 모두 융합된 국가 세력으로 보았다. 서양 전략에는 세력(勢力) 개념이 없다. 세(勢)는 서양 전략가들이 가장 이해하기 어려워하는 전략개념이다. 영어로 세(勢)는 중국어 발음 '쉬(Shi)' 그대로 표기한다.

21세기 국력의 중심은 경제 세력이나, 춘추시대는 군사 세력이었다. 1990년 미국 군사 전략가 루트왁(Edward N. Luttwak)은 19세기 지정학(geo-politics)의 위치를 21세기 지경학(geo-economics)이 차지할 것이라고 예측했다. 지경학이란 세계 산업경제 지형학을 의미한다. 18세기 산업혁명 이후 경제는 군사를 대체할 국가생존사업의 중심축으로 등장했다. 과학기술이 산업경제를 국가생존사업의 중심에 등장시켜 군사를 대체하고 있다. 2021

---

23   軍事科學院 軍事戰略研究部, 『*The Science of Military Strategy* **戰略學**』 (北京: 軍事科學出版社, 2013), P. 8.

24   戰略學(2013), p. 14-15.

25   孫臏兵法, 견 위왕(見 威王): 戰勝, 則所以 在亡國而繼絕世也. 戰不勝, 則所以削地而危社稷也.

년 미국 트럼프 대통령의 대중국 무역전쟁 선포와 2023년 바이든 대통령의 세계 공급망 재구축 선포는 루트왁의 지경학 예측이 맞았음을 증명해주고 있다. 그런데『손자』는 2500년 전에 이미 "군사 이외 수단에 의한 생존전략"이 최상임을 통찰했었다.

  기술은 시대별 국가생존사업의 전부였다. 춘추시대 첨단기술은 철(鐵)을 다루는 제련기술이었다. 철은 폭발적 무기 혁명을 일으켰고, 고조선은 한나라 철제무기에 멸망했다. 춘추시대가 병(兵: 병사 병) 또는 융(戎: 병장기 융)을 장악한 군사전문가 시대였던 이유였다.『춘추좌전(左傳)』기록과 같이, 제사는 천명(天命)과 번영을 기원하는 부족공동체 대사업(大事業)이었고, 병장기는 부족공동체 존망의 생존사업(事業)이었다.『춘추좌전』은 "성현은 이로써 흥했고 폭군은 이로써 망하는, 흥폐존망(興廢存亡)의 혼미하고 밝은 술수(術數)가 모두 병(兵)에서 비롯되었다"라고 기록했다.[26]『춘추』기록은 21세기 "힘에 의한 평화(peace through the power)"를 대변해준다.

『손자』는 주(周)나라 군정(軍政)을 참조했고, 대자연의 불패 원리 '선승(先勝) 후전(後戰)'을 기본개념으로 삼았다.『손자』는 야생자연의 생존흥망 원리를 정확하고도 간명하게 정리한 형태를 갖추고 있다. 춘추시대 병법은 부국강병(富國强兵) 비책이었다. 손빈 말대로 군사 세력은 단순히 군사에 동원된 군사세력만이 아니었다. 2013년 중국 전략학은 "국가전략은 포괄적 생존(existence)과 발전(development)의 두 축인 '부국(富國)-강군(强軍)'을 상통(相通)시키는 중국 특색 사회주의 도로(道路)"라고 정의했다.[27]

---

26   左傳·襄公 27年條, ~ 聖人以興 亂人以廢 興廢存亡 昏明之術 皆兵之由也. ~ ; 백기인, 중국 군사 사상사 (국방 군사연구소, 1990. 03), p. 85.

27   『전략학(戰略學)』(2013), p. 7.

춘추시대는 「군사-행정 일원화」 국가통치체제가 정립된 시대이다. 『손자』의 형(形), 세(勢)는 이러한 통치체제의 구체적 구축 방법이었다. 군사 조직 편성기준에 맞추어 행정단위를 일원화한 통치체제이다. 주거 단위와 군 편제가 일치된 국가통치조직은 하(夏), 은(殷), 주(周) 시대부터 발전해왔으며, 제(齊)나라 관중(管仲) 궤리연향법(軌里連鄕法)에서 완성되었다. 궤리연향법은 병농일치 군사제도였다. 국가의 법(法)은 전국시대 진(秦) 효공이 등용한 상앙(商鞅)이 변법(變法)을 적용해 왕권을 확립한 이후에야 확고히 정립되기 시작했다.[28] 주나라 봉건제(封建制), 진나라 군현제(郡縣制), 한나라 군국제(郡國制)는 시대별 국가통치법의 발전과정을 보여준다.

손무는 법(法)의 중요성을 절감했다. 법률은 곡제(曲制: 국가통치조직과 제도)와 관도(官道: 국도)를 집행해 효율적인 영토 장악과 백성통치를 가능하게 만들었고, 세법(稅法)을 제정해 국가재정 '주용(主用)'을 풍족하게 하는 제도적 장치였다. 『손자』의 법치(rule by law) 개념은 진(秦)나라가 상앙(商鞅), 이사(李斯) 등 법가(法家) 인재를 중용해 부국을 달성하면서 현실화했다. 상앙은 십오제(什伍制: 5/10가구 연좌통제체제), 군공수작제(軍功授爵制: 군사 공적에 따른 작위 가감제도), 군현제(郡縣制), 토지개혁 부세(賦稅) 제도 등의 변법(變法)을 시행했다. 이사(李斯)는 부국(富國) 재정을 충분히 확충하고 강병(强兵)을 육성해 주변국 통일 전쟁을 시작했다. 진나라 국법 정립과 부국강병 정책의 성공은 통일 백년대계 정책을 선택한 역대 제후들의 통찰력 덕분이었다. 21세기 대한민국 리더들이 법치국가 통찰력을 가져야 하는 이유이기도 하다. 진통일 과정은 등소평(鄧小平)의 경제개혁이 G-2 진입에 성공한 이후, 시진핑이 대만 무력 통일을 선언한 강병육성 정책과 너무나 닮아있다.

---

28   백기인, 『중국 군사 제도사』(국방 군사연구소, 1998), p. 62.

춘추시대 군주는 병(兵) 전문가 장(將)을 절실히 필요로 했다. 춘추시대 장(將)은 지(智), 신(信), 인(仁), 용(勇), 엄(嚴)의 자질이 필요했으며, 재상을 겸직했다. 그들은 천시(天時), 지리(地利)에 통달해야 했다. 백가쟁명(百家爭鳴) 사상가들이 속출해 제후국 통치제도를 혁신했다. 오나라 왕 합려는 손무를 등용했고, 왕의 애첩도 용서하지 못하게 만든 병법(兵法)이 왜 중대한가를 절감했다. 모든 군주는 손무 같은 전문 인재를 갈망했다. 이같이 국가생존사업은 병자(兵者)에 달려있었다. 조선 7대 왕 세조는 어제병장설(御製兵將說)에서, 국가 내치(內治)와 외치(外治)의 근본은 모두 병자(兵者)에 있음을 명확히했다.

> **원문** 병자(兵者), 이지운용(以智運用), 이용응지(以用應智)
>
> **해석** 병자(兵者)는 지(智)로 용(用)을 운영(運營)하고, 용(用)으로써 지(智)에 응(應)하는 것이다.[29]

춘추시대 병자(兵者)는 국가생존사업 그 자체였다. 『손자』는 군사전략서가 아닌, 국가생존사업 전략서였다. 『손자』원리의 핵심은 군쟁(軍爭) 아닌, 모공(謨攻)에 있었다. 모공(謨攻)은 군사 전쟁 승리가 아닌, 부전승(不戰勝) 생존사업전략이었다. 『손자』는 모공(謨攻)에서 국가생존사업의 '기본 모형(Framework)'을 제시했다.

① 피아(彼我) 능력 우열 계산: 정보수집, 묘산(廟算) 워게임, 생존사업 방책 결정
② 천시(天時) 선택: 벌모(伐謨), 벌교(伐交), 벌병(伐兵) ⇒ 수도(修道) 보법(保法)
③ 실(實)-허(虛)의 생존사업 선택 ⇒ 선승 형세(形勢) 구축, 부전승 쟁취
④ 불가피 경우 후전(後戰) 선택: 공성(攻城), 군사 전쟁사업에서 승리

---

29 유재호, 성백효, 임홍빈, 『병장설(兵將說), 진법(陣法)』(국방부전사편찬위원회, 군사문헌집1, 1983. 09. 30)

『손자』13편은 현대 국가생존사업 기획 과정과 동일한 순서대로 수록되었다. 계(計)~실허(實虛)까지는 지피지기(知彼知己)로 비군사적 방책을 선택하는 '생존사업전략'이다. 군쟁(軍爭)~구지(九地)까지는 지천지지(知天知地)로 군사작전 방책을 선택하는 군사 전쟁사업 기술이다. 화공(火攻), 용간(用間)은 국가생존사업의 여건조성 선행사업이다.

모공(謨攻) 부전승(不戰勝)은 정치, 경제, 외교, 군사 등 국력을 총동원한 생존이익 최우선 선택 전략이다.『손자』원리 관점에서, 모든 국가전략은 "모공으로 시작되어, 모공으로 끝난다." 모공은 군사-비군사적 수단을 상황에 맞게 선택하는 '대전략'이다. 국가 외교 협력으로 생존이익 조정이 불가능하면 군사적 충돌이 불가피하다. 평시 국가생존사업의 '계산-선택-실행'은 천시(天時) 지리에 대한 전략적 통찰이 전제되어야 한다. 그래야 최소비용으로, 최대 이익을 얻는 흥폐(興廢) 존망(存亡) 계산과 선택이 가능하다. 미국-중국의 패권 경쟁 한가운데에서 언제, 어떠한 대응이 최적 선택인가를 먼저 면밀히 계산하여 결정하는 것과 같다.

모택동이 선언한 '미국을 이용한 미국 극복전략'은 과연 성공할 것인가? 1983년 레이건의 SDI(Strategic Defense Initiative) 선언은 '힘을 통한 평화(Peace Through the Power)'와 부전승(不戰勝) 전략의 전형이었다. 일명 '별들의 전쟁계획'은 소련 해체와 냉전을 종식 시킨 전략으로 평가받는다. 1972년 중국의 대미 화해 전략은 모택동의 미국 극복 장기포석 전략인 모공(謨攻)이었다. 모택동 모공은 등소평 도광양회(韜光洋灰)와 후진타오 화평굴기(和平屈起)를 거쳐 시진핑의 2049년 G-1 중국몽으로 연결되고 있다. 중국의 1972년 미국 화해 전략 선택은 2049년 미국 극복 형세구축을 위한 선행전략이었다.

2018년 트럼프의 북한 핵 폐기 협상전략은 실패했다. 왜 실패한 것일까? 트럼프는 위기 극복이 불가능하다고 인식할 정도로 김정은을 강하게 압박하지 못했다. 대한민국의 무조건 전쟁 반대와 햇볕정책은 그러한 압박을 사실상 불가능하게 만들어왔다. 그래서 북한 핵시설의 군사적 타격계획인 클린턴의 '벌병(伐兵)'은 불가능했었다. 트럼프가 선택 가능한 수단은 경제봉쇄 최대 압박이 최선이었다. 더구나 중국의 북한 간접 지원은 김정일 핵 개발 초기부터 북한에 대한 모든 외부 압박을 무력화시켜 왔다.[30] 김정은 정권 또한 최악의 손익계산을 했음이 분명했다. 김정은은 하노이에서 오히려 미국을 속일 수 있다고 믿었던 것처럼 보인다.

싱가포르, 하노이의 미국-북한 비핵화 회담에 대한 정상적 계산은 성공 불가였다. 벌병(伐兵) 없는 벌교(伐交)는 실패할 수밖에 없음을 역사가 증명하기 때문이다. 대한민국의 햇볕정책도 그와 같았다.

모공(謀攻)은 대전략(Grand Strategy) 또는 총체전략(Total Strategy)이라고 중국, 대만 전략가들은 규정한다. 중국 전략가들은 전쟁을 군사 전쟁으로 보지 않는다. 도광양회(韜光養晦), 화평굴기(和平屈起)로 경제개혁 약 40년 만에 미국과 패권을 다투는 G-2 달성은 중국의 전략에 대한 인식체계가 어떠한가를 보여준다. 『손자』는 클라우제비츠 전쟁론을 훨씬 뛰어넘는 전략공격(strategic attack) 영역임을 중국 G-2 급부상(急浮上)은 명백히 보여주고 있다.

국가생존사업은 군사 전쟁과 달리 중단과 끝이 영원히 없는 사업이다. 2017년 미군 야전교범 『합동작전(Joint Operation)』은 '분쟁 연속체(conflict continuum)[31]' 전략개념을 도입했다. '분쟁 연속체(conflict continuum)' 전략

30　1999년 COX 보고서 이후 미 의회 북한 핵 분석감시 정기 수시 보고서는 북한 핵 물자가 중국 민간기업을 통해 민군 이중용도(Dual-use) 물품구입을 통해서 조달되고 있었음을 구체적으로 파악해 왔다. 중국 핵기술 파키스탄 전파와 2000년 전후 파키스탄 우라늄 농축기술 북한 이전, 2016년 홍상그룹 사건, 2021년 USCC의 중국 북한 핵미사일 프로그램 간접 지원 적발이 대표적 사례다.

31　US Joint Chief of Staff, Joint Operations(Joint Publication 3-0, 2017), p. VI-2.

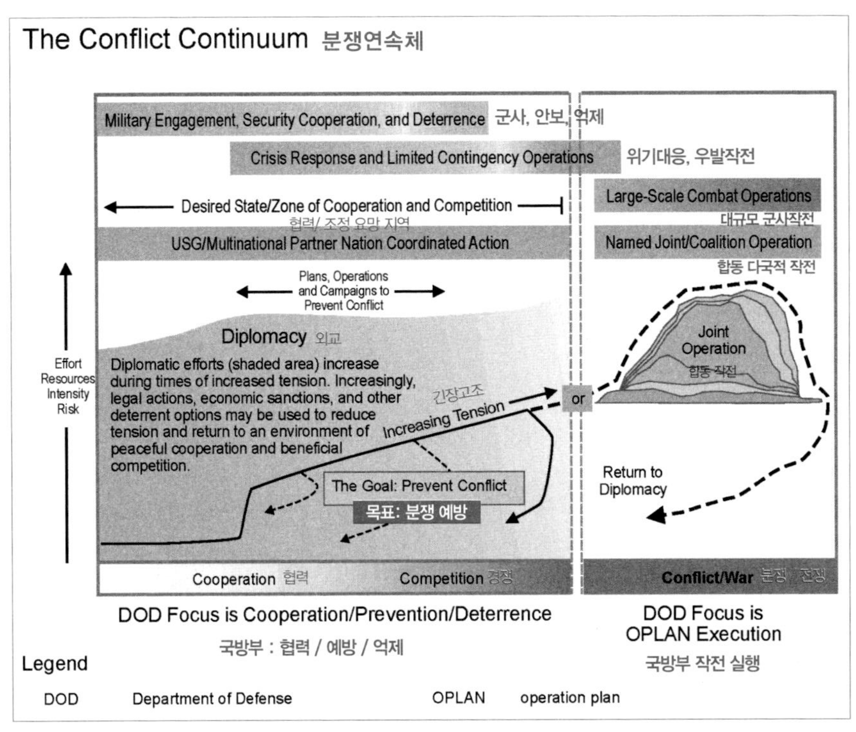

그림 분쟁연속체 (The Conflict Continuum)

개념은 국제관계를 '중단없는 분쟁상태'로 규정한다. 국가생존사업을 '중단 없는 전쟁'으로 공식 선언한 전략개념이다. 『손자』 모공과(謀攻) 같은 개념이다. 미국은 중국 G-2 급부상 이후에야 '분쟁 연속체(conflict continuum)' 개념을 도입했다. 미군 해군대학원 교수 헨델(Michael I. Hendel)은 "손자 병법은 최상위 '국가전략서'이며 클라우제비츠 『전쟁론(On War)』은 그 하위 '군사전략서'"라며 저서 『전쟁 통찰자(Masters of War)』에서 두 책을 비교 분석했다.[32] 독일 제1, 2차 세계대전 패배는 초기 군사적 승리를 최종 국

---

32   Michael I. Handel, *Masters of War: Classical Strategic Thought* (Frank cass publishers, 2001)

가승리로 연결하지 못한『전쟁론』의 한계를 여실히 보여주었다. 미국은『전쟁론』의 한계를 통찰하지 못한 채 1975년 베트남 전쟁과 2003년 이라크 전쟁, 2021년 아프간 전쟁에서, "군사작전에 승리한 전쟁 패배"라는 똑같은 실패를 반복했다. 미군『합동작전』개념의 변화는『손자』모공(謨攻) 개념이 국가전략에 도입되었음을 의미한다.

◆ 손무(孫武)「백성 마음의 소리」, 플라톤「공동체 조화」의 원리

손무는 공동체 생존이「같은 마음의 소리」에 달려있음을 깨달았다. 손무는 하은주(夏殷周) 시대 모든 '씨족-부족 연맹'의 흥폐 존망을 정밀 고찰해 과거 생존사업 성패의 요체를 깊이 분석한 것으로 보인다. 손무는 공동체 생존사업을 도(道), 천(天), 지(地), 장(將), 법(法) 5개 분야로 분류하고, 그 중심에 도(道)를 놓았다. '도(道)'는 공동체의「같은 마음의 소리」를 말한다. 가족공동체는 본능적「같은 마음의 소리」로 결합한 태생적 운명공동체이다. 가족공동체는 자발적 무한 희생을 서슴없이 선택한다. 손무는 종족공동체「마음의 소리」가 가족공동체 버금갈 수준의 '하나에 이른 상태'를 '도(道)'로 규정했다.

그런데 알렉시스 토크빌의 저서『미국 민주주의(Democracy in America)』에『손자』'도(道)',「같은 마음의 소리」가 등장한다. 놀라운 일이다. 토크빌은 19세기 미국을 방문해 직접 관찰했던 민주주의 참모습을『미국 민주주의』에 상세히 기술했다. 토크빌은 "사회는 오직 많은 사람이, 아주 많은 일에 대해 '같은 견해로 생각할 때' 존재할 수 있다. 그 시대는 그들이 많은 주제에 대한 '같은 의견을 가질 때', 그리고 그들 마음이 똑같은 일들에 대한 '같은 생각과 느낌을 가질 때'이다."라고 미국 민주주의에 대한 감동을 기록했다.[33] 토크빌은 '민주주의 원리'가 바로 공동체 구성원의 「같은 마음의 소리」에 달려있음을 명확히 했다. 또한 "선전 선동된 시민의 소리"는 결코 「같은 마음의 소리」가 아니며, 프랑스혁명과 같은 '테러의 지배(reign of terror)'를 유발한다는 뼈아픈 교훈을 지적했다.

동아시아 유학(儒學)은 '백성의 소리'를 민본(民本)으로 규정한 학문이다. 유학은 '왕권 절대복종 통치이념'을 도덕과 윤리로 세뇌 교육해 수천 년 동아시아 국가를 지배했다. 세뇌된 백성들은 부모에 대한 효(孝)보다 왕에 대한 충(忠)을 우선하도록 교육되었다. 고대 그리스-로마가 잦은 군사동원에 폭발한 「시민 마음의 소리」를 '시민권법을 제정해' 정치적 타협으로 해결한 정반대 역할을 유학이 해왔다. 중국과 북한 독재자들이 "충(忠) 세뇌 교육"을 21세기 통치술로 적용하는 미스터리가 가능했던 이유이다.

『손자』 원리는 불패(不敗)의 원리로 알려져 있다. 불패의 원리는 '이(利)', 즉 '생존이익(生存利益)'에 기반한다. 단 하나 예외 없이 개인, 기업, 국가 등 모든 인간공동체는 '이익(利益)'을 목표로 추구한다. 모든 공동체 구성원은 언제나 식량 보장을 「같은 마음의 소리」로 요구한다. 식량은 인간의 제일 생존이익이다. 현대 자유민주주의 시장경제 체제는 '생존이익 인센티브(Incentives) 제도' 기반 위에서 성립되었다. 2006년 노벨상 수상자 로버트 아우만은 "경제는 한마디로 '인센티브'이다"라고 정의했다.[34] 모든 생명체는 식량을 위해 안전도 포기한다. 식량은 군사 전쟁사업의 근본 원인이며 선택 전제조건이다.

---

33 Alexis de Tocqueville, Democracy in America translated by Henry Reeve (the Penn state electronic classics series publication, 2002). p. 431.

34 Robert J. Aumann, War and Peace in PNAS Vol. 103(2006. 11. 14); 아우만은 노벨상 수상 경제학자 Jim Tobin 의 말을 인용해 "경제는 한마디로 인센티브(Incentives)"라고 말했다.

손무는 인간의 생존환경을 전쟁상태로 인식했다. 17세기 영국 철학자 토머스 홉스(Thomas Hobbes)는 "자연 상태는 전쟁상태(The State of nature is a state of war)"라고 규정했다. 홉스는 자연 상태를 플라톤의 "선포되지 않은 전쟁(a undeclared war)"과 똑같이 인식했다. 인간은 식량을 향한 본능적 투쟁의 이기적 존재일 수밖에 없다고 봤다. 그들은 전쟁을 생존과 자기보존을 위한 자연적 현상으로 인식했다. 홉스는 플라톤과 함께 '절대주권 왕정'을 지지했다. 『손자』'왕패지병(王霸之兵)' 인식과 일치한다. 손무, 플라톤, 홉스의 일치된 인식은 국가생존사업에는 동서고금의 차이가 없음을 보여준다.

손무는 병자(兵者)를 '지(知)'로 통찰했다. '지(知)'는 생존술 지식과 지혜이다. '지(知)'는 생존사업 원리를 현상과 사실(truth)에 기반해 통찰한다. 그래서 손무의 생각은 지극히 과학적이다. 고대 자연의 절대자 또는 점술 등을 빙자한 막연한 주장은 없다. 손무는 "나의 능력과 적의 능력을 올바로 알고 행동을 선택할 때만 생존하는" 야생자연 생존 법칙을 철저히 통찰했음이 분명해 보인다. 적을 모르면, 적에게 바로 잡아 먹힌다. 바로 약육강식(弱肉強食)이다. 노자(老子)는 자연을 무위(無爲) 상태로 인식했으나, 손자는 플라톤, 홉스와 같은 전쟁상태로 인식했다.[35] 야생자연 생존환경에서 식량과 안전은 물리적 힘으로만 보장 가능한 문제가 아니었다. 우세한 생존술 지식(知識)이 필수였다. 지적 동물인 인간은 야생자연의 생존 법칙을 통찰해 신기술을 발명해 온 존재였다.

인간은 수백만 년의 축적된 지식(知識)을 문자(文字)를 통해서 얻는다. 농업혁명과 도시혁명에서 발명된 문자는 인간의 핵심 생존 무기이다. 문자는

---

35   Thomas Hobbes, 동상서 (1651), p. 96.

본격적인 지구촌 군사 전쟁사업의 시대를 열었다. 현자(賢者)는 원시 사회 생존사업을 주도했고, 생존기술을 통찰한 인재는 생존사업을 선택하고 결정했다. 원시 사회를 지배했던 제사장, 전사(戰士), 필경사(scribe)가 지배했음은 문자 지식이 얼마나 강력한지를 보여준다.

문(文)은 지식을 무기로 무(武)를 종속시켜 국가를 지배해 왔다. 백전백승(百戰百勝)보다 더욱 완벽한 승리는 전투 없는 부전승(不戰勝)이다. 부전승은 지식(知識)과 지혜로 얻는 군쟁 이전의 승리를 말한다. 첩보(諜報)는 확인-검증을 통해 정보(情報)-지식(知識, Knowledge)이 된다. 현대 과학기술 수준은 C4ISR(Command Control Communication and Computer Intelligence Surveillance Reconnaissance)로 얻은 '정보 지식'을 누가 빠르게 정확히 사용하는가로 평가된다. 감시-정찰정보를 지휘통제-통신-컴퓨터 시스템에 체계적으로 결합해 '실시간 정보'를 군사작전에 즉시 운용하는 지휘통제시스템이 'C4ISR'이다. 인간 인식능력 밖의 현장 '실시간(real-time)' 영상을 현장과 똑같이 '인식-평가-판단-대응' 한다. 현대 과학기술은 '시간-공간의 불확실성'을 극복하는 수준에 이르렀다. 『손자』 다음 구절은 그러한 개념이 무언가를 제시한 구절이다.

원문 지피지기(知彼知己) 승내불태(勝乃不殆),

　　　지천지지(知天知地) 승내가전(勝乃可全)

해석 적과 나를 알면, 승리하여 이에 위태로움이 없으며,

　　　천시(天時)-지리(地利)를 알면,

　　　승리하되 이에 완전 승리, 전승(全勝)한다.[36]

36　중국 전략학은 승내가전을 승내불궁(勝乃不窮)이라 했다. 전략학(2013), p. 30.

손자는 지(知)로 우주 질서와 대자연의 생존 법칙을 통찰했다.[37] 하(夏)나라 교(校), 주(周)나라 서(序), 춘추시대 전렵(田獵), 전국시대 직문(稷門) 학궁(學宮)은 모두 군사기술과 통치기술을 배우는 지식인(知識人) 양성기구였다. 고대 그리스 지식인들은 우주 질서가 숫자로 표현되는 질서정연한 법칙을 갖고 있다고 생각했다. 우주 자연에는 인간이 알 수 없는 영역이 존재한다.[38] 우주 질서의 힘은 거역할 수 없는 법칙에 따라 찰나(刹那)의 멈춤도 없이 냉정하게 작용한다. 그 법칙은 고대 인간에게는 '천시(天時)'로 인식되어 역서(易書), 점성술(占星術)로 발전했다. 우주 법칙은 현대 '과학(科學)' 기술지식이 조금씩 밝혀내고 있다.

원시인류의 도구 생존기술은 그렇게 현대 초일류 첨단 과학기술로 발전했다. 현대 과학기술은 '실시간(實時間) 현장 정보'를 '즉각 사용지식'으로 생산하는 생존무기가 되었다. 대자연 생존 법칙인 경쟁(Competition)의 결과이다. 지구상 모든 생명체는 생존경쟁 법칙을 피해갈 수 없다. 어떠한 상황에서도 경쟁력 없는 존재는 생존하지 못한다. 반복된 경쟁은 생존기술 신지식(知識)을 만든다. 인간공동체의 도덕과 윤리, 법과 제도, 협력과 갈등, 전쟁과 평화, 정치-경제-외교-군사 등 모든 유형의 지식(知識)은 경쟁을 통해서 축적 발전된 생존기술들이다. 특히 군사기술은 생존사업의 최후 결전 수단으로서, 어떠한 영역보다 첨단 신무기로 최우선 추구되었다. 군사기술은 그렇게 과학기술 혁명을 이끌어왔다. 전쟁사업과 군사기술이 산업혁명과 과학기술 혁명을 촉발하며 인류문명을 이끌었음은 역설(逆說)이자 모순(矛盾)이 아닐 수 없다. 현대 첨단 과학기술은 군사기술 연구개발

---

37 도덕경(道德經), 시경(詩經), 서경(書經), 역경(易經) 등 고대 동아시아 대륙의 철학사상은 자연법칙과 우주 질서 원리 근본을 통찰하려는 노력에서 시작되었다.

38 Francis S. Collins, *The Language of God* (2006)

의 결과물이다. 현대 군사기술이 대부분 "민군(民軍) 겸용기술(Dual-Use Technology)"인 이유이다.

생존경쟁에 갈등과 승패만 존재하지는 않는다. 경쟁은 협력 세력을 먼저 만든다. 경쟁과 협력은 불가분 관계이다. 고대 동양 군사서(軍事書)였던 주역(周易)은 "차면 기운다."라는 자연법칙을 통찰한 책이다. 역사학자 헤겔은 이 변화로 정(正)-반(反)-합(合)의 변증법(辨證法) 역사지식을 만들었다. 현대 경제학자 로버트 아우만, 셸링(Robert Aumann, Thomas Shelling) 등은 '경쟁-협력' 상관관계를 '유한-무한 반복게임 실험'으로 밝혀냈다. 유한 반복게임은 냉전 시기 핵 억제(抑制)-협상(協商)전략 핵심 이론을 제공했었다. 무한 반복게임 이론은 군사전략에 아직 적용된 바 없다. 게임이론 학자들은 무한 반복게임이 "전략 평형(Strategic Equilibrium)"의 협력관계를 창출하는 근본임을 밝혀냈다. 그들은 전략 평형의 무한반복 게임이론을 "미래평화를 창출할 생존사업 시스템"으로 평가하고 있다.

결정적 시간과 장소에 '상대적 우세의 힘'을 집중하면 최종 승리한다.
'상대적 우세의 불확실성'은 군사 전쟁 억제로 공존을 끌어낸다.[39]
'상대적 우세의 전략평형'은 평화, 번영, 협력 기본 질서를 창출한다.[40]

진화론 생물학자는 대자연 생존 법칙을 '자연선택(Natural Selection)'이라고 부른다. 천시지리(天時地利) 변화가 약육강식(弱肉强食), 승패생멸(勝敗生滅), 적자생존(適者生存)을 결정한다. 이익이 되면 움직이고, 이익이 안

---

39   대표적 사례는 1945~1991년 기간의 냉전(Cold War)이다.

40   대표적 사례는 1991~2008년 기간의 미국 단극체제 자유무역 국제질서다.

되면 중지한다. 유리하면 움직이고, 불리하면 피한다. 자신에게 유리할 때까지 기다려, 적이 불리할 때 공격해 승리한다. 바로 『손자』 생존 원리이다. 『이기적 유전자(selfish-gene)』를 쓴 영국 생물학자 리처드 도킨스가 주장한 인간 유전자 '생존 기계' 이론과도 상통한다.[41]

자연의 생존경쟁은 국가생존사업 원리와 똑같았다.[42] 자연 생존경쟁의 갈등(Conflict)은 언제나 협력(Cooperation)을 동시에 동반한다. 생존경쟁은 협력과 갈등, 우군과 적군을 만든다. 인간 생존경쟁(Competition) 또한 전쟁과 평화, 갈등과 협력을 동시 추구한다. 수천 년 군사 전쟁은 아이러니하게도 넌 제로섬(nun-zero-sum) 공존과 협력관계를 만들어냈다.[43] 야생 자연의 생존경쟁은 단 1초, 찰나(刹那) 중단도 없는 갈등 연속체(Conflicts Continuum) 상태가 계속된다. 현대 국제관계를 바라보는 현실주의 전략가들의 상황 인식 개념이다. 그렇게 현실주의 국가생존 전략서 『손자』는 현대 국가전략기획(Planning for National Strategy)과 똑같은 순서대로 수록되어 있다.

① **계(計):** 생존사업전쟁 상황을 분석 통찰하고 위험을 계산해 방책을 구상한다.
② **작전(作戰):** 생존사업전쟁 방책의 비용과 이익을 비교해 최선의 방책을 선택한다.
③ **모공(謀攻):** 생존사업전쟁의 선승(先勝) 가용방책을 선택한다.
④ **형(形):** 국가생존사업 체제를 구축하고 그에 맞는 법(法)을 제정 시행한다.
⑤ **세(勢):** 국가생존사업 세력(勢力)을 확대하여 부민(富民) 안국(安國)을 달성한다.

41　Richard Dawkins, *The Selfish Gene* (Oxford Univ. press, 2006)

42　손자병법을 철학적 관점으로 해석함은 적절치 않은 것으로 평가된다.

43　Robert J. Aumann, *WAR AND PEACE in* a Nobel Prize Lecture (2005. 12. 08); 게임이론 경제학자들은 제로섬 경쟁의 반복게임(Repeated Game)에서 게임자들은 적대적이기보다 협력적으로 행동한다는 중요한 사실을 검증했다. 특히 무한반복게임은 전략적 평형상태를 이루어 평화 상태가 된다는 사실을 밝혀냈다. 이들은 게임이론으로 노벨경제학상을 수상했다.

⑥ **실허(實虛):** 국가생존사업전쟁의 현실에 나타나는 실과 허를 통찰해 선택한다.

⑦ **군쟁(軍爭):** 불가피한 경우 군사 전쟁을 선택해 우직지계(迂直之計)로 승리한다.

⑧ **구변(九變):** 생존사업전쟁 수행 과정에 나타나는 상황변화를 통찰하고 주도한다.

⑨ **행군(行軍):** 군사력의 전략적 유리한 배치로 생존사업전쟁 주도권을 선점한다.

⑩ **지형(地形):** 지리(地利)를 선점해 전략주도권을 장악한다.

⑪ **구지(九地):** 천시(天時) 지리(地利)를 통찰해 결정적 군사 전쟁에서 최종 승리한다.

⑫ **화공(火攻):** 화력(火) 등 보조 수단을 극대화 사용한다.

⑬ **용간(用間):** 생존사업전쟁 정보(情報)를 적보다 먼저 취득(取得)해, 먼저 대응한다.

※ 계(計)~실허(實虛)는 평시의 비군사 생존사업전략이다. 군쟁~구지(九地)는 전시의 군사전략이다. 구지 화공(火攻)은 결정적 군사전략이다. 용간(用間)은 생존사업전쟁의 적 정보수집 전략이다.

◆ 전략사상

손무 전략사상은 「선승(先勝), 후전(後戰)」이다. 전략 선택 기준은 「이익(利益)」이다. 손무는 철저한 이익(利益) 기반의 현실주의(Realism) 전략가다. 그의 목표는 「부민(富民) 안국(安國)」 태평(太平) 국가건설이었다. 『손자』는 '왕패지병(王覇之兵)' 국가건설을 위한 책이다. 왕패지병은 상대를 스스로 굴복하게 만드는 '왕의 압도적 우세 군사력'이다. 왕패지병은 공동체 내부질서를 확립하고, 외부 침략자를 스스로 굴복하게 만든다. 미국의 압도적 군사력은 그러한 대표적 사례이다. 그렇게 손무는 '전쟁 승리'보다 백성의 '더 좋은 평화(Better Peace)'를 우선 추구했다.

춘추시대 생존흥망 선택게임의 변화에서, 손무는 생존사업원리를 깊이 고민했다. 선승은 부민을 통한 부전승을 말한다. 후전(後戰)은 불가피한 상황에서 선택하는 '군사 전쟁사업'이다. 「선승(先勝), 후전(後戰)」은 모두 병자(兵者)없이 달성 불가능해진다.

선승(先勝)은 '수도(修道), 보법(保法)'을 통해서 얻는다. '수도(修道)'는 공동체 '생존의 길〔道〕' 건설사업을 말한다. 도(道)의 공동체 승리(勝利) 형세(形勢)를 천시와 지리에 맞게 구축하고, 실허(實虛)를 선택하는 사업이다. 이를 위해서 군주는 '병자(兵者)'를 깊이 통찰해야만 한다. 도(道)는 식량을 추구하는 생존본능의 「같은 마음의 소리」이며, '수도(修道)'는 충분한 식량의 부민(富民) 육성이다. 부민(富民) 육성은 안국(安國)을 보장한다. 국가재정이 충분하니 강병이 동시 육성된다.

보법(保法)이란, 부민(富民) 안국(安國)을 위한 국법(國法) 제정 시행을 말한다. 순자(荀子)는 왕도 법을 어기면 처벌해야 한다는 법치(法治, rule of law)를 주장했다. 순자의 이론은 고대 그리스 로마의 자연법 사상과 같다. 나라의 법은 공동체 백성 이익을 보장하는 '국가의 몸(body of state)'이며, '국가 통치의 근본'이기 때문이다.[44] 춘추시대는 개인 지배통치체제였다. 군주의 말은 법이었다. 순자는 군주 마음대로의 통치방식을 단호히 비판하며 배격했다. 제(齊)나라 관중(管仲, BCE. 725~645)은 행정 단위별로 군사 조직편성을 일원화한 궤리연향법(軌里連鄕法) 통치체제로 제나라를 패권국(覇權國)으로 만들었다. 관중 사망 100년 후에 제나라에서 손무가 태어났다. 손무는 제나라 관중의 '수도(修道) 보법(保法)'을 직접 몸으로 체험한 사람이었다.

「선승(先勝) 수도보법(修道保法)」의 전형적 사례가 진(秦)나라 통일사업이다. 진나라 왕들은 유능한 인재를 등용해 '수도(修道)'를 철저히 추구했다. 진나라 효공, 혜문왕, 소양왕, 장양왕, 진시황이 그들이다. 이때 등용된

---

44   Johann Kaspar Bluntschli, *The theory of the state* authorized English translation from the sixth German edition (Batoche Books, 2000), p. 25. 국가를 유기체의 몸(body)과 정신(spirit)으로 구분했다. 몸은 '헌법(constitution)'이며, 정신은 '국가 의지(national will)'로 보았다.

인재가 상앙, 장의, 위염, 백기, 범저, 울료, 이사, 한비자 등이다. 백성 마음을 움직인 그들의 개혁정책은 타 제후국 주민을 이주시켜 진나라 인구가 대폭 증가했다. 특히 '상앙(商鞅) 변법(變法)' 개혁은 변방 최빈국을 부국으로 발전하는 기반을 닦았다. BCE. 272년 도강언(都江堰) 수리 시설로 5,200㎢ 사천평야를 완성했고, BCE. 246년 정국거(鄭國渠) 운하 건설로 조성된 2억 2천만 평 농경지에서 4천만 섬 식량이 증산되면서 진(秦)나라는 최대의 부국(富國)이 되었다. 제31대 진나라 왕 진정(秦政) 즉 조정(趙政)은 BCE. 236~221년 15년 만에 6개 제후국을 모두 멸망시키고 통일을 달성했다.「수도-보법」은 바로 '부국(富國)-선승(先勝)'임을 진나라 통일 사례는 명백히 보여준다. 진나라 선승(先勝) 준비 기간은 효공이 개혁을 시작한 BCE. 381년부터 '약 145년' 소요되었다.

진나라는 선승 완비까지 군사 전쟁을 최대한 회피하며 145년을 기다렸다. BCE. 236년부터 본격 후전(後戰)을 선택한 진정(秦政)은 BCE. 221년 통일 후 황제로 칭했다. 진통일 과정은 벌모(伐謀), 벌교(伐交), 부전승(不戰勝) 생존사업이 무엇이며 벌병(伐兵), 공성(攻城) 최종 선택이 무언가를 정확하게 보여준다. 진통일은 전형적 '선승(先勝) 후전(後戰)' 사례이다. 그러나 후전 선택 15년 만에 대륙을 통일한 진(秦)은 다시 15년 만에 멸망했다. 진정(秦政)은 대륙통일 과업을 달성했으나, 백성「같은 마음의 소리」를 무시한 착취로 15년 만에 멸망해 "효종 145년 공든 탑"을 무너뜨렸다. 진나라 조기 멸망은 공동체의 힘이「백성 마음의 소리」에 있음을 명확히 보여준다. "국가의 도(道)"는「백성 마음의 소리」였다.

대륙통일국가 진(秦)나라는 왕패지병(王霸之兵) 국가였다. 손무는 국가 생존사업 보장 수단을 '병자(兵者)뿐'이라고 판단했다. 그래서 '계(計)~실허(實虛)' 편에서 지피지기(知彼知己)를 강조했고, '군쟁(軍爭)~구지(九地)' 편에서 지천지지(知天知地)를 강조했다. 지(知)로 병자(兵者)를 정확히 통찰한 국가만 생존사업에 승리함을 강조했다. 진(秦)통일로 군사 전쟁은 사라질 줄 알았다. 진통일을 주도한 세력은 법가(法家)였다. 그들은 엄격한 법집행과 행정 능력 극대화로 부국강병(富國强兵) 선승(先勝)을 달성하고, 천시(天時)를 통찰한 진시황은 군사 전쟁사업, 후전(後戰)을 선택해 대륙통일을 달성했다. 그 왕패지병으로 백성을 가혹하게 착취해 15년 만에 멸망한 진시황을 바라본 후세는 병가(兵家)와 법가(法家)에 주목했다.

또는 손무 전략사상은 「도(道)」 해석에서 크게 달라진다. 손무는 생존사업 5개 분야 중심에 도(道)를 위치시켰다. 글자 그대로 '도(道)'는 도로이다. 그런데 도에 대한 죽간본(竹簡本)과 무경본 원문은 크게 다르다. 두 가지 원문을 비교해본다.

① **서한 시대 죽간본** | 생사를 같이한, 백성은 절대 속이지 않는다.

원문 도자(道者), 영민여상동의자야(令民與上同意者也).

고가여지생(故可與之生) 가여지사(可與之死), 민불궤야(民弗詭也)

해석 도는 백성이 리더와 더불어 갖는 '같은 마음의 소리'이다. 그래서 생사를 함께함이 가능하면, 백성은 절대 속이지 않는다.

② **송나라 무경본(武經本)** | 생사를 같이한, 백성은 위험을 두려워 않는다.

원문 도자(道者), 영민여상동의야(令民與上同意也).

고가여지생(故可與之生) 가여지사(可與之死), 이민불외위(而民不畏危)

해석 도는 백성이 리더와 더불어 갖는 같은 마음의 소리이다. 고로 생사를 함께함이 가능하면, 백성은 위험을 두려워하지 않게 된다.

왜 이런 차이가 발생했을까? 춘추시대 제후국은 종족공동체였다. 종족 리더는 백성과 언제나 생사를 같이했다. 당시 제후국은 세력권 영토내에 모든 백성을 완전히 지배하지 못한 상태였다. 백성들은 그들이 원하는 제후국으로 수시 주거지 이동이 가능했다. 그러한 통치체제는 한나라 시대까지 지속되었다. 송나라 무경본은『손자약해』를 기본으로 작성되었다. 후한 조조 시대 이후에는 세력권 영토 백성이 대체로 모두 장악된 상태였다. 백성들은 제후국 선택에 자유로움이 없었다. 그들은 군사동원에 선택권이 없었다. 따라서 춘추시대 백성은 군주를 스스로 선택했고, 송나라 시대 백성은 군주에 종속된 노예였다.『손자』죽간본과 무경본 차이는 춘추시대와 송나라 시대 정치적 상황 차이에서 비롯된 것으로 추정이 가능하다. 절대 왕권 송나라에 "백성이 군주를 속이지 않는다."라는 말은 상상 할 수 없는 일이었을 것이다.

국가 통치력은 설득력(persuasive force)과 강제력(compelling force)이다. 군주의 설득력은 '생존사업 정보를 소통하며' 생존이익을 공유할 때 발생한다. 백성은 이때 어떠한 돌발상황이 발생해도 군주를 믿는다. 군주에 대한 믿음 정도는 군사 전쟁사업 위기 사태에서 분명하게 드러난다. 그래서 공자는 병(兵)과 식(食)보다 신(信)을 국가통치 최고 덕목으로 규정했다.[45] 신(信)은 '사람인(人)'과 '말씀 언(言)'을 결합한 글자다. 말로 믿음을 만들어 속이지 않는 사람을 의미한다. 신(信)은「백성의 같은 마음의 소리」로 공동체를 하나로 만드는『손자』도(道)와 같은 개념이다.

---

45 論語 제12편 안연(顔淵): 자공(子貢) 질문에 "정치란 식량을 충분케 하고, 병력을 충분케 하여 백성들을 믿게 하는 것이다. 만 부득이 하나를 버린다면, 병을 먼저 버리고 다음은 식을 버린다. 백성에게 신(信)이 없으면 세울 수 없다"라고 공자가 답했다.

현대 자유민주주의는「국민 같은 마음의 소리」로 구축된 국가생존사업 체제이다. 1789~1794년 프랑스혁명은 모든 유럽 절대 왕권 체제를 무너뜨리고 새로운 국가체제를 정립시켰다. 프랑스혁명 직후 1805년에 태어난 정치학자 알렉시스 토크빌은 1856년『구체제와 혁명(DeL'Ancien Regime et la Revolution)』에서 "국가조직과 제도는 '혁명 이전과 이후'가 변함없을 정도로 거의 같았다."라고 분석했다.[46] 프랑스혁명은 지배층 정치세력만 바꾸었을 뿐, 국가조직과 제도의 잘못된 근본을 바꾸지 못했음을 그는 토로했다. 국가조직은 생존사업 효율성을 추구한 수천 년의 결과물로서 혁명 타도 대상이 될 수 없었다. 토크빌은 '프랑스 구체제 문제'는 조직과 제도가 아닌 '속이는 정치세력 문제'였음을 통감했다. 동서양 대부분 절대왕정은 그들 책임과 의무를 철저히 외면해 왔었다. 따라서 근대 이전 '속이지 않는 정치세력'에 대한 기대는 환상일 뿐이었다.

백성을 속이지 않으려 최선을 다한 절대군주가 조선 4대 세종대왕이었다. 훈민정음(訓民正音)은 백성 이익보장을 위해 '고심에 고심을' 거듭한 천년대계(千年大計)였다. 세종은 "어리석은 백성을 일깨우려고" 훈민정음을 만들었다고 명확히 밝혔다. 세종은 백성의「같은 마음의 소리」를 깨우칠 글자를 만들었다. 그는 자신의 건강도 무시하고 오직 백성만을 위한 글자를 창조했다. 훈민정음은 인류 역사에 유일한 알파벳 문자 창조의 불가사의(不可思議)이다.

조선 유학자 정치세력은 훈민정음의 교육, 전파, 사용을 극렬히 반대했다. 양반 지배층은 독점권력에 대한 백성 도전을 두려워했다. 훈민정음이 나라를 잃은 일본식민지 시대에야 한글로 재창조되어 국민에 본격 보급되었다는 것은 조선 유학자 정치세력이 만든 비통한 아이러니가 아닐 수 없다. 훈

---

46   Alexis de Tocqueville, *The Old Regime and Revolution* translated by John Bonner (1856)

민정음 창제와 관련된 제반 사건은 왕권 체제의 정치세력 속성이 얼마나 약탈적이었으며, 군주 통찰이 얼마나 중요한가를 절절히 보여준다. 훈민정음 창조는 백성과 생사를 같이한 진정한 군주의 통찰 결과였다.

국가의 도(道)는 '속이지 않는 정치세력'의 치명적 중대성을 제기한다.[47] 노자(老子)가 무위자연(無爲自然)의 도(道)를 주장할 때, 손무는 백성과 생사존망을 같이하는「같은 마음의 소리」도(道)를 주장했다. 군주는 정부(Government)의 장(將)이었으며, 종족공동체의 이익증진 임무를 위탁받은 존재였다. 군주가 속이지 않고 백성과 생사를 같이함은 리더의 당연한 의무이자 책임이다.『손자』죽간본에 "민불궤(民弗詭): 백성은 절대 속이지 않는다" 구절은 투명한 정치세력의 능력주의(Meritocracy) 인사를 뜻한다. 인재를 능력에 따라 차별 없이 등용한 군주는 생존사업전쟁에서 언제나 승리해 번영했다.

백성과 군주 소통은 현대국가 국민과 대통령의 소통과 같다. 인간은 언어와 문자로 소통해 지구촌을 지배한 영장류 동물이다. 역사상 모든 독재자는 독점권력을 위해 문자 보급을 제한했고 백성들 소통을 통제했다. 주민 이동은 엄격히 통제되고 자유로운 정보교류는 금지되었다. 독재자들은 개인과 가족의 사생활을 최대 감시하며 오직 충성만을 강요했다. 북한이 그렇다.

춘추시대 유학자들은 개인주의자 양주(楊朱)를 극렬히 비난 배척했다. 그의 모든 기록은 소실되었다. 진시황 분서갱유 이후 한무제(漢武帝)가 국교(國敎)로 선택한 유학 대일통(大一統) 사상교육은 왕권안정을 위한 장기집권 포석이었다. 중국에 시진핑 집권 이후 다시 등장한 사회주의 충성 교육

---

47   고대 이후 왕권 국가는 약탈적 세금정책에 의한 군주와 정치세력 이익보장을 목적으로 했다.

은 무엇을 말하는가?[48] 김정일은 김일성을 신(神)으로 만들었고, 자신을 김일성 반열에 올린 그의 아들 김정은이 또다시 자신을 신격화하고 있다.

세종대왕은 수천 년 약탈 군주들과 크게 달랐다. '백성을 가르치는 바른 소리: 훈민정음(訓民正音)'은 모든 정보교류와 지식(智識) 소통으로 백성이익을 보장한 천년대계 만년지계 사업이었다. 당시 금기사항 '백성을 문맹에서 깨어나게 하는 일'을 군주 스스로 깨버렸다.

> 훈민정음 창제 600년, 대한민국 한글세대는 세계 10대 선진국에 진입했다.
> 1945년 90% 문맹국 대한민국은 한글로 깨어나 21세기 세계 시장을 석권했다.
> 대한민국 한강의 기적은 참으로 놀랍고도 놀라운, 꿈같은 일이 아닐 수 없다.
> 한강의 기적은 세종대왕 천년대계, 「훈민정음의 기적」이 아닐 수 없다.
> '한글 지식혁명 변곡점'에 직면한 2025년 대한민국은 어떤 선택을 할 것인가?

21세기 자유민주주의 국가는 국민 지지 없는 선택을 상상하기 어렵다. 주권자 국민의 믿음〔信〕은 모든 국가 선택의 중심이기 때문이다. 자유민주주의 헌법은 「국민 이익증진」을 국가목적으로 규정했다. 병(兵)을 생존사업 수단으로 하던 춘추시대에 공자는 식(食). 신(信), 병(兵) 셋 중에서 병을 가장 먼저 버리라고 말했다. 공자는 '공동체 질서(order)가 깨어진 현상'을 전쟁이라고 인식했다. 그래서 그는 '백성의 신(信)을' 가장 중요한 요소로 주장하면서도 절대 왕권을 지지했다. 공자는 동시대에 "위와 더불어 갖는 백성의 「같은 마음의 소리」"를 '도(道)'로 강조한 손무 인식과 차이가 있다. 공

48 　김종학, 중국의 국사교육과 중화민족의 의미: 고중(高中) 통편교재(通編敎材), 역사(歷史): 중외(中外) 역사강요(歷史綱要)의 사례(국립외교원 외교안보연구소, 2021.11. 9.); 중국 국무원은 2019년 11월 "신시대 애국주의 실시 강요(新時代愛國主義敎育實施綱要)"를 전국 각지에 하달하여 중국 특색 사회주의의 위대한 승리와 중화민족의 위대한 부흥이라는 중국몽(中國夢) 실현 애국주의 교육 강화를 지시했다.

동체 멸망을 초래하는 '병 없는 신'은 손무의 도가 아니었다. 도(道), 그것은 '병과 신'을 융합한 '리더의 선택'이었다. 공자의 신(信)은 루소를 따르는 현대 평화론자들의 주장을 뒷받침한다.

왕권 정치세력은 '질서를 명분으로' 병(兵)을 백성 감시통제 억압에 이용했다. 현대 독재자 통치술과 같다. 북한이 국경선을 폐쇄하고 외부 정보유통을 차단한 정책과 같이, 고대 왕권 독재국가는 내부통제가 외부 위협보다 훨씬 중요했으며, 최고의 감시대상이 백성 역모(逆謀)였다. 진나라 상앙 십오제(什伍制)는 조선 시대 오가작통법(五家作統法)을 거쳐 북한 5호 담당 주민감시체제가 되었다. 현대 정보기술은 사회주의독재 체제 내부 감시 수단이 되었다. 미군 작전 지휘체제 인터넷과 C4ISR[49] 기술은 중국과 북한 디지털 실시간 주민감시통제체제로 변했다. 중국은 안면인식 인공지능기술 시스템과 CCTV로 쓰레기 수거장 주민까지도 감시한다. 중국 디지털 감시 기술은 중남미 국가로 수출되고 있다. 생존기술 혁명이 독재자 통치기술을 강화해 주는 현상은 역사의 큰 아이러니가 아닐 수 없다.

국가통치를 보장하는 실질적 힘은 병(兵)이다. 그러나 대부분 정치세력은 병(兵)을 무시하고 신(信)만을 강조한다. 병은 그들의 직접 위협 세력이기 때문이다. 병은 존망(存亡)의 대사업(great business)임에도, 평시 그렇게 취급하지 않는다. 깊고 또 깊게 통찰하지 않으면 국가는 소멸하고 백성은 노예가 됨에도 정치세력은 언제나 '지금 그들 세력 이익'에만 집중한다. 이러한 시기에 군사 전쟁 등 국가 위기 상황이 발생하면 대응 방책 선택 자체가 불가능하다. 바로 조선 임진왜란과 한일합병은 그렇게 발생했다. 국가 동원

---

49 C4ISR(Command Control Communication Computer and Intelligence Surveillance Reconnaissance)은 지휘통제 통신컴퓨터 정보감시정찰체제를 말한다.

태세는 준비없이 작동 불가능하다. 북한 핵미사일 위협도 그렇게 다가왔다.

 병자(兵者)는 공자가 가장 먼저 버린 대상이었으나, 병에 소홀한 국가는 필연적으로 소멸했다. 조선은 그런 공자 이념을 국책으로 선택한 대표적 국가로서 결국 멸망했다. 문(文)을 강조해 무(武)를 아예 천시했다. 국가를 지배한 정치세력은 미래위험에 대비한 병을 선제적으로 평시 준비해야 함에도 소홀하기 일쑤였다. 정치세력의 "미래전략 선택 성향을 전략문화(strategic culture)"라고 부른다. 손자는 그러한 전략문화 선택을 경계했으나, 21세기 평화론자 정치세력은 병을 회피, 무시하는 정책 선택을 반복한다. 대한민국의 평화론자 정치세력은 어떠한가?

> 전략은 언제나 역설–모순 틈새를 활용해 승리를 얻는다.
> 평시 군쟁(軍爭) 대비가 어떻게 군쟁 없는 승리를 만들까?
> 선승(先勝)을 언제, 어떻게 준비해야 후전(後戰) 없이 승리할까?
> 10만 몽골군은 어떻게 유라시아 대륙과 수백만 인구 송(宋)을 정복했는가?
> 10만 만주군은 어떻게 동아시아 대륙과 1억 인구 명(明)을 정복했는가?
> 5천만 대한민국은 왜 이러한 꿈을 갖지 못하는가?

 손무와 공자 사상은 유사한 듯 다르다. 손무는 '민(民)' 중심사상이나, 공자는 왕이 민에게 은혜를 베푸는 왕권 중심사상이다. 동서양 모든 왕권 국가는 안민(安民)을 근본으로 선언했으나, 실제 통치는 평민 이익을 약탈해 지배층 이익을 증진하는 것에 집중했었다.

 춘추시대 백성의 생존 현실을 직시한 자는 순자(荀子)였다 . 노자가 주장한 자연 이치에 맡기는 무위(無爲)는 무정부주의 사상이었다. 공자, 맹자의 덕치(德治)는 오히려 백성의 민의(民意)를 감추고 왕권 강화에 활용된 이상주의 정치사상일 뿐이었다. 왕도(王道) 덕치는 무력 패도(覇道)를 배척하는 군주 정치를 이상향으로 포장했었다. 순자는, 왕 자신도 욕망을 억제하지 못하는 경우가 발생함으로 왕의 부패와 횡포를 막고 제한하는 '예(禮)-법(法) 체제'를 주장했다. 그것이 법치 사상이었다. 고대 그리스-로마의 왕정은 그래서 폐지되었었다. 순자 법치 사상은 상앙(商鞅), 이사(李斯), 한비자 등 법가(法家)로 계승되었다. 그러나 그들은 법치가 아닌 '법의 지배(rule by law)'로 진나라 부국을 달성했다. 그들은 '민본(民本) 아닌 왕권 확대'를 추구했다. 한(漢) 나라는 진나라 '법의 지배정치를 유학으로' 교체했다. 유가 오경(五經)의 국가 통치술 교육을 시작했다. 오경 시험으로 관리를 임명했다. 유학은 백성을 왕에 종속된 노예로 만들었고, 19세기까지 왕권만을 강화해 온 모순정치를 계속해 왔다.

'대동(大同) 사회'는 한나라 이후 한족(漢族?)의 국가목표였다. 그러나 단한 번도 실질적인 대동 사회를 추구한 왕조는 없었다. 유학은 모택동, 등소평, 시진핑 통치술의 뿌리다. 대동 사회는 개인의 자유를 금지한, 애초 달성 불가능한 허구였다. 대동을 내세운 모택동 대약진운동은 주민 2천만 명을 굶어 죽게 했다. 피의 숙청과 죽음의 행진이 계속되었던 소련 공산혁명과 똑같았다. 춘추전국시대 유일한 개인주의 사상가 양주를 비판한 유학 대동 사상이 등소평 개혁개방 이후 21세기 시진핑 중국몽으로 다시 등장했다. 중국 공산당 집권 기간에 『손자』의 '같은 마음의 소리' 또는 양주 '개인주의'는 찾아보기 어렵게 되었다.

한반도에 '생존권을 타국에 스스로 맡긴' 웃지 못할 역사의 한 페이지가 있었다. 조선은 고려말 본격 도입된 유학을 통치이념으로 선택했다. 유학을 선택해 종족 정체성 상실로 멸망했던 몽골의 실수를 조선은 되풀이했다. 조선 정조는 1792년 문체반정(文體反正)으로 연암 박지원의 열하일기를 패관

소품으로 규정하며 서양 사적과 신문물 유입을 금지했고 근대문명 유입전 파를 차단했다.[50] 조선은 서양 신문물 전파가 차단된 '조용한 아침의 나라'로 변했다. 1863년 집권한 흥선대원군은 청나라 아편전쟁(1840~1860년)을 정 조와 똑같이 해석해 1866년 이후 미국, 프랑스 개항요구를 국경폐쇄(쇄국) 로 대응했다. 조선 근대문명 수용의 마지막 기회는 그렇게 사라졌었다. 고 종은 1894년 근대사상 갑오개혁을 승인했다. 그러나 1년이 지나 개혁을 중 지했다. 왕권 대부분을 상실한 고종은 타국 러시아 공관에 아관파천(俄館 播遷)한 이후에야 왕권을 다시 회복했다. 그리고 조선은 1910년 멸망했다.

> 태종은 유학을 통치이념으로 선택했고
> 선조는 조선을 속국으로 해달라했고,
> 고종은 러시아 공관으로 도망갔다.
> 조선의 정체성은 어디에서도 찾기 어려웠다.

　원시시대 수렵채집 기술은 변함없는 인류의 기본 생존술이다. 인간은 철 저히 '자기 이익(self-interest)'을 추구해야만 생존한다. 생존이익은 '식량과 안전'이다. 인간 식량 획득기술은 12,000년 전에 농업경제를 창출했고, 군 사 전쟁사업으로 약탈경제를 시작했다. 수천 년 농업경제와 약탈경제, 교환 경제와 대외무역이 융합되어 6~12세기 원시적 자본주의 시장의 도시경제 (urban economy)가 정착되기 시작했다. 마침내 16~18세기 자유경쟁 시장경 제와 산업혁명이 창출되었고, 20세기 산업경제에 진입했다. 19세기까지 농

50 　정조는 1791년에 서학 문제에 대한 대처방안으로 "서양학을 금하려면 먼저 패관잡기부터 금해야 하고, 패관잡기 를 금하려면 먼저 명말 청초 문집부터 금해야 한다."라는 원칙을 제시하였다. [출처: 한국민족문화대백과사전(문 체반정(文體反正))]

업경제로 남았던 동아시아 대륙과 달리, 그리스-로마의 '자유로운 시민의
식'은 유럽에 지중해 연안무역과 원거리 해외무역 기반의 근대 산업경제를
정착시켰다.[51] 고대 그리스-로마 건국 초기부터 자치정부를 추구한 지중해
연안 소도시들은 로마 멸망 이후 공화정 도시국가로 생존했다. 중세 이탈리
아 도시국가들은 당시 유럽 최강국으로 번영했다. 도시국가들은 '개인 이익
이 없으면' 움직이지 않았다. 그 개인 이익은 식량이었다. 국가생존사업의
근본은 언제나 식량에 있었다. 그런데 왜 맹자는 '개인 이익'을 천시해 악으
로 취급했을까?

『손자』'이익 지상주의'는 현대 경제학 이론과 일맥상통한다. 현대 경제
학을 이끈 노벨상 수상자 프리드먼(Milton Friedman)은 타인을 위해 일생
을 바친 테레사 수녀의 삶도 '자기 이익(self-interest) 활동'으로 규정했다.[52]
프리드먼은 자기 이익은 이기적 본질을 갖는 동시에 사회에는 공익적이
라고 설명했다. 경제학 게임이론 노벨상 수상자 로버트 아우만(Robert J.
Aumann)은 "경제는 인센티브 제도(Economy is all about incentives)의 모든
것"이라고 말했다. 인센티브 제도는 이익본능에 열정과 동기를 부여하는
개인 성과급 제도이다. 인센티브 제도에 자극된 이익본능은 공동체 목표를
향한 구성원 힘을 극대화한다. 인센티브 제도는 이익을 찾는 모든 사람을
스스로 일정 공동체로 모이게 한다. 그렇게 생존이익을 찾아서 모이는 사람
들의 운명공동체 세력은 불가능을 이기는 생존본능을 발휘해 목표를 달성
하게 된다. 이것이 '공동체 선승(先勝)' 원리이다. 공동체는 자기 능력을 키

---

51   "상업(commercial)은 자유(freedom)다"라고 자본주의 기원을 연구하는 학자들은 주장한다. 「개인의 자유」는 자유
로운 상업 무역의 교환 및 매매행위에서 비롯되었다는 주장이 설득력을 얻는다.

52   IMPRIMIS, Free to Choose: A Conversation with Milton Friedman (2006.05.22) 프리드먼은 이 대화에서, "자
기 이익이란 개인이 원하는 것이다.(self-interest is what the individual wants)"라고 정의했다.

우면서 적과 경쟁자가 패배할 기회를 기다리며, 불가피하면 후전(後戰)을 선택해 승리한다. 이익이 없으면 절대 움직이지 않는다.[53]『손자』「같은 마음의 소리」는 식량-안전보장 이익을 추구하는 생존본능의 소리이다. 그것이 도(道)이다.

◆ 선승(先勝)이란, 압도적 우세가 만든 '전략 평형'이다.

 1994년 이후 한반도는 김씨 정권 핵전쟁 위협에 놓여 있다. 참으로 다행하게도, 한미동맹은 압도적 우세의 '한반도 전략 평형' 능력을 유지하고 있다. 핵무기는 군사 무기인 동시 정치적 무기다. 군사 전쟁만으로 적을 굴복시킬 수 없다.

 왜 대한민국은 북한 핵 개발 위협을 명백히 확인했음에도 제거하지 못했을까? 정치세력이 생존사업의 근본원리를 무시했기 때문은 아닐까? 과연 북한 비핵화와 핵 폐기는 불가능했나? 중국 G-2 급부상은 대한민국 미래에 어떤 영향을 미칠까? 21세기 대한민국 위기 상황은 극복 불가능한 상태인가?

 김정은 핵무기 고도화는 2025년 더욱 기세를 올리고 있다. 시진핑은 사드 배치 경제보복을 넘어 한반도가 수천 년 중국 일부였다고 주장했다. 미국-중국 무역전쟁과 아시아태평양 해상패권 충돌은 「민주-독재」 국가 체제 전쟁을 앞당기고 있다. 두 세력 대결의 최전방에 한반도 대한민국이 있다. 북한 핵 문제는 끝이 보이지 않는다. 중국 공산당은 대만독립, 홍콩 민주화를 정면 거부하며 세계질서를 흔들고 있다. 크림반도를 전격적으로 점령

---

[53]　영국은 정부의 최우선적 국가이익을 "국민 이익 보호 증진"으로 규정했다. "The Government's first and overriding priority is to protect and promote the interests of the British people through our actions at home and overseas." ; UK Government, *Global Britain in a competitive age,* The Integrated Review of Security, Defence, Development and Foreign Policy (2021. 03), p. 13.

한 러시아는 2022년 2월 우크라이나를 전면 침공했다. 지구촌「갈등 연속체(conflict continuum)」가 또다시 크게 꿈틀대고 있다.

1945년 이후 80년 세계평화는「전략 평형」의 중대성을 확실히 보여준다. 『손자』 국가생존흥망 선택게임과 지구촌「갈등과 분쟁 연속체」 현실은 냉혹하다. 하나의 생존사업 게임은 또 다른 동시다발적 게임을 불러온다. 국가생존흥망 선택게임이 일정 기간 반복되면 충돌을 회피하며 협력하는 현상이 나타난다. 춘추시대(BCE. 770~403년) 회맹(會盟) 현상이 그러했었다. 1945년 이후 1989년까지 냉전현상이 그러했었다. 당시 미국-소련은 동서 진영 피해 최소화를 위한 방법을 선택했었다. 그 현상은 압도적으로 우세한 미군 군사력이 만든 '전략 평형(strategic equilibrium)'의 결과였다.

현대 경제학 반복게임 이론(theory of the repeated game)은 냉전 핵전쟁 억제에 성공했다. 그런데 전략 평형을 창출하는「무한 반복게임 협력 이론」이 새롭게 등장했다. "무한 반복게임"은 인류 미래평화를 보장할 "새로운 협력체제"라고 게임이론 학자들은 주장한다. 「지구촌 무한 반복게임 체제」가 구축된다면, 세계평화 협력체제가 보장될까? 그것은 프랑스혁명 주도자 뱅자맹 콩스탕이 주장한 '전쟁을 대체하는 경제협력체제'일까?

2005년 노벨 경제학자 로버트 아우만(Robert J. Aumann)은《전쟁과 평화(War and Peace)》강연에서, "전쟁은 독립적으로 발생하는 생존사업 현상이며, 연속되는 사건이 아니다."라고 말했다.[54] 그의 강연 주요 내용은 아래와 같다.

---

[54]　Rebert J. Aumann, *War and Peace* in a lecture for Nobel Prize Awards (Hebrew Univ., 2006)

반복은 강제 메커니즘과 같다.

(Repetition is like an enforcement mechanism)

모든 사람이 자기 최상이익에서 행동하면,

(when everybody is acting in his own best interest)

평형상태 출현을 촉발한다.

(which enables the emergence of outcomes in equilibrium)

당신이 지금 평화를 원한다 해도 (If you want peace now)

결코 평화를 갖지 못할 수도 있다. (you may well never get peace.)

당신에게 시간이 있고, (If you have time)

당신이 기다릴 수만 있다면, (If you can wait,)

그것은 전체 그림을 변화시킨다. (that change the whole picture.)

그러면 당신은 평화를 지금 갖게 될 수 있다.

(Then you may get peace now.)

과연, '무한반복게임 전략'은 「한반도 평화의 길」을 개척할 수 있을까?

이 책은 종전과 다른 전혀 새로운 시각의 손자병법 해석을 시도했다. 그리고 생존사업 전략서 『손자』 죽간본에서 2050년 이후 대한민국 생존전략을 찾고자 했다. 이에 대한 많은 논쟁이 있을 수 있다. 또 다른 시각의 손자병법 해석 또한 있을 수 있다. 이 책에 과오(過誤)가 있다면 모두 필자의 책임이다. 이에 대한 질책은 무엇이든 겸허히 받아들인다. 새로운 시각의 『손자』 죽간본 전문(全文) 출판도 준비하고 있다.

❀ **제2부** ❀

대한민국 흥망선택과 『손자』

1945~2024

※ 제2부는 『손자』 13편을 기준으로 기술한다.

| 제1장 | 정치세력의 선택 : 전쟁인가, 굴복인가?

> 국가는 종족공동체의 가장 효율적인 생존사업기구이다.[01]
>
> 국가의 선택 가능한 최후 생존사업 수단은 군사 전쟁이다.[02]
>
> 평화(平和)는 압도적 우세가 만든 '전략 평형(strategic equilibrium)' 현상이다.[03]
>
> 국가는 중단없는 분쟁 연속체(The conflict continuum) 상태에서 존재한다.

계(計) 정치세력 생존이익 계산(Calculation for Survival Risks)

죽간 손자병법 제1편 명칭은 '計(계)'다. 다른 본(本) 명칭은 '시계(始計)편'이다. '계(計)'란, '기회(chance)와 위험(risk)'을 계산해 수립한 '계책(計策)선택'을 말한다.

---

01 Charles Tilly, *War Making and State Making as Organized Crime* from *Bringing the State Back In* edited by Peter Evans, DietrichRueschemeyer, and Theda Skocpol (Cambridge: Cambridge University Press, 1985).pp. 170~172.

02 Charles Tilly, 동상서 (1985), pp. 175~177.

03 Mattew O. Jackson and Massimo Morelli, *The Reasons for Wars* (2009); 전쟁을 역동적 이익협상 과정의 한 부분으로 간주한다. (War as part of a dynamic bargaining process),

'생존사업'은 공동체 식량, 안전보장 선택사업이다.

도(道), 천(天), 지(地), 장(將), 법(法)은 생존사업 5개 하위분야이다.

※ 단기, 중기, 장기사업 충돌로 발생한 '모순(矛盾), 역설(逆說)' 극복책은?

※ 인간의 통찰을 뛰어넘는 '판단 불가능 영역'은 어떻게 대비하나?

※ 주역(周易)은 왜 군사서(軍事書)로 사용되었나?

1 '존망의 길' 통찰없이 국가 생존은 불가능하다.

원문 孫子曰, 兵者, 國之大事也. 死生之地, 存亡之道, 不可不察也.
손자왈, 병자, 국지대사야. 사생지지 존망지도 불가불찰야

해석 『손자는 말했다. 「병(兵)−생존 무기」는 국(國)[04]의 중대한 사업(事業)이다.[05] 죽음과 삶의 땅이며, 생존과 패망의 길이니, 깊은 통찰(洞察) 없이는 불가하다.』

원문 故輕之以五, 效之以計 而索其請. 一曰道, 二曰天, 三曰地, 四曰將, 五曰法.
고경지이오, 효지이계 이색기청. 일왈도, 이왈천, 삼왈지, 사왈장, 오왈법.

해석 『그러므로 5개 하위분야로 구분해, 효과를 계산(計算)하여 그 요청되는 소요(Requirements)를 탐색해 낸다. 하나는 생존의 길(道), 둘은 천시, 셋은 생존 지형, 넷은 리더, 다섯은 법령이다.

※ 국가생존사업은 국력 '과부족 소요 도출'로 시작된다.

※ 輕은 더 가벼운 하위분야, 效는 효과(效果), 請은 요청(要請)되는 소요(所要)이다.

---

04   국(國)은 본래 주나라 제후 귀족 거주지 읍성(邑城)이며, 손무는 제후국을 뜻했다.

05   필자는 병자를 「생존 무기」로 해석한다. 인간은 단 1초 찰나 중단 없는, '갈등 연속체(conflict continuum)'인 생존사업전쟁 상태에서 살아간다. "생존사업전쟁은 국가, 비국가 정치세력의 군사, 비군사 수단에 의한 생존이익 극한충돌상태"라고 정의한다.

◈ 대한민국 시대별 대북전략 요약

·1948~1970	6. 25 전쟁, 군사 대결과 전쟁 억제전략
·1970~1988	전쟁 억제, 평화통일전략
·1988~1994	전쟁 억제, 7.7 선언. 남북화해 협력전략
·1994~1998	전쟁 반대, 북한 비핵화, 한반도 평화전략
·1998~2007	민족 공조, 남북공존, 햇볕정책 전략
·2008~2016	전쟁 억제, 북한 비핵화, 평화통일전략
·2017~2021	민족 공조, 남북공존, 햇볕정책 전략

◈ 북한 대남전략의 시대별 요약

·1948~1961	기습 남침 6. 25 전쟁, 대남무력 적화통일전략
·1961~1970	대남 공작, 박정희 정부 전복전략(64~75년 베트남 전쟁)
·1970~1994	대남선거 개입 공작, 친북 정부 수립, 남한 체제 전복전략
·1994~2011	대남선거 개입 공작, 중러 이용 핵 개발, 친북 정권 협력전략
·2012~2021	대남선거 개입 공작, 중국 이용 핵무장 고도화, 친북 정권 협력전략

◈ 미국 한반도 전략의 시대별 요약

·1945~50	조지 캐넌, 소련 봉쇄전략, 한반도 전략적 가치 오판, 아시아 방어선
·1949년	주한미군 철수.
	중국 공산화와 애치슨 라인: 일본–필리핀 중심선
·1950~53	한국전쟁 참전, 한반도 공산화 저지
·1954~61	전쟁 억제, 한국 자유민주주의 정착지원
·1962~69	한국 산업화, 한국군 현대화, 한미동맹 강화, 한반도 안정유지
·1969~77	닉슨 독트린, 연합사 창설, 미군 감축, 휴전선 한국군 인계
·1978~82	중국 중심 아시아 정책, 카터 인권정책
·1983~94	힘을 통한 평화, 한국군 핵/미사일 개발억제. 냉전 종식, 소련 공산주의 해체
·1994~2008	북한 비핵화, 하나의 중국, 대만 소외 정책
·2008~17	인도 태평양 재균형 전략, 한미일 삼각동맹 추구
·2017~현재	중국 경제전쟁 선포. 중국봉쇄.
	인도 태평양 전략에 한미동맹 편입, 대만 방어

◆ 「생존사업전쟁 통찰」이란?

생존사업의 본질은 흥망 선택의 경쟁이다. 생존사업전쟁은 중단없는 생존이익의 충돌상태를 말한다. 모든 공동체 리더와 지도자는 영원히 변하지 않는 '생존경쟁에서' 어떤 선택이 생존흥망을 보장하는지 정확한 정보의 치밀한 계산과 시뮬레이션을 통해 사업을 선택하는 노력을 집중한다. 그러한 노력은 일정한 통찰을 제공하는데, 그것이 '생존사업전쟁 통찰'이다.

열린 지식사회는 '소통과 교류'를 통해서 얻는 통찰을 선택해 언제나 번영했고, 폐쇄된 소수 독점사회는 언제나 쇠퇴했다. 지구촌 흥망이익 선택기술은 소통과 교류로 일반화되어 점차 열린 사회를 지향해 왔다. 그러나 유럽 상업 무역경제가 전쟁사업을 대체하기 시작했다는 15세기 이후에도, 세계무역 자유화가 정착된 21세기에도 「생존사업전쟁」의 본질은 전혀 변하지 않았다. 2020년 5월 군사 전쟁 국가는 세계 51개 지역 88개국이었다.[06] 1991~99년 군사 전쟁은 80개국 118건이었고 내전(civil-war)은 100건이며 약 6백만 명이 사망했다.[07] 2019년 한 해 군사 전쟁은 12건, 소규모 무장 분쟁(Armed Conflict) 53건, 47건이 내전(內戰)이었다. 군사 전쟁 사망자는 2017년 약 69,000명에서 2019년 약 34,388명으로 감소했다.[08] 국가 전쟁보다 내전이 급증했으나 생존사업전쟁의 본질은 전혀 변하지 않았다.

---

06   Wikipedia(2020. 08. 07. 인터넷 검색). 2020년 5월 현재 4개 지역 5개 국가전쟁에서 각각 10,000명 이상 사상자가 발생하고 있다. 9개 지역 23개 국가전쟁에서 각각 1,000명 이상 사상자가 발생하고 있다. 17개 지역 34개 국가 전쟁에서 1,000명 이하 사상자가 지속 발생하고 있다. 21개 지역 26개 국가 사이에 우발적 군사 충돌이 발생했다.

07   Dan Smith, Trends and Causes of Armed Conflict(Berghof Research Center for Constructive Conflict Management, 2004);

08   Kendra Dupuy and Siri Aas Rustad in Peace Research Institute Oslo (PRIO), Trends in Armed Conflict, 1946–2017(2018. 05); 위키백과(https://ko.wikipedia.org/wiki/군사 분쟁목록, 2020. 04. 13. 검색)

손무는 '전쟁(戰爭)' 단어를 사용하지 않았다.[09] 전(戰), 쟁(爭) 그리고 군쟁(軍爭)을 사용했을 뿐이다. 군쟁은 군사 전쟁이다. 인간은 대자연 생존 법칙인「갈등 연속체(conflicts continuum)」굴레를 벗어날 수 없다. 인간의 '협력적 경계심(Wary Cooperation)'이 언제나 동시 발동하는 이유이다.[10] 우군 세력화를 위한 협력과 적에 대항하는 경계심이 동시 발동된다. 1945년 이후 군사전략 개념은 정치, 경제, 과학기술 등 전 영역(all-domain)의 경쟁체제로 광범위하게 확산되어 사용되고 있다. 그리고 현대는 전쟁(戰爭)을 "극단적 경쟁 상태"를 뜻하는 보통명사로 사용하고 있다.

2017년 미국 합참 야전교범『합동작전(Joint Operation)』에 도입된「갈등 연속체」는 협력적 경계심에 기반한 전략개념이다.[11] 국가이익은 우세한 경제력과 군사력, 그리고 그 힘을 사용할 의지(will)로 보장된다.「갈등 연속체」란, 국가이익을 추구하는「협력-분쟁-군사 전쟁」순환 사이클의 대전략(grand strategy) 개념이다. 즉 평시(平時) 국가이익 조정에 실패하면 최후 군사 전쟁사업 선택을 강요받는 치명적 요인으로 발전된다. 2022년 러시아의 우크라이나 침공은 대표적 사례이다.

---

09   스웨덴 웁살라(Uppsala) 대학 분쟁연구소는 분쟁(紛爭)은 25명/년 이상 사망자 발생 무장 충돌로, 전쟁(戰爭)은 1,000명/년 이상 사망자 발생 무장 충돌로 분류한다.

10   John R. Alford and John R. Hibbing, The Origin of Politics: An Evolutionary Theory of Political Behavior (2004); 인간은 이타적, 이기적 행동 중 어느 한 가지만으로 생존할 수 없음이 컴퓨터 시뮬레이션 현실 행동 분석으로 확인되었다. 생존을 위해 협력(Cooperation)과 동시 경계하는 능력이 진화적으로 발전되었다는 협력 경계(Wary Cooperation) 이론은 이기적 경계 행동과 이타적 협력 행동이 동시에 극단적으로 나타나는 전쟁 참여 행동을 가장 잘 설명해 준다.

11   US. Joint Publication 3-0, *Joint Operation* (2018. 10. 22)

국제관계에서, 적대적 위협에 대한 군사력 사용 '포기나 양보' 선언은 굴복을 뜻한다. 1994년 북한 1차 핵 위기가 발생했고, 대한민국 대통령은 무조건 전쟁 반대를 선언했다. 그 선언은 사실상 군사력 사용 포기 선언의 결과를 초래했다. 김영삼 대통령은 클린턴 영변 핵시설의 군사적 타격계획을 정면으로 반대했다. 김정일은 서울 불바다 발언으로 대한민국 국민의 전쟁 공포를 극대화하면서 핵무기 개발을 강행했다. 핵 포기를 내세운 '위장 협상'을 동시 추진했다. 대한민국은 전쟁 공포로 생필품 사재기 대혼란이 발생했다. 김대중 대통령은 햇볕정책을 추진하며 "북한은 핵을 개발한 적도, 능력도 없다."라고 주장했다. 2006년 최초 핵실험이 강행된 이후에도 그같은 주장은 반복되었다. 대한민국은 김정일이 간절히 희망했던 대남전쟁 위협 공포로 조성된 전략적 틈새 기회를 제공했고, 김정일은 이를 최대한 이용한 전략으로 핵 개발에 대성공했다.

그런데 '무조건 전쟁 반대'를 외친 정치세력은 한반도를 전쟁에서 구했다고 자랑했다. 과연 그런가? 2025년 대한민국은 연일 계속되는 김정은 핵전쟁 위협에 시달리고 있다. 무조건 전쟁 반대를 외친 정치세력들은 2024년 북한의 러시아 파병에 대한 대한민국 대응조치를 전쟁행위라고 비난했다. 그들은 백성평화를 외치며 사전 전쟁 준비를 외면했던 조선 정치세력이 임진왜란과 병자호란의 참혹한 전쟁을 선택한 결과를 초래해 백성을 잿더미 속에서 살도록 만든 것을 무시하는 듯하다. 1994년 '무조건 전쟁 반대'를 선택한 대한민국은 2025년 핵전쟁 위기에 그렇게 직면했다.

국가흥망(興亡)은 시대 흐름을 주도한 정치세력의 선택 결과였다. 조선 5백 년 생존사업은 1910년 국권 상실 직전까지 무(武)를 천시한 유학자 지배층이 주도했다. 1945년 타국의 힘으로 국권을 회복한 대한민국은 1948년 이승만 주도하에 자유민주주의 시장경제 국가체제를 선택했다. 1950년 대한민국은 김일성 공산혁명 세력이 선택한 불법 남침 군사 전쟁에 잿더미가 되었고, 1953년 한미 군사동맹 체제를 선택해 미래 안전보장 형세(形勢)를 구축했다. 1962년 대한민국은 박정희 산업혁명을 선택해 한강의 기적을 이룩했고, 1987년 직선제 대통령선거제도를 선택해 2022년 선진국에 공식 진입했다.

 그런데 1994년 북한 핵 개발 위기 발생에서, 오히려「무조건 전쟁 반대」를 선택한 대한민국은 한반도 핵전쟁 위기를 자초한 결과를 초래해 민족 공멸 위기에 직면했다. 한반도 평화를 앞세워 대북 군사전략을 소홀히했던 정치세력은 김정일 핵무기 개발을 그들 정권 생존을 위한 불가피한 선택이라는 인식을 보이기도 했다. 국가 위기는 언제나 '위험을 왜곡한' 정치세력의 전략 선택에서 시작되었다.「지금의 이익」을 미래 평화로 위장해 생존흥망 선택을 왜곡한 정치세력의 미래전략 선택사례는 비일비재하다. 선각자들은 그러한 정치세력의 등장을「국가멸망의 징후」로 보았다. 대륙통일 15년 만에 멸망한 진나라는 대표적 사례이다. 칭기즈칸의 원나라는 유학을 통치이념으로 선택한 후 100년 만에 정체성 상실로 명나라에 멸망했다. 전쟁 중에 지휘관 페리클레스를 탄핵한 아테네는 스파르타에 패배한 이후 로마에 점령당해 멸망했다.

 고조선과 고구려, 조선은 정치세력 분열과 극한대립으로 인해 멸망했다. 국가 정치세력의 내부분열은 자멸 현상이다. 대한민국은 그러한 선택 방지를 위한 헌법과 법률을 제정했다. 그러나 합법적 입법권을 앞세워 국가 위기를 자초하는 선택을 남발하는 정치세력을 합법적으로 대응할 제도적 장치는 아직 마련되지 않았다. 그것은 치명적 정치부패 현상과 같다. 소피스트가 판을 치던 아테네 같은 선전 선동정치와 같다. 선전 선동정치는 정치세력을 분열시켰고, 정치세력 분열은 공동체 멸망의 지름길이었다. 그러나 이를 예방, 억제할 방법은 없다. 오직 국민이 늘 깨어있어 「속이는 정치세력」을 감시할 수밖에 없다. '속이는 정치세력' 선택은 자멸 행위이다.

자유민주주의 국가의 미래흥망은 "지금 국민의 정치세력 선택"으로 결정된다. 2000년 망국에서 재건한 이스라엘은 2025년 하마스와 팔레스타인 지역 영토지배권을 놓고 군사 전쟁을 계속하고 있다. 이스라엘은 생존사업에 추호도 소홀함을 용납하지 않는 전략을 최우선 선택해 왔다. 대한민국 2025년 생존사업 상황도 이스라엘과 크게 다르지 않다. 대한민국은 한반도 핵전쟁 위기를 자초한 대북 전략 선택을 반복했으나, 이스라엘은 국가 위기 자체가 조성되지 않도록 예방 전쟁사업에 모든 국력을 투입하는 선택을 계속해 왔다. 이스라엘 예방전쟁은 아랍권과 진정한 평화협력체제 구축을 목표로 한다. 이스라엘은 로버트 아우만의 "무한반복게임 체제"를 만드는, 어떠한 희생도 감수하는 선택을 강행하고 있다.

『손자』 "도(道), 천(天), 지(地), 장(將), 법(法)"은 공동체 생존사업 체제를 구성하는 5개 하위분야를 말한다. 종족공동체는 야생 자연의 생존 불확실성과 공포를 극복하는 생존기술 개발과 선택에 모든 노력을 집중해 왔다. 그 생존기술은 공동체를 「같은 마음의 소리」로 만들어 그 힘을 극대화하는 방향으로 발전해 왔다. 그것이 바로 도(道)이다. 천(天)은 인류의 경외 대상인 하늘이다. 하늘은 천신, 유일신 등으로 동서양 종교의 발생 근원이었다. 원시 인류는 하늘이 공동체를 구원하는 영웅을 리더로 보낸다고 믿었고, 그렇게 기도했다. 공동체 리더는 장(將)이요, 왕이었다. 장(將)은 식량과 안전보장에 유리한 공동체 주거지역 '지(地)'를 선택했다. 리더는 모세가 말한 젖과 꿀이 흐르는 땅을 찾았다. 그것이 종족공동체 영토였다. 공동체 리더는 통치조직을 만들고 그 체제를 운영하는 법(法)을 제정해 집행했다. 법령(法令)은 공동체 생존사업 집행 도구이다. 「도(道), 천(天), 지(地), 장(將), 법(法)」 5개 분야는 춘추시대가 공동체 생존사업이 구체적으로 분화되기 이전 시대였음을 나타낸다.

BCE. 1만 년 경 수렵채집사회 가족공동체(20~70명)가 농업사회 공동체(500~5,000명)로 정착했다. 농업사회는 BCE. 8,000년 경 공동체 사업기구 정부(government)를 만들고 대표를 선발해 왕이라 불렀다. 종족 주민은 공동체 왕에게 생존사업 일체를 위임했다.[12] 정부는 공동체 사업을 결정하고 집행하는 사업기구(instrument)로 발전했다.[13] 국가 통치조직은 그렇게 탄생했다. 국가는 다양한 종족을 단일 공동체로 통합하는 데에 가장 효율적인 사업 도구(tools)였다.[14]

춘추시대는, BCE. 2,500년 경 수메르인의 활 발명 이후, 가장 도약적으로 발전한 철제무기 혁명의 시대였다.[15] 종족공동체 대표 왕이 강력한 군사력으로 개인 국가(personal state)를 건설한 군사 전쟁사업의 시대이기도 했다. 동아시아 국가는 왕이 지배했으나, 유럽지역은 귀족-평민 생존이익을 타협 조정했던 「원로원과 민회」가 지배했다. 고대 아테네는 페니키아 문자를 알파벳으로 만들어 지중해 국제무역 체제를 발전시켰고, 로마는 그리스 지식을 수용해 국가생존사업 체제를 혁신적으로 변화시켰다. 그렇게 고대 동아

---

12 Jared Diamond, *Guns, Germs, Steel* (1997), pp. 120~124. 공동체 권력을 왕에게 위탁했다는 이론이 사회계약설이다.

13 Charles Tilly, *Bringing the State Back In* ch 5. *War Making and State Making as Organized Crime* (Cambridge Univ. Press, 1985), pp. 183, 169~186.

14 John R. Alford and John Hibbing, *The Origin of Politics: An Evolutionary Theory of Political Behavior* (2004)

15 Richard A. GabrielandKaren S. Metz, *A Short history of War: The Evolution of Warfare and Weapons* (U.S. Army War College SSI, 1999), p. 12~13, 23~25. 철기시대(1500 BCE. to A.D. 100)는 고대 철제무기 혁명과 군사혁명을 일으켜 군사 전쟁이 일상화되었다.

시아 농업사회는 왕정체제로 발전했고, 고대 지중해 연안무역 중심의 상업
무역사회는 공화정 체제를 선택했다.

2 백성을 「속이는 정치세력」은 반드시 멸망했다.

원문 道者, 令民與上同意者也"; 故可與之死, 可與之生, 民弗詭也.
도자, 영민여상동의자야; 고가여지사, 가여지생, 민불궤야.

해석 도(道)란, 백성이 위(지도자)와 더불어 갖는 「같은 마음의 소리」이다.
그러므로 더불어 죽음을 같이하고, 더불어 삶을 같이함이 가능하면,
백성은 절대로 속이지 않는다.

원문 天者, 陰陽, 寒暑, 時制也 ; 順逆, 兵勝也.
천자, 음양, 한서, 시제야 ; 순역, 병승야.

地者, 高低, 遠近, 險易, 廣狹, 死生也.
지자, 고저, 원근, 험이, 광협, 사생야.

해석 천(天)은 음양, 추위와 더위, 시간의 흐름이다. 순응하고 역행함에 따
라 생존사업전쟁에서 승리한다. 지(地)는 고저, 원근, 넓이, 험함이며
그로 인해 죽고 살게 된다.

※ 천시, 지리는 농업경제 식량 생산량을 결정하는 중요한 생존사업 결정요인이다.

원문 將者, 知, 信, 仁, 勇, 嚴也.
장자, 지, 신, 인, 용, 엄야.

法者, 曲制, 官道, 主用也.
법자, 곡제, 관도, 주용야.

---

16 '동의(同意)'는 '같은 의견'이 아니다. 「같은 마음의 소리」이다. 의(意)는 '마음의 소리'이기 때문이다.

  대한민국과 「손자(孫子)」 : 국가흥망 선택게임

`해석` 장(將)은 지(知), 신(信), 인(仁), 용(勇), 엄(嚴)을 갖춘 지도자이다.
법(法)은 국가통치제도, 국가 도로, 국가 가용자원이다.

※ 법은 물(水)과 흐름(去)의 합자(合字)다. 水(수☞공평한 기준)와 去(거☞악을 제거)의 합자(合字)라고도 보며 '규정(規定)'을 뜻한다. 법은 국가통치체제를 규정하고, 국가 도로를 건설 관리하고, 세금을 규정해 가용자원을 확보하는 통치기반이다. 기존 해석은 법을 군사적인 전투근무지원 문제로 해석해 모호성을 면치 못했다. 특히 곡제(曲制)란, 곡(曲)-'바르지 않은 것'을 제(制)-'바로 잡는 것'으로 법의 본래 기능을 규정하고 있다. 이를 '군사 편제'로 해석하는 것은 옳지 않다. 관도(官道)는 국가 도로이다. 주용(主用)은 군주(君主) 즉 국가 가용자원이다. 관중의 궤리연향법(軌里連鄕法)은 바로 손자가 말한 병자의 하위분야로서 법(法)이었다.

'도(道)'는 「같은 마음의 소리」에 도달한 국가생존사업 '형세(形勢)'이다! 「같은 마음의 소리」는 어떠한 생사존망 위기에도 리더를 중심으로 국민을 하나로 만드는 힘을 창출한다. 정치는 공동체를 「같은 마음의 소리」로 만드는 생존사업이다. 따라서 도(道)는 백성을 「같은 마음의 소리」로 만드는 정치의 근본원리이다.

"민심(民心)은 곧 천심(天心)"이다. 그러나 「속이는 정치세력」은 '공동체 주민의 희생을 강요해 그들 이익을 추구한다. 정치세력이 주민을 속이면 공동체는 분열되어 필연적 패망하고 소멸한다. 「속이는 정치세력」이 국가를 독재체제로 만드는 과정은 일정한 패턴을 보인다.[17] 2004년 이후 대한민국도 다음과 유사한 과정을 가고 있다는 '적대정치'와 '증오의 정치' 문제가 제기되고 있다.[18] 사회학자 송호근 교수는 적대정치의 기원(노무현 정권) →

---

17   Democracy Report 2021, Autocratization Turns Viral (V-Dem Institute, 2021), p. 22.

18   김민권 외, 「'적대주의 정치'에 대한 이해와 해법」(국가정책연구포탈, 2022)

정치 양극화와 폐쇄정치(이명박·박근혜 정권) → 적대정치 증폭(문재인 정권) → 적대정치의 극단(윤석열 정권)으로 그 과정을 설명한다.[19]

① 언론과 미디어, 학문의 자유와 시민사회를 통제하는 현상이 증가한다.
② 소셜미디어 허위정보 방지캠페인에 공식 개입해 지지 세력을 양극화한다.
③ 부패 등의 의혹을 만들어내 반대 세력 지지 세력 기반을 약화한다.
④ 선전 선동정치로 분노를 자극해 진영논리로 국민을 양분시킨다.
⑤ 선거제도를 이용한 집권 또는 다수당 입법권으로 사법제도를 무력화한다.
⑥ 국가권력을 독점하고 적대정치로 장기 집권 독재를 강행한다.

정치세력이 국민을 속이는 21세기 독재 폭정국가는 세계 50% 이상을 넘는다. 독재국가 중에서 2022년 현재 45개국이 군사 전쟁(1,000명 이상 사망/년) 중이었고, 37개국은 내전(Civil-War) 중이었다.[20] 특히 2014년 우크라이나 크림반도를 합병한 러시아는 2022년 2월 우크라이나 전면 공격으로 군사 전쟁을 시작했다.

고대 동서양에 왕정과 공화정 정치체제가, 다르게 선택된 원인은 무엇일까?
플라톤은 페르시아의 왕정 독재체제 정착을 「교육 문제」 때문이라고 지적했다.
알파벳 문자는 인간을 깨웠고, 교육은 시민을 깨워 「자유민주주의」를 만들었다.
그런데 왜 21세기에도 독재체제는 계속 확산되고 있을까?

고대 그리스는 서양 최초의 지식혁명 국가이다. BCE. 900~323년 경 페니키아인이 대규모 그리스 지역으로 이주해 그들 문자를 전파했다. 그리스 아

---

19 「민주주의 죽인 적대정치, 여야가 공범」(조선일보, 2025. 2. 28 보도)

20 List of ongoing armed conflicts from Wikipedia, the free encyclopedia(2022. 4. 30. 검색)

테네는 페니키아 문자에 모음을 더한 '알파벳 문자'를 발명했고 시민교육 정책을 적극적으로 장려했다. 그리스 시민교육 정책으로 전체인구 '0.5% 뿐이었던 아테네 문자 지식층은 5~10% 이상으로 급증했다.[21] 당시 이집트, 로마, 카르타고, 페르시아 등 주변국 문자 지식층은 왕족 지배층 0.1%뿐이었으며 일반주민은 모두 문맹이었다. 아테네는 알파벳 문자(literacy)로 산술(numeracy)을 포함한 당시 생존사업 지식을 사립학원에서 일반시민 자제들에게 교육했다. 그리고 과학적 산술체계인 도량형 규격(무게. 길이 넓이 등)과 화폐 교환제도를 통일했다. 아테네의 '교육받은' 시민들은 자유롭게 생존사업을 선택해 개인재산을 축적했고, 그들의 자제는 당시 최고 고등교육을 받았다. BCE. 9~5세기에 걸친 아테네 시민 알파벳 교육은 「생각의 자유(freedom of thought)」를 배양하며 '의사소통 혁명(communication revolution)'을 일으켰다.[22] 아테네 시민은 그들 권리를 주장하기 시작했다. BCE. 520년 클레이스테네스는 시민의 요구대로 독재자 참주를 몰아내고 직접민주주의를 시작했다. 알파벳 교육은 아테네 선각자 탈레스, 피타고라스 사상을 이어받은 소크라테스, 플라톤, 아리스토텔레스 등을 배출해 지식혁명을 일으켰다. 소크라테스는 "신의 세계를 인간의 세계"로 바꾼 아테네 지식혁명의 선구자였다. 그의 제자 플라톤은 사립학교 아카데미아를 설립 교육했고 아리스토텔레스는 리케이온(Lykeion) 사립학원을 설립해 교육했다. 그리스 지식혁명은 지중해 연안무역 번영을 가져왔고 철학, 과학, 정치, 경제, 예술 등의 서양 학문을 탄생시켰다. 당시 아테네 경제는 18세기 산업

---

21   Scott Grenquist, Ancient Dimensions and Units: Ancient Greek Unitary Systems and their Evolution from earlier systems of Measurement (Atiner's Conference Paper Proceedings Series)(Athens Institute for Education and Research, 2018. 10. 12.), pp. 4~5.

22   Scott Grenquist, 동상서 (2018), p. 6.

혁명 이전까지의 모든 유럽국가를 능가한 성장률을 구가하며 번영했었다.

문자는 인류를 '문명의 빛'으로 안내했다. 생존기술의 습득 본능은 '학습(learning)'이다. 자기문자를 만들어 학습한 종족은 생존기술 지식을 축적해 문자 없는 타 종족을 지배해 번영했다. 그리스는 왕정을 폐지하고 민주정 정치체제를 선택했으나, 반면 페르시아는 제국을 건설한 키루스 대왕 사후 절대 왕권 강화정책을 선택했다. 당시 페르시아 문자는 '아브자드(abjad, 자음 문자)'로서 왕족 소수 지배층과 필경사 그리고 정부 관리만을 교육했고 일반시민 교육정책은 없었다. 왕족의 자제는 대부분 노예나 하녀들에게 맡겨져 교육되었다. 페르시아의 왕정 독재 선택은 일반시민교육이 배제된 잘못된 교육정책 때문이라고 플라톤은 지적했다. 플라톤의 지적은 한자로 인해 백성 모두가 문맹이었던 동아시아 절대왕권 정착 배경과도 같았다. 아테네 시민교육은 그리스 도시국가를 자유로운 소통의 열린 개방사회(open society)로 만들었다. 이는 고대 그리스-로마 문명이 왜 현대 자유민주주의 열린 사회의 기원으로 평가되었는지를 설명해 준다.

문자는 인류를 열린 사회로 이끌었다. 시민교육을 장려한 국가는 「국민 마음의 소리」와 소통해 언제나 번영했다. 서로마 제국 멸망 이후 서유럽의 왕정과 공화정은 민회와 병행 발전하면서 정치, 경제, 사회의 역동적 변화를 주도했다. 중세유럽은 11~13세기 십자군 전쟁으로 인해 촉발된 이탈리아 도시국가 해상무역 그리고 15~17세기 신대륙 발견과 중상주의(mercantilism) 무역으로 전례 없는 국가재정 축적에 성공했다. 14~16세기 르네상스 계몽사상은 1517년 종교개혁, 근대 과학혁명, 18세기 산업혁명으로 이어졌다.

18세기 중상주의로 국가자본을 축적한 '재정 군사 국가(Fiscal Military

State)'[23] 영국에서 산업혁명이 일어났다. 산업혁명은 인류 식량 해결의 대전환점을 제공했다. 산업혁명은 동시 제국주의 식민지 전쟁을 촉발해 변방 유럽을 세계 중심지역으로 만들었다.[24] 마침내 1897년 프랑스혁명이 폭발했다. 산업혁명과 프랑스혁명은 절대 왕권 국가를 국민국가(nation state)로 바꾸어 버렸고, 19세기 서유럽 절대 왕권 국가는 대부분 입헌군주국으로 변화되었다. '국민 세력'은 국가생존사업을 주도하며 자유민주주의를 창출했다.

왜 현대유럽「열린 사회」는 중국-북한 닫힌사회(closed society)와 비교될까? 현대 중국은 '대동(大同)-대일통(大一統)' 유학 사상과 마르크스 사회주의를 융합해 만든 중국몽을 선언했다. 북한 김정은은 모든 국경을 철조망으로 폐쇄한 병영국가를 만들었다. 칼 포퍼는 닫힌사회(closed society)가 정치 세력의 유혈 혁명과 독재 그리고 수많은 군사 전쟁으로 "국민을 속이는" 근원이라고 분석했다.

「1789년 7월 14일 ~ 1794년 7월 28일!
프랑스혁명은 유럽의 왕권독재 폭정을 완전히 무너뜨렸다.
1789년 8월 평등한 인간, 국민의 권리가 선언되었다.
1791년 프랑스는 최초「국민의 자유 평등」을 헌법에 규정했다.
1793년 1월 국왕 루이 16세가 시민 손에 처형됐다.」

---

23   15~18세기 유럽 "재정 군사 국가(fiscal military state)"는 세금과 국채 발행/은행 금융 제도를 통한 국가재정혁신으로 대규모 전쟁을 지속한 국가를 말한다. 이 국가들은 육군과 해군력을 이용한 해외무역 시장과 식민지 개척 전쟁으로 경제를 발전시키고 자본을 축적해 산업혁명을 창출해 냈다.

24   John Brewer, *The Sinews of Power: War, Money and the English State, 1688-1783*(1989); Jeremi Suri, State Finance and National Power: Great Britain, China, and the United States in the Historical Perspective(2016); What made Great Britain so Great?: From the Fiscal-Military States to the First Industrial Revolution(2016)

인류 역사는 소수 정치세력이 독점했던 국가권력을 국민이 되찾는 과정의 기록이었다. 개국(開國)은 하늘의 허락으로 믿었었다. 수많은「백성 마음의 소리」를 얻어야만 가능한 일이었기 때문이다. 왕(王, 임금 왕)은 권력의 상징 도끼의 그림문자로 하늘(一)과 땅(一), 사람(一)을 두루 꿰뚫어(丨) 다스리는 지배자를 뜻했다. 개국(開國) 군주는 항상 백성 마음을 읽고, 그들의 갈망(渴望)을 목표로 내세워 통치했다. 국가건설은 새로운 생존의 길을 개척하는 것이다. 그 개척은 종족공동체 구성원의 결속과 희생 없이 불가능하다. 공동체 결속은 생사를 같이한 백성을 속이지 않을 때만 가능했다. 그러나 왕은 백성의 소리를 따르기보다, 그들을 동원해 이익을 약탈했다. 고대 그리스-로마시민들은 이에 반발해 왕정을 폐지하고 공화정-민주정 정치체제를 만들었다. 18세기 독재 폭정 군주를 시민들이 처형한 프랑스혁명은 '속이는 정치'를 금지한 자유민주주의(liberal democracy) 정치체제의 문을 활짝 열었다.

정치(政治)는 공동체 이익증진 목적의 생존사업이다. 정(政)은 '바른 세력 正(바를 정)'과 '공격하는 攵(칠 복)'의 합자다. 치(治)는 홍수를 다스리듯 질서를 바로잡는다는 뜻이다. 따라서 정치(政治)는 바른 세력이 물흐름 같은 바른 이치의 법(法)을 제정해 강제력 병(兵)으로 법(法)을 집행해 공동 이익을 추구하는 행위이다. 그런데 병(兵)을 지배한 정치세력이 국가권력을 전유물로 소유하면서 공동체 주민(住民)은 그들의 종속민(從俗民)으로 전락했었다.

「정치-군사」는 분리될 수 없는 한 몸의 국가권력이다. 서양 정치가들은 신성한 의무(Noblesse Oblige) 완수를 위하여 지휘관으로 참전해 전쟁을 직접 지휘했다. 마키아벨리는 아테네 민주정, 로마 공화정, 중세 이탈리아 도시국가 공화정을 분석한『군주론』에서 실질적 정치-군사의 융합(融合)을 주장했다. 중세 포르투갈-스페인은 세계 바다와 해외 신대륙 식민지를 점령한 '군사 국가(military state)'였다. 네덜란드, 영국, 프랑스 등의 중상주의 (mercantilism) 국가들은 해외시장을 군사력으로 개척한 '재정 군사 국가 (fiscal military states)'였다. 서유럽은 20세기까지 세계를 그들 식민지로 만든 "군사 국가"였다. 제1, 2차 세계대전의 총력전(總力戰, total war)으로 유럽국 가는 공멸을 경험했고, 1945년 이후에 경제가 군사를 대체하는 새로운 생존 사업 현상이 등장했다. 패전국가 일본, 독일이 경제부국이 되었다.

　동아시아는 한무제(漢武帝) 이후 문(文)에 무(武)를 종속시킨 유학 정치를 지속해 왔다. 서양의 문(文)-무(武)는 위상이 동등하나, 동아시아 무는 문에 종속되었다. 공자『춘추』, 한(漢)나라 군국제, 수(隋)-당(唐) 과거제도, 송나 라와 조선 성리학은 모두 무(武)를 문(文)에 종속시킨 정치제도였다. 병(兵) 은 천(賤)한 대상이었다. 소국(小國)은 대국(大國)에 의존해 생존하는 사대 (事大) 의식이 뿌리 깊이 자리했다. 문(文) 주도의 유학 정치 국가는 19세기 말 서양 군사 국가에 철저히 지배당했다.

　무(武)를 존중한 정치세력은 전투 현장에서 생사존망의 혈투를 국민과 같 이했다. 전장에서 생사를 같이한 전우애는 영원하다. 전우가 나의 생명을 지켜주었기 때문이다. 서양 왕권의 상징은 바로 장교 예복이다. 모든 국가 행사에 귀족은 군인 예복을 착용했다. 미국 흑인의 사회적 지위 상승을 가 져온 결정적 사건은 남북전쟁과 제1, 2차 세계대전이었다. 남북전쟁에서 북 군 흑인들은 백인들과 생사(生事)를 같이하는 전우애(戰友愛)를 전투 현장 에서 주고받았다. 총탄이 쏟아지는 전투에서 흑인 전우들과 생사를 같이한 백인들은 흑인 노예해방과 인권을 외면하지 않았다.『손자』"생사존망을 같 이한 백성은 어떤 경우에도 군주를 절대 속이지 않는다"는 구절을 증명해 준다. 전투 현장만큼「같은 마음의 소리」가 무언가를 정확히 보여주는 곳은 없다. 손무는 그 상태를「도(道)」라고 규정했다.

무(武)를 천시한 조선의 유학 정치세력은 대부분 내부 권력투쟁에 집중해 백성 현실을 돌아보지 않았다. 군사 전쟁사업에는 하층 백성들만 참전했고, 유학자 지배층 세력은 어떠한 전쟁에도 참전하지 않았다. 징집대상은 평민과 하층민에 한정되었다. 유학 정치세력은 전쟁 중에도 내부 권력투쟁을 멈추지 않았다. 전쟁 패색이 짙으면 배신과 굴복, 도망으로 자기 생존이익을 도모했다. 고조선-고구려가 한(漢)과 당(唐)에 멸망한 직접적 원인이 바로 '정치세력 내부분열과 배신'이었다. 조선은 신진대국 명(明)나라에 스스로 조공국을 자처했다. 한반도 국가는 고려 충렬왕이 원나라에 복속한 이후 조선 말기 고종까지 고유 연호를 전혀 사용하지 못했다. 고려 말기에 되살아나던 대륙 고토 회복 전략사상은 조선에서 완전히 사라졌다. 조선은 대륙-해양 양면 공격 세력에 소멸했다.

근대 이전 왕권 정치는 '왕과 지배층 이익보장'이 목적이었다. 거주민은 왕의 소유물이자 '종속된 민(subjects)'이었다. 왕의 이익독점을 민회가 제한한 사건이 1215년 영국 마그나 카르타와 1688년 영국 명예혁명이었다. 왕의 이익독점을 제한하고 통제하는 의회(議會, parliament)가 설립되었다. 시민대표로 구성된 의회는 1776년 미국 독립혁명과 1789년 프랑스혁명에 계승되어 현대 자유민주주의 국회의 모체가 되었다.

미국 독립혁명은 유럽국가에 엄청난 충격을 준 대사건이었다. 미국은 1787년 제정 헌법에 의거 1789년 세계 최초 '왕 없는' 대통령제 민주국가를 건설했다. 미국 민주주의는 유럽 왕권 국가에 치명적 도전이었다. 1789년 개인의 자유와 권리를 외치며 프랑스혁명 사건이 일어나 왕이 처형되었다. 프랑스 시민혁명 이후 근대 민주주의(democracy) 논쟁은 19세기 유럽을 뜨겁게 달구었다.

19세기 초 유럽은 산업혁명 확산과 함께 자본가가 이익을 독점한다는 또

다른 착취 논쟁에 휩싸였다. 왕의 이익독점은 감소했으나 자본가 이익독점이 등장했다. 자본가 이익독점을 비판하며 프롤레타리아(노동자) 독재를 주장한 자들이 바로 마르크스 프롤레타리아노동자 독재 사회주의 정치세력들이다.

「속이는 정치」란 무엇인가? 속이는 정치는 「국민과 같은 마음의 소리」를 가진 척하는 정치를 말한다. 정치는 도덕적으로 완벽할 수 없다. 한편 어떤 경우에도 국민을 완전히 속일 수 있는 정치세력도 존재할 수 없다. 그러므로 속이는 정치세력은 무력으로 국민억압을 시작한다. 21세기 독재국가의 공통 특징은 민주주의를 빙자한 정치세력이 권력을 독점해 장기집권을 추구하는 점이다. 특히 1945년 이후 독립 신생국가 정치세력은 선거로 집권한 이후 포퓰리즘 선전 선동으로 자유민주주의를 사회주의독재체제로 변화시키는 특징을 보인다. 자본가 이익독점 거부를 주장하며 민주화를 외치던 그들이, 역으로 국민 기본권을 제한하고 이익을 강탈한다. 경제적 사유재산권과 정치적 비밀 투표권을 제한 금지한다. 그들은 국민을 속일 수 있다는 착각으로 장기독재를 추구한다.

　1917년 소련 레닌 공산당 사회주의 혁명은 「프롤레타리아(노동자, 농민) 이익 보호」를 국가목적이라고 주장했다. 사회주의 혁명은 1991년 냉전 종식과 소련 해체로 완전한 허구(虛構)였음이 명백히 드러났다. 절대 평등을 주장한 소련 공산당은 사유재산권, 자유경쟁, 개인의 자유로운 이동과 식량 획득권리를 철저히 금지했다. 모든 재산은 국가를 내세워 공산당 일당독재 사회주의 정치세력이 장악했다. 「하나는 전체를 위해, 전체는 하나를 위해」 선동 구호는 공산당을 위한 구호일 뿐이었다. 이 구호는 모택동이 주장한 「대동사회(大同社會)」와 그 개념이 같다. 1991년 냉전 종식과 소련 해체는

1918년 이후 74년의 긴 세월 동안 사회주의독재 공산혁명 세력이 소련 국민을 어떻게 속였는가를 적나라하게 폭로해 주었다. 소련독재체제와 중공의 대동사회는 그렇게 패망했다.

소련 사회주의독재체제는 명백히 실패했다. 그러함에도 좌파 사회주의 정치세력은 복지세, 부자세 등의 선전 선동으로 또다시 세력을 확장해가고 있다. 노동자, 농민 등 서민들의 궁핍한 생활을 이용해 자본가와 성공기업, 부유층, 중산층에 대한 분노(忿怒) 즉 르상티망(ressentiment)을 자극하는 절대평등정책을 쏟아낸다. 이른바 분노와 복수의 정치다. 그 분노로 사회를 기득권과 신진세력 그리고 진보와 보수세력으로 양분한다. 과거 역사를 착취와 억압의 역사로 왜곡하여 모든 기득권 세력을 착취 부패 세력으로 몰아간다. 국가 방송과 미디어를 장악해 선전 선동한다. 사회주의 혁명 세력의 국가권력 독점, 장기집권이 최종 실현된다. 국가 경제 붕괴로 국민은 좌파 독재 세력의 종속민으로 전락한다. 이것은 아프리카, 남미, 동남아시아에서 반복되는 21세기 좌파 사회주의독재 체제의 확산 현상에 대한 설명이다.

21세기 대한민국의 숙명적 과제는 김일성-김정일-김정은 3대 세습 폭정의 종식이다. 남북통일은 최우선 과제가 아닐 수도 있다. 북한은 국민을 김일성 민족주의로 세뇌해 철저히 속여온, 구소련과 비교도 안 되는 독재 병영국가이다. 1996년 김정일은 오직 세습 권력 유지만을 위해 핵 개발을 강행했다. 식량부족으로 굶어 죽은 수백만 주민을 방치하며 고난의 행군을 선동했다. 김정은 세력은 2017년 대륙간 탄도 미사일과 핵실험으로 미국 트럼프와 정상회담 유도에 성공했다. 그러나 하노이 회담에 실패한 김정은 모습에 좌절감이 역력했었다. 과연 김정은의 다음 전략목표는 무엇일까? 2021년 제2 고난의 행군을 공식 지시한 자가 김정은이다. "식량이 부족하니 모든 관리는 옥수수 도시락을 준비하라"라고 지시했다. 대한민국은 이제 김정은 자폭 핵전쟁 전략에 대비해야만 한다.

21세기 「속이는 정치」는 민주주의 지수로 평가된다. 2021년 영국 시사 주간지 <The Economist>가 세계 193개국 중 165개국과 2개 자치국을 대상으로 평가한 민주주의 평가지수(Democracy Index)의 지표는 다음과 같다.[25]

△선거 절차 및 다원주의(electoral process and pluralism),
△정부의 기능 작동(the functioning of government),
△정치 참여(political participation),
△정치 문화(political culture),
△시민의 자유(civil liberties)

The Economist는 2022년 현재의 세계 민주주의 국가는 75개국, 비민주주의 국가는 92개 국이라고 평가했다.[26] 한국은 167개 국가 중 23위(8.01/10점)로 완전 민주주의(Full Democracy)로 평가되었다. 중국은 151위(2.27점) 독재 정권으로, 북한은 최하 167위 지구상 최악의 독재 정권으로 평가되었다. 그런데 2024년 The Economist는 한국을 7.75/10점의 결함있는 민주주의(Flawed Democracy) 국가로 분류했다. 왜 바뀌었을까?

유사 이래 모든 정치세력은 공동체 권력 독점을 추구해 왔다. 이러한 속성은 거대한 수렵게임(big-game)을 즐기던 초기 인류 사냥꾼 습성에서 비롯된 것으로 추정한다.[27] 원시 거대한 동물 사냥은 충분한 식량 획득 성과보다, 「무적의 최강자」로서 공동체 영웅 추앙이 더 중요한 동기를 제공했을 수 있다.

---

25   2021년 현재 유엔승인 국가는 총 193개국이다. 유엔 비회원국은 타이완 포함 13개국이다.

26   완전 민주주의: Full Democracies 23, 결점 민주주의: Flawed Democracies 52.
      혼합정권: Hybrid Regimes 35, 독재정권: Authoritarian Regimes 57.

27   Johan M.G. van der Dennen, 동상서 (1995), p. 573. 선사시대 초기 인류는 큰 동물수렵을 위해서 사전 거대한 연습게임사냥을 해야 했을 것이다. 이러한 추정은 역사시대 왕들이 광활한 사냥터에서 동물 사냥 연습을 군사 실전 훈련 숙달에 활용한 사실로 뒷받침된다.

왕권 국가는 개인의 국가권력 독점 체제다. 공동체 내부에 다른 어떤 정치세력도 허용되지 않는 신적 영웅 1인 체제이다. 반대 정치세력은 천명(天命)을 거역한 역적(逆賊)이다. 절대 독재자는 내부 정치세력과 극한 권력투쟁의 속성을 벗어날 수 없다. 언제 나타날지 모르는 반대 세력 색출 때문이다. 이를 위해 국민을 감시통제하고 탄압하며 약탈하는 폭정(暴政)의 근본 속성을 버리지 못한다. 이스라엘 헤롯 왕은 전국의 모든 어린아이까지 색출해 죽였다.

자유민주주의는 수천 년 왕권독재 폭정을 극복한 유일한 국가통치체제이다. 자유민주주의 국가는 정치세력 경쟁이 협력적일 때만 국가생존사업의 전략적 일관성이 유지된다. 정치세력 자유경쟁은 전·후임 정권의 정책충돌을 피할 수 없게 만든다. 종종 정치체제(political system) 전복을 시도하는 정치세력도 나타난다. 이때 정치세력 경쟁이 적대적이면 정치세력 이익과 국가이익은 정면 충돌한다. 국가정책 방향을 정반대로 변경시켜 지지 세력 확대에 활용한다. 전-후임 집권 정치세력의 정책충돌은 전략 일관성을 무너뜨려서 국가이익은 사라지고 오직 정치세력 이익만 남게 된다.

적대적 정치문화(political culture)가 국가를 지배하면 정권교체 시기마다 국가전략 방향은 새롭게 변경되는 경향을 보인다. 바로 포퓰리즘 선전 선동 정치이다. 미국 스나이더(Jack L. Snyder) 교수는 일정 반복되는 정치세력의 국가정책 수행패턴을 전략문화(strategic culture)로 정의했다.[28]

대한민국은 정치 갈등이 세계에서 가장 극심한 적대적 국가로 조사되었다.[29] 2021년 4~5월 미국 Pew Research Center가 17개 경제선진국을 대상으

---

28 Jack L. Snyder, *The Soviet Strategic Culture: Implications for Limited Nuclear Operations*(RAND, 1977); 스나이더는 국가 내부 정치세력들의 전략 결정은 일정한 경향과 패턴이 나타나는데 이것은 정치적, 사회적, 문화적 특성에 의한 것으로 이 현상을 전략문화(Strategic Culture)라고 지칭했다.

29 Laura Silver 외 2명, Diversity and Division in Advanced Economies(Pew research center, 2021. 10. 13.)

로 조사한 결과다. 대한민국은 조사된 모든 분야에서 가장 극심한 사회적 갈등과 대립 현상을 보였다. 미국과 한국은 조사대상 17개 국가 중 가장 극심한 90%의 적대적 수준이었다. 인종 갈등, 종교갈등, 도시-농촌 갈등에서도 다른 국가에 비해 현저히 높은 43~61% 수준을 보였다. 대한민국은 국가 전체가 사실상 극심한 사회적 분열 상태에 놓여 있다고 평가되었다.

1998년 김정일 탄도미사일 발사 후, 미국은 미사일 방어체계 개발 참여를 여러 차례 공식 요청했으나 대한민국 정부는 모두 거부했다. 2006년 김정일 최초 핵실험에도 "김정일은 핵무기를 만들 능력도, 의도도 없다"라는 주장은 반복되었다. 2010년까지 대한민국의 북한 핵실험 대응 군사전략은 사실상 보이지 않았다. 오히려 2008년 국방개혁계획은 "북한 핵 문제는 2020년 감소할 것"이라고 가정해 병력을 50만으로 축소를 계획했다.

2016년 김정은 제4차 핵실험 이후 긴급 도입된 핵미사일 방어무기 사드(THAAD) 배치에 대해 문재인 정부와 박근혜 정부는 정반대로 대응했다.

대한민국의 정권 교체는 전략적 일관성을 무너뜨리는 현상을 초래하고 있다. 집권 정치세력이 교체될 때마다 전임 정권 정책을 부정하고, 전 정권과 정반대 정책을 선택하는 경향이 대단히 높다. 법을 이용한 정치보복이 극심하다는 평가를 받는다. 박근혜 대통령 탄핵 파면과 이명박 대통령 구속이 동시에 발생하자 중국 네티즌 사이에서는 세계에서 가장 어려운 직업이 대한민국 대통령이라고 희화화하는 현상이 나타나기도 했다. 이러한 국가에서 올바른 미래 국가생존사업전략 선택은 기대하기 어렵다.

국가권력 투쟁은 고금(古今)을 막론하고 보복이 따르는 존망(存亡)의 문제였다. 근대 이전, 왕권 국가에서 반대 정치세력은 역적(逆賊)이다. 동일

왕조의 권력 세습교체에서도 반드시 피의 숙청과 보복이 뒤따랐다. 국가권력의 평화적 이양은 상상하기 어려웠다. 북한에서도 김정일이 후계자로 공식 지명된 직후 3대 혁명소조에 의한 피의 숙청이 뒤따랐다. 김일성 신격화를 주도한 김정일은 공식 권력승계 이전 1980년대 중반에 이미 북한 권력을 사실상 완전히 장악했던 것으로 알려져 있다. 김정일은 1994년 7월 김일성 사망 사건에 깊이 개입했던 관련 사실이 서서히 드러나고 있다. 2011년 집권한 김정은은 자신을 키워준 후원자 고모부 장성택을 고사기관총으로 처형했고, 이복형 김정남을 독극물로 암살해 세계를 경악하게 했다.

국가권력의 평화적 이양은 국가발전의 핵심 요인이다. 정치세력을 국가이익 중심으로 결속시키기 때문이다. 정치세력이 국민 마음의 소리를 따를 때만, 국민 이익은 국가정책의 중심이 되었고 국가권력의 평화적 이양이 보장되었다. 그것을 헌법으로 규정하여 다양한 강제 장치를 도입한 정치제도가 자유민주주의다.

클라우제비츠는 "정치(Politics)는 전쟁을 잉태하는 자궁(womb)"이라고 했다. 반대 정치세력을 무력으로 굴복, 말살시키는 최후수단이 군사 전쟁이기 때문이다. 그런데 국가권력을 평화적으로 무혈이양? 그것도 정치적 반대 세력에게? 그래서 자유민주주의는 그 체제발전에 수천 년 역사가 필요했고, 피를 먹는 정치제도로 평가되었다.

대한민국 자유민주주의는 1948년 극심한 좌우 정치이념 혼란 속에서 이승만의 탁월한 리더십이 선택한 결과물이었다. 1910년 이후 그는 미국 민주주의를 온몸으로 체험하며 항일투쟁을 지속했었다. 일본 진주만 기습을 예언한 저서 『일본 내막 폭로(Japan Inside-out)』는 미국 베스트셀러가 되었다. 대한민국 2021년 선진국 진입은 이승만의 미래 백년대계(百年大計) 통찰과

그 선택의 결과로 평가된다. 소련 대리자, 김일성이 선택한 사회주의독재
체제는 독점권력 장기집권의 극치를 보여준 독재 폭정 최악사례로 드러났
다. 지난 70년 동안, 북한은 인구 58%가 절대빈곤 기아(飢餓)에 허덕이는 지
구상 최악의 실패국가로 전락했다. 1945~48년 기간 민주주의(democracy)와
인민민주주의(people's democracy)를 정확히 분별해 대응한 한반도 지도자
는 이승만 외 없었던 것으로 보인다.

  인민민주주의 김일성 공산정권은 6·25 남침 전쟁을 일으켜 가족과 형제가
서로 죽이는 비극을 만들었다. 남한 주민을 용서할 수 없는 적(敵)으로 서로
증오케 했다. 북한 주민을 김일성 사상으로 세뇌 신격화해 조선 시대보다
훨씬 잔혹한 노예사회를 만들었다. 한편 대한민국 퇴임 대통령 또한 추방,
암살, 자살, 구속을 피하지 못했다. 국가권력 남용, 정치부패로 국민 이익을
증진해야 할 법(法)을 위반했기 때문이다. 자유민주주의는 다음 세 가지 대
원칙을 반드시 준수해야만 성공한다.

첫째　선거 승리자는 보복(報復)하지 않는다.[30]
　　　보복은 내전(Civil-War) 불씨다.
둘째　선거 패배자는 불복(不服)하지 않는다. 불복은 내전을 잉태한다.
셋째　국민은 정치세력을 철저히 감시, 평가, 심판해야 한다.
　　　– 헌법(Constitution)을 악용하여 국민을 속이지 않는가?
　　　– 자유경쟁의 정치적 이익 타협(compromise) 규칙을 준수하는가?

2025년 한반도 핵전쟁 위기는 한국 정치세력의 적대적 대결 결과물 아닐

30　Victoria Tin-Bor Hui, *War and State Formation in Ancient China and Early Modern Europe*(Cambridge Univ. Press, 2005). pp. 31?

까? 1994년 한반도는 군사 전쟁 없이 북한을 완전히 제압할 전략적 기회가 다가온 절호의 시기였다. 러시아-중국은 지원 능력을 사실상 상실해 북한은 완전 고립무원 상태였었다. 김일성이 김영삼 대통령과 정상회담 제안에 즉시 응한 것은 당시 북한이 얼마나 어려웠는가를 말해준다. 정상회담 직전 발생한 김일성 급사 사건에 김정일 개입의 비교적 분명한 정황들이 드러나고 있다. 동아 TV 방송 "이제 만나러 갑니다" 프로그램에 출연한 탈북자들은 김일성 사망에 김정일이 얼마나 치밀하게 개입했는지, 당시 긴박했던 상황을 증언했다. 사고 당시 묘향산 특각(特閣)에 의료진이 없었던 점, 김일성 응급사태 발생 후 헬기 출동이 지연된 점, 김일성 전담 의사가 사라진 점 등이다. 황장엽은 필자에게 김정일이 김일성을 죽인다는 것은 상상할 수 없는 불가능한 일이라고 주장했었다. 그러나 김정일은 김일성이 반대한 경제개혁을 외면하고 국가폐쇄를 강행했으며, 자포자기식 군사 전쟁 불사와 핵 개발을 강행한 정면 돌파 전략을 구사했다. 대한민국은 무조건 전쟁 반대를 외쳤었다. 그리고 미국 클린턴 대통령 영변 핵시설 타격 계획은 중단되었다. 당시 미군은 압도적 군사능력을 갖고 있었다.[31]

　1953년의 한국전쟁 정전협정이 71년째 계속되고 있다. 정전 이후 북한은 2018년까지 총 3,119건 군사도발을 감행했다. 북한 군사도발은 1990년대 햇볕정책 시기에 총 250회로, 1980년대 치열한 군사 대결 시기(227회)보다 오히려 23회가 더 많았다. 특히 1996년 동해안 잠수함 침투, 제1-2차 연평해전, 천안함 폭침은 한국군 50명 이상 전·사망자가 발생한 북한 정규군의

31　미국은 1991년 제1차 걸프전에서 사상 최초 우주위성을 이용한 군사전쟁 C4I 합동군 지휘 통제체계를 통해 세계를 놀라게 했다. 당시 미국은 모든 군사작전을 국가 워게임으로 명확히 검증된 방책을 선택했으며, 마일즈 장비를 이용한 과학화 훈련장에서 실제 전투 같은 훈련 숙달 이후 전투에 투입했다. 군사작전 종료 후 미군들은 훈련이 전투보다 어려웠다고 증언했다. 1994년대 러시아는 고르바초프 개혁으로 대혼란에 빠졌으며, 중국은 등소평 개혁개방으로 대한민국 발전 경험을 배우기 시작한 대전환의 시기였다.

기습공격 사건이었다.[32] 북한 정규군 군사 공격은 남북대결이 가장 치열했던 1980년대 이전에도 거의 없던 일이다.

서해 2차 연평 해전(1차 1999, 2차 2002년), 천안함 어뢰 폭침(2010년), 연평도 포격(2010년) 등 정규군 기습공격이 1994년 핵 위기 발생 이후에 집중된 이유는 무엇일까? 1990년대 집중된 북한 정규군 기습공격과 2006년 최초 핵 실험은 어떤 관계일까? 2000년 남북정상회담으로 본격화된 햇볕정책 대북 포용전략을 핵 개발에 이용했음을 의미하는 것은 아닐까? 햇볕정책이 김정일 핵 개발 의도와 능력을 심각하게 왜곡한 것은 분명해 보인다. 2017년 김정은 핵 무력 완성선언을 이명박, 박근혜 남북 대결전략 때문으로 주장했었다. 그런데 2022년 5월 박지원 국정원장은 자신도 김정은이 핵을 포기하지 않을 것으로 생각한다고 말했다. 이용준 전 북핵 담당 대사는 북한비핵화협상의 오판, 시행착오, 방치 탓에 북한은 핵게임에서 승리했다고 주장했다.[33]

3 국가위기는 '속이는 정치세력'의 위협왜곡으로 시작된다.

원문 故效之以計, 而索其請. 曰 : 主孰賢? 將孰能? 天地孰得? 法令孰行?
고효지이계, 이색기청. 왈 : 주숙현? 장숙능? 천지숙득? 법령숙행?

兵衆孰强? 士卒孰練? 賞罰孰明? 吾以此知勝負矣
병중숙강? 사졸숙련? 상벌숙명? 오이차지승부의

해석 그러니 계책으로 효과를 평가하고, 그 부족 소요를 탐색한다. 군주는 누가 현명한가? 장수는 누가 능력(能力)이 있는가? 천시 지리는 누가 얻었는가? 법률과 명령은 누가 올바로 행(行)하는가? 군대 군사력은

---

32   2018 국방백서(2018. 12.); 이윤규, 북한 대남 침투 도발사 (2014)

33   신동아(2019. 4. 18 보도), 이봉준 전 북핵담당대사 "북, '세계3위 핵보유국' 등극 시간문제"

누가 강한가? 군대 사졸은 누가 숙련되었는가? 상벌은 누가 분명한가? 나는 이것으로 (생존사업전쟁의) 승부를 안다.

※ 현대 군사력은 '첨단기술 무기 능력'이 핵심이다.

※ 첨단기술 무기의 개발 획득은 국가집권 정치세력이 선택, 결정한다.

원문 計利以聽, 乃爲之勢, 以佐其外. 勢者, 因利而制權也.
계리이청. 내위지세. 이좌기외. 세자. 인리이제권야.

해석 계책의 이익 계산을 듣고 살펴서,

이에 세력(勢力)을 구축하고, 그 외의 분야를 다스린다.

세(勢)는, 이익을 인연으로 활용해 권력을 통제하는 것이다.

※ 세(勢)는 내부 세력과 외부 동맹 세력이 있다.

「손자」 7계(計)의 피아 국력평가는 현대 안보위험평가와 같다.《대한민국, 북한, 중국의 생존사업 선택 평가》를 218~251페이지에 수록했다. 국가는 안보위험평가를 기준으로 '부족한 국력'을 탐색해 '요구되는 능력'을 평시 완비해야만 생존한다. 위험계산(Risk Calculation)과 위험수용(Risk-Taking)은 국가생존사업의 기본 법칙이다. 국가위험 왜곡은 필연적 존망 위기를 초래했고, 적에게는 '간절한' 결정적 기회를 제공한다. 국가위험을 왜곡하는 세력은 국가권력을 장악한 정치세력들이다. 역사상 모든 국가의 존망 위기는 정치세력이 위험을 왜곡, 무시(無視)한 선택에서 비롯되었다. 수천 년 한반도 국가 역사 특히 고조선, 고구려, 고려, 조선은 정치세력이 왜곡한 위험을 극복하지 못해서 멸망했다. 풍신수길의 침략 위험을 왜곡한 김성일의 건의를 선택한 선조의 우매함은 너무나 유명한 사건이다. 2025년 한반도 핵전쟁 위기 또한 김정일 핵 개발의 위험을 왜곡한 정치세력 선택의 결과는 아닐까?

1994년 이후 대한민국은 북한 핵미사일 대응 군사전략에 얼마나 국력을 투입해 왔는가? 김정일 핵미사일 개발은 저지 불가능한 것이었나? 핵시설 파괴 전략은 왜, 선택을 거부했는가? 왜, 햇볕정책은 병행되어야할 필수 군사전략에 소홀했는가? 1994년 김정일 핵 개발 위기 최초 발생 시 대한민국 대통령의 선택은 무엇이었나? "김정일은 핵 개발 능력도, 의도도 없다."라고 단언하며 햇볕정책만을 고집한 그들은 누구였고, 지금은 어디에 있는가? 2006년 최초 핵실험에도 「미사일 방어무기 개발」을 거부, 배제한 세력은 누구인가?

역사상 강대국은 중장기 「영리한 위험수용(smart risk-taking)」으로 전략적 상호모순의 충돌을 최대 억제함으로써 최후 승리에 성공했다.[34] 고대 로마는 평민반란으로 불가피 시민권 제도를 도입하고, 평민회를 신설했다. 시민권을 보유한 로마시민에게 부여된 가장 위험한 임무는 군사동원이었다. 군사동원은 평민회 의결사항이었다. 전군이 거의 전멸한 칸나이 전투의 괴멸적 패배에도 끝없는 군사동원에 적극 참여한 로마 시민들은 1.2.3차에 걸친 '118년 포에니 전쟁'에서 최후의 승리를 차지했다.

국가 정치세력의 '영리한' 천시(天時) 선택은 미래 발생 가능한 국가위험을 최소화한다. 실질적 국익은 단기보다 중장기 전략을 통해서 달성된다. 그러나 김정일 핵 개발 위기 17년 기간 동안에 대한민국의 대응은 그와 거리가 멀었다. 1994년 김영삼 대통령의 '무조건 전쟁반대' 선언은 '김정일 최악의 미군사력 대응 시나리오'를 해소시켜 주었다. 클린턴 미국 대통령의 영변 핵시설 군사적 파괴계획은 물거품이 되었다. 끝없이 반복된 비핵화 협상은 김정일에게 최상의 핵 개발 여건을 제공해 주었다. 대한민국이

---

34   The UBS/PwC Billionaire 2015; Billionaires Insights 2019; 2018년 자산 10억 달러(약 1조 1,600억 원) 억만장자 2,101명의 공통된 투자전략은 1. Smart Risk-taking, 2. Business Focus, 3. Determination으로 분석했다. (UBS는 스위스 투자은행, PwC는 영국 회계 컨설팅 기업). 성공한 국가전략과 동일한 특징을 보여준다.

제공한 여건은 김정일에게 '외침의 위험'이 없는 핵기술 획득에 충분한 시간을 보장해 주었다.

단기전략은 집권 정치세력의 이익이 우선 선택될 때, 장기전략 위험을 왜곡하는 모순을 발생시킨다. 1998년 시작된 18년 햇볕정책은 그 대표적 사례가 되었다. 햇볕정책은 남북 평화통일 보장정책으로 홍보되었다. 1998~2006년은 김정일이 핵 개발 기술을 획득한 결정적 시기였다. 햇볕정책 기본개념은 탁월했으나, 그 결과는 '2025년 한반도 핵전쟁 위기로 돌아왔다. 햇볕정책은 왜, '남북 상호주의 원칙'을 던져버렸을까? 장기전략은 미래이익을 결정하는 「국가흥망 선택」임으로 현행 집권 정치세력의 '독단적 선택'은 최대한 억제되어야 한다. 자유민주주의 국가에서는 특히 그렇다. 관련 전문가들의 철저한 검증과 반복 확인은 절대적 필수요건이다.

1994년 이후 선택한 대한민국의 북핵 대응전략은 2025년 '핵전쟁 위기'로 돌아왔다. 국가집권 정치세력은 국가위험을 '초기에' 해소해야 할 의무를 진다.[35] 집권 정치세력의 위험 인식(risk-perception)은 미래전략의 선택 기준이 된다. 장군, 전략가, 전문가 그룹은 위험을 계산 평가하여 대응 전략을 집권 정치세력에게 건의한다. 집권 정치세력은 지침을 하달해 건의받은 전략안(案)을 선택, 결심, 실행한다. 1994년 국가집권 정치세력은 그들만의 국가위험 인식(perception)에 기반해 '무조건 전쟁 반대'와 '자발적 핵 포기' 협상전략을 선택했다. 1998년 집권 정치세력은 한발 더 나아가 햇볕정책을 선택했다. 2006년 최초 김정일 핵실험이 성공했다. 그러나 2010년까지 대한민국 집권 정치세력은 어떠한 대응 무기 개발에도 착수하지 않았었다. 2016~17

---

35   Michael I. Hendel, Intelligence and the problem of strategic surprise(1984); Ken Booth, *Strategy and Ethnocentrism* (1979).

년 김정은이 4~6차 핵실험을 강행했을때, 대한민국은 대응무기 공백상태였다. 그리고 미군 사드가 긴급배치 되었다.

영국-프랑스가 1938년 히틀러 전쟁 도발 위험 인식에 실패한 원인은 무엇일까? 미국이 1990년대 중국 공산당 세계 패권주의 위험 인식에 실패한 원인은 무엇일까? "김정일은 핵을 개발할 능력도, 의도도 없다."라며 북한 핵무기 개발 위험을 축소한 원인은 무엇일까? 이는 모두 유리한「희망적 생각(Wishful Thinking)」을 대응 전략으로 선택해 국가위험을 왜곡한 결과를 초래했다. 국가집권 정치세력은「희망적 생각(Wishful Thinking)」 기반 위에서 '위험징후'를 평가하는 것이 일반적이다. 미국 등 선진국은 이를 배제하기 위한 레드팀을 적극적으로 운용한다. 그러함에도 집권 정치세력의 선택은 위험을 무시, 회피, 배제하는 근원으로 작용해 왔다.

대자연은 "위험을 왜곡한 존재"의 생존을 허락하지 않는다.
생존법칙에 역행하는 김정은 정권은 지속 가능할까?
중공 시진핑 사회주의독재는 중국몽(中國夢)에 성공할까?
생존법칙을 범하는 대한민국은 핵전쟁 위기 극복이 가능할까?

4 생존사업전쟁의 본질은 「속이는 길」이다.

원문 兵者, 詭道也 ;
　　　병자, 궤도야;

해석 생존사업전쟁의 본질은 '속이는 길'이다.

※ 궤도(詭道)는 나의 전략을 속이고, 적의 모순–틈새로 나의 힘을 집중하는 원리이다.

 能而視之不能, 用而視之不用, 近而視之遠, 遠而視之近.[36]
능이시지불능, 용이시지불용, 근이시지원, 원이시지근

故利而誘之, 亂而取之, 實而備之, 强而避之, 怒而撓之.
고이이유지, 난이취지, 실이비지, 강이피지, 노이요지.

 유능으로 불능(不能)의 틈새를 보고, 유용으로 불용(不用)의 틈새를 본다.

가까움으로 먼 것의 틈새를 보고, 먼 것으로 가까움의 틈새를 본다.

그래서 이(利)로써 그것을 유인하고, 혼란으로 그것을 취하며,

실로써 그것에 대비하고, 강하면 그것을 피하며, 노하면 그것을 어지럽게 한다.

 攻亓無備, 出亓不意, 此兵之勝, 不可傳也.
공기무비, 출기불의, 차병지승, 불가전야.

夫未戰而廟筭勝者, 得筭多也. 未戰而廟筭不勝者, 得筭少也.
부미전이묘산승자, 득산다야. 미전이묘산불승자, 득산소야.

多筭勝少筭, 而況无筭呼! 吾而此觀之, 勝負見矣.[37]
다산승소산, 이황무산호! 오이차관지, 승부견의

 그 대비 없는 곳을 공격하고, 그 예상하지 못한 곳에 진출하는,

이러한 생존사업전쟁의 승리를, 전(傳)하는 것은 불가능하다.

통상 전쟁 이전에 조정(朝廷)의 워−게임 승자(勝者)는,

얻는 계산(計算)이 많고, 전쟁 이전에 조정의 워게임 불승(不勝) 자는,

얻는 계산(計算)이 적다.

많게 얻은 계산(計算)이 적게 얻은 계산을 이기는데,

얻는게 없는 계산은 어떠한가?

나는 이렇게 그것을 관찰하여 승부를 예측한다.

36　다른 본은 示(시, 보여 주다)이다. 視(시)는 전략적 허점의 틈새를 보는 것이다. 측근까지 속이는 행동이다. 보여준
　　다는 것은 위장 행동을 말한다.

37　묘산(廟筭)은 전쟁 이전 조정의 워-게임으로 승산(勝算), 즉 승리 가능성 계산을 평가하는 것이다.
　　워-게임으로 전략의 강·약점을 분석한 후, 그 결과로 전쟁사업 방향을 결정한다.

- **1948년** 대한민국은 자유민주주의 국가건설에 성공했으나 김일성 남침위험 인식에 실패했다.
- **1950년** 김일성은 6 · 25 남침 기습공격에 성공했으나, 미군 개입 인식에 실패했다.
- **1953년** 대한민국은 6.25 정전협정으로 거부에 실패했으나, 한미동맹 협정체결에 성공했다.
- **1960년** 대한민국은 3.15 부정선거 위험 인식에 실패했으나, 4 · 19혁명에 성공했다.
- **1961년** 대한민국은 군사쿠데타 위험 인식에 실패했으나, 산업혁명에 성공했다.
- **1980년** 김일성은 소련공산권 경제 붕괴 위험을 인식했으나, 그 대응에 실패했다.
- **1994년** 대한민국은 북한 핵 개발 위험을 인식했으나, 핵 개발 저지에 실패했다.
- **1994년** 김정일은 국경폐쇄로 경제파탄에 직면했으나 핵 개발에 성공했다.
- **2018년** 김정은은 핵무기 개발 완성을 선언했으나, 국가 붕괴파탄에 직면했다.

《1972~2022년 미국과 중국은 다음과 같이 선택했다.》

- **1972년** 미국은 중국 수교 위험 인식에 실패했으나, 소련 견제에 성공했다.
- **1978년** 중국의 모택동 경제는 실패했으나, 등소평 개방 경제에 성공했다.
- **1990년대** 중국은 도광양회(韜光養晦)에 성공했으나, 선승(先勝)에 실패했다.
- **1990년대** 미국은 중국의 패권 도전 위험을 인식했으나, 중국 민주화에 실패했다.
- **2000년대** 미국은 중국 위험 인식에 실패했으며, 전략 대응 시기 선택에도 실패했다.
- **2017년** 중국은 G-2 진입에 성공했으나, 공산당 독재 정치 개혁에 실패했다.
- **2021년** 중국은 시진핑 종신집권에 성공했으나, 미국 무역전쟁 회피에 실패했다.
- **2022년** 미국은 러시아—우크라이나 공격 억제 실패로 「민주—독재」 대결을 선언했다.

◆ 병자(兵者), 궤도야(詭道也)!

생존사업전쟁의 본질은 '속이는 길'이었다. 『손자』는 대자연 생존 법칙을
수록한 생존전략서였다. 대자연의 제1 생존 법칙은 천적을 속이는 일이다.
그래야 나의 식량과 생명이 보장된다. 수백만 년간 원시인류도 천적을 속이
며 현대 인류로 진화 생존해 왔다. 앞에 남북한과 미국·중국의 전략선택은

그 경쟁 현상을 적나라하게 보여준다. 그래서 철제 무기 혁명이 일어난 춘추시대는 당연히 생존무기 '병자(兵者)의 궤도(詭道)'를 모르면 생존 불가능했다.

최고의 전략은 적을 가장 잘 속이는 책략이다. 손무는 모공(謀攻), 실허(實虛)에서 궤도의 실체를 상세히 설명한다. 생존공동체 내부에서 속임수가 허용되면 공동체 존립은 불가능하다. 생존공동체가 구성원을 「같은 마음의 소리」로 만드는 도덕과 전통이 중요한 이유이다. 어떤 국가도 가속과 종족 없이 생존 불가능하다. 종족공동체가 다른 공동체를 속여야 생존 가능한 생존사업전쟁의 특성은 참으로 아이러니가 아닐 수 없다.

생존사업전쟁은 「속이는 길[道]」을 선택할 수밖에 없다. 생존사업은 상대를 속여서 나에게 유리한 기회를 만드는 전쟁이다. 적에게 누설되면 오히려 적에게 속는다. 그래서 적 정보 획득 못지않게 나의 정보 보안은 절대적이다. 나의 '희망적 생각(wishful thinking)'은 적에게 가장 좋은 기회로 사용될 수 있다. 나에게 명백히 좋은 방책은 나를 유인하는 적의 주요 방책일 가능성 또한 매우 높다. 역으로 적에게 명백히 좋은 방책은 나의 대비가 없을 때 자살적 패망의 지름길이 된다. 그러면 어떠한 방책을 선택해야 할까? 그래서 허허실실(虛虛實實) 판단과 통찰 능력이 절대적으로 요구된다. 이것이 현자의 지혜를 구하는 생존사업전쟁 통찰의 요체이다.

1994년 이후 북한 비핵화 협상과 햇볕정책은 김정일이 갈망했던 희망의 길을 조성했음이 분명했다. 당시 김정일에게 최악의 선택은 ① 국경과 경제 개방, ② 대남 군사 전쟁이었다. 김일성 사망으로 김정일은 경제개방을 무시했다. 김정일이 자기 아버지 김일성을 죽였다는 소문이 파다했었다. 1990년 중반 탈북한 당시 목격자 증언에 의하면 심장 발작으로 김일성이 쓰러진 이후, 김정일은 응급조치 후송을 방치해 사망하도록 했다는 증언이 쏟아졌다. 1994년 그의 아버지 김일성 사망은 '김정일 속임수 전략'의 시작점이었음이 드러나고 있다. 김정일과 측근들의 서울 불바다 발언은 대한민국 대통령의 무조건 전쟁 반대 선언으로 대남전쟁 공포조성에 대성공했다. 김정일 대남전략은 2006년 최초 핵실험을 위한 철저한 궤도(詭道)였다. 대한민국 햇볕정책에는 어떤 평가가 적합할까? 2017년 김정은 핵전쟁 위협, 2025년 한반도 핵전쟁 위기는 무엇을 말하는가?

 1978년 중국은 경제개혁개방 선택으로 '미국을 이용한 미국 극복전략'을 시작했다. 2017년 미국은 중국 사회주의독재 세력에 속았음을 뒤늦게 인정하고 전면 대결 정책으로 전환했다. 대한민국은 '중국의 사드배치 경제보복, 북한의 핵전쟁 위협'이라는 양면 위기에 직면했었다. 중국은 대국(大國)을 내세우며 대한민국에 소국(小國) 정책을 따르라고 공개적으로 위협했다. 미국은 한미 연합작전계획에「대만 지원 계획」추가를 요구했다. 대한민국은 친중-친북 정책과 한미동맹 강화정책을 번갈아 선택했다. 2025년 대한민국 핵전쟁 위기는 과거 집권 정치세력의 일관성 없는 대북정책 선택의 결과가 아닐까?

詭(궤)는 모순과 역설의 틈새를 이용해 상대를 속이는 계책이다.
道(도)는 피아(彼我) 양측이 선택할 전략(戰略), 전술(戰術) 도로이다.
대한민국은 '김정일의 희망'을 그대로 선택해준 기묘한 국가가 되었다.

 전략의 본질은 '역설(Paradox)-모순(Contradiction)의 틈새'를 통찰하고 활용함에 있다. 궤도(詭道)는 '역설-모순 통찰'과 '실(實)-허(虛) 분별'로 결정된다. 나와 적의 시공간적, 물리적 역설(逆說)-모순(矛盾)은 예상치 못한 틈새를 만들어낸다. 그 틈새를 기회로 포착한 자는 대비 못한 목표를 타격하고, 예상 못한 장소로 진출할 수 있다. 그 틈새는 전략적, 전술적 기습(奇襲)

의 기회를 제공한다. 기습(奇襲)은 적에게 물리적, 심리적 충격 효과를 극대
화한다. 대비 없는 곳에 대한 공격(攻亓 無備), 예상하지 못한 곳에 진출(出
亓 不意)은 아무도 막을 수 없다. 이것이 궤도(詭道)다. 궤도(詭道)는 기습과
마비(痲痹) 효과를 동시 얻는다. 궤도(詭道)는 술책(stratagem), 사기(fraud)
등 전략적, 전술적 속임수를 모두 동원한다.

　다음과 같이 김정일은 1994년 이후 대한민국 정치세력이 선택한 틈새를
이용해 핵 개발에 성공했다. 2018년 북한핵문제를 담당했던 외교관 이용준
은 "북한은 게임에서 승리했고, 한국과 국제사회는 실패했다."라고 저서
『북핵 30년의 허상과 진실』에 썼다.[38]

① 1993년 한반도 비핵화 공동선언과 민족공존 평화협상은 북한이 선택할 틈새를
제공했다.
② 1994년 서울 불바다 발언과 핵 포기 협상으로 북한 핵시설 군사적 타격을 피했다.
③ 동해안 잠수함 침투, 연평해전 도발로 북한 붕괴 위기를 위장했다.
④ 햇볕정책은 김정일에게 핵미사일 개발 시간을 제공했다.
⑤ 개성공단, 금강산 관광사업은 핵 개발에 활용 가능한 수익금을 제공했다.
⑥ 중국의 경제 발전은 「핵기술 부품 조달」 기회를 제공했다.
⑦ 영변 냉각탑 공개폭파의 틈새를 이용해 우라늄 핵물질을 생산했다.
⑧ 2006년 경수로 건설 지연과 악의 축 지정을 핑계로 최초 핵실험을 강행했다.
⑨ 우라늄 생산의 미국 폭로를 2차 핵실험 기회로 사용했다.
⑩ 2010년 천안함 폭침, 연평도 포격으로 김정일 건강 악화를 숨기고 김정은 후계
세습에 성공했다.

38　동아일보 '[신간] 북핵 30년의 허상과 진실, 굴곡진 북한 핵협상 30년의 역사' (2018년 12월 19일 보도)

　다음의 김정은 궤도(詭道)는 오직 정권 생존을 위한 핵무기 고도화, 핵전쟁 공포조성을 향하고 있다.

① 2011년 권력 세습 후 2016년 4~6차 핵실험을 강행했다.

② 미국 태평양함대 무력 시위에 정면 대결해 한반도 전쟁 공포를 조성했다.

③ 한국 대통령 탄핵으로 좌파 정권 집권과 동시 평창올림픽에 참가했다.

④ 문재인 정권과 남북정상회담(2회)으로 정권 불안을 해소했다.

⑤ 한반도 비핵화를 내세워 9.19 군사합의에 성공했다.

⑥ 미국과 한반도 비핵화 정상회담(2회)으로 북한을 세계 뉴스의 중심으로 만들었다.

⑦ 하노이 비핵화 회담 실패는 붕괴된 폐쇄경제를 더욱 악화시켰다.

⑧ 미국-중국 무역전쟁의 틈새는 중국과 북한 동맹 강화의 기회를 제공했다.

⑨ 러시아-우크라이나 전쟁은 북-중-러 동맹과 인민군 현대화 기회를 제공했다.

　그리고 모택동 "미국을 이용한 미국 극복" 전략의 실체는 등소평 도광양회(韜光養晦)였다.

① 1956년 모택동은 "미국을 극복하지 못하면 중국 미래는 없다"라고 선언했다.

② 1972년 미국의 소련 봉쇄를 위한 중국접근의 역이용 전략을 결심, 실행했다.

③ 모택동은 미-중화해 조건, 미 지상군 철수를 관철해 베트남전 승리를 달성했다.

④ 1975년 중공은 베트남전 승리로 동아시아 전략주도권을 장악했다.

⑤ 1978년 모택동 사망으로 등소평의 중국 경제 개혁개방 정책이 시작되었다.

⑥ 중국은 2007년 수출 세계 1위, 2010년 G-2 진입에 성공했다.

⑦ 2012년 시진핑은 중국 사회주의독재 세계 패권을 달성하는 중국몽을 선언했다.

⑧ 2022년 바이든 미국 대통령은 중국과 「민주-독재」 대결을 공식 선언했다.

⑨ 2025년 트럼프 미국 대통령은 중국과 2차 경제전쟁을 선언했다.

2025년 「북-중-러 동맹체제」가 부활했다. 시진핑 중국몽 세력은 미국과 무역전쟁으로 휘청거리기 시작했다. 시진핑은 김정은 핵무장 체제를 사활적 이익으로 규정해 노골적 지원을 하고 있다. 우크라이나를 침공한 러시아는 군사 전쟁의 덫에 걸려 북한에 군사력 지원을 요청했다. 2024년 푸틴은 그 대가로 북한과 군사동맹을 체결했다. 그리고 핵미사일 신기술이 전수된 것으로 평가된다. 중국과 러시아는 핵미사일 개발 관련 유엔 결의 위반 북한 추가제재안에 대해 무조건 반대하면서 북한을 지지했다.

역사상 평화협상은 적의 저항 의지를 굴복시킨 사례가 거의 없다. 지난 3,000년 약 8,000회 체결된 평화협정은 모두 불리한 세력이 추구한 궤도였을 뿐이었다. 생존사업전쟁은 적의 굴복이나 소멸로 종결되는 '장기전쟁'이다. 적의 굴복은 최고정책 결정권자의 저항 의지 포기를 뜻한다. 1938년 뮌헨협정 체결은 히틀러에게 제2차 세계대전을 일으킬 동기를 오히려 제공한 협정으로 평가받는다. 1973년 베트남전 파리 평화협정 체결은 1975년 베트남이 아닌 미국의 전쟁 패배로 종결되었다. 2020년 카타르 도하에서 체결된 아프간 평화협정은 또 다른 미국의 전쟁 의지 포기 선언이었다. 2021년 케네스 매켄지 중부사령관은 하원 군사위 청문회에서 미군 철수 시한을 정한 도하 합의가 아프간 정부와 군대에 매우 위험한 악영향을 끼쳤다고 밝혔다. 김정일-김정은 핵 포기 협상 또한 유리한 형세를 만들기 위한 북한의 반복된 궤도였을 뿐이다. 『손자』 궤도와 「선승(先勝) 후전(後戰)」 통찰이 절대적인 이유가 여기에 있다. 선승은 후전(後戰)의 승리를 보장해주기 때문이다.

2025년 대한민국의 최대 약점은 전쟁 공포에 대한 국민 불안(anxiety)이다. 전쟁 공포위협은 자기 억제(self-deterrence) 현상을 일으켜 극심한 불안과 공포, 공황을 일으킨다. 1936년 독일 히틀러가 프랑스 라인지역을 무단 점령했을 때 프랑스는 공황 발생으로 어떠한 군사 대응도 하지 못했다. 독일 기습공격으로 공황에 빠진 프랑스 국민이 정부의 어떠한 조치도 모두 반대했기 때문이었다. 당시 독일은 라인지역을 점령할 때 만약 프랑스가 보복한다면 그 지역의 점령을 포기하는 최초 계획을 수립했었다. 1994년 김정일 핵 개발 강행은 대한민국 정치세력을 혼란에 빠뜨렸다. 미국 클린턴 대통령의 영변 원자로 폭격계획은 국민을 전쟁 공포와 공황 상태로 몰아넣었다. 김영삼 대통령은 무조건 전쟁 반대를 선언했다. 그리고 김일성이 사망하고, 김정일 비핵화 협상이 시작되었으며, 2006년 최초 핵실험에 성공했고, 2025년 핵전쟁 위기에 직면했다.

2006년 김정일 최초 핵실험은 햇볕정책 세력에 치명적 대사건이었다.[39] 김정일은 1994년 핵 개발 의지를 명백히 공식 선언했음에도 대한민국 대통령들은 북핵 협상과 햇볕정책이 모든 문제를 해결할 듯이 발표했었다. 군사 대응 전략을 배제했었다. 김대중 정부는 햇볕정책을 한반도 평화보장정책으로 대대적 홍보했다.[40] "북한은 핵을 개발한 적도, 능력도 없다"라는 말을 주장한 김대중에게 2006년 김정일 최초 핵실험은 완전한 기습이었다. 1941년 일본 진주만 기습공격, 2002년 9월 11일 미 무역센터 테러 기습공격과 비교될 정도였다. 1950년 기습남침 공격과 똑같이, 김정일 핵실험 성공은 북한의 핵 개발 능력과 의도를 무시한 대한민국 대북 전략의 철저한 패배사례로 남게 되었다.

그러나 2006년 김정일 핵실험은 대한민국이 모르고 당한 기습적 사건이 아니었다. 1988년~2010년 국방백서는 1994년 이후 대한민국 집권 정치세

---

39   전략기습(Strategic Surprise)은 기만(欺瞞, Deception)으로 상대가 알았어도 대처하기에 이미 늦도록 만드는 기습효과를 목표로 한다.

40   Michael Handel, Intelligence and Problem of Strategic Surprise (1984)

력이 김정일 핵 개발정보를 어떻게 무시, 왜곡, 회피해 왔는지 정확하게 보여준다. 대한민국 국방부는 1980년대 중반부터 김일성-김정일 핵 개발정보를 지속 평가해 국방백서에 공개해 왔었다. 1994~2019년 국방백서는 한결같이 북한 핵 포기가 불가능함을 반복 평가했다. 그러한 모든 군사정보 평가는 선택되지 않았다.[41] 2006년 최초 핵실험에도 전·현직 대통령을 포함한 많은 전략 결정자들은 오히려 핵포기를 주장했다. 그럴수록 대화와 경제협력만이 한반도 평화를 보장할 수 있다며 햇볕정책만을 더욱 강조했다.

1994년 김정일 핵 포기 강요를 위한 미국 영변 핵시설 군사적 타격계획이 알려지자, 김영삼 대통령은 무조건 전쟁 반대를 선언했다. 그로 인해 전쟁을 경험했던 국민 공포(fear)는 오히려 급격히 확대되었고 생필품 사재기로 전국은 공황 상태로 돌변했었다. 당시 김일성과 김정일은 대남전쟁 위협의 효과를 확실히 재확인했다. 1993년까지 공세적이던 대한민국 대북 전략 주도권은 급격히 상실되었다. 핵 개발전략이 한반도 전략주도권을 일시에 다시 획득하는 엄청난 무기임을 김정일은 또다시 절감했을 것이다.

왜, 대한민국은 의도적으로 극적 반전을 노린 북한 궤도(詭道)에 속고 또 속았는가? 김정은은 2016~2017년 핵미사일 실험 반복으로 최악의 한반도 핵전쟁 공포를 조성했다. 그리고 돌연 평창올림픽 남북회담 선언으로 극적 반전을 만들어냈다. '전쟁광 로켓맨' 김정은이 순식간에 한국 국민에게 가장 호감 얻는 북한 지도자로 돌변했다. 그 급반전 과정은 2000년 남북정상회담에서 "북한을 친구로, 김정일은 통 큰 지도자"로 만든 사건과 똑같았다. 트럼프-김정은의 싱가포르, 하노이 회담 또한 2000년 남북정상회담과 똑같은 극적 반전 현상을 만들었다. 이것이 전쟁 공포위협의 극대화로

---

41   부록 1 참조. 1987-2018 국방백서 북한 핵미사일 정보평가는 이를 명확히 보여주고 있다.

인해 나타난 심리적 충격의 극적 반전 현상이었다. 대한민국 국민은 김정일-김정은의 계산된 반전 극적효과에 길들여진 '한반도 평화환상'에 매달리게 되었다.

대한민국 국민은 북한 비핵화 하노이 협상 결렬도, 대통령의 중재자 역할에 대한 김정은의 비웃음도 모두 한반도 평화환상에 묻어버렸다. 정부는 남북평화경제 구축과 비무장지대 국제 평화지역 선언을 반복 강조하며 국민 평화환상을 강화해 왔다. 그러나 성과는 없었다. 박지원 국정원장은 조선일보 인터뷰에서, "DJ-정부부터 남북관계에 관여했다. 햇볕정책을 했지만 결국 나아진 게 없다. 반면 북의 핵미사일 능력은 고도화됐다."라는 질문에, "그동안 전쟁은 없었고 남북정상회담하고 북미정상회담도 했다. 이중기준을 대면 안 된다. 우리도 문재인 정부에서 엄청난 국방력 강화가 있었다."라고 답변했다.[42]

미국 트럼프 정부의 마지막 국방부 장관 마크 에스퍼는 문재인 정부가 중국에 깊이 경도됐다고 지적하며, "2020년 10월 나의 카운터-파트너에게 사드를 한반도에서 철수하는 방안을 고려하겠다고 통보했다."라고 밝혔다. 그는 2019년 한일 정보 보호 협정 파기에 대해 "이런 위대한 동맹의 가치가 있나?"라며 트럼프 대통령이 비아냥 거린 내용도 공개했다.[43]

기습(奇襲, Surprise)은 예상치 못한 시간, 장소, 수단, 방법으로 심리적 마비를 일으키는 공격전략이다.[44] 기습이란 알아도 대응하기에 이미 늦은 "시간적 기습"이 그 핵심 효과를 가져온다. 기습을 당하는 원인은 첫째 전략결

---

42   박지원 "김정은 핵 포기 안 할 것…세월호-5·18 진상 나올 건 다 나왔다.", 조선일보(2022. 05. 07 보도자료)

43   에스퍼 회고록 " 문 정부 사드 방치, 동맹 대하는 태도냐 항의했다", 조선일보 (2022. 05. 10 보도자료). 조선일보 보도 자료는 「」로 묶은 전체 문단 내용임.

44   한국 합동참모본부, 합동·연합작전 군사용어 사전(2010), p. 73.

정권자가 위험징후를 착각, 무시, 회피할 때, 둘째 전략결정권자가 위험징후에 대응할 전략 선택을 무시, 회피, 왜곡, 배제할 때, 셋째 전략결정권자가 상대 능력을 의도적으로 무시할 때이다.

한국은 2016년 김정은 4차 핵실험 직후 대응 무기 공백 상태로 인해 대혼란에 직면했다. 최소 10년 이상 소요되는 대응 무기 전력화는 당연히 불가능했다. 미국 사드가 긴급 배치되었다. 한국 정부는 때늦은 후회로 허둥대며 북핵 미사일 대응 무기 획득계획을 추진했다. 그러나 2017년 평창올림픽 남북대화는 김정은 남북정상회담에 장단을 맞춰 핵전쟁 공포에 대한 평화환상을 일으켰고, 그 환상은 늦어도 너무나 늦은 무기 획득계획까지 깊은 영향을 미쳤다.

「2018년 판 햇볕정책 9.19 군사합의」는 북핵 대응 군사전략을 또다시 크게 약화시켰다. 한국 집권 정치세력이 국가위험 정보를 계속 무시, 왜곡하면 김정은의 궤도(軌道)인 회색지대 대남기습은 더욱 확대될 것이다. 2022년 5월, 박지원 국정원장도 결국 "나도 김정은 위원장이 핵을 포기하지 않을 거라고 본다."라고 실토했다.

전략기습은 모든 시대 첨단기술 신무기를 핵심 수단으로 사용했다. 1592년 일본 조총은 한 달 만에 조선 전역을 잿더미 쑥대밭으로 만들었다. 1876년 일본 신무기 군함은 강화도 조약 강요로 조선 외교권을 박탈하고, 1895년 청일전쟁과 1905년 러일전쟁에 승리했으며, 1907년 조선군대를 강제 해산시켰다. 마침내 일본 신무기는 1910년 조선 강제 합방에 성공했다. 2016년 김정은 제4차 핵실험과 탄도미사일 발사 성공은 한반도 전략 균형을 단번에 뒤집었다. 2023년 미국 본토에 이르는 미사일을 반복 발사하며, 한반도 핵전쟁 위협 수단을 더욱 고도화해가고 있다. 대한민국은 이 위협에 적시 대응할 신무기를 개발하고 있는가?

　새로운 신무기는 새로운 전략방법(Ways)을 창출해야 성공한다. 새로운 전략 방법은 신무기 군사작전 교리(doctrine)를 말한다. 1592년 무패의 이순신 해상전술, 1800년대 나폴레옹의 국민동원 기동전술, 1870년 40일 만에 프랑스를 항복시킨 몰트케의 후장식 소총과 대포 운용 전술, 1939년 프랑스를 점령한 독일군의 전차-항공기 전격전, 1945년 일본 본토에 핵무기를 투하한 미국 장거리 폭격 전술 등이 대표적이다. 김정은 또한 핵을 이용해 어떤 기습 전략을 펼칠지 예측하기 어렵다. 그래서 모든 대한민국 생존사업전쟁을 선택하는 정치세력은 깨어있어야만 한다.[45] 21세기 병자(兵者)를 통찰(洞察)하는 모든 노력을 집중하지 않으면 대한민국은 패망을 면키 어렵게 된다.

　21세기 생존사업전쟁은 우주, 지상, 해상, 항공, 사이버 공간을 통합한 감시-정찰 지휘통제 C4ISR 시스템 능력이 좌우한다. C4ISR(command, control, communication, and computer intelligence surveillance reconnaissance) 체계는 핵무기를 포함 전 분야 군사작전을 지휘하는 핵심 중 핵심 무기체계다. 이러한 무기체계의 실전 경험을 발전시키온 유일한 국가가 미국이다. 지구상 특정 지역에 대한 24시간 감시정찰 정보로 실시간에 핵전쟁을 지휘할 수 있는 유일한 국가는 오직 미국뿐이다. 2019년 미국 우주군 창설은 21세기 핵미사일 대응 신무기체계 구축의 일환이다.

　대한민국은 중국과 경제 이외 안보 및 기타 국가적 협력관계에서 분명한 한계에 직면하고있다. 중국은 수천년 동안『손자』의 모공 전략을 적용해 온 국가이다. "미국을 이용한 미국 타도"! 모택동의 궤도는 아직도 유효하다. 세계 사회주의 패권을 추구하는 중국은 자유민주주의 대한민국과 근본 속

45　대한민국은 미사일 운용부대 이외 야전군조차도 북한 핵무기에 대한 어떠한 교육도, 대비도 하지 않고 있었다.

성이 다르다. 대한민국이 국가생존사업, 병자(兵者)를 올바로 통찰하지 못해 한미동맹을 소홀히 하고, 경제를 핑계로 친중-친북 햇볕정책만 고집해 모호한 중립 전략을 지속할 때, 중국의 주변국 속국화 전략은 급격히 한반도를 덮칠 것이다.

한미동맹은 안보 동맹으로만 존재해오지 않았다. 대한민국 모든 국가 제도는 고대 그리스-로마의 귀족-시민 관계에서 발전된 생존사업전략에 기반한 체제이다. 대한민국은 이미 오래전 유교 국가에서 벗어났다. 절대왕정 개인 독재를 수천 년 지지해 온 유학 대동 사회 중국과는 전혀 다른 국가체제의 나라이다. 신장-위구르와 티베트, 홍콩과 대만 사태는 중국의 주변국 속국화 전략이 심각 상태라는 경종을 계속 울리고 있다.

대한민국 안전을 보장할 유일한 북한 핵미사일 방어무기는 핵전쟁 지휘가 가능한 미국식 C4ISR 지휘통제와 미군 3축 체계뿐이다. 미사일 방어체계(MD: Missile Defense)는 바로 C4ISR 지휘통제 체계 기반 위에서만 운용 가능하다. 그러나 대한민국 C4ISR 체계는 한미연합사 미군과는 비교할 수 없는 낮은 수준으로 평가된다. 대한민국 핵미사일 방어체계의 요망 효과 달성에는 미국 C4ISR 지휘체계 지원 없이는 거의 불가능함을 의미한다. 대한민국 국방부와 집권 정치세력이 이를 모를 리 없을 것이다. 그러함에도 미군 사드 배치를 반대하며 종전선언과 평화협정 체결을 주장하고, 연합사 전시작전통제권을 서둘러 조기 환수하려는 정치세력이 있다면 그 의도를 무엇으로 판단해야 하는가? 마침내 전직 한미 연합 사령관들이 입을 열었다. 그들은 대한민국 군사능력이 '많이 뒤처져 있다고' 증언했다. 이 말은 대한민국 핵미사일방어체계와 핵전쟁 지휘통제는 미군 지원 없이 불가능함을 공식선언한 것이라고 판단된다.

  대한민국과 「손자(孫子)」 : 국가흥망 선택게임

1970년대 산업혁명 기술발전은 1980년대 이후 북한을 압도했다. 북한은 1910년 일본 조선 강제 합방 근본 원인이었던「국가폐쇄-근대문명 수용거부 정책」을 1970년대 이후에도 고집했다. 1980년대 후반부터 빼앗긴 한반도 전략주도권 회복을 위해서 김정일은 1994년부터 본격 핵무기를 개발했다. 대한민국 정치세력은 대응 군사전략을 배제하며 교만한 정책 선택을 반복하다가 기습당한 2006년 북한 핵실험에 속수무책이었다. 2006년 핵실험으로 전략주도권을 장악한 북한은 2022년 5월 윤석열 대통령 취임식 전후 미사일 발사를 강행했다.

18~19세기 일본과 조선의 생존사업전략 선택 차이점은 "근대문명을 어떻게 수용했는가?"였다. 1854년 미일 통상조약과 1876년 강화도 조약 강제 개항 이후에도 근대문명 수용 기회를 스스로 차버렸던 고종의 갑오개혁 무효화 지시는 조선을 미개(未開), 열등한 식민지로 만들었다. 1994년 김정일은 국경을 폐쇄하며, 신(神)이었던 아버지 김일성까지도 사망토록 방치했다. 2006년 최초 핵실험은 한반도 미래를 암울하게 만들며 세계를 놀라게 했다. 2016년 김정은 핵실험은 한반도 핵전쟁 위기의 현실을 재확인시켰다. 2019년 북미 핵 협상 실패 이후 김정은 선택은 더욱 강화된 폐쇄정책이었다. 북한 권력 장악을 확고히 해준 김정은-트럼프 1차 협상과 달리, 2차 협상 실패는 김정은 생존을 더욱 불투명하게 만들었다.

21세기 '국가개방 자유경쟁'은 상식적 국가전략이다. 반면 '국가폐쇄 국민감시'는 국가실패 자살행위이다. 김정은의 다음 생존사업전략 선택은 무엇일까? 국가 경제개방 전략일까? 자포자기식 핵전쟁 위협전략일까? 대한민국은 이제 심각한 핵전쟁 최고 수준의 위기 단계에 진입했다. 그러함에도 아직 대한민국 정치세력은 "친북-친중이냐, 친미냐" 두 세력으로 양분되어 적대적 대결을 멈추지 않고 있다.

대한민국, 북한, 중국의 생존사업 선택 평가
도(道), 천(天), 지(地), 장(將), 법(法) 기준

아래 도표는 남북한과 중국 「1950~2021년 생존사업전략 70년 선택」 결과이다.

1945~49년 정치세력 선택은 '국가흥망의 선택'이었음을 보여준다.

◈ 2020–2021년 북한–한국–중국의 국력 지수 총괄 [46] [47]　　　　(시속 / 총점, 순위 / 전체)

북한	한국	중국
• **인구** : 2천 555만 • **절대빈곤 인구** : 58% • **국가경쟁력** : 미평가 • **1인 GDP** : 1,300불	• **인구** : 5천 163만 • **절대빈곤 인구** : 0.2% • **국가경쟁력** : 23 / 64 • **1인 GDP** : 44,621불(ppp)	• **인구** : 13억 3,927만 • **절대빈곤 인구** : 0.7% • **국가경쟁력** : 16 / 64 • **1인 GDP** : 14,722불(ppp)
• **민주주의** : 167 / 167(1.08) • **비밀선거** : 0 / 10점 • **시민자유** : 0 / 10점 • **경제자유** : 178 / 178 • **언론자유** : 198 / 198 • **평화지수** : 149 / 163	• **민주주의** : 23 / 167(8.01) • **비밀선거** : 9 / 10점 • **시민자유** : 8 / 10점 • **경제자유** : 24 / 178 • **언론자유** : 66 / 198 • **평화지수** : 55 / 163	• **민주주의** : 151 / 167(2.27) • **비밀선거** : 0 / 10점 • **시민자유** : 1 / 10점 • **경제자유** : 107 / 178 • **언론자유** : 186 / 198 • **평화지수** : 110 / 163
• **군사력** : 0.37, 25 / 139 • **기술혁신** : 평가불가	• **군사력** : 0.15, 6 / 139 • **기술혁신** : 2 / 60	• **군사력** : 0.07, 3 / 139 • **기술혁신** : 15 / 60
종합국력 : 16위	**종합국력 : 8위**	**종합국력 : 2위**

※ 지수: 자국 순위/전체국가 수, 자국 점수/총점, 군사력지수는 낮은 점수가 높은 순위다.

※ 종합국력은 ① 인구 및 자원, ② 군사력, ③ 경제력, ④ 인적자본, ⑤ 기술 5요소로 평가되었다. [48]
2018~21년 세계 국력 평가지수를 적용했다. [49]

---

[46]　북한 절대빈곤 인구 수치 - World Data Lab의 실시간 데이터(2020.03.03. 11:00시)

[47]　군사력지수와 군사비는 Globalfirepower.com 2019 기준, 북한 병력 규모는 2018 한국 국방백서, 북한 핵 보유현황은 Arms Control Association(SIPRI Year Book 2019. 인용) 2019년 현황 기준이다. 북한은 핵물질 Pu 20~40kg, 우라늄 250~500kg 보유로 추정되며, 2020년 약 20~100개 핵탄두 생산 가능한 것으로 추정됐다.

[48]　Gregory F. Treverton and Seth G. Jones, Measuring National Power(2005), RAND National Security Research Division Conference Paper for CIA.

[49]　종합국력 지수: Composite Index of National Capability (2021), 민주주의 지수: The Economist Democracy Index (2020), 경제 자유 지수: The Heritage Foundation, Economic Freedom Index (2021), 국가평화지수: Institute for Economics & Peace, Global Peace Index(2019); 인간개발지수: UNDP, Human Development Index(2018); 국가경쟁력 지수: IMD World Competitiveness Yearbook (2021); 기술혁신지수, Bloomberg Innovation Index(2020); Best 국가지수, US News Best Countries (2020);

◆ **主孰賢(주숙현)** │ 군주는 누가 현명(賢明)한가[50]

(점수 / 총점, 순위 / 전체)

북한	남한	중국
·비밀선거 : 0.00	**·비밀선거** : 9.17/10	**·비밀선거** : 0.00
·다원사회 : 0.00	**·다원사회** : 9.17/10	**·다원사회** : 0.00
·시민자유 : 3/60점	**·시민자유** : 50/60점	**·시민자유** : 11/60점
·경제자유 : 178/178(5.2)	**·경제자유** : 24/178(74.0)	**·경제자유** : 107/178(58.4)
−법치(Rule of Law)	−법치(Rule of Law)	−법치(Rule of Law)
사유재산권 27.7	사유재산권 80.7	사유재산권 62.2
사법정의 5.0	사법정의 63.4	사법정의 71.5
정부청렴성 20.2	정부청렴성 68.9	정부청렴성 46.4
−시장개방(Openness)	−시장개방(Openness)	−시장개방(Openness)
무역자유 0.0	무역자유 79.0	무역자유 71.2
투자자유 0.0	투자자유 60.0	투자자유 20.0
금융자유 0.0	금융자유 60.0	금융자유 20.0
−정책규제(Regulatory)	−정책규제(Regulatory)	−정책규제(Regulatory)
사업자유 5.0	사업자유 89.5	사업자유 80.2
노동자유 5.0	노동자유 55.8	노동자유 64.9
회계자유 0.0	회계자유 84.4	회계자유 69.8

※ 평가지수 출처는 주) 46~49 참조

「국가의 길〔道〕」은 국민을 '속이지 않은 정치'를 말한다. 국민과 생사를 같이한 정치 세력은 국민을 속이지 않았다. 남북한과 중국의 국가생존사업 70년 결과는 이를 증명해준다. 종합국력 지수에서, 북한은 세계 16위다. 한국은 8위, 중국은 2위다.

북한 절대빈곤 인구 비율은 총인구 58%(1,482만)를 차지한다. 한국 절대빈곤 인구 비율은 총인구 0.2%(103만) 수준이다. 중국 절대빈곤 인구 비율은 13억 인구 0.7%(9,375만) 수준이다. 《可與之死(가여지사), 可與之生(가여지생), 民弗詭(민불궤)》를 증명해준다.

---

50 민주주의지수, 경제자유지수 참조

> ● 북한의 도(道)
> 경제 자유 5.2, 시민 자유 3/60점, 노동 자유 5.0, 정부 청렴성 20.2
>
> ● 한국의 도(道)
> 경제 자유 74.0, 시민 자유 50/60점, 노동 자유 55.8, 정부 청렴성 68.9
>
> ● 중국의 도(道)
> 경제 자유 58.4, 시민 자유 11/60점, 노동 자유 64.9, 정부 청렴성 46.4

대한민국 성공은 국민 이익 중심 자유민주주의 시장경제 선택의 결과였다.

북한의 국가실패는 개인 세습 정권 독재 폭정체제 선택의 결과였다.

중국 G-2 경제발전 성공은 시장경제 인센티브 제도 도입의 결과였다.

한국 통일부는 2017년 한국에 정착한 탈북주민이 31,093명이라고 발표했다. 매년 약 1,000~2,000명이 북한을 탈출해 한국에 입국했다. 한국 입국에 실패한 수십만 탈북주민들은 중국 공안 체포를 피해서 변방 유랑민과 중국인 노예로 살아간다. 1970년대 등소평(鄧小平)이 흑묘백묘(黑猫白猫) 논쟁으로 국가 미래를 고민할 때, 김일성은 주체사상으로 자신의 신격화와 독재정권 유지에 집중했다. 1970년대 북한과 중국은 국가 생존사업 선택의 목적과 방향을 극명하게 달리했다.

절대빈곤 인구에서, 북한 58%는 김일성-김정일-김정은 독재 폭정(暴政) 수준을 나타내며, 중국 13억 인구 빈곤비율 0.7% 비율과 극명하게 대조된다. 북한에 자유시장은 장마당 뿐이다. 중국 또한 시장경제 인센티브 제도만을 도입한 사회주의 공산당 독재체제 국가임을 도표는 명확히 보여준다. 북한 사유재산권 27.7% 수준은 인간의 최소 생존조건임을 말해준다. 북한-중국 시장개방 지수 비교는 북한 경제 붕괴 원인이 국경폐쇄였음을 확인해준다. 북한-중국 경제자유지수는 법치주의 시장경제가 국력 차이의 원천 요인임을 명확히 보여준다.

특이점은 대한민국 사법 정의가 63.4로 중국 71.5보다 낮고, 노동자유도 중국이 64.5

로 한국 55.8보다 높다. 왜일까? 대한민국 정부 청렴성(68.9) 또한 중국(46.4)과 큰 차이가 없다. 상기 결과는 대한민국 정치부패 수준의 심각성을 보여주는 핵심 지표이다.

현대국가는 자국 정치체제를 모두 민주주의(Democracy)로 표기한다. 영국 민주주의 평가기관 The Economist Intelligence Unit(EIU)는 조사대상 167개국 중 완전 민주주의(Full Democracy)는 23개국뿐이라고 발표했다. 그 분류기준 지표가 민주주의 지수다. 민주주의로 국민을 속인 인민민주주의 국가는 독재(authoritarian) 하이 브리드(Hybrid) 정권으로 분류했다.[51] 이 평가기관은 한국을 결함 민주주의(Flawed Democracy) 국가로, 북한은 세습독점 장기독재 정권으로, 중국을 공산당 일당독재 정권으로 명시했다.

『국가는 왜 실패하는가』의 저자 다론(Daron Acemoglu), 제임스(James A. Robinson)는 국가실패 원인을 「독점권력 장기집권」으로 결론지었다.[52] 그것은 14~21세기 아프리카, 유럽, 아시아, 아메리카 대륙의 국가 성공실패 관계를 15년 연구 분석한 결과였다. 그들은 특히 한국과 북한 70년 흥망의 역사를 「독점권력 장기집권」 정치부패가 국가실패를 초래한 전형적 사례로 제시했다. 매우 유사한 이민역사를 가진 멕시코와 미국, 그리고 서유럽과 동유럽, 소련-중국의 성패 또한 「독점권력 장기집권 정치부패」가 초래한 국가실패 주요 사례로 비교 분석되었다.

2025년 대한민국과 북한, 중국의 실상은 정치세력의 선택 결과임이 명백하다. 제2차 세계대전 이후 신생 독립국 중 산업혁명과 자유민주주의에 모두 성공해 선진국에 진입한 국가는 대한민국이 유일하다. 1948년 이승만 정치세력은 자유민주주의 정치체제를 선택했다. 대한민국 자유민주주의는 1987년 대통령 직접선거와 1990년대 여야 평화적 정권교체를 거쳐서 자유 민주주의 국가로 발전했다. 1970년대 박정희 정치세력은 자본주의

---

51   스웨덴 V-Dem Institute(Gothenburg 대학 연구소)는 폐쇄 독재국가(Closed autocracy), 선거 독재국가(Electoral autocracy), 선거민주주의(Electoral democracy), 자유민주주의(Liberal democracy)로 구분하여 평가했다.

52   Daron Acemoglu and James A. Robinson, *WHY NATIONS FAIL: The Origin of Power, Prosperity, and Poverty (2012)*

시장경제 체제를 통해서 산업혁명에 성공했다. 1980년대 중진국에 진입했고, 2000년대 선진국 대열에 진입했고, 2021년 선진국으로 공식 분류되어, 2023년 G-8로 불리고 있다.

북한 김일성 정치세력은 1945년 마르크스-레닌 사회주의독재 정치체제를 선택했다. 1956년부터 김일성은 반대 정치세력 숙청에 성공해 권력을 독점했다. 1960년대부터 주민들을 '김일성 사상'으로 세뇌 교육을 시작했다. 주민세뇌 교육은 김일성을 신격화했고, 주민을 김일성의 노예로 만들었다. 김일성은 6·25전쟁 실패에서 미래 생존 보장 절대무기를 핵무기로 인식했다. 그는 1950년대부터 핵 개발에 집중했다. 1980년대 공산권 경제가 붕괴했을 때, 김일성 신격화 정권은 중국식 경제발전 전략 선택이 불가능했다. 국가개방은 김일성 체제 붕괴였기 때문이었다.

1994년 김정일은 국가 경제 붕괴파탄 위기를 '핵무기 개발-선군정치'로 정면 돌파했다. 당시 북한을 위협한 핵심 요인은 해외정보였다. 해외정보를 통해 김정일에게 속은 것을 주민들이 알게 되면 폭동이 일어날 수 있었다. 북한은 프랑스혁명 직후의 유럽 왕권 국가들같이 국가폐쇄 정책을 선택했다. 1994년 김일성이 사망했다. 2004년 우크라이나에서 오렌지 혁명이 일어났다. 2010~2011년 튀니지에서 재스민 혁명이 일어났다. 2011년 김정일이 사망했다. 2022년 김정은은 핵무기 고도화 전략을 선택했다. 동유럽은 자유민주주의로 변화되었으나, 북한의 변화는 요원해 보인다.

북한은 주민을 노예로 만든 21세기 지구상 최악의 폐쇄된 독재국가다. 2008년 워싱턴 포스트 주말 메거진은 김정일을 세계 최악의 독재자 1위로 발표했다. 당시 후진타오 중국 주석은 최악의 독재자 5위로 선정되었다. 김정일은 오직 핵미사일뿐, 수백만 명이 굶어 죽어가는 주민들에게 오히려 고난의 행군을 강요했었다. 김정은도 최악의 독재자로서 김정일과 똑같은 제2 고난의 행군을 강요하고 있다. 북한 세습 독재체제 내부 모순의 심각한 충돌 양상이 더욱 역력하다.

북한 경제자유지수 순위는 180개국 중 180위다. 1989년 냉전 종식, 1991년 소련 공산혁명 마르크스-레닌 사회주의 정치체제 해체 영향으로 북한 경제는 1980년

대 말부터 파산상태에 있다. 1990년대 중반 식량부족으로 주민 약 200만 명이 사망했다. 2019년 2월 김성 유엔주재 북한대표부 대사는 식량 긴급 지원을 요청하면서, 동년 7월 1인당 식량 배급이 1일 표준 550g에도 부족한 310g 정도라고 밝혔다. 2020년 2월 10일 세계식량계획(World Food Program)은 북한 인구 42%인 1,010만 명이 식량부족 위기에 처했다고 발표했다. 북한의 만성 영양부족 인구를 1,090만 명으로 발표했다. 2021년 김정은도 마침내 관리들에게 옥수수 도시락 준비를 공식 지시했다. 유엔아동기금(UNICEF)과 식량농업기구(FAO) 등 유엔 5개 기구가 최근 공동 발표한 '2023세계 식량 안보 및 영양 현황' 보고서에 따르면 2020~2022년 북한 인구의 45.5%(1천180만 명)가 영양부족 상태였다고 자유아시아방송(RFA)이 2023년 7월 14일 보도했다.

권력 독점 장기집권을 금지한 정치제도가 자유민주주의(Liberal Democracy)였다. 개인의 자유와 권리, 개인재산권은 자유민주주의 핵심 가치다. 국가권력 3권분립으로 상호견제 감시체제를 운영한다. 특히 집권 정치세력 이익은 반대 정치세력과 시민단체, 국민이 감시한다. 민주주의를 표방한 변형된 독재국가가 많다. 특히 싱가포르는 선거에 의한 변형된 민주주의 인민행동당 일당독재 국가다.

권력 독점 장기집권을 공식으로 선언한 정치제도가 인민민주주의(People's Democracy) 사회주의(Socialism) 독재 체제이다. 개인재산권 금지, 공동소유-평등 분배가 핵심 가치다. 공동소유를 위해 프롤레타리아노동자 권력 독점 일당독재가 전제된다. 중국, 베트남, 쿠바는 공산당 일당독재 인민민주주의 국가다. 북한은 권력을 세습하는 변형된 개인 왕권 국가다.

권력 독점은 정치를 부패시키고, 장기집권은 독점경제구조를 고착시킨다. 국민은 정치세력의 독점권력 추구속성이 무엇인가를 절대 잊지 말아야 한다. 독점권력은 정치폭력(political violence)과 정치부패(political corruption)를 필연적으로 동반한다. 2010~2020년 기간 약 100개국에서 100만 건의 정치폭력 저항 사건이 발생했다.[53] 정치폭력에 대항하는 무장 충돌이 내전(內戰) 초기 단계다. 21세기 사회주의 좌파 포퓰리즘 정치세력의 권력 독점 장기집권 국가실패가 급격히 증가하면서 세계국가 50% 이상이 독재국가로 바뀌고 있다.

---

53   Clionadh Raleigh in ACLED(Armed conflict Location & Event Data), Global Conflict and Disorder Patterns(2020. 02)

◆ 將孰能(장숙능) | 장(將), 지도자는 누가 능력 있는가? [54] [55]

(지수 / 순위 /전체)

북한		남한		중국	
• **국가교육지수** : 자료 부재		• **국가교육지수** : 0.87 / 18 / 178		• **국가교육지수** : 0.63 / 108 / 178	
• **문자해독율** : 100%(15년)		• **문자해독율** : 97.9%(13년)		• **문자해독율** : 96.4%(15년)	
• **인간개발지수** : 0.57 / 150 / 178		• **인간개발지수** : 0.90 / 22 / 178		• **인간개발지수** : 0.76 / 85 / 178	
1962	김일성 선군 전략	1962	선경제, 후 안보		
1994	김정일 선군정치	1970	중화학 산업경제	1974	미국과 수교
2006	최초 핵실험	1996	OECD 가입	1978	등소평 개혁개방
2011	핵·경제 병진	1998	민족 우선 햇볕정책	1989	천안문 무력 진압
2017	핵무장 완성선언	2000	선진국지수편입	2001	WTO 가입
2021	제2 고난의 행군	2021	선진국 공식 진입	2012	시진핑 중국몽 선언

※ 평가지수 출처는 주) 46~49 참조

   장(將)은 국가정치, 경제, 군사 지도자들이다. 능(能)은 지(知), 신(信), 인(仁), 용(勇), 엄(嚴)의 능력이다. 국가생존과 번영은 능력 인재 선택이 결정한다. 우수한 교육과 공정한 인사는 장(將)의 능력을 결정한다. '인사(人事)는 만사(萬事)'이다. 장(將)은 국가생존사업 선택을 통한 공동체 생존의 성패를 결정했다. 손자 시대의 장(將)은 군주이며, 재상과 장군을 겸직한 상(相)이었다. 장(將)의 강약은 바로 국력의 강약이었다. 《"부장자(夫將者), 국지보(國之輔): 장(將)은 국가의 상(相)이다. 보주즉(輔周則), 국필강(國必强): 상(相)이 주도면밀(周到綿密)하면 국가는 반드시 강하다."》

   "장(將)은 누가 유능한가"는 "정치군인과 정치공무원은 없는가?"라는 질문과 같다. 정치세력이 세력 확장 수단으로 국가 인사에 개입해 "공무원과 군인 정치화"가 일상

---

54   민간개방지수, 경제자유지수, 기술혁신지수 참조

55   문자해독률 - 북한과 중국의 문자 해독율은 미 CIA Fact book 지수이며, 한국은 Middle burry Institutes 지수이다. 국가교육지수는 인간개발지수(Human Development Index) 2015 기준지수이며, 인간개발지수(Human Development Index)는 유엔개발계획(UNDP) 2018 기준지수이다.

화되면, 국가는 즉시 위기 상황에 빠지게 된다. 로마제국 번영의 중심에는 항시 장군이 있었다. 로마 장군은 원로원이 지명했다. 그리스 원로원이 페리클레스를 지명해 페르시아전쟁에서 승리한 것과 같다. 칸나이 전투에서 치욕적인 파멸적 패배를 당한 바로(Varro), 자마 전투에서 승리해 카르타고를 멸망시키고 로마제국을 살려낸 스키피오 모두 원로원 지명 장군이다. 로마 장군은 독립적 절대 권력이 부여되었다. 은퇴 이후 노후를 위한 충분한 토지가 보상되었다.

로마 입법기관 원로원은 정기적으로 로마의 적을 재규정했다. 전쟁과 평화 생존사업 선택은 원로원 논의 이후 시민들의 승인으로 결정했다. 군단이 이탈리아에서 멀리 떨어진 지역으로 원정에 올랐을 때, 군단장은 군사작전의 완전한 독립적 지휘 권한을 보장받았다. 국가를 위해서 무엇이 가장 중대한 이익인지 판단할 재량권을 보장받았다. 정복지역 군단장은 총독, 군주와 다름없었다. 민간행정과 군사행정을 통합하여 재정은 물론 재판까지 수행하면서 해당 속주(屬州)의 행정권과 입법권을 모두 행사했다.[56]

정치세력과 군사 지휘관 관계에서 군사작전 지휘권 문제가 민군(民軍)관계이다. 프러시아 몰트케는 철저한 독립작전권 부여를 주장했다. 맥아더는 독립작전권 문제로 6.25 전쟁에서 트루먼과 충돌해 미국 사회와 정계에 큰 논쟁을 일으켰다. 프러시아 몰트케는 프랑스와 전쟁에서 최종승리해 독일 통일에 성공했다. 맥아더는 한반도 전략적 가치를 무시한 미국의 선택으로 인해 한국전쟁 지휘관에서 보직 해임되어 한반도 통일에 실패했다. 한반도 통일 실패는 1972년 미국-중공 화해로 이어졌다. 미국-중공 화해 수교는 붕괴 위기에 처한 중공 경제를 구원해주었고, 월남에서 지상군 완전 철수로 베트남전 패배를 자초했다. 2022년 바이든 대통령은 「민주-독재」 대결을 선언하며 때늦은 중국 압박전략을 선택했다. 그리고 김정은 핵미사일 고도화로 한반도 전략에

---

56   Edward Gibbon, 동상서, pp. 69~70.

서 새로운 국면을 맞이했다. 두 사례는 "군인의 정치화, 정치세력 군사개입이 국가이익에 얼마나 치명적인가?"를 보여준 대표적 사례들이다.

대한민국 국가전략의 중심에는 언제나 공정한 인재 육성, 선발, 등용이 있었다. 한국 국민에게 가장 예민한 분야는 그래서 교육이다. 1953년 한국전쟁 직후 한국은 잿더미밖에 남지 않았었다. 남은 것은 사람뿐이었다. 1948년 이승만 정치세력은 자유민주주의 시장경제를 선택하고 국민교육과 인재 육성에 집중했다. 식민지 해방 국가건설에 능력 있는 전문 인재의 등용은 절실한 문제였다. 잿더미 위에 이룩한 1970년대 산업혁명 성공은 오직 전문 인재 공정선발의 결과라 할 것이다. 자유로운 경쟁에 의한 인재의 공정선발은 잿더미 속 우골탑(牛骨塔)을 쌓았으며, 우골탑(牛骨塔)은 '한강의 기적'을 만들었다.

산업혁명 성공의 바탕에는 대한민국의 불패기반(不敗基盤) 한미동맹이 있었다. 산업혁명과 인재교육은 자유민주주의 세력을 육성했고, 불패기반(不敗基盤) 한미동맹(韓美同盟)은 정치세력의 자유로운 경쟁을 보장했다. 1945년 신생 독립국 중에서, 대한민국은 자유민주주의 정치체제와 시장경제 산업혁명을 동시 성공한 아시아 유일의 선진국이 되었다.

2025년 대한민국 인사제도는 정치보복과 '자기 세력 심기'로 인해 능력 중심의 공정 인사제도 본질을 상실해가고 있다. 1993년 3월 8일 김영삼 대통령은 취임 11일 만에 육군참모총장과 보안사령관을 전격적으로 교체했다. 4월 4일 육사 하나회(134명) 명단이라는 괴문서가 군인아파트에 살포되었다. 5월 24일 3성(星) 이상 장군 전원을 포함 50여 명 장성이 강제 전역 되었다. 2004년 11월 22일에는 대령-준장 진급 심사를 비난하는 괴문서가 국방부 앞에 뿌려졌다. 2016년에도 12월 28일 '알자회' 관련 군 인사개입 의혹 보고 문서가 보도되었다. 2017년 9월 어느 토요일에는 청와대 행정관이 삼각지 카페에서 육군참모총장을 만났다. 그날 행정관은 군 인사자료가 보관된 가방을 통째로 분실했다고 신고했다. 한번 시작된 정치세력의 인사개입은 점차 확대되어 여기에 이르렀다.

정치세력 인사개입은 1990년대 이후 전국 공무원 임명 직위로 점차 확대되어갔다. 1990년대 초 이후 집권 정치세력의 국가공무원 임명은 점차 일반화되기 시작했다. 1993년 집권 세력은 새로운 역사 바로 세우기, 군사독재 청산을 표방하며 소위 민주화 정치세력들을 국가 주요직위에 대거 임명했다. 국방 군사 주요직위는 경상도-하나회에서 서울 기반 고등학교 출신으로 완전히 교체되었다. 1998년 호남 집권 정치세력이 교체된 후에는 1970년대 이후 경상도 출신에 집중되었던 주요직위에 호남 출신이 대거 임명되었다. 국방부 주요 직위도 호남 출신이 대부분을 차지했었다.

2004년 집권 정치세력은 부산-호남 연합세력이었다. 참여정부는 시민운동가 출신들을 공무원으로 특별채용해 대거 발탁 임명했다. 고위 공무원직을 신설해 고위공직자들은 다음 직책 임명이 없으면 자동 면직되도록 공무원 인사 규정을 개정해 특채했다. 국방 군사 주요직위는 호남과 경남, 부산 출신이 중심이 되었다. 2008년 집권 정치세력은 포항과 경상도 세력 중심이었다. 경상도와 포항 출신 중심으로 고위공직자 주요직위 인사가 단행되었다. 국방 군사 직위도 포항과 경남 출신이 대부분을 장악했다.

2013년 집권 정치세력은 경북 대구 출신 세력이 중심이었다. 정부 주요 공무원 인사 또한 경북 대구 출신으로 대부분 교체했다. 국방 군사 주요직위도 대구 경북 출신들이 차지했다. 어느 정부 주요 직위자는 "그런 사람을 합참의장으로 임명해서 대북 군사작전 제대로 되겠나?"라며 따지기도 했다. 2016년 당시 여당 국회의원 총선거 공천 파동은 인사가 얼마나 중요한가를 보여준 대표적 사례가 되었다. 총선 패배 직후 박근혜 대통령은 탄핵 되었다.

2017년 집권 정치세력은 부산과 호남, 1980년대 이후 주체사상파 등 좌파 운동권 세력이 중심이었다. 이명박 대통령 구속이 단행되었다. 그들은 1980~1990년대 운동권 세력을 정부와 청와대 주요직위에 임명했다. 탄핵과 적폐 청산 명목으로 정부 모든 부서 주요직위에 기존 소외 세력이 임명되어 정책 혼란과 아마추어 정책 논란이 벌어졌다. 법무부 장관 임명에서 조국 부부의 부패 혐의 사건이 발생했다. 국가보훈처장은 김일성 정권 내각 각료로 일했던 김원봉을 국가유공자 서훈을 추진했다. 국방 주요직위 임명에서 육사 출신은 역으로 배제된 모습이 역력했다. 그리고 육군참모총장이 청와대 행정관을 만나 군 인사에 대해 토의하는 상상할 수 없었던 일들이 벌어졌다.

대한민국 인사제도는 집권 정치세력의 세력 확장 수단으로 전락하고 있는가? 1994년 이후 정치세력과 연계된 정치화 현상은 뚜렷이 나타나고 있다. 공무원 정치화 현상이 군 장교들에게 전파되어 일반화되고 있다. 장교의 정치 행위는 금지된 불법행위다. 그러나 집권 세력 교체 직후 군 인사에서 지연, 학연에 의한 예측 불가능 인사 현상이 일반화되었다. 김영삼 정부에서 민주화 세력 이름으로 진출을 시작한 운동권 정치세력은 김대중-노무현 정부에서 유력 지배 정치세력으로 뿌리를 내리기 시작했다. 문재인 정부는 소득주도성장, 원자력발전 폐지 등의 사회주의 정책을 강행했다. 사회주의자라고 스스로 자처한 조국은 청와대 민정수석을 거쳐 법무부 장관에 임명되었다. 대통령은 「빨갱이」 용어를 일본에 맞선 독립운동 세력용어라고 주장했다. 한국 정치는 지역과 연계된 좌파-우파 대립 구도로 완전히 재편되었다.

한국 언론은 극단적 대립 상태의 이념정치세력을 '보수-진보'라 호칭한다. 그러나 보수-진보 대립보다 '좌파-우파' 대립이 우세하다. '좌파=진보' 공식은 성립되지 않는다.[57] 진보를 자처한 많은 정치가, 지식인들은 친북, 친중 사회주의를 자처해 왔다. '우파=보수'는 더욱 성립될 수 없는 공식이다. 대한민국 우파는 자본주의 산업혁명과 자유민주주의 정치혁명을 주도해 온 '진정한 진보'이기 때문이다.

손무는 정치세력의 잘못된 인사개입이 망국(亡國)의 근원(根源)임을 명확히 지적했다. 「손자」 모공(謨攻)에 《"患于軍者三(환우군자삼): 군대 우환 세가지"》 구절이 그것이다. 다음은 정치세력의 인사개입과 정책개입을 지적한 「손자」 경구(警句)이다.

---

57   송재윤, "'좌파=진보라는 착오…중(中) '좌익보수' 일인 지배 정권의 완성", (2022. 1. 1. 조선일보 보도)

① 군주가 지휘권을 모르면서 군대 진급-보직을 마음대로 처리하면 군대는 망한다.
② 군주가 작전술을 모르면서 군사작전에 직접 간섭하면 국가는 망한다.
③ 군주가 군사정책을 모르면서 정책을 마음대로 결정하면 군대는 무너진다.
　※ 춘추시대 군대는 현대국가 공무원 모든 조직을 의미한다.

　대한민국의 가장 시급한 개혁과제는 「정치세력의 인사개입 차단」이다. 이는 바로 군인-공무원 인사제도 공정성을 보장하는 문제이다. 춘추시대에도 군주는 무분별한 인사 개입을 극도로 경계했다. 이는 21세기 대한민국 정치 세력에게 중대한 경귀(警句)가 아닐 수 없다. 국가공무원 조직의 전문성은 모든 국가 성패를 결정하는 직접적 영향 요소이다. 대한민국 정치세력은 집권 세력 교체 5년마다 장군뿐 아니라 국가 모든 고위임명직 공무원을 가히 쓰나미 수준으로 반복 교체하고 있다. 정부 정책은 대혼란에 빠져버렸으며, 국가 미래 장기전략은 아무 의미 없는 선언에 그치고 있다. 산업자원부 어느 공무원은 원전 폐지를 추진했고, 어느 공무원은 원전 확대를 추진했다. 국방부 어느 장군은 사드 배치에 반대했고, 어느 장군은 사드 배치를 적극 추진했다.

　손무(孫武)도 오(吳)나라 정치가 백비(伯嚭) 모함의 직접 피해자였다. 그는 오자서(伍子胥)와 함께 반역자로 모함 받았다. 오자서가 자결하고 손무가 사라진 이후 오왕(吳王) 부차(夫差)는 월나라 구천에 패배해 자살했고, 나라는 멸망했다. 정치가 백비(伯嚭)의 모함 사건이 오나라를 멸망시켰다. 폐쇄된 독재국가에서는 정치세력의 모함이 흔한 현상이나, 자유민주주의 국가는 충분히 투명한 제도적 장치를 가동하여 정치 부패를 일소함으로써 국가 인사제도의 공정성을 보장할 수 있다.

　왜, 국민의 정치세력 선택은 존망의 중대한 문제인가?
　왜, 국민은 정치세력 감시자 역할에 충실해야 하는가?

북한의 가장 유능한 엘리트는 대부분 군에 입대한다. 북한 국가전략 중심이 대남전쟁 공포를 조성하는 군사전략에 있기 때문이다. 김일성 평생 목표가 남한 무력(武力) 적화(赤化)통일이었다. 1980년대부터 열세가 분명해진 김일성은 전쟁 공포조성위협을 위한 핵무기 개발에 박차를 가하기 시작했다. 1986년 영변 핵 원자로 가동이 시작되었다. 1980년대 후반 북한은 이미 핵연료주기 시험을 완성했다. 1990년대 국가 붕괴 위기에서도 김정일의 선택은 선군(先軍)정치와 핵무기 개발이었다. 2020년 김정은의 선택 또한 핵(核)과 경제(經濟) 병진 노선이다. 북한은 1953년 한국전쟁 휴전 이후 2013년까지 2,720건, 2018년까지 3,119건의 군사도발을 감행해 당시 대남전쟁 공포조성위협 수단으로 활용했다. 천안함 폭침, 연평도 포격, 중장거리 미사일 동시 시험발사 등은 모두 당시 위기 상황 타개를 위한 전쟁 공포조성용이었다.[58] 국가 위기가 고조되면 어김없이 군사도발(軍事挑發)과 함께 군 출신 엘리트가 전면에 등장했다.

북한의 성인 문자 해독 비율은 세계에서 유일한 100%이다. 1956년 김일성은 모든 반대파를 숙청 처형하고 권력을 독점해 '주체사상(主體思想)'을 강조하면서 철저한 세습 정권을 만들어갔다. 한(漢)나라 이후 동아시아 모든 독재정권은 사상(思想) 교육(敎育)과 식량 통제를 권력 독점의 핵심 수단으로 삼았다. 김일성도 주민세뇌 사상교육용 주체사상을 도입했다. '주체사상'은 김일성 자신을 신격화했고, 어린아이부터 성인들까지 빠짐없이 세뇌 교육했다. 김일성 신격화 주체사상 세뇌 교육이 70년 이상 계속되면서 모든 주민은 김일성 종교의 노예로 변했다. 문자 해독은 신격화를 위한 주민의 의무가 되었다. 김일성 주체사상 세뇌 교육이 북한을 세계 유일한 성인 100% 문자 해독 국가로 만들었다. 모든 주민을 김일성 명령 한마디에 인간 총 폭탄이 되도록 만들었다. 황장엽은 이러한 주체사상 신격화 세뇌 교육 때문에 북한 내부 주민폭동혁명은 어려우며, 경제 파탄에도 국가체제는 쉽게 무너지지 않을 것이라고 단언했다.

---

58   이윤규, 북한 대남 침투 도발사 (2014); 2018 국방백서 (2018)

김일성 신격화 주체사상은 21세기 북한 독재 권력세습의 중요한 수단이다. 김일성 주체사상은 1970년 제5차 당 대회에서 이론적 체계가 도입되었고, 1972년 헌법에 통치 이데올로기로 명시되었다. 북한 노동당 규약 전문에는 "조선노동당은 오직 위대한 수령 김일성 동지의 주체사상, 혁명사상에 의해 지도된다"라고 명시했다. 북한은 김일성주의 핵심 계층이 아니면 교육부터 모든 영역에서 차별화 소외된다. 그래서 북한 정권 핵심 지배층은 일반주민과 완전히 분리된 생활을 한다. 국가의 당(黨) 경제는 핵심 지배계층을 위한 역할을 한다. 국가생존 전략의 중심인 군대는 별도의 군 경제를 운영한다. 일반 주민들은 그들과 분리된 집단농장 식량 배급 경제로 살아간다. 따라서 지배계층은 절대빈곤 인구 58%에 대한 죄책감이 없으며 빈곤층 생활을 잘 알지도 못한다. 이러한 오늘의 북한참상은 1948년 공산주의 좌파 정치세력들의 프롤레타리아 독재 사회주의 체제 선택의 결과다. 그런데 김일성 주체사상을 열심히 탐독했던 1970~80년대 주체사상파가 2025년 대한민국의 정치세력에 진입해 있다.

한반도 역사에서 정치세력의 적대적 투쟁은 '내부위험(Hazard) 틈새'를 만든 국가패망의 핵심 원인이었다. 국가 정치세력의 인사개입은 '공무원-군인 정치화(politicalization)'를 정치세력화 투쟁 수단으로 만들었다. 공무원과 군인 정치화는 국가생존사업에서 가장 경계할 내부 폭발 위험요인이다. 대한민국의 내부위험이 외부 위협과 연결될 때 사회주의독재로 국가체제가 전복될 가능성은 충분하다. 북한 '핵무기 능력'과 '김일성 민족주의 주민세뇌 교육'은 가장 위험한 외부 위협요인이다. 북핵을 지원하는 중국 시진핑은 대한민국이 중국 일부였다고 주장한다.

대한민국 정치세력은 과연 국가생존사업 통찰에 집중하고 있는가?
그들은 미래 인재 육성에 사활(死活)을 걸고 있는가?
국가생존사업 지식 교육체계 구축에 집중하고 있는가?

◆ 천지숙득(天地孰得) │ 천시(天時), 지리(地利)는 누가 얻었는가?[59]

(지수 / 순위 /전체)

북한		남한		중국	
		1948	자유민주주의 선택	1949	공산당 정권수립
1948	공산사회주의 독재 선택	1953	한미 안보동맹	1950	한국전쟁 군사개입
1955	김일성 권력독점	1962	선경제, 후군사 전략	1969	중소 국경분쟁
1962	선군사, 후경제 전략	1979	박정희 피살	1972	미중 상해공동성명
1972	주체사상 헌법규정	1987	대통령 직접선거	1974	미중 수교
1974	김정일 후계지정	1988	대북화해협력선언	1978	시장경제원리 도입
1994	김정일 권력세습	1993	동맹보다 민족우선	1989	천안문사태 무력진압
1994	경제포기 핵 개발	1994	전쟁반대 핵협상	1992	등소평 도광양회
2006~09	1-2차 핵실험	1998	야당정권 집권	2001	중국 WTO 가입
2011	김정은 권력세습	1998	민족우선 햇볕정책	2003	후진타오 화평굴기
2013~17	3-6차 핵실험	2006~09	핵실험 무 대응	2012	시진핑 중국몽
2017	핵무장 완성선언	2016	미국사드 한국배치	2018	미국-중국 무역전쟁
		2017	남북, 미북 핵협상	2019	홍콩사태 발생
• **붕괴지수** : 90 / 30 / 179		• **붕괴지수** : 32.5 / 159 / 179		• **붕괴지수** : 68.9 / 95 / 179	
• **평화지수** : 2.92 / 151 / 172		• **평화지수** : 1.87 / 57 / 172		• **평화지수** : 2.11 / 100 / 172	

※ 평가지수 출처는 주) 46~49 참조

"누가 유리한 천시(天時)를 선점하였나?" 생존사업은 천시-지리에 순응(順應)하면 성공했고, 역행(逆行)하면 언제나 실패했다. 천시는 시대정신, 시대 흐름(Trend)의 선택과 시간(Time)이다. 언제나 시대 흐름을 선점한 자(者)는 그 시대를 장악해 왔다. 《"천(天)은 순역(順逆), 병승야(兵勝也)!"이다.》 천시(天時) 순응(順應)은 시대정신과 흐름을 정확히 통찰한 선택이다.

천시는 농업경제를 좌우한다. 지리는 종족공동체 생존공간인 농지요, 거주지 영토이다. 영토전쟁이 치열했던 춘추시대는 '이동통로' 부족으로 지형은 가장 어려운 극복의

---

59   국가붕괴지수, 국가평화지수 참조

대상이었다. 도로를 개척해야만 해결되었다. 원거리 도로는 엄청난 노동력과 시간이 필요했으며, 개척된 도로는 적 공격 침투로가 될 수 있었다. 그래서 도로는 국가 일급기밀로서 관도(官道)로 특별관리되었다. 한편 농업에 유리한 넓은 평원지형은 반드시 차지해야 할 부국(富國)의 지형이었다.

군사 전쟁사업은 '부국 지형' 점령을 목표로 시작되었다. 지형은 사냥터이며, 곡물 식량 생산지이요, 생명 안전을 보장하는 주거 안식처이다. 지형은 생존의 상징인 「식량과 안전」 모두를 제공했다. 손무가 "지형은 죽음과 삶을 결정한다."라고 규정한 이유이다.

현대 지형은 지상, 해상, 공중, 우주, 사이버 공간(Space)이다. 지·해·공, 우주, 사이버 공간의 선점은 죽고, 사는 문제를 좌우하고 있다. "누가 유리한 지리(地利)를 선점했는가?" 고대(古代)는 지상 영토지배 전략이 절대였다. 중세(中世)는 바다와 해상무역을 지배한 해군(海軍) 전략이, 근대(近代)는 산업혁명기술과 해외시장(海外市場)을 지배한 식민지전략이 절대였다. 현대(現代)는 자유민주주의 시장경제와 초일류 기술 선점전략이 절대적이다. 미래(未來)는 어떤 천시(天時), 지리(地利) 선점을 요구하는가? 언제나 50~100년 이상의 혁명적 발전을 지속한 기술은 미래 생존사업 변화를 주도해 왔다. 현대의 변화는 우주-정보기술이 주도하고 있다.

중국은 13세기까지 세계 신기술과 문명발전을 주도하며 동아시아를 지배했다. 로마 해군은 지중해를, 로마 군단은 유럽 대륙을 1453년(동로마) 멸망까지 약 1,500년 이상을 지배했다. 몽골은 기병 전술로 유라시아를 정복해 역사상 가장 광대한 제국을 건설했다. 서유럽은 14~17세기 과학기술 혁명으로 세계 해양을 지배했다. 해양을 지배하고 국력을 축적한 유럽 정치세력은 18~19세기 산업혁명과 정치혁명으로 국민국가를 창출했다. 현대 자본주의와 자유민주주의를 꽃피운 미국 정치세력은 21세기 우주 정보 기술혁명을 주도하고 있다. 이는 모두 지형선점의 결과이다.

15~17세기 '대항해 시대'에 축적된 서유럽 국가자본은 변방 유럽을 18세기 세계의 중심지역으로 만들었다. 특히 영국은 산업혁명 창출로 세계 바다를 지배하여 해양 패

권국으로 발전했다. 19세기 유럽은 국가재정, 산업혁명기술, 군사력 3요소를 융합한 국가생존사업 체제를 구축했다. 이를 역사학자들은 "재정-군사 국가(fiscal military state)"라고 불렀다. 20세기 군사력 중심의 유럽 제국주의(imperialism)는 해외시장과 식민지 영토확장에 집중했다. 유럽 제국주의는 「공멸의 군사 전쟁」 제2차 세계대전을 경험한 이후에야 자본주의 기반의 자유민주주의 시장경제로 전환을 시작했다. 경제가 군사 전쟁을 대체한 본격적 자유무역시대의 시작이었다. 냉전이 종식되고 자유무역 '글로벌 경제체제'가 정착되었다.

미국은 19~20세기 유럽국가와 전혀 다른 길을 선택해서 강대국으로 부상했다. 1776년 미국은 민주주의 국가체제를 선택하고 국가자본 축적과 내부 산업혁명 역량의 극대화를 추구했다. 모든 국민은 생존사업을 마음껏 자유롭게 추구하여 부를 축적했다. 1861~65년 남북전쟁은 연방정부 권한을 대폭 확대해 국가 통합성을 크게 증대했으며, 노예해방으로 「자유-평등」이 보편적 가치로 자리 잡았다.

미국은 「민의(民意): 국민 마음의 소리」로 건설된 세계 최초국가였으며, 세계무대에 등장한 최초의 자본주의 시장경제 국가였다. 먼로주의로 보호무역 고립정책을 추구했던 미국은 1945년 2차대전 승리로 영국에 이어 두 번째 세계 패권국이 되었다. 그리고 1991년 냉전 승리로 유일 초강대국이 되어 자유민주주의 시장경제를 전 세계로 확산시켰다. 21세기 미국 정치세력은 정보기술 선점을 통한 우주기술, 생명기술, 녹색기술(Green Tech) 등 미래기술 선점에 나서고 있다. 2025년 미국은 중국의 패권 전략과 전방위적으로 심각하게 충돌하고 있다.

21세기 시대 흐름은 「자유민주주의 시장경제」임이 분명해 보인다. 21세기 세계 경제 선진국은 우주 정보기술을 선점한 자유민주주의 시장경제국이 될 것이다. 대한민국도 2021년 선진국 대열에 공식 합류했다. 미국 자유민주주의 시장경제와 정보기술 혁명을 가장 모범적으로 수용해 선택한 덕분이다.

18~19세기 천시-지리 선점에 실패했던 중국은 일대일로(一帶一路), 중국몽(中國

夢)을 외치며 21세기 세계 패권 전략을 펼치고 있다. 중국 정치세력은 미래 천시-지리 선점전략을 위해 "2049년 중국몽 완성"을 선언했다. 중국은 G-2에 진입했으나, 21세기의 시대 흐름 자유민주주의 시장경제 체제를 거부했다. 중국 공산당 독재 체제의 미래는 과연 어떻게 전개될 것인가?

원시 인류가 도구 없이 생존 불가능했듯이, BCE. 약 7만 년 경 기술혁명의 빅뱅 이후 신기술변화 추세(Trend)를 직시한 국가는 언제나 흥(興)했다.[60] 신기술을 놓친 후진국은 언제나 망(亡)했다. 현대 국가전략도 초일류 기술 개발 능력에 성패가 달려있다. 『기술의 세계역사』는 초일류 기술 개발을 방해한 핵심 세력이 자국 정치세력이었음을 확인해준다. 반면 생존사업의 자유경쟁을 추구한 국가는 그 시대의 신기술 선도개발로 강대국 번영을 구가했다.

21세기 시대 흐름은 바로 초일류 기술 개발 능력이다. 21세기 시대정신은 「기술 자유경쟁 시장경제」이다. 이러한 21세기 시대 흐름을 모르는 정치세력은 많지 않다. 그러나 이를 생존사업으로 선택하는 정치세력 또한 많지 않다. 왜 그럴까?

'시대 흐름'을 선도한 정치세력은 미래 생존이익을 선점한다. '시대정신'을 주도한 정치세력은 언제나 전폭적 국민 지지를 얻는다. 현대 국가목적은 국민 이익증진을 통한 국가 이익증진이다. 국민 이익증진은 자유민주주의 시장경제 국가에서만 나타난다. 마르크스 사회주의독재 체제는 국민이 아닌 국가이익 증진 체제이다. 개인 생존사업의 자유경쟁을 금지한 사회주의독재 체제는 미래 초일류기술 선점에 뒤쳐질 수밖에 없음을 역사는 보여주고 있다.

중국의 정치·경제는 수천 년 한반도 생사존망에 치명적 영향을 미쳐왔다. 깊게 통

---

60   Daniel R. Headrick, *Technology: A World History* (Oxford Univ. Press, 2009), pp. 1~4.

찰하지 않으면 절대 안 된다. 중국은 1979년 시장경제 인센티브 제도 도입만으로 2020년 GNP 세계 1위 국가로 발전했다. 그러나 1989년 천안문 사태를 탱크로 무력 진압했고, 2020년 홍콩 자유민주주의를 완전히 파괴했다. 중국 정치-경제 체제모순의 충돌 현상은 더욱 넓고, 깊어지고 있다. 중국은 179개국 중 국가 붕괴지수 95위(68.5점)로 경고(warning) 수준이다. 평화지수는 172개국 중 100위(2.11/10점 만점) 수준이다. 국가의 미래 불확실성은 더욱 높아지고 있는 상태다.

2019년 6월 9일 홍콩 국민 100만 명 이상이 범죄인 중국 송환법 반대 집회와 시위를 벌였다. 2020년 1월 11일 독립을 주장하는 대만 민주 진보당 차이잉원(蔡英文) 총통이 압도적 국민 지지로 재선되었다. 후진타오는 대만에 대해 "어렵게 전쟁으로 점령하기보다 싸게 돈으로 사야 한다"라고 주장했었다. 2021년 중국 인민대회에서 정치사상 역사결의가 채택되어 시진핑은 모택동, 등소평 반열에 올랐다. 2022년 시진핑은 대만 무력 통일을 선언했다. 이로써 경제발전을 이룬 중국이 자유민주주의 체제로 전환될 것이란 기대는 완전히 사라졌다. 중국 공산당 일당독재 정치체제의 지속 가능성은 어느 정도일까? 학자들은 상당 기간 지속을 예상한다. 지도자 선발 과정이 경쟁적임을 그 요인으로 제시했었다.

그런데 시진핑 장기집권은 어떤 변화를 일으킬 것인가? 시대 흐름을 정면 역행하는 중국의 미래가 한반도 미래 생존사업전략에 중대 영향요인으로 다가오고 있다. 과거 중국 왕조 흥망은 약 250년 주기를 반복했다. 2021년 중국 공산당은 창당 100주년을 맞이했다. 대륙장악 70년, 창당 100년 중국 공산당 일당 독재 정권의 미래는 어떻게 될 것인가?

북한 김정은 정권은 천시-지리(地利)에 정면 역행하고 있다. 1980년대 북한은 정치-경제 위기를 국가폐쇄로 대응했다. 1960~1970년대 중소분쟁 격화, 1970년대 동유럽 공산권 경제 붕괴, 1979년 중국 시장경제 인센티브제 도입, 1985년 소련 고르바초프 집권과 1989년 냉전 종식, 1991년 소련연방 해체 등 급격히 세계질서를 재편한 대사건들은 세계 경제 체제를 완전히 뒤바꾸어 놓았다. 공산(共産) 사회주의 계획경제 체제는 몰락했고, 자본주의 시장경제 체제가 승리했다. 북한 또한 이러한 시대 흐름을 잘 알고 있었다. 김정일은 오히려 미래위험을 철저히 통찰 계산한 결과로, 오직 자신의 권력 독점을 위한 전략을 선택했다. 그가 신격화한 아버지 김일성 죽음까지도 외면하며 은밀히 장기 생존사업전략을 선택했다. 그것이 바로 핵 개발이었다. 북한은 그렇게 경제개혁개방도, 핵 포기도 불가능한, 모순충돌 함정의 생존사업 체제에 깊이 빠져 헤매고 있다.

북한은 군사 국가(military state)체제를 철저히 유지한다. 1953~94년 김일성 4대 군사노선, 1995~2011년 김정일 선군정치, 2012~ 김정은 핵·경제 병진 정책이 계속되었다. 군사전략은 천시(天時), 지리(地利)에 철저히 순응하려는 선택을 반복했다. 따라서 군사전략에 충돌되는 모든 다른 전략은 철저하게 거부되었다. 김일성은 기습남침에 성공했던 1950년 한국전쟁 실패로 미국 문제를 고민했다. 모택동 고민과 같았다. 1953년 정전 직후부터 김일성이 선택한 불패 무기 핵무기 개발은 이를 방증(傍證)해준다. 1960년대 4대 군사노선, 1970년대 땅굴 침투, 1980년대 핵미사일 개발, 1990년대 김정일 선군정치, 2006년 최초 핵실험 성공, 2017년 김정은 핵무장 완성선언까지 북한은 오직 국가폐쇄와 군사 전략에만 집중했다.

1980년대 북한은 재래식 전력 열세 극복을 위한 화학, 생물학 무기 비대칭(非對稱) 전략을 선택했다. "남한 조기 석권 5~7일 군사작전 계획"을 발표했다. 1994년 "서울 불바다" 전쟁 공포조성 발언은 한국 대통령 무조건 전쟁 반대선언으로 대성공했고, 미국 클린턴이 은밀히 준비했던 영변 원자로 직접 타격계획도 무산시켰다. 1998년 대포동 미사일 발사시험과 핵 기폭장치 실험 70회를 햇볕정책과 2000년 최초 남북정상회담으로 위장했다. 금방이라도 영원한 한반도 평화를 보장할 듯이 행동했다. 1996년 10월 주민 식량 배급중단 위기를 감추기 위해 동해안 잠수함을 침투시켰다. "핵 포기 협상을 이용한 핵 개발"에 모든 노력을 집중해 핵무기 개발 시험을 철저히 은폐했다. 2006년 최초 핵실험에 성공했다. 2012년 8월 25일 "핵 공격 남한점령 7일 군사작전 계획"을 발표했고,[61] 2017년 핵무장 완성을 선언했다.

대한민국 경제정책은 천시-지리에 순응했으나, 군사전략은 역행을 반복했다. 2016년 그 결과 김정은 핵전쟁 공포조성에 대응할 군사 무기 부재(不在) 상태가 초래되었다. 1987년 미국은 레이건 미사일방어체계 개발에 한국참여를 공식 요청했었다.[62] 한국은 국방부가 아닌 과학기술처가 참여했으나 1988년 올림픽을 이유로 1년만에 철수했다. 1998년 북한 대포동 미사일 발사로 미국은 미사일방어체계(MD) 개발에 한국 동참을 또다시 요구했다. 그러나 한국은 또다시 공식 거부했다.

김대중 대통령은 "북한은 핵을 개발한 적도 능력도 없다"라고 주장했다. 2006년 김정 일은 최초 핵실험을 강행했다. 2006~2013년 기간 제2~3차 핵실험이 계속되었음에도 한국은 핵 위협 평가만 반복하며 군사 대응 전략은 선택하지 않았다. 오히려 소홀했다. 어떠한 핵미사일 방어무기도 선택되지 않았었다. 2013년 한국형 킬체인-미사일 방어 체계 개발은 늦어도 한참 늦은 것이었다. 한국 정부는 미국 미사일 방어사령부에 긴급 지원을 요청했다. 북한 핵무기 본격 생산을 의미한 2016년 4차 핵실험이 강행되었다. 전 국민과 모든 언론은 대놓고 국방부와 장군들의 무능을 질타하며 노골적으로 비난했 다. 과연 그들의 잘못인가?

2016년 미국 사드 미사일의 대한민국 배치가 긴급히 시작되었다. 일부 정치 세력 들은 시민단체를 동원해 사드 배치 자체가 불가능하도록 극렬 반대 시위를 벌였다. 2017년 집권 정치세력이 교체되었다. 극렬 시민들은 사드 배치지역 진입도로를 원 천 봉쇄해 미군 식량 보급로까지 사용 중단시켰다. 미군은 헬기로 공중 보급했다. 중

---

61   "김정은 '7일 전쟁' 작전계획을 만들었다." 중앙일보 보도자료(2015. 1. 9)

62   1983년 레이건 전략방위구상(SDI: Strategic Defense Initiative)을 발표했다. 이 계획으로 1987년 미국은 미사일 우주 방어체계 개발에 착수했다. 이 계획에 최초부터 적극적 참여한 일본은 우주 미사일 기술 분야 선도국가가 되 었다. 한국은 국방부가 아닌 과학기술처 요원들이 1987년 참여했다가 1988년 중단했다. 2020년 현재 한국의 우주 미사일 기술은 일본, 미국과 큰 격차로 뒤떨어져 있다.

국은 사드 배치에 강력히 반발하며 무역 보복을 강행했다. 한국은 2017년 한중정상회담에서 중국 사드 배치 「3불(不) 1한(限)」 원칙의 준수 요구를 조용히 수용했다.[63] 2022년 배치된 사드 미사일 운용 중지까지 수용했다는 언론 보도도 있었다. 대한민국의 중국 3불(不) 요구수용은 자국 방어무기를 '중국에 먼저 승인받고 배치하겠다'라는 약속을 의미했다. 2025년 검찰은 사드배치기밀을 누설한 혐의로 당시 안보실장을 기소했다.

대한민국은 경제정책 시대 흐름을 적극 수용한 선택으로 부국(富國)을 성취했다. 그러나 경제력으로 핵미사일을 방어할 수는 없다. 미국 핵미사일 방어체계는 1987년부터 약 35년 이상 개발을 지속했으나 아직도 진행 중이다. 핵미사일기술도 동시 진화되었다. 한미동맹 연합전력은 자포자기식 핵전쟁 억제는 할 수 있으나 개전을 막을 수는 없다. 2017년 이후 미국 전문가들이 미국 본토에 대한 북한 미사일 위협 대비를 강조했다. 미래 위협은 인식 즉시 대비를 시작하지 않을 때 항시 파국적 미래재난을 초래했다. 2021년 미국은 "북한을 미국 제1의 적"으로 인식하는 국민 여론조사 결과를 발표했다. 반면 당시 대한민국은 평화가 정착된 듯이 종전선언을 반복 주장하고 있었다.

1994년 대한민국 대통령은 "동맹보다 민족 우선"을 취임사에 선언했다. 1998년 이후 대북정책은 오직 햇볕정책뿐이었다. 우파 정치세력 또한 햇볕 유사 정책을 반복하며 북핵 대응 무기 개발을 선택하지 않았다. 한국 정치세력들은 한반도의 대화 중심 남북 정세가 북한 비핵화와 군사전략 전체를 협력적으로 변화시킨 것처럼 인식했다. 1990년대 시대 흐름은 자유민주주의 개방경제였다. 그러나 북한, 이란, 시리아 등 사회주의 독재 정권들은 핵무기 개발에 오히려 전력을 다했다. 그러나 중동국가 핵 개발은 이스라엘의 철저한 군사적 선제타격에 모두 실패했다. 대한민국 정치세력은 무조건 전쟁

---

63   2017년 한중정상회담에서 문재인 대통령은 1. 사드 추가배치 중단 2. 미국의 미사일방어체계 참여 중단 3. 한·미·일 군사동맹 발전을 중단하겠다고 말했다.

반대, 민족공존, 비핵화선언, 남북협력을 외쳤으나 김정일 핵 개발은 성공했다. 과연 한국 정치세력은 북한 핵 개발 성공을 무심하게 바라보기만 했던 걸까?

『21세기 대한민국의 치명적 생존위험은 「자포자기식 김정은 핵무기 전쟁」일 것이다.햇볕 정책은 70년 경제발전 과신(過信)과 민족공존 평화환상이 만든 결과로 보인다. 한반도 평화환상(illusion)과 내북 햇볕정책, 대응 군시전략 소홀은 핵전쟁 함정을 초래했다.』

2023년 한반도는 핵전쟁 위험 감소요인보다 증가요인이 더 강력히 작용했다. 한반도 핵전쟁 위험을 증가시킨 직접 요인은 중국의 '북한 불포기 전략'이었다. 아니 "중국 공산당은 한국전쟁 무력 개입 이후 북한을 포기한 적이 없다."가 정답일 것이다. 2017년 중국은 경제보복으로 한국 사드 배치 중단에 성공했다. 북한은 미국 핵 포기 압박전략에 북한-중국 군사동맹 강화로 대응했다. 한반도는 G-2로 급부상한 중국의 패권 형세구축에 핵심 지렛대로 급변했다. 1990년대 중국-러시아의 한반도 영향력 최소화로 인해 발생한 절호의 대북 전략 장악 기회를 대한민국 스스로 던져버린 결과였다. 2022년 2월 러시아의 우크라이나 침공은 북한에 새로운 기회와 전환점을 제공하고 있다. 러시아 재래식 무기 지원 요청에 북한은 적극적으로 호응했다. 북한-러시아의 과거 동맹관계가 복원되었다. 중국은 연합훈련을 통한 러시아-중국-북한 3개국 연합훈련을 추구하고 있다. 북한이 고대하던 「21세기 신냉전체제」가 형성되고 있다. 대한민국 기회는 사라지고 있는가? 1994년 대한민국 천시-지리의 통찰의 실패가 2025년 존망의 위기를 만들고 있다.

     대한민국과 「손자(孫子)」 : 국가흥망 선택게임

◆ 법령(法令) 숙행(熟行) | 법령은 누가 잘 행(行)하나?[64]

북한	남한	중국
• **국가붕괴지수**: 30 / 179 (90) • **반부패지수**: 170 / 179 (18) • **법의 지배(Rule of Law)** : 　– 사유재산권 27.7 　– 사법 정의 5.0 　– 정부 청렴성 20.2	• **국가붕괴지수** : 159 / 179 (32.5) • **반부패지수** : 33 / 179 (61) • **법의 지배(Rule of Law)** : 　– 사유재산권 80.7 　– 사법 정의 63.4 　– 정부 청렴성 68.9	• **국가붕괴지수**: 95 / 179 (68.9) • **반부패지수**: 78 / 179 (42) • **법의 지배(Rule of Law)** : 　– 사유재산권 62.2 　– 사법 정의 71.5 　– 정부 청렴성 46.4

※ 평가지수 출처는 주) 46~49 참조

　법(法)은 통치체제의 근본기반이며 국가 제도, 인재 등용, 조직편성, 정책수행의 기준을 규정한다. 법(法) 글자는 '물 수(水)'와 '갈 거(去)'가 합해진 글자다. 아래로 흐르는 물의 성질은 거역 불가능한 '자연법칙'이다. 국가는 물흐름같이 당연한 이치를 법(法)으로 규정해 공정, 투명한 통치를 시행하여야 한다.

　춘추시대의 법은 군주의 이익보장 장치였다. 국가통치법이 정립된 것은 전국시대 진나라 효공의 '상앙변법' 시행 이후였다. 법령숙행은 그러한 법을 의미했다. 당시는 군주이익과 백성이익이 완전히 분리되지 않은 부족연맹국가였다. 법령통치는 진나라 상앙의 변법 통치로 정립되기 시작했다. 전국시대 상앙과 한비자 등의 법가 사상가들은 통치술로 손무의 법령숙행을 이행했다.

　상기 도표는 세계국가 붕괴지수, 반부패지수를 기준으로 법치(Rule of Law) 수준을 평가한, 바로 '법령(法令) 숙행(熟行)' 평가 결과이다. 모든 국가의 법치와 정부 청렴성은 미래전략에 치명적 영향을 준다. 국가 부패인식지수(Corruption-Perception Index)가 높을수록 국가 붕괴지수(Fragile State Index)는 낮다. 국가 붕괴지수가 가장 낮은 핀

64　부패인식지수: Transparency International, Corruption-Perception Index (2021), 국가 붕괴지수: The Fund for Peace(2019), 법령통치: 경제자유지수 세항 평가자료 The Heritage Foundation, Economic Freedom Index (2021)

란드(179위/179국)는 반부패지수가 3위/179로 대단히 높다.

상기 도표는 대한민국이 「성숙-안정 단계」에 아직 도달하지 못했음을 보여준다. 대한민국 반부패지수(33위/61점)는 북한(170위/18점)과 중국(78위/42점)보다 높다. 북한 국가 붕괴지수(30위/179)는 비상(Alert) 단계이며, 중국(95/179)은 경고(warning) 단계이다. 대한민국 사법 정의(63.4점)는 중국(71.5점)보다도 낮다. 중국보다 사회 안정의 불확실성을 나타낸다. 선진국의 사법 정의 지수는 75~90점 수준이다. 대한민국 정부의 청렴성(68.9) 또한 중국(46.4)과 큰 차이가 없다. 대한민국 사유재산권(80.2)은 선진국(85~92)보다 낮다. 대한민국의 법치는 '성숙-안정' 단계가 아님을 도표는 명확히 보여준다.

정치(政治)란 국가권력 운영을 위한 법과 제도를 만들고, 정부 정책으로 법령을 집행하는 행위이다. 집권 정치세력은 입법과 행정제도로 국가 모든 분야의 통치 권력을 행사한다. 왕권 국가는 왕의 말이 곧 법(法)인 개인 국가이다. 독재자는 신격화로 국민사상 세뇌 교육을 강제한다. 북한은 1956년부터 김일성 사상 주민세뇌 교육을 시작했다. 1974년 후계자로 지정된 김정일은 김일성을 불멸(不滅)의 신(神)으로 신격화 했다. 1994년 7월 김일성 사망에 통곡했던 북한 주민의 행동이 진심이었다는 탈북자들 증언은 참으로 충격적이다. 김정일-김정은의 말 한마디, 한 마디 모두가 북한통치법이다. 자신을 키워준 고모 김경희 남편, 장성택을 고사기관총으로 총살해도 김정은에게 문제는 없다. 김정은 신격화 선전 문구는 2021년부터 나타나기 시작했다.

중국은 2017년 이후 시진핑 사상을 모든 학교의 의무과목으로 지정했다. 2019년 11월 중국 국무원은 "신시대(新時代) 애국주의(愛國主義) 교육실시(敎育實施) 강요(綱要)"라는 고등학교 역사교재를 전국에 하달했다.[65] 중국 역사 통편(通編) 교재는 "중국 특색 사회주의의 위대한 승리와 중화민족의 위대한 부흥, 중국몽(中國夢) 실현

---

65   김종학, 중국의 국사교육과 '중화민족'의 의미: 고중(高中) 통편교재(統編敎材) 「역사(歷史): 중외역사(中外歷史) 강요(綱要)」의 사례 (국립외교원 외교안보연구소, 2021. 11. 9.)

을 위한 교육 강화 지시"로서, 특히 고대사에 요(遼), 송(宋), 하(夏), 금(金)을 중국의 다민족 국가로 기술했으며 몽골 원(元)나라도 중국 통일역사로 기술했다.

중국은 더욱 놀랍게도 만주족(滿洲族)의 청(淸)나라 역사를 중국 역사로 기술하고 동시에 한반도 북방 만주 지역을 모두 중국의 과거 영토로 주장했다. 이 책은 중국 정치세력의 한반도를 바라보는 전략적 시각을 보여준다. 중국 역사기술은 대한민국의 미래 생존사업전략과 정면충돌이 불가피하다.

수천 년 동아시아 역사 왜곡은 중국 역사학자들이 밝힌 연구결과이다. 사마천 『사기(史記)』는 중국 역사 왜곡의 근본기반이었다. 중국 역사 왜곡은 주은래조차도 인정한 주지의 사실이었다. 현대 중국 공산당은 존재하지 않는 중화민족을 내세워 세계 패권을 추구한다.

자유민주주의 국가권력은 국회(國會)의 입법(立法)으로 시작된다. 국회는 국민 비밀선거로 선출된 지역(地域)-직능(職能) 대표로 구성된다. 국회 입법이 끝나면 법률은 행정부(行政府)로 이송되어 선포, 시행된다. 행정부는 국가대표인 왕이나 대통령, 총리가 관료조직과 공무원을 장악해 권력을 행사한다. 행정부는 모든 국가생존사업을 추진한다. 그것이 국가정책이다. 행정부 국가정책은 국민을 실질적으로 통치하는 국가권력의 직접 사용행위이다. 국가권력 사용행위에 문제나 마찰이 발생하면 사법기관이 불법(不法) 여부에 대한 판결을 내린다. 2024년 12월 3일 윤석열 대통령은 비상계엄을 선포했다. 그는 국회가 장관, 감사원장을 포함 29번 탄핵을 남발해 국정마비 상태였다고 말했다. 국회 다수당은 그 이후 대통령과 총리, 그리고 부총리를 탄핵했고, 대통령은 파면되었다. 대한민국 사법이 무너졌다고 좌파-우파 모든 정치세력의 비난이 쏟아졌다. 무엇이 문제일까?

국가 사법기관이 무너지면 정치부패 척결 기관이 사라지는 문제가 발생한다. 정치부패란 정치세력이 권력을 남용해 사적이익을 추구하는 도둑정치(kleptocracy) 행위를 말한다. 정치부패는 국가실패(failed state)의 시작을 뜻한다. 국가권력 중심은 정치이며, 정치부패 차단은 국가번영의 원동력인 이유가 여기에 있다. 현대 선진국은 예외 없이 정치세력 부패, 국가권력 남용 여부를 투명하게 감시하는 국민감시체제가 작동한다. 반면 대한민국의 반부패지수는 선진국 수준에 크게 미치지 못하며, 공산당 일당독재 중국보다도 크게 높지 않은, 사회적 안정성이 성숙하지 못한 상태에 있다. 국가생존사업은 법과 제도에 따라 계획-결정-집행된다. 정치세력이 법령 안에서 국민 이익증진을 위해 선택하는 미래 생존사업의 우선순위는 국방 무기체계 선택에서 명확하게 나타난다. 「속이는 정치세력」은 이 선택과정을 투명하게 공개하지 않는다.

대한민국 국방 체제는 통제형 합참의장 체제이다. 이 체제는 현대 동시 통합작전에 대단히 비효율적이며, 부적합하다. 한반도 핵전쟁 지휘체제가 필연적 요구하는 「전 분야(All Domain), 전 전장(Global), 동시 통합(Simultaneous Integration), 합동작전(Joint Operation)」은 사실상 불가능함을 의미한다. 대한민국의 현행 국방 체제는 가까운 미래에 바뀔 가능성 또한 극히 희박하다. 왜냐하면 1990년대 이후 좌-우 모든 정치세력이 합동군 체제 전환에 적극 반대해 왔기 때문이다. 국방부 합참도 국방 체제 문제를 적극적으로 제기하지 않는다. 국방 체제가 제한되면 이에 맞추어 결정되는 첨단전략무기 개발, 배치, 운용을 위한 총체적 전략이 심각한 제약을 받는다. 2025년 북한 핵미사일 대응능력 부족은 그 선택의 결과이다.

2016년 1월 6일 오전 10시 30분 함경북도 길주군 풍계리에서 북한 4차 핵실험이 강행되었다. 2016년 4차 북한 핵실험이 성공하자 모든 언론은 군과 장군들에게 가장 치욕적 언사로 비난을 퍼부었다. 대한민국 군사전략이 왜 그렇게 방치되어 왔는지 그 실체를 누구도 알지 못하는 것처럼 보였다. 국방부나 예비역 장군 누구도 이러한 비난에 대해 어떤 반발, 대응도 없었다. 이후 군사전략의 실태를 조사한 언론이나 전문가들도 없었다.

'1994년 핵 위기' 30년이 지난 2013년까지 대한민국은 북한 핵미사일 방어무기의 구매, 개발, 배치 등 구체적 정책을 선택하지 않았다. 대북 지원정책이 한반도 평화를 가져온다고 주장한 햇볕정책만 강조되어 왔었다. 국방부는 북한 핵미사일을 국가의 중대

위협요인으로 지속 평가해 왔으나, 1994년 이후 모든 집권 정치세력은 미국의 미사일 방어시스템(MD: Missile Defense) 개발 참여 요구를 모두 거부해 왔다.

　2017년 9월 미국은 중국의 국유기업 흉상 그룹이 남포항을 통해 2011년부터 북한 4차 핵실험 4개월 전인 2015년 9월까지 핵미사일 개발 물자를 수출해 왔음을 적발했다고 발표했다. 흥상그룹 수출물자에는 고순도의 알루미늄괴와 산화알루미늄, 텅스텐 등 핵과 미사일 개발 핵심 재료 4종류가 포함된 것으로 알려졌다. 2016년 11월 대한민국은 북한 핵미사일 정보를 일본과 실시간 공유하기 위한 「한일 군사정보보호 협정」을 체결했다. 북한 핵미사일 대응을 위한 한일 군사적 최초 조치였다. 2017년 3월 7일 한-미군은 고고도미사일방어체계(THAAD·사드)의 주한미군 배치작업을 시작했다. 2017년 3월 10일 박근혜 대통령은 헌법재판소 탄핵 심판 선고로 사상 최초 대통령직이 박탈되었다. 5월 10일 문재인 대통령이 취임했다. 2017년 10월 31일 한국은 중국이 요구한 3불 정책(사드 추가배치 불가, 미국 미사일방어체제 가입 불가, 한미일 군사동맹 불가) 이행을 약속했다.[66] 그리고 이미 배치된 사드(THAAD) 체제는 사실상 전술적 운영이 중단되었다. 2019년 8월 22일 대한민국 정부는 「한일 군사정보 보호 협정」 폐기를 선언했다. 이 협정 폐기로 한미일 정보교류는 불가능하게 되었다.

　2021년 10월 26일 노태우 전직 대통령이 사망했다. 모든 언론기관은 그를 장례식 생중계 없이 12·12 국가 반란 주동자들로 취급했다. 2011년 11월 23일 전두환 대통령이 사망했다. 그의 장례식은 가족장으로, 유골은 2025년 현재까지 자택 보관 중으로 알려졌다. 2020년 7월 9일 박원순 서울시장이 행방불명 사망했다고 발표되었다. 박원순 장례식은 광화문 광장에서 거행되어 시민들이 자유롭게 조문했으며, 민주열사 묘역에 안장되었다. 대한민국은 과거 1994년 김일성 사망에 조화를 보냈고, 2011년 김

66　강경화 외교부 장관 국회 국정감사 답변 (2017.11.02. 중앙일보 보도)

정일 사망에 조문단을 허용했으나, 노태우 대통령 장례식에는 망자(亡者)를 비난한 추도사가 낭독되었고, 일반시민 조문은 허용되지 않았다. 전두환 대통령 장례식은 지인들만 참석한 병원 가족장으로 치러졌다. "대한민국은 자유민주주의 국가인가?"라는 의문이 제기되었다.

대한민국의 자유민주주의 헌법-법령은 잘 이행되고 있는가?
대한민국은 정치부패를 투명하게 감시 척결하고 있는가?

◆ 병중숙강(兵衆孰强) │ 군사력은 누가 강한가?

◆ 국방 체제, 국방비, 군사제도, 병력/장비 비교평가

자국 순위/대상국(자국 점수)

북한	남한	중국
• **국방 체제** : 통합군 • **군사력지수** : 0.62 / 34 /145 • **국방비** : 16억 불(2019) • **병력** : 1,280,000	• **국방 체제** : 통제형 합참 • **군사력지수** : 0.16 / 5 / 145 • **국방비** : 440억 불(2019) • **병력** : 599,000	• **국방 체제** : 통합군 • **군사력지수** : 0.07 / 3 / 145 ※ 대만: 0.41, 22/140 • **국방비** : 2,370억 불(2019) • **병력** : 2,035,000
• **핵탄두** : 45~55기(2022) • **미사일** : 발사대 100 • **화학무기** : 약 5,000ton ※ 핵사용 7일 작전계획	• **Kill-Chain, MD, F-35** • **미사일** : 현무, 발사대 60 ※ 조기경보–선제타격–MD	• **핵탄두** : 410기 • **MD, 미사일, 스텔스기** ※ 조기경보–보복–MD

연도	북한	연도	남한	연도	중국
1950	6.25 남침 군사전쟁	1950	유엔 16국 방어성공		
1961	조–중, 조–소 동맹	1953	한–미 군사동맹	1950	한국전쟁 군사개입
1962	4대 군사노선	1962	경제개혁 착수	1961	조중 군사동맹
1994	김정일 핵 개발	1988	대북화해 7.7 선언	1964	10월 최초 핵실험
1997	고난의 행군	1990~92	한국–중소 수교	1969	중소 국경분쟁
1998	대포동미사일발사	1993	동맹보다 민족 우선	1972	미중 화해 상해 성명
2006~09	1–3차 핵실험	1994	전쟁 반대 핵 협상	1978	등소평 개혁 개방
2011	김정은 권력세습	1998	햇볕정책 민족 공조	1989	천안문 무력 진압
2012	핵–경제 병진정책	2000	남북정상회담	1992	등소평 개혁개방
2016~17	4~6차 핵실험	2006~09	핵실험 무대응	2003	후진타오 화평굴기
2017	핵무장 완성선언	2010	천안함, 연평도 피격	2012	시진핑 중국몽
2017	미국 최대 압박전략	2013	킬체인 MD 개발	2013	시진핑 일대일로
2018	미북 싱가폴 핵회담	2016	사드 배치, 좌파반대	2016	사드 경제보복
2019	미북 하노이 핵회담	2017	중국보복, 3불 수용	2018	미국–중국 무역전쟁
2021	제2 고난의 행군	2018	남북정상회담	2021	시진핑 역사결의

※ 일본: 군사력지수 0.18 / 8 / 145   ※ 군사력 지수: 2025 GFP 군사력 지수 참조

1961년 프랑스 석학 사회학자 레몽 아롱은 미-소 냉전체제를 가장 공포스런 인류 멸망의 시대로 규정했다.[67] 2025년 한반도는 미-소 냉전 시대가 무색한 최악의 핵전쟁 위기를 향해 달리고 있다. 북한 핵미사일은 대한민국에 치명적 생존 위협이다. 그래서 대한민국은 1980년대 선택한 합참의장 체제를 한반도 핵전쟁 위기 상황에 맞는 합동군 체제로 시급히 전환해야 함에도, 정치세력은 이를 무시하고 있다. 한국형 미사일 방어체계는 최대 지연되었고, 중국 3불(不) 요구가 수용됐었다. 북한 핵미사일을 방어할 「핵전쟁 지휘체제」는 오직 미군만 보유하고 있으나, 한국군 전시작전통제권의 조기 전환이 강력히 추구되었다. 전직 연합 사령관들의 "한국군 능력은 많이 뒤처져 있다."라는 증언은 크게 고려되지 않았었다.

한반도 남북한 군사력은 누가 강한가? 2016년 제4차 핵실험은 남북한 군사력 균형을 완전히 무너뜨렸다. 2022년 기준 북한 핵탄두는 45~55기로 추정되었다. 스톡홀름국제평화연구소(SIPRI)는 2023년의 핵탄두 30기, 핵탄두 생산물질 50~70기 보유를 추정했다.[68] 미국 과학국제안보연구소(ISIS) 핵 전문가 올브라이트 소장은 2021년 말 기준 20~80기 보유를 추정했다. 핵탄두 운반수단 탄도미사일 발사대는 100기 보유로 추정되었다. 2019년 미국-북한 하노이 핵 협상은 김정은 핵 폐기 거부로 결렬되었다. 북한 핵미사일뿐 아니라 화생방무기, 특수부대, 사이버전 능력도 치명적 위협이다. 북한은 핵무장으로 경제 파탄 위기를 극복하고 미래 생존사업에 성공할 수 있을까?

김정은의 제1 선택은 핵미사일 고도화이다. 북한 국방 체제는 현대전에 적합한 통합군 체제다. 북한 군사전략 기본개념은 사상전, 기습전, 배합전, 속전속결을 융합한 비대칭 전략이다. 배합전은 전략, 작전, 전술적 가용수단을 모두 배합한 신속작전개념이다.[69]

---

67   Raymond Aron, 동상서 (1966), p. 767.

68   스톡홀름국제평화연구소(SIPRI. Stockholm International Peace Research Institute), SIPRIYEARBOOK 2023 (2023. 6. 12): "북한은 현재 약 30기의 핵탄두를 조립했으며, 총 50~70기의 핵탄두에 사용할 충분한 핵분열성 물질 보유가 추정된다"라고 밝혔다. : SPN 서울 평양뉴스(http://www.spnews.co.kr)

69   배합은 군사-비군사 배합, 정규-비정규 배합, 전방-후방 배합, 군사-사이버전 배합, 민간-군사 배합 등 실로 다양하다.

김정은은 정치-군사 절대무기 핵미사일을 전략, 작전, 전술에 배합한「무력 적화통일 5일 작전계획」을 발표했다. 통합군은 배합전 수행에 특히 유리한 국방 체제다.

대한민국 국방 체제는 육해공군 통제형 합동군 체제이다. 통제형 합동군 체제는 제2차 세계대전 연합 및 합동 작전개념에서 비롯된 1970~80년대의 미국 국방 체제이다. 육해공군을 유사시 현장에서 재편성해 작전을 수행했던 1980년대 통제형 합동작전 체제는 핵전쟁 지휘체계인 네트-웍 중심작전(NCW: Net-Work Centric Warfare) 수행에 부적합했다. 대한민국의 통제형 합동군 체제 또한 북한의 다발적 동시발사 핵미사일 대응 작전개념인 실시간-동시(Real-Time, Simultaneously) 작전 수행에 부적합하다. 왜냐하면 핵전쟁 지휘의 핵심인 전분야(All-Domain) 실시간 동시 작전을 보장하는 수평적 네트-웍 구축이 사실상 불가하기 때문이다. 2011년 오사마 빈라덴 사살 작전은 미국 오바마 대통령과 CIA, 작전사령관 그리고 작전부대 지휘관이 백악관 상황실에서「실시간 동시 판단-결심」으로 작전에 성공한 대표적 사례이다. 통제형 합동군 체제는 북한 핵미사일 동시다발 공격 시에, 이러한 육해공군 모든 작전 제대의「실시간 동시 판단-결심-대응」이 불가능하다. 지상-해상-공중-우주 전 영역 동시 작전 지휘통제가 불가능하다. 북한 미사일 방어를 위한 한미 연합작전 단일 지휘사령부 편성은 아주 시급하다. 2024년 합참 전략사령부 신설은 부족한 지휘통제 체제를 보완해 줄 것이다. 그러나 한미 연합군 작전 지휘체제 분리를 의미하는 전시작전통제권 조기 전환은 북한 핵미사일방어를 사실상 불가능하게 만들 수도 있다.

2025년 현재 핵미사일방어 작전지휘는 미국 C4ISR 기반의 BMD 체제만 가능하다. 2024년 미국 저널리스트가 쓴 북한발『핵전쟁시나리오 24분』은 1분이 얼마나 긴 시간인가 설명하고 있다. 오직 분초(分秒)를 다투는 핵미사일 동시발사 조기 경보 능력만이 모든 작전 성패를 결정하기 때문이다. 한국 사드 배치는 사실상 미군 BMD 체제 편입을 의미했다. 중국이 사드 배치에 강력히 반발하는 이유도 여기에 있다. 2025년 미국 국방 체제는 전구별 통합작전사령부 지휘체제를 적용한다. 사실상 통합군 체제와 같다.

미국 의회는 베트남전 패배 이후 1970~80년대 계속된 군사작전 실패를 극복하기 위해 1986년 국방개혁법(골드 워터-니콜스 법안)을 제정해 합동작전 능력을 집중 보완해 왔다. 1991년 제1차 걸프전의 세계를 놀라게 한 군사 작전 성공에도 또다시 합동성 부족이 확인되었다. 미군은 1990년대 합동 작전사, 2000년대 육해공 해병 단일 통합사령부, 2003년 제2차 걸프전 이후 통합작전사령부를 발전시켰다. 세계 전구별 현장 작전부대는 태생적 합동부대(born in Joint)로 최초부터 편성했다. 2020년 1월 3일 이란 솔레이마니 총사령관 무인기 공습 참수 작전은 대표적 통합작전체제의 성공사례였다.

2021년 12월 25일 에이브럼스 전 주한미군 사령관은 한국군에 대해 "솔직히 많이 뒤처져있다"라고 말했다. 2021년 귀국 직후인 7월 25일 미국의 소리(VOA) 방송에 출연해서 한국 연합 방위작전 수행 능력에 대해 그가 평가한 내용이다. 그는 한국군 전략적 타격 능력과 한국형 핵미사일방어체계 조기 개발 및 배치를 강조했고, 중국-북한의 군사력 방어에는 솔직히 많이 부족하다는 점을 명확히 지적했다. 그는 한국군이 2010년 이후 북한 군사력 증강 결과를 작전계획에 전혀 반영하지 않았다고 지적했다. 2019년 한미안보협의회(SCM)에서 한국군은 그가 건의했던 새로운 전략계획지침의 필요성을 거부했다고 기억했다. 반면 북한위협은 잠수함발사탄도미사일(SLBM), 대륙간탄도미사일(ICBM), 초고속 미사일 등으로 크게 진화했고, 지난 3년 중국의 한국방공식별구역 침범 사례는 300% 증가했으며, 북방한계선(NLL) 주변 불법조업 중국어선 증가도 심각하다고도 지적했다. 그리고 새로운 작전계획은 중국 문제가 포함되어야 한다고 강조하면서, 2021년 한미안보협의회에서 새로운 전략계획지침에 한국군이 동의한 것은 로이드 오스틴 국방장관의 매우 강력한 입장 견지 때문이었을 것이라고 말했다.

1994년 김정일 핵 개발 강행 이후 한국은 대체로 유사한 선택을 반복해 왔었다. 대한민국의 북한 핵 위협 정보 분석평가는 1986년 영변 원자로 가동부터 시작되었다. 그런데 한국군 북한 핵미사일 대응 무기 개발은 2013년 이후에야 시작되었다. 대한민국 국방백서는 1986년 이후 지속 수집 분석한 상당한 정보를 기록하고 있다. 그러나 북핵 대응 무기 개발이나 도입계획은 2010년 이전까지 전혀 나타나지 않는다. 한국군은 어떠한 군사전략, 작전, 전술적 대응을 사실상 선택했던 것일까? 특히 1994년 북한 핵 위협 분석내용은 2016년 이후 상황을 거의 그대로 정확히 예상한 것처럼 평가했었다. 에이브럼스 전 주한미군 사령관의 한국군 능력 부족 발언은 1994년 이후 모든 집권 정치세력의 군사전략 대응 배제로 인해 발생한 「북핵 미사일 대응 무기 공백 상태」를 지적한 것은 아닐까?

왜 1986년 이후 국방백서 북핵 분석내용은 군사전략에 전혀 반영되지 않았을까?
김정일 핵 개발 20년 동안 대한민국의 「군사전략 배제」 선택은 무엇을 의미하나?

작전(作戰)은 국가생존사업의 전략 기획(strategic planning)이다. 국가생존사업은 재정, 기술, 자원을 고려한 '가용능력과 군사작전 소요'의 비교 분석 결과로 선택한다.[70] "전쟁은 경제활동이며, 군사 활동이다.(War was an Economic as well as Military activity.)"[71] 작전은 「이익협상, 부전승(不戰勝), 군사 전쟁」 선택을 위한 '최선의 방책'을 기획한다. 국가전략은 정치세력이 결정한다. 현재 위험(risk)과 기회(chance). 이익(interests)과 비용(costs)을 동시 비교 평가해 선택한다. 그 비교 평가는 국가 워게임 모델로 분석해 낸다. 국가이익은 언제나 정치세력 이익과 충돌한다. 또한 단기, 중기, 장기의 국가이익은 상호 모순과 역설로 충돌한다.

5 군사 전쟁을 오래 끌면 국가는 멸망한다.

원문 凡用兵之法, 日千金, 然後十萬之師擧矣[72]
범용병지법, 일천금, 연후십만지사거의

其用戰, 勝久則頓兵, 挫銳, 攻城則屈力, 久暴師則國用不足.
기용전, 승구즉둔병, 좌예, 공성즉굴역, 구폭사즉국용부족.

---

[70] Derek S. Reveron and James L. Cook, Developing Strategists: Translating National Strategy into Theater Strategy (2009, JFQ)

[71] John Brewer, The Sinews of War: War, Money, and the English State 1688-1783 (1989)

[72] 백기인, 중국군 군사제도(1998, 국방 군사연구소); 춘추시대는 궤리연향법(軌里連鄉法) 군사동원-주거 단위를 일치시킨 행정-군사 일원화체제를 적용했다. 주민 거주지역을 5가구~10,000가구로 분류하고, 거주민 규모에 따라 병력을 5명~10,000명까지 징집 동원하는 군사제도였다. 궤(軌)는 5가구, 리(里)는 50가구, 연(連)은 200가구, 향(鄉)은 12,500가구의 촌락 규모를 말한다.

해석 '통상적 용병법'은 일일 천금 전쟁자금을 준비한 연후 10만 군사를 일으킨다. 그 전력 운용에 지구전이 지나치면 병졸이 둔해지고, 예기가 꺾인다. 성(城) 공격은 군사력을 소진한다. 오랫동안 군대를 혹사하면 국가재정이 부족해진다.

※ 공성전, 장기 소모전은 최하 방책이다.

원문 夫鈍兵, 挫銳, 屈力, 殫貨, 則諸侯乘其弊而起, 雖知者不能善其後矣.
부둔병, 좌예, 굴력, 탄화, 즉제후승기폐이기, 수지자불능선기후의

해석 대체로 병졸이 둔해지고 예기가 꺾이며, 힘이 소진되고, 재정이 고갈되면, 즉 제후들이 그 폐해를 틈타 일어날 것이니, 비록 지혜로운 자라도, 그 이후 대응을 잘하는 것은 불가능하다.

※ 장기전쟁은 승리해도, 재정 고갈로 내부 혼란을 초래하여 국가는 패망한다.

원문 故兵聞拙速, 未睹工久也. 夫兵久而國利者, 未有也.
고병문졸속, 미도공구야, 부병구이국리자 미유야

해석 그래서 생존사업전쟁은 서툴러도 신속해야 한다고는 들었으나,
아직 교묘하게 오래 끄는 것은 보지 못하였다.
대체로 장기간 병력 동원이 국가에 이익되는 경우는 아직 없었다.

※ 손무가 제후국 흥폐존망의 원인을 깊이 통찰했음을 보여준 구절이다.

『손자』의 용병 법칙은 군사 전쟁 없는 승리, 부전승이다. 상대가 굴복하지 않아 불가피할 때만 군사 전쟁을 선택한다. 군사 전쟁은 일단 시작되면 예측대로 진행되는 법이 없다. 따라서 그 결과는 누구도 예측 불가능하다. BCE. 515년에 손무는 오왕(吳王) 합려에게 이러한 전쟁의 특성을 강의했다. 중세유럽의 '30년 전쟁과 100년 전쟁'은 아무도 예상치 못했던 장기전이었다. 제1, 2차 세계대전은 승자도 패자도 없이 모든 국가를 잿더미로 만

든 전혀 예측 불가능한 장기전이었다. 동서양을 막론하고 하나같이 장기전을 치룬 국가는 비록 강대국이라도 패망을 쉽게 피하지 못했다.[73]

국가재정 피폐를 틈탄 외적 침입과 내부반란은 뒷감당 대처가 불가능하다. 고조선, 신라, 고려, 조선의 멸망도 모두 그 유형을 벗어나지 못했다. 그래서 『손자』의 법칙 제1은 "싸우지 않고 이기는 부전승(不戰勝)"이며, 그 전략 방법(Ways)이 모공(謨攻)이다.

생존사업전쟁의 총비용(Total Costs of the War)은 언제나 천문학적이었다. 알렉산더 대왕(BCE. 353~326)은 해외 원정 작전에서 일일 곡물 88,335kg, 물 147,225ℓ, 가축 사료 169,875kg을 동원해 1,600~4,160km 거리를 달려 군사작전을 지원했다.[74] 제2차 세계대전 직접 투입비용은 총 1조 6천억 달러였다. 전차 165,665대, 군용항공기 789,763대가 생산되었다.[75] 1941~45년 미국 전쟁비용은 1941년에 GDP 약 30% (4,080억 달러)였으며, 1944년에는 GDP의 80%(1조 6,000억 달러)를 지출했다. 한국전쟁에서 미국은 GDP 14.1%인 약 300억 달러를 전쟁 비용으로 지출했다.[76] 1945년 미국과 소련의 냉전 체제는 또다시 무기개발 군비경쟁을 촉발했다. 2018년 한국 국방비는 GDP 2.38%인 43조 1,581억 원이었다.[77] 1980년 국방비 2조

---

73   Paul Kennedy, The Rise and Fall of Great Power (Vintage, 1989)

74   Richard A. Gabriel and Karen S. Metz, A Short History of War: Evolution of Warfare and Weapons(US. Army War College SSI, 1992), p. 31.; 그리스 시대 황소가 곤 마차 한 대는 약 657kg을 실었다. 이는 말 다섯 마리 능력이었다. 제1차 세계대전에서 노새와 낙타는 약 136kg을 실었다. 로마군 작전범위는 2,400~4,800km이다.

75   U.S. 50th Anniversary of WWⅡ Commemoration Committee, WWⅡ Informational Fact Sheets(1995); 전차는 미국 6,100대, 독일 2만 대, 일본 2,464대였으며 항공기는 미국 304,000대, 독일 12만 대, 일본 7만 6,400대였다.

76   Institute for Economics & Peace, Economic consequences of War on the U.S. Economy(2012)

77   국방부, 2018 국방백서(2018. 12.); 1986년 GDP 4.08% 4조 1,580억 원, 2000년 GDP 2.28% 14조 4,774억 원, 2018년 GDP 2.38% 43조 1,581억 원이었다. 2017년 기준 미국 국방비는 GDP 3.11% 6,028억 달러, 중국은 GDP 1.26% 1,505억 달러, 이스라엘은 GDP 5.33% 185억 달러, 한국은 GDP 2.33% 356억 달러였다.

2,465억(GDP 5.69%)과 엄청난 금액 차이이다. 국가 가용자원(Resources)은 언제나 제한됨으로 미래 위협을 종종 무시하는 선택이 나타난다.

소련은 모든 국가자원을 무기 개발에 투입해 스푸트니크 인공위성을 인류 최초로 발사했다. 미국은 이에 충격받아 미사일 갭(Gap) 해소를 위한 아폴로 유인우주선 달착륙 계획을 추진했고, 이 계획 성공으로 소련 군사기술을 압도했다. 그러나 세계는 미국-소련 핵미사일 전쟁 공포에 떨어야 했고, 양국은 군비경쟁 제한과 핵전쟁 억제전략의 중요성에 공감했다. 군비경쟁으로 촉발된 우주 정보 기술혁명은 국가 기술경쟁력을 새로운 차원으로 바꾸었고 동시에 1980년대 소련공산권 경제체제 붕괴를 촉발했다. 정보기술력이 부족한 공산권 경제는 재정 피폐로 붕괴했다. 자본주의 시장경제 체제가 사유재산을 금지하고 국경을 폐쇄해 노예노동을 강요한 명령경제 공산주의 체제를 붕괴시켰다. 그리고 냉전이 종식되었다.

생존사업전쟁의 목적(Ends)은 생존승리다. 승리(勝利)는 목표이익의 획득을 뜻한다. 백번의 군사 전쟁 승리보다 목표이익 획득이 우선이다. 국가 경제를 붕괴시키는 생존사업전쟁은 선택하면 안된다. 그런 전쟁을 어느 학자는 '명예 전쟁'으로 불렀다. 생존사업전쟁은 비용 최소화로 승리하는 사업이니, 비용이 급증하는 장기전은 패망의 길일 뿐이다. 1939~45년 제2차 세계대전은 승자도 패자도 없는 공멸의 전쟁이었다. 전쟁 동원 병력 1억 1,000만, 전사자 2,500만, 민간인 사망자 5,500만, 총 사망 인원이 약 8,000만으로 당시 유럽 인구 약 4%가 감소한 것으로 추산되었다.[78] 1950년 6월 25일부터 1,129일 지속한 한국전쟁 인명 손실은 한국군 약 62만, 유엔군 약 16만,

---

78　REPERES-module 1-2-0-Explanatory notes-World War Ⅱ casualties-EN(2011. 9. 6)(2019. 10. 10. 검색: google.com/ 이하생략)

북한군 약 80만, 중공군 약 123만이었으며 이산가족이 약 1,000만 발생했다.[79] 1994년 대한민국 대통령의 무조건 전쟁 반대선언도 비극적 한국전쟁의 천문학적 피해에서 비롯되었다. 그로 인해 햇볕정책은 더욱 큰 힘을 얻었다.

◆ 햇볕정책의 손익은 무엇인가?

1994년 북한 핵 위기 이후 대한민국의 대북정책은 사실상 햇볕정책뿐이었다. 대북 억제전략은 한미동맹 덕분에 2025년 현재까지 성공적이다. 2006년 김정일 1차 핵실험과 2023년 김정은 핵미사일 고도화는 햇볕정책이 과연 무엇을 목표한 정책이었나 의문이 들게 만든다. 햇볕정책은 독일 동방정책을 모방한 대북정책으로 알려져 있다. 그러나 독일과 대한민국의 정치-안보 상황은 크게 달랐다.

독일은 나토와 유럽연합 협력체제를 구축하면서 동방정책을 추진했으며, 동독은 서독과 직접 교류로 국경을 개방했다. 냉전체제에서 유럽 안보는 미국의 제1 선택 전략이었다. 베를린 공수작전으로 유명한 마셜 플랜, 나토 동맹체제 결성은 유럽을 되살린 대전략이었다. 미국의 유럽 우선 정책은 중국이 급부상한 2000년 초까지 지속되었다.

1948년 이후 북한 생존사업전략은 오직 선군(先軍) 정책 뿐이었다. 모든 국력을 핵 개발에 집중해 국가실패를 자초한 나라였다. 김일성은 1953년 한국전쟁 패배 직후 모든 국가자원을 오직 군사력 증강에 투입했다. 1994년 김정일 핵 선택은 오직 정권유지만을 추구한 역발상 생존사업전략이었다.

79　박동찬 편저, 한 권으로 읽는 6. 25전쟁(국방부 군사편찬연구소, 2016)

1991년 냉전종식과 소련 공산권 경제붕괴는 한반도에 전략적인 변화 선택의 기회를 가져왔다. 중국-러시아의 북한 영향력은 최소화되었고, 북한은 붕괴 위기에 직면해 대한민국은 절호의 통일 기회를 얻게 되었다. 그러나 '무조건 전쟁반대'와 햇볕정책은 '1990년대 김정일 핵 포기 압박정책'을 모두 무용지물로 만들었다. 김정일 세습 정권은 주민 식량 배급체제 붕괴와 식량 고갈을 완전히 무시했다. 북한 식량 배급체제는 1980년대 말에 이미 붕괴한 것으로 평가된다. 1996년 경에는 수백만 주민들이 굶어 죽었다. 김정일이 "고난의 행군"[80]과 선군(先軍)정치를 내세워 핵 개발을 강행했기 때문이었다. 2006년 최초 핵실험에 성공했다. 김정일은 핵실험을 3차례 계속했고, 김정은은 4~6차 핵실험을 강행했다.

2022년 5월 박지원은 "나도 김정은 위원장이 핵을 포기하지 않을 거라고 본다."라고 말했다. 김정은의 자발적 핵 포기는 희망적 생각일 뿐이었다. 북한 비핵화 전략으로는 군사적 수단으로 협상 선택을 강요하는「군사적 설득(military persuasion)」전략만 남았다. 이 전략은 소련을 붕괴시킨 "힘을 통한 승리(Win through Power)"로 유명하다. 동시에 경제학「무한반복게임 이론」의 한반도 적용을 선택할 수 밖에 없다. '무조건 전쟁 반대'와 '햇볕정책 되풀이' 시대는 끝났다. 대한민국은 새로운 대북전략 창출이 절실해졌다.

「무한반복게임의 전략 평형(strategic equilibrium)」은 대북전략의 답일까[81]
김정은 핵 포기를 불가피하게 만드는, 북한 비핵화 전략은 무엇일까

---

[80] 1934년 11월~1935년 1월까지 모택동은 국민당 공세에 쫓겨서 장시성에서 옌안까지 12,000km를 도주했다. 이를 대장정이라 한다. 1949년 공산당은 중국 본토 전역을 장악했으며, 국민당은 대만으로 도주했다. 월나라 구천의 와신상담과 비교된다.

[81] Robert J. Aumann, War and Peace: Aumann's Lecture of 2005 Nobel Prize in Economic for conflict and cooperation through Game theory analysis with Thomas Schelling.

6 생존사업전쟁은 폐해(弊害) 최소화로 이익을 얻는 사업이다

원문 故不盡於知用兵之害者, 不能得用兵之利也. 善用兵者, 役不再籍,
고부진어지용병지해자, 불능득용병지리야. 선용병자, 역부재적,

糧不再載, 取用於國, 因糧於敵, 故軍食可足也.
양부재재, 취용어국, 인량어적, 고군식가족야.

해석 『용병의 폐해를 아는 것에 진력(盡力)하지 않은 자는,

용병의 이익을 얻을 능력도 없다.

용병을 잘하는 자는, 군역을 다시 부여하지 않고,

군량미를 다시 적재하지 않으며, 제후국의 기용 자원을 취하고

적의 군량미를 활용하니, 그래서 군의 식량 충족이 가능하다.』

※ 고대 군사 전쟁에서 식량 보급은 현지 조달체제가 최대 활용되었다.

원문 殺敵者, 怒也 ; 取敵之利者, 貨也. 故得車十乘以上, 賞其先得者,
살적자, 노야 ; 취적지리자, 화야.   고득차십승이상, 상기선득자,

而更其旌旗 ; 車雜而乘之, 卒共而養之, 是胃勝敵而益强.
이경기정기 ; 차잡이승지, 졸공이양지, 시위승적이익강

해석 『적을 죽이는 것은, 분노이며; 적국에게 취하는 이익은, 재물이다. 그
러므로 10대 이상의 전차를 획득하면, 최초 획득자를 포상하고, 정기
를 바꿔 단다. 전차는 혼합 편성해 탑승하고, 병졸은 함께 급양한다.
이것이 소위 적을 이겨서 더욱 강해진다는 것이다.』

※ 전투 실상과 인간의 심리 욕구 활용을 설명한다.

※ 전리품의 공정한 분배는 고대에 자발적 전투 참여를 독려하는 중요한
   지휘기술이다.

원문 故兵貴勝, 不貴久. 故知兵之將, 民之司命, 國家安危之主也.
고병귀승, 불귀구. 고지병지장, 민지사명, 국가안위지주야.

 『따라서 전쟁은 승리가 귀하며, 오래 끄는 것은 귀하지 않다. 그러니 병(兵)을 아는 장군은, 백성의 생명을 맡은, 국가 안위의 주관자이다.』

※ 승리를 아는 유능한 장군선발이 국가생존사업의 요체이다.

'전쟁(war)'에 대한 인식은 1945년 이후 급속히 변화되었다. 국가의 조직 명칭에서 '전쟁(war)' 단어가 사라졌다. '전쟁성(War Department)'은 국방성(Defense Department)으로, '전쟁 기획(War Planning)'은 전략기획(Strategic Planning)으로 바뀌었다. 냉전 시기 핵전쟁 억제전략으로 인해 '군사력 충돌 없는 생존사업전쟁'의 개념이 싹트기 시작했다. 1970년대 정보기술 혁명은 '먼저 보고, 먼저 결심해, 먼저 타격하는' 실시간 작전을 창출했다. 정보기술 무기는 1991년 1차 걸프전에서 세계를 놀라게 했고, 2003년 제2차 걸프전에서는 이라크군의 작전기동 영상을 미군이 직접 보고 타격하는 '실시간(real time) 동시 작전'이 CNN 방송을 통해서 전 세계에 생중계되었다. 마침내 "나는 적을 보고, 적은 나를 보지 못하는" 21세기 군사작전이 실현된 것이었다. '순차적 시간'을 '동시 실시간'으로 바꾼 정보기술은 전략-전술 원칙의 불변성도 동시에 보여주었다. 그리고 「부전승(不戰勝)」의 생존사업전쟁 개념이 본격 등장했다. 그리고 무역전쟁, 경제전쟁, 과학기술전쟁이란 용어 사용이 시작되었다.

국가생존사업은 철저한 '이익과 피해' 계산으로 '최선의 방책'을 선택하는 사업이다. 지배자 이익만을 고려한 '군사 전쟁 선택'은 망국의 길이다. 국민 피해만을 고려한 '군사 전쟁 회피'는 굴복-노예의 길이다. 기회와 위험을 모두 통찰한 생존사업전략만이 궁극적 최종이익을 얻을 수 있다. 북한 비핵화는 21세기 대한민국 생존사업에 가장 중대한 치명적 이익이다. 전략 법칙에서, 1994년 이후 '북한의 자발적 핵 포기'만을 기대하며 군사적 방책을 배제해 "지금의 위험수용(risk-taking)"을 회피해 온 대한민국 정치세력의 선택이 2025년 핵전쟁 위기를 초래한 것은 당연한 결과로 보인다.

대한민국의 무조건 전쟁 반대선언은 어떤 이익을 가져왔는가? 군사적 수단을 이용한 '강요에 의한 핵 포기' 방법(ways)은 아예 선택 불가능 했는가? 1994년 대한민국의 한반도 전략주도권은 압도적 군사력 우위에 의해서 획득된 것이었다. 군사적 속전속결 전략을 포기하면, 핵 포기 대화-협상은 장기전이 되며 최종 실패할 수밖에 없음도 충분히 예측가능했다.

무조건 전쟁반대와 유사한 대응을 "공포(Fear)로 인한 자기 억제(self-deterrence) 정치 히스테리(political hysteria) 발생 현상"이라고 전문가들은 설명한다.[82] 당시 '북한 IAEA 탈퇴 선언→김일성 사망→김정일 핵 개발 선언' 과정에서 발생한 대한민국의 '안보 불안→전쟁 공포→공황 발생→무조건 전쟁반대' 선언의 과정은 전형적 정치 히스테리현상 모습이었다. 그렇게 대한민국 핵전쟁 극복전략은 30년째 '북한의 자발적 핵 포기'에 매달려왔다.

김정은 핵전쟁 위협에서 대한민국 정치세력이 얻은 이익과 손실은 무엇일까?
중국의 대국 위협으로 대한민국 정치세력이 얻은 이익과 손실은 무엇일까?
북한 핵 문제는 중국 문제와 직결됨을 대한민국은 뒤늦게 깨달은 것일까?

1994년 대한민국은 김정일 핵 개발 위기 상황이 '절호의 통일 기회'임을 알지 못했다. 미국은 군사적 옵션을 포함한 모든 전략적 대응 방책을 계산해 준비하고 있었다. 군사적 옵션 선택은 군사 전쟁 선택이 아니다. 한국 대통령은 무조건 전쟁 반대를 외쳤고, 국민은 막연한 북한 내부 붕괴를 기대

---

82   Lars Wedin, The Wonderful Trinity in a Globalized World(2010); 이 현상은 해결할 수 없는 문제에 직면한 국가 정부가 사실을 왜곡하고 현실을 숨기려는 정치적 선택 결과 나타난 현상을 말한다.

했다. 김정일은 전쟁 공포에 대한 대한민국의 과잉 반응을 꿰뚫어 보고 이를 역이용한「미국과 직접 핵 협상」전략을 추구했다. 김정일 대미 직접협상 전략은 2021년 김정은 하노이 협상까지 27년 계속되었다. 1998년 천문학적 통일비용 문제를 제기하며 북한 붕괴를 막지 않으면 오히려 새로운 위기가 온다는 전문가들도 등장했었다. 그들은 통일비용 문제로 북한 붕괴를 오히려 막아야 하며, 자발적 핵 포기만이 최선이라는 햇볕정책 논리를 적극적으로 주장했었다.

햇볕정책은 김정일이 희망했던 대한민국의 유일한 전략적 틈새였음이 드러났다. 김정일은 이 틈새를 비핵화 협상 전략으로 포장해 장기적 핵 개발 기회로 철저히 활용했다. 대한민국 남북통일 절호의 기회는 그렇게 사라졌다. 아니 오히려 김정일에게 핵 개발 기회를 자발적으로 제공한 결과를 초래했다. 대한민국은 공산권 붕괴와 냉전 해체로 중국과 러시아, 일본의 한반도 간섭이 거의 없거나 불가능했던 유일한 시기를 그냥 흘려보냈다. 전략적으로 절호의 통일 기회를 스스로 포기한 결과는 2014~2025년 김정은 핵전쟁 고도화 위협이 되어 되돌아왔다.

군사전략의 목적(Ends)은 국가생존사업 최종이익의 획득 보장이다. 군사적 수단은 물리적 파괴와 인명 살상을 내세워 '상대의 저항 의지 굴복'을 강요한다. 위기를 통찰한 정치세력의 대응 방책 계산은, 위기 현실화 이전에 준비되어있어야 한다. 그것이『손자』계(計)의 내용이다. 집권 정치세력의 계산-선택-대응에서 '상대 의도와 충돌'이 시작된다. 상호 공포(fear)가 발생하고, 상호 대응 방책이 선택된다. 이 시점 집권 정치세력은 생존사업전쟁의 최종방책을 선택한다. 그것이『손자』작전(作戰)이다.

"전쟁이냐, 굴복이냐?" 상호 의지 싸움은 바로 이것이다. 1994년 대한민국은 상호 의지싸움 타이밍에서「무조건 전쟁 반대」라는 명목의 자발적 굴복을 선택했다. 이러한 평화 선동 프레임은 2025년에도 여전히 유효하다. 군사 전쟁은 존망의 문제이다. 종결까지 불확실(uncertain)과 마찰(friction)이 연속된다. 따라서 군사전략은 변동성(volatility), 불확실성(uncertainty), 복잡성(complexity), 모호성(ambiguity)으로 설명된다.[83]

생존사업전쟁의 승패는 상호 통찰과 노력집중의 차이로 결정된다. 전쟁은 예측된 계획대로 절대 이루어지지 않는다. 최초전투 시작 순간 나의 예상과 전혀 다른 상대 전략이 나타남으로 반드시 우발 계획이 필요하다. 전쟁은 착각과 오판을 최소화하도록 '판단 모순-역설'을 깊이 통찰해 '폐해 최소화 전략'을 선택해야 한다. 이러한 모든 것은 위기 수준에 따라 선택을 반복해야만 하는 일상적 생존사업전쟁의 과정일 뿐이다. 과연 대한민국 정치세력은 김정을을 압도하는 전략 통찰을 했었는가?

생존사업전쟁은 본질을 통찰해 선택한 전략이 미래세대까지 일관성이 유지될 때 성공해 강대국으로 성장한다. 1948~2022년 잿더미 대한민국의 선진국 진입이 그러했다. 로마와 몽골은 그렇게 세계를 지배했다. 영국은 1600년대 이후 유럽 해상패권 확보, 식민지 전쟁, 산업혁명, 시장경제, 자유민주주의 체제 창출을 지속해 최초로 세계전략을 구사한 국가이다. 약소국 로마, 몽골, 영국의 독창적 세계전략은 대한민국 정치세력에 어떤 울림을 줄 수 있을까?

중국은 '미국을 이용한 미국 극복전략', 이이제이(以夷制夷)를 지속했다. 미국은 베트남 전쟁에서 군사력 절대 우세에도 불구하고 1972년 중국 화

---

83   Harry R. Yarger, Strategic theory for the 21st Century(2006). 4가지 요소를 설명하는 이론이 혼돈이론(Chaos Theory, Edward Lorenz)과 복잡 이론(Complexity theory)이다.

해를 위한 주월 미 지상군 전면 철수를 선택해 1975년 전쟁에 패배했다.[84]

전쟁 패배 후유증은 1991년 제1차 걸프전 승리 이전까지 계속되었다. 베트남 전쟁 패배의 위험까지도 수용한 중국화해 전략은 2017년 트럼프 미국 대통령의 대중국 무역전쟁 선포로 의문이 제기되었다. 1972년 미국의 중국 화해 전략은 중국의 '시간에 의한 미국 공격', '모공(謀攻) 궤도(詭道) 함정'이었던 것이다. 중국은 1972년 이후 미국을 이용한 경제 부국 전략을 일관성 있게 추진해 왔다. 등소평 경제개혁 개방정책은 도광양회(韜光養晦)로 협력 중심의 대미 정책을 장쩌민, 후진타오까지 계속하면서 마침내 G-2 달성에 성공했다. 그러나 그 직후부터 시진핑은 일대일로(一帶一路), 중국몽(中國夢)을 추구한 세계 패권 전략을 선택하며 새로운 국면을 조성했다. 선승(先勝)-부국(富國) 이후에 후전(後戰)을 선택한다는 도광양회 전략이 미국과 무역전쟁으로 충돌하면서 다시 휘청거리기 시작했다.『손자』의 장기 국가생존사업전략 선승후전(先勝後戰)으로서 도광양회는 과연 성공한 것일까?

2025년 미국은 장기전쟁의 반복 선택으로 국가이익에 심대한 타격을 받고 있다. 1945년 시작된 냉전, 1950년 한국전쟁, 1963년 베트남 전쟁, 2003년 이라크 전쟁, 2001~2021년 아프간 전쟁 등은 미국 재정에 심각한 타격을 주었다. 2003년 제2차 이라크 전쟁은 군사적 대승리에도 이라크 정치세력의 통제실패라는 "전략적 함정"에 빠져 장기전을 초래했다. 아프간 전쟁은 20년 장기전 결과 2021년 미 지상군 완전 철수로 탈레반 세력에게 아프간 국가통치 권력을 사실상 그대로 넘겨주었다. 1975년 베트남 전쟁 패배의 판박이였다. 미국 정치세력이 군사 전쟁 폐해 통찰에 실패한 결과였다.

84　　미국은 1969년 닉슨 독트린 선언, 1972년 미국과 중국의 상하이 공동성명, 1973년 1월 27일 파리평화협정 조인, 동월 29일 베트남 전쟁 종전선언, 동년 3월 29일 남베트남에서 미군은 완전히 철수했다. 북베트남은 1974년부터 파리평화협정을 어기고 공격을 재개, 1975년 4월 남베트남을 완전히 점령했다.

왜, 『손자』 선승(先勝), 후전(後戰) 전략은 불패의 원리인가? 미국-중국 사례
는 이를 깊이 돌아보게 해준다. 손자는 전략적인 정치-군사 통합을 특별히 강
조한다. 생존사업전쟁은 정치가들이 결정하고, 군사 전쟁은 군인이 수행한다.

《先爲不可勝(선위불가승): (정치가는) 먼저 적의 승리를 불가능하게 만들고, 以待適
之可勝(이대직지가승): (군인은) 기다림으로써 적으로부터 승리를 가능케 만든다.》

국가는 운명적 생존사업의 결정적 기회를 간파해 놓치지 않는 전략가에
의해 강대국으로 성장한다. 영국의 스페인 무적함대 격파는 단 한 번의 운
명적 기회를 놓치지 않은 영국 통치권자들의 오랜 준비와 결단 결과였다.
영국을 20세기 세계 패권 국가로 만든 원동력은 무적함대 격파를 결심한 엘
리자베스 여왕과 찰스 하워드가 지휘한 해군이었음을 전문가들은 강조한
다. '졸속(拙速)'은 철저한 사전 준비로 결정적인 적 약점이 발생한 틈새 기
회를 실수 없이 이용함을 말한다. 반면 생존위험을 미리 통찰하지 못해 발
생하는 지연된 나의 졸석 대응은 적에게 충분한 기회를 제공한다. 그렇게
나의 기회와 이익은 사라진다.

역사는 약 70% 이상 군사 전쟁이 협상으로 종결되었음을 보여준다.
압도적 군사력 우세 국가도 상당한 피해를 감수해야 한다. 미국의 사례는
이를 잘 보여준다.[85] 그래서 《병을 아는 장군은(知兵之將, 지병지장), 백성
의 생명을 맡은(民之司命, 민지사명), 국가 안위의 주체이다. (國家 安危之
主, 국가 안위지주) 》

85　　Mattew O. Jackson and Massimo Morelli, The Reasons for Wars(2009); Bahar Leventoglu and Branislav L.
　　　Slantchev, The Armed Peace; A Punctuated Equilibrium Theory of War(2006)

모공은 정치, 경제, 군사 전 분야 전략공격(strategic attack)이다.

정치적 전략공격은 벌모(伐謀), 벌교(伐交)이다.

경제적 전략공격은 벌교(伐交), 벌병(伐兵)이다.

군사적 전략공격은 벌병(伐兵), 공성(攻城)이다.

정치세력의 속성과 본질은 국가권력의 독점지배이다.

정치세력의 부패는 철저한 감시하에서도 단절되기 어렵다.

정치세력은 감시가 약할 때 국민을 즉시 노예로 만들어 지배했다.

1940년 5월 10일, 영국 처칠은 피와 땀과 눈물로 국민에 절규했다.

"우리는 끝까지 싸울 것이다!"

"평화는 힘을 통해서만 얻을 수 있다. (Peace through Strength)"

1991년 12월 25일, 소련 공산 사회주의 독재체제가 해체됐다.

레이건의 선택 결과였다. 평화는 생존사업전략 평형상태였다.

7　**최상은 전투 없이 적을 굴복시키는 계책이다.**

원문　凡用兵之法, 全國爲上, 破國次之; 全軍爲上, 破軍次之;
　　　범용병지법, 전국위상, 파국차지; 전군위상, 파군차지 ;

　　　全卒爲上, 破卒次之; 全伍爲上, 破伍次之;
　　　전졸위상, 파졸차지; 전오위상, 파오차지

 통상적 용병법은, 국가 보전(保全)이 최상이며, 국가 파괴는 차선이다.[86]

군(軍) 보전이 최상이며, 군(軍) 파괴는 차선이다.

졸(卒) 보전이 최상이며, 졸(卒) 파괴는 차선이다.

오(伍) 보전이 최상이며, 오(伍) 파괴는 차선이다.

※ 춘추시대 군사 조직은 「오(伍)-양(兩)-졸(卒)-여(旅)-사(師)-군(軍)」이었다.

군(軍): 12,500명, 사(師): 2,500명, 여(旅): 500명,

졸(卒): 100명, 양(兩): 25명, 오(伍): 5명

원문 百戰百勝, 非善之善者也, 不戰而屈人之兵, 善之善者也
백전백승, 비선지선자야, 부전이굴인지병, 선지선자야

해석 백전백승은 최상의 최상이 아니다.

전투 없이 적을 굴복시키는 생존사업전쟁이, 최상의 최상이다.

원문 上兵伐謀, 其次伐交, 其次伐兵, 其下攻城.
상병벌모, 기차벌교, 기차벌병, 기하공성

해석 생존사업전쟁의 최상은 책략에 대한 공격이며, 그다음 외교 공격이고, 그다음은 군대에 대한 공격이며, 그 최하가 성(城) 공격이다.

원문 善用兵者, 詘人之兵而非戰也, 拔人之城而非攻也, 破人之國而非久也,
선용병자, 굴인지병이비전야, 발인지성이비공야, 파인지국이비구야,

必以全爭於天下, 故兵不頓而利可全, 此謀攻之法也.
필이전쟁어천하, 고병부돈이리가전, 차모공지법야

해석 용병에 뛰어난 자는, 상대의 군대를 굴복시키니 전투가 없으며, 상대 성을 빼앗아 공격이 없으며, 상대 국(國)을 깨뜨려서 오래 끌지 않는다. 반드시 온전하게 천하를 다투니, 그래서 병력이 피해 없이 온전하니, 이것이 전략공격의 방법이다.

---

86 "적국을 보전한다."라는 해석은 맞지 않는다. 전쟁은 적국파괴로 적 능력을 최소화해야 자국 이익을 획득할 수 있다. 따라서 군사 전쟁은 쌍방 국가의 피해가 불가피하게 발생한다. 부전승은 피해 없이 온전(穩全)하다.

모공(謀攻)은 대화, 협상, 위협, 중재, 군사 공격 등의 다양한 수단으로 상대 양보와 굴복을 강요하는 '군사적 설득(military persuasion)' 전략이다. 모공은 심리적으로(psychological) 상대 계책을 굴복시키는 '군사적 강요(military coercion)' 전략이다. 상대 의지를 무력화시키는 벌모(伐謀), 상대 외교를 고립시키는 벌교(伐交)는 비군사적 전략이다. 상대 군대를 약화하는 벌병(伐兵)과 상대의 성을 공격하는 공성(攻城)은 군사력 운용 전략이다. 즉 군사-비군사 모든 수단을 총동원한 국가 대전략(Grand Strategy)이 모공이다.

모공은 '분쟁 발생 이전 승리'에 집중하는 생존사업전략이다. 국제관계는 평화와 전쟁 사이에서 일련의 이익갈등 스펙트럼을 형성한다. 미 합참은 이익갈등 스펙트럼 현상을 전략개념 선택 기준으로 제정해 국가분쟁에 대응하고 있다. 국가안보상황실에 군사 지휘관을 포함한 정치, 외교, 경제, 과학기술, 군사 전문가들이 상주하며 함께 토의해 상황에 대처한다. 1989년 11월 미국 대통령 부시의 마루타 섬 냉전 종식 선언은 대표적 부전승 성공사례이다. 1994년 이후 한국과 미국의 대북 핵 폐기 협상전략은 대표적 부전승 실패사례이다.

군사 전쟁은 정치조직 간에 발생하는 조직화한 폭력(organized violence)의 충돌 현상을 말한다.[87] 남북한 정치세력은 한반도 지배 전략대결을 80년 이상 지속하고 있다. 김일성은 6·25 기습남침 전쟁에서 한반도 무력 적화통일에 실패했다. 그의 손자 김정은이 무력 적화통일을 다시 선언했다. 김정은의 타도목표는 한국 자유민주주의 정치세력이다. 모든 대화-신뢰를 통한 한반도 평화 주장은 민족감정을 이용하는 궤도(詭道)였으며, 실현 불가능한 환상일 뿐이었다. 그런데 대한민국의 통일정책은「낮은 단계 남북 연방제 실현」이다.

국가생존사업에서 경쟁은 주변국과 갈등을 의미한다. 국가 갈등은 정치,

---

87   Jack S. Levy and William R. Thompson, Causes of War (2010), p. 5.

외교적 이익조정으로 해결된다. 정치, 외교적 이익조정이 불가하면 군사적 설득을 사용한다. 군사적 설득(military persuasion) 실패는 군사 전쟁이다. 그렇게 국가이익은 평시 군사 전쟁 준비태세를 통해서 보호된다. 따라서 '무조건 전쟁 반대'는 국가이익 포기행위와 같다.

평화란 국가이익을 힘으로 지켜 보장한 상태이다. 국가이익을 힘으로 못 지키는 순간, 국가는 타 국가에 종속된다. 힘으로 지켜내도 피해가 극심하면 이익은 사라진다. 국가이익은 피해 없이 분쟁을 해결할 때 보존된다. 군사 전쟁 없는 이익분쟁 해결이 부전승이다. 군사 전쟁 없는 부전승은 군사적 설득(military persuasion) 없이 불가능했다.

모든 생존사업은 국가를 온전히 보전한 이익 획득을 최상의 목표로 한다. 군사 전쟁은 상대 국가를 군사력으로 파괴하는 군사작전이다. 이때 공격 국가도 필연적으로 피해가 따른다. 러시아의 압도적 군사력도 우크라이나의 모스크바 공격 완전 차단은 불가능했다. 따라서 자국을 온전히 하며 얻는 승리전략이 최상이 될 수밖에 없다. 군사 전쟁은 발발 이후의 피해를 아무도 예측할 수 없으니 차선책일 수밖에 없다. 따라서 모공은 장군들의 군사작전 기술과 비군사적 생존기술을 융합한 총체적 국가전략이다.

대한민국은 모공을 대북전략에 적용한 적이 있는가? 무조건 전쟁 반대를 외친 한국은 미국의 북한 미사일 방어체제 참여 요구도 끝까지 모두 거부했다. 북한 핵의 물리적 파괴 및 저지 능력 없이 한반도 평화는 존재할 수 없다. 2000년 남북정상회담과 경제협력은 한반도 평화를 보장할 듯이 국민을 착각하게 만들었고, 그 결과는 2017년 북한 핵무장 완성 선언과 2023년 김정은 핵 선제공격 불사 선언으로 돌아왔다. 햇볕정책은 모공(謀攻)의 전국위상(全國爲上)이 아니었다. 송양지인(宋襄之仁) 고사와 유사할 뿐이다. 자국 군사능력 없이 북핵 포기설득은 불가능함을 인류 역사는 증명해주고 있다.

모공 부전승은 협상(bargaining)-억제(deterrence)-봉쇄(containment)-강제(enforcement)전략이 잘 융합될 때 성공했다. 소련은 1949년 핵실험[88]과 1957년 10월 4일 스푸트니크 발사에 성공했다. 미국은 본토 직접 공격 위협의 공포를 최초로 절감했다. 미국은 소련 미사일 위협의 갭 극복을 위한 모든 노력을 시작했다. 케네디 대통령의 아폴로 우주 개발계획과 달 유인우주선 성공은 그렇게 탄생했다. 미국의 아폴로 계획 성공은 소련 미사일 갭을 극복하고 1983년 레이건의 전략방위구상(SDI: Strategic Defense Initiative)을 가능하게 했다. 미국의 대소련에 대한 35년 대결전략은 1970년대 닉슨-키신저 데탕트(detente) 전략으로 한때 크게 위험에 직면했었다. 1972년 닉슨의 중공 화해 전략은 2022년 미 국력의 약화를 초래한 전략적 실수로 확인되고 있다. 반면 레이건의 힘을 통한 평화전략은 소련을 해체시키고, 냉전을 종식시켰다고 평가받는다. 냉전 시기 미국 전략은 정치·경제·군사의 융합으로 소련을 무력화시킨 전형적 모공전략(謀攻戰略)이었다.

닉슨-키신저의 1972년 중국화해 전략은 2025년 미국 생존사업에 치명적 위기를 만들고 있다. 중국 '1국-2 체제'는 2019년 홍콩에 국가보안법 적용으로 자유민주주의 체제를 파괴하는 위장전략임이 드러났다. 모택동은 '미국을 이용한 미국 극복전략', 이이제이(以夷制夷)를 철저히 적용했다. 등소평 도광양회(韜光养晦)는 선 부국을 위한 선승(先勝) 전략이었다. 시진핑의 중국몽(中國夢)은 후전(後戰) 선언이었다. 중국은 한반도 이이제이(以夷制夷), 모공(謀攻) 형세로 북한 핵개발 프로그램을 이용했음이 드러나고 있다.

남북한은 공존 불가능한 정치이념과 국가 체제를 선택한 개별국가다.

---

88 미국은 1945. 7. 15. 원폭, 1952. 11. 1. 수폭 실험; 소련은 1949. 8. 29. 원폭, 1953. 8. 13. 수폭 실험

공산당 사회주의 독재 체제는 자유민주주의 말살이 목표다. 중국과 베트남은 자본주의 시장경제 원리를 도입해 개방경제를 선택했음에도 공산당 사회주의 독재를 포기하지 않고 있다. 북핵 폐기 전략은 '물리적 파괴, 북핵 수용, 자발적 포기, 강요에 의한 포기[89]' 등의 4가지 전략방책을 동시에 추구해야 한다. 군사력에 의한 물리적 파괴는 한국이 정면 반대하고 있다. 북한을 파키스탄과 같은 핵 국가로의 인정은 대한민국의 굴복이니 수용이 불가하다. 북한 자발적 핵 포기는 1994년 이후 실패를 반복해 온 협상 방법이다. 불가피 '강요에 의한 핵 폐기' 전략만 남게 된다. '강요에 의한 핵 폐기' 전략에는 경제적 압박 및 외교적 고립, 경제봉쇄 및 군사적 압박[90] 군사적 국경 차단-봉쇄 등이 있다. 2019년 미국 전략이 경제적 최대 압박 및 외교적 고립이었다. 하노이 협상에서 이 전략 또한 실패했다.

　햇볕정책 세력은 북한 핵 포기 군사적 강요를 전쟁행위라고 주장했다. 그들은 한반도 평화를 위해 북한이 무너지면 안 된다고 주장했다. 그들은 남침으로 한국전쟁을 일으킨 북한을 위해 「동맹보다 민족 우선」을 강조했다. 대한민국 대북 전략은 진정한 북한 핵 포기를 추구해왔나? 북한의 대남전략 모공에 속은 것은 아닌가?

　왜, 대한민국 대북 전략에는 근 미래의 현실적 목표가 없는가?
　왜, 대한민국 대북 전략에는 먼 미래의 민족통일 환상만 있는가?
　왜, 민족평화 주장 세력은 북한 주민의 노예생활을 모르는 척하는가?
　왜, 한반도 평화 주장 세력은 친북-친중, 반미-반일을 선동하는가?
　왜, 한반도 평화 주장 세력은 김정은 핵무기를 대남공격용이 아니라 주장해왔나?

89　북한 정권 교체(Regime Change)는 '강요에 의한 핵 포기'에 해당한다.

90　2018년 남북 군사합의서는 군사적 압박전략을 무력화시킬 가능성이 충분하다.

8 정치세력이 군사(軍事)에 개입하면 국가는 망한다.

 故君之所以患于軍者三：
고군지소이환우군자삼:

不知軍之不可以進而謂之進，不知軍之不可以退而謂之退，是謂縻軍.
부지군지불가이진이위지진，부지군지불가이퇴이위지퇴，시위미군.

不知三軍之事，而同三軍之政，則軍士惑矣.
부지삼군지사，이동삼군지정，즉군사혹의.

不知三軍之權，而同三軍之任則軍士疑矣.
부지삼군지권，이동삼군지임，즉군사의의.

三軍旣惑且疑，則諸候之難至矣，是謂亂軍引勝.
삼군기혹차의，즉제후지난지의，시위난군인승

 군주의 재앙이 되는 군사(軍事) 3가지 (문제가) 있다.

군의 진격 불가 상황을 모르면서 진격을 명령하고,

군의 후퇴 불가 상황을 모르면서 후퇴를 명령하면,

이것을 「군대 속박」이라 말한다.

3군의 사업을 모르면서, 마치 같은 것처럼 3군 정책에 개입하면,

군의 장교들은 많은 의혹을 갖게 된다.

3군의 지휘 권한을 모르면서, 마치 같은 것처럼 3군 직책을 임명하면,

군의 장교들은 (군주를) 의심하게 된다.

3군이 이미 현혹되어 의심하고 제후의 반란까지 이르게되면,

이것이 군대를 어지럽혀 승리를 (적에게) 안겨주는

「난군인승(亂軍引勝)」이다.

난군인승(亂軍引勝)은 '정치세력 군사 개입'이 초래한 적의 승리를 말한다.

① 오왕 부차는 오자서-손무를 해임하고 전쟁을 지휘하다 월나라에 패배해 자결했다.
② 1597년 4~8월 선조는 이순신 장군을 해임하여 임진왜란 장기전을 자초했다.
③ 대원군은 고종의 직접 통치 근대화 국방개혁을 방해해 일본 합병을 자초했다.
④ 트루먼은 만주 폭격을 주장한 맥아더를 해임해 한반도 석권에 실패했다.
⑤ 한국전쟁 이후 미국은 정치세력이 군사에 개입한 모든 제한전쟁에서 패배했다.

국가 흥폐(興廢) 존망(存亡)의 근본 원인은 무엇일까? 왕정과 독재국가의 흥망은 최고 권력자의 오판과 잘못된 군사전략 선택으로 인해 발생했다. 일본 군사력에 강제 합방 당한 1910년 조선의 멸망과정과 독일과 일본의 2차 세계대전 선택은 대표적이다. 미국의 제한전쟁 패배는 국민 지지여론을 의식한 정치세력의 군사작전 개입에서 시작되었다. 국가 흥폐존망은 언제나 정치세력의 선택에서 시작되었다. 현대 정치세력의 내부 무장투쟁(내전: civil-war) 선택은 국가실패의 시작이었다.[91] 국가실패는 정치세력이 스스로 선택한 결과물이었다. 공동체보다 '개인과 세력'을 우선 선택한 결과였다.

① 모든 국가의 생존사업전략은 군사전략을 근본으로 한다.
② 군사전략의 최종결정권자는 군주/대통령/총리이다.
③ 국가생존사업 전략 선택은 집권 정치세력의 책무이다.
④ 그러나 정치세력은 권력 독점의 속성을 버리지 못한다.
⑤ 그들은 종종 장기집권 계책을 국가이익으로 감추고 위장한다.
⑥ 위장된 계책은 국가정책을 왜곡, 조작하여 국가 패망을 자초한다.
⑦ 정치세력의 적대적 대결은 국가 및 군사전략까지 왜곡, 배제한다.

---

91   Robert Ⅰ. Rotberg, *The New Nature of Nation-State Failure*: The Washington Quarterly, Volume 25, Number 3, Summer 2002 (MIT Press, 2002), pp. 85-96 (Article)

동서고금 모든 국가는 평시 군대를 어떻게 육성해야, 전시 승리하는 군사력이 보장되는지 깊이 고민해 왔다. 국가는 생존전략의 원리를 무시하고, 장군과 군대를 함부로 취급하면 재앙을 면치 못한다. 장군과 군대가 오만해지기 시작하면 국가는 대혼란에 빠진다. 이것이 「정치-군사」와 민군관계의 근본원리이다. 역사상 모든 국가패망은 정치세력의 내부 권력투쟁에서 시작되었다. 정치세력 내부 권력투쟁과 자기 세력에 유리한 정책 이익 선택은 필연적으로 국가전략 왜곡과 자기 세력 임명으로 이어졌다. 이것은 국가 멸망 진입 단계의 첫발이었다. 모든 국가 멸망은 군사전략의 왜곡, 무시, 배제에서 시작되었음을 인류생존의 역사는 증명해준다.

새뮤얼 헌팅턴은 「정치-군사」 관계에서 정치 우위를 주장했으나, 정치의 일방적 군사 지배는 제2차 세계대전을 일으킨 히틀러에게 맹종한 장군들의 문제를 낳았다. 1950년 중공군의 한반도 투입통로를 차단하려 했던 맥아더의 만주 폭격계획은 군사작전의 상식이었으나, 오히려 맥아더는 해임되고 한국전쟁 장기화로 막대한 피해를 초래하면서 한반도는 최초의 분단상태로 돌아갔다. 오왕 부차는 정치가 백비 말만을 믿고 오자서를 자결하게 했고, 손무는 행방을 감추었다. 부차는 당대 최고 명장이며 전략가인 손무, 오자서를 모두 추방하고 결국 월왕 구천에 패배해 멸망했다. 이 모든 사례가 바로 난군인승(亂軍引勝)이다.

특히 고조선 이후 모든 한반도 국가멸망 원인도 난군인승을 벗어나지 않았다. 고려 무신정권(1170~1270)의 위기는 무신(武臣) 때문이 아닌 무신 천대-무시 때문이었다. 주자학과 과거시험이 발단(發端)이었다. 무반(武班)은 정3품직 상장군(上將軍)을 최고 관직으로 2품 이상 재상(宰相)직에 올라갈 수 없었다. 무신은 정3품 상장군이 최고 관직이었으므로 군사작전의 최고 지휘권은 문신이 임명되고 무신은 그 휘하에서 종군하였다. 문신의 권력 독점은 무신들에 대한 멸시와 천대로 이어졌고 하층 군인들까지 불만이 가득했다. 바로 그 시기에 1231년 고려-몽골 전쟁이 시작되었고, 1270년 고려 원종이 몽골에 항복했다. 한반도 국가는 이후 고유 연호와 국호를 사용 못하는「원-명-청 제후국」으로 취급되었다.

고려 말기 1383년 이성계는 북방 접경지역 안정을 위해 우왕에게 계책 4가지를 상소했다. 이성계 상소 내용은 고려 조정이 존망의 국가생존사업을 평시 어떻게 준비했으며, 외부세력 침공 유사시 어떻게 대응했는지를 적나라하게 보여준다. 고려 정치세력 선택으로 발생한 위기는 임진왜란 징비록에 기록된 위기발생 과정과 같았으며, 1994년 이후 대한민국 정치세력 선택으로 발생한 2023년 핵전쟁 위기와 매우 닮아있다.
　이성계 상소내용은 다음과 같다.[92]

① 외적(外敵)을 방어하는 방법은 군사를 훈련하여 일제히 적군을 공격함에 있는데, 지금은 교련(教鍊)하지 않은 먼 땅에 흩어져 있는 군사를 도적이 이르러서야 창황(倉皇)히 불러 모으게 되니 승리가 어렵습니다. 평시 군사훈련을 강화해 동원된 백성이 즉시 전투력을 발휘하게 하소서.
② 군사[師旅]의 생명은 군량에 매여 있으니, 비록 백만 군사라도 하루 양식이 있어야만 하루의 군사가 되고, 한 달 양식이 있어야만 그제야 한 달의 군사가 되니, 이는 하루라도 식량이 없어서는 안 되는 것입니다. 변방의 군량미 비축 정책을 재정비하여 주소서.
③ 군사와 백성이 통속(統屬) 되는 곳이 없으면 위급한 경우에 서로 보전하기가 어려울 것입니다. 변방 지역의「군사−백성 3가(家) 1호(戶) 일원화 통솔체제」를 복원해 주소서.

92　한국 고전 종합 DB,「조선왕조실록-태조실록 총서」(NAVER 검색일: 2023년 8월 6일)

④ 백성의 기쁨과 근심은 수령(守令)에게 매여 있고, 군사의 용감함과 겁내는 것은
장수에 달려있는데, 지금 군현(郡縣)을 다스리는 사람은 권세 가문에서 나오기
때문에, 그 세력만 믿고 그 직무는 근신하지 아니합니다. 청렴하고 근실 정직한
사람을 공정하게 선출해 백성을 다스리게 하고, 능히 장수가 될 만한 사람을 뽑
아, 군사를 거느려서 국가를 방어하게 하소서.

「난군인승(亂軍引勝)」은 유교를 국교로 선택해 무관(武官) 천시, 문관(文官) 독주 정책을 계속한 조선에서 가장 심각했다. 그 결과 조선은 1800년대 외부 어떠한 위협에도 대응 불가능한 상태에 빠졌다. 그리고 단군 이래 최초로 일본에 합병되어 국가가 소멸했다. 강대국의 전쟁 틈새에서 탄생한 대한민국 또한 군 인사권 악용 등 난군인승(亂軍引勝) 사태가 반복되었다. 정치세력 이익을 위한 집권세력의 국방전략 개입은 심각한 상태에 이르렀다. 북한 핵 위협까지 축소, 왜곡되어 대응 무기체계 획득조차 배제되었다. 국방정책, 군사전략, 작전계획 등에 정치 논리가 깊이 작용했다. 정권 교체는 어김없는 장군 보직-진급에 거대한 회오리바람이 불어닥침을 의미했다. 지휘관들은 정치가의 눈치를 보며 지휘하는 모습이 역력했다. 이것이 1994년 이후 북한 비핵화 저지 실패, 한국군 정치화 과정실태에 대한 설명이다.

9 장수가 유능해 군주가 간섭하지 못하면 승리한다.

원문 知可以戰與不可以戰, 勝; 知衆寡之用, 勝; 上下同慾, 勝;
지가이전여불가이전, 승; 지중과지용, 승; 상하동욕, 승;

以虞侍不虞, 勝; 將能而君不御, 勝; 此五者, 知勝之道也.
이우시불우, 승; 장능이군불어, 승; 차오자, 지승지도야.

해석 ① 전쟁을 해야 할 때와 해서는 안 될 때를 알면 승리한다.

② 병력 집중과 분산의 운용원리를 알면 승리한다.

③ 상하가 동일한 욕구를 가지면 승리한다.

④ 대비한 이후에 대비 안 된 상대를 기다리면 승리한다.

⑤ 장수가 유능하여 군주 간섭이 없으면 승리한다.

이 5가지가 승리를 아는 길이다.

원문 知彼知己, 百戰不殆, 不知彼而知己, 一勝一負, 不知彼不知己, 每戰必殆
지피지기, 백전불태, 부지피이지기, 일승일부, 부지피부지기, 매전필태

해석 적을 알고 나를 알면, 백번 전투에도 위태롭지 않게 된다.

적은 모르고 나만 알면, 한번 이기고 한번 지며,

적을 모르고 나도 모르면, 매번 전투에서 위태롭다.

※ 장군이 반드시 갖추어야 할 '전략통찰 능력'을 제시하고 있다.

전략통찰 능력을 갖춘 장군의 육성은 국가존망사업이다.

세계 초일류기업은 "초일류 인재 선발"을 최상전략으로 삼는다. 세계 최고 인재 획득이 초일류기업의 핵심 성장전략이다. 자본주의 시장경제가 시대 흐름을 주도하며 초일류기술 발전을 이끌었던 그 중심에 공정한 경쟁이 있다. 인간의 생존이익 추구본능은 초일류기술 발명과 불공정 부패를 동시 발생시킨다. 그래서 국가 생존사업전략은 최대한 투명한 선택과 결정 과정

을 국민에 공개해야 한다. 국가권력을 위탁받은 최종결정권자는 '의사결정 과정의 투명성 보장'에 대한 책임을 진다. 「권력남용-정치부패」는 진정한 전문성 경쟁체제를 무너뜨린다. 「속이지 않는 정치」는 국가생존사업 선택의 의사결정 과정을 "투명하게" 공개한다. 국가의 도(道)는 「속이지 않는 정치」이다.

국가 특허제도(patent)와 공정경쟁법(competition law, antitrust law)은 자본주의 시장경제의 정상 작동을 보장해 주는 핵심축이다. 1624년 영국은 국왕이 독점권을 보유해 남발했던 전매특허증(Letters patent)을 최초 신기술 발명가에게만 부여하도록 규정한 「독점 조례법(Statute of Monopolies)」을 제정했다. 영국 국왕은 1688년 명예혁명 이후 독단적 국가권력 행사에 의회가 통제를 시작했다. 영국 정치세력과 공무원의 부패 문제는 공정경쟁법의 정착까지 수백 년이 필요했다.[93] 공정경쟁법으로 보장된 유럽 특허권은 19세기 에디슨 같은 발명과학 비즈니스를 꽃피우며 미국이 세계 최강국으로 급성장하는 받침돌로 작용했다.[94]

공정경쟁법이 정착되지 않은 남미 대륙은 이와 극단적 반대 현상이 21세기에도 일어나고 있다. 남미 정치부패에 따른 경제 붕괴, 사회적 불안정은 2025년 현재 더욱 악화일로에 있다. 남미 장기독재 정치세력의 이익 독점은 국가 공정경쟁체제가 무너진 결과였다.

대한민국은 「공정경쟁의 원리」가 비교적 잘 적용된 국가생존사업 체제를 지속해 왔었다. 그러나 1994년 이후 대북정책이 '보수-진보' 정치세력의 이

---

93   Tim Lankester, *Conflict of Interest : A Historical and Comparative Perspective* (2007, Oxford Univ.);Paul
      Collier 외 5명, *Breaking the Conflict Trap : Civil War and Development Policy* (2003, World Bank and
      Oxford Univ.)

94   Daron Acemoglu and James A. Robinson, Why Nations Fail : The Origin of Power, Prosperity, and Poverty
      (2012)

익투쟁 수단으로 변질되면서 새로운 양상이 나타났다. 대한민국 집권 세력은 1994년 이후 5~10년 주기로 교체되었다. 대북정책은 대통령과 집권 정치세력의 교체 때마다 거의 정반대 방향으로 선택되었다. 북한은 1970년대 중반 이후 대한민국 선거에 개입하며 한국 정치 선동을 지속해 왔다. 그 결과 2023년 국민의 대북정책 인식은 좌파-친북, 우파-반북으로 고착되었고, 북한은 노골적으로 대한민국 선거에 개입하는 심각한 수준에 이르렀다. 그렇게 한국 국방전략의 일관성은 상실되었고 심지어 배제되어 왔으며, 북한 비핵화 협상은 표류했고 한반도 핵전쟁 위기 수준은 지구상 최악의 상태에 도달했다. 한미 연합 합동작전 체제 또한 심각하게 훼손되어 왔다. 북한 핵무장 현실화에도, 합동군조차 결정하지 못한 대한민국은 "북한 주적" 규정에서도 취소와 재지정을 반복하는 행태를 계속해 왔다. 1590년 김성일-황윤길이 일본침략 의도 정탐 결과를 정반대로 선조에게 보고하는 유사한 모습이다. 북한 핵미사일 대응 무기 획득계획은 2013년 뒤늦게 착수되었으나, 2017년 급격히 취소, 변경, 수정되었었다. 대북 전략이 정치적 이익에 철저히 좌우되고 있음을 분명하게 보여준 현상이다. 대한민국은 "정치세력의 난군인승(亂軍引勝) 선택"을 어떻게 극복해 낼 수 있을까?

현대 자유민주주의 국가는 '문민통제' 직업군인제도를 근본으로 한다. 정치가들은 군대의 정치적 중립을 위한 법적 조치와 감시를 지속한다. 반면 국가 안보 및 국방 체제는 전문성 경쟁을 통한 정책보장을 강력히 요구한다. 국방 전문가는 독립적 국방 인사제도가 전제되어야만 육성될 수 있다. 특히 군대의 정치적 중립을 훼손하는 정치세력의 국방정책 개입은 모든 국방 및 군사 전문성을 파괴해버린다. 집권 정치세력은 그들과 맞는 이념 편향적 군 지휘관을 임명해 왔다. 손무가 특별히 강조한 《君之所以

(군지소이) 患於軍者三(환어군자삼): 군주가 군대 재앙을 일으키는 3가지 문제》가 노골화되면서, 「군인의 정치화」가 급속히 확산되었다.

「군인의 정치화」는 모든 국방전략을 무용지물로 만든다. 군인 정치화와 정치군인 퇴출은 「국방조직의 내적 자율성(Embedded Autonomy)」을 보장하는 유일한 방법이다. 그것은 장관을 비롯한 모든 군사 지휘관에게 가장 투명한 진급과 보직 인사권을 법령으로 위임-보장하는 일이다. 국방 및 군사 전문성은 장관, 합참의장, 육해공 참모총장이 「독자 군사전략 기획 시스템」을 구축 운영할 때만 가능해진다. 한국군은 아직도 미군 군사전략의 모방 수준에서 벗어나지 못했다. 독자 국방전략과 군사 작전기획 능력이 부족한 수준에 머물러 있다. 군인 정치화가 독자 전략기획체계를 포함한 국방 및 군사 전문성 배양체제를 순식간에 물거품으로 만들고 있다. 히틀러가 장군들을 동원해 독일을 잿더미로 만들고, 오자서가 자결하고 손자가 떠나면서 오나라가 멸망한 현상이 대한민국에서 나타나고 있다.

 2019년 12월 미국 뉴욕타임스지는 트럼프 대통령의 부당한 군사 업무 개입이 있었다고 보도했다.[95] 트럼프는 네이비실 전쟁범죄 불명예제대자 갤러거 중사를 임의 사면하고, 스펜서 해군성 장관을 파면했다. 작전지휘관과 협의 없이 아프간 탈레반 정권과 중단되었던 평화회의 재개를 선언했다. 장관을 포함한 국방 주요 보직자들은 크게 반발했다. 미국 정치에서 군사전문가들과 정치세력이 벌이는 국방정책 전문성 경쟁은 잘 알려진 사실이다. 미국의 대부분 전문 학자들은 자기 군대(My troops), 자기 장성(My Generals)이라는 임명권자 대통

---

95   한국 군사 문제 연구원, 네이비실 요원의 전범 사건과 트럼프의 정치적 개입 (2019, 뉴스 레터 제645호); The New York Times International Edition(2019. 12. 03)

령의 착각을 정치-군사 민군관계를 훼손하는 근본 원인으로 지적했다.

현대국가 생존사업은 평시부터 분-초 단위의 실시간에 적과 우열을 다투는 「전-평시 연속 통합전쟁」의 과정으로 수행되고 있다. 국가 정치, 경제, 외교, 군사의 분야별 전략을 단일 국가목적에 통합해 동시 수행해야 승리가 가능함을 의미한다. 국가안보회의(NSC: National Security Council)로는 「범정부적 실시간-동시 의사결정」의 적시성을 충족할 수 없다는 교훈이 이미 확인되었다. 미국은 모든 분야의 '시간적 동시성' 달성을 위해서 우주를 포함한 "합동 전 영역 지휘 통제(Joint All Domain Command and Control, JADC2) 체제"를 구축했다.

군사 지도자들은 대통령 전략지침을 하달받아 군사전략을 발전시키고 실행한다. 1990년대 미군은 '순차적' 의사결정 절차를 '동시적으로' 바꾸었다. 단일 국가 네트워크 내부에서 정보의 동시 '소통-결심'으로 효율성 극대화를 추구했다. 국가정치지도자에게도 전략 전문지식은 군사 지도자 못지않은 필수 습득과제가 되었다. 「실시간 군사작전 동시수행」의 전략개념이 국가전략에서도 절실히 요구되었다. 평시 미군의 수평적 의사소통 노력은 「독일군 임무형 지휘(mission command)」 개념을 초급 장교 지휘부터 반복 교육 평가하는 지휘관 중심 교육체계를 발전시켰다. 미군 C4+ISR 지휘통제 체제는 철저한 수평적 네트워크의 운영체제이다. 누구도 수직적 제대별 지휘를 강요하지 못한다. 그러한 군사전략 실행체계가 국가전략에도 적용되고 있다. 아직도 수직적 지휘통제 체계에 있는 한국군은 과연 어떤 군사작전 수행이 가능할까?

2025년 현재 북한 핵미사일 무력화 지휘 통제체제는 오직 미군 C4ISR 통합작전 지휘 통제체제로만 가능하다. 핵미사일은 오직 「실시간-동시 감시 - 타격체제」로만 대응이 가능하다. 억제실패 시에 동시 보복 공격이 필수이기 때문이다. 한국군 작전 수행체제는 "전 제대 실시간 동시 작전"에 한계가 있

표로 선전구승(先戰求勝)의 혁명전쟁 장기집권을 추구한다.

춘추시대는 제후국 군주가 영토 내에 주민을 완전히 장악하지 못한 상태였다. 따라서 국가 통치력의 효율성을 높이는 시스템 구축은 대단히 중요한 문제로 대두되었다. 당시 국가통치체제는 행정구역과 군사동원을 기준으로 구축해 세금을 거두고 인력을 동원하는 시스템이었다. 『주례(周禮)』에는 주거지 단위별 군사동원 통치체제의 조직편성기록이 수록되어 있다.[02] 『손자』에는 그 통치체제를 '형(形)'으로 기록했다.

춘추시대 이전 동아시아 대륙은 "마을 단위 군사동원" 통치체제를 적용한 상태였다.[03] 즉, 최하위 주거 단위 오(伍, 5가구)는 병력 오(伍, 5명)를 편성하는 군사조직 동원체제였다. 주(周)나라는 행정단위를 주거마을 기준으로 구축해 세금을 집행하는 동시에 군사조직을 동원 편성하는 통치체제를 구축했다. 당시 군주는 직접 통제한 소수 상비군 이외에 농민을 전시 동원해 다음과 같이 편성했다.

주거 행정단위 오(伍, 5가구)는 군사조직 오(伍, 5명) 편성,

주거 행정단위 비(比, 25가구)는 군사조직 양(兩, 25명) 편성,

주거 행정단위 여(閭, 100가구)는 군사조직 졸(卒, 100명) 편성,

주거 행정단위 당(黨, 500가구)은 군사조직 여(旅, 500명) 편성,

주거 행정단위 주(州, 2,500가구)는 군사조직 사(師, 2,500명) 편성,

주거 행정단위 향(鄕, 12,500가구)은 군사조직 군(軍, 12,500명) 편성

---

02   백기인, 동상서 p. 33~40.

03   백기인, 동상서 p. 20~21. 하(夏)나라 시대는 병농합일(兵農合一)의 주민이 총동원되는 민군제(民軍制)였다. 당시 병사(兵士)를 중(衆)이라 불렀다. 은(殷)나라 시대는 족군(族軍) 중심 군사제도였다. 주나라 시대는 족군(族軍)이 진화된 삼씨족(三氏族) 삼군(三軍: 좌(左), 중(中), 우(右))제도였다.

춘추시대(주나라 말기)는 '부족 연맹국' 시대로 '정치-군사'의 구분이 명확하지 않았다. 관중은 궤리연향법(軌里連鄕法) 통치체제를 구축해 제(齊)나라를 패권국으로 만들었다. 궤리연향법은 군사동원을 거주지 단위로 통합한 '행정-군사 일원화' 통치체제로서, 주나라 통치체제보다 한 단계 발전된 형태였다. 최하 5가구 거주지 단위 '궤(軌)'는 가구당 1명씩 5명을 징집해 군사조직 오(伍, 5명)를 편성했다. 50가구 거주지 '리(里)'는 군사조직 소융(小戎, 50명)을, 200가구 거주지 '연(連)'은 군사조직 졸(卒, 200명)을, 2,000가구 거주지 '주(州)'는 군사조직 여(旅, 2,000명)를, 10,000가구 거주지 '향(鄕)'은 군사조직 군(軍, 10,000명)을 편성했다.[04] 통치행정과 군사동원을 일원화한 이 체제는 수당의 병농일치 부병제(府兵制)의 효시가 되었다.

주나라 통치체제는 봉토(封土)를 제후에게 분배 세습한 봉건제였다. 봉건제는 춘추전국시대 말기까지 계속되었다. 봉건제는 부족 연맹이 왕권 국가로 전환 이전의 제도로 '민(民)'의 생존사업 활동이 비교적 자유로운 통치제도였다. BCE. 221년 최초 통일국가 진(秦)은 봉건제를 폐지하고, 군현제(郡縣制)를 도입해 군수(郡守)와 현령(縣令)을 최초로 임명했다. 주나라 종법제도와 제후국의 종족공동체가 서서히 붕괴되기 시작했다. 군현제는 지방분권 봉건제를 중앙집권체제로 바꾸어 왕권을 대폭 강화한 체제였다. 효종이 등용한 재상 상앙은 십오제(什伍制: 5~10가구 상호감시체제)를 시행해 백성 지배체제를 강화했다.

군현제(郡縣制) 개혁은 백성의 고혈을 강요했고, 진(秦)은 통일 15년 만인 BCE. 206년 멸망했다. 한(漢) 나라는 이를 교훈으로 지방자치 봉건제와 중앙집권 군현제를 병행한 군국제(君國制)를 시행했다. 군국제(君國制)는 민

(民)의 생존사업 여건을 군현제보다 자유롭게 허용한 종족 중심의 제도였다. 국가 흥망은 "민(民)의 생존여건을 어떻게 보장했는가" 여부로 결정되었다.

🔟 승리는 '최적 기회'에 달려있고, 패배는 나에게 달려있다.

원문 昔善者, 先爲不可勝, 以侍適之可勝, 不可勝在己, 可勝在適 :
석선자, 선위불가승, 이시적지가승, 불가능재기, 가승재적;

故善者能爲不可勝, 不能使適可勝.⁰⁵
고선자능위불가승, 불능사적가승.

해석 옛날 훌륭한 자는, 먼저 승리 불가 요인에 대비하고 나서,
승리가 가능한 '알맞는 때'를 기다렸으니,
승리 불가 요인은 나에게 있고, 가능한 승리는 '알맞는 때'에 있다.
그러니 훌륭한 자라도, 능히 승리 불가 요인에 대비할 수는 있어도,
최적의 기회를 만들어 승리를 가능하게 하는 것은 불가능하다.
※ 죽간본 적(適, 맞을 적)을 다른 본은 적(敵, 원수 적)이라 했다. 여기서는 '알맞을 적(適)' 그대로 해석한다. 선승(先勝)은 마땅한 시기를 기다리며 능력을 기르는 전략이다. 그러니 승리는 '최적(最適) 기회'에 달려 있는 것이다.

원문 勝可智, 而不可爲也. 不可勝, 守 : 可勝, 攻也. 故能自葆全勝也.
승가지, 이불가위야. 불가승, 수 : 가승, 공야. 고능자보전승야.

---

05 『손자』 죽간본 "적(適, 맞을 적)"이 다른 본에는 "적(敵M 원수 적)"으로 바뀌어있다. 언뜻보면 적(敵, 원수 적)이 맞아 보이나, 적 스스로 패배를 선택하는 일은 전략원리에 맞지 않는다. 손자는 형(形)에서 선승(先勝)을 강조한다. 선승(先勝)은 최적(最適) 시기(時機)를 기다리며, 불가피한 후전만을 선택하는 전략임으로 이 구절과 상통한다.

해석 승리는 예측이 가능하나, 만들어내기는 불가하다.

승리가 불가하면, 수비하고 ; 승리가 가능하면, 공격한다.

그러니 능히 자신을 보전하면서 완전히 승리한다.

※ 등소평 도광양회(韜光養晦)는 자력 배양 형세로 G-2를 성취했다.

원문 見勝不過衆人之智, 非善者也, 戰勝而天下曰善, 非善者也.
견승불과중인지지, 비선자야. 전승이천하왈선, 비선자야.

해석 승리를 바라봄이 보통 사람의 지혜에 불과하면, 최상이 아니다.

전투에 승리함이 천하가 잘했다고 말하는 정도라면, 최상이 아니다.

대한민국의 북핵 폐기 '최적 시기'는 언제였을까? 2024년 새해 벽두 김정은의 "대남전쟁 선언"이 발표되었다. 그 선언은 대한민국의 북한 비핵화 협상전략과 햇볕정책의 실패를 뜻했다. 대한민국은 햇볕정책으로 선승후전(先勝後戰), 부전승(不戰勝) 핵전략을 추구했었다. 그러나 대한민국은 불가피한 후전(後戰) 대비를 하지 않았다. 대한민국 집권 정치세력들은 2010년까지 북한 핵무기 전력화에 대응한 대북 군사전략 "어떻게(HOW)"를 사실상 선택하지 않았다. 선승전략은 반드시 후전전략과 상응해야만 최종 승리가 가능하다. 그래서 국가생존사업전략은 "모든 세력의 역량을 통합한 모공(謨功)"을 선택한다.

2017년 김정은이 한반도 핵전략 완성을 선언했다.
대한민국은 당시 한미연합사령부 전시작전통제권 조기 환수를 서두르고 있었다.
한반도 핵미사일 대응 작전능력은 실제 미군만 보유했음을 알지 못했을까?

한국군 전시작전통제권 환수는 2007년 2월 24일 한미 국방부 장관이 2012

년 4월 17일부로 환수에 합의했었다. 그 환수 시기는 차후에 2015년으로 변경되었다가 다시 한국군 능력 화충을 조건으로 연기되었다. 2017년 집권한 정부의 국방전략 공약 1호는 전시작전통제권 조기 환수였다. 당시 전시작전통제권 조기 환수는 한반도 핵 억제전략 형세를 허무는 이적행위가 될 수도 있었다. 그러나 전작권 조기 환수만이 한반도 전쟁 억제 수단이며, 한국군의 북핵 대응 무기 획득은 한반도 전쟁을 조장하는 대결 정책이라는 주장이 계속되었다. 그들은 한미동맹을 부자연스럽다고 주장했다.

북한은 1990년대 압도적으로 우세한 대한민국 형세와 대결이 불가능했었다. 김정일 핵무기 선택은 불리 상황을 유리하게 만들려는 생존사업전략 형세구축이었다. 한국은 1970년대 산업혁명 성공과 1980년대 자유민주주의 정착으로 1990년대 초반 대북 전략주도권을 장악했다. 김정일은 상실한 주도권 재장악을 위해 1994년 핵무기 개발을 선언했다. 2006년 1차 핵실험에 성공했다. 2017년 6차 핵실험과 탄도미사일 발사로 김정은과 트럼프의 2차에 걸친 미북 정상회담이 개최되었다. 2017년 핵무장 완성선언은 김정일-김정은 핵전략 형세구축 완료를 의미했고, 핵미사일 위협은 한반도 전략주도권 행사를 뜻했다.

2024년 새해 벽두 김정은이 대남전쟁을 선언했다. "공화국이, 대한민국은 화해와 통일의 상대이며 동족이라는 현실 모순적인 개념을 완전히 지워버리고 철저한 타국으로, 가장 적대적인 국가로 규제한 이상, 주권 행사 영역을 정확히 규정짓기 위한 법률적 대책이 필요하다."라고 말했다. 이어 "대한민국을 철두철미 제1의 적대국으로, 불변의 주적으로 확고히 간주하도록 교육 교양사업을 강화한다는 것을 해당 조문에 명기하는 것이 옳다"라고도 했다. 러시아-우크라이나 전쟁의 틈새를 이용한 한반도 생존사업전쟁 공식 선언이었다. 그러나 김정은의 선전구승(先戰求勝)은 정권 위태로움을 더욱 위태롭게 만들뿐이다.

대한민국은 "승리는 '최적 시기'에 달려있고, 그 패배는 나에게 달려있음"을 간과했다. 이로써 한국-미국의 북핵 개발 저지 전략은 명백히 실패했다. 한국은 1994~2015년까지 오직 대화·협상 전략에만 매달렸다. 1994년 이후 군사적으로 북한 핵 개발 의지 포기를 '강요한' 전략은 없었다. 「김정일의 자발적 핵 포기」에 의존한 설득 협상만을 반복했다. 1994년 조성된 압도적 유리한 전략형세를 대한민국은 스스로 던져버렸었다. 김정은 2016년 4차 핵실험과 2017년 6차 핵실험은 김정일 비핵화 협상이 철저한 속임수였음을 증명했다. 2016년에야 미국은 전례 없이 북한 압박 및 봉쇄전략을 적용했으나 이미 늦었다. 대한민국은 최초부터 "북한 핵은 미국-북한 문제"로 취급했던가? 한국 집권 정치세력은 북한 핵위협을 "스스로 해결할 절박한 문제"로 인식했는가? 북한의 전략적 약점도, 한국에 유리한 전략적 기회도 모두 간과 하면서 한반도 평화통일 환상만을 꿈꾼 것은 아닌가?

　대한민국의 북한 비핵화 협상은 이스라엘의 아랍국가 핵 개발 저지 전략과 극명하게 비교된다. 이스라엘 공군은 1981년 이라크 원전을 F-16으로 공습 파괴한 '바빌론 작전'을 감행했다. 2006년 김정일 최초 핵실험 다음 해인 2007년 9월 6일 시리아 알 키바르(Al Kibar) 핵시설을 공습한 '오차드 작전(Operation Orchard)'을 감행했다. 아랍지역에는 핵 실험시설을 갖춘 국가가 없다. 탄도미사일 실험국가도 없다. 오직 이스라엘만 핵미사일 능력을 보유했다고 알려져 있다. 그러함에도 이스라엘은 2015년 7월 14일 미국 등 6개국이 이란과 맺은 핵 협정 파기를 집요하게 추진했다. 이스라엘은 2018년까지 수집된 이란의 핵 개발 각종 정보와 증거물을 끝없이 반복 제시했다. 2018년 5월 미국의 협정 탈퇴가 선언되었다. 그 결과 이란 핵 문제에 대한 '포괄적 공동 행동계획' 협정이 최종 파기되었다.

"승리가 불가하면 수비하고, 승리가 가능하면 공격한다." 위에서 아래로 흐르는 물과 같이 너무나 평범하고 당연한 전략원리이다. 그러나 당연한 전략원리를 그대로 적용해 최종 승리하는 자는 의외로 많지 않다. 물흐름의 전략원리를 적용한 국가는 더욱 적은데, 왜 그럴까? 2019년 하노이 협상 실패 이후 불리한 전략형세 극복을 위해 김정은이 핵무장 고도화를 강행하고 있다. 오직 독재만을 위해 시대흐름을 역행하고 있다.

1992년 1월 등소평이 대외전략방침을 발표했다. 경제 개혁개방에 반발하는 내부세력 통제를 위해서였다. 등소평 도광양회(韜光养晦)는 "승리가 불가하면 수비하고, 승리가 가능할 때 공격한다."의『손자』전략이었다. 중국 전략사상을 방어적으로 평가하는 전략가들이 많다. 그러나 과거 모든 중국 전략은 결코 방어적이 아니었다. 약할 때 힘을 길러서 대륙을 지배한 선승 후전을 철저히 적용했을 뿐이다. 1992년 "등소평 28자 전략"[06] 「선승(先勝) 후전(後戰)」은 약소국이 선택해야할 생존전략을 상징한다.

『냉정관찰(冷静观察): 국제정세를 냉정하게 관찰한다.
온주진각(稳住阵脚): 온건히 내부를 장악하고 전열을 정리한다.
침착응부(沉着应付): 침착하게 상황에 대처한다.
도광양회(韜光养晦): 빛은 감추고 어두움은 빛나게 한다.
선우장졸(善于藏拙): 착함으로써 부족함을 감춘다.
결부당두(决不当头): 앞에 나서서 머리가 되지 않는다.
유소작위(有所作为): 필요한 장소에서 필요한 일을 한다.」

---

06   유희복, 도광양회 [韜光养晦] 중국현대를 읽는 키워드 100, (Naver 지식백과, 2020. 1. 28. 검색)

11 **나의 불패 기반을 세워서, 적을 패배시킨다.**

원문 善者立於不敗之地, 而不失敵之敗也.
선자입어불패지지, 이부실적지패야.

해석 통달한 자는 세운 불패의 땅을, 잃지 않으니 적은 패배한다.

※ 불패(不敗) 기반(基盤)은 생존사업 승리형세 구축을 말한다.

원문 是故, 勝兵先勝而後戰, 敗兵先戰而後求勝.
시고, 승병선승이후전, 패병선전이후구승.

해석 따라서 승리하는 군대는 먼저 승리한 이후에 전쟁을 선택한다.

패배하는 군대는 먼저 전쟁을 시작한 이후에 승리를 구한다.

※ 선승(先勝)은 나의 '불패 기반'을 먼저 세운 형세를 말한다.

원문 故善者, 脩道而保法⁰⁷, 故能爲勝敗正.
고선자, 수도이보법, 고승위승패정.

해석 따라서 통달한 자는, 「생존의 길」을 개척해 법으로 보존하니,

그러므로 능히 승패를 올바르게 선택한다.

원문 故勝兵如以鎰稱銖⁰⁸, 敗兵如以銖稱鎰.
고승병여이일칭수, 패병여이수칭일.

稱勝者戰民也, 如決積水於千仞之溪, 形也.
칭승자전민야, 여결적수어천인지계, 형야.

---

07 수도(修道) 보법(保法)은 부민(富民) 안국(安國) 능력을 갖추고 이를 지키는 것이다. 수도(修道)는 군주가 백성
    과 생사를 같이하여, 백성도 군주를 속이지 않는 민불궤(民弗詭) 생존사업 체제 구축을 말한다. 속이지 않는 정
    치 도(道)는 「백성 마음의 소리」를 따르니 부민을 성취한다. 보법(保法)은 한마음으로 동원된 백성임으로 강병(强
    兵)으로 육성(育成)되어 안민을 달성한다.

08 고대 중국의 무게 단위: 1鎰은 20량, 1량은 24銖, 1鎰은 480銖. 승병의 병은 군대이다.

해석 승리하는 군대는 480배 무거운 추로 480배 가벼운 추를 저울질하는
것과 같고, 패배하는 군대는 480배 가벼운 추로 480배 무거운 추를
저울질하는 것과 같다. 승리를 저울질하는 전쟁에 동원된 백성은, 천
길 계곡에 가둔 물과 같은, 형상이다.

※ 승리하는 국가의 형상(形狀)은 도(道)의 정치로 부민(富民)을 달성하는 형
상이며, 승리하는 국가의 세력(勢力)은 법(法)을 실행해 불패 기반을 세
우는 세력이다.

대한민국은 불패 기반을 구축했는가? 무엇이 대한민국의 불패 기반인가? 누
가 구축했는가? 대한민국이 불패 기반을 잃지 않으면, 북한은 패배하는가?

이승만-박정희 두 지도자의 선택은 「시대 흐름의 통찰이 무엇인가」를 정
확히 보여주었다. 2021년 대한민국 선진국 진입은 자유민주주의 시장경제
와 한미동맹이 대한민국의 불패기반(不敗基盤)임을 확인해 주었다. 1948년
대한민국은 자유민주주의 정치체제와 자본주의 시장경제를 선택했다. 모
든 국민은 개인의 사유재산을 추구하는 공정한 경쟁과 "자유로운 선택(free
to choose)"을 보장받았다.[09]

박정희는 두 불패 기반 위에서 산업혁명 경제세력을 육성했다. 이승만의
국가생존사업 체제 선택은 박정희 산업혁명의 불패기반이었으며, 산업혁
명은 자유민주주의 정치체제 정착의 원동력이었다. 그런데 왜, 2021년 선
진국에 공식 진입한 대한민국이 김정은 핵전쟁 위협과 시진핑 속국 위기에
직면하게 되었을까?

---

[09] Milton Friedman and Rose D. Friedman, Free to Choose: A Personal Statement (Harcourt Brace Jovanovich, 1979-80): 프리드 먼은 이 책에서 현대 평등은 창조된 개념이며, 인류 생존을 좌우하는 제일 요소는 자유로운 경제적 수단과 방법 선택하는 개인 생존사업 결정권 보장 문제라고 분석했다.

한반도 1945~48년은 정치체제 선택을 향한 좌우 정치세력의 이념 투쟁이 극심한 시대였다. 정치체제는 국가생존사업 조직과 제도 모두를 결정한다. 이승만 주도의 남한 우파 정치세력은 자유민주주의 체제 선택을 주장했다. 소련 지시를 받은 북한 김일성은 좌파 정치세력을 앞세워 공산혁명 사회주의독재 체제 선택을 주장했다. 김구는 남북한 우파-좌파 통합 총선거에 의한 한반도 단일국가건설을 주장했다. 대한민국은 최종 유엔 감시하에 남한 총선거로 1948년 8월 15일 자유민주주의 국가건설을 선택했다.

소련 지시대로 움직인 김일성 공산당 정치세력은 1948년 9월 9일 사회주의헌법을 제정해 조선민주주의인민공화국을 선포하고 공산혁명 사회주의독재 체제를 선택했다. 1950년 6월 25일 기습남침 공격한 김일성은 전쟁에 패배해, 남한 자유민주주의 세력 말살과 적화통일계획에 실패했다. 1989년 냉전 종식과 1991년 소련 해체로 파멸 위기에 몰린 북한 김정일은 오직 개인 세습 정권 유지만을 위해 국경을 폐쇄하고, 핵무기 개발을 강행했다. 2006년 김정일 최초 핵실험은 북한독재 체제의 변화 불가능을 확인해 주었고, 2024년 김정은 대남핵전쟁 무력 통일 선언은 그들이 주장해 온 민족평화가 철저한 허구였음을 확인해주었다.

선승후전(先勝後戰)을 선택한 대한민국!
선전구승(先戰求勝)을 선택한 북한!
과연 김정일은 핵무기 만들 능력도, 의도도 없었는가?

「속이지 않는 정치」는 국민의 자발적 자유민주주의 참여를 극대화했다. 「속이지 않은 법(法)」은 국가경제 번영과 강군육성을 보장했다. 대한민국 불패기반의 승리형세는 김정일 핵무기 선택을 초래했다. 2024년 새해 벽두 김정은의 대남전쟁 선언은 전략적 패배를 스스로 인정한 선언이었다. 그러나 대한민국은 선승(先勝) 형세를 넘어, 불가피한 후전 형세에 철저히 대비했어야 했다. 나의 불패 기반을 세우고, 만약 잃지 않으면 적은 패배한다고 손무는 강조한다.

대한민국의 불패기반은 자유민주주의와 한미동맹이다.
대한민국의 불패기반을 잃는 것은 무엇이며, 적의 패배는 어떤 패배인가?
한미동맹 해체와 전시 작전통제권이 전환되면 불패기반은 상실되는가?
자유민주주의 시장경제는 포퓰리즘 선전선동으로 파괴되는가?
동맹보다 민족이 우선되면 한미동맹은 해체되는가?
1994~2011   김정일이 패배할 수밖에 없는 결정적 기회는 있었는가?
1994~2006   「북한경제 파탄-핵 개발」 모순충돌은 결정적 기회였는가?
2012~2024   「경제 파탄-핵무장」 모순충돌은 새로운 기회를 조성했는가?
2025년 이후 김정은이 패배할 수밖에 없는 기회는 발생가능한가?

1998~2008년 대한민국 안보 의식 조사는 "미국을 적으로, 북한을 친구로" 많은 국민이 인식한다는 충격적 결과가 나왔다. 무엇이 불패 기반을 제공하는 동맹국 미국을 적으로 생각하도록 국민인식을 바꾸었는가? 당시는 햇볕정책이 강력히 추진되던 시기였으며, 북한 핵 위협은 비핵화 협상에 가려져 있었다. 2000년 남북정상회담은 한반도 평화가 완전 정착되는 듯한 환상을 국민에게 심어주었었다.

1998년 8월 31일 대포동 탄도미사일 1호 발사 직후, 미국은 미사일 방어체제 개발에 한국과 일본의 참여를 공식 요청했다. 한국은 미국 요청을 공식 거부했고, 일본은 적극적 참여로 미일 공동개발을 통한 세계 최고 수준의 미사일-우주기술을 확보하게 되었다. 2018년 경 일본 미사일방어체제는 완비상태에 도달한 반면, 한국은 2016년 북한 4차 핵실험 이후에야 미국 미사일 방어국(MDA: Missile Defense Agency)에 한국형 미사일 방어체제 구축을 위한 기술지원을 긴급 요청했다. 한국형 미사일방어체제 개발은 그렇세 '배제-무시-지연'을 반복해 왔었다.

1989년 노태우는 7·7선언으로 한반도를 "대결에서 화해-협력으로" 변화시켰다. 대북 화해-협력 정책은 '목적의 모호성' 논란을 일으켰다. 1994년 대북 전략은 북핵의 자발적 포기설득인지, 북한 비핵화 강요인지를 선택하기 어려운 모호한 상태였다. 남북 경제협력 교류는 언젠가 남북관계에 도움이 된다는 식의 막연하고 모호하게 추구되었다. 대북정책은 철저한 "목적(ends)-수단(means)-방법(ways)"의 일치가 요구됨에도 전략적 불일치 발생으로 혼란이 계속되었다. 햇볕정책은 1953년 이후 대한민국 불패기반인 한미동맹 약화를 초래했고, 한국전쟁 범죄자 김일성을 영웅으로, 김정일을 통큰 지도자로 인식하는 변화를 가져왔다. 이러한 국민인식은 2008년 이명박 정부 집권 직전까지 계속되었다.

2011년 김정일이 사망했다. 한반도에 대변화를 예상한 전문가들이 많이 등장했었다. 그러나 김정은 집권 이후에도 「한반도 평화환상」은 새로운 햇볕정책을 통해서 다시 등장했다. 2016년 제4차 핵실험으로 대한민국 핵전쟁 공포가 요동쳤다. 이어진 5~6차 핵실험은 한반도 핵전쟁 위기를 최고조로 끌어 올렸다. 2017년 12월 북한 평창올림픽 참가 발표는 국민이 김정은을 또다시 영웅으로 인식하게 만들었다. 남북 및 미북 정상회담이 이어졌고 한반도 평화환상은 극에 달했다. 서울 한복판에 김정은 찬양 선전물이 게

시되었다. 한국 언론은 한반도 위기를 최고조로 끌어 올렸던 4~6차 핵실험
은 덮어버리고 평창올림픽과 남북 정상회담에 집중해 어느 날 갑자기 김정
은을 통 큰 영웅으로 보도했다. 2018년 평창올림픽이 만든「한반도 평화환
상」은 1994~2000년 평화환상의 쌍둥이였다. 대한민국은 북한의 대남전략
궤도(詭道)에 반복 농락당했다.「한반도 평화환상」을 주도한 세력은 아직도
북한과 대화 협력만을 주장한다. 과연 대한민국의 한반도 핵전쟁 위기 극복
은 가능할까?

  햇볕정책은 한반도 평화를 보장했는가? 햇볕정책 세력은 한반도 전쟁 종
전선언과 평화협정 체결을 주장했고, 그런 정책은 한미동맹이 약화되는 결
과를 초래했다. 국민안보의식이 1998~2008년 기간 급변한 이유는 햇볕정책
의 평화환상 효과로 분석되었다. 북한과 친북 정치세력은 김대중 정부 말기
발생한 미2사단 장갑차 교통사고를 반미 선동에 최대 활용했다. 북한은 장
갑차에 희생된 두 사람(미선, 효순)을 2003년 평양 모란봉 제1 중학 학생으
로 등록해 2005년 명예졸업장을 수여하였다. 미군 장갑차 사고로 시작된 촛
불집회는 이어진 대통령선거에서 반미의식 극대화 상황을 조성해 국민을
불안하게 했다. 북한은 1970년대 이후 대한민국 모든 선거에 개입해 왔다.
대한민국 대선에 개입한 북한 대남 선전 선동이 이때만큼 효과적으로 작동
된 적이 있었던가?
  2023년 북한 핵무장 고도화는 명백한 햇볕정책 실패선언이었다. 모든 국
가전략은 "더좋은 평화와 번영(Better Peace and Prosperity)"이 목표나,
단계별 실행전략은 달성 가능한 목표를 선택해야만 한다. 먼 미래희망을 목
표로 선택한 전략은 그 목적의 모호성으로 인해 본래 전략의 의도 자체를
왜곡시킨다. 먼 미래희망은 현재 달성이 가능하지 않은 환상일 뿐이기 때문

이다. 1998~2022년 햇볕정책은 2023년 북한 핵무장 고도화를 해명하거나 설명하지 못했다. 햇볕정책의 대부로 알려진 박지원 전 국정원장은 국회 답변에서 "김정은 핵 포기가 불가능하다"라는 사실을 최초로 공식 인정했다. 그러함에도 햇볕 정책론자들은 북한의 자발적 핵 포기를 주장하며 햇볕정책 실패를 인정하지 않는다.

 햇볕정책은 "먼 미래평화"를 목표로 「현재의 위험」을 해소하려는 전략선택을 반복했다. 먼 미래의 이상향을 달성 가능한 목표처럼 국민을 착각하게 만들었었다. "왜군 침략징후를 무시하고" 김성일과 동인들의 왜곡 보고를 선택한 1590년 선조 평화정책과 다른가? 승리 불가능 요인은 나에게 있었다《不可勝在己(불가승재기)》. 승리를 가능케 만드는 요인은 자국 군사능력을 먼저 준비하고 기다리는 '최적 기회'에 있었다《可勝在適(가승재적)》. 햇볕정책은 북한 비핵화 협상으로 오히려 김정일에게 핵무기 개발에 충분한 시간과 유리한 기회를 제공한 결과를 초래했다.

 ◆ 천길 계속 속에 가둔 물을 터트리는 전략형세

 손자는 승리하는 군대의 전략형세를 천길 계곡 속에 가둔 물을 터트리는 형상으로 설명한다. 군주가 백성과 생사를 같이하면, 백성은 군주를 절대 속이지 않는다《民弗詭(민불궤)》. 군주가 백성을 결정적 전투에 투입하면 군주에게 속은 백성은 모두 도망가나, 속지 않은 백성은 군주와 생사를 같이하니 반드시 승리하게 된다. 따라서 승리하는 군대는 480배 무거운 저울추 일(鎰)로써 480배 가벼운 저울추 수(銖)를 저울질하듯이 압도적으로 우세한 전략형세로 전투에 임한다. 패배하는 군대는 480배 가벼운 저울추 수

(鉄)로 480배 무거운 저울추 일(鎰)을 저울질하듯이 압도적 열세의 전략형 세로 전투에 임하니 패배할 수밖에 없다.

군사적 천재 나폴레옹은 국민을 동원한 국민군(國民軍) 전쟁을 세계 최초로 실현했다. 국민군은 전문 직업군보다 전투기술에서 열세일 수밖에 없다. 국민군의 장점은 오직 조국에 대한 열정뿐이다. 나폴레옹은 국민군 열정(passion)을 독창적 작전술 구사로 극대화 활용해 순식간에 전 유럽을 석권했다. 나폴레옹 전략의 핵심은, 물컵을 넘치게 하는 마지막 한 방울의 물처럼 예비대를 결정적 시간-장소에 투입해 현장 군사력의 균형을 파괴함으로써 최종 승리를 획득하는 것이었다. 그러나 군사적 천재 나폴레옹도 자신의 패배가 어떻게 다가올지 통찰하지 못했다. 전투 승리를 생존사업전쟁의 승리로 착각한 나폴레옹은 결정적 전장 워털루에서 독일군의 예비대 투입을 결정적 시간에 허용하면서 최종 패배했다. 영국 웰링턴과 프러시아 브루헤르 장군은 전쟁의 최종 승리자가 되었다. 나폴레옹의 무패 전투 승리는 전쟁의 최종패배를 불렀다. 나폴레옹의 군사적 승리는 국가생존사업의 최종패배로 끝났다. 국가생존사업 전쟁은 군사 전쟁과 전혀 차원이 다른 것이었다.

국가흥망은 선택한 것이었나? 역사는 현재 정치세력의 잘못된 선택이 미래국가 위기를 자초해 왔음을 수없이 보여준다. 이승만 대통령의 한미동맹 체결은 지난 70여 년 대한민국 불패기반을 제공했다. 박정희 대통령의 산업혁명은 선진국 경제구축으로 대한민국의 새로운 불패기반이 되었다. 두 가지 불패 기반 바탕 위에서, 1980년대 대한민국 자유민주주의는 재정립 구축되었다. 그러나 대한민국은 북한 핵무장 전략형세를 막아내지 못했다. 김일성이 1955년 착수해 김정일이 2006년 최초 핵실험에 성공했고, 김정은이 2019년 완성 선언한 북한 핵무장은 나의 승리형세를 적과의 협상설득으로 만든다는 주장은 불가능한 허구임을 잘 보여준다.

2024년 대한민국은 '선승후전(先勝後戰)' 전략형세를 유지하고 있는가? 칭기즈칸은 10만 소(小) 부족장이었지만, 모든 주민을 「같은 마음의 소리」 전사(戰士)로 육성한 독창적 '기동전략'으로 전 세계를 지배했다. 칭기즈칸은 가장 광대한 세계 유일 영토제국을 건설한 생존사업전쟁의 최종 승리자였다. 나폴레옹은 초기 연전연승했지만, 프랑스를 생존사업전쟁의 패배 국가로 만들었다. 1988년 노태우 7·7선언 '대북 화해 전략형세'는 북방정책의 성과는 얻었으나, 1994년 이후 대북 전략의 대혼란을 초래한 근본이 되었다. '한반도 평화'를 외친 햇볕정책은 2006년 김정일 핵실험과 2012년 이후 김정은 핵무기 고도화로 실패가 분명해졌다.

세(勢)는 국가의 정치, 경제, 군사 세력(勢力)을 말한다.

세력(勢力)은 상대에게 영향을 미치는 내 힘의 크기와 흐름이다.

국가생존사업을 결정하고, 주도하는 세력은 정치세력이다.

어떤 세력이 대한민국의 새로운 도약을 이끌 것인가?

어떤 세력이 김정은 핵을 폐기할 것인가?

어떤 세력이 중국의 속국 위협을 극복할 것인가?

12 생존사업전쟁은 정(正)으로 시작해, 기(奇)로 승리한다.

원문 治衆如治寡, 分數是 ; 鬪衆如鬪寡, 形名是也.
치중여치과, 분수시 ; 투중여투과, 형명시야.

해석 대중 통치를 소수 통치 같이 하는 것은, 수(數)의 분리 때문이다.

대병력 전투를 소수 전투와 같이, 모양-소리 때문이다.

※ 형(形)은 눈으로 보는 신호 깃발 모양, 명(名)은 귀로 듣는 금고(쇠북) 소리이다.

원문 三軍之衆, 可使畢受適而无敗, 奇正是也 ;
삼군지중, 가사필수적이무패, 기정시야 ;

兵之所加, 如以段投卵, 實虛是也. 凡戰, 以正合, 以奇勝.
병지소가, 여이단투란, 실허시야. 범전, 이정합, 이기승.

해석 3군 대병력이, 가히 최적의 기회를 포착해 패배가 없는 것은,

기(奇)와 정(正) 때문이다.

병력배치 장소에 가일층 더하여, 돌에 달걀을 던지듯이 하는 것은

실(實)과 허(虛) 때문이다.

통상 전투는 정상(正常) 교전해, 기변(奇變)으로 승리한다.

※ 기습(奇襲)의 예상치 못한 변화가 기변(奇變)이다.

 戰勢不過奇正. 奇正之變. 不可勝窮也.
전세불과기정. 기정지변. 불가승궁야.

奇正環相生. 如環之無端. 孰能窮之?
기정환상생. 여환지무단. 숙능궁지?

 전투 세력은 기정(奇正)에 불과하나,

기정의 변화는 궁색해지지 않는다.

기정(奇正)의 상생(相生) 순환(循環)이,

끝없는 둥근 원의 순환과 같은데,

누가 능히 그것을 궁색하게 할 수 있는가?

※ 최악상황에서도 기정의 변화는 불리함을 유리함으로 만들 수 있다.

이승만은 1953년 한미동맹 체결로 대한민국의 연합국방 전략형세구축에 성공했다. 대한민국은 1948년 건국 직후 북한 남침 전쟁을 억제하기 위해 연합 국방전략을 선택했다. 그러나 1949년 주한미군 철수로 연합국방 형세 구축에 실패해 1950년 6월 25일 김일성 기습남침을 당하게 되었다. 그러나 1953년 휴전을 절대 반대한 이승만 대통령은 각고의 노력으로 미국이 거부하던 '한미상호방위조약' 체결에 성공했다. 1953년 체결한 한미동맹은 대북 전쟁억제력으로 대한민국의 불패기반 역할을 담당하고 있다. 대한민국의 선진국 진입은 한미동맹을 선택한 이승만 대통령의 생존사업 통찰 결과였다. 이승만의 자유민주주의-한미동맹 선택은 미래의 대한민국 부민(富民) 강병(强兵)을 보장한 1950년대 최상의 「정(正) 전략」이었음이 확인되었다. 이승만 선택의 성공까지에는 수많은 기(奇) 전략이 동원되었다. 그 대표적

기(奇) 전략은 세계를 놀라게 만든 반공포로 석방과 휴전 반대였다. 이승만의 선택은 20세기 최상의 동아시아 국가생존사업 성공 전략으로 평가된다.

박정희는 1961년 군사 쿠데타로 국가권력을 장악했다. 그리고 1962~79년 한미동맹 연합전략형세를 불패기반으로 삼아 선진국형 산업혁명 경제개발에 성공했다. 1974년부터 박정희는 국군 현대화를 선택해 1980년대 한반도 전략주도권을 장악하는 군사전략 형세구축에도 성공했다. 전두환-노태우는 1987년 민주화 세력의 대통령 직접선거 압박을 정치적 수용에 성공하면서 한국 자유민주주의 발전기반을 제공했다. 한미동맹은 이때에도 대북 전쟁 억제의 불패기반으로 작동했다. 전두환-노태우 6·29선언과 1987년 대통령 직접선거 제도는 1990년대 야당 출신 김영삼-김대중을 대통령으로 배출해 대한민국에 서구형 자유민주주의가 정착되는 역사적 전환점을 제공했다.

1988년 노태우 북방정책 7·7선언은 「남북화해 협력」의 문을 열었다. 이 선언은 1990년대 대북정책의 혼란을 초래하는 단초(緞緒)를 제공했다. 대한민국은 1994년 이후 김정일 핵무기 개발의 전략형세구축 저지에 실패했다. 대한민국은 김정은 핵전쟁 위협에 직면했다. 2025년 한반도 핵전쟁 위기는 지난 30년 대한민국 집권 정치세력의 북한 비핵화 협상의 결과이다.

춘추전국시대는 정치-경제, 군사가 분리되기 이전의 시대였다. 진나라 멸망 후, 한(漢)나라 정치세력은 유학시험으로 관리를 채용하는 제도를 도입했다. 유학자 문관(文官) 정치세력은 법과 정책을 제정해 무관(武官) 군사세력을 서서히 지배해갔다. 특히 송(宋, 960~1279년)과 고려(918~1392년)는 과거시험으로 문(文)의 우위 관계를 확고히 만들었고, 14세기 명-청과 조선은 문무 종속관계 국가제도를 시행했다. 국방정책을 유학자 문관이 결정했고, 장군들은 그들 수하에서 복무했다. 병서는 문관 심심풀이 읽는 책으로 전락했다. 문무 종속관계가 존재하지 않았던 유일한 동아시아 국가는 일본이었다. 일본은 1945년까지 군사 국가체제를 유지하며, 동아시아를 무력 점령했다.

제2차 세계대전 이전의 유럽은 군사국가(military state) 체제였다. 고대 그리스 도시국가는 모두 군사국가이며, 고대 로마 또한 군사국가로 1,500년 유럽을 지배해 번영했다. 중세 유럽국가는 군사력으로 세계 해상무역과 식민지 시장을 지배했다. 15세기 포르투갈과 스페인의 대서양 항로개척은 해군 항해기술 발전으로 가능해졌다. 영국과 네덜란드 동인도 회사는 국가가 제공한 해군력을 앞세워 인도와 동남아시아를 지배했다. 근대 유럽의 산업혁명무기로 무장한 제국주의 국가는 제1~2차 세계대전을 선택해 공멸 전쟁을 경험했다. 군사국가에서 벗어난 현대 자유민주주의 국가체제는 사실상 제2차 세계대전 이후에 탄생했다.

1948년　대한민국 선택은 동아시아 자유민주주의 체제의 초석이 되었다.

1949년　중화인민공화국 건국은 대한민국에 치명적 사건이었다.

1989년　소련 공산권 붕괴로 대한민국은 한반도 전략주도권을 장악했다.

1994년　김정일은 붕괴 위기를 핵 개발 선언으로 정면 돌파 했다.

1998~2021년 햇볕정책은 남북정상회담, 남북공동선언 4회를 이끌었다.

2018년　김정은이 핵 무력 완성을 선언했고, 제2 고난의 행군을 선언했다.

2021년　시진핑은 김정은 정권 적극 지원을 공식화했다.

2024년　김정은이 핵전쟁을 선언하며 남한점령을 헌법에 명기했다.

1900년대 초기 동아시아는 유교 이상주의 대동(大同)을 소련혁명 사회주의와 동일시 착각한 다수 지식인의 등장으로 대혼란에 빠져 있었다. 사회주의독재 세력들은 수천만 주민을 학살한 피의 인민민주주의 혁명을 "전체는 하나, 하나는 전체"라는 선동 구호로 위장했다. 한반도 독립운동 세력도 좌파-우파의 무력 충돌로 마침내 자유시 대참변을 겪게 되었다. 미국 정치학 박사학위를 취득하며 사회주의독재를 정확히 통찰한 이승만은 1948년 좌파 세력을 거부했고, 좌파 본질을 파악 못한 김구는 남북총선거 좌우합작을 끝까지 주장했었다. 이승만을 리더로 선택한 자유민주주의 정치세력은 한반도 최초 국민 총선거로 1948년 대한민국 건국을 선포했다. 김일성 6.25 기습 남침 공격을 당한 이승만은 휴전 조건으로 한미상호방위조약 체결을 강력히 요구해 관철했다. 이승만의 자유민주주의-한미동맹 선택은 대한민국 불패기반이었음은 잿더미 대한민국의 2021년 선진국 진입으로 검증되었다.

1945년 북한을 점령한 소련군은 소련군 대위 김성주를 김일성으로 이름을 바꾸어 북한 지도자로 내세웠다. 김일성은 소련 지령대로 북조선 공산당 사회주의독재를 선택했다. 김일성은 1950년 6월 25일 남한 전면 기습 남침에 실패하고 1953년 핵무기 개발에 착수했다. 1980년대 말에 북한은 한반도 전략주도권을 상실했다. 1980년대 중반 공산권 경제 붕괴로 1989년 냉전이 종식되었으며, 1991년 소련연방 해체로 북한은 국제적으로 고립되었고 국가경제가 붕괴했다. 김일성 병영(兵營)국가와 김정일 국경폐쇄 핵무기 개발은 오직 개인 왕국만을 위한 「미치광이 전략」이었다. 그리고 2024년 한반도 핵전쟁을 선언했다. 1945년 이후 북한 생존 전략은 사회주의독재체제의 「기(奇) 전략」을 잘 보여주고 있다.

미국 국가안보보좌관이었던 빅터 차는 2012년『불가능 국가(The Impossible state)』에서, 북한 정권의 끝은 멀지 않았다고 예측했다. 그는 북한의 지속 생존을 가능하게 만든 힘은 ① 외부세력 간섭을 배제한 국경폐쇄, ② 접경 국가 중국의 직간접적 지원, ③ 미국의 무관심 세 가지라고 분석했다.[10] 그의 분석

---

10   Victor Cha, The Impossible State: North Korea, Past and Future (Harper collins printer, 2012), pp. 430~431

에 의하면 국경폐쇄와 중국 지원은 앞으로도 계속될 것이며, 미국 무관심은 2차에 걸친 트럼프-김정은 비핵화 협상 이후에도 계속될 것이라고 예측했다.

손무는 '정(正)-기(奇)', '실(實)-허(虛)'의 모순-역설 틈새를 강조했다. 정(正)은 근본이며, 기(奇)는 정(正)의 변화이다. 실(實)은 실제(實際)이며, 허(虛)는 실제(實際)의 변화이다. 이러한 4가지 요소는 무궁무진한 생존사업의 변화를 일으키며 "병자(兵者)를 궤도(詭道)"로 만드는 핵심 요인들이다. 정(正)에 적용된 변화는 기(奇)다. 정(正)이 실(實)이면, 기(奇)는 허(虛)다. 정(正)이 기(奇)로 변화되면, 기(奇)는 정(正)으로 변화된다. 정(正)이 실(實)을 가장한 허(虛)라면 그것은 실제의 기(奇)다. 반대로 기(奇)가 허(虛)를 가장한 실(實)이라면 그것은 실제의 정(正)이다. 그래서, 그 방비 없는 곳의 공격이 가능하게 되고《공기무비(攻其無備)》, 그 의도하지 못한 곳에 진출할 수 있게 된다《출기불의(出其不意)》. 기정의 원리는 수 천년 중국의 군사작전뿐 아니라 모든 생존사업 분야에서 그대로 적용되어 왔다. 21세기 모든 국가전략이 손자병법을 기본원리로 선택하는 근본 이유가 여기에 있다.

북한은 1950년대부터 「정(正)-실(實)」 군사전략에 집중해 왔다. 1970년대 기계화 부대에, 1980년대 화학무기, 잠수함 등 비대칭 전략무기와 특수부대에, 1994년 이후에는 핵미사일 개발에 집중해 왔다. 그러나 김일성은 1970년대부터 대남공작 기책(奇策) 전술에 집중했다. 대한민국 선거에 깊이 개입해 왔으며, 북한에 우호적 정치세력 양성을 적극 지원했다. 1980년대 말기 북한은 한반도 재래식 군사전략 주도권을 상실했다. 1994년 핵미사일 개발을 대내외에 공식 선언해 한반도 전쟁 위기를 극도로 끌어올렸다. 2006년 김정일은 최초 핵실험을 강행했다. 2017년 핵 무력 완성 선언은 전략주도권

재장악을 내외에 과시하려는 김정은 판단 결과로 보인다.

1960년 이후 세계 국가생존사업의 중심은 군사력에서 경제력으로 대전환되었다. 군사력에만 집중했던 김일성이 이를 깨달은 시기는 늦어도 너무 늦은 시기였다. 국가란「같은 마음의 소리」로 뭉친 국민공동체 생존사업기구임을 공산혁명 독재자들은 무시해 왔었다. 국가의 최우선적 과제는 식량이라고 주장했던 공산 사회주의 체제에서 수천 만의 아사자가 속출했다. 김일성은 남북정상회담을 약속해 이를 극복하고자 하였으나 아들 김정일이 아버지 김일성 심장 발작을 방치해 돌연 사망하면서 끝났다. 김정일의 핵무기 선택은 북한생존사업을 정상으로 되돌릴 수 없도록 만들었다. 김정일 핵무기 개발은 70년 김일성의「병영국가 체제」보다 더욱 극심한 재기 불가능의「실패국가」를 만들었다. 2011년 김정일이 김정은에게 남긴 유산은 오직 핵무기뿐이었다. 트럼프 하노이 비핵화 협상 실패 이후, 김정은의 자포자기식 핵무기 고도화 전략 선택은 이를 잘 설명해준다.

고대부터 전략-전술은 '군사 작전술(operational art)', 즉 '군사력 운용기술'을 중심으로 발전되어 왔다. 고대 그리스는 전략을 "장군의 기술"로 인식했다. 군사력 운용기술은 무기 사용법에 기반한 "군사조직 편성"이 그 시작이다. 군사조직 최하위 편성기준인 분대(7~10명)는 고대의 오(伍)이다. 중국 주나라 군사 조직은 군(軍)-여(旅)-졸(卒)-오(伍) 편성체제였다. 손자 시대의 10만 병력 지휘는 50명, 100명 단위로 구분 편성된 수많은 부대를 육성과 쇠-북소리 그리고 깃발신호로 지휘했다. 고대 군사훈련은 육성, 쇠-북, 깃발신호로 작전부대를 일사분란(一絲紛亂)하게 통제하는 훈련이었다. '정정당당(正正堂堂)'은 최상의 진형(陣形) 훈련 상태를 묘사한 말이다. 손무가 오왕 합려 지시에 따라 시행한 궁녀훈련이 바로 깃발신호, 쇠-북소리로 지휘한 진형 숙달 훈련이었다. 진형 훈련은 기(奇)·정(正) 형태의 변화를 숙달하는 훈련이다. 기정(奇正)에 불과한 진형 형세가 무궁무진의 변화로 새로운 진형을 만든다. 고대 군사 전쟁사업은 준비단계에서 전투 돌입 단계까지 진형의 적시(適時)-적소(適所) 변화 숙달이 핵심이었다. 춘추시대 진형은 고대 그리스-로마 보병밀집대형 전술과 비교된다. 전략은 대규모 병력이 전투현장까지 움직이는 이동기술로, 전술은 전투현장에서 적 움직임에 맞게 변화 대응하는 기술로 구분한 로마는 전략전술의 융합을 강조했다.

최악의 여건에서도 포기하지 않으면, 기정(奇正)의 변화는 유리한 전략 환경을 조성해 최종 승리를 가져올 수 있다. 포기는 즉시 패배이며, 소멸이다. 진정한 전략가는 어떤 경우에도 포기 없이 후일 기약을 선택한다. 모택동의 1934년 대장정(大長征)은 대표적인 사례다. 모택동은 국민당과 정규전에서 참패 후 게릴라전으로 12,000km 떨어진 연안(延安)으로 도피해 생존했다. 1946년부터 재개된 제2차 국공내전에서 모택동은 1949년 최종 승리했고, 국민당은 대만으로 쫓겨 갔다. 2025년 대만 또한 포기 없이 본토 회복을 위한 대장정(大長征)을 계속하고 있다.

제1차 대전 당시 보병대대장 롬멜은 이탈리아 사단을 공격해 1개 연대(+)를 포로로 획득한 상상도 불가능한 공격 작전에 성공했다. 롬멜은 이 작전에서 적 의표를 찌르는 기정(奇正) 변화의 정수를 보여주어 독일군 영웅이 되었다. 롬멜 작전술은 일본의 당대 군사력 최강자 다께다신겐을 패배시킨 노부나가의 소총부대 전술을 빼닮았다. 처칠은 옥스퍼드대학 졸업식 축사에서 "절대, 절대, 절대, 포기하지 마라! Never, Never, Never, Give-up!" 연설로 국가생존전략의 중요성을 강조했다.

1994년 김정일은 '핵무기 포기거부'로 변화기회를 기다렸다. 개혁개방이냐, 핵개발이냐! 두 선택과정에서 김정일과 의견을 달리한 김일성이 사망했다.

김정일은 핵 개발을 강행했고,「핵포기 협상을 통한 핵무기 개발」은 대성공이었다. 김정은도 4~6차 핵실험 이후 '핵포기 협상을 통한 핵무기 고도화' 전략을 선택했다. 김정일-김정은 핵전략은 '모택동 대장정(大長征)과 닮아있다. 바로 그시기에 대한민국은 무조건 전쟁 반대, 남북 협력-교류만이 한반도 평화를 보장한다고 외치며,「햇볕정책」을 추진해 왔다. 참으로 묘한일이다.

북한 핵개발에 대한 한미(韓美) 전문가 시각은 둘로 나누어져 있다. "김정은 핵 포기 가능하다"와 "김정은 핵 포기 불가능하다"이다. 2019년 9월 30일 존 볼턴 전 미국 백악관 국가 안보 보좌관은 "김정은은 전략적 핵포기 결정을 내린 바가 없고, 절대 자발적 핵포기는 없을 것"이라고 강조했다. 1994년 10월 18일 미북 제네바 핵 합의를 이끈 당사자들은 이에 반발해 북한 핵 포기 불가 주장에 동의할 수 없다고 발표했다.

2020년 1월 6일 대한민국에 "정보당국, '북핵 포기 불가' 판단" 뉴스가 최초 보도되었다. 2019년 12월 국회 정보위원회에서 정보당국의 "북한 핵 포기는 불가로 판단한다."라는 공식 보고 내용이 보도된 것이었다. 다음날 1월 7일 대통령은 신년사에서 북한 핵 포기 불가 문제 언급 없이, 김정은 답방 환경조성과 금강산관광, 개성공단 재개 문제를 거론했다. 이에 미국 해리스 대사는 즉각 미국과 협의를 요구하며, 남북관계는 비핵화 진전 속도에 맞춰야 한다고 말했다. 북한 핵을 바라보는 시각이 이렇게 다를 경우, 대응전략은 미래위험을 가장 현실적으로 평가한「정(正)의 전략」을 선택해야 한다. 지금의 불확실이 치명적 위기로 밝혀질 때에 위험극복 대비가 불가능하기 때문이다.

정(正)을 무시한 기(奇) 선택을 강행하면 위기는 소리없이 반드시, 밤도둑과 같이, 참혹하게 다가온다. 정(正)으로 시작해 기(奇)로 대응하는 전략원칙을 지키면 어떠한 위기에도 즉각 대응이 가능하다. 이것이「선승(先勝) 후전(後戰)」이다. 정(正)이란 생존사업의 근본원리인 부민(富民) 안국(安國) 보장을 말한다. 대한민국의 '북핵 대응 무기 개발 전략 배제'는 지난 20여 년 계속되어 왔다. 2025년 한반도 핵전쟁 위기는 「정(正)」을 무시한 「기(奇)」 전략, 햇볕정책 결과라는 평가를 피할 수 없게 되었다.

⓭ 결정적 시간과 장소에, 결정적 힘(power)을 집중한다.

원문 水之疾, 至於漂石者, 勢也. 鷙鳥之擊, 至於毀折者, 節也.
수지질, 지어표석자, 세야. 지조지격, 지어훼절자, 절야.

해석 물의 빠르기가, 돌을 뜨기까지에 이르는 것이, 세(勢)이다.
사나운 새의 타격이, 뼈를 부수고 꺾기까지에 이르는 것이, 절(節)이다.

원문 是故善戰者, 其勢險, 其節短. 勢如彍弩, 節如發機.
시고선전자, 기세험, 기절단. 세여확노, 절여발기.

해석 이러한 까닭에 전쟁을 잘하는 자, 그 세는 험하고, 그 절은 짧다.
세는 큰 활시위를 힘껏 당긴 상태와 같고
절은 화살의 최적 기회 발사와 같다.

원문 故善動敵者, 形之, 敵必從之 ; 予之, 敵必取之. 以此動之, 以卒侍之.
고선동적자, 형지, 적필종지 ; 예지, 적필취지. 이차동지, 이졸시지.

해석 고로 적을 잘 움직이는 자가, 형세를 갖추면, 적은 반드시 그것을 따르게 된다. 유인하면, 적은 반드시 그것을 취한다. 이렇게 적을 움직이게 만들면서, 졸(100명)을 배치해 기다리게 한다.

원문 故善戰者, 求之於勢, 不責於人, 故能擇人而任勢.
고선전자, 구지어세, 불책어인, 고능택인이임세

故善戰人之勢, 如轉圓石於千仞之山者, 勢也
고선전인지세, 여전원석어천인지산자, 세야.

 따라서 전쟁을 잘하는 자는, 형세에서 (승리를) 구하며, 타인에 책임을 묻지 않으니, 그래서 능히 사람을 선택하면, 형세에 (승패를) 맡기도록 한다. 잘 싸우는 자의 형세는, 천길 산 위에서 굴리는 둥근 돌과 같은 형세이다.

'세(勢)'는 '형세와 기세'로 만들어지는 힘이다. '세(勢)'는 묘목을 심는 모습을 그린 '執자'에 '力자'를 결합해, "나무가 힘차게 자란다는" 뜻으로 만들어졌다. 묘목은 작고 연약하지만 언젠가는 크고 울창한 숲을 이루게 된다. 그래서 勢자는 점차 큰 힘을 갖게 된다는 의미에서 '형세'나 '기세'라는 뜻을 갖게 되었다.[11] 형세(形勢)와 기세(氣勢)는 '의도대로 사용 가능한 영역과 범위 내의 힘'이며, 그것이 세력(勢力)이다.

세(勢)의 전략적 운용원리는 "집중과 분산의 변화를 이용한 결정적 시간-장소에 투입"이다. 절(節)은 세를 운용하는 '최적의 기회'로서, "결정적 장소의 결정적 순간"이다. 따라서 전략가는 평시 충분히 배양한 힘의 집중-분산 그리고 결정적 시간-장소에 대한 통찰 능력을 구비해야 한다. 나의 힘을 모두 투입하는 짧은 결단력을 갖추어야 세(勢)의 전략적 운용이 가능하다. 국가생존사업은 끝없는 이익갈등을 해결하는 '중단 불가능' 사업이다. 가용한 나의 힘은 언제나 대응해야 할 세력에 비해 부족하다. 모든 가용한 힘을 절약해 승패를 결정하는 시간-장소에 투입하는 기술이 절대 필요하다. 나의 부족한 힘을 채워줄 동맹 세력 구축이 평시 생존사업의 핵심인 이유가 여기

---

11 Naver 한자사전 한자구성원리, 형성문자(검색일: 2025. 1. 3)

에 있다. 외교의 핵심 목적은 그래서 강대국과의 군사동맹이며, 그 동맹은 약소국의 불패기반으로 작동한다.

> 벌모(伐謀)는 정치–경제 부민안국 사업이다. 국가체제가 이를 결정한다.
> 벌교(伐交)는 정치–외교 동맹체결 사업이다. 동맹국 교류를 최대화한다.
> 벌병(伐兵)은 정치–경제–군사 강병육성 사업이다. 국방체제가 이를 결정한다.
> 군쟁(軍爭)은 정치–군사 전쟁사업이다. 군사전략이 이를 결정한다.

국가전략의 목표는 '국가이익 증진'이다. 세(勢)는 국가전략의 목표달성 체제(system)이다. 국가체제는 형세(形勢)이며, 국가전략은 힘(power)을 준비-발휘하는 태세이다. 국가전략은 국력의 형세(形勢)를 창출하고, 발전시키는 '정(正)의 전략'을 정립해야 한다. 국제정세 변화는 새로운 전략변화를 요구하니 이때 '기(奇)의 전략'을 구사한다. 이러한 국가정치와 외교·경제·과학·군사의 형세가 구축되면, 유사시 요망하는 국가전략의 기세(氣勢)를 충분히 발휘하게 된다.

2017년 본격화된 미국-중국의 패권 갈등은 전략형세와 기세가 충돌하는 전형적 모습을 보여준다. 중국 해양영토 확장전략은 남중국해 해상영토 분쟁을 일으켰고, 미국은 주변국 동맹체제를 강화해 유사시 발생할 군사적 충돌에 대비하고 있다. 미국은 인도-태평양 전략을 수립해 2017년 인도-오스트레일리아-일본과 쿼드(QUAD) 동맹체제를 수립했고, 불과 4년 후인 2021년 오커스 (AUKUS) 동맹체제를 수립했다. 군사적 갈등은 군비경쟁을 촉발해 왔다. 군비경쟁은 첨단무기 개발 경쟁으로, 그리고 과학기술과 무역전쟁 그리고 금융전쟁으로 확산해 왔다. 제3부에서 제시된「현대 국가전략의 포괄적 패러다임」이 등장한 배경이다.

대한민국의 국가전략 형세와 기세는 무엇인가? 남북한 생존사업전쟁의 현장은 한반도다. 군사 전쟁 없는 평화통일은 모든 국력이 융합된 새로운 차원의 전략형세 구축을 요구한다. 대한민국의 평화통일 전략형세는 동맹국, 우방국, 적대국, 주변국 영향력을 조정할 국력의 구비를 절대적 전제조건으로 요구한다. 한반도 핵전쟁 위기는 이러한 전략형세를 최우선 구축해야 극복이 가능할 것이다.

천시의 순행-역행은 생존사업전쟁의 승패를 결정했다《천시(天時), 순역(順逆) 병승(兵勝)》. 모든 전략가의 지혜를 모으고, 모든 국력을 융합해 새로운 전략형세를 창출했어도 오만(傲慢)은 멸망을 불렀다. 미국-중국의 충돌은 대한민국의 전략적 형세 선택을 강요한다. 오나라 부차(夫差)는 아버지 합려를 죽게 만든 구천을 포로로 잡아 설욕했으나, 상담(嘗膽)하며 보복을 준비한 월나라 구천에게 끝내 멸망했음을 대한민국의 정치세력은 깊이, 깊이 통찰해야만 한다.

1990년대 '민족 특수관계' 선언은 '국가보다 민족 우선'이라는 착각을 가져왔다. 노태우 7·7선언(1988)과 남북기본합의서(1992. 2. 21)는 전쟁상태의 남북한을 상호 강제 없는 민족 관계로만 규정했다. "민족은 동맹에 우선한다"라고 선언한 김영삼 대통령 발언이 그 혼란의 시발점이 되었다. 민족은 남북한 정치체제를 하나로 만들 정치이념이 아니었다. 북한은 변함없는 무력 적화통일 전쟁을 벌인 적대(敵對) 세력임을 망각해선 안 될 문제였다. 7·7선언은 남북한 적대관계 완화로 공존을 모색한 하나의 합의서일 뿐이었다. 그런데 민족이 한미동맹에 우선한다는 대통령 정책이 곧바로 추진되었다. 2025년 정치세력의 적대적 대결과 한반도 핵전쟁 위기의 소용돌이는 그렇게 시작되었다.

평화통일의 환상은 대북전략의 '목적-수단-방법' 선택에 대혼란을 가져왔다. 김대중 정부 햇볕정책은 붕괴한 북한 경제를 조건 없이 지원했다. 햇볕정책은 민족이 마치 북한 핵을 포함한 남북문제 모두를 해결할 만능의 보검처럼 국민에게 홍보되었다. 2000년 6월 최초 남북정상회담 결과로 김대중은 노벨 평화상을 수상했다. 1999년 6월과 2002년 6월 서해 해상교전은 우발적 군사 충돌로 취급되었다. 2005년 김정일은 핵무기 보유를 선언했고, 2006년 최초 핵실험을 단행했다.

과연 햇볕정책은 한반도 평화를 보장해 왔는가? 한반도 평화는 한미동맹이 보장해 온 것 아닌가? 2016년 김정은 4~6차 핵실험은 대한민국을 완전한 핵 인질로 만들었다. 좌파 정치세력은 우파 정치세력의 대북 군사전략 때문에 김정일-김정은 핵실험이 발생했다고 주장했다. 그러면 우파 정치세력은 올바른 대북 군사전략을 추진해 왔는가? 실제 우파 정부 대북정책은 햇볕정책의 근본 기조에서 벗어나지 못했다. 모든 대통령이 김정일-김정은 남북정상회담에 매달렸음은 분명해 보인다. 김정일-김정은은 이를 이용해 좌파 정부하고만 정상회담을 가졌다. 대한민국 국민은 우파정부를 무능한 전쟁광으로 인식하기도 했다. 2019년 12월 한국 정보기관은 최초 '김정은 핵 포기 불가'라고 국회에 보고했다.

한반도 핵전쟁에서 민족은 결코 동맹에 우선할 수 없음이 명백히 드러났다. 2021년 9월 미국 월스트리트 저널(WSJ)은 "① 먼저 나쁜짓을하고 과장된 위협을 한다 → ② 비난 수위를 낮추고 대화에 합의한다 → ③ 마지막으로 양보를 손에 넣고 이전상태로 돌아간다"라는 협상전략을 북한은 수십년간 되풀이 했다는 사실을 게재했다.¹² 2024년 10월 북한은 헌법에서 '평화 통일', '민족 대단결' 용어를 삭제하고 대한민국을 '철저한 적대국가'로 명시했다. 2023년 12월 김정은이 남북을 '동족아닌 두 국가'로 규정한 후속조치였다. 2025년 2월 한국에서 북한을 "핵보유국으로 인정하자"라는 주장이 나타났다.

---

12   조선일보(2021년 9월 17일 보도자료)

죽간 손자병법 본편(本編)의 명칭은 '실허(實虛)'이다.
다른 본(本)의 명칭은 '허실편(虛實篇)'이다.
명칭 실허(實虛)는 기준과 중심을 실(實)에 두고 있음을 의미한다.
명칭 허실(虛實)은 기준과 중심을 허(虛)에 두고 있음을 의미한다.

'계(計)~실허(實虛)'까지는 지피지기(知彼知己) 법(法)을 논했다.
'군쟁(軍爭)~구지(九地)'는 지천지지(知天知地) 법(法)을 논한다.

| 실허란 무엇인가? |

 인류는 언제나 「모순(矛盾)-역설(逆說), 실(實)-허(虛)」 환경에서 생존해
왔다. 생존사업은 이러한 전략 환경을 전제로 실행하는 본질적 문제를 갖
는다. 「모순-역설, 실-허」 통찰 없이 수립된 전략은 찾기 어렵다. 생존사업
전쟁, 병자(兵者)는 속이는 궤도(詭道)이다. 그런데 생존사업전략에서, 대
한민국은 선언(宣言)에 그치는 경향이 많았다.[13] 조선 사대주의, 임진왜란
과 병자호란, 쇄국과 강제 개항, 대원군-민비(閔妃), 개화파-수구파의 권
력투쟁은 일정한 선택 경향과 흐름을 보여준다. 1994년 북한 핵 개발 위
기 발생 이후 대한민국의 대북 전략에서도 유사한 현상이 나타났다. 북
한 김일성-김정일-김정은이 선택한 핵무기 개발전략은 눈앞의 이익에 집
중하고, 중장기 미래 공동체 이익을 완전히 무시한 선택이었다. 대한민국

13　Michael Raska, Searching for New Security Paradigms : Israel and South Korea's Defense Transformation 1990-2011(2011)

정치세력 또한 한국전쟁 종전선언, 유엔사 해체, 주한미군 철수, 친일파 척결, 남북평화협정 체결 등의 대한민국 불패 기반을 스스로 약화하는 정책을 주장했다.

국가전략에서 일정 경향을 반복한 선택 현상을 전략문화(strategic culture)라고 한다. 한반도 역사에서 국익을 통찰 못하고, 실(實)보다 허(虛)를 내세우고, 현재 위기를 축소해 미래 위기를 왜곡했던 전략 선택은 수없이 반복되었다. 고조선~조선까지 역사는 국가멸망의 핵심 원인이 외부 침략이 아닌 내부 배신과 분열이었음을 알려준다. 1910년 나라를 잃은 정치세력은 사라져야 마땅했고, 그렇게 된 줄 알았다. 그러나 일제 통치하에서 그들은 귀족으로 대우받았고, 1945년 해방과 함께 또다시 등장해 정치를 주도하려 했다. 그러한 해방 적국 대혼란에서 이승만-박정희의 자유민주주의, 한미동맹, 산업혁명이라는 대한민국 불패 기반의 완벽한 구축은 기적이 아닐 수 없다. 그러나 북한에 공산혁명 사회주의독재 정권 수립을 막지는 못했다.

나의 불패 기반을 스스로 약화한 전략 선택은 어떻게 평가해야 할까? 내부 분열 선동으로 자기 이익만을 추구한 정치세력은 근절 불가능할까?

1590년 일본침략 징후 보고를 선택한 선조의 전략 선택 기준은 무엇인가?
1592년 의주로 도망가 「명나라 조선 접수」를 애걸한 선조의 선택은 무엇인가?
1636년 친명정책으로 병자호란 삼전도 굴욕을 당한 인조의 선택은 무엇인가?
1792년 서양학을 금지한 정조 문체반정(文體反正)의 선택목적은 무엇인가?
1866년 대원군이 쇄국(鎖國)을 결심한 전략 선택의 기준은 무엇인가?
1910년 한일병합조약 서명자, 이완용의 위국(爲國) 주장은 무엇인가?
1994년 김영삼의 동맹보다 민족이 우선한다는 선언의 판단 기준은 무엇인가?

실(實)-허(虛)는 모순(矛盾)과 역설(逆說)의 상호순환 작용을 나타낸다. 허(虛, falsity)를 이길 수 있는 유일 수단은 실(實, reality)뿐이다. 국가생존사업의 속성(屬性)은 실허(實虛) 현실의 지피지기(知彼知己) 속임수다. 국가생존사업의 성패(成敗)는 지천지지(知天知地)를 통찰한 수준만큼의 전략을 선택한 결과이다.

모순(矛盾)-역설(逆說)의 극단전략 선택을 「미치광이 전략(mad man strategy)」이라고 부른다. 이는 보통 사람의 판단을 뛰어넘는, 전혀 예상할 수 없는 전략선택 방법이다. 현재 나의 이익을 위해 기존목적을 모두 버리고 가용수단과 방법을 총동원한 생존사업전략이 미치광이 전략이다. 베트남전쟁 패배를 불러온 닉슨-키신저의 미치광이 전략은 2,500년 전의『손자(孫子)』실허(實虛)에서 그 근본원리를 찾을 수 있다. 북한 김정일-김정은의 벼랑 끝 전술과도 일맥상통한다. 트럼프의 미국 제일주의 외교정책도 미치광이 전략으로 소개된다. 특히 제갈량 허허실실(虛虛實實) 전략은 추종을 불허하는 미치광이 최상의 전략이었다. 조조에게 치명타를 안겨준 적벽대전은 유비의 책사 제갈량이 삼국 분할을 구상하고 오나라 손권의 참전을 유도한 대전략이었다.

과학기술은 국력의 상징이며, 첨단무기를 생산하는 실(實)의 핵심 요소이다. 서양 과학(science)과 기술(technology)은 19세기 뉴턴 과학이론 발전과 함께 기계생산기술과 접목되면서 '과학기술'로 융합되었다. 과학이론이 무기 생산에 직접 적용된 최초 사례가 1945년 원자폭탄 제조 핵분열 이론이다. '뉴턴 이후의 과학'은 모든 국가생존사업전략을 실(實)로 바꾸었다. 서양 전략은 실(實) 중심으로 허(虛)는 보조일 뿐이다. 과학이론이 없었던 동양의 군사전략은 실(實)보다 허(虛) 우선이었다. 무기(武器)보다 지모(智謀)를, 현장보다 '한 수 위(outwit)' 이론을, 정(正)보다 기(奇)를, 세(勢)보다 형(形)을 군사전략의 중심으로 사용해 왔다. 그래서 수단(手段)보다 방법(方法)을, 실행(實行)보다 선언(宣言)을 중시한다. 무(武)를 문(文)에 종속시킨 국가에서 나타나는 전략문화 현상이다.

대한민국의 전략문화는 무엇인가? 공격보다 방어를, 주도(主導)보다 종속(從屬)을, 전쟁보다 평화를 우선 선택하는 전략문화는 어떻게 형성되었는가? 한반도의 지정학적 환경 때문인가? 수천 년 대륙의 속국(屬國) 공포 때문인가? 통상 약소국은 정치세력의 내부투쟁이 극심하고, 대국(大國) 의존도가 대단히 높다. 고대 그리스-로마, 그리고 동아시아 모든 국가를 멸망시킨 적은 언제나 '내부의 적'이었다. 손무가 백성이 위와 더불어 갖는「같은 마음의 소리」를「국가의 도(道)」로 규정한 이유였다. 언제나 '내적 통합'은 외부로 세력을 확장하는 기반이며, 전제이다. 칭기즈칸은 이러한 원리를 철저히 사용해 10만 부족으로 병민합일(兵民合一)의 사회를 만들어 세계 대제국을 건설했다. [14]

---

14 국방군사연구소, 「중국군사사상사」(1996), p.170

원문 先處戰地而待戰者佚, 後處戰地而趨戰者勞. 故善戰者, 致人而不致於人.
선처전지이시전자일, 후처전지이추전자로. 고선전자, 치인이불치어인.

해석 먼저 전장에 도착하여 전투를 기다리는 자는 편안하고,

뒤늦게 전장에 도착하여 전투에 달려가는 자는 고달프다.

고로 전투 잘하는 자는, 적을 조정하면서 적에게 조정 당함이 없다.

원문 能使敵自至者, 利之也 ; 能使敵不得至者, 害之也.
능사적자지자, 이지야 ; 능사적부득지자, 해지야.

해석 능히 적을 스스로 도달하게 만드는 것은, 이익 그것이다.

능히 적을 스스로 도달하지 않게 만드는 것은, 해로움 그것이다.

※ 전략의 근본원리는 이익을 이용하는 계책 수립에 있다.

원문 故敵佚能勞之, 飽能飢之者, 出於其所必趨也 ;
고적일능로지, 포능아지자, 출어기소필추야 ;

해석 따라서 적이 편안할 때 능히 고달프게 만들고,

배부를 때 능히 배고프게 만드는 자(者)는,

(적이)진출하는 그 장소로 반드시 달려간다.

원문 善攻者, 敵不知所守. 善守者, 敵不知所攻.
선공자, 적부지소수. 선수자, 적부지소공.

해석 훌륭한 공격자는, 적이 수비할 장소를 알지 못한다.

훌륭한 수비자는, 적이 공격할 장소를 알지 못한다.

이익이란 무엇인가? 생존사업경쟁은 '최선의 흥망이익(利益) 선택'을 목표로 한다. 생존은 수많은 경쟁적 실(實)-허(虛) 전략을 정확히 통찰해야 가

능하다. 생존사업전쟁은 통찰한 계획을 치밀하게 수립 시행해야만 생존이익 목표를 얻게 된다. 생존사업 통찰과 계획은 바로 이해득실(利害得失) 계산(計算)과 선택이다. 후한(後漢) 말기 천재 전략가 제갈량도 사마의(司馬懿)의 통찰을 속일 수 없었다. 제갈량은 선승형세(先勝形勢)를 기반으로 촉나라 건국에 성공했으나, 사마의 통찰로 인해 관우와 장비를 잃고 위(魏)-오(吳)-촉(蜀) 삼국 통일에 실패했다. 사마의가 없었다면 후한의 역사 지형은 크게 달라졌을 것이다. 이것이『손자』의 병자(兵者) 통찰이다.

국가생존사업의 주도권 장악은 승리의 전제조건이다. 내가 유리하면 적은 불리하다. 불리한 적은 새로운 통찰을 바탕으로 마치 미치광이 같은 전략을 구사한다. 전략적 유리함을 먼저 선점해, 내가 원하는 대로 적이 움직이도록 강요하는 힘이 주도권(Initiative)이다. 먼저 전장에 도착해 유리한 지형을 선점하고, 지형과 피아 정보를 정확히 파악하면 늦게 도착한 적을 조정할 기회가 주어진다. 그 기회를 이용하여 적을 나의 의도대로 움직일 때 주도권이 발생한다. 적을 나의 의도대로 움직이면, 내가 원하는 결정적 시간과 장소에 나의 힘을 집중해 분산시킨 적을 격멸할 수 있다.

나의 의도대로 반드시 적을 움직이려면, 적이 수용할 수밖에 없는 이익을 이용한다. 아군의 의도적 약점 노출은 적의 계산을 어렵게 만들 수 있다. 전장에 먼저 도착한 자는 이러한 정보판단-결심으로 수립한 방책을 충분히 준비할 수 있다. 먼저 적이 나를 믿을 수밖에 없도록 나의 능력을 감출 수 있어야 한다. 적은 어쩔 수 없는 강요를 받기 시작할 때 나의 의도를 알도록 해야 한다. 구천은 부차를 믿게 만들기 위하여 가능한 모든 수단-방법을 동원했다. 구천은 범려(范蠡)의 지모대로 노예처럼 행동했고, 그가 사랑하는 서시를 부차에게 상납했다. 부차가 구천을 믿게 된 이후 오나라는 멸망했다. 허허실실(虛虛實實)은 적을 혼란에 빠뜨려서 결정적 기회를 만들어낸다.

김정일 핵 개발의 허허실실은 그렇게 성공했다. 김정일은 한국과 미국을 그의 의도대로 조정했다. 김영삼 대통령의 무조건 전쟁 반대선언으로 대한민국은 군사 전쟁 의지가 없음을 그는 확신했다. 김정일은 비핵화를 내세운 협상과 회담을 이용해 한미 대북 감시 제재를 피해 틈새 기회를 만들 수 있음을 확신했다. 1994년 이후 대한민국의 무조건 전쟁 반대, 대북 강경 군사 전략 회피, 그리고 햇볕정책은 김정일 협상 책략을 평화통일 과정으로 모든 국민이 착각하도록 만들었다. 1994~ 2006년 기간 동안 적극적 경제지원이 계속되었다. 미국-북한 제네바 핵 합의가 이루어졌다. 한반도 에너지 기구(KEDO)가 설립되었다. 그런데 2006년 북한 핵실험이 성공했다.

 2023년 8월 19일 새벽 4시, 한국-미국-일본 3개국 정상은 태평양 지역「경제-안보 협력체」출범을 발표했다. 이른바 캠프-데이비드 경제-안보 협력체제 탄생이었다. 2023년 8월 이후 경제-안보는 통합동맹체제로 발전될 가능성이 더욱 커졌다. 북한-중국-러시아 3국은 1945년부터 소련 공산 경제권 붕괴 직전까지 경제-안보 통합동맹 체제를 지속했었다. 2025년 3국은 과거 통합동맹 체제로 복귀할 가능성이 커졌다. 공자는 병, 식, 신(信) 중에서 가장 먼저 버려야 할 대상으로 병을 지정했었다. 그러나 병은 모든 정치세력이 언제나 최우선 선택한 실질 권력이었다.

 경제와 군사는 하나를 선택할 수 없는 생존이익의 한 몸이다. 그러나 북한은 80여 년간 식(食)을 무시한 선군정치를 지속해 왔다. 원시사회는 식량 중심으로 모인 생존사업 공동체였다. 아이러니하게도 농경사회 출현으로 병(兵)은 식량보다 중요한 공동체 핵심사업이 되었다. 이러한 군사력 최우선 생존사업 개념은 1945년 제2차 세계대전 종전까지 지속되었다. 그런데 미소 핵무기경쟁의 냉전 시대가 등장하면서 "경제가 군사를 대체하는" 식량 중심 시대가 다시 나타났다. 이러한 과정은 역사의 또 다른 아이러니가 아닐 수 없다.

1948년 남북한 대결 이후, 김씨 3대 세습 핵 개발과 국경폐쇄 정책은 이런 면에서 빅터 차가 분석한 대로 최악의 선택이었다. 그렇게 북한은 경제를 무시한『불가능 국가(Impossible State)』로 전락했다. 허(虛)는 실(實)을 일시 속일 수는 있어도 결단코 이길 수는 없다. 북한 핵무기 허(虛)는 대한민국 실(實), 부민(富民)을 이길 수 없다. 군사전략을 배제한 햇볕정책 또한 핵무기를 이길 수 없었다.

이익은 김정일이 핵 개발을 강행하도록 만들었고,
이익은 햇볕정책이 군사전략에 소홀하도록 만들었다.

15 나를 둥글게 모아 집중하면서, 적을 따르게 하여 분산시킨다.

원문 進不可迎者, 衝其虛也 ; 退不可止者, 遠而不可及也.
진불가영자, 충기허야 ; 퇴불가지자, 원이불가급야.

해석 진격해도 대응이 불가한 것은, 그 허를 충격하기 때문이요,

퇴각해도 차단이 불가한 것은, 원거리로 미치지 못하기 때문이다.

※ 전략의 틈새 통찰(洞察)은 '신전략 창출'의 근본임을 강조한다.

원문 '故我欲戰, 雖高壘深溝, 敵不得不與我戰者, 攻其所必救也 ;
고아욕전, 수고루심구, 적부득불여아전자, 공기소필구야 ;

해석 그러니 내가 전투를 하고자 할 때에,

적이 부득불 아군과 전투하게 되는 것은,

비록 성루가 높고 해자가 깊어도,

구원이 필요한 그 장소를 공격하기 때문이다.

원문 我不欲戰, 畫地而守之, 敵不得與我戰者, 膠其所之也¹⁵

원문 我不欲戰, 畫地而守之, 敵不得與我戰者, 膠其所之也[15]
아불욕전, 획지이수지, 적불득여아전자, 교기소지야.

해석 내가 전투를 원하지 않을 때에,

땅에 선을 긋고 수비해도, 적이 아군에 전투를 걸지 못하는 것은,

그 장소에 (적을) 교착(膠着)시켰기 때문이다.

※ 전략의 틈새는 적을 조정하는 지렛대이며, 주도권 장악의 기본조건이다.

원문 形人而無形, 則我槫而敵分.
형인이무형, 즉아단이적분.

해석 상대 형세를 드러나게 하면, (나는) 무형이 된다.

즉 아군을 둥글게 모으면, 적은 분산된다.

※ '전투력 집중과 분산' 형세에 대한 설명이다. 포위 작전형세는 언제나 둥
글다. 전투력 집중은 한 장소로 병력을 둥글게 모으는 포위이다.

※ 단(槫)은 대부대 '병력이 집중될 때 둥글게 나타나는' 전체 진형의 형세
(形勢) 모습을 뜻한다. 단(槫, 둥글 단)을 전(專, 오로지 전)으로 바꾼 다
른 본의 주석은 '병력 집중'만을 뜻한다.

원문 我槫而爲壹, 敵分而爲十, 是以十擊壹也[16].
아단이위일, 적분이위십, 시이십격일야.

해석 아군이 둥글게 모여 하나가 되면, 적은 분산되어 열이 되니,

이것이 (집중된) 열로써 (분리된) 하나를 타격한다는 것이다.

※ 죽간 본은 '단(槫), 다른 본은 전(專)이다.

※ 집중 · 분산은 각개격파 형세를 조성하는 작전술(operational art)이다.

---

15   다른 본은 교(膠)가 아닌 괴(乖)이다. 괴(乖)는 전혀 다른 장소로 어긋나게 가도록 유도하는 것을 말한다.

16   죽간 본은 '단(槫, 둥글 단), 다른 본은 전(專, 오로지 전)이다. 단(槫)이 전(專)으로 바뀐 등의 글자교체는 죽간 본
과 다른 본에서 나타난 대표적 현상이다.

 我寡而敵衆, 能以寡擊衆者, 則吾之所與戰者約矣[17].
아과이적중. 능이과격중자. 즉오지소여전자약의.

 나는 소수이고 적은 다수임에도, 능히 소수로써 다수를 격파하는 것은,
즉, 내가 전투할 장소를 약정해 두었기 때문이다.

※ 전투 장소를 미리 정하고, 광범위한 지역에서 나의 병력이 둥글게 전진하
면서, 적이 나의 병력을 쫓아오도록 유도하면, 어느 순간 분산된 적은 고립
된 소부대가 된다. 분산된 적의 소부대가 미리 결정한 장소에 진입하면 둥
글게 전진한 나의 병력을 집중한다. 양쪽 교전 부대 상황을 지켜보면서 가
장 취약 지역에 예비대를 투입해 승리를 결정한다. 나폴레옹 "분진(分進)
합격(合擊)" 전술의 설명이다. 둥글게 집중하는 『손자』 전술 형세와 같다.

『손자』죽간본의 '단(槫)'이 다른 본은 '전(專)'으로 되어있다. 단(槫)은 둥
글게 집중하는 전투대형 모습이다. 전(專)은 집중된 병력의 모습이다. 야지
에서 전투력이 한곳으로 이동하는 전투대형은 '둥글다.' 그런데 후세 주석
자들은 단(槫)을 전(專)의 잘못 쓰여진 글자로 보고 이를 바꾸었다.『손자
교석』에도 단(槫)이 전(專)으로 왜 바뀌었는지 설명이 없다. 손자병법 대부
분의 주석자는 단(槫)의 중요성을 알기 어려운 문관들이었다. BCE. 216년
8월 제2차 포에니 전쟁, 칸나이 평야에서 한니발의 카르타고군이 바로의 로
마군을 전멸시킨 전투대형은 '반원형 둥근' 모습이다. 한니발은 용병을 포
함한 5만 병력으로 로마군 8만 6,400명을 양익포위에 성공하여 사망 약 5
만, 포로 약 2만이라는 믿기 어려운 전과를 얻었다. 한니발의 칸나이 전투는
포위 섬멸전의 대명사가 되었다.

포위 작전술의 형세는 모두 둥근 모습이다. 레욱트라 전투에서 시작된 "사

---

17 이 구절도 해석에 논란이 많다. 약(約)은 본래 미리 약속함을 뜻한다. 약(約)은 은밀히 전투병력 집중 시간과 장소
를 정해 놓은 비밀약정을 뜻한다. 이를 따르면 분산된 소부대가 되도록 적을 유도하는 계획이다.

선 대형 전술"은 알렉산더, 한니발, 프리드리히 대왕, 나폴레옹으로 계승되어 포위 작전술의 기본개념으로 활용되었다. 양익포위, 일익 포위, 전면 포위 등 포위 전투대형 모양은 모두 둥글다.

2024년 초부터 김정은이 핵무기 사용 작전을 전제한 대남전쟁을 공식 선포했다. 김정은은 진정 전쟁을 원하는 것일까? '김정일은 그가 핵 개발을 원할 때', NPT 탈퇴를 선언하고 IAEA 요원들을 추방했고, '핵무기 기술획득을 위한 시간이 필요할 때', 한미협상 교착상태를 만들어 '핵 기술획득'에 필요한 충분한 시간을 얻었다. 김정일은 그가 필요할 때, 남북협력체제를 가동했고, 그가 불필요할 때 그 체제를 중단시켰다. 이를 외교전문가들은 "벼랑 끝 전술"이라고 불렀다. 김정일은 "누가 마지막에 웃는지 보자!"라고 큰소리치며 아무도 예상치 못한 길을 선택해 핵 개발에 성공했다. 핵무기 개발 시기에 김정일은 전쟁을 할 수 없었다. 북한 붕괴 위기에 섰던 김정일은 대남전쟁 공포 조성전략으로 한국 스스로 무조건 전쟁 반대를 외치도록 만들었다.

김정일 핵개발 성공은 한미의 대응 의도를 정확히 알고 이를 역이용한 결과였다. 북한은 1991년 7월 한반도 비핵지대화 공동선언을 제안했다. 10월 한국은 미국과 주한미군 전술핵무기 전면 철수에 합의했다. 11월 대한민국은 한반도 비핵화와 평화구축 선언을 발표했으며, 12월 노태우 대통령은 남한 내에 핵 부재(不在)를 선언했다. (핵철수 완료 발표는 1993. 7. 2). 12월 31일 남북한은 한반도 비핵화 공동선언문을 발표했다. 그러나 1993년 초에 돌연 북한은 IAEA 특별사찰을 거부하고, NPT 탈퇴를 선언했다. 5월 노동 1호 미사일을 최초시험 발사했다. 북한이 핵 개발 의지를 분명히 하자, 미국은 북한 핵시설 군사적 타격을 검토했고, 한국은 정면 반대했다. 그 과정에서 1994년 7월 김일성이 사망했다. 10

월 북한의 핵 활동 동결 대가로 1,000메가와트급 경수로 2기 제공에 합의한 제네바 합의문이 체결되었다. 그러나 북한은 또다시 1996~1999년 IAEA 사찰을 거부했고, 1999년 미 하원 북한 보고서는 북한의 약 70회 핵 기폭장치 실험을 발표했다. 1998년 8월 대포동 1호 미사일 발사시험이 강행되었다. 2000년 남북정상회담과 6·15 남북공동선언은 이러한 모든 김정일 핵 개발 활동을 묻어버렸다. 북한 전문가들은 남북정상회담을 2005년 김정일 핵 보유 선언과 2006년 최초 핵실험을 위한 위장회담이라는 의혹을 제기했다. 김정일은 1994년 대한민국의 전략적 틈새, 「전쟁공포증」 촉발을 위해 대남전쟁 위협 정책에 집중했다. 서울 불바다 발언으로 전쟁 공포조성을 극대화하여 마지못한 협상 수용의 모습을 연출했고, 모호한 선전 선동 공작으로 미국과 제네바 합의를 얻어냈다.

 1994년 왜, 미국은 당시 영변 핵시설 타격계획을 철회하였나? 미국은 영변 핵시설을 타격하면 한반도 전쟁이 불가피하다고 판단하였나? 여러 가지 추측 보도가 많으나 확인된 사실은,

첫째 클린턴은 그의 회고록에 북한 핵시설 타격을 결심했었다고 언급했다.
둘째 김영삼은 클린턴에게 전쟁 반대 의사를 분명히 전달했다고 증언했다.
셋째 1994년 북한-중국, 북한-러시아 군사동맹은 거의 중단된 상태였다.
넷째 1994년 한국군은 연합작전으로 북한을 점령할 충분한 능력이 있었다.
다섯째 카터 남북정상회담 중재로 클린턴은 영변 타격계획을 취소했다.

이러한 일련의 사실들은 1994년이 영변 핵시설을 제거할 결정적 시기였음을 말해준다. 한반도 핵전쟁 위협이 당연하듯 반복되는 현시점에서, 1994년에 나타난 북한 핵시설 선제타격 기회는 또다시 조성되기 어려울 것으로 보인다.

김정은은 전쟁을 원하는 것일까? 빅터 차는 그렇지 않다고 주장한다. 그러나 일부 전문가들은 김정은 오판에 의한 핵전쟁 발발 가능성을 배제하기 어렵다고 주장한다. 전략의 근본은 적의 형세를 드러나게 유도하면서, 나의 형세는 무형(無形)으로 드러나지 않게 감추는 것이다. 그래서 전략은 정확한 수행 방법(How to)을 끊임없이 찾아야 한다. 1953년 이후 남북대결 관계는 그렇게 계속되어 왔다. 2024년 1월 초 핵무기 군사작전 대남전쟁을 김정은이 공식 선언했다. 북한 최고인민회의 상임위원회는 2월 7일 북남경제협력법, 금강산 국제관광 특구법과 그 시행 규정, 북남경제협력 관련 합의서 폐지를 결정했다. 2월 8일 국방성 방문 연설에서 "남한 영토점령, 평정을 국시"로 결정했음을 김정은이 직접 천명했다. 새로운 대남전략을 김정은이 결심했음은 틀림없다.

분진합격은 최대 분산된 적과 최대 둥글게 집중한 나의 격돌을 유도하는 전략이다. 이 전략은 군사작전 이외 국가생존사업 모든 영역에도 적용되는 일반적 전략이론이다. 북한은 모든 역량을 핵미사일에 집중해 승리를 추구한다. 김정은의 새로운 의도가 무엇이든 대응 가능 방책은 오직 부민안국(富民安國), 선승(先勝) 후전(後戰)뿐임은 분명하다. 만약 실수 없이 불패기반이 계속 유지된다면, 대한민국의 전략은「후전(後戰) 대비」뿐이다.

김정은의 착각에 의한「한반도 자폭 핵전쟁」을 피할 방법은 없는가? 나폴레옹과 히틀러는 "초기 성공을 최종 전쟁 승리로 착각한 선택" 때문에 자멸했다. 나폴레옹은 분진(分進)-합격(合擊) 전술로 군사적 천재성을 과시했다. 그 나폴레옹이 분진합격 전술에 최종 패배해 멸망했다. 제2차 세계대전 히틀러는 전차, 비행기, 잠수함 등을 모두 활용한 분진합격으로 초기 대성공했으나, 소련을 침공한 선택의 실수로 참패해 자살했다. 히틀러는 나폴레옹 전철을 그대로 답습했다. 1939년 독일군은 전차 집중 운용 전술로 프랑스 아르덴느 삼림을 돌파해 40일 만에 프랑스를 점령한 전격전(電擊戰)으로 세계를 경악하게 했었다. 이 성공을 독일군 능력으로 과신한 히틀러는 불가침 조약을 맺은 소련을 전격적으로 침공하는 실수를 범했다. 소련 침공으로 동서 유럽 양면 전쟁 함정에 빠진 독일 장군들은 히틀러 작전지침을 무시하기 시작했다. 독일은 완전히 잿더미가 되어 동서독으로 분할 점령되었고, 제2차 세계대전 참전 국가는 승자도, 패자도 없는 공멸의 당사국이 되었다. 그 결과로 국제평화기구 유엔이 창설되었다.

만약 대한민국이 착각해 실수를 선택한다면 그것은 무엇일까?
만약 김정은이 착각해 실수를 선택한다면 그것은 무엇일까?

16 모든 곳에 대비(對備)하면, 모든 곳이 부족(不足)하다.

원문 無不備者無不寡. 寡者, 備人者也 ; 衆者, 使人備己者也.
무불비자무불과. 과자, 비인자야 ; 중자, 사인비기자야.

故知戰之地, 知戰之日, 千里而戰. 勝, 可擅也 ; 敵唯衆, 可毋鬪.
고지전지지, 지전지일, 천리이전. 승, 가천야 ; 적유중, 가무투

해석 대비 안 된 곳이 없는 자는, 부족하지 않은 곳도 없다.

부족한 자는, 상대에 대비한 자다.

많은 자는, 상대를 자신에 대비하게 만든 자다.

그래서 전투 장소를 알고, 전투 날짜를 알면, 천 리에 걸친 전투를 한다.

적이 비록 많아도, 전투도 없게 할 수 있다.

승리는, 의도대로 가능하다.

 故績之而知動靜之理¹⁸, 形之而知死生之地,
고적지이지동정지리, 형지이지사생지지.

計之而知得失之策, 角之知有餘不足之處.
계지이지득실지책, 각지지유여부족지처.

 그래서, 정보(情報) 축적으로 움직임과 고요함의 이치를 알아내고,

형세(形勢) 분석으로 생지(生地)와 사지(死地)를 알아내며,

계책(計策) 분석으로 책략(策略)의 득실(得失)을 알아내고,

전력(戰力) 분석으로 여유(餘裕)와 부족(不足)의 위치를 알아낸다.

※ 지피(知皮), 지기(知己)에 대한 단계별 종합분석 방법이다.

공동체 생존사업은 언제나 자원 부족 상황에 직면한다. 군사 전쟁사업은 특히 그렇다. 적이 내가 유도한 계획대로 대비할 수밖에 없도록 강요할 수 있다면, 나는 적의 형세 어디에선가 부족한 약점을 조성할 수 있다. 특히 적을 이익과 해로움, 실(實)-허(虛)의 딜레마 혼란 속에 빠지게 하면 목적한 약점을 조성하는 '기만(欺瞞)작전'에 성공한다. 이것이 정(正)과 기(奇)의 변화 효과다. 그렇게 조성된 적의 약점에 우세한 나의 능력을 집중하면 쉬운 승리를 얻게 된다. 전투 장소와 시간을 알면 천 리에 걸친 전투도 가능한 이유가 여기에 있다. 전투 장소-시간을 안다는 것은, 내가 정한 장소와 시간에 원하는 전투가 일어나도록 유도한다는 뜻이다.

내가 정한 장소와 시간에 결정적 전투를 수행하도록 '만드는 능력'이 주도권이다. 1950년 인천상륙작전, 1939년 독일군 아르덴 삼림 돌파 작전은 주도권 장악이 얼마나 중요한가를 보여준 대표적 사례이다. 이러한 전투사례는 실(實)-허(虛), 기(奇)-정(正)의 변화가 어떻게 전략적 기만(欺瞞)-기습

---

18   적(積)은 지속 수집한 적 첩보를 꿰맞추는 분석을 말한다. 죽간본 원문 4가지 순서를 그대로 적용했다.

(奇襲)을 이끌었는지 보여준다. 모순(contradiction)과 역설(paradox)에 대한 통찰과 조성된 약점의 틈새를 이용하는 전략이 무엇인가를 보여준다.

2025년 대한민국은 압도적 국력의 우세에도 불구하고 김정은 핵미사일 위협에 어떤 대책도 없이 끌려다니고 있다. 나의 능력은 적과 교전(交戰)에서만 정확히 확인된다. 그래서 내가 먼저 적을 조정할 수 있는 유리한 상황을 만들어 주도하면, 우세한 적이라도 내가 만든 상황에 끌려올 수밖에 없다. 나의 계획대로 적이 끌려다니기 시작하면, 나는 적의 전투력도 부족하게 만들 수 있다. 이것이 주도권이다. 지난 30년 북한이 대한민국을 끌고 다닌 김정일-김정은 핵전략의 핵심이다.

김정일은 1994년 한국-미국을 조정할 전략 능력을 핵무장으로 보았다. 1960년대 중국, 인도, 파키스탄 핵무장 교훈은 김정일에게 핵무장 기술과 시간을 비핵화 협상을 통해서 얻을 수 있음을 통찰케 해주었다. 전쟁의 역사는, "협상은 언제나 약자가 선택한 일시적 방편"이었음을 말해준다. 북한은 핵을 고집할수록 북한 내부경제는 악화했고, 주민의 생활 피폐 정도는 극에 달했다. "국가경제 파탄정책을 스스로 선택한" 김정일-김정은 전략을 무어라 부르는가?

국가흥망은 언제나 지배자 또는 최고 권력자가 스스로 선택해 왔다.
백성과 국민의 생사존망은 수천 년 동안 그들 선택에 결정되었었다.
모든 독재자는 언제나 국가를 붕괴시킨 정책을 스스로 선택했음이 드러났다.

대한민국 또한 김정일 정권의 붕괴를 막으려는 역설적 대북정책을 공개적으로 추진해 왔다. 김정일 핵 포기는 오직 무조건적 대화로만 가능하다고 주장해 왔다. 그 대북 화해 전략이 김정일 정권 핵 개발을 성공시킨 대한민국의 모순 틈새였음을 인정하지 않는다. 2017~22년 대한민국의 북한 비핵화 협상 정책은 더욱 큰 전략적 함정을 만들어냈었다. "김정은 핵 포기가 가능하다"라고 믿는 대한민국 정치세력은 유엔사 해체, 종전선언, 한미동맹 재검토, 친북-친중 정책추진을 노골화했다. 김대중-노무현, 이명박-박근혜 집권 기간을 대북정책 논쟁으로 서로를 비난한 기간이었다면, 문재인 집권 기간은 「김정은 핵 포기 불가능」을 인정하고 새로운 대북정책을 추진했어야 할 기간이었다. 대한민국은 북한 핵 개발전략에 대한 분석만을 계속해오면서 「적극적 비핵화 전략」은 선택하지 않았다. 실(實)이 없는 허(虛) 중심의 비핵화 전략은 바로 반쪽짜리 대북정책이었다.

그런데 김정은의 '핵을 통한 한반도 무력 통일' 계획이 공식 선언되었다. 한미일 3국을 포함한 국제사회는 북한 핵 국가인정을 용인하지 않을 뿐이다. 이 정책 모순을 분명히 잘 알면서도 국민은 '무조건 전쟁 반대'를 지지하는 역설은 계속된다. 국민의 전쟁 공포증은 그만큼 크다. 무조건 전쟁 반대가 최종 패배의 길임을 주장하는 국민은 많지 않다.

국가전략 주도권을 적에게 스스로 내주는 국가는 없다. 만약 그런 세력이 있다면 이적 세력일 것이다. 그런데 불행하게도 대한민국은 "북한 수용 가능성"을 전제로 하는 대북정책이 추진되어 왔다. 북한 심기를 건드리는 정책은 어떠한 정책도 2022년까지 대북 협상 및 경제협력 여건 조성을 명목으로 사실상 금지되어 왔다. 북한에 가장 치명적인 대북 심리전 방송은 북한 요구로 최우선적 중지되었었다. 김정은 서울 방문 분위기 조성을 위해 광화문에 김정은 정권 찬양 게시물이 등장했었다. 북한 비판자를 오히려 비난하는 기현상이 일어났다. 청와대에 보훈 가족을 초청한 후, 보훈 가족이 요구한 북한 사과 요구를 포함하지 않고 발표했다. 현충일 추념 대통령기념사에서, 1948년 월북 후 북한 정권 노동상과 6·25전쟁 각료를 지낸 "김원봉을 대한민국 국군의 뿌리"라고 주장했다. 왜, 대통령은 6·25 전쟁 공로로 1952년 김일성의 노력훈장을 수상한 김원봉을 대한민국 6·25 유가족 앞에서 국군의 뿌리로 외쳤을까?

북한 요구를 수용한 '낮은 단계 연방제 선택'은 대한민국의 자유민주주의 포기아닐까? 그렇지 않다면, 북한을 속이든지, 아니면 한국 국민을 속이는 것 아닌가? 남북대결은 국민의 생존사업 대결이 아니다. 철저히 남북 정치세력의 대결이며, 국가 정치체제 대결이다. 한반도 통일은 대한민국이 김정은 세습 독재체제에 통합되거나, 김정은 체제가 자유민주주의에 통합을 뜻한다. 적대적 이념의 국가체제가 하나로 융합될 가능성은 사실상 없다. 김정은 핵 포기설득과 낮은 단계 연방제는 불가능한 문제를 해결 가능하다는 설득과 같다.

국가전략의 유리한 여건 조성은 피아 상황과 국가생존사업 통찰로만 가능하다. 국가전략은 분야별 전문지식과 그 행동 방식에 존재한다. 국가전략의 전문지식과 행동 방식은 분야별 전문가들을 어떻게 등용하는가에 달려있다. 범국가적 전문가 등용은 올바른 미래전략 선택의 첫걸음이다. 하지만 대한민국의 인재 육성과 등용은 오직 정치세력 확대를 위한 방향으로만 달려가고 있다. 군인-공무원 정치화가 일상화되었다. 스스로 선동가 포퓰리스트를 자처하는 생존사업 경쟁자들이 넘쳐난다.

나에게 유리한 상황 조성은 생존사업의 가장 중요한 과제다. 현대 군사전략의 첫 단계가 '여건조성 작전(Shaping Operation)'이다. 북한의 '핵포기 협상'은 핵국가로 인정받기 위한 여건조성 작전이었다. 김정은 정치세력은 미북 협상을 끝없이 추구했다. 김정은은 햇볕정책을 흡수통일 여건조성 작전이라고 규정했다.

손무는 승리전략이 어떻게 창출되는지를 설명한다. 적이 오직 병력 인원 수만 많고 계책이 부족하다면, 전쟁을 없게 만드는 것도 가능하다고 제시한다.

① 적지(績之), 즉 '적 정보 종합분석'으로 적의 내부 동정을 파악한다.
② 형지(形之), 즉 피아 군사력 배치와 형세를 분석하여 적의 약점을 파악한다.
③ 계지(計之), 즉 피아 계책의 다양한 워−게임 실시로 전략이익과 손실을 평가한다.
④ 각지(角之), 즉 피아 유형 전력분석으로 여유 전력과 부족 전력의 위치를 식별한다. (병력의 수, 지역 부대별 군사력 규모, 최신무기, 전투 능력 등)
⑤ 적의 취약점을 파악해 최대한 확대하고, 가용 전투력을 최대한 집중한다.

위의 5가지는 현대 사전 전략평가(Preliminary Assessment), 실시간 평가(Real-time Assessment)에 해당한다. 현대의 피아 방책분석 도구(Tools)는 '컴퓨터 워게임 시뮬레이션'이다. 사전분석은 적 정보 종합분석으로 작전계획(operation plan)수립의 기초자료이다. 작전부대는 이를 기초로 전투지휘훈련(BCT: Battle combat Training)과 군단급 과학화 전투 훈련을 실시한다. 작전 실시간 분석(Real-Time Analysis)은 실시간 피아 작전형세 변화를 분석해 작전계획을 수시 조정한다. 사후분석은 현행전투 이후 '교훈'을 도출한다. 전략은 과거 교훈의 기반 위에서 미래전략의 '수단(Means)-방법(Ways)'을 지원하는 자원분배 과정이라 할 수 있다.

미국은 L-V-C(Live-Virtual-Constructive) 훈련체계를 2008년 정착시켰다. L-V-C는 NCW(Network-Centric-Warfare) 기반의 종합훈련체계로서 실제 전장 상황을 훈련장에 그대로 옮겨놓았다고 평가받는 훈련체계이다. 2003년 걸프전 참전 미군들은 실제 전장보다 더 힘든 훈련이었다고 토로한다. 21세기 첨단정보기술은 전장 상황 그 자체를 직접 체험하도록 훈련체

계를 발전시켜 왔으며, 실제 전투현장과 동일한 '실전기술 숙달' 훈련체계
를 만들었다. 미국 과학화 훈련장에서 가장 중요하게 취급하는 전투기술은
"적시. 적소"에 최적 전투력을 분배하는, 다시말해 결정적 장소와 시간에
최대 전투력을 집중하는 기술이다.

대한민국 대북전략은 어떤 능력을, 어떻게 집중, 분배해 왔는가?
김정은 대남전략은 어떤 능력을, 어떻게 집중, 분배해 왔는가?

17 실(實)을 피해, 허(虛)로 달리는 자는 승리한다.

원문 其戰勝不復, 而應形于無窮.
기전승불복, 이응형우무궁.

해석 그러한 전쟁승리는 다시 반복되지 않으니,

대응 형세가 무궁(無窮)하기 때문이다.

※ "승리한 방법의 반복 사용은 필패"의 전쟁원칙을 설명한다.

여기서 '復' 자는 "되풀이하다" 뜻이다.

원문 夫兵形象水, 水行, 避高而走下 ; 兵勝, 避實擊虛.
부병형상수, 수행, 피고이주하 ; 병승, 피실격허.

故水因地而制行, 兵因敵而制勝. 兵无成勢, 无恒形, 能與敵化之謂神.
고수인지이제행, 병인적이제승. 병무성세, 무항형, 능여적화지위신.

해석 대체로 병(兵)의 형세는 물의 형상(形象)을 하는데,

물의 흐름은, 높은 곳을 피해 낮은 곳으로 달린다.

병(兵)의 승리는, 실을 피해 허를 공격한다.

그러므로 물은 지형으로 인해 흐름이 제지되고,

병(兵)은 적으로 인해 승리를 제지당한다.

병(兵)은 완성된 세력도 없고, 항구적 형세도 없으며,

능히 적과 더불어 변화하니 신(神)이라 일컫는다.

※ 병(兵)은 전략, 전술 등 모든 생존사업을 뜻했음을 보여준 구절이다.

손무는 병(兵)을 물과 비유해, "변화에 통달한 자"가 왜 승리하는지 설명한다. 우주 자연 질서는 인정도 없고, 냉혹함도 없다. 오직 우주 질서 유지를 위한 생멸법칙에 따라 변화의 원리가 작동될 뿐이다. 인류도 그 생멸법칙에서 예외가 될 수 없다. 자연의 '순리(順理)'는 높은 곳을 피해 낮은 지형으로 흐르는 '물흐름'에 가장 잘 비유된다. 손무는 높은 지형을 실(實)로, 낮은 지형을 허(虛)로 비유했다. 지형을 따라 흐르는 물흐름은 피아 형세에 따라 변화하는 현장 전투력을 닮았다.

홉스는 전쟁의 원인을 인간의 이기성보다 불확실성(uncertainty)에서 찾았다. 모든 생존사업은 그 '불확실성에 대한 편견(bias)'이 작용한다. 그리고 생존사업전쟁의 최대 불확실 요인은 최종결정권자의 선택이다. 모든 정보수집이 리더에 집중되는 이유이다. 상대 전략의도에 대한 정보 분석의 대상은 일정하게 반복하는 리더의 전략 결정 습관과 편견이다. 전승불복(戰勝不復) 원칙은 피아 선택의 불확실성을 극대화 해준다. 전장 형세는 피아(彼我) 상호작용의 변화로 인해 같은 상황이 절대 반복되지 않는다. 과거 승리했던 전략은 현재 피아 대치상황에서 최적의 전략이 될 수 없기 때문이다.

전략은 변화에 대응하는 선택의 기준을 제공한다. 끝없는 변화 흐름 속에서, 불확실성을 통찰해 적시 대응하는 선택은 쉬운 능력이 아니다. 현재 우세를 믿고 방심하는 자는 그 누구라도 패배한다. 통상 과거 승리형세와 방법은 새로운 전략 창출의 기준이 된다. 만약 같거나 유사 전략-전술이 나타

나면 상대는 즉시 간파해 최적 대응 전술로 패배시킨다. 왜 군사전략의 천재 나폴레옹은 워털루 전투에서 패배했는가? 웰링턴과 부르헤르가 나폴레옹의 그의 분진합격(分進合擊) 예비대 운용전술을 역이용했기 때문이었다. 왜 프랑스는 제2차 세계대전에서 40일만에 독일군에 전령당했는가? 제1차대전 방식의 진지전을 예상해 준비한 프랑스 요새지 마지노선을 독일군이 아르덴느 삼림으로 우회하여 대규모 기갑전력으로 전격전으로 돌파했기 때문이었다.

역사상 수많은 탁월한 전략은, 그 전략을 바탕으로 창출된 새로운 전략에 의해 예외 없이 패배했다. 손자는 전승불복(戰勝不復) 원칙을, 높은 곳을 피해 낮은 곳으로 흐르는 물흐름에 비유해 정확히 설명한다. 지금도 이 원칙은 유효하다. 새로운 전략 창안자는 그 시대를 지배했고, 다음 영웅에게 그 자리를 내주었다. 고대 새로운 전략은 군사적 천재만의 전유물로 인식했다. 그래서 영웅을 찾았고, 영웅을 중시했다.

그러나 클라우제비츠는 과거 전쟁역사와 나폴레옹 전략 연구를 통해서 보통 사람들도 새로운 전략을 창출할 수 있음을 확신했다. 그는 『전쟁론』을 써서 군사전략의 체계적 교육을 주장했다. 1873년 설립된 육군 군관학교는 1882년 독일 육군사관학교(Preußische Hauptkadettenanstalt)로 개칭되어 1994년 폐교되었다. 독일 육군사관학교는 수많은 전략 천재들을 배출하며 국민을 전쟁 기계로 만들었다는 평가를 받았다. 121년의 역사를 가진 독일 육군사관학교는 러시아-우크라이나 전쟁 발발로 다시 되살아날 것인가?

과연 한국군은 올바로 군사전략을 통찰한 인재를 양성하고 있는지 묻지 않을 수 없다. 2022년 "한국군은 사실상 많이 뒤처져있다"라고 말한 전임 한미 연합 사령관들의 쓴소리는 빈말이 아니었다. 북한은 비대칭 핵무장 전략변화에 성공했다. 한국군은 북핵 개발 저지에 실패했으며, 대응무기 개발에도 상당히 뒤쳐져있다. 북한은 한국군의 강점 재래식 군사력과 경제력을 대체할 비대칭 핵무기 개발전략을 선택했다. 한국은 북한의 자발적 핵포기 협상과 경제지원 햇볕정책을 추진했다. 대북 포용 정책은 좌파-우파 모두 선택한 대북정책이나, 언제부턴가 1989년 7.7 선언의 상호주의 원칙이 사라졌다. 2014년 북한 4~6차 핵실험은 대응무기 전력화에 실패한 대한민국 국민을 극심한 공포에 떨게 만들었다. 2016년 뒤늦은 사드 배치와 한국형 3축 체제사업도 계속 지연, 방해받아 왔었다.

대한민국은 1994년 이후의 한반도 생존전략형세 변화 대응에 분명히 실패했다. 대한민국이 북한 핵무기 고도화 형세에 대응할 새로운 전략형세 창출에도 실패한다면 한반도 생존사업전쟁의 승리는 김정은 몫이 될 수도 있다. 대한민국은 강한 실(實)을 피해, 약한 허(虛)를 공격하는 핵전쟁 억제 및 폐기 전략 창출에 더이상 지체할 시간이 없다. 시간은 김정은 말대로 북한 편에 유리하게 흐를수도 있다.

국가는 왜 실패하는가?

왜, 패망이 다가와도 독재자는 실패전략을 선택하는가?

북한의 실(實)은 핵무장이다. 허(虛)는 파탄경제와 주민의 굶주림이다.

대한민국은 지난 20년 북한 인권을 소홀히하며, 북한정권을 지원했다.

대한민국은 지난 20년 북핵 시설파괴를 배제하고, 대응 군사전략 선택도 회피했다.

대한민국은 지난 20년 무조건 전쟁 반대로 북한의 자발적 핵포기에만 의존했다.

대한민국은 지난 20년 북한 핵무기에 대응할 군사적 무기 선택을 회피했다.

왜, 대한민국은 북한의 허를 소홀히하고, 실을 지원하는 전략을 선택했을까?

왜, 대한민국은 실은 피해 허를 공격하는「전략상식」을 무시했을까?

로마의 멸망 원인「정치부패」는 대한민국에 무엇을 경고하는가?

중국 공산당의 홍콩 강제 통합 사태는 어떤 선택을 요구하는가?

| 제3장 | 최후의 선택: 후전(後戰), 무력 전쟁

BCE. 264~146년 로마는 수많은 전투 참패를 극복하고 지중해를 지배했다. 1950년 잿더미 대한민국은 산업혁명으로 2021년 선진국 진입에 성공했다. 국가는 모순-역설을 통찰한 리더의 백년대계 선택으로 흥(興)했다.

군쟁(軍爭)   군사 전쟁

군쟁(軍爭)은 군사 전쟁이다. 군사전쟁은 불가피 군사력을 최후수단으로 사용하는 국가생존사업이다. 1950년 6·25 남침 한국전쟁은 대한민국의 전략적 가치를 급상승시켰다. 세계 16개 유엔 참전국이 자유민주주의를 지켜 낸 사상 최초의 전쟁이었기 때문이었다. 대한민국은 자유민주주의 최후 보루의 상징이 되었다. 이승만 대통령이 선택한 한미동맹은 제2의 한국전쟁을 억제하고 자유민주주의를 정착시킨 뿌리로 작동했다.

역설적으로 한국전쟁은 대한민국 자유민주주의 세력이 깊게 뿌리 내리는 강력한 힘으로 작용했다. 이러한 모순-역설은 군사 전쟁에 의한 파괴와 창조 효과로 불린다. 국가흥망의 역사는 이러한 모순-역설을 극복하고 흥기(興起)한 백년대계의 생존사업전략임을 보여준다. 대한민국은 「자유와 경쟁」을 생존무기로 삼아 산업혁명 경제발전에 착수했다. 산업혁명 세력은 자유민주주의 형세를 정착시키고 G-10을 실현했다. 잿더미 대한민국은 우회(迂回)로 직선도로를 이기고, 불리(不利)로 유리(有利)를 이겼다.

 구부려서 지름길을 만들고, 근심으로 이익을 만든다.

> **원문** 軍爭之難者, 以汙爲直, 以患爲利[01]. 故汙其途, 而誘之以利.
> 군쟁지난자, 이우위직, 이환위리. 고우기도, 이유지이리.
>
> 後人發, 先人至者, 知汙直之計者也.[02]
> 후인발, 선인지자, 지우직지계자야.

> **해석** 군사 전쟁의 어려움은, 구부려서 지름길을 만들고,
> 환란으로 이익을 만듦에 있다.
> 따라서 그 도로를 더럽혀 구부리는 것은, 그것을 이익으로 유인하는 것이다.
> 상대보다 늦게 출발해, 상대보다 먼저 도착하는 자는,
> "직로를 더럽혀 구부리는 계책"을 아는 자이다.
> ※ '汙'은 ① 더러울 오 ② 구부릴 우 라는 뜻의 형성문자이다.
>   여기서는 두가지 뜻을 모두 적용해 해석한다.

우직지계(汙直之計)는 '직선을 구부려' 유리하게 만드는 계책을 말한다. 계책의 '구부림'을 '우회'로 본다. '우회'는 우회로를 포함한 전략적으로 유리한 모든 방책 선택을 뜻한다. 우직은 전략적 궤도(詭道)이며, 작전적 전술적 우회(迂廻) 기동이다. 우직지계(汙直之計)는 '본래 직로(直路)'인 적의 실(實)을 '더럽히고 구부려서' 피하고(避實), 적의 허(虛)인 '본래 먼 길'을 전략적으로 선택해 타격하는(擊虛) 계책이다. 영국 리들 하트는 『전략(Strategy)』에서 간접접근 전략(Indirect Approach Strategy) 최초개념은 1929년 출판된 『역사의 결정적 전투(Decisive Battles of History)』 연구에서

---

01   위(爲)는 '다스리다. 만들다'의 뜻이다.

02   여기서 汙(구부릴 우)는 직(直)을 '구부리다'이다. 汙(구부릴 우)는 직(直)을 구부려 유리한 계책을 만듦을 의미한다. 다른 본은 迂(에돌 우, 멀리 피하여 돌다)이다. 迂(에돌 우)는 直(곧을 직)을 우회해 돌아가는 것이다.

개념을 얻었다고 기록했다. 그러나 로버트 프리드먼과 많은 전문가들은 간접접근 전략의 기본개념은 1910년 최초 영어로 번역된 손자병법에서 얻은 것 아닌가 추정한다.[03] 간접접근 전략의 물리적 측면보다 심리적 측면을 강조한 개념은 손자병법과 상당히 유사하다고 그들은 지적한다. 우직지계(汙直之計)는 군사작전 이외에도 외교, 협상, 기업경영, 마케팅 등의 광범위한 영역에서 적용되는 현대전략의 핵심개념이다.

대한민국은 김정은 핵폐기 전략으로 우직지계(汙直之計)를 선택했는가? 햇볕정책은 우직지계였나? 우직지계(汙直之計)는 이익(利益)으로 유인하는 선행전략 성공이 필수적이다. '이익(利益) 유인'은 더럽히고 구부려 직로를 만드는 전략적 여건조성 작전이다. 우직지계는 승-패(Win-Lose)와 윈-윈(Win-Win) 전략 모두 가능하다.

대한민국의 대북전략 목표는 평화통일이다. 평화통일의 대전제는 선승(先勝) 전략이다. 김정은이 거부가 불가능한 이익은 무엇일까? 평화 저해 요인은 군사 전쟁이다. 군사 전쟁은 '평화선언'의 말 잔치로 '구부려지지' 않는다. 나의 압도적인 능력우세만이 적의 계책을 구부려 그들 공격을 억제할 수 있다. 과거 남북정상회담(3회)은 열렬한 국민지지를 이끌며 한반도 평화가 눈앞에 온 듯이 홍보했으나, 2025년 돌아온 것은 핵전쟁 위협 뿐이다. 김정일, 김정은에게 핵을 포기할 수밖에 없는 이익을 제공하지 못했음을 말한다.

---

03   Lawrence Freedman, Strategy in History, (Oxford Univ. Press, 2013), p. 136.; 리델 하트는 1927년 최초 손자병법을 알았으며, 1940년대 정독했다고 했다. 그러나 1967년판 『Strategy: Indirect Approach』에는 1910년 Giles 최초 영역본 손자병법과 동일한 문장을 사용했다.

김정은의 자포자기식 핵전쟁을 억제할 이익은 무엇일까? 우직지계(迂直之計)는 그 이익을 창출해 내는 계책이어야 가능하다. 김정은에게 남은 생존수단은 오직 대남전쟁 공포조성과 핵전쟁 위협뿐이다. 핵전쟁은 그 위협의 특성을 정확히 통찰해야만 억제가 가능하다고 전문가들은 말한다. 대한민국의 공포에 질린 '무조건 전쟁반대'는 더 큰 핵무장 위협을 불러왔다. 그리고 햇볕정책은 군사전쟁 회피 전략을 만들었다. 햇볕정책 논자들은 대화-협력을 평화통일의 유일한 방법이라고 주장한다. 과연 그럴까? 전략적 위험(strategic risk)을 전쟁위험으로 과대 포장해 모든 군사전략을 회피 배제했던 햇볕정책 바로 그것이 김정일- 김정은 핵전쟁 위협에 대한 굴복이었음을 대한민국은 알지 못했다. 김정은이 거부 불가능한 이익을 찾아내야 한다.

김정은이 꿈꾸는 최상전략은 '러시아형 핵 강국'일까?
대한민국이 꿈꾸는 평화통일전략은 무엇인가?

1969년 7월 25일 닉슨 대통령은 괌에서 아시아 정책, 닉슨 독트린을 발표했다. 닉슨 독트린은 '아시아는 아시아인 손으로' 구호를 만들어냈다. 1970년대 초반 한반도는 주한미군의 일방적 철수로 일촉즉발의 긴장이 고조되었다. 닉슨 외교정책 기조는 키신저가 창안한 냉전 데탕트(Détente)였다. 데탕트 외교정책은 소련과 대화를 통해 평화를 얻는다는 미국판 햇볕정책이었다. 긴장완화 정책은 전략무기감축협정 등 냉전 완화에 큰 도움은 되었으나 '궁극적 실패'라는 평가를 받았다. 1970년대는 소련이 서방국가에 간접접근 전략을 구사한 최상의 시기였다는 평가도 있다.

1972년 닉슨은 2024년 아시아 패권을 주장하는 중국과 외교적 화해를 추진했다. 당시 중국이 화해조건으로 요구한 미지상군 완전 철수로 미국은 베트남 전쟁에서 패배했고, 1991년 1차 걸프전 승리까지 패배군대의 불명예를 극복하지 못했었다. 베트남전 패배로 아시아-태평양 지역의 소련과 중공의 영향력은 대폭 확대되었고, 동남아시아 많은 국가들이 사회주의독재 체제에 혼란을 겪었다. 베트남전패배는 1947년 조지 케넌의 국제공산주의 봉쇄정책과 아시아 자유민주주의 국가를 지원한 트루먼 독트린 퇴조를 초래했다.

대한민국 박정희 대통령은 이때 핵 개발계획을 검토했고, 미사일 개발을 명령했다. 1979년 레이건은 닉슨 데탕트 정책이 소련 이익만을 강화해 주었다고 강력히 비판했다. 1983년 "전략방위구상(strategic defense initiative)" 힘을 통한 평화(Peace Through Strength) 정책, 일명 별들의 전쟁 계획이 발표되었다. 그리고 1989년 12월 3일 몰타 회담에서 고르바초프-부시는 냉전 종식을 공식 선언했다.

소련 철의 장막은 어떻게 무너진 걸까? 1945~1989년 냉전 중 미국판 햇볕 정책 닉슨-키신저 긴장 완화 정책은 국제공산주의 사회주의독재의 급속한 확산과 세계 자유민주주의 위기를 초래했었다. 닉슨-카터의 정책 실패는 1980년 레이건을 미국 대통령으로 당선시켰다. 레이건의 "힘을 통한 평화 정책"은 트루먼 공산주의 봉쇄정책과 함께 세계전략의 미국 주도권을 회복시켜 1989년 냉전 종식을 가져온 핵심 정책으로 평가받았다.

2025년 핵전쟁 위기에 봉착한 대한민국은 햇볕정책 실패 이후 어떤 대북 정책을 선택했는가? 21세기 대한민국의 대북전략 목표는 핵전쟁 없는 평화 통일이다. 남북 생존사업전쟁에서 대한민국은 자체 군사력만으로는 한반도 핵전쟁 억제가 불가능하다. 근미래 압도적 군사력 보유가 어려운 대한민국은 한미동맹에 의존할 수밖에 없다. 한미 연합전력의 압도적 우세는 김정은 핵전쟁 위협에 필요한 억제력을 제공한다.

북한 비핵화 협상은 한반도 전쟁 위협을 감소하거나, 제거한 적이 없다. 북한 도발이 중지된 적도 없다. 단지 무시했을(?) 뿐이다. 햇볕정책이 한창이던 김대중 정부 시기 2차에 걸친 연평도 해전이 발생했다. 노무현 정부 시기 김정일 최초 기습적 핵실험이 강행되었다. 이명박-박근혜 정부 시기 천안함 폭침, 연평도 포격 사건, GP 통문 지뢰 매설사건이 발생했다. 햇볕정책 기간에 '북한이 핵개발을 중단했었다'는 주장은 전혀 사실이 아니었다. 1996~99년에 오히려 과거 없던 북한 정규군 기습공격 사건이 더욱 빈번히 일어났었다. 김정일은 대남 정규군 기습공격을 이용해 핵기폭장치 실험과 대포동 미사일 발사를 숨기려 했을 가능성이 매우 크다. 1998년 대포동 탄도미사일 최초 시험발사와 북한 핵기폭장치 실험이 국회에 보고되었다. 그런데 왜 이슈화가 안되었을까? 대남전쟁 공포조성과 비핵화 협상은 언제나 병행되어 한미를 압박했다.

1945~89년 미소 냉전은 "대화는 억제력이 될 수 없다."라는 교훈을 재확인해주었다. 대화는 긴장 완화로 억제 여건조성의 과정일 뿐이었다. 미북 대화에 매달렸던 김정은은 그 대화로 얻을 이익이 있었기 때문이다. 김정은은 하노이 회담 결렬로 상당 기간 방황하는 모습이 역력했었다. 하노이 회담 성공으로 얻으려 했던 김정은 이익은 무엇일까? 이것이 김정은 전략의 핵심이다. 북한은 2019년 이후 어떤 대화에도 응하지 않고 오직 핵미사일 시험발사에만 매달렸다. 트럼프 미국 대통령은 2019년 2월 하노이 미북 정상회담 결렬 교착상태 타개 여건조성을 위하여 그해 6월 30일 김정은과 불시 판문점 3차 정상회담을 가졌다. 트럼프가 군사분계선 북방으로 한발짝 이

동했다가 즉시 남방으로 복귀한 모습이 전 세계에 생중계되었다. 두 사람의 웃지 못할 정치적 돌발 쇼는 무엇을 뜻하는가?

우직지계는 "내적 융합" 기반 위에서만 창출이 가능하다. "내적 융합"이란 바로 정치세력이 「같은 마음의 소리」를 내는 「도(道)」의 형세를 말한다. 우직지계(汙直之計)는 전쟁 공포위협에 굴복을 뜻하지 않는다. 내적 융합력은 자발적 요인과 강제적 요인이 동시 작용해 만들어진다. 대표적 실패사례는 미북 하노이 회담 결렬 사태에서 찾아볼 수 있다. 하노이 회담 결렬 직후, 세계 언론과 전문가들은 트럼프 대통령과 참모들의 이견 충돌로 회담 전 일치된 협상안을 준비하지 못했었다는 분석을 내놨다. 당시 국가안보보좌관 볼턴은 회고록에서 이를 뒷받침하는 내용을 폭로했다. 내적 융합은 얼마나 어려운가?

인간의 다양한 사고력은 창조의 원동력이자, 동시 내부 이익충돌의 근원이다. 인간의 다양성은 생존이익에 대한 서로 다른 인식에서 시작된다. 리더는 다양한 구성원을 하나로 융합하는 공동체 생존과 융합의 상징이다. 왜, 공동체 대표로 선발된 왕이 신적 존재로 추앙되었을까? 수만 가족공동체가 씨족으로 결합했고, 수백 씨족과 부족공동체가 국가로 융합되었으니 생존사업에 다양한 목소리는 당연히 존재한다. "전쟁이냐, 굴복이냐?" 존망을 결정한 군사 전쟁승리의 왕은 당연한 영웅이었다. 전쟁 패배는 죽음이요 노예였고, 패배 공동체는 역사에서 사라졌다. 손자는 다양한 종족의 이익욕구를 「같은 마음의 소리」로 융합시킨 상태를 「도(道)」라고 했다. 그것은 「국가의 길」이었다.

고대부터 정치부패는 '내적 분열'로 신생국가까지도 붕괴시켰다. 대륙통일 15년 만에 진나라는 멸망했다. 정치부패는 "권력 독점 또는 장기집권"으로 개인이익을 추구하는 독재정치를 말한다. 왕정, 민주정, 공화정, 귀족정

등 어떠한 유형의 정치체제에서도 정치부패는 독점권력의 독재정치로 귀
결되어 멸망했다. 모든 부패는 언제나 국가권력과 정치세력 부패(political
corruption)에서 시작된다. 정치세력 부패는 어떤 강대국도 견디지 못한 국
가생존사업의 가장 무서운 적(敵)이다.

　2022년 미국 PEW 연구소는 대한민국 정치세력이 17개 조사국중 가장 적
대적이라는 조사결과를 발표했다. 정치세력의 적대적 관계는 정치적 이익
충돌이 극에 달했음을 의미한다. 극단적인 정치적 이익충돌은 독점권력 추
구이며 정치부패와 맞닿아있다. 대북 평화통일 우직지계(汙直之計)는 이러
한 적대관계와 정치적 이익충돌 상태에서 불가능하다. 정치부패 근절이 평
화통일의 대전제 조건인 이유이다.

　왜, 국가생존사업을 실행하는 "공무원 정치적 중립"은 중대한 문제일까? 정
치세력의 부패 근절은 「같은 마음의 소리」 선승(先勝) 형세구축의 첫걸음이
다. 우수한 인재 육성 및 등용제도는 그 선승 형세구축의 실제이다. 국가 공무
원과 군인의 선발-육성-진급 제도의 공정성 보장은 국가생존사업의 전부이
다. 누구보다 정치부패를 가장 잘 감시하고, 발견 즉시 척결해야 하는 자들이
공무원이다. 부패 척결에 나섰던 용기 있는 공무원들은 국가적 리더로 성장한
다. 대한민국 기적을 만든 전문가들은 공무원 출신이 대부분이다. 공무원이 정
치 세력화되면 정치부패는 걷잡을 수 없다. 대한민국 공무원과 군인의 정치
화는 이미 일정 수준을 뛰어넘어 일상화 상태로 보인다. 적대정치 때문이다.

　선진국의 척도는 정치부패 수준이다. 그런 면에서 대한민국은 아직 후진국
이다. 2022년 국제투명성 기구가 발표한 한국의 부패인식지수는 32위/180
국 63점으로 2014년 43위/178국 55점에서 10단계 상승했다. 북한은 174위(17
점), 중국은 65위(45점)이다. 북한 핵전쟁 위협과 중국 속국화 전략을 극복하

려면, 세계 부패인식지수 10위 이내 청정 국가로 우뚝 서야만 한다. 대한민국이 우회로 직진을 이기고, 불리로 유리를 이기려면 내적 통합력 기반 위에서 우직지계를 독자적으로 창출해내야 한다. 이것이 최상의 선승(先勝) 전략이다. 고대 로마는 카르타고와 수많은 전쟁 참패에도 굴복하지 않고 마침내 최종 승리해 지중해 전역을 정복한 제국으로 우뚝 섰다. 소국(小國) 로마를 1500년 대제국으로 만든 그 힘을 후세 전문가들은 로마를 「같은 마음의 소리」로 만든 "시민권 제도"라고 분석했다. "나는 로마 시민이다!"라는 연설은 키케로를 일약 유명정치인으로 만든, 당시 특권을 상징한 구호였다.

대한민국의 선승(先勝) 우직지계는
정치적으로, 자유민주주의 정치세력의 「내적 통합력」 극대화다.
경제적으로, 세계 「G-2 과학기술 선진국」 달성이다.
군사적으로, 「동북아시아 전략평형 주도 군사력」 구비이다.

19 군사 전쟁은 이익과 위험을 모두 계산해야 한다.

원문 軍爭爲利, 軍爭爲危. 擧軍而爭利[04], 則◇不及, 委軍而爭利, 則輜重捐.
군쟁위리. 군쟁위위. 거군이쟁리. 즉◇불급. 위군이쟁리. 즉치중손.

해석 군사 전쟁은 이익을 위한 것이나, 군사 전쟁은 위험도 감수해야만 한다.

---

04 擧軍(거군)은 전군 출동이며, 委軍(위군)은 지휘 책임을 위임한 독립작전 출동이다. 전군 출동은 총사령관이 전군을 직접 지휘한다. 군 일부 출동은 선발지휘관에게 작전지휘 책임을 위임한다. 고대로부터 현대까지 모든 군사전쟁 지휘관들이 가장 어려워하는 문제가 군사작전의 위임지휘였다. 1600년대부터 이 문제를 고민했던 독일군은 임무형 전술(Auftragstaktik)로 위임지휘 문제를 해결했다. 미군은 독일군 임무형 지휘(Mission Command)를 응용한 지휘기법을 적용한다. 한국군 지휘개념도 임무형 지휘이나 사실상 적용이 안 되고 있다. 기업경영에서 위임경영과 현장경영의 두 개념을 융합한 개념이 임무형 지휘다.

전군을 직접 지휘하여 이익을 다투면, 즉 (목표에) 미치지 못하게 되며 전군을 위임지휘하여 이익을 다투면, 즉 치중(군수물자)이 손실된다.

※ ◇는 죽간 본에 상실된 글자표시이다. 다른 본은 본래 글자가 없는 則不及이다.

※ 擧軍(거군)은 직접 지휘, 委軍(위군)은 위임 지휘를 말한다. 기존 해석은 거군을 완전무장상태, 위군을 간편 무장상태로 해석했다.

원문 是故, 縶甲而趨利, 日夜不處, 倍道兼行 :
시고, 권갑이추리, 일야불처, 배도겸행 :

百里而爭利, 則擒上將 ; 勁者先, 疲者後, 則十一以至.
백리이쟁리, 즉금상장 ; 경자선, 피자후, 즉십일이지.

五十里而爭利, 則厥上將 ; 法以半至.
오십리이쟁리, 즉궐상장 ; 법이반지.

三十里而爭利, 則三分之二至.
삼십리이쟁리, 즉삼분지이지.

是故, 軍毋輜重則亡, 無糧食則亡, 无委責則亡.
시고, 군무치중즉망, 무양식즉망, 무위책 즉망.

해석 따라서, 갑옷을 입고 이익을 추구하면, 하룻밤 도달할 곳은 없으니, 길(도로)을 두배로 늘려 행군한다. 백 개 마을에 걸쳐 이익을 다투면, 즉 상장(上將)을 사로잡으나, 가벼운 자는 먼저 가고, 피로한 자는 그 후에 가니, 즉 열에 하나만 도달한다. 오십 개 마을에 걸쳐 이익을 다투면, 즉 상장을 꺾고, 절반이 도달하는 방법이다. 삼십 개 마을에 걸친 이익 다툼은, 즉 2/3 지점에 도달한다. 이러하니, 군(軍)에 치중이 없으면 곧 망하고, 양식이 없으면 곧 망하며, 「책임의 위임」이 없으면 즉시 망한다.

※ 委責(위책)이 다른 본은 위적(委積)이다. 責을 積으로 바꾸었다. 그리고 委責(위책)을 비축물자로 해석했다.

里(리)는 도로가 부족했던 당시 거리 측정 기준으로 사용한 '마을'이다.

 是故, 不知諸侯之謨者, 不能豫交 ;
시고, 부지제후지모자, 불능예교 ;

不知山林, 險阻, 沮澤之形者, 不能行軍 ;
부지산림, 험조, 저택지형자, 불능행군 ;

不用鄉道者, 不能得地利.
불용향도자, 불능득지리.

 이런 연고로 제후의 지모(전략 기도)를 알지 못하는 자는, 예견된 외교 능력이 없다. 산림과 험하고 조악한, 낮은 습지 지형을 알지 못하는 자는, 군사력 운용 능력이 없다. 지방의 향도를 사용하지 않는 자는, 지형의 이점을 얻을 능력이 없다.

군사 전쟁은 이익을 추구하면서, 동시에 위험도 극복해야 한다. 전략은 이익과 위험을 동시 계산하는 생존사업이다. 100% 이익만 얻는 전략은 없다. 군사전쟁은 불확실성(Uncertainty)과 마찰(Friction), 그리고 적 저항을 이겨내야 하는 생존사업이다. 전략의 핵심은 '피해 최소화로 이익 극대화 달성'이다.

군사 전쟁사업의 최우선 고려할 위험요인은 병력손실이다. 1945년 이전 전쟁사업은 병력손실의 위험을 종종 무시하기도 했다. 1948년 11월 모택동과 등소평은 543만 양민과 손수레 88만 량을 '화이 하이' 전투 보급수송에 투입해 사실상 학살했다. 1950년 6.25 전쟁에 개입한 중공군 수뇌부는 동원된 3백만 양민에게 소총과 수류탄 하나만을 지급해 총알받이로 내몰아 약 100만 명 피해가 발생했다. 바로 중공 인민해방군 인해전술(人海戰術)이었다. 2022~25년 우크라이나-러시아 전쟁은 병력과 생명 중시 국가가 어느 나라인가를 명확히 보여준다. 독재국가는 병력동원 투입에 망설임이 없다. 자유민주주의 국가는 병력손실 최소화를 전략 선택의 최우선 요소로 고려한다. 지유민주주의 국민 여론은 국가생존사업 선택의 결정 변수이며, 군사전쟁 선택을 좌우한다.

모든 군사작전은 지휘권 위임 없이 수행 불가능하다. 지휘권 위임은 지휘통신 능력과 직결된다. 고대 전쟁에서 지휘책임 위임의 부적절은 즉시 전투패배로 이어졌다. 제갈량도 피하지 못한 읍참마속(泣斬馬謖) 고사는 대표적 사례이다. 읍참마속 유형의 문제는 고대 전쟁에서 비일비재하게 발생했다. 지휘통신은 '실시간 동시 군사작전'이 가능한 현대전쟁에서도 결정적 변수이다. 2022년 우크라이나는 러시아 공격으로 파괴된 군사작전 지휘통제 체제를 일론 머스크가 무료 제공한 우주 인공위성 데이터링크 시스템에 의존했다. 미군 합동 전영역 지휘통제 체제(Joint All-Domain Command and Control, JADC2)는 우크라이나-러시아 군사 전쟁으로 인해 세계의 가장 주목받는 시스템이 되었다. 그 시스템이 핵전쟁 감시 및 지휘 시스템이다.

김정은은 핵전쟁을 일으킬 것인가? 2024년 1월 김정은은 한반도 무력 적화통일 수단으로 핵무기 사용을 공식 선언했다. 그리고 2.8일 국방성 건군절에서 그는 다음과 같이 말했다.

"한국 괴뢰 족속들을 가장 위해로운 제1의 적대 국가, 불변의 주적으로 규정하고 유사시 그것들의 영토를 점령하는 것을 국시로 결정한 것은 우리의 영원한 안전과 평화를 위한 조치이다. 평화는 구걸 또는 협상으로 챙겨지는 것이 아니다"라고 연설했다.

위임지휘는 분초를 다투는 한반도 미래 군사 전쟁의 중심개념이다. 지휘통신은 북한 핵미사일 파괴 군사작전의 생명이다. 북한 핵미사일 발사정보의 실시간 공유를 위해 박근혜 정부는 한일 정보보호 협정을 체결했으나,

문재인 정부는 이를 파기했다. 2024년 1월14일 오후 북동 방향으로 발사된 북한 탄도미사일 1발이 동해상 일본 배타적경제수역 밖에 낙하했다. 이때 한미일 북한 미사일 정보 실시간 공유체계가 최초로 가동되었다. 한미일 정보공유체계는 23년 12월 19일 운용되기 시작했으며, 1월 14일 발사에 처음 실전 적용되었다. 만약 타격한다면, 평시 해당 지휘관에게 결심 권한이 위임되지 않을 경우 실시간 타격은 불가능하다.

"거군(擧軍)"이란, 전군을 출동시켜 이익을 다투는 '전군 직접지휘' 방법이다. "위군(委軍)"이란 예하 장수에게 작전책임을 위임한 '분권화 위임지휘' 방법이다. 손자교석 등 다른 본은 "거군(擧軍)"을 갑옷을 착용한 '중무장군', "위군(委軍)"을 갑옷을 벗은 '경무장군'이라 해석했다. 죽간본에 '위책(委責)'이 다른 본에서는 '위적(委積)' 비축물자로 바뀌었다. 왜 책(責)을 적(積)으로 바꾸어 해석했는지 관련 설명은 없다. '위적(委積)'을 비축물자로 해석함은 "제후의 전략 기도를 예견하지 못하면 앞서는 외교수행 능력이 없다"라는 다음 구절과 의미가 연결되지 않는다. 현장 지휘관은 지휘권을 위임받아 주변국을 지배하거나, 제후들을 설득해 전투 없는 승리를 추구해야 한다. 현장 지휘관에게는 외교, 지형, 지방도로 등의 상대 제후국의 충분한 정보수집과 사전정찰이 절대적이다. 지휘권 위임은 배신의 위험을 동반하기도 하나, 위임지휘 없는 군사작전은 사실상 불가능했다. 춘추시대는 도로부족으로 제후국 간의 시간거리가 대단히 멀었다. 그러니 장차 공격할 제후국에 대한 충분한 정보수집은 쉽지 않았다. 이러한 어려움 극복을 위한 군사작전 분권화 위임지휘는 불가피한 필수요소였다.

맥아더 장군은 김일성 남침과 거의 동시에 대한민국 군사작전 지휘권을 이양받았다. 대한민국 작전 지휘권 이양은 이승만 대통령이 얼마나 탁월한 전략가였는가를 말해준다. 트루먼 미국 대통령은 맥아더에게 맡긴 작전지휘권에 어느 순간 간섭을 시작했다. 그리고 맥아더 해임을 발표했다. 한반도 통일이 사라졌다. "군주가 군사작전에 직접 개입하면 패배한다"라고 손무는 강조했다. 미국은 한국전쟁에서 승리하지 못했다. 트루먼 대통령은 위임지휘를 제한했고 미군은 한반도 통일에 실패했다.

대부대 지휘는 지휘통제력이 미치지 못하는 영역이 발생한다. 이러한 문제 해소를 위한 위임지휘는 불가피하다. 특히 특수임무부대는 위임지휘로만 운용가능하다. 통상적 특수임무부대는 규모가 작고, 은밀 활동이 필수적임으로 치중대 독립편성이 불가하다. 현대 군사작전에서, 적지 종심 작전부대가 모든 전투식량과 특수장비를 직접 휴대하거나 공중 보급수송에 의존하는 어려움을 겪는 것과 같다. 특수임무 독립작전은 치중대 없이 위험을 감수하는 위임된 작전지휘를 수행할 수밖에 없다. 제갈량은 가정지구 전투에서 마속 선봉군의 보급 수송로 점령 작전에 실패했다. 위임지휘는 그만큼 어렵다.

위나라 군사(軍師) 사마의는 이를 파악하고 고지를 포위해 마속 부대로 연결되는 능선 보급로를 차단했다. 동시에 제갈량은 주력군 가정지구 진출을 포기했다. 제갈량은 위임지휘 실패를 극복하려 마속을 참했으나 최종 촉나라도 생존에 실패했다. 제갈량의 지혜도 위임 지휘의 어려움을 극복하지 못했다.

프러시아 임무형 전술은 실패 없는 위임지휘를 위해 고안된 "독단적 결심 보장" 지휘체제이다. 프러시아는 1806년 나폴레옹 전쟁 참패 극복을 위해 "임무형 전술(Auftragstaktik)"을 개발했다. 프러시아 임무형 전술의 정착 과정은 위임지휘가 얼마나 어려운 문제인가를 절절히 대변해준다. 나폴레옹 전쟁술로 인해 밀집대형 전술은 산개대형으로 변화되었고, 동시 지휘권 위임도 그 변화만큼이나 더욱 요구되었다.

위임지휘는 역사적 군사전쟁의 승패를 결정해 왔다. 나폴레옹 자신도 위임지휘 실패로 인해 워털루 전투에서 패배해 사라졌다. 1870년 프러시아 몰트케는 '임무형 전술 위게임' 훈련으로 숙달된 분권화 군사작전으로 40일 만에 베르사이유 궁전에서 프랑스 항복문서를 받았다. 임무형 전술은 제2차 세계대전 전격전에서 독단적 '결심보장의 힘'을 최대한 발휘했다. 전쟁 종료 이후에도 독일군 임무형 전술은 영국, 미국 등 모든 연합국가에서 '독일군 비밀 무기'로 여길 정도였다. 미군은 1991년 제1차 걸프전에서 임무형 전술의 중대성을 절감해 미군 지휘통제 교리로 "임무형 지휘"를 공식 채택했다. 한국군도 1990년대 중반 임무형 지휘를 육군 교리로 공식 도입했다. 위임지휘의 중요성은 현대 정치, 경제, 과학기술 등 군사 이외의 모든 분야에서도 똑같이 나타난다. 다국적 기업의 현지 대표는 현장 모든 가용요소 활용에 따라 성공과 실패를 경험한다.

대한민국은 시급히 국정과제로 「국가생존사업 통찰과 선택」을 연구 발전시켜야 한다. 누구나 쉽게 알 수 있는 일반상식으로 정립해 전파해야 한다. 북한 비핵화 전략에 이익과 위험이 어떻게 동시 대비되어야 하는지 국민에게 알려야 한다. 햇볕정책의 가장 심각한 문제는 실패에 따른 위험 대비전략이 없었다는 점이다. 국가집권 정치세력이 군대와 전략 전문가들을 속박(束縛)하면 비핵화와 대북전략은 실패를 거듭할 수밖에 없다. 일방적 대화-협상만을 고집한 햇볕정책은 전략 전문가들의 냉철한 북한 비핵화 현실 분석을 철저히 외면하게 만들었다.

유능한 리더 육성과 인재 등용만이 국가를 위태롭게 만들지 않는다. 19세기 사면초가(四面楚歌)에 섰던 프러시아의 국가통일 사업 대성공은 몰트케, 비스마르크 등 인재 육성과 등용, 그리고 탁월한 일반참모제도(General Staff), 임무형 전술(Auftrags taktik)의 독창적 개발 덕분이었다. 21세기 대한민국은 지금, 18~19세기 독일 통일사업에 대성공한 프러시아의 '독창적 전략창출'을 배워야 하지 않을까?

20 이익(利益)으로 움직여서 '분-합'의 변화로 승리한다.

원문 故兵以詐立, 以利動, 以分合變者也. 故其疾如風, 其徐如林,
고병이사립, 이리동, 이분합변자야. 고기질여풍, 기서여림,

侵掠如火, 不動如山, 難知如陰, 動如雷震. 先知迂直之道者勝, 此軍爭之法也.
침략여화, 부동여산, 난지여음, 동여뢰진. 선지우직지도자승, 차군쟁지법야

해석 그러므로 생존사업전쟁의 속이는 전략 수립이란,

이익으로 움직이고, 분산과 통합으로 변화하는 것이다.

따라서 그 빠르기가 바람과 같고, 그 느림은 숲과 같으며,

침략은 불과 같고, 부동(不動)함이 산과 같으며,

알기 어렵기가 어둠과 같고, 움직임은 천둥 번개 같아야 한다.

직선을 구부리는 길을 먼저 아는 자가 승리하니,

이것이 군사 전쟁의 법칙이다.

※ '직선을 구부리는 길'은 적을 이익으로 유인하여 유리함을 선점하는 모든
'우회전략'을 말한다.

원문 朝氣銳, 晝氣惰, 暮氣歸. 辟其銳氣, 擊其惰歸, 此治氣者也
조기예, 주기타, 모기귀. 피기예기, 격기타귀, 사치기자야

해석 아침은 기세가 예리하며, 낮에 기세는 약해지고,

저녁에 기세는 끝나간다.

그 예리한 기세를 피해, 그 끝나가는 기세를 타격하는,

그것이 기세 관리이다.

원문 以治待亂, 以靜待譁, 此治心者也.
이치시란, 이정시화, 차치심자야.

以近待遠, 以佚待勞, 以飽待飢, 此治力者也.
이근시원, 이일시로, 이포시기, 차치력자야.

해석 통치로 혼란을 기다리고, 안정으로 어수선함을 기다리는, 이것이 심리 관리이다. 가까움으로 먼 것을 기다리고, 편안으로 피로를 기다리며, 배부름으로 허기를 기다리니, 이것이 힘의 관리이다. 다른 필요 없는 정정한 깃발, 타격할 수 없는 당당한 진형, 이것이 변화 관리이다.

해석 용병법은, 높은 구릉을 향하지 말고, 두 배 높은 언덕을 마주하지 말고, 거짓 도망을 뒤쫓지 말고, 포위된 적은 틈새를 남겨주며, 퇴각하는 부대를 막지 말고, 막다른 길에 몰린 적을 압박하지 말라. 이것이 대병력 운용의 법칙이다.

전략은 상대의 모순 틈새에 나의 수단을 투입해 목표를 달성하는 생존사업이다. 김정은 핵전략은 세습정권 유지를 목표로 하는 「자폭 핵전쟁」 위협의 전략으로 평가된다. 김정일은 2006년 최초 핵실험에 성공했고, 김정은은 2017년 핵무장 완성을 선언했다. 한미가 주장해 온 '김정은 핵 포기'는 김정은 정권 항복을 의미했었다. 2023년 8월 31일 김정은은 「남한 전역 무력 점령」을 목표로 한 핵전쟁 지휘소 연습을 공개했다. 대남 군사전쟁은 자폭 핵전쟁과 같다. 한미 연합전력으로 김정은 핵전쟁을 억제하고 있는 대한민국은 「자폭 핵전쟁」을 대비하고 있는가?

대한민국 정치세력의 적대적 갈등을 최소화할 전략형세는 무엇일까? 대한민국은 "전투 없는 승리"의 전략 형세를 절대적으로 요구한다. 김정은이 군사전쟁을 포기할 전략형세는 없는가? 김정은 세습정권은 대한민국 자유민주주의 체제와 공존 가능한가? 한국전쟁 종전선언과 전시 작전통제권 환수는 한반도 평화 체제를 구축 가능한가? 미소 냉전 교훈은 대화-협상은 전략형세 전환기 여건을 만드는 과정임을 분명히 알려준다. 그렇다면 어떤 이익에 김정은이 움직일까? 과연 "전투 없는" 대북전략 형세 구축은 가능할까?

　군사 전쟁은 13세기 해상무역 비단길(silk-road) 확대 이전까지 '육상전쟁(land warfare)'이 중심이었다. 1498년 포르투갈 그리고 1568년 스페인 대항해 시대(Age of Discovery)는 해군 '식민지 무역전쟁(colonial warfare)'이 중심이었다. 특히 1588년 영국해군이 스페인 무적함대를 패배시킨 이후 모든 유럽국가는 해군력 증강에 집중했다. 네덜란드는 1602년 동인도회사, 1621년 서인도 식민지 무역회사를 설립했다. 1760~90년 산업혁명과 나폴레옹 시대는 '총력전쟁(Total War)'이 중심이었다.　그리고 16세기 네덜란드와 영국, 프랑스, 스페인의 중상주의는 '해상전쟁(naval warfare)' 시대를 열었다. 1939~45년 제2차 세계대전은 영토정복 총력전쟁의 종말이었다.

　1945년 미국 자유민주주의와 소련 국제공산주의 냉전(cold war)은 세계평화가 자유민주주의 시장경제 체제에서만 창출됨을 확인했다. 원시 교환경제 시작이후,「경제가 군사를 대체하는」지구촌 자유무역이 1991년 냉전 종식과 함께 본격화되었다. 정보전쟁(information warfare), 경제전쟁(economic warfare)이 동시 시작됐다. 2017년 중국 시진핑은 중국몽을 선언했고, 2022년 미국 대통령 바이든은 "민주-독재 대결"을 선언했다. 2022년 러시아 푸틴은 우크라이나를 무단 침공했다. 중국과 북한은 러시아를 지지했고, 미국과 유럽, 대한민국 등 자유민주국가는 러시아를 비난하며 우크라이나를 적극적으로 지원했다. 세계 자유민주주의-사회주의독재 "국가 체제전쟁"이 다시 시작되었다.

　'적을 속이는 계책'은 이익으로 적을 움직이는 새로운 변화를 만든다. 적을 움직이는 첫 단계가 우직지계(汙直之計)이다. 우직지계의 최상은 '뻔히 알면서도 속을 수밖에 없는' 계책이며, 최하는 '속임수 발각으로' 군사전쟁 선택이 불가피한 계책이다. 선승(先勝) 후전(後戰)은 우직지계이며, 선전(善戰) 구승(求勝)은 김정은 핵무기 고도화와 같은 선군 전략이다. 선승후전은 경제 중심의 부민(富民) 안국(安國) 전략이며, 선전구승은 군사 중심의 19세기 이전 전략이다. 경제 중심 전략은 자유민주주의 생존사업이며, 군사 중심 전략은 사회주의독재 생존사업이다.

대한민국 햇볕정책은 대표적 우직지계(汙直之計)이나, 북한 비핵화 전략은 아니었다. 언제일지 모르는 먼 미래 통일전략은 될 수 있으나, 북한 세습정권 제거 전략은 아니었다. 북한을 '민족만으로 보는' 햇볕정책은 한국 안보 전략에 대혼란을 초래했다. 적을 적으로 보지 않도록 만들었다. 분명, 북한은 민족임과 동시에 적이다. 그런데도 대북 군사전략을 회피했다. 햇볕정책(1998~2008년) 기간 중 북한은 핵 개발을 완성했다. 1990년대 중후반 핵기폭장치 실험을 70여 회 실시했다. 1998년 대포동 탄도미사일을 최초 발사했다. 2002년 우라늄 농축을 시인했다. 2005년 핵 보유를 선언했다. 2006년 최초 핵실험을 실시했다. 그러함에도 한국 정부는 북한 경제지원과 교류만을 무조건 강조했었다. 2010년까지 북한 핵무기 대응을 위한 어떠한 군사전략적 선택이 있었는가? 북한을 믿어야 한다고 반복 강조했다.

어떻게 북한을 믿어야 하는가? 김정일이 궤도(詭道)로 핵 개발을 완성했음에도 2008년『국방개혁 2020』은 "북한 핵 위협은 2020년 최소화할 것"이라고 명시했다. 그러나 2019년 똑같은 과정이 반복되었다. 북한 핵 포기 주장을 믿어야 한다고만 했다. 북한은 "비핵화 협상"을 내세워 대한민국과 미국을 30년 이상 뜻대로 움직여왔다. 한미 당국자들은 김정일과 김정은에 대한 '정상과 비정상' 평가 논쟁을 벌였다. 그러나 북한이 지난 30년 선택해 온 전략은『손자』의 모공 궤도와 정확히 일치하고 있었다. 북한은 김정은 의도대로 핵무장 고도화 성공을 자축할지 모른다. 그러나 그들의 선택 원칙은 더 큰 대원칙과 충돌했다. 북한은 한미를 비핵화 협상으로 속이며 핵무장 고도화에 성공했을지 모르나, 국가경제는 파탄했고 모든 주민은 탈북자로 변해가고 있으며, 새로운 세대는 백두혈통 속임수 김정은 정권 실체를 알아가고 있었다. 어떠한 정권도, 어떠한 지혜도, 식량과 생존본능의 힘을 절대로 이길 수 없다.

 장군의 힘은 군사전쟁 승리의 원천이다. 군사전쟁은 불확실하고 변화무쌍하나, 결국 전장은 생존을 향한 인간본능의 투쟁현장으로 변한다. 사기(士氣)는 바로 전투원 열정(Passion)이다. 사랑의 열정에 눈이 멀듯이, 전우에 대한 믿음과 열정은 적에 대한 두려움도 사라지게 한다. 열정을 일으키는 지휘기술은 아무나 흉내 낼 수 없는 리더 고유의 재능이며, 자질이다. 김정을 따르는 북한 주민의 열정은 언제까지 지속될까?

 '피(辟), 기예기(其銳氣)'는 예리한 기세를 피하는 '피실(避實) 격허(擊虛)' 작전기술이다. 적의 예리한 기세를 피해 그 기세가 떨어져 휴식이 필요할 때에 집중하는 타격은 기세를 사용해 승리하는 법칙이다. 질서정연한 부대로 혼란한 적을 기다리며, 안정된 부대로 적이 어수선할 때를 기다린 타격은 병졸 마음을 고려한 작전법칙이다. 먼저 접근해 먼 곳에서 적이 오기를 기다리고, 부대를 편히 쉬게 하면서 적이 피로하기를 기다리며, 병졸들을 배불리 먹이고 적이 배고프기를 기다리는 타격은 군사들의 힘을 고려한 작전법칙이다. 질서정연한 깃발을 가진 적 부대와 교전하지 않으며, 당당한 진형을 갖춘 적 부대를 타격하지 않는 작전은 불확실한 전장 상황변화를 관찰하여 피실(避實) 격허(擊虛)하는 전략의 대원칙이다.

 북한 기세가 예리할 때와 둔하고 허약할 때는 언제일까? 김일성은 '한반도 무력 적화통일'을 위해 핵개발을 강행했다. 김일성 국가목표는 1974년까지 유지되었다. 후계자로 등장한 김정일의 국가목표는 '한반도 김일성 세습국가 건설'이었다. 1980년대 공산권 사회주의경제권 붕괴로 세습국가 건설은 '세습국가 유지'로 바뀌었다. 1993년 3월 12일 IAEA 핵사찰을 거부하고 NPT 탈퇴를 선언한 북한은 '세습국가' 위기에 직면했다. 후계자 김정일이 아버지 김일성 위급사태를 방치 사망하게 하면서 '세습국가 유지'를 위한 핵 개발이 강행되었다. 핵개발을 김일성 유훈으로 선전했다. 이 시기 북한의 기세는 최악이었다. 2019년 6차 핵실험 성공 시기는 북한 기세가 대단할 때였다. 2022년은 하노이 미북 정상회담 실패와 코로나19 시기는 북한기세 최악의 상태였다. 김정은의 핵미사일 발사시험 반복은 그러한 기세 회복을 노린 책략이었다.

　한반도 핵전쟁 불확실성은 해소 가능할까? 직관에 의존한 전략수행은 대단히 위험한 일이다. 특히 변화무쌍한 북한 핵미사일 대응 전략에는 더욱 그렇다. 현대 국가전략 수행과정은 인간의 능력을 초월한 광대하고, 복잡하며, 불확실한 연속과정이 반복된다. 그래서 대북전략의 전문분야별 인재 발굴 운용은 절대 필수조건이며, 실시간 대북정보에 자동 대응할 '전략선택 시스템 구축'은 시급한 과제이다. 네트-웍 전쟁(Network-Centric Warfare) 중심의 국가생존사업 체제 구축은 더욱 시급하다. NCW 지휘 통제체제 (C4ISR)와 인공지능(AI: Artificial Intelligence)의 결합은 필수가 되었고 진화적 시뮬레이션 발전시스템은 선진국의 핵심과제이다. 현대국가 생존사업은 군사작전 지휘시스템만으로 승리할 수 없다. 대한민국의 국가통합지휘 NCW 체제 구축은 그래서 시급하다.

대한민국 지상과제는 북핵 '실시간' 감시–결심–타격 지휘통제체계다.
한미일 정보공유 지휘통제체계는 일시적 방편과 수단일 뿐이다.
그런데 2024년 대통령은 비상계엄을 선포하고 2025년 탄핵 파면되었다.

　구변(九變)은 불확실한 상황변화 대응법칙이다. 장수의 가장 중요한 요건은 전략적 응변(應變) 능력이다. 변화는 "시간, 공간, 피아(彼我) 의도 충돌"의 상호작용이 만든다. 갑골문 발견으로, '中'은 군 진영에 꽂아놓은 '깃발 모습' 문자임을 알게 되었다. 전략의 깃발 중심(中心)이 장군이다.

21　장군의 책무는 "불확실을 확실하게" 만드는 것이다

원문 途有所不由, 軍有所不擊, 城有所不攻, 地有所不爭, 君令有所不行.
도유소불유,　군유소불격,　성유소불공,　지유소불쟁,　군령유소불행.

해석 도로는 경유해선 안 되는 장소가 있으며,

군대는 타격해선 안 되는 장소가 있고,

성에는 공격해선 안 되는 장소가 있으며,

지형은 다투면 안 되는 장소가 있고,

군주명령도 이행해선 안 되는 부분이 있다.

※ 불확실한 상황변화에 대응하는 선택과 결심 요소를 말한다.

원문 故將通于九變之利者, 知用兵矣. 智者之慮, 必雜於利害.
고장통우구변지리자,　지용병의.　지자지려,　필잡어이해.

雜於利, 故務可信, 雜於害, 故憂患可解
잡어이,　고무가신,　잡어해,　고우환가해

해석 고로 장차 '수많은 변화 이익'에 통달한 자는, 용병법을 아는 것이다.

지혜로운 자의 사려는, 반드시 이해(利害)를 섞어서 계산한다.

이익을 섞어서, 고로 신념있는 업무추진이 가능하며,

손해를 섞어서, 고로 우환 해소가 가능하다.

　장군은 국가생존사업의 최종수단인 군사작전 지휘권을 위임받은 자들이다. 그들의 임무는 현재와 미래의 국가안보 '불확실성'을 끊임없이 '확실하게' 만들어내는 일이다. 그래야 적시, 적소에 군사력을 배치 운용해 국가안전을 보장할 수 있다. 인류가 원시 야생시대부터 불확실을 확실하게 만든 영웅을 최우선 숭배해 온 이유였다.

　1970년대 인류 최초의 정보기술 혁명이 일어났다. 정보기술 혁명은 소련과 미국 핵무기 전쟁 대결에서 비롯되었다. 미국-소련 핵전쟁은 지구 전체를 멸망시킬 수준의 파괴력으로 평가된 인류 공멸의 위험을 안고 있었다. 소련은 스프트니크 위성을 최초로 우주에 쏘아 올렸고, 미국은 소련 핵무기 위치를 실시간 파악 감시하는 우주기술을 개발했다. 1970년대부터 미국 우주기술은 소련을 압도하기 시작했다. 인터넷과 컴퓨터 개발은 미국의 압도적 우위를 점하는 획기적 전환점을 제공했다. 미국은 1991년 제1차 걸프전에서 「우주기술+컴퓨터+인터넷」을 결합한 「실시간 동시 군사작전」 개념을 구현해 냈다. 소련 참모총장 오르가코프는 이를 군사기술혁명(Military Technological Revolution: MTR)이라고 불렀다.

　21세기 정보기술은 미래 변화의 불확실성 최소화를 구현해 왔다. 그러나 2003년 제2차 걸프전은 전장 상황변화의 불확실성은 해소될 수 없음을 다시 보여주었다. 미래 불확실성은 오히려 제2차 걸프전 종결 이후에 더욱 증가했다. 미국은 군사작전 승리가 생존사업전쟁 승리와는 전혀 다른 차원의 것임을 재확인했다. 정보기술은 인간의 도구 사용기술일 뿐이며, "불확실성은 대자연 변화의 소산"임이 재확인되었다. 동시에 정보기술로 인한 또 다른 불확실성이 급증했다.

　대한민국은 군사력 직접충돌을 최대 회피하는 대북전략을 추구해 왔다. 대북전략의 우직지계 성공을 위해서는 초일류정보기술의 최대 적용이 불가피하다. 대북전략의 최종결정자는 대통령, 집권 정치세력, 공무원과 장군들이다. 그들은 현재 변화를 미래에 유리한 전략적 기회로 이용하는 지혜를 끝없이 추구한다. 클라우제비츠는 전사연구를 통한 "전략 통찰력" 구비를 역설했다. 1820년대 이후 프러시아 전략의 핵심은 전략 통찰력을 갖춘 정치지도자와 장군 육성이었다. 대한민국은 정치지도자와 장군 육성을 위해 어떠한 노력을 집중하는가?

 '구변(九變)'은 시시각각 끝없이 변화하는 전략상황을 말한다. "대한민국 장군은 불확실한 전략상황의 변화대응 능력을 구비했는가?" 모든 변화를 통찰한 장군, 지도자, 전문가 육성은 국가의 '전략중심(center of gravity)'이다. 변화를 통찰한 장군은 사용해선 안 될 도로를 알고, 공격하면 안 될 적을 알며, 탈취해선 안 될 지형을 안다. 그들은 군주명령도 이행해선 안 될 부분이 있음을 안다.

 전략통찰은 강점과 약점, 이익과 위험을 모두 꿰뚫어 보는 능력이다. 지혜로운 지도자는 이익은 극대화하고 위험을 최소화한다. 위험감수(Risk-Taking)는 전략구상에서 핵심 중 핵심이다. 위험은 정치적, 경제적, 군사적, 물질적, 심리적 요인을 모두 고려한다. 특히 현대국가는 '인명 손실 최소화'를 핵심 전략요인으로 선택해야 한다. 독일 롬멜은 상상도 못할 불리한 상황을 유리하게 이끈 전략통찰 능력을 발휘했다. 1917년 11월 제1차 세계대전에서 롬멜 보병대대는 이탈리아 사단과 정면 충돌했다. 여기서 상상하기도 어려운 기현상의 전투가 일어났다. 롬멜 대대는 깊은 계곡에 포위 고립되었다. 그러나 롬멜은 대대를 포위한 이탈리아 연대를 격파하고 계속 진격했으며, 나아가 사단 후방 예비연대를 공격해 1만 명의 포로를 획득했다. 작전 종료 후 롬멜은, "자신은 직면한 상황을 분석해 최선의 방책을 선택하고 실행했을 뿐"이라고 말했다. 현대의 감정 없는 인공지능(AI) 전투가 아닌가 의심할 정도이다. 모든 면에서 압도적으로 우세한 이탈리아 사단에 포위

고립된 대대장이 오직 현재 상황을 통찰한 최선의 방책 선택 능력은 누구도
흉내 낼 수 없는 일이다. 냉철한 통찰력과 정확한 계산의 산물일 뿐이다. 롬
멜은 이 전투로 독일군 영웅이 되었다. 그는 진정한 장군이었다. 프러시아
군사교육제도는 롬멜과 같은 명장을 수없이 배출했으나, 반면 국가교육제
도는 히틀러라는 독재자를 배출했다. 무엇이 문제였을까? 한국역사에도 롬
멜 이상의 통찰력 소유의 명장, 양만춘과 을지문덕, 그리고 이순신이 있다.
그리고 21세기 명장을 육성해야 한다.

대한민국은 북한 핵무장 현실화로 최악의 전략적 위기(Strategic Crisis)를 맞고 있다.
2025년에도 기세등등, 반미, 친북, 친중 정책은 득세한다.
대한민국 정치세력의 극한대립은 더욱더 극렬한 충돌을 반복하고 있다.
언제, 국가교육과 인사제도 그리고 군사제도의 총체적 재정립이 가능할까?

22 『설마 오겠어?』 막연한 전략 선택은 자멸행위이다.

원문 用兵之法, 无恃其不來[05], 恃吾有以待也;
용병지법, 무시기불래, 시오유이대야;

*毋*恃其不攻, 恃吾有所不可攻也.
무시기불공, 시오유소불가공야.

해석 용병법에서 믿어선 안 될 것은 "그들은 오지 않는다"라는 것이며,
내가 믿어야 할 것은 '대비(對備) 수단'에 있다.

---

05   '적은 반드시 오며, 공격할 것'이란 가정은 전략준비 절대조건이다. 이를 부정하면 전략수립 자체가 불가하다. 전략
은, 미래 불확실 요인에 대해서 가장 가능성 있는 결과를 예측하여 가정(假定, Assumption)해서 적용한다. 가정은
전략을 구체화(어떤 적이, 어디서, 어떻게, 언제, 왜 공격할 것인가?) 하는 필수도구이다.

절대 믿어선 안 될 것은 '공격이 없다'라는 것이며,

내가 믿어야 할 것은 '공격을 불가능하게 만드는 곳'에 있다.

※ 적은 불리할 때 절대 오지도, 공격도 하지 않는다.

공격은 나의 최악상황에 시작되니, 최상전략은 그 대비이다.

 故將有五危 : 必死, 可殺 ; 必生, 可虜 ; 忿速, 可侮 ;
고장유오위 : 필사, 가살; 필생, 가로 ; 분속, 가모 ;

廉潔, 可辱 ; 愛民, 可煩. 凡此五者, 將之過也, 兵之災也 ;
염결, 가욕 ; 애민, 가번. 범차오자, 장지과야, 병지재야 ;

覆軍殺將, 必以五危, 不可不察也.
복군살장, 필이오위, 불가불찰야.

 장군에게는 5가지 위험이 있다.

필연코 목숨을 걸면, 살해될 수 있고, 반드시 살려 하면, 포로 될 수 있으며, 분노가 빠르면, 조롱당하기 쉽고, 청렴결백하면 모욕당할 수 있으며, 백성 사랑은, 번민이 될 수 있다.

통상 이 다섯 가지는 장군의 과오(過誤)이자, 생존사업전쟁의 재앙이다.

전복(顚覆)되는 군과 살해되는 장군은, 반드시 5가지 위험으로 시작되니, 깊게 통찰하지 않으면 안 된다.

「설마 적이 오겠어?」 '막연한 기대'를 국가전략으로 선택했다고 믿는 국민은 없다. 국민은 그들 대표가 사적이익 때문에 국가위험을 왜곡, 방치했다고 상상조차 하지 않는다. 그러나 '막연한 기대를 전략으로' 선택해 패망하고 소멸한 국가는 수없이 많다. 인류 역사는 "사익(私益)에 눈먼 정치세력이 위기를 무시-방치해" 예외 없이 패망한 국가를 수없이 기록하고 있다. 사마천 사기, 로마 제국 쇠망사, 근대 유럽 흥망사, 근대 세계사, 한반도 국가흥망 역사 등등. 춘추시대 242년 동안 180개 제후국이 483회 전쟁으로 5~10개 국가로 감소하는 동안 '막연한 기대'를 선택한 제후국은 예외없이 사라졌다. 진나라가 통일 15년 만에 패망한 핵심 원인도 "막연한 기대로 선택한 폭정" 때문이었다. 막연한 기대는 오나라 부차가 속국(屬國) 월나라 구천을 믿어 패망한 원인이며, 막연한 기대로 서양기술 도입을 거부한 대원군 쇄국(鎖國)이 조선 멸망을 재촉한 근본 원인이었다.

"최후에 누가 웃는지 두고 보자!" 김정일의 이 독백은 무엇을 나타내고 있을까? 최후는 언제를 뜻할까? 마치 대단한 각오로 보이나, 실제는 2,000만 북한 주민을 아사시키고 핵 개발을 선택한 "막연한 김정일 기대심리"를 보여줄 뿐이다. 대한민국을 향한 김정은의 2024년 핵전쟁 선언은 계산보다 '막연한 미래에 대한 기대'를 드러낸 정치적 표현으로 보인다. 그런데 1994년 이후 대한민국 또한 똑같이 막연한 전략 선택을 반복하고 있었다.

김정일이 설마 핵을 개발하겠어? 김정일은 핵을 개발했다!
김정은이 설마 공격하겠어? 천안함, 연평도를 공격했다!
김정은이 설마 핵실험 하겠어? 4~6차 핵실험과 핵전쟁을 선언했다!

국가전략은 시공간적 치밀함과 정확함의 대명사로 알려져 있다. 국가전략은 실제 그렇게 추진된다. 적을 정확히 아는 것은 한계가 있을 수밖에 없다. 그래서 전략은 알 수 없는 한계를 가정(Assumption)하여 전략을 수립한다. 이때 「막연한 희망과 기대를」 가정해 위험을 회피하려는 "전략적 오판"이 발생한다. 특히 전략 최종결정권자와 그를 지지하는 정치세력은 '정치적 이익을 전략적 가정으로' 선택해 이용하려는 경향이 나타난다. 독재자나 집권 정치세력의 이익이 우선될 때, 「막연한 기대, 위험 회피」 가정은 쏟아진다. 그러한 가정은 진실을 위장하는 수단이 된다.

1939년 히틀러는 독일군 참모본부가 오랫동안 연구해 온 프랑스 침공계획을 하루아침에 '만쉬타인' 계획으로 바꾸어 버렸다. 1590년 선조는 촌각을 다투는 시점에 "일본 침공징후를 보지 못했다."라는 김성일 주장을 선택해 '전쟁 준비'를 거부했다. 1863년 조선 대원군은 국가폐쇄만이 서구 강대국 침략을 방어할 수 있다는 '막연한 판단'으로 쇄국을 선택했다. 1998~2010년 한국 집권 정치 세력들은 국방백서 평가를 대북전략에 그대로 적용하지 않았다. "김정일은 핵 개발한 적도 능력도 없다"라는 희망적 생각(Wishful Thinking)이 대북전략 선택의 핵심으로 보인다. 햇볕정책 실패는 그러한 추정을 가능케 한다. 2006년 김정일은 핵실험을 강행했다. 대한민국 합참의장은 같은 해 9월 "북한 핵은 2022년 소멸할 것"이라는 가정을 전제로 국방개혁법(안)을 수립해 노무현 대통령에게 보고했다. 국회는 함참의장의 잘못된 가정 "소멸을 감소로" 수정했다. 그러나 국회가 "햇볕정책은 김정일 핵 개발 의지를 감소시킬 것"이라고 수정한 내용조차도 막연한 희망이 반영된 내용이었음을 국방백서 정보평가는 정확하게 보여준다.

"적의 선택에 대한 막연한 기대, 잘못된 가정"은 전략에 대혼란을 초래한다. 2006년 김정일 최초 핵실험 이후 대한민국 대북정책은 그러한 혼란을 면치 못했다. 금강산 관광이 시작되었으나 김정일 핵 개발은 멈추지 않았다. 4자, 6자 회담은 모두 중단되었고, 파키스탄 칸 박사는 우라늄 추출 기술의 북한 이전을 인정했다. 전략은 언제나 최악의 상황을 전제로 계획해야만 한다. 더구나 적은 오지 않을 것이며, 공격하지 않는다는 가정하에 국가전략을 준비하는 국가는 생존 불가능하다.

"설마, 김정일이 핵을 개발하겠어?" 대한민국은 놀랍게도 그 "설마 전략"을 선택했었다. '설마'를 중심으로 대한민국은 북한 비핵화 전략을 추구했다. 어1994년 김영삼은 "동맹보다 민족 우선"을 선언해 남침 주적 북한을 같은 민족으로 변신시켰다. 1998~2008년 동맹보다 민족 우선 중심의 대북 전략으로 햇볕정책이 추진되었다. 1994년 이후 전략적 여건과 김정일 2006년 핵실험 성공은 무관한가? 2018년 핵무장 선언은 연속된 "설마 과정"이었다. 김정은-트럼프 미북 비핵화 협상을 햇볕정책이 만든 한반도 평화 체제라고 주장한 세력도 있다. 북한 비핵화 협상은 햇볕정책 시행 이전인 1993년 시작되었다. 과연 햇볕정책은 한반도 평화체제 구축에 성공했는가?

"2001년 9월 11일, 돌연 보잉 747 여객기는 뉴욕 맨하탄 무역센터 빌딩으로 정면 돌진했다. 미국 누구도 알지 못했고, 상상하지 못한 기습테러의 대성공 순간이었다. 2023년 10월 7일 이스라엘에 하마스가 공격한 5,000발 로켓탄이 날아들고, 곳곳에서 동시다발적 테러와 납치 기습공격이 전격적으로 수행되었다. 이스라엘 당국은 어떤 효과적 대응에도 실패했다."

대한민국은 어떠한 위기에도 대응할 "현재 전략"을 갖추고 있는가? 미래 전략은 어느 순간 즉시 사용할 「현재 전략」이 된다.『손자』선승후전(先勝後戰) 전략개념이다. 현대 첨단무기 획득 시간은 최소 수년에서 수십 년이 필요하다. 적이 오지 않는다는 가정하에, '지금의 준비'에 소홀하면 아무리 압도적인 경제력 보유국가도 적 기습공격에 패배할 수밖에 없다. 현대 국방 계획에서 '초기 군사동원 7일 이상'은 전쟁 패배를 자초하는 계획이다. 군사동원 이후 반격 작전은 분초를 다투는 현대전쟁에서 무용지물이 되었다. 1991년 걸프전 이후 모든 군사 전쟁 기간은 1개월을 넘지 않았다. 특히 초기 2~3일 작전이 전쟁 승패를 결정했다. 전시동원 기반의 군사작전 계획은 사실상 그 실효성을 상실했다.

김정은이 5~7일 남침 작전계획을 선포했다. 2023년 그 작전계획을 훈련하는 핵전쟁 연습 장면을 공개했다. 대한민국이 김정은 핵 포기를 무조건 믿어야 한다는 주장은 집권 세력의 책무 소홀보다 무지(無知)나, 회피이다. 1994년 이후 대한민국이 회피한 북핵 대응 군사 전략은 우세한 전략 여건을 스스로 포기한 행위였다. 2001년 김대중 대통령은 "북은 핵을 개발한 적도 없고 개발할 능력도 없다. 만약 북이 핵을 개발한다면 내가 책임지겠다"라고 했다. 2004년 정세현 통일부 장관은 김정일을 북핵이라는 무모한 선택을 할 사람이 아니라고 주장했다. 2005년 정동영 당시 통일부 장관은 김정일이 "나는 핵을 가질 이유가 없다. 미국이 우리를 압살하려는 기도를 포기한다면 즉각 NPT에 들어가고 국제적 사찰을 받을 용의가 있다"라고 말했다고 전했다. 노무현 대통령은 2006년 9월 7일 한국은 북한 핵실험에 관한 아무런 단서를 갖고 있지 않으며 근거 없이 불안을 조성한다고 말했다.

북한은 2006년 10월 9일 최초 핵실험을 강행했다. 노무현 대통령 발언 한 달 후였다. 김대중은 과거와 같은 말만을 반복했다. 햇볕정책 창안자로 알려진 임동원은 2005년 4월 북한 핵 보유 선언에 대하여 "북한 2·10 핵 보유 선언은 협상용 카드"라고 주장했고, 2019년에도 김정은 핵 포기를 믿어야 한다고 계속 주장했다. 국가지도자들의 북한 옹호 주장은 북핵 대응 군사전략 포기를 초래했다. 2008년 국방개혁 계획은 2020년 경 북한 핵 위협은 감소될 것이라고 가정했었다. 그 계획은 국방개혁(수정) 기본개념으로 계속 적용되었으며, 한국군 전시작전통제권 전환계획과 연결되어있다. 2006년 9월 정상회담에서 전작권 전환 기본원칙과 이행지침이 합의되었다. 2007년 2월 한미 국방장관은 전작권을 2012년 4월 17일에 전환하기로 합의했다. 2017년 7월 4일, 북한 ICBM 시험발사 직후 대통령은 대북 전단 살포를 법적으로 막을 방법을 찾으라고 지시한 것이 알려졌다. 2018년 남북한은 9·19 남북 군사합의를 공식 발표했다. 국회 답변에서 국방부 장관은 "북한 미사일 발사가 한국군 미사일 실험과 무엇이 다르냐?"라며 반문했다. 국민은 경악했다. 군사전략 포기라는 국민 비난에도 정부는 추가적 설명이 없었다. 2023년 9월 26일, 헌법재판소는 대북 전단 금지법으로 불리는 남북관계발전법 24조 1항 3호 등에 대해 재판관 7대2 의견으로 위헌을 결정했다. 2023년 11월 23일 북한은 9.19 합의 파기를 선언했다. 국가 미래흥망을 선택한 정책들이 폐기, 중단, 위헌 판정되는 현상을 어떻게 보아야 할까?

적과 나를 알면 승리하여 이에 위태롭지 않으며(知彼知己, 勝乃不殆)
천시 지리를 알면 승리하여 이에 (이익) 보전이 가능하다. (知天知地, 勝乃可全)

전략은 양면성과 모호성(Ambiguity)이 생명이다. 둘 중 하나를 잃어도 그 전략은 사실상 무용지물로 전락할 가능성이 커진다.『손자』《병자(兵者), 궤도야(詭道也): 생존사업전쟁은 속이는 길이다.》구절은 이를 의미한다. 국가전략은 모호성이 부족할 때 그 효과는 대폭 감소하고 실패 가능성이 급증한다. 한국 대통령들의 '무조건 전쟁 반대'는 김정일 핵 포기를 강요할 "수단의 모호성"을 완전히 제거했다. 역으로 김정일 핵 개발 의도가 없다는 주장은 한국 국민을 믿게 만들어 김정일 호감도를 증진하는 결과를 초래했다. 인간의 내부 본심은 누구도 알 수 없다. 그 의지가 언제 변할지 아무도 모른다. 대화-협상 상황에서는 더욱 그렇다. 전략은 감추어진 상대 의도를 찾아내, 그것에 대비하는 것임을 한국 협상자들은 망각한 듯이 보였다.

2018년 국방백서는 1953~2018년 북한 대남 군사도발 주요 사건 횟수를 총 3,119회라고 발표했다. 유엔사 군사정전위원회는 2010년 기준 북한 정전

협정 위반을 총 42만 건으로 발표했다. 2010년 천안함 폭침과 연평도 포격은 북한 정규군의 기습공격 사건이었다. 북한은 2006~2017년 핵실험 6회, 2016~2019년 탄도미사일 발사 19회 실시했다. 북한은 매년 평균 48회 군사도발을 자행하며 약 7,000회 정전협정을 위반해 왔다.

대한민국에는 언제부턴가 김정은 정권을 민족으로 옹호하는 세력이 존재해 왔다. 그들은, 북한이 남한을 공격하지 않는다고 믿어야 통일된다고 했다. 그들은 북한 핵미사일이 정권 생존을 위한 선택이라는 북한 주장을 대변했다. 각종 기습공격으로 인한 수많은 한국군과 국민 사망 사건에 그들도 깊은 애도를 표했다. 북한은 주적이 아니며, 치명적 위협이 아니라고 했다. 같은 민족이니 그들을 무조건 믿어야 한다고 했다. 그랬던 같은 민족 김정은이, 2024년 돌연 남한을 같은 민족이 아닌 주적으로 선언했다. 남한을 핵전쟁으로 완전히 점령 평정해야 할 제일의 적대국으로 규정했다. 친북-친중 세력들은 혼란에 빠졌다.

이것이 1994년 이후 『손자』 생존 법칙과 다른 정책을 선택해 온 대북 전략 성적표였다. 오직 주민을 노예로 만들었을 뿐인 김씨 3대 세습 독재정권 75년을 믿는 전략을 왜 고집해 왔을까? 군주가 만든 국가 위기 3가지 (환어군자삼, 患於君者三)의 실제 사례가 아닐까?

손무는 장군이 지켜야 할 5가지 위험요인을 강조했다. 정치세력의 정치적 장군 임명은 엽관주의(Spoils System), 정실주의(Patronage system)다. 그렇게 임명된 장군은 모든 장병의 심각한 의구심과 반발로 결정적 위기를 자초할 가능성이 크다. 그 위기는 평시 군대의 대형 사고 발생 원인이 되며, 전시 전쟁 패배로 연결된다. 엽관주의, 정실주의는 언제나 극성을 부린다.

1994~2019년 대북전략의 변곡점은 1998년 김정일 대포동 미사일 발사와

2006년 핵실험이었다. 1988~2019년까지 발표된 남북한 합의문과 공동선언문, 협정문이 수없이 많으나 실제 실행된 것은 그리 많지 않다. 개성공단은 북한 공장이 되었고, 판문점 연락사무소는 폭파되었으며, 금강산 관광시설은 철거되었다. 2024년 김정은은 남북 합의문과 선언문 모든 문서 폐기를 선언했다.

대한민국의 "설마 전략" 선택은 "북한 핵전쟁 위협 심화"로 돌아왔다.

행군(行軍)[06]은 '군사력 운용(Military Operation)'이다.

군사력 운용은 직접 운용(군사작전)과 간접 운용(군사적 설득 억제)이 있다.

군사력 운용(Military Operation)은 현대 군사용어로 군사작전이다.

※ 본편 명칭은 현대 군사용어 행군(行軍)과 다른 춘추시대 용어이다.

23 유리한 형세 구축은 '요충지 선점'으로 시작한다.

원문 凡處軍, 相敵 ; 絕山依谷, 視生處高, 戰隆毋登, 此處山之軍也.
범처군, 상적 ; 절산의곡, 시생처고, 전륭무등, 차처산지군야.

해석 통상 군의 배치는, 서로 적을 마주한다. 산을 통과할 때는 계곡에 의
존한다. 시계를 살려서 높은 곳에 배치하고, 전투에 능선을 오름은 절
대 없어야 하는데, 이것이 산악에 군사력 배치법이다.

원문 絕水必遠水 ; 客絕水而來, 勿迎之于水內, 令半濟而擊之, 利 ;
절수필원수; 객절수이래, 물연지우수내, 령반제이격지, 리 ;

欲戰者, 无附于水而迎客 ; 視生處高, 无迎水流, 此處水上之軍也.
욕전자, 무부우수이영객 ; 시생처고, 무영수류, 차처수상지군야.

해석 물을 건널 때는 반드시 멀리 건너며,
상대가 강을 건너오면, 상대를 강 상으로 나가 대응하지 말고,
반쯤 건널 때 명령해 공격하면, 유리하다.
교전을 원하는 자는, 접안할 강변이 없는 물에서 적을 맞이 한다.
시계를 살려서 높은 곳에 배치하고, 물흐름을 거슬러 마주침이 없어
야 하는데, 이것이 수상에 군사력 배치법이다.

06　행군(行軍)은 군사력 운용을 말한다. 현대 군사용어 군사작전(軍事作戰) 또한 영어로 Military Operation, 즉 군
사력(Military) 운용(Operation)이다.

대한민국의 대북전략 요충지는 무엇일까? 자유를 평등에 '종속시킨' 사회주의 평화 환상의 타파이다. 소련공산권 폭정이 철저히 폭로되었음에도 사회주의 평화 환상은 진화하고 있다. 북한의 국경폐쇄 핵개발은 오직 세습정권 유지를 위한 극단적 선택이었으며, 동시에 국가파멸의 상징이었다. 그런데 북한 패배의 기정사실화가 대한민국 불패기반을 흔드는 사회주의 세력의 확대 기반이 되고 있다. 북한 대남전략의 요충지는 대한민국 자유민주주의와 한미동맹이다. 한미동맹 해체와 '자유를 뺀' 민주주의 주장은 김정은 대남공작 전술, 그리고 남한 요충지 선점 전략과 그 맥락이 같다.

대한민국의 가장 심각한 질병은 「정치세력 극한투쟁」이다. 극한투쟁은 국민을 모두 진영세력 투쟁의 함정 속에 던져버렸다. 공동체는 「내적 통합」 없이 생존 불가능하다. 2025년 대한민국 「정치세력 극한투쟁」은 자유민주주의 정치체제를 심각하게 파괴하고 있다.

대한민국의 절대적 생존과제는 전략 요충지 "정치부패" zero화이다.
'정치부패 척결 없이' 대한민국의 미래도 없다.
군사적 요충지 선점은 그다음 과제일 뿐이다.

24 계책도 없이 적을 경시하면, 반드시 사로잡힌다.

원문 敵近而靜者, 恃其險也; 敵遠而挑人, 欲人之進者, 其所居者易, 利也.
적근이정자, 시기험야 ; 적원이도인, 욕인지진자, 기소거자역, 리야.

辭卑而備益者, 進也, 辭强而進驅者, 退也. 無約而請和者, 謀也.
사비이비익자, 진야, 사강이진구자, 퇴야. 무약이청화자, 모야.

해석 근접한 적이 고요한 것은, 그 (지형의) 험함을 믿는 것이다.

멀리서 적이 상대에 도전하고, 상대의 진격을 바라는 것은,

그 점거한 장소를 바꾸는 것이 유리하기 때문이다.

말은 겸손한데 대비를 강화하는 것은, 전진하려는 것이다.

말을 강하게 하면서 앞으로 전진하는 것은, 후퇴하려는 것이다.

협약 없는 화평을 요청하는 것은, 계략이다.

원문 奔走而陳兵者, 期也. 半進者, 誘也. 軍擾者, 將不重也. 旌旗動者, 亂也.
분주이진병자, 기야. 반진자, 유야. 군우자, 장부중야. 정기동자, 난야.

吏怒者, 倦也. 粟馬肉食, 軍无懸甄者, 不反其舍者, 窮寇也.
이노자, 권야. 속마육식, 군무현추자, 불반기사자, 궁구야.

해석 분주하게 대열을 갖추는 병력은, 기회를 잡은 것이다.

전진을 반쯤 하는 것은, 유인하는 것이다.

군이 동요하는 것은, 장수가 중심을 잃은 것이다.

정기가 움직이는 것은, 혼란이 있는 것이다.

간부가 분노하는 것은, 게으르다는 것이다.

농사짓는 말 고기를 먹고, 군영에 물 항아리 매단 것이 없으며,

돌아갈 그 숙영지가 없는 것은, 마지막 궁지에 처했다는 것이다.

원문 兵非多益, 毋武進, 足以併力, 料敵, 取人而已.
병비다익, 무무진, 족이병력, 료적, 취인이이.

夫惟无慮而易敵者, 必擒于人.
부유무려이이적자, 필금우인.

해석 병(兵)은 다수로만 유익하지 않으며, 무력 진격 없이,

충족된 힘의 통합으로, 적을 헤아려서, 상대를 취하면 되는 것이다.

대체로 깊은 생각과 사려도 없이 적을 쉽게 대하는 자는,

반드시 상대에게 사로잡힌다.

『손자』의 '피아 징후판단 32개 목록'의 주요 내용이다. 생존사업전쟁은 최고 지휘관 선택으로 국가이익이 결정되는 연속과정이다. 생존사업전쟁의 「갈등 연속체(conflict continuum for life)」특성은 '실과 허, 이와 해, 기와 정(奇正)' 변화를 예측 불가능하게 만든다. 그래서 상대 전략의 징후를 정확히 판단하는 능력이 핵심이다. 징후는 이익과 연결된 개인의 말과 행동, 조직의 움직임 속에 숨어있다. 이것이 정보수집의 근원이다.

김정은 핵미사일 전쟁 징후는 '분-초를 다투는' 실시간 감시정찰이 절대 필요하다. 1953년 정전협정 체결 이후 한미연합군은 전쟁 징후, 공격징후, 침투 및 도발 징후 등을 판단하는 분야별 징후 목록을 정밀하게 발전시켜 왔다. 『손자』 징후 목록은 춘추시대 군사 전쟁사업이 과학적 판단 능력에 기반한 계산과 통찰이 중심이었음을 보여준다. 부대의 움직임, 장수 문제, 식량문제, 숙영지, 사기 등은 변함없는 적 능력과 의도 판단 징후이다.

군대 내부 혼란은, 부대를 장악하지 못한 지휘관 능력 부족 때문으로 평가한다. 한국군은 언제부터인가 지휘관 능력의 객관적 평가체제가 우려 이상의 심각한 징후가 나타나고 있다. 2010년 '초급간부와 병사 여론조사'로 예하 지휘관을 평가한 군사령관이 있었다. 이 평가는 긴급사태에 대비한 휴일 대기자 규정을 무용지물로 만들었다. 지휘관들이 부하 눈치를 보기 시작했

기 때문이다. 창의적 지휘 기법을 크게 제약하고, 오히려 부하 눈치를 보게 만든 이런 유형의 평가는 "사기(士氣) 평가" 명분으로 지금도 한국군에 그대로 적용되고 있다. 잘못된 사기 평가는 1998년 도입된 한국군 임무형 지휘개념에 대혼란을 일으켰다. 2017년 경기도 지역 육군 모 공병대대장은 장병 부모들에게 지뢰 제거 작전에 투입해도 좋은지를 묻는 "부모 작전 투입 동의서"를 발송했다. 그 결과 8명은 작전 투입에 제외되어 육군 전체가 시끄러웠다. 국가인권위원회 제보 장병들이 또한 급증했다. 장병 불만이 될만한 어려운 군사훈련은 아예 고려되지 않았다. 훈련을 강하게 시킨 지휘관들은 인권위원회로부터 조사를 받았다. 장군 지휘관이 병사 투서로 하루아침에 보직 해임되는 사례가 빈번히 일어났다. 한국군의 지휘권 혼란은 군사작전을 저해하는 근본적 문제로 대두되고 있다.

미국군도 1975년 월남전 패배 이후 2024년 한국군과 거의 유사한 문제에 직면했었다. 미군은 이런 문제 극복을 위해 크게 3가지 방안을 추진했다. 첫째 미군 고유의 작전개념 창출에 집중했다. 미 육군 교육사 중심으로 추진된 '독자 작전개념' 창출 노력은 마침내 그 유명한 '공지전투(Air-Land Battle)' 개념을 창안해 냈다. 공지전투 개념은 새로운 훈련 방법을 요구했다.

두 번째로 공지전투에 대한 '과학화 훈련' 방법을 창안했다. 군단급 이하 부대 전투지휘훈련(BCTP: Battle command training program)과 전투 현장을 훈련장에 옮겨놓았다고 평가받은 국립훈련장(NTC: National Training Center) 설치는 군사훈련 개념에 혁명적 변화를 가져왔다. 위성 위치추적체계를 이용한 피아 실시간 위치 표정, 피아 군사력을 그대로 반영한 대항군(opposing force) 운영. 레이저 광선을 이용한 직사화기 운용, 컴퓨터 시뮬레이션을 이용한 곡사화기와 항공-해군 화력 운용 등의 "군단급 합동 훈련장"의 거대한 훈련 체계는 가히 군사작전 현장을 그대로 옮겼다라는 평가를 받을 만했다. 특히 과학화 훈련에 사후 검토체계(AAR: After Action Review)를 도입해, 모든 훈련 직후 훈련부대와 훈련장에 대해 수집된 과학적 데이터를 분석해 체계를 계속 보완하도록 했다. 사후검토는 단위부대부터 전투병 개인까지 전술적 결심과 행동을 분석해 부족한 점을 즉시 보완한다.

그런 미국이 9.11테러 기습공격을 당했다. 적을 쉽게 얕잡아 보는 자는, 반드시 그 대가를 지불한다. 적 징후는 정보일 뿐이다. 역정보에 아군이 속을 경우, 적이 원하는 함정에 빠져들게 된다. 적에 대한 징후나 정보를 3중 4중, 반복 검증 확인해야만 하는 이유가 여기에 있다. 대한민국도 1994년 이후 한편으로 무조건 전쟁 반대를 외치면서, 다른 한편 "북한을 경시"했다.

북한은 대남전략으로 『손자』 징후분석 목록과 거의 일치하는 대남전략을 구사해 왔다. 김정일은 핵 포기를 미끼로 비핵화 협상을 요구해 유리한 시간을 확보했다. 1994년 이후 위기에 직면할 때마다 비핵화 파기 위협과 남북정상회담, 2자, 4자 회담, 6자 회담 등을 끝없이 벌였다. 핵포기를 선언한 김정일이 필요할 때는 즉시 트집을 잡아 기존약속을 파기하고 핵미사일 실험을 강행했다. 북한은 불리한 상황에서는 여지 없이 대남도발을 작전법칙처럼 지속해 왔다. 1996년 국가 붕괴위험에 직면하자 김정일은 동해안에 잠수함을 침투시켜 한미 군사력 개입을 선제 차단했다. 그런 시점에 시작된 햇볕정책은 김정일에게 어떤 것이었을까?

25 지휘(통치)의 근본은 복종과 자율의 습관화(習慣化)다.

원문 卒未傳親而罰之, 則不服, 不服則難用也. 卒已槫親而罰不行, 則不用也.
졸미전친이벌지, 즉불복, 불복즉난용야. 졸이단친이벌불행, 즉불용야.

해석 중대에 친숙함이 전해지기 이전 벌을 주면, 복종하지 않으며,
복종 안 하면 쓰기 어렵다. 중대가 이미 두루 친숙해졌다고 벌을 집행
하지 않으면, 써먹지 못하게 된다.
※ 춘추시대 '졸(卒)'은 주나라 100명, 제나라 200명으로, 현대의 중대급이다.

원문 令素行以敎其民者, 民服 ; 素不行者, 民不服. 令素行者, 與衆相得也.
영소행이교기민자, 민복 ; 소불행자, 민불복. 영소행자, 여중상득야.

해석 군령의 근본을 행하도록 그 백성을 교육하면, 백성은 복종하게 되고,
군령의 근본을 행하지 않으면, 백성은 복종하지 않는다.
군령의 근본을 행하는 것은, 백성들과 더불어 상호 이득이다.

『손자』는 춘추시대 제후국의 생존사업 실태를 생생히 기록하고 있다. 춘추시대는 행정-군사 일원화 통치체제 시대였다. 군주가 백성을 완전히 장악하지 못한 시대여서 법의 집행은 쉽지 않았다. '상(相)' 관중이 지역별 5가구를 묶어 통치행정 체제를 만들고 동시에 군사동원 군역을 부여했던 궤리연향법 시행이 제나라를 춘추시대 패권국으로 만들었던 이유이다. 궤리연향법은 행정-군사동원 일원화로 세금과 군역 부여 문제를 동시에 해결했다. 군주는 백성통치를 위한 '지역별 조직화'와 '복종 습관화'를 고민해야 했다. "상호 이득이 되는 본보기"를 스스로 따라 하도록 만드는 "복종 습관화"는 매우 중요했다.

군사훈련은 명령 복종을 습관화하는 훈련이다. 즉 자율적 복종이 중심이

다. 전투에서 명령에 복종하지 않으면 부대 전체가 위험해진다. 자율적 명령 복종은 전투 승리의 핵심 전제조건이다. 독일군 임무형 전술 핵심 개념이 자율적 명령 복종이다. 군법이 규정한 명령에 복종하지 않으면 반드시 상응한 벌칙이 부여된다. 자율적 명령 이행을 이끄는 능력은 모든 지휘자의 리더십이다.

　군대는 동원된 백성 조직이다. 동원된 백성은 아직 서로 친밀하지 못한 상태인데, 벌을 주면 복종하지 않게 되며, 불복하면 쓰기 어렵다. 반면 병졸과 친밀해지고 정이 들면 벌을 집행하기 어렵다. 그렇다고 벌을 집행하지 않으면 부대 기강이 문란해져서 전투 투입이 불가능하다. 그러므로 일상의 행동을 군령으로 통제하여 동원된 백성을 훈련하면 명령 복종이 습관화되어 정예군이 된다. 명령 복종 습관화가 안 되면 위험 상황에서 불복하는 문제가 발생할 수 있다. 복종 습관화는 병졸들에게 목적의식을 갖게 만들고, 전우애로 단합시켜 전투에 승리하는 중대한 이익을 만든다.

　북한 주민세뇌 교육은 김일성 일가(一家)에 대한 복종 습관화였다. 김정일은 김일성 신격화 수단으로 백두혈통이라는 허구(虛構)를 만들어냈다. 북한은 1953년부터 주민을 세뇌 교육하고 비판하는 자는 사형에 처했다. 5가구씩을 감시단위로 묶어 상호 감시하게 했다. 5호통제체제이다. 부모자식 간에도 김일성을 비판하는 자를 고발하게 했고, 서로를 "동무"로 부르게 했다. 북한이 병영 국가로 평가되는 이유다. 모든 독재국가 통치는 언제나 철저히 강압적이나 그중 북한이 으뜸이다. 중국 공산당은 21세기형 디지털 주민감시체제를 세계 독재국가로 수출하고 있다. 북한도 디지털 주민감시체제를 도입해 개인사생활 모두를 일일이 통제하고 있다. 지구상 가장 혹독한 독재국가 북한은 국가 자체가 병영이며, 주민은 노예와 똑같이 통제되고 있다. 진나라가 15년만에 멸망한 이유가 바로 상앙의 5가작통법 때문이었다.

북한 주민들은 혹독한 통제에도 왜 복종만 하는 것일까? 어떻게 사생활 없는 감시 통제를 참고 견디는 것일까? 그 답이 김일성 주체사상 신격화에 있었다. 주체사상 창안자를 자처한 황장엽은 "북한은 주민폭동으로 절대 무너지지 않는다"라고 강조했다. 김일성 사망 당시 북한 주민의 광기 어린 울부짖음에 세계는 놀랐었다. 탈북민들은 동아TV "이제 만나러 갑니다" 방송프로에서 당시 주민들 통곡은 진심이었다고 증언했다. 김정일 사망 때는 가식이 많았다고 했다. 김정은의 치명적인 전략적 틈새는 "백두혈통 신격화 복종체제"가 아닐까?

지형(地形)은 '지리적 공간'이다.

종족공동체 삶의 터전이며, 사냥하고 농사짓는 생존공간이다.

군주가 백성을 장악해 지배하는 영토이고,

지휘관이 전략, 전술을 발휘하는 전투 현장이다.

지형(地形)의 본문은 죽간 손자병법에 없었다.

단지 제목 'ㅁ刑(形의 옛말)'만이 있다.

여기는 손자교석(孫子校釋)의 원문을 적용했다.

26 '천시와 지리'를 알면 완전한 승리를 얻는다.

원문 戰道必勝, 主曰无戰, 必戰可也. 戰道不勝, 主曰必戰, 无戰可也.
전도필승, 주왈무전, 필전가야. 전도불승, 주왈필전, 무전가야.

해석 '전투의 길'이 필승이면, 군주가 전투하지 말라해도, 반드시 전투하는
것이 옳다. '전투의 길'이 승리가 아니면, 군주가 전투를 강요해도, 전
투하지 않는 것이 옳다.

원문 故進不求名, 退不避罪, 唯民是保, 而利合于主, 國之寶也.
고진불구명, 퇴불피죄, 유민시보, 이리합우주, 국지보야.

해석 따라서 진격해도 명예를 구함이 없고, 후퇴해도 죄를 피함이 없이,
오직 백성을 보호하고, 만약 이익이 군주에 부합하면, 나라의 보물이다.

 視卒如嬰兒, 故可與之赴深谿, 視卒如愛子, 故可與之俱死.
친졸여영아, 고가여지부심계, 친졸여애자, 고가여지구사.

 병졸보기를 어린 자식과 같이 하면, 더불어 깊은 계곡에 들어갈 수 있고,

병졸보기를 사랑하는 자식같이 하면, 더불어 죽음을 함께할 수 있다.

 厚而不能使, 愛而不能令, 亂而不能治, 譬若驕子, 不可用也.
후이불능사, 애이불능령, 난이불능치, 비약교자, 불가용야.

 후덕은 부릴 능력이 없어지고, 애정은 명령 능력이 없어지며,

문란은 통제 능력이 없어지니, 비유하면 교만한 자식 같아서,

써먹는 것이 불가능하다.

 知吾卒之可以擊, 而不知敵之不可擊, 勝之半也.
지오졸지가이격, 이부지적지불가격, 승지반야.

 나의 졸(100명)로 공격하는 것이 가(可)함을 알아도,

적을 공격함이 불가함을 모르면, 승률은 반이다.

 知敵之可擊, 知吾卒之可以擊, 而不知地形之不可以戰, 勝之半也.
지적지가격, 지오졸지가이격, 이부지지형지불가이전, 승지반야.

 적을 공격하는 것이 가(可)함을 알고, 나의 졸 공격이 가(可)함을 알아도,

지형이 전투에 불가(不可)함을 모른다면, 승률은 반이다.

 知彼知己, 勝乃不殆, 知天知地, 勝乃可全.
지피지기, 승내불태, 지천지지, 승내가전

 적을 알고 나를 알면, 승리하게 되니 이에 위태로움이 없고, 천시와

지형을 알면, 승리하여 이에 (피해 없는) 전승(全勝)이 가능하다.

장군의 전략은 '지형과 시간' 선택으로 완성된다. 바로 천시(天時)와 지리(地利)이다. 손무는 지형을 통형, 괘형, 지형, 애형, 험형, 원형 6가지로 분류했다. 현대 군사작전은 공격과 방어에 유리한 지형을 5개 요소로 평가해 선택한다. 그 5개 요소는 ① 관측과 사계 ② 은폐 엄폐 ③ 장애물 ④ 중요 지형지물 ⑤ 이동의 용이성이다. 지형을 모르는 장군이 전투에 승리한다는 것은 있을 수 없다. 지형 통달은 독창적 작전의 귀재가 되는 제일 요소이다. 동서고금을 막론하고 군사작전 지형 판단의 결정적 요소는 도로이다. 왜 그럴까? 인간은 「이동성(mobility)」 극대화로 생존해 온 집단사회 동물이다. 도(道)는 본래 '도로(道路)-길'이다. '도로-길'은 공동체 생존이익 창출을 위한 이동성 보장 수단이다. BCE. 6세기 페르시아 제국을 건설한 키루스 대왕은 세계 최초 서아시아 영토 전역을 관통하는 약 2,400km 도로를 건설하고 역참제도를 신설해 통치했다. BCE. 221년 동아시아 대륙을 통일한 진나라는 전국 도로를 수레바퀴 규격으로 통일해 건설했다. BCE. 3세기 지중해 지역을 장악한 로마는 약 8만 5,000km 도로를 건설해 주요 도시로 연결되는 이정표를 세우고 군사작전 긴급출동에 대비해 통치했다. 13세기 초반 칭기즈칸은 동서양 관통도로를 건설하고 약 1,400개 역참을 만들어 세계 최대 유라시아제국을 통치했다. 역참은 오늘날 고속도로 휴게소 기능을 발휘했다.

고대부터 인류는 더 넓은 지역으로 이동해 더 많은 식량과 부(富)를 창출하는 군사정복과 무역사업을 추구했다. 그래서 세계 모든 도로, 공항, 항만, 철도역 주변 지역은 다른 지역보다 더 빠른 발전을 거듭해 왔다. 인류는 "상업 교환매매가 부(富)를 창출한다"는 원리를 해외무역이 본격화된 중세 이전까지 명확하게 인식하지 못했다. 애덤 스미스는 이러한 부를 창출하는 상업경제 원리를 「보이지 않는 손(invisible hand)」이라고 불렀다. 현대 자본주의 경제는 지상, 해상, 항공 도로 중심의 원거리 무역 순환(circulation) 체계를 기반으로 발전한다.[07] 현대 대한민국의 도로 인접 지역은 건물, 상점, 기업 본부가 위치한 부동산 가격이 가장 비싼 지역이다. 도로를 통해서 이익이 흐르고 「국민 마음의 소리」가 집중되기 때문이다. 따라서 지상, 해상, 항공 도로는 부(富)를 상징하는 자본주의 시장경제의 뿌리이며, 인류 생존사업 시스템의 상징이었다. 지형은 언제나 인류 생존사업의 전부였으며, 장군의 지형 선택은 군사전쟁 승패를 좌우했다.

역대 한미연합사령관의 군사작전 지침은 "오늘 밤 싸운다! (Fight Tonight!)"이다. 작전지침은 지휘관 전투준비태세를 나타낸다. 작전지침은 평시 전투준비태세이자, 유사시 즉각 대응 태세이다. 적의 어떠한 전략도 무력화시킬 수 있는 평시 군사작전 준비태세가 어떠해야 하는지를 보여준다. 군사 전쟁 승패는 전적으로 장군 지휘통제 능력에 좌우된다. 군주가 평시 장군선발에 신중에 신중을 다해야 하는 이유이다. 그러나 통상 군주는 유능한 장군보다 '말 잘 듣는 장군'을 임명한다. 나의 권력 유지를 최우선 하기 때문이다. 장군선발은 군주에게 언제나 이중적 의미가 있었다. 전쟁에 승리하는 장군, 그리고 끝까지 배신하지 않는 장군이 그것이다.

국가통치자에게 군대는 양날의 칼이다. 현대국가 민간 정치가들은 평시 군사작전 지휘 권한을 장군들에게 맡긴다. 정치 불안정 국가에서, 장군과 정치가 사이에 적대적 갈등이 일어나면 군사쿠데타가 발생할 수 있다. 정치가들은 이를 방지하기 위해 가장 신임하는 장군을 최고 지휘관으로 임명한다. 일반적으로 정치가들의 장군 임명 고려 우선순위 첫째가 정치적 신임 정도이며, 둘째가 능력이다.

---

07   Fernand Braudel, Civilization & Capitalism 15~18th century : The Wheel of Commerce translated by Sian Reynolds (Univ. of California press, 1992), p. 582.

국가 전 분야에 유능한 인재를 육성, 배치, 운용하는 것은 정치가들의 핵심 책무다. 그러나 능력보다 오직 정치적 신임 정도로 하위직책자를 최고위직책으로 전격 발탁해 임명하는 경우가 비일비재하다. 정치적 이익이 국가이익에 우선한 것이다. 손무는, "망국의 길"은 무능한 장군, 무능한 재상 등용이라고 비판했다. 국가 위기나 전쟁이 발생하면 그들은 도주, 해이, 함락, 붕괴, 혼란, 패배자로 돌변한다. 전략 선택 회피는 함량 미달 군주의 장군 선택에서 자주 나타났다. 지휘통솔 부족은 업무태만을 초래해 명령체계가 붕괴하니 조직은 혼란에 빠진다. 군주의 잘못된 임명이 만든 무능한 장수의 과오(過誤)이다. 지휘실패의 결과이며, 천재지변이 아니다. 임진왜란과 병자호란은 "무능한 군주, 무능한 장군"이 무엇인가를 보여준 전형적인 역사기록이다.

국가 흥망은 정직한 능력자를 어떻게 육성, 선발, 임명하는가로 결정된다. 2025년 대한민국은 조선과 다른가? 대한민국 북한 비핵화 전략선택은 조선과 다른 선택을 해왔는가? 국가 미래전략 선택은 누구에게 맡겨야 하는가? 정치세력의 국가인사 개입은 최악의 정치부패이다. 대한민국 정치가의 '추상같은 정직'은 김정은에게 최상의 두려움이다. 그래서 국민대표를 선택하는 선거제도는 가장 투명하고 공정해야만 한다.

국가란 무엇인가? 국가이익이란 무엇인가?
개인이 국가에 생명을 바치는 이유는 무엇인가?
충성(忠誠)은 누구를 그 대상으로 해야 하나?
국가정치인, 공무원, 군인은 어떤 숙명과 책무를 갖는가?
개인 이익–집단이익–국가이익은 어떤 상호관계를 갖는가?

손무는 '지형' 편에서 국가목적은 「백성의 이익과 안전보장」임을 명확히

했다. 국가는 백성 이익을 위해 만들어진 생존사업 공동체이다. 전쟁은 국가공동체의 최종 생존사업이다. 그러니 반드시 승리해야 한다. 국가는 가장 효율적으로 평시 "승리전략"을 준비해, 유사시 실행해야 한다.『손자』는 그것을 선승(先勝)이라 했다. 그러니 군주가 전쟁해서는 안 된다고 명령해도, 승리할 수 있다면 장수(將帥)는 반드시 전쟁을 선택해 승리함이 옳다. 또한 전쟁 승리가 불가능하면, 군주가 반드시 전쟁하라고 명령해도 전쟁을 해선 안 된다고 말한다. 장수는 전쟁에 나가되 명예를 구하지 않고, 물러나되 죄를 피하지 않으며, 오로지 백성 안전과 국가이익을 얻으면 족한 것이니, 이러한 장수가 나라의 보배이다. 이순신 장군을 세계가 존경하는 이유가 여기에 있다. 이순신 장군은 선조가 모함에 빠져 지시한 '백의종군(白衣從軍)'을 묵묵히 끝까지 견디고, 다시 부름을 받아 그의 독창적 전략으로 나라를 구했다.

맥아더와 트루먼! 과연 누구의 선택이 옳았는가? 이제는 맥아더 잘못(?)이라고 규정한 미국 정치학자 헌팅턴의 주장이 과연 맞는지 돌아볼 때가 되었다. 트루먼과 충돌한 맥아더의 선택은 잘못이었나? 1950년 맥아더를 선택한 사람은 트루먼이었다. 맥아더는 1950년 11월 압록강 북방 중공군 투입 보급로 폭격을 계획했다. 적 보급로 차단은 군사작전의 기본 중 기본이다. 트루먼은 정치적 판단에 따라 만주 지역 중공군 투입 보급로 차단작전계획을 중단시켰고 미군은 동부 산악지역으로 침입한 중공군 기습공격으로 수많은 사상자를 내면서 1951년 1월 4일 후퇴했다. 크리스마스 이전 한반도 통일을 장담했던 맥아더 작전계획은 참패로 끝났고, 중공군은 만주로 도망간 김일성을 대신해 평양을 탈환했다. 1950년 9월부터 만주 지역에 집결된 중공군은 1951년 38선 이남 지역까지 진격했다.

미국 대통령들의 정치적 선택은 언제나 군사작전 최종패배의 원인이었다. 미국 전쟁 패배의 공통점은 1950년 트루먼의 중공군 만주 투입보급로 차단 폭격 금지조치와 같은 "정치적 선택에 따른 대통령의 군사작전 직접 개입"이었다.

- 1975년　미국의 월남전 패배
- 1991년, 2003년 이라크 진쟁의 정치적 패배
- 2022년　아프간 전쟁 패배!

독일군 임무형 전술은 왜, 어떻게 탄생했는가? 군사작전 성패를 현장 지휘관의 독단적 결정에 전적으로 위임해 그 결과만을 묻는 제도가 임무형 전술이다. 임무형 전술은 오직 국가 최종 승리를 위해 도입된 제도이다.

민군관계와 군사작전 지휘권 위임은 엄격히 구분되어야 한다는 교훈이 명확히 대두되는 이유이다. 트루먼은 한반도 천시-지리를 중공군에 양보해 맥아더 요충지 선점 계획을 무산시켰다. 닉슨은 모택동 요청대로 '미 지상군 완전 철수'로 베트남 전쟁 패배를 자초했다. 부시 대통령은 1차 이라크 전쟁 조기 종결로 재선에 실패했다. 바이든 대통령의 '지상군 철수'는 아프간전쟁패배로 이어졌다. 1972년 키신저와 닉슨 데탕트 화해 외교는 잠자는 중공을 깨웠고, 2024년 미국의 어려움을 자초했다.

장군의 임무는 최악의 극한 상황에서, 부하를 사지(死地)로 투입하는 것이다. 그래서 장군은 평시 부하가 자발적으로 적과 싸워 이기도록 지휘통솔 훈련할 책무가 있다. 그러한 군사작전에 정치적 선택의 개입은 필패를 초래할 수 밖에 없다.

구지(九地)는 군쟁의 원리를 '천시-지리'에 융합한 전략개념이다.

'천시-지리'에 융합된 군쟁은 9가지 유형의 전략적 이익을 갖는다.

구지는 생존사업전쟁 승패를 결정하는 9가지 유형의 결정적 전략이다.

지형(地形) 편의 결론은 지천지지(知天知地) 승내가전(勝乃可全)이다.

구지(九地) 편의 결론은 '왕패지병(王覇之兵)'이다.

왕패지병(王覇之兵)은 왕도(王道), 패도(覇道) 절대 권력(權力)이다.

왕패지병(王覇之兵)은 손무가 『손자』를 쓴 '최종목표'였다.

북한 대남전략의 왕패지병(王覇之兵)은 핵무장이다.

한국 대북 전략의 왕패지병(王覇之兵)은 무엇일까?

『손자』생존흥망 선택법칙은 다음 16자(字)로 정리된다.

① 계(計)～실허(實虛): 선승(先勝)

지피지기(知彼知己) 승내불태(勝乃不殆);

적과 나를 알면 승리하니 이에 위태로움이 없다.

② 군쟁(軍爭)～구지(九地): 후전(後戰)

지천지지(知天知地) 승내가전(勝乃可全);

천시(天時) 지리(地利)를 알면 승리하니 이에 전승(全勝)이 가(可)하다.

27 틈새를 보고, 예상치 못한 길로, 경계 없는 곳을 공격한다.

원문 用兵之法, 有散地, 有輕地, 有爭地, 有交地, 有瞿地, 有重地,
용병지법, 유산지, 유경지, 유쟁지, 유교지, 유구지, 유중지,

有泛地, 有圍地, 有死地.
유범지, 유위지, 유사지.

해석 용병법은 산지, 경지, 교지, 구지, 중지, 범지, 사지에 달려있다.

원문 所胃古善戰者, 能使敵人前後不相及也, 衆寡不相恃,
소위고선전자, 능사적인전후불상급야, 중과불상시,

上下不相收, 卒離而不集, 兵合而不齊.
상하불상수, 졸이이불집, 병합이불제.

合于利而動, 不合于利而止.
합우리이동, 불합우리이지.

해석 소위 옛날 전투를 잘한 자는, 능히 적 부대 전후가 서로 미치지 못하
게 했는데, 대부대–소부대가 서로 의지 못했고, 상하가 서로 거두지
않았으며, 중대(졸)는 흩어져 집결되지 않았고, 병력이 통합되어도 질
서가 없었다. (전투 잘하는 자는) 이익에 부합하면 움직였고, 이익에
부합하지 않으면 중지했다.

원문 敵衆以正, 將來, 侍之若何? 曰: 奪其所愛, 則聽矣.
적중이정, 장래, 시지약하? 왈: 탈기소애, 즉청의.

해석 적 대부대 정예군이, 장차 온다면, 대응을 어떻게 하겠는가?
그 아끼는 장소를 탈취하고, 곧 (기회를) 염탐하며 기다린다.

원문 兵之請主數[08], 乘人之不給也, 由不虞之道, 攻其所不戒也.
병지청주수, 승인지불급야, 유불우지도, 공기소불계야.

해석 병(兵)의 본질적 주요 계책은, 상대의 부족한 '틈새'를 꾀하는 것이니,
적이 예상하지 못한 길을 경유하여, 적의 경계가 없는 그 장소를 공격
하는 것이다.

※ '틈새(Gap)'는 시 · 공간적인 전략 전술적 공백지대를 말한다.

햇볕정책은 성공했는가? 김정은 핵전쟁 위협은 미국에 대한 위협인가? 남
북대화 경제협력은 한반도 평화를 보장했는가? 햇볕정책은 대화협력만이
한반도 평화를 보장하며, 전쟁을 막을 수 있다고 주장한 정책이다. 그들은
사드 배치와 북핵미사일 방어무기 배치가 전쟁위험을 증가시킨다고 대규
모 지지 세력을 동원해 저지했다. 김정은 핵무기는 한국 공격용이 아니며,
미국 공격용이라고 주장했다. 그런데 2024년 김정은이 남한 영토 점령을 위
한 핵전쟁 작전계획을 헌법에 명시하도록 지시했다. 나의 평화는 상대 호의
가 아닌 나의 힘으로만 보장된다.

1994년 한반도 핵 위기가 발생했다.
당시 북한의 전략 전술적 공백 지대는 어디였을까?
당시 북한이 예상하지 못한 길은 무엇이었을까?
당시 북한이 경계(警戒)하지 못한 곳은 어디였을까?

08　　다른 본은 「兵之情主速」이다. "전쟁 또는 군대의 속성은 속도가 중심이다"라고 해석했다. 전쟁이나 군대는 속도
　　만으로 승리할 수 없다. 그러한 해석은 앞뒤 문맥과 맞지 않는다.

생존전략은 적 능력이 못 미치는 틈새를 기회로 이용하여 세력을 확장하는 국가흥망 선택사업이다. 전략목표는 생존사업의 전 과정에서 요망되는 군사적, 비군사적 방책을 모두 분석해 선택해야 한다. 미래 불확실성과 마찰은 반드시 우발 계획을 수립하여 대비한다. 전략원리는 적의 부족한 틈새를 평시에 정확히 파악하고, 유사시 이용할, 적이 예상하지 못한 길을 준비하여 결정적시기에 적의 대비가 없는 곳을 공격하는 것이다.

손무는 적을 알고 나를 알면 그 틈새가 보인다고 말한다. 틈새가 보이지 않을 때는 나의 능력을 키우면서 기다리라고 한다. 틈새가 보이면 적이 예상할 수 없는 방법을 찾아서 공격한다. 누구나 예상하지 못한 틈새를 대비할 수 없다. 틈새는 결정적 공격 통로이다. 승리는 많은 병력으로 보장되지 않는다. 승리는 능력 우세로만 보장되지 않는다. 먼저 적의 전략을 알고 나를 위태롭지 않게 만드는 대비가 있어야 결정적 기회를 기다려 최후의 승리를 얻을 수 있다. 지피지기(知彼知己) 백전불태(百戰不殆)란 이를 뜻한 말이다.

김대중 전 대통령은 "북한은 핵을 개발한 적도, 능력도 없다"라고 말했다. 1988년 이후 국방백서 북핵 개발 징후분석 결과는 무엇인가? 정치가들은 이를 무시했었나? 무시했다면 왜 무시했을까? 핵개발 의도를 알고도 햇볕정책을 추진했는가? 그렇다면 햇볕정책은 김정일 핵개발 여건 조성 제거전략을 동시에 추진했어야 했다.

김정일은 2005년 핵개발 성공을 주장했다. 대한민국은 김정일 대남전략에 속은 것인가? 아니면 당시 정책주도자들이 국민을 속인 것인가? 금강산 관광 자금과 개성공단 자금은 김정일 개인 자금으로 전환된 것이 확실해 보인다. 당시 북한에 전달된 현금이 북한 핵 개발 자금으로 쓰였다는 의혹은 끝없이 제기되어 왔다. 김정일은 한국의 틈새를 정확히 분석했었다. 김정일이 공격한 한국의 전략적 틈새는 '정치세력 분열'의 틈새였다. 통상 정치세력들은 국내 및 국제정치 상황을 그들 이익에 맞게 최대 이용하며, 국가이익과 상충할 때는 정책으로 포장해 그들 이익을 추구한다. 김정일은 햇볕정책 세력과 정책반대 세력 극한대립의 틈새를 정확히 이용했다. 김정일은 햇볕정책 세력과 남북정상회담을 추진해 마치 한반도 평화가 금방이라도 정착 될듯이 행동했다. 햇볕정책 세력이 좌파 종북 세력으로 비판받을 때, 김정일은 대남 군사도발을 반복하며 그들을 전쟁 책동 세력이라고 비난했다.

대한민국 좌우 정치세력의 극한대립은 대북정책에서 비롯되었다. 김정일은 햇볕정책 세력하고만 대화했다. 김대중 대통령은 최초 남북정상회담으로 노벨 평화상을 수상했다. 노무현 대통령은 2차 남북정상회담을 했다. 문재인 대통령은 김정은과 3차례 연속 정상회담을 가졌다. 햇볕정책 반대 세력 집권 시 북한은 언제나 대화와 접촉을 거부하고 오히려 군사적 도발과 군사 공격을 강화했다.

2000년 남북정상회담으로 대한민국 국민은 김정일을 적국 수괴가 아닌 통 큰 지도자로 인식했다. 김정일에 대한 호의적 국민인식은 한국 정치세력 판도를 바꾸어버렸다. 평창올림픽 전후 김정은에 대한 호의적 국민인식도 당시 대한민국 정치세력 판도를 더욱 흔들어댔다. 박근혜 대통령이 탄핵으로 파면된 직후였다. 대한민국 좌우 정치세력의 극한대립 틈새는 김정일 핵 개발 여건을 조성했고, 김정은 핵미사일 고도화 여건을 조성했다. 대한민국 정치세력의 적대적 권력투쟁은 자유민주주의 파괴 세력에게는 절호의 틈새였다.

대한민국의 "틈새를 보고, 예상 못한 길을 경유해, 경계 없는 곳을 공격한" 김정일에게 대한민국은 전략적으로 대패했다. 2025년 한반도 핵전쟁 위기는 그 결과였다. 1994년 이후 북한 비핵화는 한 발짝도 나가지 못했다. 김정일은 핵개발로 세습정권 유지에 성공했으며, 2025년 김정은은 핵무장 고도화를 끝없이 계속하고 있다.

28 장군의 일은, 전군을 위험지역에 투입하는 것이다.

원문 投之毋所往, 死且不北, 死焉不得? 士民盡力.
투지무소왕, 사차불배, 사언부득? 사민진력.

兵士甚陷則不懼, 无所往則固, 深入則拘, 无所往則鬪.
병사심함즉불구, 무소왕즉고, 심입즉구, 무소왕즉투.

해석 절대 갈 수 없는 곳에 투입하면, 죽을지언정 도망가지 못한다.

죽는 것인데 어찌 못하겠는가? 백성은 진력을 다 한다.

병사는 깊은 함정에 빠지면 즉 두려움이 없어지고,

더 이상으로 갈 수 없는 장소라면 즉 더 굳건해지고,

깊이 침입하면 즉 잡힐 수 있어, 더 갈 장소가 없으니 즉 잘 싸우게 된다.

원문 方馬埋輪, 未足恃也 ; 齊勇若一, 政之道也, 剛柔皆得, 地之理也.
방마매륜, 미족시야 ; 제용약일, 정지도야, 강유개득, 지지리야.

해석 말을 나란히 하고 수레바퀴를 묻어도, 믿기에 충족하지 않다.

용기를 북돋아 하나로 만드는 것이, 정치의 길이며,

강함과 유연함 모두를 얻는 것이, 지형의 이치이다.

※ 方馬(방마)는 말을 나란히 세우는 것이다. 묶는다는 해석과 다르다.

원문 帥與之期, 如登高而去其梯, 帥與之深入諸侯之地, 發其機.
수여지기, 여등고이거기제, 수요지심입제후지지, 발기기.

해석 장수에게 다가온 기회는, 높은 곳에 올라 그 사다리를 제거한 것과 같으며 장수에게 다가온 제후영토의 깊숙한 침입은, 그 기회가 나타난 것이다.

원문 聚三軍之衆, 投之于險, 此謂將軍之事也.
취삼군지중, 투지우험, 차위장군지사야.

九地之變, 詘伸之利, 人請之理, 不可不察也.
구지지변, 굴신지리, 인청지리, 불가불찰야.

해석 3군 대부대를 동원해, 위험지역에 투입하는, 이것이 소위 장군의 사무(事務)이다. 9가지 지형의 변화, 굽히고 펴서 얻는 이익, 인재를 초청해 부르는 이치를, 깊게 통찰하지 않을 수 없다.

"장군의 일은 전군을 동원해 위험지역에 투입하는 것이다." 장군 임무를 이렇게 정확히 표현한 말은 없을 것이다. 전쟁은 적을 패배시켜서 내가 생존하는 사업이다. 적을 죽이거나 패배시키는 일만큼 위험하고 어려운 일이 지구상 또 있겠는가? 장군은 이를 전쟁 이전 명심해서 평시 전쟁사업 준비에 최선을 다해야 한다. 그러나 대부분 장군은 이 점을 간과한다.

실전(實戰) 능력은 훈련만으로 검증 불가능하다. 더욱더 큰 문제는, 평시 훈련에만 집중하는 장군은 오히려 고위 지휘관에 임명될 가능성이 크지 않다는 점이다. 국가 최고 통수권자는 "군사 작전술 능력"을 기준으로 장군을 임명해야 하나 반드시 그렇게 하지는 않는다. 평시 군대는 정치가들에게 양면의 칼과 같다. 국가권력을 직접 운영하는 군대는 가장 위험한 폭력 조직임으로 최고 통치자는 장군을, 특히 주요 지휘관을 자기에게 유리한 자로 임명한다.

군사 전쟁 발발과 동시에 수많은 작전지휘관 교체는 모든 전쟁사례에서 비일비재하다. 1950년 6.25 전쟁 발발과 동시에 육군 참모총장 채병덕 장군은 6월 30일 경질되었고, 7월 27일 하동 고개에서 전사했다. 1939년 미 육군 참모총장에 취임한 조지 마셜 장군은 제2차 세계대전 미국 참전 직전까지 '장군 포함 장교 600명'을 보직 해임했다. 2022년 12월 영국 국방성 장관 웰리스는, "우크라이나 공격이 시작된 2022년 2월 24일 근무했던 러시아의 작전지휘관은 단 한 명도 지휘를 맡고 있지 않다. 러시아는 상당한 수의 장군과 지휘관들을 잃었다"라고 하원의원들에게 설명했다. 러시아의 우크라이나 침공 300일 작전 피해는 10만 명 사상, 4,500대 장갑차와 항공기 140대 손실이라고 그는 말했다.

 평시 군대와 전시 군대에 대한 국민인식의 갭이 대한민국만큼 차이가 큰 나라가 있을까? 한국 정치가들은 5.16 군사쿠데타와 12.12 사건 경험으로 인해 군에 대한 부정적 인식이 매우 강하다. 2024년 현재 활동하는 정치가들은 상당수 1980년대 군사독재 타도를 외치던 자들이다. 그들은 집권 후 군사정책에 깊이 관여해 왔다. 1993년 이후 대통령 교체 시마다 한국군은 인사이동 격변의 대혼란을 겪었다. 『손자(孫子)』의 "군주가 만든 국가재앙 세 가지: 환어군자삼(患於軍者三)"은 정치권력의 인사개입이 만든 한국군의 일상이었다. 현대 동남아시아와 아프리카 그리고 남미국가의 대혼란 상황은 "군인의 정치화는 가장 위험한 국가멸망 징후"라는 것을 명확히 보여주고 있다.

 군사훈련은 어떻게 수행되어야 하는가? 군사훈련 목적은 정신적, 육체적인 개인-부대의 실전 전투 능력 숙달에 있다. 평시 훈련에 실전 전투 현장 환경을 재현하기는 불가능하다. 전군 병력을 위험지역에 투입해 승리하려면, 장군(지휘관)은 평시 전투 능력 배양의 최적 환경에서 실전과 최대한 유사한 훈련으로 개인과 부대를 숙달시켜야 한다. '실전'과 '훈련' 두 요소는 서로 충돌한다. 훈련은 최악의 전투환경 조건을 포기 없이 극복해 나가는 전투기술 숙달이다. 기초 군사 훈련은 군인 기본정신과 전투 체력 배양에 집중한다. 군인의 가장 중요한 기질인 '위험을 피하기보다 극복하게 만드는' 감투 정신은 이때 배양된다. 그러나 한국군은 실전 능력 배양에 역행하는 훈련 선택이 상당수에 이른다.

생존 전쟁사업은 먼저 적 의도를 파악해, 적이 나의 의도대로 따르게 만드는 사업이다. 평시 전쟁사업은 적 의도를 파괴할 수단 방법의 준비 과정이며, 전략주도권은 적이 나의 의도대로 따라올 수밖에 없도록 만드는 힘이다. 평시 준비태세가 완비되었고 전략주도권을 보유했다면, 천 리 밖에 진을 치고 있는 적장을 죽일 수 있다고 손무는 강조한다.

전쟁의 본질은 공포와 두려움, 위험과 파괴, 흥폐(興廢) 존망(存亡) 이익의 선택이다. 그 본질을 통찰한 자는 승리하고, 이를 망각한 자는 패배한다. 평시 군대는 실전을 직접 체험할 수 없으므로 전쟁의 본질을 쉽게 망각한다. 평시 국민은 전쟁위험과 불확실성을 정확히 인식하기 어려우니 전쟁사업 정책을 적극적으로 지지하기 어렵다. 이러한 난관을 극복하면서 국방력 극대화 정책을 선택해 내는 능력이 평시 장군의 책무이며, 본업이다. 미국 냉전 승리는 그러한 선승 전략의 역사적 사례가 되었다. 장군이 본업에 충실할 때 적을 패배시키는 선승 국가전략은 선택 가능하다. 선승은 전투 없이 승리하는 부전승이다.

전쟁사업은 의지나 용기만으로 승리를 얻을 수 없다. 평시 장군은 피아 전투력 충돌에 의한 마찰과 불확실성 관리능력을 키워야 한다. 장군의 전쟁사업 지휘 능력은 피아 이익충돌과 마찰이 예측 불가능 상태로 증폭될 때, 그 불확실성에 내재한 패배 가능 요인을 적보다 먼저 식별해 제거하는 전략을 선택하는 능력이다. 특히 현장 지휘관은 위험요인을 조기 식별해 어느 수준까지 감수하며 극복할 것인지 계산해야 한다. 바로 '계산된 위험(calculated risk)'이다. 장군은 모든 전쟁사업 상황을 냉철한 계산과 평가를 통해서 "전략 목적-수단-방법의 일체화"를 항시 점검 조정해야 한다. 이익을 얻기만 하는 전략은 없다. 승리를 위해 감수해야 할 '위험수용(risk-taking)' 수준을 선택해야만 한다. 전투 없는 선승 전쟁사업은 상상을 초월하는 전쟁지휘관의 "노력과 고뇌"를 요구한다.

1994년 북핵 위기 발생 이후 대한민국 전쟁지휘관은 얼마나 고뇌했을까? 대한민국 전쟁사업 지휘관은 대통령이다. 대통령과 군사 지휘관은 평시 국가생존과 전쟁사업 본질에 깊이 공감하고 최종전략을 선택해야 한다. 전략적 이익과 손실을 냉정하게 계산하고 선택해야 한다.

한국의 과거 대북정책은 이러한 전략계산과 선택에 분명한 문제가 있었다. 첫째 1994년 대통령의 공식적 '무조건 전쟁 반대'는 내부의 치명적 취약점을 스스로 만들고 알려준 결과를 초래했다. 국민은 전쟁 공포로 거의 공황 상태의 현상을 보였다. 김일성과 김정일이 수십 년 동안 조성하려고 추구해왔던 그 상황이었다. 김정일은 핵사찰 거부로 인해 감수해야만 할 위험요인 "한반도 전면전쟁 공포"를 고민하지 않아도 되는 어마어마한 전략적 이익을 얻었다. 2022년 푸틴 침공에서 나타난 우크라이나 대통령의 대국민 전쟁 참여의식 고취는 국가 위기에서 최고 통수권자 대통령 언행이 얼마나 중요한지를 정확히 보여주었다. 국가를 탈출하던 수백만 국민은 되돌아와 총을 들고 전선으로 뛰어갔다.

둘째 대북정책은 한반도 핵전쟁 위험을 간과하고, 김정일 선의에 맡긴 결과를 초래했다. 김대중 대통령은 "김정일은 핵무기를 만들 의도도, 능력도 없다"라는 주장을 반복했다. 한반도 평화를 앞세운 대북정책이 김정일 핵개발 여건을 조성해준 결과를 초래했다. '남북 긴장완화'의 단기적 이익은 얻었으나, 핵무기 개발로 치명적이고도 영원한 공멸의 위험요인을 안게 되었다. 2019년 6자 회담 폐기 이후 재개된 미국-북한 비핵화 협상에서도 과거 일방적 대북 지원정책은 계속되었다. 그들 지지세력 시민단체는 '사드 배치 반대'를 집요하고도 철저하게 추진했다. 박근혜 정부가 배치를 승인한 주한미군 사드 미사일은 윤석열 정부 집권 이후에야 정상 가동되었다. 한반도 평화로 포장된 대북정책이 국가생존을 위협하는 한반도 핵전쟁 대응무기를 무력화한 것이다.

평화는 어떻게 조성되고 유지되었는가? 생존사업전쟁 승리는 위험 감수 선택과 직결되어 있다. BCE. 8천 년 경 문명 시작 이후, 선전 선동 정치세력이 내세운 평화는 언제나 바로 뒤따른 국가패망의 징후요, 예언이었음을 역사는 알려준다.

모든 국가는 언제나 주변 국가를 정복해 통치하려는 기본속성을 갖는다. 대표적 국가가 중국이다. 지역별 패권국은 그 속성을 국가전략 목표로 규정했다. 주변국이 자국 능력을 초과할 염려가 있거나, 자국 정책을 거부할 때는 예외 없이 군사전쟁 정복사업을 시작했다. 동시에 주변국 위험요인을 우선 제거하는 전략을 추구했다. 2022년 러시아 푸틴의 우크라이나 공격은 현대의 대표적 사례이다. 고대 송나라를 지배했던 총인구 10만의 몽골족은 현대 수백만 인구의 약소국으로 전락했다. 청나라는 몽골족을 내몽고와 몽골국으로 분리해 지배했다. 명나라를 지배했던 청나라 만주족은 한족에 융합되어 그 흔적도 없이 사라졌다. 티벳과 신장 지역은 강제 통합되었다. 남중국해 인공섬이 생겼고, 서해에도 나타났다.

춘추전국시대 제후국들은 사마천이 붙인 '열국지' 이름 그대로 치열한 생존 전쟁사업을 벌였다. 평시 전쟁사업 속성을 통찰하지 못하고 대비에 소홀한 국가는 소멸했다. BCE. 841~500년 기간에 약 1,400개 제후국은 5~7개국으로 통합되었다. 그러함에도 평시 전쟁사업 준비의 중대성을 망각한 군주와 정치가, 장군들은 수없이 많았다. BCE. 221년 진나라 통일까지 나타난 이 현상이 현대 대한민국에서 반복되고 있다.

한반도 남북한 생존흥망 선택게임에서도 똑같은 현상이 나타난다. 한국이 생존사업전쟁에 승리하면 북한은 소멸한다. 북한이 생존사업전쟁에 승리하면 한국은 소멸한다. 북한은 오직 정권 유지를 위한 수단-방법을 가리지 않는다. 김씨 3대 세습 정권 유지를 위해 북한 주민까지도 백두혈통 김일성 민족으로 세뇌 교육을 반복한다. 김정일의 핵 개발 결심은 그 결과였다. 그러한 김정일에게 한국 정치세력은 햇볕정책을 제안했다. 북한은 같은 민족이니 대화 협력으로 한반도 평화를 얻을 수 있다는 김구 주장을 햇볕정책은 반복했다.

1997년 망명한 황장엽은 탄식을 거듭했다. 그는 한국 내 정치세력 활동이 그 정도인 줄은 몰랐으며, 그 실태를 알고 너무나 놀랐다고 말했다. 황장엽은 미국 방문이 금지된 상태로 보호 주택 안가에서 어느 날 갑자기 사망했다.

원문 故諸侯之請, 沓則御, 不得已則鬪, 過則從.
고제후지청, 답즉어, 부득이즉투, 과즉종.

是故, 不知諸侯之謀者, 不能豫交.[09]
시고, 부지제후지모자, 불능예교.

彼王霸之兵, 伐大國, 則其衆不得聚, 威加於敵, 則其交不得合.
피왕패지병, 벌대국, 즉기중부득취, 위가어적, 즉기교부득합.

해석 제후가 바라는 바는, 통합되면 거느리고, 이미 득이 없으면 싸우고, 과하면 따른다. 이러한 연고로, 제후 지모를 모르는 자는, 미리 예방하는 외교가 불가능하다. 저 왕의 패권 병력이, 대국을 정벌하면, 즉 그 백성이 동원되지 못하는, 위세가 적에게 가해져, 즉 그 (타국지원) 외교를 얻지 못한다.

원문 是故, 不爭天下之交, 不養天下之權, 信己之私, 威加于敵,
시고, 부쟁천하지교, 부양천하지권, 신기지사, 위가우적.

故其國可拔也, 城可墮也.[10]
고기국가발야, 성가타야.

해석 이런 연고로, 천하 외교에 분쟁이 없고, 천하의 권력 배양이 없어지니, 자신을 믿는 개인의, 위엄이 적국에 가해져, 그러므로 그 국(國)을 가히 빼앗고, 성을 가히 무너뜨린다.

원문 无法之賞, 無政之令, 犯三軍之衆, 若使一人.
무법지상, 무정지령, 범삼군지중, 약사일인.

09　다른 본은 兵之情(군대의 속성)이다. 다른 본 구절은 "제후의 전략을 모르면 예방외교는 불가능하다"는 그 다음 구절과 문맥이 맞지 않는다.

10　죽간본은 隋(떨어질 타)이나, 같은 뜻 다른 글자 墮(타)를 적용했다.

犯之以事, 勿告以言 ; 犯之以害, 勿告以利.
범지이사, 물고이언 ; 범지이해, 물고이리.

해석 법 없는 포상, 정책 없는 군령으로, 3군 백성을 일으켜서,

마치 한 사람처럼 부릴 수 있게 된다.

대사(大事)를 일으킴에, 하소연하지 말라.

손해 되는 일을 일으킴에, 이익으로 하소연하지 말라.

※ '범(犯)'은 입국(立國)을 위해 '현행법을 무시하는 일을 벌이는 행위'를 의미한다.

※ 이 구절은 새로운 정치세력이 입국을 위해 군사를 동원하는 방법이다.

종족공동체 평화는 왕패지병(왕의 패권 군사력)을 절대 요구한다. 왕패지병은 공동체를 통치하고 외부공격을 방어하는 절대권력이며, 종족공동체의 질서와 평화를 보장하는 군사력이다. 개인은 누구나 타인을 따르라는 강요에 즉각 반발하나, 생존과 직결된 강요는 수용하지 않을 수 없다. 가족공동체는 가장을 중심으로 생존하고, 종족공동체는 리더를 따르는 전통으로 생존한다. 농업혁명으로 형성된 "종족공동체"는 서로 다른 씨족들 사이에 생존이익 투쟁을 피할 수 없었다. 씨족대표들이 모여 '이익을 조정하고' 질서를 유지할 법령을 제정했다. 공동체 대표를 선발해 그를 왕(king)이라 부르고 공동체 통치 권력을 맡겼다. 외부공격에 대비한 군사력 육성은 왕의 중대한 권한이었다. 왕의 군사력은 공동체 질서 유지와 외적 침입 방어에 충분해야 했다. 종족공동체 통치에 충분한 왕의 군사력을 손무는 '왕패지병'이라고 불렀다.

국가는 질서 유지에 '충분한' 군사력이 없을 때 내전(內戰)이 발생한다. 주나라가 쇠퇴한 춘추전국시대와 로마가 멸망한 중세 유럽이 그러했다. 현대에도 아프리카 대륙은 내전이 증가하는 추세이다. 소말리아, 콩고, 에디오피아 내전은 20년 이상 반복되고 있다. '왕패지병'은 내전과 외적 방어에 '충

분한' 군사력이니, 없으면 공동체는 멸망한다. 2022년 푸틴의 우크라이나 침공은 이를 분명하게 알려준다. 약소국은 주변 왕패지병 국가와 군사동맹 체결을 최우선 추구한다. 우크라이나는 나토(NATO) 가입정책을 적극적으로 추진해 왔다. 푸틴의 우크라이나 공격은 '나토 가입을 막는다'는 명분이었다.

손무의 춘추시대 말기는 BCE. 841년 국인 폭동 사건으로 주나라 왕패지병이 쇠퇴하면서 1,400개 제후국이 5~10개로 통합된 시대였다. BCE. 221년 진나라 통일까지 제후국 내전이 620년 계속되었다. 통일 15년 만에 진나라 멸망으로 초한 전쟁에서 유방이 승리했다. 한나라 왕패지병도 말기 쇠퇴해 삼국 전쟁이 일어났다. 아프리카 대륙 50년 내전은 왕패지병이 종족공동체 안정과 평화를 결정하는 핵심 요인임을 분명하게 보여준다.

한반도는 고조선 왕패지병의 쇠퇴로 고구려, 신라, 백제 3국 전쟁이 이어졌었다. 한반도 왕패지병은 고구려가 당나라에 멸망하면서 대륙정복에 실패했다. 고려는 대륙 고토 회복을 목표하였으나 원나라에 굴복해 부마국으로 전락했다. 조선은 건국 직후 대륙 국가를 섬기는 조공국을 스스로 선택했다. 한반도 국가는 대륙 세력과의 생존 전쟁에 실패해 수천 년 대륙 세력의 영향력 하에 생존해 왔다.

1945년 이후 한반도는 남북한 왕패지병 경쟁을 시작했다. 일본식민지에서 해방된 한반도는 미국과 소련이 남북한을 분할점령 통치했다. 남북한 정치세력은 초기 모두 자체 군사력을 보유하지 못했다. 소련군의 대규모 지원으로 북한 김일성은 1945년 후반 인민군을 창설했다. 1948년 남한은 유엔 총선거를 통해서 이승만 정부를 수립하고 대한민국을 건국했으나, 군사력은 미군 지도로 창설단계에 머물러 있었다. 1950년 6월 25일 김일성이 전면 기습 남침 공격을 감행했다. 1953년 휴전했으나 남북한 왕패지병 군사력 경쟁은 계속되었다. 1994년 북한 경제 파탄 위기에서, 김정일은 한반도 전쟁 위기를 조성하며 새로운 돌파구를 찾았다. 바로 핵 개발이었다. 2006년 최초 핵실험에 성공했다. 2024년 북한은 세계 핵보유 국가로 비공식 분류되었다. 2025년 한반도 왕패지병 전쟁사업은 핵무기경쟁 시대로 바뀌었다. 21세기 한반도 왕패지병은 북일까, 남일까?

2022년 2월 러시아의 우크라이나 침공은 핵무기 사용 문제를 부각했다. 푸틴은 전쟁상황이 불리할 때마다 핵무기 사용 가능성을 언급했다. 푸틴은 미국과 유럽이 군사력을 직접지원 할 경우 핵무기를 사용할 수도 있다는 메시지를 보냈다. 푸틴은 재래식 무기와 핵무기를 어떻게 혼합 사용하는지 정확히 이해한 듯했다. 우크라이나에 유럽과 미국 군사력의 직접 개입을 차단하는 핵심 수단으로 푸틴은 핵무기를 이용하고 있다. 그러한 핵무기 사용전략은 한반도와 대만 무력 충돌 사태 발생에서도 적용될 수 있다.

현대 왕패지병은 단일국가 군사력이 아닌 다자국가 군사동맹 체제를 의미한다. 제2차 세계대전과 1950년 김일성 남침 한국전쟁은 군사동맹이 새로운 왕패지병임을 알렸다. 미국은 21세기 인도-태평양 전략에서 오커스, 퀘드, 한미-미일 동맹체제를 강화해 왔다. 21세기 한반도는 '북-중-러'와 '한미일'의 동맹체제 대결상태로 진입하고 있다.

30 망지(亡地) 극복 이후 생존이 가능하고, 사지(死地) 극복 이후 승리가 가능하다.[11]

 芋[12]之亡地然後存, 陷之死地然後生. 夫衆陷于害, 然後能爲勝敗.
우 지망지연후존, 함지사지연후생. 부중함우해. 연후능위승패.

 토란은 황무지를 극복한 연후에야 살아나고,
함정의 사지는 극복한 연후에야 생존하게 된다.
통상 동원백성들은 함정에 빠지는 해로움을,
극복한 연후에야 능히 승패를 주도하게 된다.

 故爲兵之事, 在于順詳敵之意, 并力一向, 千里殺將, 是謂 巧事.
고위병지사, 재우순상적지의, 병력일향, 천리살장, 시위 교사.

 따라서 생존사업전쟁은, 적 의도를 상세히 알고 대응함에 있으니,
아우른 힘을 하나로 향하면, 천리 밖에 적장을 살해하게 된다.
이것을 일컬어 교묘한 사업이라 하는 까닭이다.

1948년 건국된 대한민국은 36년 망국의 한을 극복하고 선진국에 진입했다. 토란이 망지(亡地)를 극복하고 생존한 것과 같다. 1948년 창설된 대한민국 국군은 1950년 김일성 기습남침 전쟁의 사지를 극복하고 세계 5위 강군이 되었다.

역사상 군사혁신(military innovation)은 전쟁패배를 극복했을 때만 성공했다. 19세기 군사혁신의 대표적 성공 국가는 1806년 아우어 슈테트 전투패배로 나폴레옹의 지배를 받았던 프로이센(또는 프러시아)이다. 1807년부터

11 　모든 군사훈련은 사지(死地) 위험 극복능력을 숙달시키는 것이며, 최초 소집된 민간인은 기초 군사훈련에서 이러한 극복훈련을 통해 군인으로 다시 태어나게 된다.

12 　우(芋)는 망지와 사지에서도 살아나는 토란을 말한다.

군사혁신에 착수한 프로이센은 1870년 프랑스를 40일 만에 점령한 보불전쟁 승리로 1806년의 패배를 설욕했다. 독일 통일전쟁을 주도한 비스마르크와 몰트케는 베르사유 궁전에서 항복문서를 받고 통일전쟁을 완성했다. 프러시아 군사혁신은 정치, 경제, 군사제도의 '범국가적 변환 없이는' 성공할 수 없음을 검증해 주었다. 프러시아는 '수학적 직접지휘'의 군사문화를 '현장 결심의 위임지휘' 대전환하여, 유명한 '임무형 전술', '독일군 참모본부'라는 독창적 군사제도를 창출해 통일전쟁을 완성했다.

생존사업전쟁은 '냉혹한 파괴, 참혹한 살상(殺傷)'을 피할 수 없다. 적을 죽이지 않으면 내가 죽는다. 평시 철저한 준비에도 군사 전쟁에 패배한 역사는 수없이 많다. 그래서 손무는 깊고 또 깊게 전쟁사업을 통찰해야만 한다고 첫 구절부터 강조했다. 전쟁 승리는 실제 전쟁과 똑같은 전쟁기술(전략적, 전술적) 숙달로 얻어진다. 실전 상황을 평시훈련에 재현하여 적용하기는 불가능하다. 실전적 악조건 극복훈련을 강조하는 이유이다. 황무지에 자란 토란과 함정의 사지 극복은 그러한 숙달과 단련을 뜻한다.

생존사업전쟁의 본질은 '모순과 역설의 극복'이었다. 1980년대 미군은 전투현장을 재현한 '과학화 훈련장'을 창출해 냈다. 1991년 이라크와 걸프전쟁에서 미군은 그 훈련의 효율성이 얼마나 대단한가를 실제견투 승리로 보여주었다. 미육군은 제2차 걸프전에서 전격적인 군사작전 승리로 베트남전쟁 패배로 인해 크게 상처받은 패배의식을 미국 전체가 극복했다고 선언했다. 2003년 제2차 걸프전 참전 병사들은 '실제 전투가 과학화 훈련보다도 쉬웠다'고 토로했다.

국가 전쟁지도부는 적의 전쟁지도부 마비, 파괴, 점령기술 숙달이 필요하다. 야전군 작전사령부는 적 사령부의 지휘통제 기능 마비, 파괴, 점령기술 숙달이 필요하다. 전투 현장 지휘관은 전투원 개인인 나를 보호하면서 적을 죽이는 기술 숙달이 필요하다. 이것이 군사 전쟁사업의 실전적 교육훈련이다. 한국의 을지훈련, 한미 연합훈련, 호국 훈련 등 모든 전쟁 연습과 군사훈련은 작전 제대 별로 적을 패배시키고 죽이는 기술 숙달이다. 모든 전쟁 연습 대상은 '군사 전쟁 발발 이후 상황'만을 대상으로 훈련하지 않는다. 무엇보다 가장 중요한 전쟁기술은 위기 상황에서 정확히 선택하는 능력에 있다.

상대를 압도하려면 상대보다 더 깊고 넓은 통찰이 필수적이다. 군사적 천재로 일컬어지는 나폴레옹도 전략적 사고를 키우던 자기 준비 과정에서 철저한 자기 통찰이 먼저 있었다. 국가전략은 장단기 전략이 필수적으로 병행되어야 한다. 전략 선택은 최악에 대응할 최상의 방책 선택이 핵심이다. 전략 실행은 가장 위험한 전쟁상황에 대비한 워-게임 시뮬레이션으로 전분야 전쟁사업 소요(requirements)를 도출해, 시간적으로 준비하는 일이다. 오직 신만이 안다는 국가생존 사업 전쟁은 오직 최선을 다한 선택과 준비만이 승리를 얻는 사업이다. 미국은 1991년과 2003년 1, 2차 걸프전의 압도적 군사적 승리에도 불구하고 이라크, 아프가니스탄 전쟁사업에서 후속 전략 선택의 실패로 최종 패배했다.

장군의 일은 군대를 '위험 속으로 던져 넣는' 전쟁사업이다.
핵전쟁 위협에 직면한 대한민국은 그러한 장군을 육성, 등용하고 있는가?

화공(火攻), 용간(用間)은 『손자』 부록 부분이다. 화공(火攻)은 화약이 없던 춘추시대 핵심 화력이다. 당시 전투력은 기병 기동력과 보병 살상력이었다. 중세 화약 혁명 이후 전투력은 기동(機動)과 화력(火力)으로 발전되었다. 화력(火力)은 화약 폭발 살상력과 파괴력이다.

용간(用間)은 국가정보 운용이다. 정보(情報)는 국가전략 지식(知識)이다. 지피지기(知彼知己)는 정보로 먼저 아는 지식이다. 지천(知天) 지지(知地)는 통찰과 경험지식이다. 생존사업전쟁은 바로 정보와 지식의 경쟁사업이다.

현대국가는 권력 독점을 방지하기 위해 정보의 투명성, 개방성을 중시한다. 정치세력의 국가정보 독점, 왜곡, 차단, 조작이 발생하면 국가는 독재체제로 쉽게 전복된다. 21세기 독재는 국가권력을 선거로 장악한 ‘정치세력 선택’의 결과였다. 그들은 집권 이후 국가정보의 왜곡, 차단, 조작으로 국민을 선동해 ‘정치세력 극단적 양극화’를 유도했고, 선동된 지지세력을 전면에 내세워 국가체제를 전복했다. 고대 그리스 아테네 “포퓰리즘 정책선동”은 독재자 국가전복 전략의 기원이었다. 남미 볼리비아는 차베스가 선거로 자유민주주의를 사회주의독재 체제로 전복해 대혼란이 계속되고 있다. 대한민국은 다음과 같은 정치세력 전복전략에서 벗어나 있는가?

① 포퓰리즘 정책을 내세운 선거전략으로 국가권력을 획득한다.
② 집권 정부는 허위정보를 언론과 소셜미디어에 유포해 반대 세력을 공격한다.
③ 국민 분노를 자극하고 사회적 갈등을 극대화해 ‘정치세력 양극화’를 유도한다.
④ 국가권력을 이용해 여론 지지를 확대하고 반대당 신뢰를 최대한 추락시킨다.
⑤ 자유민주주의 국가 제도와 기관을 점진적으로 약화, 폐기해간다.
⑥ 특정 세력의 이익 카르텔 입법으로 국가 사법 체제를 무력화한다.
⑦ 국가 사법기관을 장악하고 헌법을 독재의 중심 수단으로 사용한다.
⑧ 국가권력을 완전히 독점해 장기집권체제를 정착시킨다.

31 불투명(不透明)과 불공정(不公正)은 '비류(費留)'를 부른다.

원문 凡攻火有五 : 一曰火人, 二曰火積, 三曰火輜, 四曰火庫, 五曰火隊.
범공화유오 : 일왈화인, 이왈화적, 삼왈화치, 사왈화고, 오왈화대

해석 대체로 불로 공격하는 방법은 다섯 가지가 있다.

사람을 불사르고, 비축물자를 태우며, 치중대를 태우고,

창고를 불사르며, 적 부대를 불태워버리는 방법이다.

원문 夫戰勝攻取得, 不隋墮其功者凶, 命之曰費留.
부전승공취득, 불수타기공자흉, 명지왈비류.

明主慮之, 良將隨之! 非利不赴, 非得不用, 非危不戰.
명주려지, 양장수지! 비리부부, 비득불용, 비위부전.

해석 대체로 전투승리를 달성한 공격은 이득을 취하게 되는데,

그 공로자에게 떨어진 이득이 없으면 '흉(凶)－재앙'이 되며,

이름하여 "비류(유보된 비용)"라고 부른다.

현명한 군주는 그것을 고려하며, 훌륭한 장수는 그것에 따른다!

이익이 아니면 달려가지 않고, 이득이 아니면 사용하지 않으며,

위험이 아니면 전투하지 않는다.

'비류(費留)-유보된 비용)'는 국가생존사업 통찰에 끝이 없음을 보여준다. 국가생존사업은 전술적인 군사적 승리로 끝나지 않는다. 군사 전쟁의 전술적 승리를 전략적인 정치적 승리로 연결할 때 완성된다. '비류'는 군사전쟁사업 승리에 따른 논공행상과 점령국 통치 문제 제기이다. 군사전쟁사업의 승리 이후 정책을 잘못 선택하면 승리 이전보다 더욱 큰 국가적 재앙을 부른다. 미국의 1, 2차 이라크 전쟁은 대표적 사례이다.

오왕 합려와 부차는 간신 백비를 신임해 초나라 정벌 일등 공신 손무가 도

망하고 오자서는 자살한 '비류' 발생으로 망국의 길을 걸었다. 미국은 중공 모택동이 요구한 주월 미 지상군 완전 철수로 발생한 베트남전쟁 패배의 '비류'를 1991년 제1차 걸프전 승리까지 극복하지 못했었다. 21세기 미국 과 중국 패권 전쟁은 닉슨과 키신저의 1972년 중공 화해 정책 선택의 비류 가 아직 끝나지 않았음을 보여준다. 대한민국은 1994년의 결정적 기회를 놓친, 불투명한 정책선택으로 '김정은 자폭 핵전쟁'이라는 비류(費留)를 감 당해야만 한다. 국가생존사업은 공정하고, 투명하게 공개된 정책 선택이 보 장될 때 '비류'가 발생하지 않는다. 정치 부패는 국가위기를 부른다.

32 국가흥망 선택은 「신중(愼重)과 경외심(敬畏心)」 싸움이다.

원문 主不可以怒興軍, 將不可以慍戰 ; 合乎利而動, 不合而止.
주불가이노흥군, 장불가이온전 ; 합호리이동, 불합이지.

해석 군주가 분노로 군대를 출동시키는 것은 옳지 않으며,

장수가 울화로 전투를 수행하는 것은 옳지 않다.

이익에 합당해야만 출동하고, 부합하지 않으면 중지한다.

원문 怒可復喜, 慍可復悅, 亡國不可復存, 死者不可以復生.
노가복희, 온가복열, 망국불가복존, 사자불가이복생

해석 분노는 기쁨으로 회복 가능하며, 울화는 희열로 회복 가능하나,

망한 국가는 생존 회복이 불가능하고,

죽은 자는 생명을 회복하는 것이 불가능하다.

원문 故曰, 明主愼之, 良將敬之, 此安國之道也.
고왈, 명주신지, 양장경지, 차안국지도야.

해석 그러므로 말하되, 현명한 군주는 생존사업전쟁에 신중을 다하고,

훌륭한 장수가 생존사업전쟁에 경외심을 갖는,

이것이 국가 안전보장의 길이다.

33 명군(名君), 현장(賢將)은 먼저 알고 전략을 선택한다.

원문 明主賢將, 所以動而勝人, 成功出於衆者, 先知也.
명주현장, 소이동이승인, 성공출어중자, 선지야

해석 현명한 군주와 지혜로운 장수가, 출동하면 적에게 승리하고,

공(功)을 이루기가 대중들보다 출중한 것은, '먼저 아는' 지식 때문이다.

원문 先知, 不可取於鬼神, 不可象於事, 不可驗於度, 必取於人知者也.
선지, 불가취어귀신, 불가상어사, 불가험어도, 필취어인지자야.

해석 먼저 아는 지식은 귀신에게서 얻는 것도 불가하고,

사업을 통해서 유추해 내는 것도 불가하며, 반복 경험으로도 불가하니,

반드시 상대(적)를 아는 자에게서 취해야만 한다.

원문 用間有五: 有鄕間, 有內間, 有反間, 有死間, 有生間.
용간유오: 유향간, 유내간, 유반간, 유사간, 유생간

해석 용간(틈새 이용)에는 5가지가 있다.

향간(적국 지방연고자를 첩자로 이용), 내간(적국관리를 첩자로 이용),

반간(적의 첩자를 나의 첩자로 이용), 사간(허위 사실을 유포해서 정보를

얻는 첩자), 생간(정보를 획득한 후 돌아와서 보고하는 첩자)이 있다.

원문 五間俱起, 莫知其道, 是謂神紀, 人君之寶也.
오간구기, 막지기도, 시위신기, 인군지보야.

 5가지 간첩은 함께 운용되나, 그 길을 알 수 없으므로,

그 까닭에 신묘한 기율로 일컬어지는, 군주의 보배다.

 三軍之親莫親於間, 賞莫厚於間, 事莫密於間.
삼군지친막친어간, 상막후어간, 사막밀어간.

非聖不能用間, 非仁不能使間, 非微妙不能得間之寶.
비성불능용간, 비인불능사간, 비미묘불능득간지보.

 3군의 친밀성은 첩보원보다 더 친밀함이 없고,

포상은 첩보원보다 더 후함이 없으며,

사업에서 첩보원보다 더한 비밀은 없다.

총명함이 아니면 첩보원 이용이 불가능하고,

인자함이 아니면 첩보원 부리는 것이 불가능하며,

미묘함이 아니면 첩보원의 보배 취득이 불가능하다.

 唯明主賢將, 能以上智爲間者, 必成大功, 此兵之要, 三軍之所恃以動也.
유명주현장, 능이상지위간자, 필성대공, 차병지요, 삼군지소시이동야.

 오직 현명한 군주와 어진 장군은,

능히 최상의 지혜로 첩자를 활용하는 자이니,

반드시 큰 공을 달성하는 것이며,

이러한 생존사업전쟁의 요체가, 3군의 동원을 믿는 기반이다.

적(敵)의 의도를 모르는 생존사업전쟁의 수행은 불가하다. 먼저 알아야 승리에 유리하다. 군주와 장군은 먼저 적 정보를 획득해 그 의도를 분석하고, 먼저 알고 난 후에 생존사업전쟁을 시작한다. 정보는 적으로부터 직접 취득하는 방법 이외에 달리 없음을 손무는 분명히 했다. 21세기 정보기술혁명 시대에도 인간정보(HUMINT-Human Intelligence)를 가장 중요하게 취급하는 이유이다.

한국군은 주한미군 정보자산의 실시간 감시정찰한 정보-첩보를 공유한다. 김정은 핵미사일 능력 고도화에 따라, 미국은 한 치의 오차도 허용하지 않는 한미일 실시간 북핵정보교환을 요구해 왔다. 그렇게 한국은 일본과 지소미아(GSOMIA) 협정을 체결했다. 그런데 2019년 대한민국 안보실 차장은 그 협정 파기를 공식 선언했다. 전 국민은 크게 놀랐다. 한일 정보보호 협정은 양국 실시간 북한 핵미사일 정보교환 협정이었으며, 그 정보협정의 최대 수혜국은 대한민국이었기 때문이었다. 대한민국 정부는 일본의 한국 수출 보복을 이유로 이 협정을 파기했다.

대한민국은 1980년대부터 북한 핵 개발정보를 긴밀히 추적해 왔다. 그러나 2010년까지 대한민국은 김정일 핵 개발에 대한 어떠한 군사적 대응 정책도 선택하지 않았다. 외교적 협상만을 반복했다.

◆ 북한 핵미사일 개발과 대한민국의 대응(국방백서 기준)

국방백서	핵 개발 관련 정보 평가	군사 조치	비군사 조치
1980년대	• 1986. 김일성: 한반도 비핵평화를 위한 평양 국제회의 선언. • 1988. 핵무기 보유 직전 국가로 평가	• 미국 핵우산 제공 공약 (1978. SCM)	1988. 7. 7 선언. 대북 포용, 협력. 북한 개방 유도
1990년대	**1990년 백서 최초 북한 핵 정보 내용공개** • 1964 영변 원자력 연구단지 조성 • 1965 소련 원자로(4천KW) 1기 도입 • 1985 IAEA 가입, 핵안전협정(NPT) 기피 • 1990 원자로: 제2(3만kw) 가동, 제3(20만kw) 건설 −재처리: 시설 건설, Pu. 1~2년 내 추출 예상 −핵무기 보유: 1995년 가능 전망	• 재래식 전력 증강 한미 연합 억제 • 조기경보체제 및 위기관리체제유지 • 평시작전통제권 환수 (94.12.01)	<u>남한 쌀 지원</u> (90.7.~) <u>남북고위급 회담</u> (90.9.~92.12.) 비핵화 공동선언 (92.1.20) 기본합의서 채택 (92.2.19) 불가침 부속 합의서(92.9.17)

국방백서	핵 개발 관련 정보 평가	군사 조치	비군사 조치
1990년대	**1993년 핵연료 확보~재처리 핵연료주기 완성, 기폭장치: 1983~88년 70회 실험** – 재처리: 3회 이상 실시 – NPT: 92년 가입, 93년 탈퇴 선언, 위기 발생 – 운반수단: 노동1호(1,300Km) 시험발사 성공 **1994 북한 핵 문제 완전 해결 장기화 예상** • 김일성 사망('94.7.9), 김정일 권력세습 – 전략무기 위협: 핵 개발, 화학무기, 미사일 • 노동미사일 발사 성공(93.5), 대포동 개발. – 미북 새로운 평화 체제 구축 주장(94.9.24) **1995 핵 포기 협상: "벼랑 끝 전술" 구사** – 북한, 정전협정 파기 구두 통보(95.6.22) – 미북 평화협정 체결 주장(95.6.26) – 유엔군사령부 해체 주장(95.6.29) – 핵 문제 대미협상 지렛대 활용, 체제 유지 – 핵 협상 평화협정 연계, 미군철수요구 예상 **1996 핵무기 1~2개 분량 Pu 추출 가능성 핵무기 보유 직전 단계 판단** – 핵 포기거부 시: 공조 설득, 미 핵우산 이용 • 96.9.18~11.05: 강릉 잠수함 침투 발생 **1997 과거 핵 및 핵 개발 포기 투명성 의문** • 미신고 시설사찰, 5MWe 원자로 측정 거부 • 포괄적핵실험금지조약(CTBT) 가입 거부 • 노동미사일 작전 배치단계 예상 • 대포동 1. 2호 엔진 시험 준비. **1999 대포동 1호 시험발사 실패(98.8)** – 대포동 1호: 2,000~2,500km – 대포동 2호: 6,700km 추정 • 한반도, 동북아 주변국 위협 • 초보적 핵무기 생산능력 보유 추정	• 핵무기 확산 방지 • 원주 지진관측소를 핵실험 주관측소 지정(1996), • 미사일기술통제체제 활동(MTCR), • C4I 체계개발착수 • 한반도 군비통제 준비 • 민족공동체 통일방안 →"군사적 신뢰구축 →군비제한→군비축소"(1998) • 1998.3. 5KWe 원자로 폐연료봉 봉인 완료 • 통합전수행 지휘통제체계 구축(99) • 미래전 군사혁신단(RMA) 설치(99) • 국방과학 기술기획서 발간(99)	<u>남북 합의 성명</u> (94. 8.5.~12) 200만 kw 경수로 제공, 비핵화 공동 선언 이행, NPT 잔류 <u>제네바 기본합의</u> (1994.10. 21) KEDO 공급협정(95. 12) 매년 중유 50만톤 공급(96 이후) 한미4자회담제의(96.4.16)
2000년대	**2000 중장거리 미사일, 협상카드 활용 예상** • 미북 고위급 회담 시 미사일 발사 유예발표 –(99. 9.24), 조명록 미국방문 시 재확인. • 연평 해전 발생(99.6) • 서해 해상분계선 일방적 발표(99.9) • 서해5도 통항 질서 보도(2000. 3. 23) • 영변 5MMe 원자로 8,000개 폐연료봉 봉인완료(2000.4)	• 미북 미사일 포괄협정 추진(98~)	

  대한민국과 「손자(孫子)」 : 국가흥망 선택게임

국방백서	핵 개발 관련 정보 평가	군사 조치	비군사 조치
2000년대	**2004 '92.5. 이전 10~14kg Pu, 1~2개 핵무기 제조 가능성 추정** • 봉인 폐연료봉 '03.1~3월 재처리 완료 주장 • 우라늄 농축 원심분리기 부품 도입 의혹 • 제2연평해전, 서해교전 발생('02.6.29) • 농축 우라늄(HEU) 프로그램 시인('02.10) **2006. 10. 9. 최초 지하핵실험 강행** • 폐연료봉 재처리 Pu 30여kg 추정('03, '05) • 대포동 2호 발사 6,700km 추정 ('06.7.5) • 화학탄 2,500~5,000t 보유 추정 **2008 영변 원자로 냉각탑 폭파('08.6.27)** • 영변 핵시설 복구 중 발표('08.9.19) • 영변 재처리시설 봉인, 감시장비 제거(9.24)	• 미북 미사일 포괄협정 추진(98~) • 전쟁 억제 능력 조기 확충: 실시간 C4ISR 체계 구축 착수('04) • F-15K 1호기 도입 (05~08) • 공중조기경보통제기 도입, 차기 유도무기 (SAM-X) 사업착수 ('05~'09) • 미국 핵 확장억제 제공, 전시작전통제권 환수 합의('06.10. SCM) • 실시간 감시-결심-타격 체계 구축착수('08~)	• 6자회담 개최 ('03.8) • 남북정상회담 (2차) • 영변 원자로 냉각탑 폭파('08.6.27)

국방백서	핵 개발 관련 정보 평가	군사 조치	비군사 조치

2010년대	**2010 제2차 핵실험 실시('09.5.)**
	• '09년까지 4회 재처리, Pu 40여kg 보유 추정
	• '10년 우라늄 원심분리기 4,000개 가동주장
	• '07년 무수단 IRBM 작전 배치(3,000km)
	• '09.4. 대포동 2호 발사, '09.11. 대청해전,
	• '10.3. 천안함 폭침, '10.11. 연평도 포격
	
	2011 김정은 권력세습
	• 핵보유국 지위 주장('11.3.10)
	• 김정일 사망('11.12.17)
	• 핵보유국 명기 헌법개정('12.4.13)
	• 장거리 미사일 발사 실패(4.13)
	• 장거리 미사일 발사 성공(12.12)
	
	2014 제3차 핵실험('13. 2.12)
	• 전략 로켓 사령부 창설
	
	2016 제4, 5차 핵실험('16.1.6, '16.9.9)
	• 전략 로켓 사령부→전략군 승격
	• Pu. 50kg 보유 추정, 핵 소형화 상당 수준.
	• 대포동 2호 발사('16.2), 고체로켓 엔진시험
	• 대기권 진입기술시험, ICBM 엔진지상시험.
	• 잠수함 SLBM 시험발사('15.5, '16.1)
	
	2018 제6차 핵실험('17.9.3)
	• 대륙간탄도미사일(10,000km) 발사('17.11.29)
	  - 단거리, 중거리, 장거리 미사일 보유
	  - 미 본토 위협 능력 과시
		• 5.24 조치(10.5.24)
		  – 남북 교역 중단, 방북 불허
		
		• 북한 핵 위협 대응능력 강화 시작: 한미 맞춤형 억제전략 서명('13.10)
		  –킬체인, 한국형MD체계 개발착수
		
		• 동맹 미사일 대응 작전개념 적용('15.10)
		• 한미 외교·국방확장 억제전략협의체 가동(EDSCG)→맞춤형 억제전략 이행('16.10):
		• **한국형 3축 체계 구축 (Kill 체인, KAMD, KMPR),**
		• **미군 사드 배치**
		
		• **F-35A 도입('17~)**	

2020년대	**2020 SLBM 시험발사('19.10.2)** • 핵탄두 표준화, 규격화, 소형화, 경량화, 다종화 달성 주장→핵보유국 강조	• 한미 억제전략위원회(DSC), 확장억제전략협의체(EDSCG), 한미 통합국방협의체(KIDD) 운영, • 위싱턴 선언	

국방백서는 김일성, 김정일의 핵 개발 의도와 목적을 정확히 분석 제시해 왔다.

김대중 대통령은 "김정일은 핵 개발 능력도 의도도 없다"라고 주장했다.

햇볕정책은 그러한 주장을 기반으로 추진된 대북정책이었다.

햇볕정책의 북핵 위협평가는 군사적 평가였을까? 정치적 평가였을까?

 대한민국과 「손자(孫子)」 : 국가흥망 선택게임

핵무기는 군사적, 정치적 절대무기로 인정된다. 절대무기 평가이유는 한 발 또는 소량으로 상대 국가 전체를 파괴할 수 있기 때문이다. 일반적으로 재래식 무기는 핵무기 사용억제력으로 적용이 어렵다고 알려져 있다. 그래서 북한 김정은 같은 독재자들은 핵무기를 정권 생존보장 무기로 인식한다. 핵무기를 '자폭 위협용'으로 사용할 수 있기 때문이다. 핵무기가 정치적 무기인 이유다.

대한민국 정치세력은 북한 핵무기 개발에 정치적 대응에 집중했다. 군사적 대응 전략을 소홀히 해왔었다. 그런데 김정은이 핵무력 완성을 선언했다. 대한민국의 정치적 대응전략은 김정일에게 모든 주도권을 던져준 결과를 초래했다. 한국의 햇볕정책은 어디에 집중했나? 햇볕정책은 모든 국민에게 희망을 주기에 충분했다. 최초로 북한과 공식 교류가 성사되었기 때문이다. 그런데 왜 대한민국은 핵전쟁 공포에, 한반도는 핵전쟁 위기에 빠졌는가? 2025년 김정은이 극초음속 미사일 발사시험과 전술핵무기 발사시험, 잠수함 발사시험 등의 핵무기 고도화를 지속하고 있다. 우크라이나 전쟁에서 교착상태에 빠진 러시아에 대규모 병력을 파병한 북한 김정은은 북-러 군사동맹 체제를 재구축했으며, 러시아의 핵미사일 기술과 첨단 재래식 무기 도입을 적극 추진하고 있다.

『손자』 최고의 첩자 운용 지혜와 능력은 무엇을 말하는가? 정보의 역사는 생존사업전쟁의 역사 그 자체이다. 제1차 세계대전 중 독일은 미국 참전을 저지하기 위해서 멕시코를 이용하는 전략을 추진했다. 그런데 독일 외무장관 치머만이 멕시코에 보낸 암호 전문을 영국해군 정보국이 해독해 냈다. 1932년 9월 1일, 27세 폴란드 수학자 마리안 레예프스키가 발명한 에니그마 암호해독기 덕분이었다. 영국이 해독한 정보는 미국 윌슨 대통령의 독일에 대한 선전포고를 이끌어냈다. 영국해군 암호해독이 미군 참전의 결정적 역할을 해 냈다. 그 에니그마는 제2차대전 승전 기념물로 미국에 전시되어 있다.

1945년 냉전이 시작된 직후, 영국과 미국은 소련 정보 암호해독을 위해 독일 암호해독 경험을 최대 활용했다. 그러나 소련의 스푸트니크 미사일이 발사되었다. 소련과 '미사일 갭'을 확인한 미국은 안보전략의 혁명적 개혁을 추진했다. 1961년 케네디 미국 대통령의 아폴로 우주 계획은 미사일 갭을 극복하는 장기 프로젝트였지만, 최종 우주 정보기술 혁명을 일으켰다. 우주 정보기술은 소련 공산당 연방체제를 무너뜨렸다. 그리고 미국의 21세기 세계 생존사업 주도권 선점전략을 제공했다. 우주 정보기술은 국가 C4ISR 지휘통제 체계 운영을 가능케 했고, 군사적 용도만 아닌 국가정보 핵심 시스템으로 활용되고 있다.

국가정책 정보는 공개, 비공개로 운용된다. 자유민주주의 국가는 공개 원칙의 정책을 수행한다. 비공개 정책은 공개로 심각한 불이익이 발생할 가능성이 있는 비밀업무에 한정한다. 비밀업무는 법률과 훈령 등으로 규정한다. 그런데 대한민국에서 적이 알아서는 안 될 비밀을 공개하거나, 공개하도록 강요하는 정치적 행위가 종종 나타난다. 반면 반드시 공개해야 할 정책을 비밀로 분류해 상당 기간 공개 불가능하게 만들기도 한다. 이는 국민 알 권리와 국가 비공개 정책을 이용한 '정치부패' 행위이다.

독재자는 비밀을 빙자해 반대 세력과 국민을 감시한다. 독재 정권 제일의 적(敵)은 독재를 반대하는 내부 정치세력이다. 독재는 여론 변화에 따른 독점권력 상실을 가장 두려워한다. 그래서 반대 세력 색출, 밀착감시를 게을리하지 않는다. 홍콩의 2017~2021년 자유민주주의 체제 종식(終熄)은 독재체제로의 전복 과정을 적나라하게 보여주었다. 북한과 중국의 디지털 주민감시체제는 내부 반대 세력 색출에 집중되어 있다. 김정은이 고모부 장성택을 종파분자로 몰아 고사기관총으로 총살한 행위는 세계를 경악하게 했다. 중공의 홍콩과 티베트, 신장지역 인권 탄압행위는 세계 자유민주주의를 위협하고 있다. 대한민국은 지구상 최악의 독재자 김정은 폭정에 분노는 커녕, 유엔 북한인권결의안 표결에 참가조차 하지 않았었다.

대한민국과 동북아 국가흥망 선택게임

❁ 제3부 ❁

대한민국과 동북아 국가흥망 선택게임

『춘추(春秋)』 노나라 역사 224년 기록은 군사 전쟁 40%, 회맹(會盟) 20%, 자연현상 10%, 제사와 수렵 20%, 축성 10% 기록으로 분류된다.[01] BCE. 1496 ~ CE 1861년 3,357년 역사 중에서, 평화는 오직 7%(227년)였고 93%(3,130년)가 군사 전쟁으로 "13년 전쟁, 1년 평화였다고 러시아 사회학자 노비코프(Jacques Novicow)는 분석했다.[02] 앨빈 토플러는 『전쟁과 반전쟁』에서, 1945~90년 2,340주(週) 중에서 '군사 전쟁이 전혀 없던(truly war-free)' 기간은 단 3주밖에 안 된다고 분석했다.[03]

| 제1장 | 국가의 생존흥망 선택게임

한반도 1945~2024년 기간, 북한은 1950년 6.25 군사 전쟁을 일으켰고, 1953년 휴전협정 체결 이후 청와대 기습공격, 아웅산 대통령 암살 미수 폭파 사건, 천안함 폭침, 연평도 기습포격, 동해안 잠수함 침투사건을 포

---

01 전통문화연구회, "동양고전해제집: 경부(經部) 춘추(春秋)" (2022. 2. 18), p. 2/4.

02 Jacques Novicow(Sociologist for Peace and Freedom), War and its alleged Benefits translated by Thomas Setzer (Henry Holt and Company, 1911), p. 14. 노비코는 당시 Moscow Gazette 기사 분석자료와 Mr. Valbert 분석자료를 인용했다. 이 자료는 버트란 러셀과 같은 학자들이 많이 인용했다.

03 Alvin and Heidi Toffler, War and Anti-war (a time Warner company, 1993), p. 13.

함 총 3,119건 기습공격과 군사도발을 감행했다. 1994년부터 개발한 핵무력 완성을 선언하고, '한반도 핵전쟁 작전계획'을 헌법에 규정했다. 중국은 G-2로 급부상하여 미국과 패권전쟁을 시작했고, 러시아는 우크라이나를 전면 공격하여 유럽 NATO국들과 대결하고 있다.

◆ 현대 국가전략과 그 선택

전략은 생존사업 '목적(Ends), 수단(Means), 방법(Ways)' 실행체계이다. 그래서 지극히 현실적이고, 지극히 실용적이며, 지극히 미래지향적이어야 한다. 특히 '시간(TIME)과 공간(SPACE) 통찰자'는 마법을 발휘한 전략으로 승리했다. 전략목표는 전쟁사업 승리가 아닌 「보다 좋은 평화(better peace)」이어야 한다.

| 전략의 기원 |

전략(戰略, Strategy)은 18~19세기 산업혁명과 나폴레옹 전쟁 이후 정립된 서유럽 '군사이론'이었다. 유럽은 로마 멸망 이후 중세 군사혁명을 일으켜 강병육성(强兵育成), 해외시장 개척, 영토정복에 집중했다. 1770년 경 프랑스 군사전문가 귀베르(Guibert) 등은 '전술(Tactics)-대전술(Grand Tactics)'의 개념화를 시도하면서 전략의 존재를 최초로 식별했다.[04]

전략, 'strategy'는 그리스어 '장군 사무실(strategia)과 장군(strategos)'에서 유래된 단어이다.[05] 1771년 폴 미저로이(Paul-Gedeon Joly Maizeroy)와

---

04   Lawrence Freedman, Strategy A History (Oxford Univ. Press, 2013)

05   고대 그리스어 Stratē gía는 장군 사무실(office of general, command, generalship)이며, Strategos는 리더 또는 장군(the leader or commander of an army, a general)이다. Strategos는 두 단어 "육군(stratós, army)"과 "내가 리드한다(ágō , I lead, I conduct)"의 합성어이다.

1777년 요한 부르셰이드(Johann von Bourscheid)는 동로마 군사교범『레오 6세의 전술(Taktike of Leo Ⅵ)』, 본래 명칭『전쟁 전술에 대한 짧은 지침(short instruction of the tactics of war)』을[06] 프랑스어와 독일어로 번역하면서 '전략'이란 용어를 최초 사용했다.[07] 동로마 군사교범『레오 6세의 전술(Taktike of Leo Ⅵ)』은 전략과 전술을 다른 개념의 군사용어로 최초 사용한 책이다. 그 책은 전략을 적을 패배시키는 장군의 기술로, 전술은 무장 인원을 체계적으로 조직해 기동시키는 군사과학 용어로 기술했다.

『레오 6세의 전술(Taktike of Leo Ⅵ)』은 CE 895~908년 경 동로마 황제 레오 6세가 쓰고 그의 아들 콘스탄틴 7세가 편집 수정한 백과사전식 군사교범이다. 레오 6세는 무엇을 기준으로 장교 핸드북으로 군사교범을 저술했을까? 레오 6세는 일찍이 군사 문제를 모르면 국가이익 수호가 불가능함을 깨닫고 동로마 제국의 전쟁사업을 깊이 고민했던 황제이다. 그는 당시 고대 그리스-로마 군사교범 중에서 CE 1세기 오나산데르(Onasander)가 저술한 『장군(Strategikos)』과 CE 2세기 아엘리안(Aelian) 저서『전술(Taktike)』, CE 600년 모리스 황제(Maurice) 저서『모리스의 장군(Maurice's Strategikon)』을 종합 정리해 새로운 군사교범『레오 6세의 전술』을 발간했다.

로마 전술은 고대 그리스 군사과학(military science)에 뿌리를 두고 있다. BCE. 4세기 아이네이아스 탁티쿠스(Aeneas Tacticus)가『포위 상태에서 생존술(how to survive under siege)』을 저술하면서 그리스 군사과학은 시작되었다. 아이네이아스는 BCE. 400~360년 경 시민을 총동원한 그리스 도시

국가 방어 작전술과 국가전쟁사업 기술을 책으로 발간했다. 그 책에서 군사과학과 전술이 무엇인지 최초 설명한 아이네이아스는 '군사과학 발명자'로 평가되었다. 그 책은 로마 군사과학 원전으로 취급되었고, 중세 유럽 군사사상에도 지배적인 영향을 미쳤다.

　CE. 1세기에 로마제국의 최초 군사교범『장군(Generals)』이 발간되었다. 오나산데르(Onasander)는 건국 이후 모든 로마 전쟁사례와 장군 자질 덕목, 군사작전 기술을 함께 수록해 그 책을 발간했다. 동로마의 '장군수칙과 계율'로도 사용된『장군(Generals)』은 그리스 아이네이아스 탁티쿠스(Aeneas Tacticus)의『전술』을 참고로 만든 군사교범이었다. 오나산데르와 동시대 로마 장군 프론티누스(Frontinus, CE. 40~103)는 그리스-로마 500개 전투사례집『책략(Stratagems)』을 저술했다. 그는 로마 도시의 송수로 물 관리 전문가이기도 했다.

　CE. 2세기에는 아엘리안(Aelian)의『그리스 전술 모음집(On Tactical Arrays of the Greeks)』이 발간되었다. 알렉산더 대왕의 마케도니아 밀집대형 전술을 상세히 기록한 이 책이 로마의 그리스 군사과학 핸드북『전술(Taktike)』이었다. 로마는 BCE. 2500년 경 수메르와 이집트가 창안하고 그리스가 발전시킨 '보병 밀집대형 전술' 팔랑스(Phalanx)를 기초로 로마 보병군단 레기온legion)을 발전시켰다. CE. 2세기에 폴리아에누스(Polyaenus)는『전쟁의 책략(Stratagems in war)』을 저술했다. 그는 그리스-로마의 왕과 집정관, 장군 900명 전쟁사례(현존 833개)를 수록한 그 책을 마르쿠스 아우렐리우스 황제에게 헌납했다.

　CE. 575~628년 경 동로마 제국 황제 모리스(Maurice, A.D. 539~602)는『모리스의 장군』을 저술했다. 그 책을 저술한 황제 모리스는 강력한 군사혁신과 함께 전성기 로마제국의 고토 재정복사업을 추진했다. 모리스 황제와 측근 장군들 저술로 추정된 이 책은 전통적 로마 전술과 군사 전쟁사업에 필요한 독창적 군사작전 지휘기술을 수록해 장군들의 '군사작전술 핸드북'으로 사용되었다. 『모리스의 장군』역시 그리스인 오나산데르, 로마 집정관 프론티누스(Sextus Julius Frontinus, CE. 40~103), 그리스 군사 이론가 아엘리언(Aelianus Tacticus)의 영향을 크게 받았다.

동로마 비잔틴 군사과학은 6세기 모리스 황제 이후 10세기 레오 황제까지 전성기를 이루었다. 비잔틴 군사과학의 중심 서적은 『모리스의 장군』이었다. 비잔틴 동로마 제국은 전성기 로마제국과 같이 전쟁사업을 국가목적 달성의 핵심수단으로 사용했다. 우선 외교와 권모술수 중심으로 막대한 비용과 위험을 최소화했으며, 군사 전쟁사업은 불가피한 최후 수단으로 사용했다.[08] 이러한 동로마 제국의 전략사상은 『손자』사상과 일맥상통한다.

『레오 6세의 전술』은 이렇게 모든 그리스-로마 군사교범을 참고로 저술되었다. 특히 그 책은 아엘리언 『그리스 전술 모음집』과 『모리스의 장군』의 영향을 크게 받았다. CE 476년 서로마 제국 멸망 당시 로마군단을 패배시킨 전술은 게르만족의 원거리 타격 궁술과 기병 전술이었다. 6-10세기 동로마 제국 군사교범은 로마제국 전성기 보조부대였던 기병을 보병군단 레기옹과 대등한 주력부대로 등장시켰다. 레오 6세는, "전술은 전장의 이동 과학(the science of movements in warfare)으로서, 전투대형 배치와 무장 부대이동에 관련된 군사기술이다. 전략은 실전적 군사훈련과 책략의 반복연습을 통해서 적을 패배시키는 우수한 지휘관의 종합기술이다."라고 규정했다.[09]

---

08   Maurice's Strategikon: handbook of Byzantine military strategy translated by George T. Dennis (Pennsylvania Univ. press, 1984), pp. xiv ~ xv.

09   By George Dennis for Text, translation, and commentary, The Taktika of Leo VI (Dumbarton Oaks Research Library and Collection, 2010), p. 14.

이와같이 이 책은 전략-전술 개념을 최초로 구분 정의했다. 레오 6세는 아엘리언의 전술 개념을 그대로 사용했다. 아엘리언은 아이네이아스 전술 개념을 그대로 인용했다고 기술했다. 따라서 전술은 고대 그리스 아이네이아스 군사과학 이론이었으며, 전략은 그리스-로마 전쟁기술을 비잔틴 제국이 국가 차원에서 재정립한 신개념이라고 할 수 있다.

유럽 근대 전략-전술은 중세 '화약 혁명, 대포-소총 발명과 병행 발전된 군사작전술에 기반하고 있다. 영국 사학자 마이클 로버츠는 이를 "군사 혁명(military revolution)"이라고 불렀다. 14세기 서북유럽 대포-소총 제작기술은 이탈리아의 전통 무기 제조기술을 앞서기 시작했다. 중세 군사 혁명은 서로마 제국 멸망 이후 전장을 장악했던 기병과 십자군 전쟁에서 맹위를 떨친 기사 제도를 압도했다. 18세기 산업혁명 이후에는 보병 밀집 대형전술이 사라지고 산개대형이 등장했다. 산업혁명 기술은 전장을 완전히 바꾸어버렸다. 18세기 프리드리히 대왕은 '전역계획(campaign plans)' 용어를 최초 사용했는데, 당시에 전략은 '적의 시야 또는 적 포병 사거리 밖에서'의 군사이동 과학(science of military movement)을 뜻했다.[10] 전략을 군사용어로 사용한 것은 1815년 워털루 전쟁 이후에 나폴레옹 전쟁기술 연구부터였다.[11] 클라우제비츠와 프랑스 조미니는 나폴레옹 전쟁연구의 중심 역할을 수행했다.

19세기 나폴레옹 전쟁은 과거 전쟁개념 및 수행체계를 완전히 바꾸어 버렸다. 당시 서유럽 전략가들은 나폴레옹이 수행한 '국가총동원 전쟁사업체

---

10   Jay Luvaas eds and translated, Frederick the Great on The art of war (the free press, 1999) p. 306.

11   클라우제비츠는 전쟁론(On War)에서 정치와 연결된 전략개념을 도출했다.

계'에 주목했다. 1815년 이후 프랑스와 독일 장군들은 '기획-준비-실행'을 단계적으로 추진한 나폴레옹 전쟁사업을 총체적으로 재검토한 군사이론을 정립하기 시작했다. 나폴레옹의 국민동원군은 과거 상상하기 어려운 거대한 군사 조직편성을 가능하게 했다. 국민 총동원 전쟁사업 계획은 특별한 능력과 통찰을 요구했고, 과거 방식으로는 불가능했다. 나폴레옹의 천재적 통찰로 투입된 프랑스 국민군대는 순식간에 전 유럽을 석권했다. 국가자원(인원, 장비, 물자 등)을 총체적으로 투입한 대규모 국가동원 체계는 프러시아-프랑스 전쟁(1870~71) 전후에 이미 일반화될 정도로 빠르게 전 유럽 국가로 전파되었다.

1800년대 '전략'은 군사전략인 동시에 국가전략이었다. 전략은 군사 전쟁사업 승리를 목표로 추진되는 국가동원 '기획-준비-실행체계'를 의미했다. 유럽국가 군사 총동원 체계가 최초로 동시 적용된 전쟁사업은 제1차 세계대전이다. 산업혁명 기술로 새롭게 탄생한 현대 신무기가 제1차대전에서 유럽 전장에 모두 등장했다. 자동차, 항공기, 전차, 장갑차, 무선통신, 지휘통제 무기들이었다. 산업혁명기술 무기는 어마어마한 파괴력을 자랑했다. 산업혁명기술 무기는 제2차 세계대전에 총체적으로 투입되어 승자도 패자도 없이 모든 유럽을 잿더미로 만들었다. 핵무기가 최초 투하된 일본의 두 도시는 핵무기 폭발과 동시에 폐허로 참혹하게 변했다. 제2차 세계대전은 핵무기 투하와 함께 종전되었다.

전략은 제2차 세계대전에서 '국력 운용술(the art of employing national power)'로 진화했다. 그리고 1945년 종전 이후 '전쟁성(war department)'은 국방성(department of defense)으로 바뀌었다. 전략개념은 전투 현장을 벗어나 정치, 경제, 사회, 기업 등 사회 전 분야로 확대 적용되기 시작했다. 민간 기업은 산업혁명기술로 국가 규모를 초월한 다국적 기업으로 발전했고, 기업경영은 군사전략 개념을 직도입했다. 현대에 전략 단어는 개인, 단체, 기업, 국가의 "미래 조직목표 달성을 위한 계획-준비-실행체계"라는 21세기 보통명사로 사용되고 있다.[12]

| 과연, 전략의 본질은 무엇인가? |

전략의 본질은 한마디로 "생존흥망 선택기술"이다. 전략은 현대인이 가장 즐겨 쓰는 단어 중 하나다. 대부분은 전략을 현실에 직접 활용해 자기 이익을 얻고 싶어 한다. 그러나 그 개념과 방법을 소상히 소개한 책은 드물다. 일반적으로 현대전략은 "목표 달성을 위한 독자적 중장기사업 계획"으로 사용된다. 그러나 전략 전문가와 학자들은 단기, 중기, 장기 계획이나 정책은 전략이 아니라고 말한다.

전략은 현대 경제학에서 그 개념이 심층 깊이 발전되고 있다. 현대 경제학은 전략을 생존사업 선택게임의 한 방책으로 본다. 경제학 게임이론 학자는 전략을 "정보 세트를 행동에 맞추는 기능(A function that maps information sets to actions)", 또는 "완전한 대표 행동계획(A complete contingent plan of action)"이라고 말한다. 원시인류는 불확실 외부환경에 대한 충분한 정보를 습득해야 생존 가능했다. 그와같이 최초 계획대로 목표를 달성하는 정책이나 사업방책은 사실상 존재하지 않는다.

전략은 미래 불확실성을 통찰한 정보로 새로운 혁신을 창출하는 생존사업이다. 공동체 미래 생존이익은 기존 지식과 정보에서 창출된 새로운 기술혁명으로 시작된다. 전략은 새로운 기술혁명을 창출해 극대화하는 중장

---

12   정치, 경제 따위의 사회적 활동을 하는 데 필요한 책략. (Naver 국어사전)

기적 실행체계이다. 전략은 '협력(cooperation)-경계(alert, warning)'라는 인간의 이중적 심리를 장단기 최대 적용하는 실행체계다. 전략은 인간본능을 극대화하도록 설계된다. 따라서 전략은 언제나 불확실(uncertainty)하고 복잡(complexity)하다. 또한 전략은 언제나 역동적(dynamic)이며, 모호(ambiguity)하고, 변동(volatility)이 심하다.

동서고금 전략가들은 미래 생존사업 불확실성 최소화를 향해 모든 노력을 집중했다. 인류 역사는 미래 불확실성 해소를 향한 공동체 생존사업 선택의 역사였다. 동서양 고대 선각자들도 '미래 불확실성'을 생존사업의 핵심 문제로 고민했다. 고대 인류공동체가 생존사업 최종선택을 하늘과 신에게 물었던 '신탁 현상'은 불완전한 인간의 자연스러운 선택이었다.『주역(周易)』은 '변화를 예측하는' 점괘로 국가 대사(大事) 선택을 제시한 일종의 군사 전쟁사업 서적이었다.『주역』은 영어로『변화의 책(book of change)』으로 불린다. 고대 모든 공동체는 신탁(神託)을 생존사업 선택 수단으로 사용해 방책을 최종결정했다.

BCE. 700~300년 경 인류생존을 직시한 철학가, 사상가, 전략가들이 동서양에 대거 출현했다. 그때가 바로 인류 최초 지식혁명 "축의 시대(Axial Age)"였다. 춘추시대 공자는『춘추』를 재편집했고, 손무는 국가생존전략서『손자』를 만들었다. 고대 그리스 아테네 솔론과 클레이스테네스는 귀족 독재정치를 민주정 정치체제로 바꾸었고, 소크라테스는 국가생존사업의 철학적 이론 기반을 제시했다. 로마 브루투스(Lucius Junius Brutus), 발레리우스 포플리콜라(Publius Valerius Poplicola)는 왕정을 폐지하고 공화정을 수립해 1,500년 로마제국 번영의 기반을 닦았다. 이들은 모두 미래 불확실성을 인간의 합리적, 이성적 판단으로 해결하려 노력했던 국가생존사업 선각자들이다. 이들은 공동체 구성원 모두에게 유익한 제도를 창출해 중단 없는 생존이익 갈등 현실을 타파하려 했다.

모든 전략은 생존이익 목표로 시작되어 생존이익 달성으로 종결된다. 천시-지리는 미래 불확실성 촉발 핵심 요인이다. 불확실성 최소화 도구로 사실(truth)을 증명(proof) 검증하는 '수학적 방법'이 창출되어 그 분석 방법을 '과학(science)'이라고 불렀다. 고대 그리스-로마는 수학과 과학을 생존사업 방책분석 방법으로 사용했다. 중세 과학혁명의 실질적 도구는 수학이었다. 신의 도움보다 인간의 합리적 판단 능력과 이성을 중요하게 취급했다. 인간의 '합리적 이성(reason)'은 면죄부로 부패한 로마가톨릭을 고발했다. 종교개혁과 계몽사상은 국가생존사업을 재평가하면서 공동체의 진정한 생존이익이 무엇인가를 더욱 고민하게 했다. 수학적 게임이론은 중세에 이렇게 생존사업 영역에 본격 도입되기 시작했다.

국가전략에 "수학적 게임이론과 디지털 정보기술"이 도입되었다. 현대 과학기술은 '숫자(digit)'로 모든 것을 표현한다. '디지털(digital)'은 게임이론과 워게임, 그리고 컴퓨터 시뮬레이션과 인터넷 정보 소통체계를 융합시킨 핵심 도구이다. 게임이론은 독일 워게임 모델이 기원이다. 워게임 모델은 제1. 2차 세계대전을 거치며 급속히 발전했다. 군사 전쟁사업 위게임 모델은 19세기 초반 프러시아 장교 레이스위츠(George Leopold von Reisswitz)의 발명품이다. 그는 1806년 예나-아우어 슈테트 전투 패배에 크게 실망하며 1812년 워게임 모델을 만들어 왕에게 최초 보고했다. 그러나 실질적 게임 실행 도구가 미흡해 개발은 중단되었다. 1824년 그의 아들 레이스위츠 2세는 아버지 모델의 문제점을 해소한 '전쟁 도상연습 워게임 모델 (Kriegsspiel)'을 왕에게 보고했다. 이 모델은 프러시아 연대급 모든 부대에 최초로 보급되었다. 1870년 몰트케는 이 모델을 이용해 프랑스 침공계획의 전군 사전 도상연습을 실시했고, 작전 개시 40일 만에 프랑스 항복을 받아내 세계를 놀라게 했다. 몰트케는 1806년 나폴레옹 예나-아우어 슈테트 전투 패배를 프랑스 항복으로 설욕했다. 독일 워게임 모델은 즉시 전 유럽에 급속히 전파되었다.

1815년 나폴레옹 전쟁 이후, 군사전략은 정치전략에 흡수 통합되기 시작했다. '정치와 군사' 관계에서, 나폴레옹 이전을 '군사전략 시대'로 본다면 그 이후 현대까지는 '정치전략 시대'로 평가된다. 특히 개인의 자유를 주장하며 민주주의를 추구한 19세기 정치는 군사 종속을 본격화했다. 1945~1989년 소련 공산 혁명전략은 정치에 군사를 종속시킨 정치혁명이다. 현대 중공의 '정치-군사'도 동일하다.

과거 군사 영역이던 워게임 모델은 모든 영역을 시뮬레이션하는 국가생존사업 워게임 모델로 재탄생하고 있다. 미국은 이러한 변화를 주도하며 세계전략을 선도하고 있다. 제2차 세계대전에서 미국 워게임 모델은 남태평양 군사작전에서 일본함대를 패배시킨 대승리의 핵심 도구로 사용되었었다. 2022년 미국은 시진핑이 대만 무력 침공을 공식 선언한 이후 대만 방어작전 워게임 모델 분석 결과를 반복 발표했다. 한발 더 나아가 21세기는 인공지능(AI: Artificial Intelligence) 워게임 시대를 예고하고 있다.

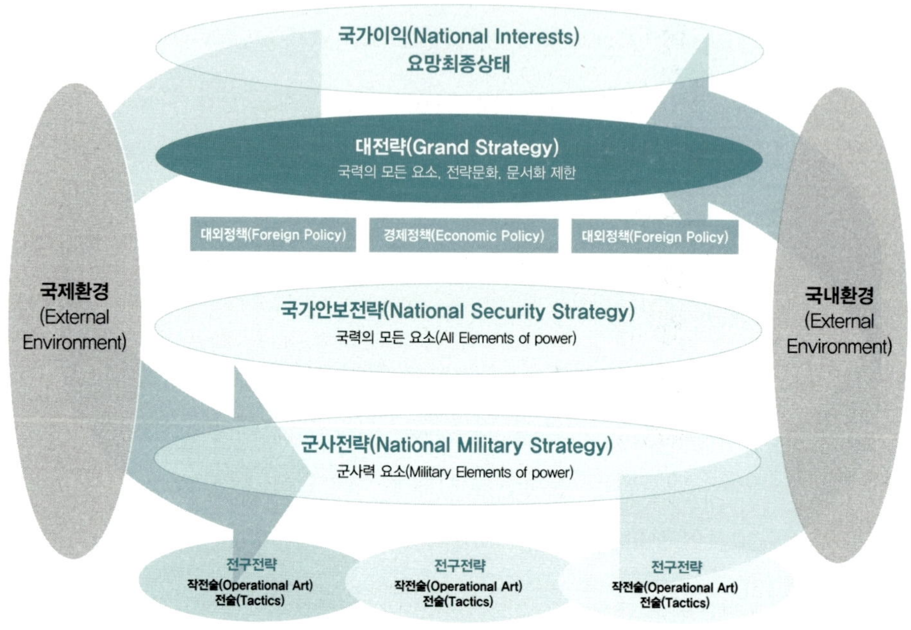

〈현대 국가전략 패러다임의 포괄성〉[13]

| 현대 국가전략 패러다임 |

앞 그림은 현대 국가전략 패러다임의 포괄적 특성을 보여준다. 인간은 도구(무기) 기술로 생존해 온 과학적 동물이며, 가족공동체 기반사회의 경제적 동물이며, 자유의지로 생각-판단-결심-행동하는 정치적 동물이다. 현대 국가전략의 포괄적 패러다임은 이러한 모든 특성을 설명해 준다. 앞 그림은 인류 정치체제의 역사적 변화와 특성을 모두 설명해 준다.

---

13   Harry. R. Yonger, Strategic Theory For the 21st Century(U.S. Army War College SSI, 2006), p.9에서 인용

왕정은 '개인이' 국가이익을 사유화한 생존사업 체제이다.

공화정 귀족정치는 '소수 지배층이' 국가이익을 사유화했다.

사회주의독재는 '사회주의 혁명세력(공산당 또는 노동당)이' 국가이익을 사유화했다.

자유민주주의는 '자유로운 개인이' 국가이익을 공유하는 생존사업 체제이다.

앞 그림은 『손자』 전략 방법도 설명해 준다. 『손자』는 '지(知)로 이(利)를 얻는' 생존사업전략서이다. 손무가 주장한 '백성 이익'과 도(道)는 국가목표(국민이익)가 되었고, 지식은 정치·경제·과학기술이 되었다. 『손자』모공 벌모(伐謀)-벌교(伐交)는 대전략이며, 벌병(伐兵)-공성(攻城)은 안보 전략이다. 손무는 모든 영역을 포괄하는 패러다임의 국가생존사업 전략의 특성을 이미 2,000년 전에 통찰했다. 『손자』 생존사업전략서가 현대 국가전략에서 각광되는 이유가 여기에 있다.

전략은 고대부터 1945년 이전까지 군사 작전술(military operational art)을 다룬 '장군의 기술'을 뜻했었다. 근대 이전 군사 전쟁은 존망을 건 국가사업이었다. 그러나 현대 군사전략은 앞 그림과 같이 국가안보의 하위전략으로서 군사력 요소를 다루는 외적(外敵) 대응 전략이다. 군사전략은 '양병(養兵)=군사력 건설'과 '용병(用兵)=군사력 운용'으로 구분되어 전략적, 작전적, 전술적 수준으로 수행된다. 국가안보 전략과 대전략은 1945년 이후 등장했다. 1945년 이전까지 군사전략은 국가생존사업을 결정한 유일한 국가전략이었다. 제2차 세계대전 이후의 군사전략은 '군사작전술' 중심으로 국가안보 전략에 통합 재정립되었다.

인류는 공멸의 제2차 세계대전으로 "전쟁 승리 환상"에서 깨어났다. 영국, 프랑스, 이탈리아 등의 유럽 전승국들은 패배국과 동일한 수준의 천문학적 피해를 입었다. 세계 전략가들은 전승국 이익의 실체를 분석 재평가했다. 국제정치 역학관계, 국가안보와 군사전략의 관계를 재분석하고 국가생존사업 전체를 재정립했다. 대전략(Grand Strategy)과 안보 전략은 그렇게 탄생했다. '전쟁성(war department)' 명칭은 '국방성'으로 바뀌었고, 새로운 정치적 승리의 길을 모색하기 시작했다. 그 결과, 미국을 포함한 선진국은 "선승(先勝), 후전(後戰)" 법칙을 선택했다. 그렇게 도입된 국가전략의 중심 개념은『손자』'생존흥망 선택법칙'과 일치했다.

 세계는 경제로 눈을 돌리기 시작했고, 패전국 일본과 독일이 세계 경제를 주도했다. 자유민주주의 국가는 정치, 경제, 군사, 과학기술을 국가전략에 융합한 부국경제 중심의 "선승 후전"을 추구했다. 1989년 몰타섬에서 미국 부시 대통령과 소련 고르바초프 서기장은 냉전 종식을 선언했고, 1991년 소련은 해체되었다. 미국은 부전승에 성공했고, 세계 유일 초강대국이 되었다. 자유민주주의 시장경제 국가체제는 공산혁명 사회주의독재 국가체제를 압도했고 군사 전쟁 없이 승리했다. 그리고 모든 현대국가는 "선승(先勝) 후전(後戰)"을 국가전략 중심사상으로 선택했다.

 18~20세기 전략변화는 작전술이 아닌 '과학기술'이 주도했다. 원시 인류는 도구(tools) 없이 생존 불가능했고, 과학기술은 도구 제작기술과 함께 진화했다. 고대 그리스-로마 지식혁명과 이슬람 국가의 융합지식, 중세 과학혁명, 18세기 산업혁명은 현대를 과학기술 시대로 만들었다. 전략변화를 주도한 신무기는 바로 '도구 제작기술'이었다. 인류 도구 제작기술은 석기-청동기-철기시대를 지나 21세기 우주 정보기술 시대를 만들고 있다. 중세에는 기술이 과학을 이끌었으나, 19세기부터 기술을 선도하기 시작한 과학은 20세기 과학기술로 통합되어 인류문명의 발전 속도를 가속화하고 있다.

 자유민주주의 국가목표는 "국민 이익증진"이다. 앞 그림에서 국가의 전략목표는 "국가이익 증진"이다. 국가이익은 국민 이익과 다르며, 둘 사이에 불가피한 갭(gap)이 발생한다.

자유민주주의는 '국민 이익증진을 통해서' 국가이익을 증진한다. 사회주의는 '국가이익 증진을 통해서' 개인의 생존이익을 분배한다. 사회주의 국가목표는 "국가 이익증진"이며, "국민 이익증진"이 아니다. 자유민주주의 국가는 개인의 '가장 자유로운 이익 활동'을 보장함으로써 국가이익을 증진한다. 사기업과 개인이 내는 세금으로 국가재정을 확충하기 때문이다.

자유민주주의 선진국은 국가이익과 국민 이익 사이의 「갭(Gap) 최소화 정책」을 150~200년 이상 추진해 왔다. 국민 이익증진 극대화는 국가이익 극대화와 정비례 일치한다. 또한 그들은 국민의 이익 불평등 최소화를 위한 '타협(妥協) 정책'을 제도화해 왔다. 자유민주주의는 그렇게 복지국가로 진화했다. 근대민주주의를 최초 시작한 영국, 미국 등 선진 복지국가는 하루아침에 이루어지지 않았다. 대한민국도 지난 73년 정확히 그 과정을 거쳐서 선진국에 진입했다. 그 과정에서 군사전략은 하위 안보 전략으로 위상이 조정되었다.

국가이익과 국민 이익의 「갭(Gap)이 크면 클수록」 정치세력의 권력 독점이 그만큼 커졌음을 나타낸다. 사회주의국가는 군사전략을 국가전략 중심에 위치시켜 '군사 국가 통치체제'를 그대로 갖추고 있다. 독점권력 정치세력은 모든 국민 이익을 국가이익 명목으로 강제 환수, 조정, 통제 가능하다고 인식한다. 중국, 러시아, 북한은 그러한 국가정책을 일상적으로 추진해 왔다. 북한 김정은 핵무기 개발은 그렇게 추진되었다. 장기 독점권력 국가의 경제 파탄은 국민 이익의 자유경쟁 금지로 인해 발생했음이 냉전 종식 이후에 명확하게 밝혀졌다. 개인의 자발적 생존이익 경쟁을 금지했으니 국가자본과 부(富)는 '감소할 수밖에' 없었다. 마르크스-엥겔스를 추종한 구소련, 중공, 북한, 아프리카, 남미, 동남아시아 국가들은 시장경제 기본원리를 무시한 사회주의 경제의 실패를 처절하게 경험했다. 사회주의 실패는 "개인의 자유로운 이익 활동"이 국가이익 결정요인임을 거부한 결과였다. 그러함에도 실패한 사회주의의 절대 평등환상은 현금을 직접 지급해 국민의 표를 사는 「눈앞의 이익」 선동정치로 진화했다. 21세기에도 실패한 사회주의 독재국가는 그렇게 만들어지고 있다. 속이는 정치세력의 '포퓰리즘 국민선동'은 다음과 같이 진행되어 왔다.

정치세력은 오직 권력 장악을 위한 「현재 이익」에 집중하는 속성을 갖는다.
오직 권력 장악에 집중하는 정치세력은 '속이는 정치'를 선택하기 쉽다.
자유민주주의 정치세력은 미래위험을 '왜곡한 선택'을 하는 경향이 높다.
「현재이익」 선동과 「미래위험 왜곡」은 포퓰리즘 국민선동의 형태로 나타난다.

국가 정책(Policy)은 '특정 기간' 집권목표 달성을 위한 특정 세력의 계획이 대부분이다. 그들 정책은 국가전략과 유사한 듯 보이나 그 근본은 크게 다르다. 자유민주주의 정치세력은 집권 임기의 단기적 성과에 집중해 미래 장기생존사업을 소홀히 하기 일쑤이다. 21세기 미국, 영국 등 주요 강대국들이 현대상황에 맞는 전략개념 재정립에 모든 노력을 집중하는 이유가 여기에 있다. 과거 전략개념은 단기적, 비현실적, 비실용적임으로 현대 글로벌 자유무역과 첨단기술경제전쟁 시대에 부적합하다고 평가한다.

영국은 2010년 하원 보고서에서 "전략은 정부의 정치적 인식으로 추구되는, 국가이익을 가장 효과적으로 보호 증진하는 영역"이라고 정의했다. 영국은 근대 산업혁명을 창출해 세계전략을 최초 실행한 국가이다. 전략은 정부 집권 정치세력의 정치적 결정 산물임을 하원 보고서는 인정했다. 집권 정부 정책은 여야(與野)의 공동 인식과 합의를 통해서 결정될 때만 장기 미래 국가생존사업으로 추진될 수 있음을 명시하고 있다.

영국 의회정치는 근대 최초 "권력 독점 장기집권 금지"를 규정한 정치체제다. 왜 1215년 마그나 카르타 대헌장은 자유민주주의 원천문서로 인정받는가? "의회 승인 없는 왕의 과세 금지" 의회제정법 조항 12조와 "자유인 신분을 보장한" 39조 법치(Rule of Law) 조항 때문이다. 영국은 1688년 명예혁명으로 신민(臣民) 권리와 자유를 선언한 의회제정법 '왕위계승 법률(1689년 12월 16일)'을 공포했다. 이로써 영국 절대 왕권 체제는 사실상 종식되고 인류 최초로 의회 민주주의 입헌군주국이 탄생했다. 이때부터 영국 정치 권력의 실권은 왕의 손을 떠나 의회 다수당에게 넘어갔다. 영국의 권력 독점 장기집권 금지법의 열매와 결실은 '평화적 정권교체'로서, 이러한 수백 년의 발전과정을 거쳐 정착되었다. 그 법이 보호한 「신민(臣民)의 자유와 권리」가 1760년 산업혁명을 창출해 냈고, 세계를 향한 자본주의 시장경제의 문을 활짝 열었다. 영국 국가전략은 "정부의 정치적 인식으로 국가이익을 가장 효과적으로 보호, 증진하는 영역"으로서 역할을 수백 년 충실히 수행해 왔었다. 그리고 21세기 의회는 그러한 전략 개념의 재검토 결과를 발표했다.

현대국가는 다층적 권력구조를 갖는다. 권력구조란 국가를 움직이는 실질적 핵심 권력 조직의 상호관계를 의미한다. 현대국가 핵심 권력자들은, 첫째 국민, 둘째 국민대표인 대통령(수상, 주석, 군사위원장) 셋째 지역 대표 의회 정치세력, 넷째 정치세력을 감시 통제하는 사법 세력, 다섯째 이익집단 등 5개 유형으로 구분된다. 국가권력 구조는 명목상 법에 명시되나, 실제는 위 5개 세력의 판도로 수시 변화되어 왔다. 즉 법은 최고 권력자 의도를 그대로 반영해 제정되어 왔다. 왕권 국가에서 왕의 말은 바로 법이었고, 독재국가에서 독재자 말은 바로 법이었다. "짐은 곧 국가다."라는 루이 14세

말은 대표적이다. 원시 사회에 자연적으로 형성된 소수 귀족정치 체제에서도 원로원 또는 참주 몇 명이 그들에게 유리한 법을 제정해 악용했었다. 모든 권력자는 예외 없이 자기 권력 유지를 위한 법령 제정에 수단-방법을 가리지 않았다.

근대 이전 정치-군사 관계는 그 자체가 바로 국가통치체제였다. 근대 이후 자유민주주의 국가는 국민 비밀투표로 선출한 국회의원들이 국가통치 체제를 결정했다. 사회주의독재 국가는 최고 권력자를 미리 정해놓고 공개투표로 선출한다. 모든 국가는 국가이익의 요망 상태를 전략목표로 결정해 추구한다. 자유민주주의 국가는 시장경제의 자유경쟁 제도기반 위에서 개인 이익증진을 통해 국가이익을 추구하는 다층적 복합 구조를 갖는다. 반면 사회주의독재 국가는 단일 정치세력인 공산당 또는 노동당이 결정한 국가목표를 달성하기 위해 모든 국민을 강제 동원한다. 북한은 식량 분배제도가 있으나 사실상 무너진 상태이다. 제2 고난의 행군이 선언된 상태다. 1975년 중국 등소평은 부족한 식량을 위해 자본주의 인센티브 제도를 도입해 경제개혁을 추진하고 사유재산 제도 일부를 허용했다. 시진핑 집권 이후 사기업 강제 몰수 현상은 사유재산 제도가 명목상 내세운, 언제든지 국가의 환수 대상임을 보여준다. 중국 시진핑 통치체제는 등소평이 자랑한 중국특색 사회주의와 개혁개방의 목표가 무언가를 명확히 알려주고 있다. 매년 수만 중산층 중국인이 여행비자로 중국을 탈출하여 남미 베네수엘라에서 수 만 km를 이동해 멕시코 국경선을 넘는, 미국 불법 이민 강행은 중국 시진핑 국가체제가 무엇인가를 대변해 준다. 자유민주주의는 국가이익이 사유재산에 기반한 국가체제이나, 사회주의는 언제든 국가이익을 위해 사유재산을 몰수 또는 환수하며, 국민 이익과 국가이익이 완전히 분리된 국가체제이다. 현대 국가는 '식량활동의 자유'를 기준으로 국민이익 기반의 자유민주주의와 국가이익 기반의 사회주의 체제를 선택해 왔다.

국가는 국민의 식량을 보장하지 못할 때 실패했다. 국가는 권력 장기독점과 국민 약탈이 지속될 때 필연적 소멸했다. 국가는 국민 이익증진을 위한 '국민의 생존사업기구'이다. 그러니, 국민 약탈은 국가목적 자체를 부정하는 행위이다. 독재(autocracy)는 국민을 강제 지배 약탈함으로써 자율적 생존이익 창출을 불가능하게 한다. 국민 생존이익 창출이 없다면 국가이익 창출은 급격히 저하되거나 심지어 불가능하게 된다. 그래서 국가는 필연적으로 실패하고 패망한다. 국가생존의 원리는 손자의 도(道), 공자의 신(信)이며 플라톤 조화의 정치이다. 국가생존사업 경쟁에서 「보이지 않는 손」을 보장한 국가는 번영했다.

사회주의독재는 국가가 계획한 명령경제로 국가이익이 창출된다고 주장했다. 국민의 자유로운 생존이익 활동을 극도로 통제 제한했다. 중국 공산당은 모택동 사망 직후 자본주의 시장경제 원리, 인센티브 제도를 도입해 중국특색 사회주의시장경제(?)라는 억지 이름을 붙여 자랑했다. 등소평은 국민의 자유로운 생존이익 활동을 최대한 허용했다. 시진핑은 G-2에 진입하자 국민의 자유로운 생존사업 활동을 다시 통제 제한하기 시작했다.

자유로운 본능의 생존이익 창출은 통제와 폐쇄, 약탈과 강압에서 최소화된다. 그것은 수천 년 인류 생존역사의 교훈이다. 자유는 독재 거부 본능의 속성에서 자라났다. 2023년 중국 전역에 제로 코로나 정책으로 완전히 봉쇄된 대도시 주민의 분노가 결국 터졌다. 시진핑 정책에 저항하는 노골적 반대 구호가 나붙었고, 학생 시위는 급속히 전국으로 확산했다. 시진핑과 공산당은 놀라서 부랴부랴 도시봉쇄 정책을 해제했다.

독재 정치세력은 '국민 마음의 소리'를 말살해야만 장기집권의 영광(?)을 얻는다. 반대 세력이 없는 국가의 국민은 독재자 종속민(從屬民)으로 전락할 뿐이다. 독재 폭정국가는 필연적 새로운 반대 세력이 등장해 독재 정치 세력과 충돌로 내전이 발생한다. 영원히 지속할 것 같던 초강대국 소련도 그렇게 무너졌다. 수억의 소련 체제 국민은 공산권 경제 붕괴로 대혼란의 끝없는 고통을 신음으로 감내했었다. 소련에 등소평을 모방한 고르바초프와 옐친 그리고 푸틴이 나타났다. 푸틴은 민주적 모방 선거로 새로운 대통령에 집권했다. 그는 러시아 경제 대혼란을 강력한 강압정책으로 정면 돌파해 안정화에 성공했다. 러시아 국민은 완전히 붕괴한 극도의 경제 대혼란보다 '통제된 국가안정'을 선택했다. 푸틴은 그 공로를 인정받아 장기집권을 넘어 종신집권에 성공했다. 우크라이나 침략전쟁에도 푸틴을 선택한 러시아 국민의 대통령선거는 공정한 선거였을까? 푸틴의 우크라이나 전쟁목적은 무엇일까? 시진핑과 푸틴은 종신집권의 법적 제도를 완성했다.

독재 세력의 국가지배는 언제나 일시적이다. 국민 생존본능의 힘은 역사상 어떠한 독재 폭정도 이기는 불패의 힘을 발휘해 왔다. 국민이 정치세력을 선택한 국가는 번영했고, 정치세력이 국민을 지배한 국가는 패망했다. 정치세력이 「국민 마음의 소리」를 경청한 국가는 언제나 번영했다. 이것이 인류의 생존 선택 법칙이었다. 인류생존 선택법칙은 북한 김정은 독재 폭정도 오래가지 못할 것임을 예언한다. 북한 주민은 김정은 신격화에서 반드시 깨어나게 되어있다. '인류생존 선택법칙'은 북한 인권이 왜 중요한가를 말해준다.

인간은 가족공동체의 생존이익 자유경쟁을 통해서 살아왔다. 가족은 독창적 개인 능력을 배양하는 가장 이상적으로 보호된 소왕국이다. 개인은 생존이익 욕구가 억제, 제한, 무력화될 때 노예가 된다. 반면 개인의 무제한적 경쟁과 생존이익 추구는 자유민주주의 체제를 불안하게 만드는 요인이 되기도 한다. 그래서 국가는 자본주의 시장경제법을 제정하고 개인기업의 공정한 자유경쟁 중심의 경제발전을 추구한다. 이러한 과정에서 포퓰리즘 정치세력이 나타난다. 일반 국민 생존사업과 국가 및 대기업의 이익 사이에 커다란 갭이 발생하고, 그 갭은 점점 더 커지기 때문이다. 그렇게 발생한 부(富)의 불균형은 포퓰리즘 온상이 된다.

독재정치는 정치세력이 가족공동체를 세력 이익증진의 수단으로 취급하는 순간 시작된다. 독재자는 국민을 자기 이익의 희생물로 취급했다. 왕과 독재자들은 그들의 이익을 국가이익이라고 불렀다. 국가는 정치세력 사유화 도구로 전락했고, 국민은 그들 이익증진 수단이 되었다. 춘추시대(春秋時代) 상황이 그러했고, 고대 그리스-로마 상황이 그러했다. 이를 한탄하며 시민 국가건설을 주장했던 전략가가 그리스 민주정 선구자 솔론과 클레이스테네스요, 로마 공화정 설립자 브루투스와 프블리 콜라였다. 공자와 손자는 백성 이익과 질서를 보장하는 왕정을 주장했다.

공자와 플라톤의 이상향 '왕권 국가'는 왜 수천 년 국민을 착취해 왔을까? 대한민국 일부 정치세력은 아직도 대동사회, 공화주의를 주장한다. 사회주의와 자유민주주의 차이점은 '국민 이익'을 목표로 선택하는가 여부에 있다. 국가이익은 본래 국민 이익이다. 그런데 모든 독재체제에서 국가이익은 정치세력 착취물로 전락했다. 대동사회는 공자의 유학 이상향 독재국가를 말한다. 1989년 붕괴한 소련 레닌-스탈린 공산사회는 바로 모택동이 수천만을 학살한 문화대혁명의 대동사회였다. 모택동 대동사회가 시진핑 공동부유론으로 다시 살아났으며, 대한민국 포퓰리즘 세력의 정치구호로 등장했다. 중국과 대한민국 사회주의 정치세력은 대동사회 향수를 불러일으키며 다시 활발히 살아나고 있다.

독재 정치세력이 국가권력을 일단 장악하면 반대 세력 활동을 원천 차단한다. 촘촘한 개인 감시체제를 운영한다. 주민감시체제는 본래 주(周)나라 행정조직 '오(伍:5가구)'에서 시작된 통치체제이다. BCE. 356년 진(秦)나라가 계승한 '십오제(什伍制)'는 조선의 오가작통법(五家作統法)으로 이어졌고, 북한 '5호담당제'로 계승되어 약 2300년 이상을 지속하고 있다. 놀랍기만 한 일이다. 그리고 중국 디지털 감시체제로 둔갑해 또다시 세계 사회주의독재 체제 국가로 판매, 전파되고 있다.

20세기 사회주의독재 소련과 중공 국민은 종속민 노예였었다. 북한 주민은 왕의 종속민이던 조선의 백성보다도 더 세뇌 교육된 김일성 종교 맹신자가 되었다. 1867년 대원군은 굶주린 백성의 원성과 반복된 민란에도 390칸 경복궁을 7,225칸으로 확장했다. 1930년대 소련 스탈린 집단농장에서는 약 600만 명이 굶어 죽었다. 1958년 모택동 대약진운동에서는 1960년 한 해에만 약 2,000만 명이 굶어 죽었다. 중공 문화대혁명으로 또다시 약 2천만 명이 학살당했다. 1996년 북한 김정일 고난의 행군은 주민 약 300만 명을 굶어 죽게 했다. 2021년 또다시 김정은이 제2 고난의 행군을 선언했다. 이러한 국민 생존이익 약탈 현상은 시대를 막론한 모든 독재국가에서 반복되는 일상적 현상이다.

자유민주주의 정치세력은 국민 이익증진을 향한 생존사업 정책경쟁을 통해 집권한다. 국민 이익을 더 잘 대변하는 정치세력을 비밀투표로 국민이 선택한다. 국민 이익증진에 실패하면 지지표를 얻을 수 없다. 국민 여론이 선거 승패를 좌우한다. 모든 정치세력은 국민 이익을 통해서 국가이익을 추구한다. 그런데 당장 생계 곤란한 국민은 「눈앞 이익」에 현혹되기 쉽다. 그들도 똑같은 한 표 투표권을 행사함으로 정치세력은 이를 그냥 넘기지 않는다. 그래서 「눈앞 이익」정책 공약과 현금 직접 분배정책으로 국민의 표를 사는(?) 세력이 나타났다. 바로 소피스트 포퓰리즘 정치세력이다.

왜 소피스트인가? 포퓰리즘은 실제가 아닌, 말로 속이는 위장 정치를 일삼는 행위이다. 현대 가짜뉴스 제작에 열중하는 정치세력이 그들이다. 소피스트 포퓰리즘은 정상적 정치 행위가 아니다. 현대 자유민주주의에서 가장 심각한 정치부패 현상이다. 그리스 아테네 직접민주주의가 페리클레스 시대를 끝으로 붕괴한 원인은 바로 소피스트 포퓰리즘 정치세력 횡포 때문이었다. 포퓰리즘 정치세력은 소크라테스에게 사형을 선고했고, 전쟁 지휘 중이던 지휘관 페리클레스를 해임했다. 스파르타와 마케도니아의 아테네 지배를 정당화했다. 플라톤과 아리스토텔레스가 민주정보다 왕정을 더 이상적 정치체제로 규정한 이유는 당시 소피스트 포퓰리즘의 '공동체 파괴행위'는 극복 불가능하다고 판단했기 때문이었다. 그들은 대중 독재가 왕권독재보다 더욱 참혹하고 파괴적이었음을 직접 경험했다. 20세기 초반 소련 레닌 사회주의독재체제와 모택동 대동 사회 실패는 대중 독재가 왕권독재보다 더욱 참혹하다는 플라톤과 아리스토텔레스 주장이 진실임을 증명했다.

정치부패는 자유민주주의를 파괴하는 가장 치명적 요인이다. 자유민주주의 위기는 '선전 선동' 포퓰리즘 정치부패에서 시작된다. 통제를 벗어난 포퓰리즘은 내란(內亂)과 내전(內戰)의 근본 원인이다. 포퓰리즘 정치세력은 일단 집권하면 온갖 수단을 동원해 권력을 독점하고 반대 세력을 말살한다. 페루, 베네수엘라 등 남미 대부분 국가는 정확히 이 과정을 거쳐 대혼란에 빠졌다. 2025년 남미 국가 수천 명 국민은 멕시코-미국 국경선에서 이민 허용을 외치며 사투를 벌이고 있다. 남미 포퓰리즘 좌파 정치세력들은 한결같이 국가재정을 무시하고 선심성 사회주의 분배정책을 강행해 장기집권에 성공했다. 그 결과 모든 국가가 재정파탄 대혼란 속에 빠져 헤어나지 못하는 내전에 직면하고 있다. 포퓰리즘 소피스트 정치세력은 항상 「국력 약화 정책을 의도적으로」 선택해 그들 대항 세력을 말살해 왔다. 국민을 현혹해 지배해야만 '정치부패-부정선거 일상화'가 가능하기 때문이다. 그들은 오직 자기 세력을 위해 국가이익을 이용하며 국가실패는 전혀 고려하지 않는다. 지난 5년 대한민국 국가부채가 약 600조에서 1,200조로 급증했다. 대한민국에 나타난 이 현상을 어떻게 해석해야 할까?

현대국가는 통상 '좌파 사회주의와 우파 자유민주주의' 세력이 집권 경쟁한다. 좌파 사회주의는 개인보다 전체를, 국민보다 국가를 우선한다. 중국공산당은 유학 대동(大同) 사회로 사회주의를 위장한다. 개인과 가족공동체 사유재산권을 금지한다. 안보를 내세운 국민감시통제 체제를 구축해 최우선 정책으로 추구한다. 1991년 구소련 경제체제 붕괴 이후, 동유럽국가는 시장경제 사유재산권 제도를 모두 도입했으나, 러시아-중국은 자유민주주의를 거부하고 시장경제 인센티브 제도만을 도입해 사회주의를 고수했다. 이후 두 국가는 필요시에 개인재산을 압류하는 법을 집행해 왔다. 시진핑의 홍콩 국가안보법은 그렇게 집행되었다. 홍콩 보안법 집행은 왜, 중국 유명 재벌과 유명 인사들의 실종이 계속되었는지 그리고 2023년 10월 리커창 경제 총리 사망이 시진핑 종신집권의 정치적 해석을 촉발했는지 설명해 준다.

현대 자유민주주의 국가는 좌파 사회주의 정당을 헌법으로 허용한다. 사상과 표현의 자유에 기반한 정당법 때문이다. 그런 사회주의 좌파 세력은 시장경제원리를 무시한 절대 평등 복지정책을 주장한다. 절대 평등 복지정책은 사회주의 일당독재 절대 평등정책과 맥을 같이 한다. 좌파 사회주의 세력은 집권하면 언제든 권력을 독점한 일당독재 국가체제로 전복을 강행한다. 남미, 아프리카, 구소련 독립 국가들의 독재 폭정은 그렇게 반복되고 있다.

우파 자유민주주의는 시장경제 자유경쟁의 부민(富民) 정책을 추구한다. 국민 생존사업 여건의 보장을 국가 제일 책무로 추구한다. 국민 마음의 소리를 따르는 정책을 최우선으로 선택한다. 국가 산업경제와 기업이익 창출을 통한 국민 일자리 만들기에 집중한다. 부의 재분배와 서민 중심 선별적 복지정책을 추구한다. 그러나 우파 정치세력 또한 그들 정당 이익증진을 최우선 목표로 추구한다. 여기서 정치부패의 싹이 트기 시작한다. 정치세력과 경제세력 정경유착이 나타난다. 모든 정부 권력과 시민단체 이익집단 유착이 시작된다. 정치부패는 자유민주주의 모든 제도와 법을 무력화 삼켜버린다. 정치부패는 좌파 포퓰리즘 세력이 국민을 현혹하는 핵심 동력으로 사용된다. 그래서 선진국 국민은 정치부패를 국가파멸로 인식해 왔다. 일반적으로 선진국은 국민 부패인식 지수가 대단히 높다. 대한민국 2023년 부패인식 지수는 63점, 세계 32위/180이다. 세계 7위 경제 수준과 많이 동떨어진 정치부패가 그대로 계속되고 있음을 의미한다.

경제적 불평등 또는 '부의 불균형'은 고대 이후 모든 생존공동체 분열과 갈등의 근원이었다. 평등의식이 인류를 지배한 것은 농업혁명과 도시혁명 이후부터였다. 1991년 구소련은 사회주의독재 혁명이 절대 평등 분배경제의 명백한 실패를 인정했다. 그런데도 자유민주주의 국가에서 좌파 사회주의 정치세력이 국민의 지지를 받으며 생존하는 이유는 무엇일까? 경제적 불평등이 다수 국민에게 설득력을 얻고 있기 때문이다. 평등에 반하는 불공정 정치부패 현상이 만연하기 때문이다. 돈으로 표를 사는 포퓰리즘 사회주의 정책을 뻔히 알면서도 국민이 그들을 지지하는 이유가 여기에 있다.

대한민국에도 그러한 사회주의 이념교육이 각 분야에서 장기간 은밀히 진행되어 왔다. 좌파 사회주의 세력은 상대적 박탈감을 이용한 '서민 분노'를 일으켜 국민을 양분하는 선전 선동으로 그들 지지 세력을 만든다. 그들은 대한민국 건국을 부정한다. 대한민국 역사를 사회적 계급투쟁 역사로 인식한다. 1950년 6월 25일 김일성 남침 한국전쟁을 북침이라 교육하고, 친북-친중 정책을 지지한다. 북한 대남공작 통일전선 전술과 유사한 사실상 국가체제 전복전략을 정책으로 위장해 한반도 평화를 내세운다.

스웨덴 V-Dem 연구소는 1970년 이후 세계 178개국 3,489개 정당 정책변화의 추세를 분석했다. 추세 변화를 통해서 그 연구소는 자유민주주의 국가에서 선거를 통한 포퓰리즘 정치세력 독재체제 구축 과정을 다음과 같이 분석해 발표했다.

① 자유민주주의 선거에서 핵심 지지층의 혁명적 선전 선동으로 집권한다.
② 집권한 리더와 정치세력은 반대 세력 미디어와 시민단체를 먼저 공격한다.
③ 반대 정당에 대한 허위정보를 유포한다.
④ 국민이 반대 정당을 경멸하도록 선동해 지지 세력의 양극화를 고착시킨다.
⑤ 극렬지지 세력을 앞세워 민주주의 핵심(core) 제도를 공격한다.
⑥ 선거제도와 사법제도 등 자유민주주의 제도가 무력화되기 시작한다.

국가 성공-실패는 외부 침략보다 내부 정치세력 분열 여부로 결정되어 왔다. 국가전략 최우선 목표를「내부 정치부패 최소화」에 두어야 한다. 정치부패의 완전 제거는 불가능하다. 따라서 국가 정치부패 감시체제의 제도 완성과 작동 보장이 가장 긴요한 국가정책이다.

| 국가권력 이양과 정치보복 |

「국가권력 이양」 문제는 역사상 모든 국가의 성패 자체였다. 왕정 시대 국가권력 이양은 집권 세력 멸망, 신진세력 입국(立國)을 의미했다. 국가권력 이양은 반드시 무력 전쟁과 3족을 멸하는 정치세력 말살이 뒤따랐다. 왕정 국가는 오직 하나의 정치세력만 생존했다. 이들이 개인 왕권 절대권력 정치세력 또는 소수 과두(寡頭) 정치세력이다. 손자는 이를 왕패지병(王覇之兵)이라 했다.

‘국가권력의 평화적 이양’을 헌법에 규정해 강제한 정치체제가 자유민주주의 체제이다. 자유민주주의(liberal democracy)는 복수정당 정치세력이 정책의 자유경쟁을 통해서 집권하는 정치체제이다. 인민민주주의를 표방한 사회주의국가는 오직 공산당 단일 정치세력만 존재한다. 반대 정치세력은 종파(宗派)분자로 숙청, 처형된다. 전제 왕국의 역적(逆賊)과 같다. 북한 김정은이 고모부 장성택을 종파분자로 잔인하게 처형했다. 북한은 개인 왕국이다. 구소련과 현대 중국은 공산당 소수의 과두(寡頭) 일당독재 체제이다. ‘중국 특색 사회주의’는 등소평이 붙인 홍보용 명칭일 뿐이다.

자유민주주의 정당 정치세력은 집권에 실패해도 국민 이익을 대변하는 새로운 정책을 창출하면 다음 선거에서 집권할 수 있다. 헌법과 법률은 모든 정당 정치세력은 공정한 정책 경쟁을 법으로 보장한다. 선거에 지면 헌법 절차에 따라 그들을 가장 비판했던 상대 정당에 권력을 이양한다. 정치세력의 죽음을 의미했던 집권 실패는 새로운 세력 확장의 계기로 활용된다.

그런데 왜, 자유민주주의 체제는 독재로 쉽게 변질해 무너지는가? 프랑스 혁명 직후부터 20세기 초반까지 수많은 사상가들은 이 문제를 치열하게 논쟁했다. 민주주의를 표방한 독일은 세계를 잿더미로 만든 히틀러 독재를 경험했고, 러시아는 피로 얼룩진 레닌 혁명과 스탈린의 잔혹한 사회주의독재 체제를 경험했다. 민주주의를 표방한 두 나라는 무엇이 잘못되어 참혹한 역사를 경험했는가? 자유의 결핍 때문이었다. 독일 히틀러는 선거로 집권했으나 국민의 생존사업과 개인의 자유를 모두 통제해 전체주의 국가를 만들었다. 레닌과 스탈린, 모택동은 국민 생존사업과 개인의 자유를 아예 금지해 모든 국민을 집단농장으로 내몰았다. 그러나 두 나라에도 선거제도는 계속 존재했으므로 그들은 민주주의라고 주장했다. 국민이 정부에 맡긴 국가권력은 오히려 국민을 통제하고 약탈하는 무기로 돌변했다. 19세기 독재 왕정을 무너뜨린 국민은 20세기 새로운 독재자의 노예가 되었다. 왕권 정치체제와 또다른 국민의 노예-종속민 전락이 발생했다.

1991년 소련 사회주의 체제 붕괴로 민주주의는 자유민주주의와 명확히 구분된 다른 정치체제임이 확인되었다. 자유민주주의 국가는 국민이 정치부패와 권력 독점을 감시하면서 개인 생존사업과 자유를 철저히 보호하는 법령과 사회적 제도를 계속 발전시켜 왔다. 이러한 법적, 사회적 제도를 무시한 중국과 북한은 민주주의 명칭 앞에 '자유 아닌 인민(peoples)'을 붙여 인민민주주의 국가라고 불렀다. 국어사전은 인민을, "지배자에 대한 피지배를 이르는 말"이라고 정의한다. 인민민주주의는 국민을 피지배자로 명시한 명칭이다. 그런데 자유민주주의에서 '자유' 명칭을 제거한 '민주주의 국가'로 대한민국 헌법개정을 추진한 정치세력이 있었다. 왜 그랬을까? 자유가 제거되면 인민민주주의도 대한민국 헌법이 인정하게 된다고 헌법학자들은 분석했다.

1991년 이후 자유민주주의를 선택했던 국가의 독재체제 전환이 증가하고 있다. 2021년 현재 세계 50% 이상이 독재체제 국가이다. 스웨덴 V-Dem 연구소가 분석한 '정치부패 과정'은 국가권력 감시와 평화적 권력 이양이 얼마나 어렵고 중대한가를 보여준다. 포퓰리즘 선전 선동은 독재 세력을 양성하는 정치부패의 산실이다. 정치세력 감시와 통제, 포퓰리즘 정치부패 일소는 최우선 달성할 자유민주주의 대한민국 핵심 생존사업과제이다.

2017년 3월 대한민국 헌법 재판소는 탄핵 소추안을 사상 최초로 인용해 박근혜 대통령 파면을 선고했다. 2025년 4월 4일 헌법재판소는 윤석열 대통령 파면을 두번째 선고했다.

현대 자유민주주의 성패를 좌우하는 또 다른 핵심은 정치보복 문제이다. 집권 정치세력은 국민을 속인 불법이 있을 때 퇴임 이후 대비책을 미리 준비하려 한다. 물러나는 정권을 지지하는 국민은 정치부패 불법행위 수사를 정치보복이라 주장할 수 있다. 박근혜 탄핵 문제로 당시 여당 새누리당이 분당 되었고, 박근혜 지지 세력은 탄핵을 정치보복이라고 주장했다. 2022년 3월 10일 윤석열 후보가 대통령에 당선되었다. 대선 패배 직후 더불어민주당은 '검찰 수사권 완전 박탈(소위 검수 완박)' 법안을 입법했고, 2022년 5월 3일 문재인 대통령은 퇴임 일주일 전 임기 마지막 국무회의를 열어 검찰청법 개정안과 형사소송법 개정안을 심의 의결해 공포했다.

국가적 혼란은 정치보복 문제에서 통상 발생하고 있다. 소위 '검수 완박' 법안은 심각한 논쟁을 일으켰다. 관련 법은 헌법재판소에 위헌 여부 심판이 신청되었으며, 법무부와 대검찰청 권한쟁의 신청이 뒤따랐다. 2023년 3월 23일 헌법재판소는 "국회의원 심의 표결권을 침해했으나, 그 정도가 심하지 않아 법안 가결을 무효로 할 정도는 아니므로 입법 효력은 유효하다." 라는 판결을 내렸다.

국가 사법체제는 정치적이기보다 철저히 독립된 공정 심판기관이어야 한다. 정치보복을 완화하려는 제도가 대통령 사면법(赦免法)이나, 종종 자기 세력 사면으로 오히려 심각한 문제를 일으킨다. 소속 정당이 집권하면 정치부패로 구속된 정치가들이 사면되어 정치보복을 일삼는 현상이 나타나곤 한다.

대한민국은 아직도 정치적 보복이 반복되고 있는가? 정치보복 행위가 반복되면 선거는 투명하고 공정하게 이루어지기 어렵다. 1987년 대한민국 대통령 직선제 선거가 다시 시작되었다. 그러나 김영삼 대통령 이후 대한민국 대통령들은 퇴임 후를 걱정하지 않을 수 없게 되었다. 총 8명 전직 대통령 중 1명은 추방되어 외국에서 사망했고, 1명은 자살했다. 1명은 암살당했고,

2명은 사면(赦免) 후에도 끝없는 어려움을 당했으며 사망 후 국립묘지에도 안장되지 못했다. 박근혜 대통령은 최초 탄핵으로 파면되었다. 2023년 교도소 수감 중이던 2명은 모두 사면되었다. 그 사면은 자기 세력이 집권한 대통령선거 직후 시기에 시행되었다. 민주화 정치세력으로 불리던 2명만 자연사했다. 그리고 2025년 윤석열 대통령이 또 파면되었다.

  자유민주주의는 국가권력자에 대한 경계(vigilance)와 의심(suspicion)을 미덕(virtues)으로 삼아야 한다. 국가권력의 평화적 이양 실패와 정치보복은 아프리카, 아시아 대부분 국가에서 군사쿠데타와 혁명이 반복되는 근본 원인으로 작용하고 있다. 대한민국과 북한도 예외가 아니다. 대한민국 퇴임 대통령 대부분은 구속, 추방되었다. 김정은은 그래서 자발적 핵 포기가 불가능하다. 북한 재래식 군사력은 매우 낙후되어 주변국 외부 위협을 억제할 수도 없을 정도이다. 핵을 포기하는 순간 김정은 정권 내부는 불안과 불만이 폭발할 것이다. 중국 공산당이 홍콩 자유민주주의 세력을 제거하고 사회주의독재 체제 재확립을 서두르는 이유도 바로 대만을 비롯한 중국 자유민주주의 세력의 대륙장악과 정치보복을 두려워하기 때문이다.

| 국가목적과 국민 이익 |

  대한민국과 중국은 국가목적(Ends)이 근본적으로 다르다. 중국 국가목적은 공산당 최종목표 중국몽(中國夢) 완성이다. 중국몽이란 중국 공산당 세계지배의 꿈이다. 그들은 중국몽을 국민이 부자가 되는 부민(富民)의 꿈이라 주장한다. 그들은 대동(大同) 사회 공부론(共富論)을 국가이익 극대화로 국민이 잘사는 정책이라고 홍보한다. 그래서 이를 '중화민족' 부흥의 꿈이

라고 말한다. 본래 '중화(中華)' 단어는 세계 문명 중심이라는 뜻이다. 그러나 중화의 실체는 수천 년 다른 종족을 지배, 약탈한 한족(漢族)의 다수민족 지배를 뜻한다. 역사적으로 동아시아 대륙은 중국이 분열될 때 주변국이 평화로웠고, 통일될 때 주변국 영토를 침략하는 전쟁이 계속되었다.

한(漢), 수(隋), 당(唐), 원(元), 명(明), 청(淸)등 중국 지배국가는 주변국을 정복해 그들 위협을 원천 제거하는 정책을 근본으로 삼았다. 문제는 모두 한족 국가가 아니었다는 점에 있다. 실제 "중국, 중화민족, 중화인민공화국" 이름은 손문 신해혁명 이후 나타난 명칭이다. 그러한 명칭은 1907년 "중국은 한만몽회장(漢滿蒙回藏) 토지의 일부를 잃을 수 없고, 한만몽회장(漢滿蒙回藏) 인민의 일종을 잃을 수 없다."라는 양두의 금철주의설 주장 이전까지는 존재하지 않았다. 몽골 칭기즈칸 원나라가 어떻게 한족 왕조가 될 수 있는가? 만주족 누르하치 청나라 역사가 어떻게 한족 역사가 될 수 있는가? 청나라 멸망 이후 모택동 영토확장 정책의 결과물, 티베트와 신장-위구르 지역 중국 지배가 어떻게 중국의 영토일 수 있는가?

대한민국은 '국민 이익을 통한 국가이익 극대화'를 목표로 한다. 모든 국민은 개인의 꿈을 실현하는 모든 자유와 노력을 법률 안에서 보장받는다. 국가는 그러한 공정한 법을 제정해야 한다. 기업과 운동선수, 가수와 예술가, 과학자와 전략가들 모두가 실현한 세계 최고의 꿈은 온전히 국가이익이 된다. 대한민국 국민은 미국 국민과 같은 꿈을 꾼다. 그러나 중국몽은 전혀 다른 꿈이다. 아메리칸드림은 개인의 억만장자 성공의 꿈이며, 차이나 드림(Chinese Dream)은 세계 패권을 노리는 중국 공산당의 꿈이다. 그래서 중국 갑부는 오히려 중국을 떠나고 있다.

앞쪽의 그림 '현대 국가전략 패러다임의 포괄성'은 국민과 정치세력의 '생존이익 상호관계'를 잘 보여준다. 독재 국가전략은 '정치세력의 생존사업전략'이다. 자유민주주의 국가전략은 '국민의 생존사업전략'이다. 1945년 이전의 국가집권 정치세력은 거대한 수직적, 수평적, 포괄적인 국가전략 패러다임을 이해하지 못했다. 그래서 종종 전투 승리로 전략승리를 얻지 못했고, 군사 전쟁 승리로 최종 국가승리를 얻지 못했다. 당시 전략적 사고의 틀로는 국가생존사업의 '실패 근본 원인'을 이해할 수 없었다. 공동체 생존사업의 성패에 대한 착각은 수천 년 인류 역사에서 반복되어 왔다. 그리고 2025년 대한민국에서도 재현되고 있다.

 고대부터 동서양 모든 정치세력은 민본(民本), 안민(安民)을 '국가 근본'이라 외쳤다. 그러나 국민 이익증진을 국가생존사업의 근본원리로 이해하는 것은 당시 인식으로 불가능했다. 개인은 공동체 안에서 생존 가능한 존재였으며, 공동체 이탈은 바로 죽음이었다. 당시 국가이익은 집권 정치세력의 이익이었으며, 정치세력과 국민은 상호 보완보다 충돌 관계로서 피지배층 통제와 약탈이 일상화되었었다. 19세기 말까지 세계는 개인 왕국 가산제(家産制) 통치가 계속되었다. 2022년 북한 김정은 개인 가산제는 19세기 세습 왕국의 모습을 그대로 보여준다. 이지수 전 명지대 교수는 「김일성 시대 당원 통제(2018)」 논문에서 북한을 "신정(神政)에 왕정(王政)이 겹친 사회주의국가"로 규정했다.

역사상 모든 정치세력은 국민 이익을 외면하는 순간 멸망했다.
"국가의 도(道)는 백성(民)이 위(上)와 더불어 갖는 「같은 마음의 소리(同意)」"였다.
국가전략 결정자는 경쟁국과 중장기적 생존이익 상호작용의 틀을 통찰해야 성공했다. 국민 이익증진 소홀은 그 순간부터 국가경쟁력 약화와 국가패망의 시작이었다.

 국가이익과 국민 이익은 어떤 관계인가? 국가이익은 국민의 직간접 이익과 직결된다. 직접 이익은 자유경쟁으로 얻는 일상 국민생존이익이다. 간접 이익은 국민 재산과 생명을 보호하는 국가안전보장이다. 모든 국가는 국민과 국가의 이익 관계 설정에 집중했다. 역사상 모든 독재자는 집권 이전 국가에 국민과 이익의 상호관계를 정확히 이해한 듯이 국민 이익을 적극적으로 주장했다. 그러나 권력 장악 직후부터 그들은 한결같이 국가이익을 그들 세력 이익으로 만들었다. 동아시아 최초 국가이익 독점을 추구하던 주나라 여왕은 BCE. 841년 주나라 국인 폭동으로 도망했다. BCE. 8~6세기 고대 그리스-로마 왕정이 귀족-평민 사이 생존이익 충돌로 폐지되던 시기였다. 20세기 사회주의독재 체제는 노동자 이익 보호를 외쳤으나, 집권 직후 국가 이익은 공산당 정치세력 이익으로 돌변했었다. 2023년 중국이 국민 일상생활을 강력히 통제했던 이유도 국민 생존사업 활동의 자유가 공산당 이익을 침해했기 때문으로 전문가들은 추정했다.

모택동의 '대동 사회'로 수천만 국민이 사망했다. 시진핑은 공동(共同) 부유론(富裕論)을 주장하며 홍콩 자유민주주의를 파괴했고, 코로나19 전염병 퇴치를 명목으로 우한, 상해 등 대도시를 완전 봉쇄했다. 그들 정책 목적의 실체는 국민이 아닌 공산당 이익증진이었다. 중국에서 "개인은 국가정책 틀 속의 부속품" 아닐까? 이것이 중국 공산당 마르크스주의 "전체는 하나, 하나는 전체"의 실체이며, 공자 유교 대동사회(大同社會)의 실체이다. 중국 경제는 국가통제 범위 내에서만 사유재산을 허용하는 이른바 '조롱(鳥籠, 새장) 경제'라고 말한다. 중국에 자유와 사유재산권은 홍콩 사태와 코로나 완전 봉쇄사태로 명백히 그 실체가 확인되었다.

푸틴은 「국민 마음의 소리」로 무장한 우크라이나를 절대 이길 수 없다. 2022년 우크라이나를 침공한 푸틴은 군사작전 실패로 국내외 강력한 반대 세력과 충돌하는 사면초가에 직면했다. 왜 우크라이나 국민은 생명을 바쳐 피 흘리며 자유민주주의를 지키려 하는가? 왜 우크라이나는 푸틴 공격

에 전 국민이 자발적으로 생명을 바쳐 저항할까? 우크라이나 국민 생존본
능이 국가생존사업 불패의 힘으로 작용했기 때문이다. 왜 이라크, 이란, 아
프간은 미국의 자유민주주의 지원정책에도 끝까지 저항해 거부한 걸까? 자
유민주주의는 국민의 자유로운 선택으로 정착된다. 자발적 선택이 아닌 강
요된 민주주의는 또 다른 독재이기 때문이다. 동서고금 모든「권력 독점 장
기집권」체제는 '민족공동체'를 내세운 선전 선동으로 자유민주주의 제제를
파괴해 국민 이익을 무시하는 독재로 이어졌다.

 국가생존사업은 시공간적 연속성(strategic continuity)을 통해서 목적을 달
성한다. 개인 생존사업은 일생 동안 달성하는 사업이다. 그러니 국가생존사
업은 어느 한 세대, 20~ 30년으로 끝나는 단기사업일 수 없다. 어느 순간 국
민은 그들이 선택한 정치세력과 지도자의 실체를 알게 된다. 국민이 속았음
을 아는 순간 그 지도자와 정치세력의 파멸이 시작되었다. 그리고 새로운
개혁 정치세력은 백성의 생존이 위협받을 때 반드시 등장했다. 현대 독재
세력도 개혁 정치세력으로 등장해 멸망한다. 1917년 레닌 공산혁명으로 세
계 초강대국이 되어 냉전을 주도했던 소련 사회주의독재 세력도 그렇게 패
망했다. 21세기 독재 파멸의 대표적 사례가 아프리카 짐바브웨 독립투사 무
가베의 몰락이다. 남미 베네수엘라의 차베스가 촉발한 정치적 대 혼란은 좌
파 사회주의 포퓰리즘 독재 세력이 어떻게 장기집권에 성공해 국가재정을
파탄시켰는가를 명확히 보여주었다. 대한민국 초대 대통령 이승만의 몰락
은 3.15 부정선거에 대한 국민 분노의 결과였다. 시대를 막론하고 국가는 국
민 이익을 끝까지 지키면서 국민 마음의 소리를 따를 때 성공했다.
 자유민주주의 국가생존사업은 새로 집권한 정치세력이 우수한 구정권 정
책을 지속 추진할 때 보장된다. 집권 정치세력이 그들 세력 이익보다 국가이

익을 우선 선택할 때만 가능하다. 집권 세력은 그들의 정책을 실행할 주요 직위자를 임명한다. 그 임명자들이 수행한 정책추진 결과로 국민은 다음 선거에서 그들을 심판한다. 인사(人事)가 만사(萬事)인 이유이다. 종종 과거 모든 국가정책을 파괴하는 정치세력이 나타난다. 집권 세력이 그들 세력 이익만을 위한 정책을 추진할 주요 직위자를 임명할 때가 그렇다. 대한민국 어느 정당 대표의 "100년 집권 목표" 발언은 그래서 국민을 매우 불안하게 했었다.

국가집권 세력은 국가발전의 연속성 보장을 위해 지속 집권이 불가피하다고 종종 주장한다. 이는 장기집권을 위한 포석일 뿐이다. 시진핑과 푸틴의 장기집권 헌법개정은 그렇게 진행되었다. 중국은 마르크스 사회주의독재 체제의 우월성을 주장하며 자유민주주의와 대결을 공식 선언했다. 2017년 제19차 당 대회 시진핑의 중국몽(中國夢) 선언이 그것이다. 중국몽은 "국민을 위한 국가의 꿈"이 아니다. "공산당 세계패권"의 꿈이다. 그들은 중국몽을 예기(禮記)의 대동(大同), 동중서(董仲舒)의 대일통(大一通)으로 포장했다. 대동(大同)은 모택동이 이미 실패한 정책이며, 등소평 선부론(先富論) 개혁개방 경제정책이 그래서 힘을 얻었었다. 그런데 시진핑의 공동 부유론이 재등장했다. 정치세력이 국민을 지배하면 국가는 지배 정치세력 이익만 남는다. 그래서 독재정치는 국민 생존이익과 충돌해 패망할 수밖에 없다.

현대 국가목적(national Goals)은 헌법으로 규정한다.
자유민주주의 헌법은 국민 이익과 사유재산 보호를 국가목적으로 규정했다.
사회주의독재 헌법은 국민 재산 국유화, 공산당 국가건설을 국가목적으로 규정했다.
중국 공산당은 인센티브 제도를 도입해 G-2를 달성했으나, 디지털 국민감시체제를 시작했다. 그와 동시에 대한민국의 정치부패-체제전복(subversion) 위기도 따라서 급증했다. 왜, 한반도에 그런 현상은 수 천 년 반복될까?

21세기 정치부패는 행정 권력을 견제할 사법 권력 상실, 무력화로 시작된다. 모든 독재자는 마치 국민의 구세주처럼 등장한다. 선전 선동 국민 지지를 이용해 국가권력을 독점해 간다. 입법-사법을 시녀로 만들어 공정한 사법 심판이 불가능하게 된다. 장기집권 정치부패가 필연적으로 이어진다.

독재국가에 개인의 자유와 사유재산권은 존재할 수 없다. 시진핑은 중국 공산당이 개인 이익과 사유재산권을 보장한 것처럼 선선한나. 그러나, 공산당 통제범위를 벗어나 충돌되는 개인 이익은 모두 몰수되고 있다. 중국은 시장경제 인센티브 제도를 허용했으나, 개인의 자유는 허용하지 않았다. 사회주의에 사유재산권, 경제적 자유(Economic Freedom), 정치적 자유(Political Freedom)는 존재하지 않는다. 사유재산권, 경제적 자유는 자유민주주의 원동력일 뿐이다. 전략은 이제 군사적 승리를 벗어나, 지속 가능한 새로운 국가생존사업의 승리영역을 향해 변화를 거듭하고 있다.

◆ 동양 병법과 서양 전략

동양은 19세기 초 서양에 완전히 정복당했다. 춘추전국시대 유학이념 기반의 국가통치전략이 19세기 초까지 그대로 유지된 결과였다. 동양 병법(兵法)의 목적은 강병입국(强兵立國)이었다. 정치세력은 강병(强兵)을 일으켜서 국가를 건설(立國)하고, 패왕지국(覇王之國)으로 백성의 삶을 평화롭게 만드는 것을 목적으로 내세웠다. 한무제(漢武帝) 이후 동아시아 대륙을 지배한 정치세력은 세계 중심국가로서의 패왕지국 환상에서 19세기까지 깨어나지 못했다. '중국(中國)'은 국명이 아닌 '천하의 중심국'을 뜻한 말이었다.

CE. 1000년 중국은 유럽 30개국의 인구 2,556만보다 약 2배 많은 5,900만이었고, GDP는 유럽 109억보다 1.7배 많은 274억(카미스 달러)이었다. CE 1500년 동아시아 대륙 중국의 GDP는 618억이었고 유럽 30개국이 441억이었으나, 1950년에 유럽 30개국 GDP 1조 3,962억에 비해 중국은 유럽의 약 1/6인 2,449억으로 역전되었다. 동아시아 대륙은 산업혁명기술 무기로 무장한 서양 전략에 철저히 정복당할 때까지 유교 이상국가(理想國家) 대동(大同), 대일통(大一統) 환상에만 빠져 있었다.

서양 전략(戰略)은 원로원 등의 시민의회 세력이 임명한 장군의 군사 전쟁기술이었다. 고대 그리스-로마 전략사상은 6-11세기 동로마 비잔틴 군사과학과 해상무역 번창에 힘입어 중세에 혁명적으로 발전되었다. 유럽은 화약과 종이, 나침반 등 중국 발명 신기술이 도입되면서 군사혁명(military revolution)의 소용돌이에 빠져들었다. 14세기 이후 유럽 군사혁명은 대양 항해 기술과 유럽 이외 대륙을 정복한 군사기술 발전의 원동력이었다. 해외 원주민을 대량 학살하며 식민지를 건설한 유럽국가들은 그것을 신대륙 발견(?)이라고 불렀다.

동서양 전략의 차이점은 대표 전략서『손자(孫子)』와 클라우제비츠『전쟁론』비교에서 명확히 드러난다. 동서양 전략은 목적과 대상 영역을 근본적으로 달리했다. 동양 병법은 국가생존사업의 '선승(先勝), 후전(後戰)'을 근본으로 추구했다.『손자(孫子)』는 군쟁(軍爭: 군사 전쟁) 위험을 최대한 회피하는 모공(謀攻)을 제일 계책으로 삼았다. 군사 전쟁 없이 상대를 굴복시키는 부전승을 추구하는 모공(謀攻)은 상황에 따른 4단계 방책을 적용한다. 벌모(伐謀)로 적의 계책을 무력화한다. 중국의 티벳, 신장, 남중국해 지배전략이 대표적이다. 벌교(伐交)로 적의 동맹 세력을 해체(解體)시킨다. 미국의 인도태평양 전략으로 오커스, 쿼드, 한미일, 동남아 동맹체제 강화 전략이 그것이다. 벌병(伐兵)으로 적의 군사 계책(計策)을 무력화한다. 냉전시기 미소 군비경쟁이 대표적 사례이다. 마지막 공성(攻城)으로 적의 본성(本城) 또는 영토를 직접 공격 점령한다. 모택동 인민 전쟁 전술, 등소평 개혁개방, 시진핑 중국몽(中國夢)은 모두 전형적 모공에 의한 '선승(先勝) 후전(後戰)' 전략이다.

서양은 군사 전쟁을 앞세운 '선전(先戰) 후승(後勝)' 전략을 추구해 왔다. 먼저 군사 전쟁을 시작해 적을 굴복시키고, 그것을 통해 최종적 국가승리를 얻는다. 고대 그리스-로마는 군사 동원체제 국가로서 군사 해외무역으로 국력을 축적했다. 고대 페르시아를 건국한 키루스 대왕은 그리스 크세노폰 용병을 사용해 제국을 건설했다. 용병 군시력 중심 국가였던 카르타고는 용병국가는 자국민 중심의 서양 전략사상 기원 국가인 그리스-로마군대를 이길 수 없었다. 유럽국가 군사 전쟁은 신대륙 식민지 전쟁으로 이어지며 17세기 이후 서서히 감소했으나 산업혁명기술과 자본주의 시장경제 번영으로 국가 총동원 총력전과 세계대전으로 발전했다.

18세기 이후 유럽 경제는 군사 전쟁을 서서히 대체하기 시작했다. 프랑스 영웅 나폴레옹은 군사 전쟁으로 유럽 전역을 정복했으나 1815년 최종 워털루 전투에서 패배해 엘바섬으로 보내졌다. 나폴레옹 전쟁 이후 클라우제비츠는『전쟁론』을 썼다. 전쟁론 전략사상을 실천한 프러시아는 독일 통일 전쟁을 최종 승리로 이끌었다. 그러나 이후 군사 전쟁에서 초기 압도적으로 대승한 국가가 최종 패배하는 특이 현상은 21세기까지 반복되었다. 독일 히틀러는 나폴레옹 같이 초기 서유럽 지역 군사 전쟁에서 압도적 대승을 거두었으나 최종 패배해 자살했다. 2022년 미군은 아프간 군사 전쟁에서 승리했으나 정치적 협상에 따른 미지상군 철수로 최종 패배했다. 1975년 베트남 전쟁 패배의 복사판이었다. 서양의 대표 전략서『전쟁론』은 군사 전쟁 승리를 추구한, 그 이상도 이하도 아닌 '군사전략서'였다. 1945년 이후 경제가 군사 전쟁을 대체하고 있음을 절감한 서양의 "선전(先戰) 구승(求勝)" 전략사상은 크게 퇴색되기 시작했다. 2020년 미군 기본 교범『합동작전(joint operation)』에『손자』갈등연속체 개념이 기본전략개념으로 등장했다.

『손자』는 현대 '대전략 중심의 국가전략'으로 평가된다. 반면『전쟁론』은 군사 전쟁 승리를 최우선 추구하는 '군사전략서'로서, 19~20세기 제국주의 영토정복 전쟁을 통찰하려 했던 이론서였다. 그래서 21세기 군사 전쟁 이외의 과학기술 전쟁, 경제전쟁 등 국가생존사업 전략에『전쟁론』적용은 어렵다. 반면 손자병법은 21세기 모든 국가생존사업에 중심 전략개념으로 광범위하게 적용되고 있다.

그런데 왜 동양은 서양에 뒤처졌을까? 동양은 과학적 사고력에서 고대부터 서양과 큰 차이를 보였다. 유학자들은 전통적으로 숫자(number)와 산술(numeracy)을 비하했으며, 무인을 천시하고 문인을 우대했고, 실용보다 명목을 중시했다. 공인(工人)과 상인(商人)은 최하층 천민 계급이었다. 서양은 아라비아 숫자와 알파벳 문자를 발명해 사용했다. 피타고라스 이론을 중심으로 발전한 산술능력은 자연현상의 산술적 분석으로 이어져 중세 과학혁명을 이룩했다. 고대 그리스는 알파벳 문자를 발명해 시민교육을 장려했고 무역기술을 널리 교육해 해외무역을 극대화 추구했다. 고대부터 발달한 지중해 해외무역 상업기술은 '열린 사회' 전통을 만들어 이탈리아 도시국가의 초기 자본주의 금융체제 발명으로 이어졌다. 중세 과학혁명과 종교개혁 그리고 화약 혁명과 군사혁명, 신대륙 발견과 산업혁명은 모두 이러한 '열린 사회' 기반 위에서 이루어졌다. 20세기 과학이 기술과 통합된 이후 나타난 21세기 디지털 문화는 피타고라스 산술이론에서 시작되었다. 중세에 이미 동양은 서양 과학과 산업기술에서, 그리고 국가제도와 정치사상면에서 크게 뒤처져 있었다.

『손자』는 2500년 전에 국가 관계를 '갈등 연속체(Conflicts Continuum)'로 규정했다. 손무와 동시대인 노자(BCE. 571~BCE. 471 추정)도 도덕경(道德經)에서 《"이정치국(以正治國) 이기용병(以奇用兵); 정(正)으로 나라를 다스리고, 기(奇)로 병(兵)을 운용한다."》라고 하여 정치-군사의 일원화 관계를 통찰했다. 『손자』의 '선승(先勝) 후전(後戰)' 전략은 생존사업의 그러한 특성을 명확히 알려준다.

고대 군사 전쟁은 병농일치(兵農一致) 국가통치체제가 기반인 농민동원 전쟁이었다. 약소국 군주들은 강대국과 군사 전쟁을 최대한 회피, 억제하며 부국강병을 추구해야 했다. 손무(孫武)는 오나라 왕 합려에게 선택되어 강대국 초나라 군대를 백거 전투에서 패배시켜 오나라를 패권국가로 만들었다. 손무 모공 사상은 전국시대에 법가(法家)로 불리는 상앙, 신불해, 한비자 등의 법치 사상으로 계승되었다. 법가 정치가들은 약소국 진나라에 중용되어 엄격한 법(法) 적용으로 부국(富國)을 달성했고, 부국에 기반한 강병(强兵) 육성(育成)으로 대륙통일의 위업을 달성했다.『손자』선승 후전 전략 사상의 수도(修道) 보법(保法)과 일치한다.

　서양의 국가 통치술은 군사전략을 기반으로 발전했다. 그리스와 로마는 민회와 원로원이 군사 지휘관을 임명해 전쟁을 지휘하게 했다. 펠로폰네소스 초기전쟁을 승리로 이끈 아테네 페리클레스는 BCE. 430년 아테네 정치가들 모함으로 전쟁 중에 지휘관 직에서 1년간 파면되었다 복귀하기도 했다. BCE. 50년 갈리아 지역 전투를 수행중이던 로마 장군 시저는 원로원을 앞세워 폼페이우스가 명령한 '군대해산과 귀환'을 거부하고 BCE. 49년 루비콘강을 건너 로마를 점령했다. 국가통치자는 군사 전략가를 언제나 위험하게 인식했다. 동양의 문무(文武) 분리와 달리, 서양은 실용적 국가전략으로 강병을 선택해 무인을 가장 중시했다. 누구나 쉽게 지식 습득이 가능한 알파벳 문자 교육으로 무인들은 문인과 동일하거나 오히려 그들을 능가하는 지식을 습득했다. 고대 그리스-로마에서는 문무란 단어 자체가 없었다. 평민의 다수가 군사 지휘관을 거쳐서 원로원 의원과 황제가 되기도 했다. 중세 봉건 통치체제였던 유럽에서는 전문 직업군 기사 제도와 용병이 등장해 일반주민과 분리된 왕권 군사 전쟁이 수행되었다. 기사 제도는 일본 무사 계층 사무라이와 유사한 제도다. 군주는 전쟁을 직접 지휘했으며 귀족의 자제들로 구성된 장교들을 군사 지휘관에 임명했다. 이는 고대로부터 유럽지배 정치세력의 전통이었다. 군사 전쟁은 통치 세력의 권력 유지를 위한 모든 수단이었다.

서양에서 국가 총력전(Total War)은 1897년 프랑스혁명 후 나폴레옹 전쟁에서 시작되었다. 클라우제비츠『전쟁론(On War)』과 조미니『전쟁술(The Art of War)』은 나폴레옹 전쟁기술을 연구한 군사전략서로서 국가생존사업을 위한 총체적 전략개념은 포함되지 않았다.

『손자』는 "생존사업전쟁의 상시 완비"를 최상전략으로 제시했다. 위기(危機)를 도약의 기회(機會)로 이용하는 생존사업전략이다. 그래서 생존사업의 핵심 수단으로서 병자(兵者)를 "궤도(詭道), 즉 속이는 길"이라고 강조했다. 춘추시대는 다양한 국가통치 이론이 난무한 백가쟁명(百家爭鳴)의 시대로서 생존사업과 전쟁에 대한 시각 또한 다양했다. 유가(儒家)는 정의로운 전쟁, 의전(義戰)을 주장했다. 묵가(墨家)는 침략 공격에 반대하는 비공(非攻)을, 도가(道家)는 유약이 강함을 이긴다는 유약승강강(柔弱勝剛强)을 주장했다. 모두 부국강병을 위한 궤도(詭道)이다. 춘추시대 전쟁은 노자(老子)의 도(道), 공자(孔子)의 덕치(德治), 순자의 예치(禮治) 사상을 등장시켰다.

동서양 모든 국가멸망의 원인은 '평시 군사 전쟁 준비의 소홀'이었다. 유학은 병(兵)을 흉기로 보았으나, 불가피한 통치 수단으로 인식했고, 국가통치 중심사상으로 덕치를 "국가의 도(道)"라고 주장했다. 그래서, 평시 군사 전쟁 준비에 대한 찬성파와 반대파 논쟁은 끝없이 반복되었고, 평시 전쟁 준비 찬성파를 매국노로 인식했다. 반대파는 백성을 사랑하며 군주에게 충성을 다하는 애국자로 포장되었다. 우유부단한 군주는 찬반 논쟁과 준비 소홀로 군사 전쟁에 패배해 역사에서 사라졌다. 한반도 국가멸망 원인 또한 대부분 이러한 논쟁에서 비롯되었다.

통상 국가는 위기가 최고조 도달한 이후이야 실제 전쟁 준비에 착수한다. 그래서 『손자』는 병자(兵者)를 첫 단어로 사용해 전쟁 준비 경시의 위험성을 특별히 경고하고 있다. 진(秦)통일 이후, 중국 지배 정치세력은 문(文)을 중시했다. 문(文)은 말 그대로 문자정치(文字政治)이며, 무(武)는 군사통치다. 노자, 공자, 장자를 포함해 대부분 고대 중국 사상가들은 문무(文武) 분리를 모두 반대했다. 무(武) 없는 문(文)으로는 국가생존이 불가능하며, 문(文) 없는 무(武)는 군사 국가(Military State)를 만든다. 그래서 진(秦)과 한(漢)은 정권 유지를 위한 특별 조치를 반복했다. 진시황은 분서갱유(焚書坑儒)로 인(仁)을 강조한 모든 유교 서적을 불태워버렸다. 반면 한(漢)은 유학을 국교로 정해『춘추(春秋)』대일통(大一通)을 통치 사상으로 결정해 전국에 학교를 세우고 유학만을 교육했다. 유학을 배운 자를 시험으로 관리에 임명했다. 유학자들은 정치세력이 되었고, 유학은 국가통치체제 모든 것을 지배했다. 그들은 자연히 무(武)를 소홀히 했다. 유학은 문(文)이 지배한 비군사(非軍事) 국가를 만들어갔다.

국가 지배층은 언제나 정치세력 생존이익을 최우선 선택한다. 고려 시대 이후 유학은 그러한 한반도 정치세력을 양성하는 도구가 되었다. 15~19세기 유교 국가 조선은 평시 전쟁 준비 '찬성파, 반대파' 대립이 극심했다. 21세기 대한민국은 '친북-친중과 반북-친미'의 적대적 대립이 극심하다.

송(宋)나라 과거제도(科擧制度)는 '문(文)에 무(武)를 종속시킨' 제도였다. 과거시험은 인재를 선발한 능력 중심 제도(meritocracy)로서 긍정적 효과가 많았다. 그러나 횟수가 반복될수록 무관(武官)은 천시되고 문관(文官) 지배기반이 확고해져 갔다. 문관(文官)은 국력 약화(self-weakening)와 자멸(self-destruction) 정책임을 알면서도 무(武)를 의도적으로 천시(賤視)했다.

공자를 성인(聖人)으로 추대한 그들은 인간의 본성 직시를 주장한 순자, 묵자, 양주를 철저히 배척했다. 유학 5경을 내세운 명분 없는 권력투쟁은 멈추지 않았다. 문치(文治) 국가는 언제나 군사 국가에 멸망했다. 송(宋)과 고려(高麗)는 몽골족 원(元)에, 명(明)은 만주족 청(淸)에, 조선(朝鮮)은 일본에 멸망했다. 중국을 지배한 만주족 청(淸)은 유교를 통치 이론으로 선택한 이후 군사기술 천시로 영국 등 서양 외부세력 군대에 지배당했다.

한반도 정치세력은 본래 중국과 북방 세력 위협에 굴복하지 않았었다. 을지문덕의 살수대첩, 당 태종 이세민을 격파한 양만춘 안시성 전투, 강감찬 귀주대첩 등은 약소국의 평시 전쟁 준비가 얼마나 중대한가를 입증했다. 그러나 연개소문 사망과 함께 멸망한 고구려, 원나라에 굴복한 고려는 한반도 생존사업전략의 선택 방향을 바꿔버렸다.

유학을 국교로 선택한 조선은 중국을 대국으로 자발적으로 섬겼다. 사대(事大) 자소(自小)를 내세워 명나라에 스스로 굴복을 자청했다. 조선은 법령에 무관을 문관 하위직급으로 아예 규정했다. 글 잘 쓰고 말 잘하는 문과(文科) 과거시험 급제자는 국가정치를 장악했고, 무과 시험에 합격한 무관은 현장에서 그들의 명령대로 국경을 지켜야 했다. 장부의 기개를 드러낸 남이장군은 하루아침에 역적으로 몰려 죽음을 면치 못했다. 신언서판(身言書判)이 인재 등용 기준이었다. 끝없는 통찰과 연구를 요구하는 군사 개혁과 무기 기술 개발에는 한없이 소홀했다. 사농공상(士農工商)에서 공상(工商) 전문가 '쟁이'는 더욱 천시되었다. 병(兵)을 흉기로 취급했고, 병법은 문관(文官)의 심심풀이 책이 되었다.

선조 이후 임진왜란, 병자호란 등 조선 문관의 국가생존사업 실패는 당연한 결과였다. 1377년 최무선이 화통도감을 설치한 이후 1477년 세종대

왕은 화약 무기 대개혁을 단행해 이총통(二銃筒), 삼총통(三銃筒) 등 7종류 총통을 개발했으나, 선조시대 조선의 무기는 그 상태 그대로였다. 1579년 승자총통 개발 이전까지 조선은 신무기 개발에 무관심했다. 선조는 1590년 당시 최신무기 조총을 대마도주로부터 입수해 성능시험까지 했으면서도 그 위력을 무시했다. 황윤길, 김성일 통신사로부터 일본정세를 보고받은 같은 해였다. 평소 무(武)와 무기 기술을 천시한 왕이 미래 전쟁을 통찰하는 것은 사실상 불가능했다. 불과 2년 후 일본 조총에 전국을 유린당한 것은 당연한 결과였다. 광해군(光海君)은 생존사업전쟁 준비에 집중하다가 오히려 반대 세력에게 인조반정으로 폐위되었다. 병자호란의 치욕을 당하고 1649년 즉위한 효종(孝宗) 또한 송시열 등 유교 사대부 반대로 북벌계획을 끝내 실행하지 못하고 1659년 급사했다. 효종이 추진했던 무관 우대 군사력 강화정책은 그의 사망과 함께 즉시 중단되었다. 철저히 실(實)이어야 할 생존사업 준비가 주자학(朱子學), 성리학(性理學)의 명분(名分)-형식(形式) 허세(虛勢)에 묻혀버렸다.

임진왜란(1592~1598년)과 병자호란(1636~1637년)으로 전국 유린의 치욕을 당했음에도 유학 사대부 정치세력은 고질적 내부 권력투쟁을 중단하지 않았다. 반면 조선의 현장 무관(武官)들은 수없는 고민에 고민을 거듭했다. 이순신 난중일기와 1869년 조선의 유일한 손자병법 주석자, 무관(武官) 조희순의 『손자수(孫子髓)』는 문관 횡포에 억눌린 전선(戰線) 무관의 깊은 고민과 상념을 짐작하게 한다. 무(武)와 무기 기술(技術) 천시는 대한민국 3D(Difficult 어려운, Dirty 더러운, Dangerous 위험한) 회피 현상에서 그 뿌리가 깊게 남아있음을 보여준다.

산업혁명 부국강병을 주도한 유럽과 일본에는 과거시험 제도가 없다. 따라서 문무(文武) 구분도 없다. 문치(文治)는 유학의 세력 정치일 뿐이었다.

청(淸)과 조선(朝鮮)이 문무(文武) 없는 유럽-일본에 지배당한 것은 어떤 전략적 의미를 갖는 것일까? 19세기 유럽은 제국주의 재정 군사 국가(fiscal military state)였으며 일본은 군국주의 국가였다. 문무(文武)는 국가생존사업의 한 몸이다. 부는 국민 생존이익이다. 병은 동원된 국민이다. 생존사업은 국민의 식량과 생명이다. 백성을 노예로 만든 국가의 지배층 양반들이 그들만을 위한 '망(亡)하는 생존사업을 선택하니' 당연히 멸망했다. 반면 국민의 「같은 마음의 소리」를 기반으로 '흥(興)하는 생존사업을 선택한' 유럽 국가는 당연히 강대국으로 발흥했다.

동양 병법은 크게 두 가지 유형으로 구분된다. 하나는 생존사업의 미래를 제시한 '전략 병서(戰略兵書)'다. 무경칠서(武經七書) 등의 부국강병(富國強兵), 선승후전(先勝後戰) 원리를 기술한 병서이다. 무경칠서(武經七書) 중 최고의 전략서가 손자병법이다. 다른 하나는 군사작전술(軍事作戰術)의 '전술 병서(戰術兵書)'다. 이는 군사작전(軍事作戰)을 위한 용병술(用兵術), 즉 현대 군대의 야전교범(野戰敎範)이다. 이 서적들은 군사 조직편성, 배치, 진법, 무기 사용법 등 소부대와 대부대의 작전적, 전술적 지침을 수록한 병서다. 지금까지 전술 병서로 취급된『손자』를 전략 병서로 재해석해야만 하는 핵심 이유가 여기에 있다.

임진왜란 이후 조선은 전술(戰術) 병서(兵書) 발간에만 집중했다. 손자병법과 같은 전략 병서는 나타나지 않는다. 국가정책을 주도한 문관(文官)들은 군사력이 내치-외치를 모두 통합한 국가생존사업의 중핵(中核) 수단임을 이해하지 못했다. 유성룡(柳成龍)은 징비록(懲毖錄)에서 그 절절한 통한(痛恨)의 후회를 상세히 기록했다. 왜 신숙주가 죽기 직전 성종에게 일본 경계를 신신당부했는지 이해하지 못했다. 임진왜란 이후 발간된 병서(兵書)는 선조가 신무기 조총을 무시했던 행위같이, 문관 고위 관리들이 병(兵)에 대해 얼마나 철저히 무지(無知)했는가를 통탄(痛歎)하는 수많은 기록이 남아있다.

조선 마지막 왕 고종까지도 임진왜란과 병자호란의 처절한 굴욕(屈辱)을 당하고도 국가생존사업 원리를 이해하지 못했다. 전함(戰艦) 운용 능력이 전혀 없음에도 서양 군함 구매에 모든 노력을 집중했던 고종은 참으로 어처구니없는 망국(亡國) 패주(敗主)였을 뿐이었다.

중국 또한 1840년 아편전쟁 패배 이후에서야 서양 전략과 신무기 연구를 시작했다. 1661년 청나라 강희제는 해안지역 주민을 약 30km 내륙지역으로 강제 이주시켰다. 북방 흉노족 대비를 위해서였다. 1693년까지 청은 선박의 해안 정박 자체를 금지하기도 했다. 해양을 완전히 무시했고, 해양 위협 세력이 있다고는 상상하지도 못한 무지(無知) 상태였다. 1521년 스페인 코르테스가 아스텍 부족을 정복했고, 1660년 영국이 미국식민지 건설을 한창 추진하던 같은 시기에 청(淸)과 조선(朝鮮)은 정반대 정책을 선택하고 있었다. 이것이 16~19세기 미래에 대한 동서양 정치세력의 통찰력이었다.

청(淸)은 1839년 촉발된 아편전쟁에서 영국에 처절하게 굴복했다. '영국-청' 전쟁 승패를 가른 요인은 무엇인가? 청은 당시 GDP와 국방비 모든 면에서 영국의 두 배가 넘었고, 현장 동원 군사력 규모는 청 80만 명에 비교해 영국은 고작 7,000명뿐이었다. 그러나 전쟁의 승패는 병력 규모가 아닌 신무기 군함과 소총이 결정했다. 영국은 바로 손무가 주장한 당대(當代) 왕패지병(王覇之兵) 군사력의 최대 기술강국이었다.

조선의 흥선대원군은 1866년과 71년 거대한 서양 군함 위력을 직접 경험했음에도 1871년 쇄국정책(鎖國政策)을 강행했다. 일본도 이때 개국(1853~68년)을 시작했었다. 1862년 영국, 프랑스, 네덜란드, 미국 연합함대 공격으로 시모노세키 포대가 1시간 만에 완전히 파괴되면서 일본 쇄국 세력은 개국(開國) 세력으로 돌변했다. 그들은 1868년 덕천(德川) 막부(幕府) 세력을 무너뜨리고 왕정복고 개국(開國)을 선택해 서양 문물을 받아들이기 시작했다. 조선은 이러한 자각(自覺)한 내부세력과 개혁 세력의 힘이 모두 부족했다. 아편전쟁에 패배한 청(淸)의 혼란을 바라본 대원군은 신무기 위력보다 서양 세력에 의한 정권 붕괴를 더 크게 염려했다. 고종의 뒤늦은 군함 획득 노력은 전략적 타이밍을 한참 상실한 뒤였다. 고종은 1592년 조총을 무시한 선조의 통한을 그대로 되씹을 뿐이었다.

 1854년 미일 우호조약의 일본 강제 개항과 1876년 강화도 조약 조선 강제 개항은 '23년' 차이에 불과하다. 그러나 1907년 조선군 강제해산은 23년 차이 문제가 아니었다. 1592년 임진왜란 이후 1900년대 초까지 계속된 유학자 정치세력의 극한 권력투쟁이 조선 모두를 집어삼킨 결과였다. 1623년 서인 정치세력은 임진왜란의 참혹함을 온몸으로 체험하고도 전쟁 준비에 집중한 광해군을 몰아냈다. 그 결과 1636년 인조는 삼전도에서 청 태종에게 항복해 삼궤(三跪) 구(九) 고두(叩頭) 굴욕을 당했다. 효종은 하멜이 가져온 서양 최신식 소총 제작에 성공해 부대편성과 훈련에 매진했었다. 그러나 그의 갑작스러운 사망으로 새로 집권한 정치세력은 효종의 모든 계획을 취소시켜 과거로 되돌렸다. 명군으로 알려진 정조의 서학 금지 문체반정(文體反正)은 서양문명을 도입할 원천 기회를 차단했다. 그 결과 당시 기세를 올리던 모든 실학파(實學派) 세력은 유배나 좌천되었다. 그렇게 안동김씨(安東金氏), 풍양조씨(豊壤趙氏) 세도정치로 국가의 혼란은 최후를 향해 치달았다. 1863~1910년 대원군 쇄국정책(鎖國政策), 민비(閔妃) 권력투쟁, 고종 우유부단은 모두 망국(亡國)의 길을 재촉한 선택뿐이었다. 조선왕조 518년은 유학 정치세력의 중국 모방으로 국가정체성과 독자 전략사상을 상실한 기간이었다.

국가흥망은 권력 장악 정치세력의 적극적 선택이 결정했다.
멸망한 국가는 망하는 정책을 적극적으로 선택했고,
번영한 국가는 흥하는 정책을 적극적으로 선택했다.

조선 멸망은 1592~1900년 기간 정치세력의 멸망 선택 결과인가?
김정은 핵무기 완성선언은 1994~2020년 한국 정치세력의 회피 선택 결과인가?
19세기 조선 멸망과 21세기 북한 핵무기 완성선언의 공통점은 무엇인가?

| 서양 전략 주도요인: 과학과 기술 |

동양에 전략(Strategy)이란 용어가 등장한 것은 1840년 아편전쟁 이후의 일이다. 후한(後漢) 3세기 말 사마표(司馬彪)는 그의 저서『전략집일(戰略輯佚)』에서 전략(戰略)이란 단어를 최초로 사용했으나, 글자 그대로 "전투(戰鬪) 요약(要約)"을 뜻한 말이었다. 아편전쟁 이전까지 중국과 주변국은 춘추전국시대 전략사상 수준에 머물러 있었다. 동양 병법과 서양 전략의 차이점은 아편전쟁에서 극명하게 나타났다. 바로 산업혁명 기술이 만든 차이였다.

인류는 도구 생존기술을 끊임없이 발전시켜 왔다. 도구 생존기술은 교류와 무역을 통해서 과학기술로 발전했다. 18~19세기 서양 근대 전략은 신무기(新武器) 군사혁명을 거듭했다. 산업혁명기술은 군사혁명을 일으켰고, 군사기술(military technology)은 근대 유럽 국가전략의 중심에 섰다. 그러나 서양 전략은 신무기 기술로만 발전하지 않았다. 근대 산업혁명, 정치혁명, 경제혁명, 사회혁명의 모든 과학적 요소가 군사전략에 총체적으로 집약 투입되었다. 화약, 나침반, 종이, 소총, 대포, 항해술, 식민지 해상무역, 지리학, 지정학(Geo-Politics), 금융, 행정학, 재정학, 경제학, 물리학 등 총체적

과학기술 지식이 융합되었다. 그렇게 17~19세기 유럽 제국주의 군사 국가는 세계 지배 군사력을 준비했었다.

조선의 개항은 일본과 불과 27년 차이다. 그러나 서양 문물 접촉이 금지된 조선 정치세력의 서양 전략통찰은 불가능할 수밖에 없었다. 수천 년 왕권 정치에 대한 확고한 유학 세뇌 교육 효과는 새로운 어떠한 정치체제도 상상조차 거부하게 만들었다. 조선 후기 명군 성조도 예외가 아니었다. 1786년 정조의 왕권안정을 위한 서학(西學) 금지, 천주교 신해박해(辛亥迫害)는 1792년 문체반정(文體反正)으로 이어져 국가 외부 정보는 강제 차단되었고 국경은 폐쇄되었다. 그 사건 이후 서학은 역모(逆謀)를 의미했다. 그러니 대원군이 서양 부국강병(富國强兵) 전략을 이해하는 것은 불가능일 수밖에 없었다. 조선은 1866년 대동강 미국 제너럴셔먼호와 충돌, 강화도 프랑스 해군과 전쟁, 그리고 1871년 미국 통상외교 요구를 모두 침략으로 간주했다. 조선은 명-청 이외 타국을 모두 오랑캐로 취급한 사대 정책을 강화하기만 했다. 일본 개항 이후 조선은 오히려 외국 접촉을 더욱 차단했다. 서양 전략을 전혀 알지 못한 대원군의 국가폐쇄 쇄국정책(鎖國政策) 선택의 결과가 망국이었다. 그런데 21세기 북한이 국가폐쇄 정책 선택을 70년 이상 계속하고 있다. 중국도 개방을 폐쇄로 다시 전환하는 선택을 하고 있다.

19세기 일본은 어떻게 서양 전략을 이해했는가? 지구촌 흐름(Global Trend)의 이해는 전략통찰의 대전제 조건이다. 일본은 15세기부터 네덜란드, 포르투갈을 비롯한 서양 해상세력과 교역을 계속해 왔다. 그들 일부가 바로 제주도에 표류했던 하멜이었다. 조선 효종은 대포, 조총, 모래시계, 천리경 등 서양 문물을 가득 싣고 온 하멜을 서양을 이해하는 데 모두 활용하지 못했다. 유학자들 반대 때문이었다. 일본은 그들과 무역을 통해서 조총을 만들고 임진왜란으로 대륙 정복을 시도했다. 그들은 어떻게 총과 대포가 만들어졌고 철선이 만들어졌는가를 쉽게 이해했다. 일본은 해상무역의 교역 과정을 직접 경험하면서 서양 문물을 점차 깊고 넓게 이해하고 있었다. 1858년 에도(江戸) 막부와 미국이 체결한 '미일 수호 통상항해조약' 이후에도 영국, 러시아, 네덜란드, 프랑스와 굴욕적인 얀세이 5개국 통상조약은 그러한 과정에서 체결되었다. 일본은 이를 기반으로 마침내 1868년 명치유신(明治維新)에 성공했다. 그리고 미국, 영국, 독일 시찰과 유학을 통해서 서양문명과 유럽국가 생존사업전략을 정확히 통찰한 선택을 가속화 했다.

| 과학기술은 유럽을 세계 중심지로 만들었다 |

4세기 이후 서유럽 국가목표는 '강병-부국'을 벗어나지 않았다. CE. 476년 서로마 제국 분열과 멸망은 서유럽 국가의 패권 경쟁을 촉발했다. 화약 혁명(gunpowder revolution)은 신무기와 신전술(combat tactics) 발전을 가져왔다. 소총과 대포 발명은 군사 전쟁 양상을 근본적으로 변화시킨 군사 조직, 전투기술(Technic and Skill), 전술(tactics), 교리(doctrine) 등의 군사 변혁(transformation)을 가져왔다. 이러한 변화를 군사혁명(Military Revolution)으로 부른 것은 군사기술이 사회 전 분야에 걸쳐 혁명적인 대변혁을 일으켰기 때문이었다. 중세 군사혁명은 민간 전 분야에 기술혁명 바람을 확산시켰다.

중세 서유럽 군사혁명은 민간 화약 운용기술 발전에 직접적 영향을 받았다. 총은 1326년 유럽에 최초 등장했고 중국에는 1332년 나타났다. 고려는 1377년 최무선이 화약 무기를 제조하는 화통도감을 설치했다. 서유럽 철제 기계 발명은 보병-포병 전술, 요새 방어와 함포 해상전술에 대변혁을 가져왔다. 백년전쟁(1337~1453년)이 지속되었다. 유럽 신무기 생산에 1700년대 민간 발명기술이 최우선 투입되었다. 1760년 산업혁명 기술은 군사무기를 혁명적으로 바꾸어버렸다. 1797년 프랑스혁명과 나폴레옹의 천재적 군사감각은 최초로 국민을 총동원한 국가 총력전(Total War)을 시작했다.

18~19세기 유럽국가는 재정 군사 국가(fiscal military states)제제를 구축했다. 해외식민지 정복을 위한 부국강병(富國强兵)과 군사 전쟁 선택이 불가피했다. 해외시장은 부국(富國)의 지름길이었으며, 강병(强兵)의 원천이었다. 이 흐름 속에서 중국, 일본, 조선이 강제 개항되었다. 철도, 자동차, 내연기관(internal combustion engine)은 전차, 전투기, 전투함, 항공모함이 되었다. 민간 소총 제작기술은 기관총, 대포, 자주포가 되었다. 모든 무기체계 혁명은 산업화 민군 겸용기술(Dual-use Technology)에 기반했다. 1900~1939년 육상, 해상, 항공무기가 마침내 제1, 2차 세계대전에 모두 투입되어 참가국 전체를 승패와 무관한 공멸로 몰아넣었다.

어떻게 15세기 가장 낙후되었던 유럽이 19세기 세계를 지배하게 되었는가? 화약 혁명과 함께 시작된 군사혁명(Military Revolution)은 중세 유럽에 어떠한 영향을 주었는가? 16~17세기 지동설(코페르니쿠스, 1543년)과 과학혁명, 항해술과 지도가 왜 군사기술에 혁명적 발전을 가져왔는가? 지리학(Geography)은 어떻게 대항해 시대 신대륙 발견을 주도했는가? 어떻게 18~19세기 지리학은 국가전략과 통합되었는가? 19~20세기 정치와 지리학은 어떻게 지정학(Geo-Politics)으로 통합되었는가? 21세기 국가전략은 어떻게 지경학(Geo-Economics)으로 통합되었는가?

동아시아 발명품(화약, 종이, 나침반)이 유럽 과학기술이 되어 동아시아를 지배했다. 지구촌 인류 생존술은 그렇게 교류와 전파를 통해서 새로운 문화를 융합 창출해 왔다. 생존사업전략도 교류와 전파를 통해서 융합 발전되었다. 동양에서 국가흥망 결정 요소들을 생존전략원리로 정립한 유일한 전략가가 손무이다. 『손자』가 최초 유럽에 전파된 시기는 1772년 산업혁명 시기였다. 프랑스에 최초 전파 이후 서양 전략은 손자병법 영향을 많이 받았다. 특히 리델 하트 '간접 접근 전략(Indirect Approach Strategy)'은 손자병법 우직지계(迂直之計)와 그 원리에서 같다. 리델 하트는 그의 '간접 접근 전략' 원천이 손자병법이라고 만년에 인정한 것으로 알려졌다.

기술은 '더 멀리, 더 빨리, 더 많이'를 가능케 했다.
과학은 시간-공간을 미래 생존사업전략의 중심지로 만들었다.
과학기술은 '천시-지리'를 통찰하는 수단-방법이 되었다.

『손자』의 원리는 '선승(先勝), 후전(後戰)'이다. 불확실성(Uncertainty)을 시간으로 극복해 부전승(不戰勝)하는 생존사업전략이다. 생존이익과 천시-지리를 융합한 장기 생존사업전략이다. "평시 나의 능력을 통찰해 완비한다. 천시를 통찰해 결정적 기회에 결정적 사업을 수행한다." 평시 정확한 정보획득과 철저한 대응은 기본조건이다. 평시 정보획득은 결정적 기회를 정확히 통찰하게 해준다. 최적의 나의 능력은 실패 없는 최종 승리를 보장한다. 평시 능력은 미래 생존사업 기회가 반드시 다가옴을 확인한다. 선승(先勝) 전략은 클라우제비츠가 고민했던 전쟁 불확실성 해소전략이다. 선승은 부민(富民)과 동시 강병을 육성하는 전략이다. 후전(後戰)은 불가피할 때만 사용하는 최후 선택수단이다.

『손자』 13편은 현대전략의 「목적(Ends), 수단(Means), 방법(Ways)」 패러다임을 모두 갖추고 있다. 도(道)는 전략 목적 안민(安民)이다. 천시 지리는 전략 방법 통찰기반이다. 장(將)은 전략 주체요, 법(法)은 전략수행의 제도적 장치이다. 계(計)는 생존사업을 통찰, 결심, 선택하는 워게임 시뮬레이션 계산과정이다. 작전(作戰)은 비용 최소화, 이익 극대화 전략방책 수립이다. 모공(謀攻)은 부전승(不戰勝) 생존사업 방책이다. 손자병법은 백성 생존이익 보장 위에서만 군주 이익이 존재함을 강조한다. 손자병법은 '장군의' 군사 전쟁기술이 아니다. '군주의' 전쟁기술을 제시한 국가생존사업전략서다.

◆ 21세기 전략변화와 한반도

21세기 기술(Technology)은 미래전략을 주도할 생존사업 기본 요소이다. 20세기를 산업혁명 기술이 주도했다면, 21세기는 정보 우주기술이 주도한다. 정보기술은「동시 실시간(Simultaneous Real-time)」전략 개념을 실현했다. 수천 년 전략가의 고민인「시간-공간, 천시-지리」의 한계를 극복하는 수단을 제공했다. 전략가 상상에만 존재했던 '실시간 동시 통합' 개념을 정보기술이 현실로 끌어냈다. 적보다 빠른 '정보획득-평가-통합(Integration)'은 승리 주도권 확보(to seize Initiative)의 필요충분조건이다. 정보기술은 시공간의 한계를 넘나들며 나의 의도대로 적에 대응할 수 있는 능력을 제공한다.

냉전 시대 1960~1970년 미국은 정보획득을 위한 신기술개발에 집중했다. 1957년 10월 4일 카자흐스탄 사막에서 발사한 소련 스푸트니크 인공위성은 미국에 상상 이상의 엄청난 충격을 가했다. 말 그대로 '스푸트니크 쇼크(Sputnik's Shock)'였다. 핵무기 유일 보유국가를 자부하던 미국이 1949년 8월

29일 소련 최초 핵실험 성공에 위기를 느끼던 중, 핵탄두 운반수단 탄도미사일 기술에서 소련에 뒤처졌음을 공식 확인한 순간이었다. 미국은 이것을 소련에 뒤진 '미사일 갭(Missile Gap)'이라고 불렀다. 스푸트니크 쇼크는 미국의 수학, 과학 교육체계 전체를 완전히 바꿔버렸을 정도로 그 충격이 대단했다.

정보기술 혁명은 케네디 아폴로 우주 개발계획에서 시작되었다. 정보기술은 시공간 한계(Limitation)와 불확실성(Uncertainty) 극복의 전략적 환경을 제공했다. 먼저 보고(See), 먼저 결심하여(Decide), 먼저 행동하는(Act) 순차적 작전시간 개념이 「실시간 동시」의 '시공간 통합작전'으로 변화했다. 연합 및 합동(Joint and Combined)작전 현장에서 실시간(Real Time) 수단의 동시 통합(Simultaneous Integration)이 가능하게 되었다. 「시공간 동시 통합」 전략개념은 모든 국가자원 운용 기반 체계를 모두 '동시 통합개념'으로 변화시켰다. 모든 분야 조직체계를 생존이익을 중심으로 재편하는 국가전략의 통합(integration)이 일어나고 있다. 국가전략을 모의하는 워게임 센터가 신설되었다. 2023년 미국 국가전략 워게임은 중국 대만 침공계획을 분석해내고 있다.

전략의 시간-공간이 상상을 초월한 영역까지 확장되고 있다. 2003년 제2차 걸프전에 참전한 다국적군(Multi-national Forces) 현장 부대는 타 부대의 전투 영상을 실시간(Real-Time)에 직접 보며 합동작전을 수행했다. CNN은 이를 전 세계에 동시 생중계했다. 2011년 오바마 미국 대통령은 백악관 집무실에서 오사마 빈라덴 체포 작전을 군사 지휘관이 지휘하는 실시간 영상을 공개했다. 국가전략 최종결정권자가 군사 지휘관과 같이 앉아 실시간 작전을 결심하는 모습은 충격적이었다. 전략적 불확실성의 원천인 '시간-공간의 한계(Limits of Time and Space)'가 극복되는 순간이었다.

21세기는 회색지대(Grey Zone)가 전략영역에 재등장했다. 회색지대란 평화도, 전쟁도 아닌 '위협과 공포, 도발과 협상'을 이용해 목적을 달성하려는 전략영역이다. 회색지대는 근본적으로 불확실 환경을 이용하는 비정규 전략영역을 나타내던 말이다. 미국의 베트남전쟁 패배 이후 전략적 약자는 결정적 승리를 회색지대를 통해서 얻으려는 전략을 발전시켜 왔다. 결정적 작전을 회피하던 약자가 회색지대에서 강자의 영역을 직접 공격한다. 회색지대 전략은 정보통신기술 발전으로 인해 성공 가능성이 더욱 커졌다. 미국 9.11 무역센터 항공기 테러공격은 세계를 충격에 빠뜨린 대사건이다. 전략적 약자는 인터넷 사이버(Cyber) 영역에서 그 범위를 대폭 넓혀가고 있다.

회색지대 전략영역의 재등장은 1991년 걸프전 이후 국가-비국가(non-state) 행위자 분쟁에서 나타나기 시작했다. 정상 국가는 정면 도전을 최대 회피하면서, 협상을 통한 유리한 전략 상황을 추구한다. 비정상 국가는 모든 협력관계를 무시하고, 극단적 분쟁과 긴장 관계를 의도적으로 조성하면서, 비국가 행위자를 지원하고 협력한다. 이란과 북한의 세계 무장 테러 집단과 관계는 보이지 않는 협력관계로 알려져 있다. 그들은 강대국 경제보복에 대해 군사도발과 협상을 반복하며 유리한 결정적 기회를 기다린다. 특히 북한은 전시상황을 조성해 핵미사일을 개발하고 군사-비군사, 정규-비정규. 대칭-비대칭 전략을 자포자기식으로 모두 사용하는 대표적 회색지대 전략 구사 국가이다. 국제관계의 분쟁 연속체(conflict continuum)에서 회색지대 전략에는 전혀 다른 유형의 전략적 틀이 필요하다. 북한 핵미사일에 대한 대한민국 대응의 전략 틀이 맞춤형으로 창출되어야 하는 이유이기도 하다.

미국 국방성은 2020년 8월 '합동 전 영역 지휘통제체계(JADC2: Joint All Domain Command and Control)'를 시험 중에 있다고 의회에 보고했다. 이 체계는 전통 전략영역과 회색지대 영역의 작전을 동시 지휘하는 '통합

지휘체제'를 말한다. 지상, 해상, 공중, 우주, 사이버, 회색지대에 '감시-센서(Sensors)-슈터(Shooters)'를 실시간 동시 통합 운용하고 지휘해 적보다 빠른 결심과 대응을 목표로 한다.

김일성-김정일-김정은 생존전략은 전형적 회색지대 전략이다. 북한 대남전략은 근본적으로 회색지대 궤도(詭道)에 기반해 발전해 왔다. 전쟁도, 평화도 아닌 비정규 게릴라 전략, 그리고 전면전 공포조성 위협을 이용한 정권 유지전략을 반복 추구해 왔다. 1950년 김일성은 대남무력 적화통일 6·25 남침 전쟁을 일으켰다. 1953년 군사 정전협정 이후 1970년대까지 전면 남침 공격 위협을 계속하면서 정규군 우세를 추구했다. 1970~1980년대 김정일은 군사도발, 대통령 암살, 게릴라 침투, 남한 정부 전복 등 비정규군 비대칭(Asymmetric) 침투 전술을 총동원했다. 김정일은 1990년대 완전한 전략적 열세에 빠지며 사망 시까지 오직 핵 개발에만 집중했다. 2012년 김정은 또한 핵미사일 개발을 지속하며 사이버 테러, 김정남 화학무기 암살, 위조화폐 발행, 불법 미사일 수출, 테러단체 무기 판매, 사이버 공격, 해킹 달러 획득 등 회색지대 전략을 총동원하고 있다.

회색지대 전략과 핵미사일로 생존하는 김정은이 과연 자발적 핵무기 포기가 가능할까? 핵무기는 외부공격 억제와 열세한 나의 능력을 동시 극대화해주는 절대무기다. 핵무기는 전쟁 승패와 상관없이 핵전쟁 공포와 협상의 모호한 회색지대를 만들어낸다. 김정은에게 절대 필요한 대남전쟁 공포조성을 충족시키고 북한 내부 전시상태를 보장해준다. 한반도 회색지대 전략에서 전가(傳家)의 보도(寶刀)인 핵 포기는 바로 정권 포기, 멸망을 의미한다.

2018년 미국은 21세기 국제관계를 분쟁 연속체(The Conflict Continuum)[14]

---

14   US Joint Chief of Staff, Joint Operations(Joint Publication 3-0, 2017), p. VI-2.

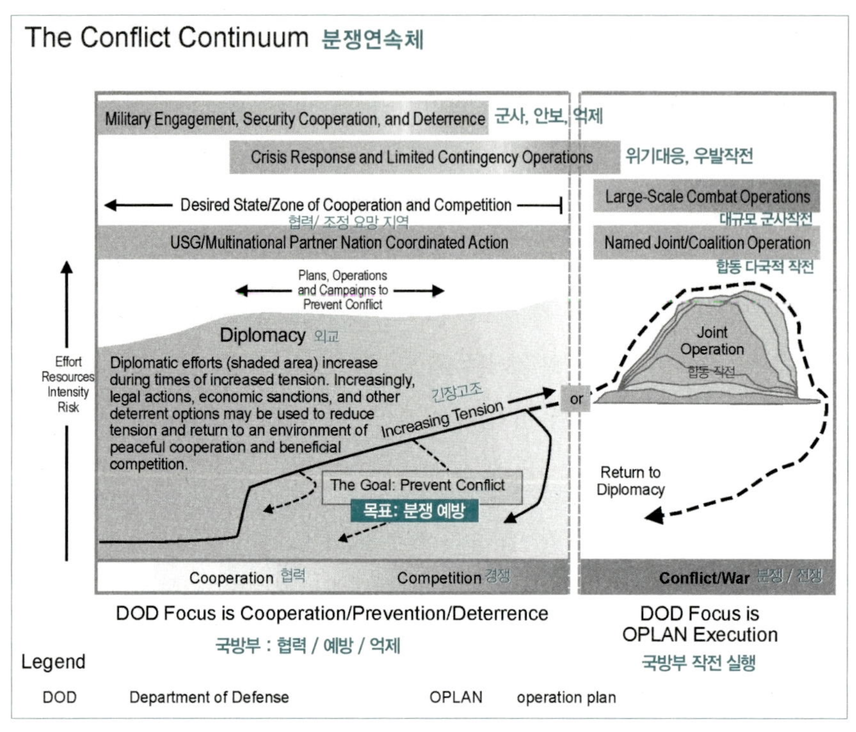

그림 분쟁연속체 (The Conflict Continuum)

상태로 재규정했다. 평화는 국가의 협력적 경쟁 현상으로 인식한다. 국가 경쟁 심화는 갈등과 분쟁의 발생 원인으로 작용한다. 갈등이 더욱 격화되면 군사적 충돌에 이어 군사 전쟁이 발생한다. 따라서 국가는 협력과 갈등, 분쟁과 전쟁을 시공간적으로 대응, 관리, 통제할 최적의 수단-방법을 항시 준비하고 있어야만 한다. 이것이 평시 생존사업전쟁이며, 현대 국가전략 기획의 기본개념의 틀이다.

상단 그림은 국가경쟁의 발전과정(escalating process)을 정확히 보여준다. 국가경쟁 발전과정 4단계에서, 1~2단계는 협력(Cooperation)과 경쟁(Competition)이다. 국가이익을 외교적 협상, 즉 비군사적 협상 조정으로 해결한다.『손자』벌모(伐謀), 벌교(伐交)에 해당한다. 외교적 협상 조정이 불가능하면 국제협력기구나 강대국 조정을 요구한다. 국제법과 경제제재(Economic Sanction)가 적용된다. 유엔과 미국의 북한 핵 개발경제제재는 국제질서 준수 위반에 대한 강제 제재이다.

개별국가의 상대국 경제보복은 굴복을 요구하는 사실상 분쟁단계 진입을 의미한다. 경제보복은 외교적 조정 실패 이후 적용되는 유일한 비군사적 조치다. 2016년 중국과 한국, 2010년 중국과 일본, 2019년 한국과 일본의 상호경제보복은 우방국을 벗어난 적대관계 개념의 적용이었다. 중국의 한국 사드 배치 경제보복은 한국 안보를 중국을 위해 희생하라는 일방적이고도 적대적인 보복 조치였다. 한국은 3불(三不) 요구에 그대로 굴복했다. 심지어 배치된 사드 운용의 중지 요구를 받아들였음이 차후 밝혀졌다. 2019년 미국과 중국 무역전쟁은 경제력이 군사력을 대체한 현대 국제정치 중심축의 변화 모습을 명확히 보여주었다.

1~2단계 비군사적 이익조정에 실패하면 분쟁, 군사 전쟁 3~4단계로 진입한다. 북한 대남무력 도발 단계가 대표적 사례다. 한국은 북한 불시 군사도발을 어떻게 대응할 것인지 70년 이상 고심해 왔다. 한국은 인접 중국, 일본과도 국경분쟁 상태의 여지를 안고 있다. 분쟁단계 진입은 없었으나 군사 전쟁억제력 보유는 중대한 문제이다. 군사 전쟁억제력은 손자병법 모공(謀攻)의 성공조건이며, 부국(富國)의 핵심 수단이다.

21세기 과학기술 혁명은 국가 생존사업전쟁의 양상을 근본적으로 변화시키고 있다. 첫째 국제 군사 전쟁은 대폭 감소했으나, 정치세력 내전(Civil-War)이 대폭 증가했다. 주로 아프리카, 남미, 동남아시아에서 나타난다. 1960~1970년대 식민지 독립 신생국들은 소련 공산당 사회주의독재 체제를 무 비판적으로 도입했다. 1991년 소련독재 체제 몰락 이후 자유민주주의 선택 국가들이 좌파 포퓰리즘 선전 선동으로 사회주의독재로 회귀하거나 장기 개인 독재체제로 되돌아가고 있다. 세계 좌·우파 정치세력 갈등은 내전 (Civil-War) 확대양상을 증가시키고 있다. 동유럽, 중남미, 동남아시아 사회주의독재 정치세력의 권력 장악이 대폭 증가하고 있다.

둘째 민주적 선거를 통한 정치세력의 국가전복전쟁이 급증하고 있다. 민주-독재 대결의 세계적 현상이 고착되고 있다. 냉전이 종식된 이후에도 좌파 사회주의독재 세력은 우파 자유민주주의 세력과 끝없는 '국가체제 이념전쟁'을 벌이고 있다. 모든 자유민주주의 국가에서 좌파 포퓰리즘 위기가 현실화되고 있다. 포퓰리즘은 자유민주주의를 파괴하는 치명적 요인이다. 국가전복전쟁은 남미(브라질, 아르헨티나, 베네수엘라, 볼리비아 등)와 아프리카(짐바브웨, 남아공, 이집트, 나이지리아, 수단, 에디오피아 등)에서 발생하는 내전의 핵심 원인이다. 유럽의 그리스, 스페인, 이탈리아는 매우 심각 상태이다. 러시아 주변 동유럽은 다수 국가가 이미 사회주의독재 체제로 다시 전환되었다. 최근 영국, 프랑스, 미국에도 포퓰리즘 이념전쟁이 확산 추세에 있다. 대한민국도 예외 없이 포퓰리즘 위기가 심각 상태에 이르렀다.

셋째 비군사적 수단에 의한 생존사업전쟁의 일상화 현상이다. 인간 생존 이익의 핵심은 시대를 막론하고 식량이다. 비군사적 전쟁 목표는 식량과 경제이익이다. 영토정복 약탈 시대는 군사력이 수단이었으나, 현대는 경제가 국가생존사업의 핵심 수단이다. 1990년 루트왁(Edward N. Luttwak)은 미래 지경학(geo-economic)의 지정학 대체를 예측했다. 그는 21세기 생존사업 핵심 수단을 '군사가 아닌 경제'로 분석했다. 2016년 블렉월(Robert D. Blackwill), 해리스(Jennifer M. Harris)는 『다른 수단에 의한 전쟁(War by Other Means)』에서, 미국은 경제가 만든 초강대국이며, 미래도 오직 첨단 기술 경제력만이 중국의 급부상 극복 수단임을 강조했다.

2017년 트럼프는 중국과 무역전쟁을 공식 선포했다. 트럼프는 또한 북한

4~6차 핵실험에 경제봉쇄 최대 압박전략을 구사했다. 한국에 사드가 배치되자 중국은 경제보복을 강행했고 한국은 3불 요구(1. 사드 추가배치 불가, 2. 한미일 동맹 불가, 3. 미국 미사일 방어체계 참여 불가)를 약속했다. 중국의 호주 경제보복과 호주 일대일로 참여 협약 탈퇴, 한국 반일정책과 일본 경제보복 등이 계속되었다. 특히 한국 정부는 북한 핵미사일방어를 위해 체결한 한일 정보 보호 협정까지 파기를 선언했다.

넷째 사회주의독재 국가의 인센티브 제도 도입 현상이 일반화되었다. 중국, 베트남이 대표적이다. 중국은 대만과 홍콩 독립을 군사적으로 위협하면서 티베트, 신장지역 분리독립 저지를 위한 모든 감시통제 수단을 강화하고 있다. 시진핑은 공동부유론(共同富裕論)을 내세워 부(富)의 양극화 현상에 따른 국내 갈등을 잠재우려 한다. 이는 과거 모택동의 대동사상(大同思想) 실패 정책과 유사한 조치이다. 시진핑은 2019년 미국과 무역전쟁이 극에 달한 시점에 강서(江西) 성을 방문해 새로운 대장정(大長征, Long March)을 선언했다. 미국과 단기가 아닌 장기전쟁을 선언한 것이다. 중국 공산당 일당독재에 따른 국민 불만과 목소리는 점차 커지고 있으나 자유민주주의를 향한 욕구 분출을 중화민족 부흥, 중국몽 선동으로 덮어버리고 있다.

2022년 북한 김정은은 미국과 장기전쟁을 선언했다. 핵미사일 실험 재개를 선언했다. 화성-15형 탄도미사일 실험을 강행했다. 풍계리 핵실험장을 재건하고 있다. 제2 고난의 행군을 선언했다. 남북교류의 산물인 금강산 관광 시설물을 철거했다. 러시아의 우크라이나 공격 군사 장비와 물자를 적극 지원한다. 북한은 국제정세를 이용한 중국, 러시아와 새로운 동맹관계를 강화하고 있다. 사회주의독재 체제 붕괴 이후 나타난 새로운 생존사업전쟁의 모습은 경제와 군사 경계가 모호해졌다는 점이다.

2024년 6월 푸틴과 김정은이 "유사시 군사 자동개입"을 명문화한 사실상 냉전 시대 군사동맹 조약을 다시 체결했다. 2014년 3월 크림반도를 무혈입성하여 강제 합병한 러시아 푸틴은 2022년 2월 24일 우크라이나를 전면 공격했다. 러시아는 우크라이나 동부 접경지역에 군사력을 집중시켜 1개월 이내 전쟁 승리를 예상했으나, 2025년까지 계속된 전쟁으로 탄약과 무기가 바닥나 작전 한계점에 도달했다. 푸틴은 이 위기를 북한과 군사동맹 복원으로 극복하려 하고 있다. 푸틴은 2021년 12월 독일 가스공급 송유관을 차단해 유럽국가들의 우크라이나 전쟁 개입을 억제하려는 제동을 걸고 있었다. 러시아 침공을 세계국가가 비난함에도 중국과 북한은 오히려 러시아 지원을 선언했다. 미국과 유럽국가들은 러시아 경제에 신속하고도 강력한 제재를 가하고 있다. 한국도 뒤늦게 동참했다. 경제는 군사 전쟁을 억제 차단하는 수단이 되고 있다. 군사 전쟁은 경제적 이익을 목표로 하는 무력 수단이기 때문이다.

  푸틴의 착각이 한반도를 핵전쟁 위기의 극단으로 몰고 있다. 21세기 새로운 생존사업전쟁 양상이 대한민국에 치명적 영향을 미치고 있다. 북한 김정은 핵무기 회색지대 전략은 끝없이 진화될 것이다. 국내 포퓰리즘 정치세력 또한 더욱 기승을 부릴 것이다. 대한민국에는 민족 공조 평화 주장과 자유민주주의 파괴가 본격화되고 있다. 좌파 정부의 '모호한 적(敵) 규정'은 대한민국 전략 방향을 큰 혼란에 빠뜨렸다. 어제의 적은 오늘의 동맹이 되고, 다시 내일의 적이 되고 있다. 비록 내일 동맹 체결이 예상되어도 오늘까지 적이면 그것은 분명 현재의 적이다.

미국과 소련은 제2차 세계대전 승리 직후에 50년 냉전 적대국이 되었다. 제2차 세계대전 침략국 독일, 일본은 1945년 직후 미국과 긴밀한 군사동맹 관계를 체결했다. 한반도에서 똑같은 북-러 군사동맹 재체결 현상이 반복되고 있다.

　대한민국과 「손자(孫子)」 : 국가흥망 선택게임

대한민국의 가장 치명적 적(敵)은 분명 김정은 핵무장 정권이다. 그러함에도 좌파 정부가 집권하면 어김없이 북한은 주적이 아니라고 적 개념을 재규정했다. 북한은 협력 대상이지, 대결 대상이 아니라고 주장한다. 현직 외교연구원장이 한미동맹을 냉전 시대 비정상적 '가스라이팅(gaslighting)' 관계로 규정했다. 대통령 안보 특별자문위원이 한미동맹은 부자연스러운 동맹이라고 주장했다. 한반도가 중국 일부였다는 시진핑 말에는 어떠한 대응도 없었다. 대한민국 미래 국가전략은 요동치고 있다. 전략을 직접 다루는 정책 전문가들은 정권 교체혼란으로 손을 놓은듯하다. 국가전략 일관성이 사라진 가운데, 모든 국가정책이 온통 뒤틀려지고 있다.

전략은 결정적 시간-장소에 '상대적 우세' 달성으로 승리한다.
이를 위해 적을 알고[지피(知彼)], 나를 알며[지기(知己)],
천시를 알고[知天], 지리를 아는[知地] 방책 선택을 위해 고심해야 한다.

전략은 언제나 정보(情報)가 중심에 자리한다. 적(敵)을 알지 못한 전략은 100% 실패할 수밖에 없다. 전략이 가장 어려운 이유는 끝없이 변하는 모호한 적을 극복해야 하기 때문이다. 지상군 전면철수로 인한 미국 베트남 전쟁과 아프간 전쟁 패배가 대표적 사례다. 그래서 적을 친구로, 동맹을 적으로 주장하는 정치세력은 의도적 국가 파괴 세력이라는 주장이 현실로 나타난다. 적을 의도적으로 모호하게 규정하는 국가는 그래서 거의 없다. 그런데 현직 외교연구원장, 대통령 안보 특보가 한미동맹을 폄하하고, 외교부 장관이 국회에서 중국 3불 요구를 인정하며, 국가안보실 차장이 한일 정보 보호 협정 파기를 공식 선언하는 일이 대한민국에서 발생했다.

1991년 미국 자유민주주의는 냉전에 부전승(不戰勝)했다. 미국과 소련 핵무기경쟁이 아무도 예상 못한 1989~1991년 종식되었다. 미국 핵전쟁 억제에 따른 부전승 전략은 게임이론 경제학자들이 만든 전략이다. 내쉬, 쉘톤, 하사니, 아우만, 셀링(Nash, Selton, Harsanyi, Aumann, Shelling) 등 현대 게임이론 경제학자들은 놀랍게도 역설적 전쟁 억제이론이 현실적 사실임을 수학적 계산으로 증명해 냈다. 미국 냉전 부전승은 1944년 이후 게임이론을 핵무기 '개발, 배치, 운용' 전략에 45년 동안 일관되게 적용한 결과였다. 레이건의 '힘을 통한 평화(Peace through Power)' 전략을 실천한 결과였다. 현대 자유민주주의 시장경제 체제는 사회주의독재 패권국가를 무너뜨리고 21세기 인류 생존사업전쟁의 승자가 되는 듯했다. 그러나 중국 사회주의독재 부국(富國) 부활로 21세기 독재-민주 생존사업전쟁의 새로운 게임이 시작되었다.

한반도가 핵전쟁 게임의 가장 큰 희생물이 될 가능성은 이제 현실이 되었다. 한반도 핵전쟁 게임을 변화시킬 전략을 애덤 스미스 협력-경쟁이론에서 찾는다.『국부론』을 쓴 애덤 스미스는 "끝없는 반복 경쟁은 적대적 관계를 협력적 관계로 변화시킨다"라고 주장했다. 현대게임이론 경제학자들은 애덤 스미스 협력 경쟁이론의 실효성을「무한반복(Repeated) 게임이론」실험으로 검증했다.

과연 무한반복 게임이론은 김정은 핵전쟁 위기와 중국몽 속국 위협을 동시 극복할 대한민국 미래 핵심 전략으로 적용 가능할까? 대한민국이 무한반복 게임이론을 한반도에 적용하려면 아래 조건이 필요하다.

첫째 정치세력의 무한반복 게임이론에 대한 올바른 통찰이 필수적이다.

둘째 무한반복 게임을 지속할 수 있는 국가경쟁력 구비가 절대적이다.

셋째 세계 초일류기술의 경쟁력을 주도하는 국가로 발전해야 한다.

넷째 자유민주주의 시장경제의 초일류기술개발 최적 환경을 창출해야 한다.

다섯째 무한반복게임 전략을 주도할 정치세력과 전략가 육성이 요구된다.

한반도 통일정책은 1970년 8·15선언 평화통일을 대원칙으로 한다. 바로 군사 전쟁 없는 부전승 또는 선승 후전 정책이다. 남북한 군사 전쟁 대결이 72년간 계속되면서 1994년 이후 북한 핵 비핵화 협상전략은 한 발짝도 나가지 못했다. 그러나 한반도 남북 군사 대결이 「협력적 비군사 대결」로 변화될 수만 있다면 중국몽 속국과 러시아 위협은 새로운 상황으로 전개될 것이다. 이를 추구한 정책이 햇볕정책이다. 그러나 햇볕정책은 「협력-대결」 동시 적용의 전략적 효과를 전혀 얻지 못하고 협력과 협상 일변도에 머물러 실패했다.

◆ 전쟁과 평화의 본질

야생 자연의 생존경쟁은 찰나(刹那)의 중단이 존재할 수 없다. 자연 생존경쟁 중단이 없듯이, 군사 전쟁사업은 끝나도 인류평화는 없었다. 평화는 연속되는 인류 생존사업전쟁의 또 다른 과정과 현상일 뿐이었다.

| 전쟁이란 무엇인가? |

"평화는 전쟁이 없는 상태"라고 말하나 이는 틀린 말이다. 평화를 잘못 통찰한 세력은 '무조건 전쟁 반대'만을 외친다. 모든 생명체는 '협력-경쟁 자연선택(natural selection)'으로 진화 생존한다. 자연 최상위 지배자 인간은 가족공동체의 힘을 극대화하면서 생존해 왔다. 가족공동체는 공동체 규모를 확대하는 생존기술, 즉 다른 종족을 정복하는 군사 전쟁사업을 통해서 「국가공동체」를 발전시켰다.

인간공동체에는 정치세력이 등장해 공동체를 통치했고, 정치세력은 다른 종족을 무력(武力) 전쟁사업으로 정복하고 굴복시켜 통합해 왔다. 그래서 "전쟁은 적대적 경쟁 관계에 있는 정치세력 집단 사이에 발생한 장기적 무장 충돌"이라고 정의한다. 그러나 국가공동체 흥망은 실질적으로 외부 침략보다 내부 반란(insurrection), 내전(civil-war)에 의해 대부분 결정되었다.

전략(戰略)은 협력-경쟁(cooperation and competition) 원리를 탐색 선택하는 인류의 체계적 생존사업 기술이다. 역사는 인류가 반복 선택했던 공동체 생존사업 기술에 대한 기록이다. 야생자연의 생존경쟁은 찰나(刹那) 중단이 허용되지 않는다. 야생자연은 인류가 협력-경쟁기술을 발전시켜 온 생존환경이다. 홉스는 인간이 극복한 야생자연 상태를 '전쟁상태'라고 인식했다. 그는 "전쟁의 본질적 속성은 전투 자체가 아니라, '싸우려는 의지의 충돌 시간'에 있으므로 평시의 모든 생존사업 준비가 바로 전쟁수행 핵심능력"이라고 지적했다.

홉스는 인간 생존본능의 경쟁적 속성을 정확히 통찰했다. 인류의 '공통권력(common power)'인 정부 통치력이 없는 상태에서는 '만인에 의한 만인의 투쟁'이 불가피하다고 홉스는 지적했다. 현대 아프리카 소말리아 무정부 상태의 내전을 지적한 말과 같다. 플라톤도 인간의 생존사업을 "선포되지 않은 전쟁 (undeclared war) 상태"로 인식하고 있었다. 이것이 바로 전쟁의 본질이다. 또한 원시자연 '무정부 상태(state of anarchy)'의 생존환경과 현대 국제관계를 동시 설명하는 말이다. 예일대 사회학 교수 모리스는 "전쟁은 생존이익 경쟁이 무력 충돌로 해결되는 현상"이라고 정의했다.

전쟁은 생존사업으로서 끝없이 계속될 수밖에 없음을 그는 지적한다.

플라톤과 홉스는 인간의 생존을 「생존사업전쟁」으로 인식했다.
생존사업전쟁은 협력적, 경쟁과 군사 전쟁의 연속관계를 반복한다.
협력적, 비군사 경쟁은 군사 전쟁 이외의 모든 생존이익경쟁이다.

인류학자들이 발견한 가장 오래된 전쟁 흔적은 BCE. 12000년 경 구석기 시대 말기에 무력전투로 사망했다고 평가된 "제벨 사바(Jebel Sahaba)" 이집트 유적지이다. 여기서 구석기 시대 활과 창으로 전투한 흔적이 발견되었다. 전쟁(war)이란 용어는 본래 무장세력 충돌로 발생한 군사 전쟁을 지칭한 단어였다. 영어 'WAR'는 11세기 고어 'wyrre and were'에서 그리고 프랑스 고어 werre 또는guerre에서 유래 발전된 단어이다. 21세기 생존사업에서도 경제가 군사 전쟁을 대체하는 현상이 확실해지면서 경제력과 과학기술은 국력 결정요인으로 등장했고, 지경학이 지정학을 대신하고 있다. 2022-24년 러시아-우크라이나 전쟁 양상은 이러한 현상을 명확히 보여주고 있다.

 따라서 비군사적 생존사업전쟁의 급증현상은 기존 전쟁 정의로 설명되지 않는다. 사이버 전쟁, 비군사 테러(요인납치, 약물/생물 테러), 경제전쟁, 무역전쟁, 첨단 과학기술 전쟁, 정치이념전쟁 등은 모두 비군사 생존사업전쟁이다. 특히 국가이념 전복전쟁은 정치세력의 극단적 대립으로 발생하는 비군사 전쟁으로서 역사상 모든 국가패망의 근본 원인이기도 하다. 2025년 현재 진행 중인 세계전쟁은 무장 정치세력의 국가전복 내전이 대부분이다. 세계 50% 이상 독재국가의 현실은 상대세력을 말살하려는 정치세력 투쟁이 얼마나 극단적이고 참혹한 생존사업전쟁인가를 보여준다.

군사력은 국가와 국가, 적대적 정치세력 갈등과 분쟁을 해결해 온 최종 수단이다. 군사 전쟁에 불리한 국가는 시간을 버는 협상을 요구한다. 그러나 협상은 한편의 양보-굴복 없이 해결되지 않는다. 미-소 냉전 시대 협상은 핵전쟁 공포로 인해 상호 양보한 결과였다. 협상으로 문제 해결이 불가하면 최종수단 군사 전쟁 선택만 남는다. 군사 전쟁은 개전 이후 어떻게 상황이 전개될지 아무도 알 수 없다. 푸틴의 착각은 바로 그곳에서 시작되었다. 러시아-우크라이나 전쟁은 1개월 이내 끝날 것이라고 대부분 전문가들이 예측했었다. 그러나 2년이 자나도 전쟁 종결의 기미는 보이지 않는다. 군사 전쟁에서 승리해도 실제 피해와 손실은 언제나 예상을 훨씬 상회했다. 제1. 2차 세계대전은 승자-패자 모두 엄청난 피해를 받은 공멸 전쟁의 전형이었다. 2022년 푸틴의 우크라이나 침공 전쟁에서도 그러한 현상은 반복된다. 협상은 군사 전쟁 승리로 얻을 기대이익보다 더 큰 이익이 예상될 때 성공하게 된다. 1953년 한국전쟁 정전 협상은 상호 피해가 기하급수적으로 증가하면서 급진전되었다. 가장 귀중한 것은 지금의 국가생존이익이다. 적군 격멸 전쟁은 예상치 못한 나의 손실과 출혈을 감수해야 한다. 한국전쟁은 그러한 미국-중공의 정치적 문제가 맞아떨어져 정전협정에 성공했다.

군사 전쟁의 본질은 무엇인가?
「식량과 안전」은 종족공동체 생존사업 목표이다.
「식량과 안전」 생존사업경쟁은 군사 전쟁을 잉태했다.
진화론 유전학자들은 전혀 다른 각도에서 군사 전쟁 본질을 추적한다.
인간은 유전자 복제-전파에 가장 유리한 자연선택으로 진화했다고 믿는다.
자연선택을 향한 생존사업경쟁이 군사 전쟁을 잉태했다고 평가한다.

고대국가는 다른 종족 영토정복으로 식량을 탈취하고 인구를 증가시켜 국력을 확장했다. 적을 죽이지 못하면 내가 죽고, 승리하지 못하면 나의 이익은 적의 이익이 된다. 전쟁 패배는 종족소멸이다. 가족공동체 생존을 위한 공동체 규모 확대 최후수단은 군사 전쟁이었다. 군사 전쟁사업은 적을 죽일 힘을 기르고 기술을 개발해 단련해야 했다.

군사 전쟁사업 승리는 죽음의 공포극복 없이 불가하다. 군사교육은 적을 죽이는 기술과 방법을 반복 숙달하는 훈련이 핵심이다. 전장 공포극복과 전투기술 숙달은 오직 끝없는 반복훈련으로만 배양된다. 군사 전쟁사업은 국가지도자와 장수의 책임이다. 국가생존사업 소홀과 군사훈련 태만은 바로 군사 전쟁 패배와 속국 노예를 뜻한다. 고대 그리스 아테네는 그 선택과 결정을 시민 직접 투표로 결정했다. 동아시아 왕권 독재국가는 왕이 모두 결정했다. 월나라 구천은 쓸개를 매일 빠는 '상담(嘗膽)' 전쟁사업 준비로 부차의 '와신(臥薪)' 전쟁사업 보복에 다시 설욕해 오나라를 멸망시켰다. 모택동은 1만 2,000km 대장정(大長征) 전쟁사업을 선택해 대륙을 장악하고 장개석을 대만으로 쫓아냈다.

국가 정치세력은 단기이익 선택에 집중해 통상 장기 국가생존전략을 무시한다. 김정은 정권은 압도적으로 우세한 경제부국 대한민국을 핵전쟁 위협을 수단으로 전략주도권을 순식간에 장악했다. 1994년 이후 한국 역대 대통령들은 무조건 전쟁 반대로 국민의 전쟁 공포증을 잠재우는 일시적 단기이익 선택만을 반복했다. 그리고 그것을 평화라고 주장했다. 김정일 핵실험 이전 햇볕정책의 일시적 효과는 시간이 경과되면서 그 실상을 명백히 드러냈다. 1994년 이후 대한민국 집권 정치세력의 대북전략은 햇볕정책이 전부였다. 2025년 대한민국은 독자적 김정은 핵전쟁 위협을 더 피할 수 없는 상태에 직면했다. 햇볕정책은 남북 이산가족 상봉, 개성공단과 금강산 관광 경제협력 사업에 성공한 단기적 결실을 얻기도 했다. 그러나 햇볕정책은 북한 핵 대응 전략을 배제 또는 회피해 대한민국 스스로 무장 해제한 결과를 초래했었다. 2025년 대한민국은 북핵 대응 전력의 공백 상태로 평가되며 미국 핵우산에 존망을 맡긴 국가생존사업 형세에 직면했다. 대한민국은 2014년 김정은 4차 핵실험으로 대응 무기 공백 상태에서 상당 기간 혼란에 빠져 있었다. 과연 햇볕정책의 득과 실은 무엇일까? 한반도 평화는 오고 있는가?

| 평화란 무엇인가? |

평화는 인류공동체 생존사업의 원천 목적이다. 평화란 통상 조직적(Organized) 집단폭력(Collective Violence)이 없는 평온상태를 뜻한다. 그래서 평화는 오직 힘에 기반한 공동체에서만 실현되었다. 집단폭력이란 국가, 지배층, 인종, 종족 등의 이익갈등(conflict of interests)으로 초래된 정치폭력(political violence)을 말한다. 2015년 세계 정치폭력 사망자는 116,907명이었다. 국가는 개인과 집단 이익갈등을 무력(武力) 강제력에 기반한 '법의 통치(rule of law)', 즉 법치(法治)로 통제해 공동체 평화 상태를 유지한다. 그러나 국가 외부와 이익갈등에는 이를 조정하는 제3의 억제력과 통제력이 존재하지 않는다. 국제법과 국제기구는 상호합의-수용을 전제로 분쟁을 조정할 뿐이다. 국제기구 조정안을 수용하지 않는 개별국가에 강제할 수단은 없다. 중국은 남중국해에 인공섬을 만들어 강제 지배하며 미국과 동남아시아 국가와 충돌하고 있다. 설사 이익이 조정되어도 불만 국가는 상대국 수용을 강요하는 비군사적, 군사적 수단을 단계적으로 증가 사용하며 위협한다. 그래도 상대가 수용하지 않을 때는 최종수단 군사 전쟁을 선택한다. 2022년 러시아 푸틴은 우크라이나에 그들 요구를 군사력으로 수용

을 강요하다가 최종 전면 침략공격을 단행했다.

 평화를 통상 전쟁이 없는 상태라고 말한다. 그러나 이는 틀린 말이다. 그래서 평화를 잘못 통찰한 세력은 '무조건 전쟁 반대'를 외친다. 인류 역사에 군사 전쟁은 끝나도 평화는 오지 않았다. 일시적, 단기적 평화도 나의 능력으로 지킬 때 가능했을 뿐 생존사업 군사 전쟁은 중단 없이 계속되어 왔다. 인류도 찰나(刹那) 중단 없는 대자연 생존경쟁 법칙 속에서 생존하는 한 생명체일 뿐이다.

 약 12,000년 전의 농업혁명 이후 인류는 생존이익 갈등을 군사 전쟁으로 해결해 왔다. 인류 생존공동체는 식량 생산과 전쟁사업 수행에 유리한 위치를 주거지로 선택했다. 춘추시대 '군사-행정'을 일원화해 거주지역별 농경인원을 군사조직으로 편성한 궤리연향법(軌里連鄉法)이 사용되었다. '궤(軌)'는 5가족(家) 거주지 행정단위였으며 여기서 가구당 1명씩 5명을 징집해 편성했다. '리(里)'는 50가족(家) 거주지 행정단위였으며 여기서 50명 부대를 편성했고, '연(連)'은 200가족(家) 거주지 행정단위였으며 200명을 편성했다. 향(鄉)은 2,000가족(家) 거주지 행정단위였으며 2,000명 군사 조직을 편성했다.

 노비코프(Novicow)는 BCE. 1496~CE.1861년 총 3,357년 중 약 3,130년 92%가 군사 전쟁이 수행된 기간이었으며, 평화 기간은 약 227년 18%뿐이었다고 분석했다. 춘추전국시대(BCE. 770-221년) 수백 국가가 멸망한 5백 년 전쟁사업도 진나라 통일로 끝나지 않았다. 진(秦)통일 15년 만에 항우-유방의 초한(楚漢) 전쟁(BCE.206-201)이 계속되었다. 한(漢)나라 통일 이후 수(隋)-당(唐)-송(宋)-원(元)-명(明)-청(淸)까지, 그리고 1948년 모택동 인민 전쟁과 1950년 한국전쟁까지 동아시아 생존사업전쟁은 찰나 중단도 없었다.

대한민국 역사는 과연 931회 외침을 이겨낸 역사인가? 오천 년에 1,000
번 전쟁이란 매 5년 전쟁을 의미한다. 한국 역사를 외부인 시각에서 연구한
미국의 한국학 역사학자 마크 피터슨(Mark Peterson)은 이러한 주장을 정
면 반박했다. 그는 한반도가 세계에서 이례적인 전쟁이 거의 없었던 평화지
역이었다고 주장했다.

신라는 통일 이후 생존사업전쟁 준비를 무시하다가 후삼국 전쟁에서 멸
망했다. 고려는 통일 이후 북방 거란 등의 외침과 내부 무반(武班) 반란에
허덕이다가 몽골에 복속되었다. 조선은 주권(主權)을 스스로 제한해 대국
(大國)을 섬기며 자발적 굴복의 결과로 초기 100년 평화(?)를 누렸다. 외교
전문가들은 조선 사대주의(事大主義)를 실용 외교 수단이라고 주장한다.
그러나 조선 공녀(貢女) 수천 명을 명(明)의 왕명(王命)대로 거의 매년 조공
품(朝貢品)으로 보낸 사실은 숨길 수 없다. 백성 보호의 절대적 책임을 진
국가가 백성의 자제를 강제 선발해 상국(上國?)에 바쳐 정치세력 이익을 얻
은 외교가 실용 외교인가? 외교란 국가이익 갈등을 군사 전쟁이 아닌 다른
비군사적 수단으로 해결하는 대외정책이다. 조선은 약소국을 자발적으로
인정한 대가로 공녀 이외에도 많은 공납품을 보내지 않으면 안 되었다. 외
교는 군사력을 기반으로 국가 간에 이익을 협상 조정하는 생존사업전쟁 수
단이다. 그러나 조선 사대(事大) 정책은 새로운 대국 등장 때마다 그 대안을
찾지 못해 임진왜란, 병자호란의 치욕을 당해야 했다. 조선은 끝내 1910년
한일 강제 합병으로 멸망했다. 평시 전쟁사업 준비는 '지금의 안보'만이 아
닌, 모든 국가생존사업의 기반이며 근간임을 한반도 국가 생존흥망의 역사
는 분명하게 알려준다. 이것이 『손자』 '선승(先勝)'이다.

진정한 평화란 무엇인가? 2025년은 한국전쟁 정전 72년 되는 해다. 지난 한

반도 70년은 전쟁 없는 평화 상태였는가? 1953년 정전협정은 문서선언이었다. 1948~2018년 기간 북한침투 공격 도발 사건은 총 3,119회에 이르렀다.

2023년 현재 한국 국민은 김정은 핵전쟁 위협 공포에 시달리고 있다. 그래도 한국 국민은 평화를 유토피아적 환상(幻像)처럼 인식하고 있는 것으로 조사되었다. 이러한 인식은 제2차 세계대전 이후 전쟁이 거의 없던 북유럽인 인식과 유사한 매우 특이한 현상이다. 이 조사결과는 햇볕정책이 실패했음에도 평화를 주장하는 정치세력을 지지하는 대한민국의 정치환경을 설명해준다.

평화운동(Peace Movement)은 19세기 시작되어 1960년대 전후에 전 세계로 확산(擴散)되었다. 산업혁명기술로 만든 치명적 살상 무기는 국민을 총동원한 나폴레옹 전쟁 대량피해와 그 참혹한 파괴력을 보여주었다. 1800년대 시작된 제국주의 식민지 전쟁과 제1, 2차 세계대전은 승자도 패자도 없는 공멸(共滅) 전쟁이었다. 양차대전 종전 이후 유럽은 아녀자와 어린아이만 남았다고 할 정도였다. 평화운동 반전(反戰)주의는 1930년대, 1960년대 그리고 1980년대에 유럽과 미국을 휩쓸었다. 1930년대 평화반전운동은 뮌헨협정에 서명한 영국 체임벌린 수상과 히틀러를 평화의 수호자로 만들었다. 영국은 히틀러의 전략적 의도(strategic intention)를 오판, 무시한 대가로 1939년 프랑스 항복을 무기력하게 바라봐야만 했다. 그리고 독일 V-2 로켓 런던 타격의 대혼란을 겪어야 했다.

1960년대 미국 반전운동은 북베트남 승리의 전략적 요인으로 작용했다. 1972년 닉슨은 모택동이 요구한 "미국-중공 화해 조건 (베트남 미 지상군 완전 철수)"을 전격 수용했다. 닉슨은 모택동 요구 조건 수용으로 1975년 베트남 전쟁 패배를 자초했다. 1970년대 닉슨과 키신저의 소련 데탕트(Det'ente) 외교정책이 나타났다. 미국은 1991년 걸프전 승리 이전까지 전

국민을 깊은 베트남 전쟁 패배감 속에 살게 했다. 전문가들은 베트남 전쟁 패배 주요 원인을 국가안보 전략 혼란을 가져온 '평화선동 포퓰리즘(Populism)' 때문으로 분석했다. 미국 반전운동은 파리평화협정과 베트남 미 지상군 철수에 대한 대통령 결정에 지대한 영향력을 발휘했다.

1980년대 반전(反戰) 평화운동은 「힘을 통한 평화(Peace through Strength)」라는 레이건의 선택으로 대전환점을 맞이했다. 「힘에 의한 평화」는 1970년대 리처드 닉슨과 헨리 키신저 그리고 지미 카터로 이어진 동서 데탕트(D'etente) 무드를 압도했다. 미국은 1989~1991년 군사 전쟁 없이 "냉전 종식, 소련 해체"라는 역사적 부전승을 쟁취했다. 지구촌은 미소 핵 전쟁 악몽에서 벗어났다고 대환영했다. 어느 정치학자는 역사의 종언을 선언하기도 했다. 국가 전략가들은 과거 전쟁 패배가 무조건 전쟁 반대, 국방 예산 축소, 무장해제 등의 절대 평화주의 정책의 결과였음을 절감했다. 레이건의 힘을 통한 평화(Peace through Strength)는 「생존사업전쟁 승리」만이 평화를 지키는 유일한 수단임을 증명했다. 그것은 바로 『손자』, 왕패지병(王覇之兵)과 동일한 전략개념이다.

평화는 힘으로 지켜졌다. 전쟁 반대, 절대 평화 주장은 더 큰 전쟁을 불러왔을 뿐이다. 그런데 1994년 북한 핵 개발 위기가 발생하면서 반전 평화 운동이 한반도를 덮쳤다. 생존사업을 결정하는 최종수단 병자(兵者)는 적의 공격을 억제하고 나의 평화를 지켜주는 '생존능력' 그 자체이다. 병자(兵者), 「힘을 통한 생존사업」은 군사 전쟁 선택이 아니다. 상대국 파괴를 위협 수단으로 나의 의지를 적에게 강요해 적 위협을 사전에 제거하는 평시 생존 사업전쟁이다. 평화의 원리는 전쟁의 원리와 다르지 않다. 평화의 원리는 오직 「힘을 통한 생존사업」에 있을 뿐이다.

평화를 지키는 힘은 "평시 전쟁 사업" 선택을 국가 의무로 요구한다. 그러나 모든 국가에는 "평시 군사력 준비"를 군사 전쟁 촉발 행위라고 국민을 선동하는 정치세력이 반드시 등장해 왔다. 그들은 평시 군사력 준비를 전쟁 행위로 규정해 국민을 선전-선동하며, 국방예산 감축을 끈질기게 주장한다. 심지어 무장해제를 주장하는 이적(利敵) 정치세력도 있다. 그러한 정치세력은 스스로 패망을 선택해 역사에서 사라져 왔다. 2016년 사드 배치를 전면 반대하고, 더 나아가 배치된 사드 가동을 무력화시켰던 친북, 친중 정치세력은 한반도 평화 세력인가?

인류는「공동체 결속과 부국강병」을 선택하며 생존해 왔다. 내부분열을 극복하지 못한 공동체는 어떠한 경우에도 생존사업에 패배해 소멸했다. 약 1만 년 전 농업혁명 이후 부국강병의 성공 여부로 생존이 결정되었다. 최종 패배한 공동체는 적의 노예로 전락했고 종족공동체는 소멸했다. 최종 생존사업 수단이 군사력이었음에도 수많은 정치세력은 이를 외면해 멸망을 재촉했다. 2천 년 전에 망국을 당한 세계 유랑 유대민족은 현대 이스라엘을 건국해 "평시 전쟁사업"이 무엇인가를 지구촌 전체에 보여주고 있다. 말 그대로 추호(秋毫)의 방심도 거부한다. 그러함에도 2024년 하마스 기습공격으로 많은 국민이 죽고 납치되면서 궁극적 이익 없는 모든 협상을 거부하며 군사 전쟁을 계속했다. 공동체 평화를 지키는 최상의 수단으로 어느 나라도 채택하지 않은「국방과 직업의 일원화」를 선택해 평시 전쟁사업을 철저히 추진한다.

평화는 보호되고 지켜지는 공동체의 궁극적 최종목표다. 「국방-직업 일원화 국방체제」를 선택한 이스라엘 최종 국가목표 또한 평화이다. 15세기 이후 조선은 평화를 주장하며 병(兵) 천시와 평시 전쟁 준비사업을 계속 무시해 19세기 멸망했다. 군사력은 국가통치의 근간이다. 국가 내부갈등은 법치(Rule of Laws)의 강제력(Compelling Force)인 군사력이 부족할 때 통제 불가능 상태에 빠지게 된다. 16세기 이후 조선이 그러했었다. 법치는 독립적이고 공정 투명한 판결로 부패를 척결하여 적대적 이익갈등을 예방해야만 한다. 사법 판결이 거부될 때 강제력을 사용한다. 이 강제력이 군사력, 바로 병자(兵者)이다. 링컨의 남북전쟁 결심은 법치(法治)를 군사력으로 강제 실행한 대표적 사례이다. 그 선택은 그를 미국 최고의 대통령으로 존경하도록 만들었다. 만약 국가에 법치를 뒷받침하는 강제력이 그 본연의 기능을 상실하면 불만을 가진 정치세력은 법원 판결을 무시하고 무장(武裝)세력과 결탁해 내전(Civil-War)을 일으킨다. 정치세력 부패가 심각해 국민 생존이익을 위협할 때는 반드시 부패척결-개혁을 외치는 새로운 정치세력이 나타난다. 이때 내전이 발생한다. 조선 후반기 정치세력의 적대적 투쟁은 결국 동학혁명과 청일전쟁 그리고 러일전쟁을 불렀다. 국가통치체제가 붕괴하면서 1910년 멸망했다. 아시아, 아프리카, 남미 국가의 내전 대부분은 국가통치체제 붕괴에서 시작되었다. 21세기 '초(超)연결' 지구촌 시대에 정치세력의 무장투쟁 내전(內戰)은 2020년 33개국에서 발생했다. 세계에서 가장 극단적 대립상태로 조사된 대한민국 정치세력은 상호 적대적인가, 협력적인가? 왜 그런 적대적 대립상태가 계속되고 있는가?

한반도는 자유민주주의와 사회주의독재 대결의 최전선이다. 대한민국은 통찰이 부족했다면 극복이 어려웠을 국가 존망 위기를 여러 번 직면했다. 1994년 서울 불바다 위협 이후에 무조건 전쟁 반대만을 외쳐온 정치세력은 김정은 자폭 핵전쟁 위기에 어떤 선택을 할 것인가? 2017년 한국 사드 (THAAD) 배치 반대는 국가전략의 대혼란만을 초래했고, 중국 보복은 계속되었다. 사드 배치를 전쟁행위로 비난했던 정치세력은 김정은 핵무장 고도화를 어쩔 수 없는 생존전략이라 옹호하기까지 했다. 그들에게는 김정은 정권유지가 중요하며 자유 대한민국 안보는 안중에도 없는 것처럼 보였다. 그들은 중국 경제보복 조치 또한 사드 배치 때문이라는 비난을 멈추지 않았다. 2017년 중국 3불(不) 1한(限) 정책 요구에 정부가 공식 합의했음이 2023년 국방부 문서 공개로 밝혀졌다.

 2020년 대북 전단 살포 금지법이 입법, 공포, 시행되었다. 대북 전단 금지법은 미국, 영국, 일본 등 모든 자유민주주의 인권전문가들이 미친 짓이라 비난하며 즉각 중단과 시정을 촉구한 법이다. 미국 하원은 이에 대한 청문회까지 개최했다. 2023년 9월 23일 헌법재판소는 이 법을 위헌으로 판결해 효력을 정지시켰다. 2020년 김여정 북한 노동당 제1부부장은 "쓰레기들의 광대놀음(대북 전단 살포를 지칭)을 저지시킬 법이라도 만들라."라는 담화를 발표했고, 당시 정부는 불과 4시간 만에 '대북 전단 금지법' 추진을 밝혔었다. 2020년 12월 이 법을 입법 공포한 정치세력은 헌법재판소 위헌 판결에도 국민에 대한 사과 한마디 없었다.

 1970년 박정희 「8·15 광복절 선언」과 1988년 노태우 「민족 화해, 공존 7·7 선언」은 북한 사회주의 정치세력의 위장평화 정치선전 수단으로 변질했다. 1994년 이후 한반도 평화만을 주장한 정치 세력들은 좌-우파를 막론하고 무조건 전쟁 반대를 외쳤다. 그들은 군사력 증강을 한반도 전쟁사업 대결 정책이라 주장했고, 북한 핵무장은 어쩔 수 없는 그들 생존전략이라고 주장했었다. 주한미군은 남북분단의 원인이니 조건 없이 철수해야 하며, 한미동맹은 부자연스러운 냉전 산물로 규정해 파기를 주장한다. 1953년 이후 대한민국을 지켜온 '불패기반 한미동맹'의 파기는 누구에게 이익이 되는 선택일까? 한국전쟁 종전선언과 유엔사령부 해체만이 평화를 가져온다고 주장한다. 인도적 지원을 내세운 조건 없는 북한지원을 추구하면서, 북한 주민 인권정책에 반대하지 않는다. 홍콩민주화운동 탄압에 한마디 언급도 하지 않으며, 김치가 중국문화라는 주장에도 조용하다. 빅터 차는 지난 20여 년 동안 대한민국 정부는 미국-중국 충돌 이슈 10건 중에서 4건만 미국 측에 섰다고 우려를 토로했다.

◆ 어떤 선택이 국가흥망을 결정했는가?

국가는 정치세력이 '사익(私益)'을 선택할 때 패망을 피할 수 없었다. '경제와 군사'를 무시한 선택은 국가실패의 지름길이었다. 경제는 식량과 부민(富民)이요, 군사는 무기요 안국(安國)이다. '경제-군사 융합전략'은 인류공동체 생존사업의 근본이었다. 인류는 도구 기술과 신무기혁명을 거듭하며 생존해 왔고, 신무기 발명은 공동체 생존사업을 혁명적으로 진화 발전시켜온 원동력이었다. 인류학적으로 "석기→청동기→철기"의 시대 구분은 도구와 무기에 의한 분류다. 시대별 도구-무기 발명사업이 바로 "『손자(孫子)』의 첫 단어 병자(兵者)"이다. 병자는 가장 중대한 공동체 공익사업이었다. 식량과 무기 또는 경제와 강병, 어느 하나만을 선택한 공동체는 생존에 성공하지 못했다.

중세 유럽은 군사를 앞세운 해외시장 개척으로 국가 자본을 축적한 중상주의 정책을 추구했다. 특히 영국은 산업혁명기술을 이용한 군사 혁명으로 강대국으로 발전했다. 19세기 미국 고립주의는 부민을 우선 선택한 대표적 경제 정책이다. 영국과 미국은 국민 이익 "포용 제도(inclusive institutions)"인 인센티브 제도를 장려해 국민경제 활동을 적극적으로 지원했다. 해외무역과 시장경제 정책은 거대한 민간자본 축적을 가능케 했고 부유한 중산층이 대폭 증가하는 결과를 낳았다. 민간자본은 새로운 산업기술 발명에 투입되었고, 산업기술은 첨단무기 군사력 건설을 가능하게 했다. 19세기 두 국가 정치세력은 초기 자본주의와 민주주의 부패 논쟁을 극복하고, 개인의 자유를 최대 보장하는「자유민주주의」체제를 정착시켰다. 자유로운 개인과 기업의 사유재산 축적은 엄청난 규모로 급증했고 동시 세금을 통한 대규모 국가자본 축적이 가능하게 되었다. '자유로운 개인'의 상징인「사유재산권(private property rights)」은 국력의 전제조건이 되었다. 19세기 영국과 미국의 국가전략은『손자』"선승(先勝), 후전(後戰)"의 대표적 사례가 되었다.

 18세기 유럽은 미국 민주주의를 무시하면서 절대왕정 체제 유지를 위한 노력에 집중했다. 18세기 말 프랑스혁명이 폭발했다. 19세기 좌파 사회주의(Socialism) 정치세력은 "개인보다 전체, 평등한 자유"를 주장하며 18세기 자본주의를 비판했다. 20세기 초 그들은 경제보다 강병 혁명을 추구하면서 국민 이익을 세금으로 회수하는 "착취 제도(extractive institutions)"를 필연적으로 선택했다. 과도한 군사 비용은 국가재정을 피폐하게 만들었다. 국가재정 파탄에 국가체제는 무너질 수밖에 없었고, 새로운 길을 모색해야 했다. 중공 등소평은 불가피 자본주의에 굴복해 인센티브 제도를 선택했다. 소련 고르바초프가 페레스트로이카(재건 개혁, **перестро́йка**, perestroika) 글라스노스트(개방, **гла́сность**)로 중공을 모방했다. 인센티브 제도를 무분별하게 도입한 소련 경제는 대혼란을 초래해 실패로 끝났고, 푸틴이 등장했다. 20세기 프롤레타리아 노동자 독재 소련공산당 정치세력은 패망했고, 사회주의 혁명은 완전히 실패했다. 사회주의 장기집권 독재 정치세력들은 예외 없이 실패국가(Failed State) 정책을 선택해 스스로 패망했다. 그런데 시진핑과 푸틴의 종신집권 사회주의 체제가 다시 등장했다. 21세기 중국, 러시아 종신집권 체제는 어떻게 이해해야 할까?

| 전쟁과 평화, 그 본질은 무엇인가? |

전쟁과 평화는 「생존사업전쟁의 양면」이다. 국가생존사업 전쟁의 성공은 평화를, 실패는 소멸을 초래했다. 인류학자, 고고학자, 고생물학자들은 전쟁과 평화를 어떻게 보고 있을까? 그들은 우선 'war, warfare'를 다르게 분류한다. 그들은 'warfare'를 특정 지역 또는 특정 전투행위로 분류한다. 네덜란드 전쟁역사학자 요한 데넌(Johan M.C. vander Dennen)은 인류학자, 고고학자, 고생물학자들의 방대한 연구 결과를 바탕으로 원시 전쟁을 종합 분석한 『전쟁의 기원(The Origin of War)』을 발표했다. 요한 데넌은, "전쟁(war)은 전체 시스템의 지속적 적대행위(군사만이 아닌)이다. 또한 전쟁의 본질은 남성 연합세력의 재생산 전략(Male-coalitional reproductive strategy)이다"라고 분석했다. 데넌은 "전쟁(war)은 불가피한 모든 영역에서의 생존사업 활동이며, 군사 전쟁은 그 최종수단이다."라며 다음과 같이 인류학자들과 똑같은 주장을 했다.

인류는 영장류 포유동물로서, 자연선택(natural selection), 적응(adaption)의 복잡한 과정을 거쳐서 현생 인류(Homo-Sapiens)로 진화해 왔다. 지구상 생명 출현 이후, 유전학적 세포는 자기복제(self-replication)에 가장 유리한 전략을 자연선택을 통해서 진화시켜 왔다. 다윈(Darwin) 진화론 관점에서, 생명의 실체는 자기복제이다. 모든 유기체는 「자기 재생산 독립체(self-reproducing entity), 또는 기계(machine)」이다. 자기복제기(self-replicators)는 '실체 없는 (immaterial)' 존재로서, 유전에 불가피 수반된 재생산 과정을 보다 효과적이고 빠른 그리고 때로는 비용이 많이 드는 전략을 선택한다. 성적 남녀로 구분된 자손증식 전략 선택이 대표적인 좋은 예이다. 자연선택은 자기복제 증진을 위해 설계된 기본구조 안에서, 수많은 세대(generations)를 반복하며 자기복제 설계 수정사항이 합체(合體)되도록 유도한다. 모든 유기체는 자기 유전자를 최대로 전파하도록 설계된 이기적(selfish) 존재이며, 따라서 경쟁(competition)은 모든 생명체의 보편적 특성이다. 특히 동종 또는 생물학적 특성이 가까운 생명체일수록 제한된 자원 획득을 위해 더 치열하게 경쟁하는 「갈등적 목표(conflicting goals)」를 갖는다. (동종, 동족 갈등 이유)

지구상 생명체는 붙박이(immobile) 영양독립체인 식물과 자유롭게 이동하는(mobile) 영양 기생체(parasite)인 동물로 진화했다. 이동성(mobility)은 먹이 사냥과 채취 그리고 약탈과 도둑질을 위한 동물의 필수 생존 기능이다. 동물은 주변 환경정보를 정확히 탐지, 수집, 평가, 대응해야 생존할 수 있다. 그 기능은 동물의 탐지 센서(sensors)와 감각기관(receptors), 신경 및 통제기관(brain)으로 진화했다. 생존이익을 평가하는 동물기능도 병행 진화했다. 두뇌는 생존이익 최적 가치를 결정하는 기관이며, 가치를 평가하는 기관으로서 감정과 자각 의식이 생겨났다.

손을 자유롭게 사용한 '직립보행(Bipedalism)' 인류가 약 400만 년 전 나타나, 집단사회를 형성하며 도구를 사용해 생존했다. 최적 자기복제 방법으로 양성 혼합섹스(amphimixis)와 공격본능이 강화되었다. 남녀 양성 섹스는 '개체보다 종(species)'에 유리한 자연선택이다.

「인류는 섹스 전투(battle of sexes)를 피하는 가장 유리한 자기복제 방법으로 일부다처제 또는 일부일처제 그리고 자식에 대한 「부모 투자(parental investment)」전략을 선택했다. 이러한 갈등적 생존목표: 자기복제 섹스와 종족 생존은 오직 전쟁(war)으로 달성되었다. 대자연의 생존 먹이사슬(food-chain) 원리는 선사시대 인류 원시 전쟁(primitive war)의 기원이 되었다.」

생물학적 선사시대의 원시 전쟁은 1) 종족 중심주의(ethnocentrism): 자손을 위해 집단 내부 여자는 보호하고 외부 여자를 납치. 2) 영토 세력권(territoriality) 확장: 생존이익 증진을 위해, 현재 영토 방어와 주변 영토 세력 확장을 목표로 추구했다. 집단사회에서 개체(individuals) 생존은 대단히 불안정했다. 개체는 오직 「같은 마음의 소리」로 공동체에 결속(coalitional)해 식량 사냥과 외부 침입자 격퇴에 참여해야 생존 가능했다. 집단사회 생존은 마키아벨리적 사회지능(Machiavellian social intelligence)과 생존 게임승리를 위한 「전술기만(tactical deception)」을 요구했다. 그러나 인류의 두뇌는 「인식의 틈새(cognitive niche)」가 존재한다. 인류는 도구(tools) 기술습득(skill acquisition)과 언어소통(language communication)을 선택했다.

인류는 인지능력과 도구 기술을 생존사업(business of survival)에 맞게 규범화해 교육하고, 공동체를 체계적으로 조직화하였다. 원시 식량 사냥과 외부 침략자 격퇴 전쟁은 현재 조직으로 수행해야 했다. 도구는 무기가 되었고, 인지능력은 전술이 되었으며, 준비조직은 무장 군사력이 되었다. 대자연 먹이사슬 구조는 인류의 갈등적 생존목표 달성을 불가피 강요했다. 남성의 식량 전쟁과 여성의 자식 양육 노동 분업은 더욱 강화되었다. 따라서 원시 인류 남자는 언제나 도끼를 들고 짐승과 외부 적을 상대로 싸워야만 했다. 그것이 갑골문의 병(兵)이었다.

인류는 집단 내부 희생과 협력을 강화하는 공동체 규범을 만들었고, 공동체 식량 사냥과 외부 침략 격퇴 능력자를 신적 영웅으로 숭배했다. 원시 생존사업이며, 동시 원시 외부전쟁 준비체제는 그렇게 진화 발전했다. 인류는 「대뇌화(Encephalization), 사회적 행동(social behavior), 공간적 조직(spatial organization)」 기능을 강화하며 현생 인류로 진화해 왔다. 그리고 자연의 생존사업전쟁에서 승리해 지구촌을 지배했다. BCE. 12000년 경 인류는 농업혁명과 도시혁명에 성공해 문자를 발명했으며, 정교한 무장세력이 충돌한 군사 전쟁사업의 역사가 시작되었다.

과연 무엇이 평화이고, 무엇이 전쟁인가? BCE. 221년 동아시아 대륙통일로 춘추전국시대 500년 전쟁이 종식되고 평화가 온 듯했다. 그러나 진나라는 15년 만에 멸망하고 다시 유방-항우 초한 전쟁이 계속되었다. 지중해와 메소포타미아 지역은 아테네 민주정 창출과 펠로폰네소스 동맹 결성으로 평화가 정착된 듯했으나 군사 전쟁은 끝나지 않았다. 아테네는 소피스트 정치세력에 의한 내부분열로 스파르타에 굴복했고, 마케도니아 알렉산더 대왕은 인도까지 광대한 영토를 단기간 점령했으나 조기 사망해 혼란에 빠졌으며, BCE. 146년 포에니 전쟁에 승리한 로마가 그리스를 점령하고 유럽제국을 건설해 평화를 쟁취한 듯했으나 군사 전쟁은 또다시 계속되었다. 주변국 영토정복 전쟁사업은 국가 내부 정치세력의 권력투쟁으로 이어졌고, 국가 내부 통일이 달성되면 주변국 군사 정복사업이 계속되었다. 과연 대자연에서 인류의 생존사업전쟁은 찰나의 중단이 없었다.

전쟁과 평화는 연속된 국가생존사업 과정의 한 현상이었다. 평화는 국가생존사업 성공 이후의 일시적 현상이었으며, 전쟁은 생존사업 최종

수단 선택의 결과였다. 프랑스 사상가 레몽 아롱(Raymond Aron)은, "1945년 이후 마침내 산업은 전쟁 공포에 의한 평화에 도착했으며 강대국은 군사력과 더 이상의 불가분 연결 관계가 아니다."라고 주장했다. 그러나 2022년 러시아는 우크라이나를 침공했고, 시진핑은 대만 무력 점령을 공식 선언했다. 2023년 하마스는 이스라엘 기습 보복 공격으로 세계를 놀라게 했고, 북한은 오늘도 미사일 발사와 핵전쟁 위협을 반복한다.

20세기 실패국가는 모두 예외 없이 사회주의 혁명 국가들이었다. 그들은 평화를 외쳤으나, 역으로 끝없는 혁명전쟁만을 반복했다. 사회주의 국가통치의 기본 정책은 혁명 전쟁상태 상시 유지이다. 21세기 인류는 미래 생존 사업을 위해서 과연 어떤 국가체제를 선택할까? 자유민주주의일까, 사회주의독재일까? 자유일까, 독재일까?

◆ "속이지 않는 정치세력" 선택

"그 나라 정부의 기무아문(機務衙門: 기무처)이라고 하는 것은 마치 내각 집회소와 같은 것으로, 그 구성원은 어윤중, 조영하, 김굉집, 김병시 등인데 모두 장래 원모(遠謀) 없이 단지 청국에 의뢰하면 안전하다고 생각하는, 완전히 독립정신이 없는 자들이라고 했습니다."

1883년 11월, 이노우에 가오루 외무 경이 이토 히로부미에게 보낸 서한에서

역사상 한반도 정치세력에게 대륙과 해양 세력의 지정학적 영향력은 언제나 치명적이었다. "한국은 역사적으로 중국 일부였다"라는 시진핑 발언은 21세기 한반도 역시 중국 영역임을 미국에 주장한 것이다. 이제 네 번째 대륙과

해양 세력의 한반도 충돌이 다가오고 있다. 그런데 한반도 정치세력은 남북한으로, 대한민국 정치세력은 좌파, 우파로 제로섬 대결을 지속하고 있다.

1819년 뱅자맹 콩스탕은 전쟁(war)을 경제(commerce)가 대체하는 시대가 왔다고 선언했다. 그는 미래 강대국은 영토 큰 나라가 아니며 경제 규모가 큰 나라라고 주장했다. 1945년 패전으로 군사력 재무장을 통제당한 일본은 1980년대 세계 2위 경제 대국으로 성장했다. 영토 대국 소련과 중국은 일본 경제력에 비교조차 되지 못했다. 콩스탕 선언 약 200년이 지난 2022년, 미국과 중국의 치열한 경제전쟁, 첨단기술전쟁도 새로운 국제질서를 재편하며 세계국가를 심각한 혼란에 빠뜨리고 있다. 경제는 분명 군사 전쟁을 대체하고 있다. 그러나 군사전쟁은 계속되고 있다. 첨단기술은 경제 성패를 좌우하고 있다. 첨단기술은 군사전쟁과 경제전쟁 모두에 치명적 승패 결정의 공통요소가 되었다.

| 정치세력의 내부 전쟁 |

모든 한반도 국가 존망(存亡)을 결정한 직접 요인은 정치세력의 내부분쟁이었다. 정치세력의 내부분쟁은 언제나 국가생존사업의 무시, 소홀을 초래한 직접 요인이었다. 1231년 무신(武臣)정권 고려는 몽골 세력 대비 소홀로 80년을 지배당했다. 1590년 조선 선조는 일본 공격을 무시하여 1592년 전국을 점령 유린당했다. 1627년 정묘호란에도 인조는 명(明) 사대(事大) 자소(自小)로 만주족 위협을 무시했다. 1636년 조선은 인조의 병자호란 삼전도 항복으로 청(淸)에 사실상 속국이 되었다. 1865년 대원군 조선은 서양 세력을 무시한 국경폐쇄로 1910년 멸망(滅亡)했다.

정치세력의 내부분쟁 핵심 원인에는 소국(小國) 패배주의가 작용해 왔다. 한반도 정치세력은 고대로부터 소국(小國) 패배주의(敗北主義)를 극복하지 못해 왔었다. 몽골 고려 지배로 시작된 소국 패배주의는 조선 사대주의(事大主義)로 이어졌다. 조선은 과연 자주독립(自主獨立) 국가였는가? 조선의 사대(事大) 정책은 최초로 대국(大國)에 스스로 굴복한 정책 아니었나? 한반도 세력 스스로 만들어낸 사대(事大) 전략사상을 후세 전문가들은 생존 외교전략이라고 평가했다. 국가의 자주권(自主權)을 스스로 포기한 전략을 500년 정권 유지 생존전략이라고 평가했다. 조선 왕들은 중국 황제의 승인 없이 권좌에 오를 수 없었다. 중국이 부여한 연호(年號)를 대한제국 선포 시까지 엎드려 청해서 받아들였다. 선조는 임진왜란으로 신의주까지 도망가서 명나라에 사신을 보내 조선 합병을 애걸했다고 역사는 기록했다. 한일 강제 합병 조약에 서명한 이완용은 조선의 유일한 생존 방법이라고 주장했다.

현대에도 많은 한국인은 소국(小國) 패배주의(敗北主義)를 불가피한 것으로 인식한다. 북유럽의 인구 500만 그야말로 작은 소국(小國) 핀란드가 당대 최강대국 소련과 전쟁에 승리해 이룩한 자주독립 선진국 발전을 어리석은 전략이라 보는가? 중동 아랍국가에 포위되어 2천 년 만에 국가를 되찾은 선진 군사 강국 이스라엘을 어리석은 국가로 보는가?

한반도 정치세력의 소국(小國) 패배주의(敗北主義)는 21세기 현재도 계속되고 있다. 대한민국 대통령은 2019년 5월 북경 대학교에서 "작은 나라 소국(小國) 대한민국은 대국(大國) 중국의 꿈(中國夢)에 동참하겠다."라고 연설했다. 중국은 김정은 4~6차 핵실험과 대응 전력인 미군 사드(THAAD) 배치에 즉각 경제보복으로 한국을 압박했다. 사드 배치 장소를 제공한 롯데그룹 중국법인은 중국의 각종 보복을 견디지 못하고 완전히 철수했다. 그러함에도 한국 대통령은 중국몽 동참을 선언하고 한국 좌파 시민단체는 사드 배치 절대 반대를 외쳤다. 정부는 사드 추가배치 금지를 포함한 중국 3불(不) 정책 요구를 어떠한 대국민 설명도 없이 슬그머니 받아들였다. 2022년 1월 6일 조선일보는 현대 중국의 한반도 인식과 대국 주장 사례를 총망라해 보도했다. "소국이 감히 대국에"라는 제목의 이 기사는 대한민국 정치세력이 스스로 소국 패배주의에 갇혀있음을 적나라하게 보여준다.

한반도 정치세력은 기원전 4세기 고조선 시대부터 동북아시아 주도권 전쟁을 계속했다. 고조선은 BCE. 108년 한(漢)나라에 멸망했다. 고구려도 668년 당과 신라 연합군에 멸망했다. 대부분 고구려 영토는 당나라가 지배했다. 고려는 몽골 80년 지배를 받아 최초로 고유 연호(年號) 사용을 금지당했다. 조선은 아예 사대주의(事大主義)를 선언했다. 이러한 흐름에서 기원전 3세기 고조선과 21세기 대한민국 정치세력 전략사상은 무엇이 같고, 무엇이 다른가?

고조선은 BCE. 109년 한무제(漢武帝) 5만 7,000명(육군 5만, 수군 7천)의 수륙양면공격을 받았다. 왕검성이 포위되어 불리한 상황이 전개되자 조선상, 역계경 등 정치세력은 우거왕에게 강화(講和)를 건의했다. 건의가 거부되자 강화 주장 정치세력은 성을 탈출해 한(漢) 군에 투항했다. 그리고 BCE. 108년 고조선 투항자 니계상은 자객을 보내 우거왕을 살해했다. 우거왕 암살 후 주전론을 주도한 대신(大臣) 성기(成己)가 전쟁을 지휘했다. 왕검성을 함락시킬 수 없게 되자 한나라군은 투항한 왕자 장(長)의 왕검성 내부 심복을 이용하여 성기를 살해했다. 결국 고조선은 도망친 우거왕의 아들에 의해 멸망 당한 것이다. 중국 정치세력의 한반도 최초 지배는 이렇게 고조선 내부 정치세력의 분열과 매국(賣國)으로 시작되었다.

고구려는 고조선 고토를 대부분 회복해 동북아시아 강대국으로 발전했

다. 한나라를 멸망시킨 수나라는 고구려 공격으로 국력이 소진되어 당에 멸
망 당했다. 666년 연개소문의 사망은 고구려 멸망의 결정적 사건이 되었
다. 고구려 정치세력을 장악했던 연개소문 아들들의 후계자 형제싸움이 국
가 지도층을 분열 와해시켰다. 신라의 당군(唐軍) 청병(請兵) 비밀외교와
나당연합군 고구려 양면 공격의 성공은 한반도 정치세력 대륙진출의 꿈을
접게 만든 역사적 사건이 되었다.

  고구려 멸망 이후 한반도를 장악한 정치세력은 북방영토 회복을 사실상
포기했다. 고려는 고구려 고토(古土) 회복을 건국사상으로 내걸었으나 북
방공격은 한 번도 실행하지 못하고 1259년 몽골의 지배를 받았다. 몽골
지배는 고려 내부 문신과 무신 권력투쟁으로 인한 국가생존사업 체제의
붕괴가 중대한 원인이었다. 1388년 고려 우왕과 최영 장군의 5만 병력
을 동원한 요동 정벌의 실패는 또 다른 정치세력 내분으로서, 이성계 조
민수의 위화도 회군 반란 때문이었다. 고려 말기 정치세력은 이미 한반도
를 소국(小國), 대륙 세력 명(明)은 대국(大國)으로 수용했다. 그들은 명
(明) 중심의 동북아 국제질서를 변화 불가능한 패러다임으로 인식했던 것
으로 보인다.

손자병법은 대한민국 정치세력에 다음 질문을 던지고 있다!
한국은 '미래전략 불패 기반'을 갖추었는가?
한국은 '도(道)의 정치세력'이 있는가?
한국은 '중국몽 패권 세력' 극복전략을 갖고 있는가?
한국은 '생존사업전쟁'의 '모순과 실허(實虛)' 기회를 통찰했는가?
한국은 '김정은 핵 사용억제-폐기' 전략을 갖고 있는가?

대한민국의 정치세력 내부분쟁은 국가생존사업의 제1 위험요인이다. 대한

민국 건국 후 전직 대통령 총 9명 중 1명은 망명했고, 1명은 암살되었으며, 2명은 구속 석방 후 감시된 생활을 하다 사망했다. 그들에게는 사후에도 묻힐 땅이 쉽게 허용되지 않았다. 또 1명은 자살했고 2명은 2021년까지 구속상태에 있었다. 민주투사로 자처한 2명만 자연사했다. 북한 핵 개발, 그리고 중국몽 현실화와 함께 좌파-우파 정치세력의 극한투쟁은 더욱더 격화되어, 헌법 체제의 근간 자체를 흔들어대고 있다.

대한민국 제2 위협요인은 중국 공산당의 사회주의독재 중국몽(中國夢) 왕패지병(王覇之兵) 위협이다. 중국은 1950년 파병으로 자유민주주의 한반도 통일을 무력으로 거부했다. 그러나 1992년 한국과 수교했다. 중국은 김정은 6차 핵실험으로 대한민국에 긴급 배치된 사드(THAAD)에 대해 강력한 경제적 보복을 강행했다.

2021년 1월 27일 중국 공산당 기관지 인민일보는 한국 대통령의 중국 공산당 100주년 축하를 대대적으로 보도했다. 대통령 안보 자문위원은 한미동맹은 부자연스러우며 바뀌어야 한다고 주장했다. 2020년 주미 한국대사는 미중 무역전쟁 갈등 관계에서 한국의 선택은 당연한 미국 선택보다 국익 중심이 되어야 한다고 공식 주장했다. 2020년 한미안보협의회의는 공식 기자회견이 취소되고 한국전쟁 종전선언과 전시작전통제권 조기 환수를 주장했다. 2021년 한미 외교·국방장관회의 공동성명에 '북한 비핵화, 북한 인권, 중국, 쿼드'라는 단어는 아예 포함조차 되지 않았다. 이어진 기자회견에서 미국 대표가 언급한 중국 관련 내용을 한국 대표는 언급조차 하지 않았다.

2017년 9월 15일 중국 공산당중앙위원회 중공 중앙판공청은 중국의 북한 핵 문제 관련 일급기밀(Top Secret)문서를 하달했다. 이 문서는 9월 11일 김정은 6차 핵실험에 대한 시진핑 대북 전략 문서였다. 여기서 시진핑이 중국은 북한에 핵 포기를 절대 요구하지 않겠다고 선언했다. 오히려 중국 요구에 협조하면 2017년보다 2018년 무상 지원을 15% 증가시키고, 차후 5년간 매년 10% 추가 지원금 증액을 약속했다. 더구나 중·단거리 미사일 기술을 포함한 첨단 군사 과학기술 지원을 약속했다. 그러나 만약 중국 요구를 따르지 않을 경우 더욱 강력한 압박과 제재를 가한다고 경고했다. 그러한 시진핑은 공식적으로 유엔안보리 제재결의안 2375호를 철저히 준수하고 있다고 주장했다.

호주는 중국의 강력한 경제보복에도 대한민국과 정반대 정책을 추진했다. 호주는 코로나19의 중국 최초발생지 조사를 촉구하면서 소고기, 와인 등 중국의 심각한 경제보복을 당했다. 대한민국은 사드 추가배치 금지를 포함 소위 중국 3불(不) 정책 요구를 모두 수용하면서, 미국의 인도-태평양전략에는 지극히 소극적으로 대응했다. 2021년 2월 한미 외교-국방 2+2 장관회의에서 미국 국방성 장관은 한국이 성주 기지 진입로를 폐쇄하고 있는 민간단체들을 방치해 400여 명 미군 작전병 보급이 사실상 차단된 것은 동맹으로서 용납할 수 없는(Unacceptable) 일이라고 강한 불만을 표시했다.

2021년 1월 한국에 부임한 캐서린 레이퍼 주한 호주대사는 "호주가 내리는 모든 결정의 기준점은 우리가 수호하는 가치와 국익에 달려 있다. 우리가 옳다고 믿는 것을 경제적 압박으로 못하는 일은 없다"라고 말했다. 마침내 2021년 4월 호주는 빅토리아 주(州) 정부와 중국 정부가 체결한 일대일로(一帶一路) 프로젝트 MOU 2건을 전격 취소시켰다.

대한민국 1970년대 한강의 기적은 역사상 최초 소국 패배주의를 극복한 결과였다. 대한민국은 1948년 자유민주주의 국가를 건설했다. 이로 인해 국민 개개인은 자유경쟁으로 사유재산을 마음껏 축적할 수 있는 시장경제를 사상 최초로 경험하기 시작했다. 1970년대 산업혁명 성공은 수천 년 가난과 압박에 한(恨)이 맺힌 국민 개개인에게 사상 최초로 주어진 사유재산 축적의 자유, "노력하면 잘산다"라는 자유경쟁 시장경제의 아주 단순한 인센티브가 만든 결과였다. 국민 개개인의 역동적 힘을 창출해 낸 지도자는 바로 자유민주주의를 도입한 이승만과 산업혁명을 주도한 박정희였다. 1980~1990년대 중진국 달성은 1,500년 동안 잃었던 대륙의 꿈을 다시 찾게 했다. 1980년대 말 노태우 북방정책은 세계 초일류 한국기업의 성장을 가져온 소국 패배주의 극복의 결과였다. 그 결과, 대한민국은 사상 최초로 중국을 넘어 상상으로만 꿈꾸던 선진국, 모든 세계국가의 꿈인 G-10 선진국에 2021년 공식 진입했다.

대한민국 소국(小國) 패배주의 극복은 자유민주주의 선택이 시작점이 되었다. 모든 국민의 5천 년 독창적 창의성과 근면 성실의 열매가 개인에게 자유를 보장해줌으로써 "잘살아 보세!" 노래와 함께 터져 나오기 시작했다. 대한민국이 1948년 자유민주주의 신봉자, 이승만을 건국 대통령으로 선출한 것은 획기적 사건이었다. 1945년 제2차 세계대전 종료와 함께 탄생한 신생국 지도자들은 국민 절대 평등(平等)에 심취하여 사회주의 사상을 대부분 수용했다. 그들은 공산당 사회주의 좌파 혁명을 민족 모두가 잘살 수 있는 민주주의(民主主義)로 착각했다. 당시 대부분 한국 지도자들도 같았다. 특히 1800년대 중국 강유위(康有爲)의 대동서(大同書)는 사회주의를 유교 대동(大同) 이상사회(理想社會)로 혼동 착각한 모습이 역력했었다.

1945년 서양 자유주의 사상을 수용할 당시, 사회주의 사상을 수용한 동양의 어떠한 신생국가도 선진국으로 발전하지 못했다. 자유민주주의 시장경제만이 선진국의 길임을 정확히 통찰한 지도자는 이승만뿐이었다. 이승만은 대부분 신생국 지도자들이 착각한 공산당 사회주의혁명을 정면으로 거부했다. 공산주의는 국가패망의 길임을 그는 정확히 통찰했다.

1950년 미국과 세계 16개 참전국은 혈맹의 피로 대한민국 자유민주주의 수호 전쟁에서 승리했다. 1953년 이승만은 대한민국 미래 불패 기반을 위해 목숨 건 협상으로 한미동맹을 쟁취해 냈다. 1960~1970년대 박정희는 이승만의 한미동맹 불패 기반 위에서 산업혁명에 성공했다. 1980~2020년 자유민주주의 대한민국의 선진국을 향한 노력은 2021년 마침내 성취되었다.

그런데 21세기 대한민국에 소국(小國) 패배주의(敗北主義)와 망국(亡國)의 사대주의(事大主義)가 중국 강대국 급부상 이후 다시 나타나고 있다. 북핵 협상에서 6자회담 개입과 방치를 반복한 중국 강대국 급부상은 현실 위협으로 등장했다. 북한 핵과 중국 영향력을 이용한 국내 좌파 사회주의 정치세력의 민족 공조, 친중-반일 민족주의 포퓰리즘 정책은 대한민국 위기를 치명적 수준으로 높이고 있다.

중국은 진(秦)의 통일 이후 한국보다 더 장기간 이민족 지배를 받았다. 중국 한족(漢族)의 통일국가는 한(BCE. 202-280), 수(581-618), 당(618-907), 명(1368-1644) 총 970년으로 천년을 넘지 못했다. 진의 통일(BCE. 221)부터 청(1616-1911)까지 2,132년 기간 중 반이 넘는 1,162년은 분열이나 이민족 지배 기간이다. 중국 전략문화는 북방 세력 방어를 위해 건축한 '만리장성(萬里長城) 문화'로 일컬어진다. 만리장성은 중국의 자랑이나, 패배 역사의 상징이기도 하다. 몽골 원나라(1260-1370)와 만주족 청나라(1616-1911) 지배는 중국 유교문화를 완전히 바꾸어 놓았었다.

1840년 아편전쟁은 서유럽 해양 세력의 중국 지배가 시작된 전쟁이다. 영국의 홍콩 통치 156년은 1842년 남경조약으로 시작되었다. 영국 통치로 정착된 홍콩 자유민주주의 체제는 1997년 중국에 반환된 후, 2020년 중국 보안법 적용으로 종말을 고했다. 1894~1895년 청일전쟁의 패배로 체결된 시모노세키 조약은 중국 치욕의 상징이다. 시진핑은 이러한 치욕의 역사극복과 19세기 이전 과거 영광의 부흥을 목표로 중국몽 2049년 완성을 선언했다. 중국은 자유민주주의를 중국의 굴욕을 만든 서양문명 정치체제로 인식한다.

인구 10만의 소국(小國) 몽골이 1279년 대국(大國) 중국을 완전히 지배했다. 유럽의 조그만 섬나라 영국은 광활한 세계 바다를 지배했다. 중국이 늘 무시했던 섬나라 일본은 청일, 중일전쟁에 승리하고 중국을 넘어 동아시아를 지배했다. 몽골, 영국, 일본의 강대국 발전 성공은 어떻게 설명되는가? 거대한 대륙제국 중국을 전쟁으로 굴복시키고 승리한 몽골, 일본, 영국의 정치세력들은 얼마나 많은 통찰과 전략계산을 반복했을 것인가?

1623년 3월 12일 인조는 서인 세력과 광해군을 몰아내고 왕에 즉위했다. 1636년 12월 2일 병자호란 발발, 1637년 1월 30일 인조는 3배구고두(三拜九叩頭禮) 항복 후 다음 기록을 남겼다.

1637년 8월 14일	아들을 청 인질로 보내라 하자 판서들이 앞다퉈 사직했다.
1639년 4월 21일	1월 29일 형조판서 홍보가 사표를 던졌다.
1639년 11월 5일	형조판서 민형남이 병들었다며 사표 냈다.
1641년 11월 2일	예조판서 윤의립이 해임을 요구해 파직됐다.

흥선대원군 맏형 흥녕군 장손 이기용(1889~1961)은 1910년 경술년 국치 이후 일제 자작(子爵) 작위와 수작금(受爵金) 3만 원을 받고 조선총독부 기관지 매일신보에 한일합방 1주년 기념 축사를 기고했다. 그는 1910년 이토 히로부미 묘소에 참배했고 1945년 4월 일본 귀족원 의원을 지냈으며 일제 훈장 30여 개를 받았다.

1918년 1월 13일 영친왕 이은(李垠) 귀국 기념사진(서울대 박물관 소장)에는 고종과 순종, 조선 총독 하세가와 그리고 한일합방 주역 공신 귀족들이 모두 보인다. 국가를 멸망시킨 정치세력들이 망국(亡國) 후 조선 대훈장을 패용하고 그렇게 희희낙락했다. 조선 말기 정치세력은 망국(亡國)의 상황에도 지배층으로 행세했다.

1955년 대한민국의 1인당 국민소득은 50달러였다. 1960년대 박정희는 남북전쟁 위기에도 소국(小國) 한계를 파괴하는 세계전략에 도전했다. 1962년 박정희는 경제개발 5개년 계획을 추진했다. 1978년 백곰 미사일 시험 발사에 세계 7번째로 성공했다. 1980년대 대한민국 자유민주주의 세력은 한강의 기적으로 중진국 도전에 승리했다. 이것이 1945년 이후 한반도 정치세력의 생존사업전략 통찰과 대응이었다.

대한민국 정치세력은 왜 중국이 갖는 '세계의 꿈'을 갖지 못하는가?
대한민국에 '세계 초일류국가의 꿈'을 현실화시킬 정치세력은 없는가?
중국 공포를 이기고 미래를 보장할 정치세력은 있는가?

국가통치자가 국민 '마음의 소리'를 경청하는 국가체제가 자유민주주의다. 따라서 '속이지 않는 정치세력'을 선택하는 것만이 최고의 국가전략이 된다. 자유민주주의 국가체제에서만 '속이지 않는 정치세력'을 선택할 수 있다. 대한민국의 불패 기반은 자유민주주의 국가체제 바로 그 자체인 이유이다.

한반도 역사상 세계적 번영을 이룩한 정치세력은 '자유민주주의 정치세력'이 유일하다. 자유민주주의 시장경제 국가체제는 부민강병(富民强兵), 한강의 기적을 달성해 선진국 경제를 이룩해 냈다. 국민이 국가통치자와 "같은 마음의 소리"로 생존사업에 전력을 다했다. 국가통치자는 '국가의 길[道]'을 지켰다.

국가전략에는 언제나 국가이익(또는 국민 이익)과 집권 정치세력 이익 사이에 갭(Gap)이 발생한다. 집권 정치세력은 그들을 지지하는 국민의 이익을 우선하기 때문이다. 이때 집권 정치세력이 국가정책을 통해서 그들 세력 이익을 어떻게 추구하느냐에 따라 두 이익 사이에 발생하는 갭(GAP)의 크기가 결정된다. 이것이 자유민주주의 국가전략에서 「이익충돌의 갭(GAP)」이다. 국민은 이 갭의 발생 현상을 기준으로 지지 정치세력을 선택한다.

만약 그 이익충돌의 갭이 불법(不法)행위나, 불법적 정책이 발생 원인이라면 정치부패(Political Corruption) 행위가 된다. 따라서 정치세력은 법이 정한 제도 안에서 지지 세력 이익을 위한 정책을 수립하게 된다. 현대 정당정치 지지 세력 경쟁 상황에서 문제가 발생하기 시작한 것은 인기 영합 중심의 포퓰리즘(Populism) 정치다. 따라서 국가부패 수준은 그 나라 국력 수준, 그리고 포퓰리즘 정치 현상을 측정하는 도구가 되었다.

하버드대의 한 연구보고서는 "미국정치는 지지 세력의 사적이익(private benefits)을 추구하는 '양당 독점(Duopoly) 정치 산업(politics industry)'으로 전락했다"라고 분석했다. 보고서는, 민주-공화 양당의 집권정책과 입법목적이 대부분 일반 국민이 아닌 양당 지지 세력 이익을 위한 것이었다고 지적했다. 1994년 이후 미국과 유사한 정치부패 현상이 대한민국 정치세력의 집권 정책에서도 반복되어 왔다.

 국가권력 획득과 운용을 통해 집단이익을 추구하는 공적 조직이 정당(Political Party)이다. 따라서 정당 이익과 국가이익은 반드시 일치하지 않으며, 항시 갭(Gap)을 발생시킨다. 이 갭이 최소화될 때 국가이익은 증진된다. 그러나 이 갭이 확대되면 될수록 국가전략 목적(Ends)은 왜곡되고, 전략 수단(Means)과 방법(Ways)은 혼란 속에 빠져버린다. 1590년 조선 통신사 황윤길(서인)과 김성일(동인)의 일본의 정세와 정반대 보고는 선조의 전략 선택에 대혼란을 가져왔다. 1623년 친명 정치세력의 광해군 폐위 정치투쟁은 인조반정 이후 삼전도 굴욕 결과를 초래했다. 1840년대 이후 대원군과 민비(閔妃) '죽음의 권력투쟁(Political conflict to Death)' 결과는 1907년 군대해산, 그리고 1910년 식민지 통합이 되었다.

 1994년 이후 북한 핵 위기 발생에 대통령은 무조건 전쟁 반대를 외쳤다. 햇볕정책 지지자들은 북한 핵 개발을 부인하면서 오히려 한국군 핵 억제 군사전략 준비를 회피했다. 한국 스스로 김정일 핵 개발 의도를 왜곡 옹호해 주는 기묘한 대북 전략이 추진되었다. 그 결과는 2006년 최초 핵실험 이후 6차에 걸친 핵실험과 탄도미사일 발사 그리고 2018년 김정은 핵무장 선언이었다. 유엔은 2017년 햇볕정책 결과로 자랑하던 개성공단과 금강산 관광 등 남북경제협력 사업을 금지토록 결의했다.

 2017년 660조 원이던 국가채무가 2022년 말 1,091조 원(과거 69년간 총 국가부채의 50%)으로 급상승했다. 2021년 3월 "대한민국 헌법정신과 자유민주주의, 상식과 정의가 파괴되고 있다"라는 선언과 함께 현직 검찰총장이 전격 사퇴하여 대통령선거에 출마해 당선되었다. 현직 감사원장도 집권 정부의 헌법 무시, 국력 약화 정책을 폭로하며 2022년 대통령 선거전에 뛰어들었다.

국가통치자가 국민 '마음의 소리'를 경청하는 국가체제가 자유민주주의다. 따라서 '속이지 않는 정치세력' 선택은 '최고의 국가전략'이 된다. 자유민주주의는 개인의 이익 활동과 선택을 최대 보장하는 공정한 자유경쟁의 열린 사회(Open Society)를 목표로 한다. 모든 정치세력은 '국민 이익증진 대행자'일 뿐이다. 자유경쟁이란 자유로운 개인의 자기 생존이익(Self-Interest) 획득 경쟁이다. 개인 이익의 치열한 자유경쟁은 끝없는 정보와 지식경쟁을 통해서 모순과 역설(Paradox)을 통찰하는 능력 인재를 만들어낸다. 자유경쟁에 의해 개인은 경제적 자유와 정치적 자유, 그리고 사유재산권을 보장받는다. 자유경쟁에 의해 개인은 원하는 정치세력을 투표로 선택하는 정치적 자유와 권리를 보장받는다.

경제적 자유가 박탈된 정치적 자유는 존재할 수 없다. 국가는 국민 개인의 공정한 경제적, 정치적 자유경쟁의 장(場)을 조성, 운영, 관리하는 공공기구(Instrument)로서의 존재가치를 갖는다. 국민으로부터 권력을 위임받은 운영자, 대통령(또는 총리)은 국민의 투표로 선택된 '국민대표'일 뿐 그 이상도 그 이하도 아니어야 한다.

국가멸망은 정치세력이 선택한 위기(危機)가 그 원인이었다.

> 북한은 1953년 이후 세습 핵 개발 정책을 단 한 차례도 중단한 적이 없었다. 노태우 7·7선언 남북화해 정책은 2025년 김정은 '한반도 핵전쟁 통일전략'으로 돌아왔다. 대한민국의 햇볕정책은 성공했는가? 김정은 자발적 핵 포기는 가능한가?
>
> **원문** 피실격허(避實擊虛), 피고추하(避高趨下), 병형상수(兵形象水)
> **해석** 실을 피해 허를 타격한다. 높은 곳을 피해 낮은 곳으로 달린다. 생존사업전쟁의 형상은 물이다.

◆ 김정은 핵 포기 가능한가?

한반도 자유민주주의와 사회주의독재 정치세력의 혁명전쟁이 80년째 계속되고 있다. 1950년 남북한 군사 전쟁 대결은 1988년 노태우 7·7선언으로 '남북화해'의 전환기를 맞이했었다. 세계가 주목했던 1992~2018년 '남북공존 비핵화 선언(9회)'은 말 잔치로 끝났다. 한반도 평화를 주장한 2000~2019년 남북정상회담(5회)과 공동선언(3회)은 한반도 핵전쟁 위기로 돌아왔다.

김일성은 1953~1993년 핵연료주기를 완성하고, 미사일 19발을 발사했다.
김정일은 1994~2012년 핵실험 2회를 실시하고, 미사일 58발을 발사했다.
김정은은 2013~2019년 핵실험 4회, 미사일 243발로 핵완성을 선언했다.

2025년은 남북 전쟁 대결 77년, 북한 핵 개발 72년째 되는 해다. 대한민국의 생존 위협은 김정은 자폭 핵전쟁 이다. 북한은 이미 핵탄두 50기를 조립했고, 90기 핵물질을 생산한 것으로 추정된다.(2024년 북한 핵무기 보고서, 미국핵과학자회) 2020년 10월 밤 12시 열병식에서 김정은은 미국 본토 직접 타격 가능한 장거리 다탄두 ICBM 탄도미사일을 공개했다. 잠수함 발사 이동식 SLBM 미사일도 공개했다. 중국은 완전한 핵 포기를 요구하지 않겠다고 북한에 통보했으며, 오히려 첨단 군사 과학기술을 적극적으로 지원하겠다고 선언했다.

북한은 사회주의독재 권력을 3대째 세습시킨 개인 왕권 국가다. 1990년대 초 최악의 경제 파탄에 직면했음에도 경제 개방을 외면하고 국가폐쇄를 더욱 강화한 유일한 국가가 북한이다. 김정일은 1994년 사회주의독재 명령 경제로 초래된 국가 붕괴 위기를 핵 개발로 정면 돌파했다. 김정일 핵 개발전략은 2017년 김정은 핵 무력 완성선언으로 한반도 핵전쟁 공포 조성에 성공했다. 이로써 한반도는 세계 자유민주주의 세력과 사회주의 독재세력의 핵전쟁 최전방 지역이 되었다.

지구상 가장 잔인한 전쟁은 내전(Civil-War)이다. 한국전쟁은 전 세계 공산화를 위한 소련 공산당 사회주의독재 패권 세력의 대리전쟁으로 시작되었다. 내전의 처절함과 참혹함은 21세기판 북한 주민 노예 생활에서 절절히 나타난다. 김정일은 국외정보 유입 차단으로 1970년대 김일성 신격화를 완성했다. 1980년대 심각한 경제 파탄에도 신격화는 더욱 진화되어 김일성을 백두혈통, 민족의 영웅으로 조작했다. 북한 주민을 김일성 민족으로 불렀다. 1994년 김일성 사망 그리고 2011년 김정일 사망 당시 북한 주민들의 이해할 수 없는 비정상적 통곡은 김일성 신격화와 주민 통제 상태가 어느 정도 수준인가를 명백하게 보여주었다. 북한 주민은 지배층과 완전히 분리된 종속민

(從屬民) 노예 생활을 한다. 북한은 사실상 국가 전체가 정치범 수용소이며, 주민을 일일(日日) 감시하고 있는 병영국가(兵營國家)다. 최근 정보 IT 기술을 이용한 디지털 감시체제는 주민 통제고삐를 더욱 조이는 최상의 수단으로 사용되고 있다. 세계가 경악한 고사기관총 장성택 처형사건은 21세기 상상하기 어려운 19세기적 개인 왕권 국가의 포악함을 그대로 보여주었다.

현재 이 시각에도 고향을 탈출해 수억만 리를 헤매는 탈북민들은 "왜 우리는 인간 최악의 고난을 겪어야만 하는가?"라고 절규하고 있다. 중국은 수많은 탈북자를 난민으로 취급하지 않고 모두 체포해 다시 북송하고 있다. 중국 공안의 탈북자 체포와 구금, 북송의 상상할 수 없는 잔혹한 인권 말살 과정이 한국과 미국의 방송, 국회에서 끝없이 증언되고 있다.

통일부 국회 제출 자료에 따르면 2018년 한해 탈북자 수만 1,137명이었다. 2019년 9월 북한은 세계식량계획(WFP) 일일 최소 권장량 600g/1인 절반에 불과한 310g을 주민들에게 배급했다. '필명 반디'의 북한 작가는 『고발(The Accusation, 2017)』에서 "북녘땅 50년을 말하는 기계로, 멍에 쓴 인간으로 살았다"고 고발했다. 세계 인권조사보고서(World Report 2020 Human Right Watch)는 북한을 세계 최악의 주민억압 통제국가로 규정했다. 공개처형, 강제 구금, 집단 강제노동 등 공식적인 주민감시 통제 수단으로 사용하고 있다. 그런데 2021년 한국 정부는 유엔 북한인권결의안에 참여조차도 하지 않아 다른 참여한 국가들의 상당한 비난을 받았다.

내전은 가장 긴 장기전(Protracted War)의 경향이 있다. 21세기 전쟁은 대부분 장기내전이다. 남북 분단상태는 1945년 이후 80년째 계속되고 있다.

문재인 정부는 남북이 현 상태로 간섭 없이 살아가는 남북공존 방안을 제안했으나, 2019년 하노이 미북 핵 협상 실패가 '김정은 핵 포기는 불가능하다'라는 것을 확인해 주었다.

내전은 끝없는 '분쟁함정(Conflict Trap)'에 빠지는 경향이 있다. 분쟁함정이란 내전이 시작된 국가는 종전이 어려우며, 종전되어도 다시 군사적 충돌 발생 확률이 아주 높음을 말한다. 한국은 1970년 광복절 '평화통일 구상 선언' 이후 모든 역대 대통령들이 북한과 평화공존을 위한 대화 협력을 모색해 왔다. 1972년 7·4 남북공동성명을 시작으로 1988년 7·7선언, 1992년 남북기본합의서, 한반도 비핵화 공동선언, 2000년 이후 5차에 걸친 남북정상회담과 공동선언이 발표되었다. 그러나 남북한의 군사적 긴장 상태가 해소된 시기는 거의 없었다. 북한은 2018년 기준 총 3,119건의 대남 군사적 침투 및 도발을 자행했다. 남북 상호 비핵화 공동선언은 반복될 때마다 북한 핵 개발에 접어들면서 역이용되기만 할 뿐이었다. 비핵화선언은 허구였을 뿐 핵미사일 전쟁 위협은 더욱 급격히 증가했다.

미국의 1861년 남북전쟁 남부 연합기가 사우스캐롤라이나에서 최종 하기(下旗)된 것은 2015년 7월이었다. 미국은 남북전쟁 종전 후 남부 주(州)를 연방에 재통합하는 데만 10년 이상 소요되었다. 전쟁 선택으로 노예를 해방하고 그들 인권을 보장했으며 남북분단을 막았던 링컨은 흑백과 시대를 초월해 가장 존경받는 미국 대통령으로서 불변의 자리를 차지한다. 남북전쟁이 오히려 19세기 이후 미국의 번영과 평화를 강화해준 것이다. 그러나 한반도에서는 정반대 현상이 나타나고 있다.

인권(Human Right)은 내전 분쟁함정을 극복하는 핵심 수단이라고 전문가들은 강조한다. 북한 탈출 인원은 2019년 현재 총 33,523명이며, 매년

1,000~3,000명이 탈북한다. 한만(韓滿) 국경선에서 라오스와 태국에 이르기까지 널리 퍼져있는 수백만 탈북자는 중국 공안(公安) 체포를 피해 오늘도 생사의 갈림길에서 헤매고 있다. 그러함에도 한국 정부는 중국에 탈북자 체포 중지나 보호를 강력히 요구하지 못하고 있다. 2019~2021년 한국 정부는 그렇게 평화를 외치면서도 유엔의 북한 인권 규탄결의안에는 전혀 참여조차 하지 않았다. 2020년 국회는 대북 전단 금지법을 발의 입법하여 통과시켰다. 대통령은 즉시 국무회의 의결로 선포 시행했다. 미국 의회가 오히려 놀라서 하원 청문회를 개최했다.

2021년 4월 8일 조선노동당 제6차 세포 비서대회 폐회사에서, 김정은은 "…인민들의 고생을 덜어주고…물질 문화적 복리를 안겨주기 위하여…더욱 간고한 고난의 행군을 결심했다"라고 선언했다. 동시에 "우리 인민의 앞길을 개척하고 사회주의, 공산주의로 가는 위대한 목표, 이상을 실현하는 데서…어떤 우연적인 기회가 생길 것을 절대 믿지 않는다"고 하면서 반사회주의적, 비사회주의적 현상을 가장 위험한 적으로 규정했다.

◆ 김정은 핵 포기 강요 가능한가?

2020년 1월 3일 미군 드론 MQ-9 리퍼는 이란 솔레이마니 이란혁명수비대 사령관을 공격했다. 솔레이마니 드론 공격 사망 직후 미국은 극도의 불안감을 감추지 못했던 김정은 심리상태와 행동 변화를 모든 정보 수단(All Source Intelligence)을 총동원해 확인한 것으로 알려졌다. 김정은 핵 포기는 불가능하나, 북한 핵 폐기는 가능하다. 북한 핵은 김정은 정권 생존보장 수단이다. 그러나 김정은 정권은 세습 독재가 국가 경제를 붕괴시키는 모순과 딜레마 속에 빠져있다.

북한 핵 폐기 전략은 북한의 모순과 딜레마를 극대화하는 '틈새 확대 전략'에서 그 답을 탐색해 본다. 첫째 북한 경제 파탄과 국가 붕괴에 직접 대응하는 전략이다. 이러한 전략이 트럼프의 최대 압박 핵 포기 협상전략이었다. 이 전략은 미국 어느 정권이 집권해도 앞으로 계속 유효하게 적용될 수밖에 없다. 북한 경제체제는 김정은 통치자금, 지배층 당 경제, 군수산업 경제, 주민 경제의 세 가지로 구분되어 있다. 주민 경제 붕괴는 김정은 정권에 직접적인 영향을 주지 않을 수 있다. 그러나 김정은 통치자금과 당 경제, 그리고 군수산업 경제를 압박한다면 국가통치체제 붕괴를 가속화할 수 있다. 그런데 푸틴이 북한군을 우크라이나 전쟁에 투입하면서 양상이 달라졌다. 중국은 북한을 '치명적 이익'으로 규정하고 적극 지원하고 있다.

둘째 김정은 국가폐쇄를 역이용하는 전략이다. 북한 경제 파탄을 피하는 개혁개방은 사회주의 계획경제를 버리는 것이다. 개혁개방은 중국 또는 베트남식 변화를 가져올 것임으로, 김정은 세습 독재체제에서 개혁개방 선택은 불가능하다. 폐쇄국가에 경제개혁 물결이 밀어닥치면 세습 독재 정치체제를 붕괴시키는 북한판 오렌지 혁명이 일어날 것이다. 김정일-김정은은 수차 중국과 싱가포르, 베트남을 방문하고도 개혁개방을 결심하지 못했다.

김정은은 결코 개방을 결심하지 못할 것이다.

 김정은이 개방하지 못하는 국가폐쇄 역이용 전략은 무엇일까? 김정은과 북한 지배층을 분리하는 전략이다. 북한통치 엘리트는 김정은보다 더 심각한 심리 불안 상태에 있음이 분명하다. 황장엽과 태영호 망명 사건은 그들의 심리상태를 엿보게 해준다. 미국과 북한의 핵 협상 결렬로 그들의 심리상태는 더욱 불안해졌다. 2025년 국제정세 흐름 속에서 김정은에게 유리한 미래 환경은 조성되기 사실상 불가능하다. 지배층 고령화와 미래세대 불확실성은 심각한 문제로 남는다. 1994년 전후 북한 고위 관리들은 남한 방문자에게 자신의 미래를 부탁할 정도의 상태였었다. 김정은이 평창올림픽 남북대화 시작 이후 가장 먼저 요구한 사항은 휴전선 심리작전과 탈북단체 전단 풍선 보내기 중단이었다. 따라서 북한 지배층 심리 불안을 더욱 심화하는 전략이 시급하다. 대북전략의 철저한 상호주의 적용이 필수적이다.

 셋째 하노이 핵 협상 결렬이후 나타난 김정은의 심리를 이용하며 기다리는 전략이 필요하다. 미국의 힘을 통한 압박은 김정은 전략의 한계를 노출했다. 하노이 핵 협상 결렬로 드러난 김정은 심리는 솔레이마니 사망에 따른 공포의 모습이었다. 핵 포기와 김정은 체제보장 교환전략은 사실상 실패했다. 김정은 체제보장 협정이 체결되어도 김정은 핵 포기 실행을 아무도 장담하거나 강요할 수 없다. 김정일의 속임수가 바로 이것이었다. 김정은은 핵무장 고도화를 지속할 수 있다. 핵무장 고도화 이후에도 경제 붕괴가 계속되면 북한 내부 엘리트층의 미래 포기 공포와 불안은 더욱 심각한 혼란이 될 것이다. 1980년대 소련 상황이 북한에서 재현될 수 있다. 1994년 전략 기회가 한국에게 다시 찾아올 수 있다. 시간은 능력을 갖춘 자의 편이기 때문이다. 한국 정치세력들이 김정은 핵전쟁 위협에 굴복하지 않을 때만 이 전략은 유효하다. 전제조건은 대한민국 경제가 중국에 종속되지 않아야 한다. 21세기 시대 흐름은 결코 김정은 편이 아니다. 모택동은 역사 흐름은 물 같은 변화의 흐름이라는 자치통감을 숙독한 것으로 전해진다. 물흐름의 변화는 아무도 거스르지 못하는 천리(天理), 우주 질서의 변화다. 북한은 시대 흐름에 분명 역행하고 있다. 그 흐름은 체제 내부모순을 극대화하고 장기생존을 불가능하게 만들고 있다.

김정은 정권은 체제모순의 충돌 악화를 관리할 능력이 있는가? 이것은 두 가지로 관리될 수 있다. 첫째 식량문제다. 둘째 가족공동체 문제다. 모순충돌의 악화는 경제 파탄과 붕괴 그리고 지배층 이탈과 주민폭동을 불러올 것이다. 21세기 정보기술과 자유민주주의 사상은 결국 북한 주민에도 변화를 가져올 것이다. 경제 파탄은 식량문제 해결을 불가능하게 할 것이다. 주변국의 자유민주주의로 변화는 가족공동체 통제를 불가능하게 할 것이다. 북한 탈북자는 급격히 증가할 것이다.

넷째 중국의 정치체제 변화는 북한에 중대한 변수가 될 것이다. 중국의 홍콩 보안법 제정은 오히려 대만과 중국 내부, 그리고 동북아시아에 새로운 변화의 바람을 불러일으키고 있다. 국제적인 이 변화는 한국 자유민주주의 체제와 함께 거역할 수 없는 동북아시아의 흐름으로 정착될 수 있다. 중국 내부는 어떠한 형태로든 변화될 수밖에 없을 것이며, 그 시대의 흐름은 북한에 치명적 영향력으로 작용할 수밖에 없을 것이다. 전제 조건은 대한민국 정치세력의 적대적 대결이 종식되어야 한다.

다섯째 김정은은 최악의 경우 자폭 핵전쟁을 감행할 수 있다. 김일성부터 72년을 세습 개발해 온 핵무기는 자폭 위협전략 수단이었으며, 핵무기 사용은 자폭 전쟁을 의미한다. 핵 선제타격 능력으로는 자폭핵전쟁을 억제할 수 없다. 한국은 '표적 감시-통제-압박-억제-타격' 수단 확충에 모든 노력을 기울여야 하는 난제를 안게 되었다.

자폭 핵전쟁 억제 전략은 예방적 선제타격(Defensive Preemptive Attack) 밖에 대응 전략이 없다. 미국만이 그 능력을 보유하고 있다. 선제타격 이전, 긴장 고조-군사위기의 상승단계가 반복될 것이다. 한국은 이 피할 수 없는 위기 단계의 전략적 관리능력을 충분히 갖추어야만 한다. 최악의 상황에서 상당한 피해를 감수할 대비도 동시 준비해야만 한다. 피해 최소화는 한국의 군사 위기관리 선제 대응능력으로 결정될 것이다. 한반도와 동북아시아 전략평형 유지능력 보유가 전제조건이다. 그래서 한미 동맹은 미래에도 대한민국 불패기반으로 남아야한다.

  결론적으로 북한 핵은 폐기될 수밖에 없다. 시간문제가 남았을 뿐이다. 북한 핵 폐기전략은 한국 억제전략의 시간(Time)과 공간(Space) 관리능력에 좌우될 것이다. ① 전략 시간은 김정은 체제변화 시기까지를 의미한다. ② 전략 공간은 주변국, 특히 중국까지 확대된 공간을 의미한다. ③ 무조건 전쟁 반대나 남북연방제추진은 핵 폐기 시간만 지연시킬 것이다. ④ 힘에 의한 평화통일, 왕패지병(王覇之兵)이 대북 전략의 핵심이다. ⑤ 김정은 핵 포기는 불가능해도, 북한 핵 폐기는 가능하다. 평화는 전략적 평형상태(Strategic Equilibrium)이다. 대한민국에 절대 필요한 것은 독자적인 전략적 평형상태 유지능력이다. 한반도에 경제학 게임이론인 무한반복게임 모델은 적용 가능할까? 이것이 21세기 대한민국 장기 선승 전략이다.

◆ 민족이 국가에 우선한다?

국가가 없으면 국민은 없다(No State, No Nation).
국민이 없으면 국가도 없다(No Nation, No State).
세습 독재국가에 국민은 없다(Despotism knows Nothing of Nations).
오직 종속(從屬) 민(民), 노예가 있을 뿐이다(Only of Subjects).

김영삼은 대통령 취임사에서 "민족은 동맹에 우선한다"라고 선언했다. 한반도 전략 상황에서 이 말은 "민족이 국가에 우선한다"라는 말과 같다. 국가의 불패 기반 한미동맹보다 민족 우선을 주장한 의도는 무엇일까? 민족이 건설한 국가는 없다. 국가는 '정치세력'이 건설했을 뿐이다.

백성을 국민(國民)으로, 왕의 국가를 국민의 국가로 만든 것이 자유민(自由民)이다. 자유민(自由民)은 국민(國民)이며, 민족(民族)이 아니다. 국민(國民)과 민족(民族)은 다른 말이 되었다. 그래서 국민이 주인인 '국가보다 민족 우선'이란 말은 틀린 말이다. 국민이 주인인 국가는 오직 자유민주주의 국가만이 있을 뿐이다.

1970년대부터 북한 주민은 이미 '한민족(韓民族)'이 아니었다. 김일성 신격화로 만들어진 '김일성 민족(民族)'이 되었기 때문이다. 그 후 사회주의 유일 3대 세습 공산 독재국가 북한에 한민족(韓民族)은 존재하지 않았다. 김일성, 김정일, 김정은의 종속민(從屬民)과 세뇌된 그들 노예가 있을 뿐이다. 대한민국은 자유민주주의 국민국가이며, 국민이 민족보다 우선인 국가이다. 대한민국은 국가 통일정책으로 김일성 민족을 다시 한민족으로 바꾸는 정책사업을 추진해야만 한다.

김영삼의 "민족은 동맹에 우선한다"라는 주장은 대한민국 모든 대북정책에 대혼란을 초래했다. 이때부터 동맹보다 민족 우선을 주장한 정치세력은 대한민국을 태어나지 말았어야 할 국가로 규정한다. 자유민주주의 대한민국의 1948년 8월 15일 건국을 전면 부정하면서, 건국 아닌 친미 정부수립이라 주장한다. 2017년 대통령 안보 자문위원은 한미동맹은 부자연스러운 동맹이니 변해야 한다고 주장했다. 한미동맹은 1953년 이후 선진국 발전을 이룩한 대한민국 생존의 불패 기반이었음에도 2020년 통일부 장관은 한미농맹을 냉전 동맹이라고 비판했다. 더욱 놀랄 일은 2021년 3월 30일 국립외교원장은 "현재 한국은 미국에 안보를 전적으로 의존하면서 합리적이고 자율적인 의사결정을 하지 못하는 상태, 이 같은 가스라이팅(gaslighting)이 사이비 종교를 따르는 무리에서 자주 발생한다"라고 주장했다. 주한미군 철수가 한반도 평화구축의 전제라 했다. 북한, 중국의 주장을 대한민국 안보 자문위원, 차관급 인사가 공식 대변한 것이다.

한국에서 '민족(民族)'이란 용어가 사용되기 시작한 시기는 1900년대 전후로 평가된다. 식민지 시대 지식인들은 근대 유럽국가 정치사상 'Nation'과 'Nationalism'을 주목했다. 지식인들은 그것을 '민족과 민족주의'로 번역해 사용했다. 서양 문물의 통로였던 일본의 잘못된 번역을 그대로 사용한 결과였다. 본래 영어 'Nation'은 '국민과 국가'로, 'Nationalism'은 '국민주의'로 번역되어야 했다. 독일어 'Nation[natsio':n]'은 '국민'이다. 독일어의 민족은 'das Volk'다.

프랑스혁명과 나폴레옹 전쟁으로 유럽 전역이 전쟁에 휩싸이면서 근대 국민주의(Nationalism) 사상으로 애국심을 강조한 최초의 국가는 독일이었다. 1806년 나폴레옹에게 점령당한 프로이센의 피히테는 '독일 국민에게 고함〔Reden an die deutschen Nation〕'이란 강의로 국민의 애국심(愛國心)을 고취했다. 이 사상은 1871년까지 독일 통일 전쟁 승리에 지대한 역할을 했으나, 차후 히틀러에게 제2차 세계대전 국민동원 전쟁과 600만 유대인 학살의 사상적 기반을 제공하기도 했다.

독일 국민주의(Nationalism) 사상은 일본 근대화에도 지대한 영향을 미쳤다. 일본은 메이지 유신에 성공하면서 근대화 모델국가로 영국과 독일을 선택했다. 그리고 근대 국민국가(Nation-State) 정치사상을 도입하면서 Nation(국민)을 민족으로, Nationalism(국민주의)을 민족주의로 번역했다. 본래 영어로 민족은 인종-종족을 의미한 'ethnicities'다. 종족을 강조한 일본 민족주의는 국수주의(國粹主義)가 되었고 태평양 전쟁에 무조건적 국민동원과 희생을 강요했다. 이렇게 잘못 번역된 일본 민족주의가 한반도에 그대로 전파되어 사용되고 있다.

1910년 조선 멸망 이후 한반도 지식인들은 국가를 되찾는 자각(自覺)의 국민교육 수단을 찾았다. 일본에서 교육받은 그들의 잘못된 민족개념은 그대로 한반도에 도입될 수밖에 없었다. 독일 국민주의(Nationalism)는 일본과 한반도에서 민족주의가 되었다. 제1차 세계대전 직후 1919년 미국 윌슨 대통령 민족자결주의(民族自決主義, National Self-determination)는 민족독립 상징으로 한반도를 뒤덮으면서 1945년 해방되었다. 그러나 한반도는 바로 분단되었다. 이후 한반도 통일은 민족통일로 불리기 시작했다.

고조선 이후 한반도 모든 국가는 종족 정치세력이 국가를 건국했다. 그런데 1945년 이후 한반도에는 정치이념이 다른 정치세력 대결체제가 80년 이상 지속되고 있다. 고구려, 백제가 신라에 통일된 후 후삼국으로 분리되었고, 고려가 다시 한반도를 통일해 조선으로 이어졌다. 단일 종족 왕권 국가였다. 1945년 일본 항복과 동시에 한반도는 이념이 다른 정치세력이 남북으로 대치했다. 1948년 남쪽은 자유민주주의 정치세력이, 북쪽은 공산주의 정치세력이 다른 국가를 건국했다. 북한 김일성은 6.25 기습남침전쟁을 일으켜 남한을 공산사회주의국가로 통일하려 했으나 세계자유민주주의 세력에 패배해 만주로 도망갔다. 모택동은 중공군 3백만을 긴급 투입해 자유민주주의 세력에 의한 한반도 통일을 저지했다.

대한민국은 민족 기반으로 건국되었으나, 민족이 아닌 국민국가이다. 국가가 망하면 영토 내 거주 민족은 타민족 노예가 된다. 중국에 점령된 티베트, 신장지역 소수민족이 심각한 인권탄압을 받고 있다는 서방 언론 폭로는 다른 나라 문제가 아니었다. 중국 전역에서 수십 만 탈북자들이 처절한 유랑생활을 감내하며 자유를 찾아 헤매고 있는데, 민족 우선을 주장하는 정치세력은 어떻게 대응하고 있는가? 국가생존은 정치세력이 결정했으며 민족이 결정하지 않았다. 국가 없는 민족은 유랑민일 뿐이다. 민족이 국가보다 우선한 역사적 사례는 거의 없다. 세계 각지에 흩어진 이스라엘 민족의 2000년 유랑생활은 대표적 사례다. 이스라엘 정치세력은 시오니즘 운동으로 1800년대부터 수많은 희생을 감수하면서 1948년 건국에 성공했다. 이스라엘 독립으로 거주지를 상실한 팔레스타인 민족은 아직도 국가로 인정받지 못하고 있다. 미얀마 소수민족과 아프리카 난민, 지중해 이슬람 민족 등 수많은 난민은 독재 정치세력에 쫓겨나서 오늘도 생사의 기로를 헤매고 있다. 북한 탈출주민들도 똑같다. 난민 대우조차 받지 못하는 중국 전역의 유랑 탈북자들을 대한민국 정부는 어떻게 구제하고 있는가?

2025년 북한 주민의 노예 생활은 국가와 민족 관계를 명확히 밝혀주고 있다. 북한에 한민족은 없다. 오직 김일성, 김정일, 김정은 종속민(從屬民)이 있을 뿐이다. 국가는 민족과 관계없이 존재해도, 국가 없는 민족은 종속민 노예일 뿐임을 보여준다. 1945년 이후 민족통일을 고집하던 김구는 현실정치 리더십 장악에 실패했다. 김구는 북한 공산당 사회주의와 남한 자유민주주의 정치세력의 공존을 반복 주장했다. 1945~1991년 미국과 소련 냉전 대결은 김구 주장의 심각한 오류를 증명해 주었다. 자유민주주의와 공산혁명 사회주의 정치세력은 공존이 불가하다. 2017년 북한 핵무장 선언은 김구의 민족통일 주장 또한 실현 불가능한 허구였음을 확인해주었다. 정치세력은 오직 생존이익만 추구할 뿐, 민족은 없다. 그러함에도 반일, 반미를 주장하는 친북 좌파 정치세력은 김구를 국부(國父)라 부르며 '민족 공조 한반도 평화'를 주장했다. 그런데 2023년 김정은이 대한민국을 민족이 아닌 주적이라고 선언했다.

중국 국민당 지도자 손문(孫文)은 1921년 모택동 공산당과 국공합작 했으나 1927년 실패로 끝났다. 1937년 서안사변으로 장개석과 모택동의 2차 국공합작은 1946년 국공내전으로 실패했고, 1949년 모택동이 중국 본토를 장악하면서 장개석은 대만으로 쫓겨갔다. 중국 공산당은 경제개혁 개방정책으로 미국을 위협하는 사회주의독재 패권국가로 성장했다. 1국 양제(兩制)를 주장했으나 홍콩 자유민주주의 세력을 말살시켰다. 그리고 대만독립 저지를 명목으로 무력 통일을 공식선언했다. 과연 민족이 국가를 우선하는가? 미국의 군사력 없이 대만 자유민주주의 세력은 생존 불가능하다.

북한을 변화시킬 대한민국의 힘(Power)은 자유민주주의(Liberal Democracy) 시장경제(Free-Market Economy) 체제뿐이다. 이승만은 자유민주주의와 시장경제 체제 정착에 모든 노력을 집중했다. 그리고 1953년 한미동맹 체결로 국가생존의 불패 기반을 완성했다. 박정희는 세계 선진국의 꿈을 제시하며 역사상 최초 산업혁명(Industrial Revolution)에 성공해 시장경제 체제를 정착시키고 자유민주주의 발전기반을 닦았다. 2021년 한국의 G-7 선진국 진입은 이승만 자유민주주의 박정희 산업혁명의 성공 결과다. 대한민국 대북 전략의 중심(Center of Gravity)은 '자유민주주의 시장경제'다. 대한민국은 자유민주주의를 지킬 정치세력의 힘(Power)을 최우선 확충해야 한다. 대한민국에 개인의 자유(Individual Freedom)와 인권(Human Rights)이 확고히 보장될 때 누구도 막지 못할 흐름이 북한 주민에게 흘러갈 것이다. 이를 위해서 대한민국은,

대한민국 대북 전략의 '허(虛)'는 '민족공존 평화 환상' 주장이다. 김정일 핵 개발 성공과정은 민족공존 환상이 핵 개발에 어떻게 이용되었는지 명확히 보여주고 있다. 1996년 김정일은 민족공존 평화통일을 주장하면서, 역으로 국가폐쇄 선군(先軍)정치로 그 민족 수백만 주민을 굶어 죽게 했다. 1996년 동해안에 잠수함을 침투시켰다. 한국군은 1949년 지리산 공비 토벌 작전 이후 최대 규모의 군을 동원하여 태백산맥 전체를 샅샅이 뒤지는 대침투 작전을 수행했다. 1999년 서해 연평 해전이 계속되었다. 1998년 대포동 미사일 발사는 핵 개발 완성을 알리는 전주곡이었다. 김정일은 민족공존 주장과 대남전쟁 공포조성을 반복함으로써 한국 국민의 전쟁 공포증을 최대 이용한 전쟁 반대 햇볕정책 세력의 입지를 강화해 주었다. 햇볕정책 세력은 대북 군사적 방책을 핵 협상을 빌미로 회피했다. 김정일은 핵 개발에 성공했다.

'민족공존 주장'은 "민족 화해 평화적 통일 7·7선언"과 다른 주장이다. 7·7선언은 북한의 중국식 개혁개방을 지원하는 정책이었다. 김정일의 방해로 인해 계획으로 끝난 김영삼-김일성 최초 정상회담의 핵심 주제였다. 북한 세습 독재 정권을 변화시킬 아킬레스건은 분명 개혁개방 전략이다. 개

혁개방은 신격화 날조된 김일성 민족주의를 폭로시킬 수 있다. 개혁개방은 중동의 북한판 오렌지 혁명을 일으킬 수 있다. 그래서 김씨 정권 세습 포기를 강요하는 중국식 개혁개방을 김정일은 거부했고, 북한은 정책모순이 상호 충돌하는 실패국가가 되었다.

◆ 적 모순의 틈새 허(虛)에, 나의 실(實)을 집중한다.

"북한 핵 위협과 대한민국 전략 선택 사이에 모순과 역설은 무엇인가?" '김일성은 핵 개발 않는다' 1992년 2월 21일 경향신문 1면 머리기사다. 정원식 총리가 방문한 자리에서 김일성은 "우리에게는 핵무기가 없는 것은 물론 그것을 만들지도 않고 만들 필요도 없다"라고 말했다. 1991년 12월 31일에는 남북 '한반도 비핵화에 관한 공동선언(29. 2. 19 발효)'이 채택되었다. 1992년 1월 7일에는 북한의 국제 원자력 협력기구(IAEA) 사찰수용 발표가 있었다.

김일성 발표 3일 후, 1993년 2월 24일 북한은 IAEA 미신고 2개 시설 특별사찰을 거부했다. 2월 21일 북한 노동신문은 '특별사찰을 강요하면 전쟁 초래'를 경고했었다. 1994년 2월 북한의 핵사찰 수용 발표는 6월 13일 IAEA 공식탈퇴 선언, 6월 14일 미국 대북 공격방책 검토로 이어졌다. 이후 북한 핵 포기 협상은 2022년까지 반복되었다.

김정일 핵 개발이 만든 제1 모순은 국가폐쇄와 경제 파탄의 충돌이다. 1980년대 초부터 시작된 소련공산권 경제체제 붕괴로 사회주의의 생명인 식량 배급체제가 1980년대 말 이미 붕괴했다. 국가폐쇄는 경제 파탄을 심화시켜 국가 붕괴를 가속화 했다. 김일성이 이 사실을 뒤늦게 알고 불같이 화를 내다가 1994년 7월 9일 사망했다. 김영삼 대통령과 정상회담 불과 20여일 남은 시점이었다. 김정일은 김일성 사망 후에도 핵 개발을 강행했다. 국가폐쇄를 강화하고 선군(先軍) 공포정치로 단기적 정권 유지에 집중했다. 2019년 김정은 하노이 미북 정상회담 실패로 이러한 모순충돌의 위기가 또다시 닥쳐왔다. 2021년 김정은은 제2의 고난의 행군을 선언했다.

북한의 제2 모순은 핵 무기 고도화와 핵 포기 협상의 충돌이다. 핵 개발 지속은 경제 파탄 심화로 정권 붕괴위험을 급승시키나, 단기적 정권 유지를 보장한다. 핵 포기는 미국 경제봉쇄 압박 해제로 국가 경제는 회복되나, 즉각 내부혼란과 외부 위협 대응 문제로 정권 생존이 어려워진다. 2019년 하노이 회담에서 김정은은 또 '핵 포기-경제발전'을 거부했다. 그리고 '핵무장-경제 파탄'을 또다시 선택했다. 하노이 회담은 당연히 실패했다. 김정은 다음 포석은 상당한 수준의 핵무기 사용 의지를 보여주는 선택만이 남았다. 과거 어느 선택보다 어려운 일이 될 것이다.

한반도 정치세력은 위기가 발생하면 '희망 사항(Wishful Thinking)'을 전략적으로 선택하는 경향을 보여 왔다. 실질적 위기 대응 전략은 결심을 지연하거나 회피했다. 국가이익보다, 위기에서도 '죽음의 권력투쟁'이 반복되었다. 정치 권력 획득 또는 독점권력 유지를 위한 위장된 국가이익이 앞세워졌다. 정부 전복 위험(危害, Hazardous)이 발생하고, 위기는 더욱 확대되었다. 그리고 국가는 패망했다.

1590년 선조는 동인과 서인 정치투쟁 속에서 일본 통신부사 김성일의 일본침략 징후를 전혀 느끼지 못했다는 주장을 믿고 임진왜란을 자초했다. 1623년 광해군은 서인과 북인 권력투쟁 장악실패 후 서인 무력 쿠데타로 강제 폐위되었다. 1873년 고종은 대원군 섭정은 물리쳤으나 다시 민비 정치세력에 휘둘려 개화-수구 정치세력 투쟁 속에서 빠져나오지 못했다. 국가 존망 위기에 직면한 조선 정치세력의 끝없는 극한 권력투쟁 결과는

1907년 군대 강제해산과 1910년 한일 강제 합방(合邦)이었다.

1994년 북핵 위기 발생 이후에도 대한민국 정치세력은 어떠한 핵 대응 군사 전략을 선택했는가? 무조건 전쟁 반대만을 외치면서 김정일의 '자발적 핵 포기 협상'을 추진했을 뿐이다. 핵 억제는 미국 핵우산과 한미동맹에만 의존했다. 1998년 대포동 탄도미사일 1호 발사에도, 2006년 최초 핵실험에도, 2008년 국방개혁은 '2020년 핵 위협 감소 또는 소멸'을 대북 군사 전략 계획수립의 가정(假定)으로 선택했다. 2017년 6차 핵실험과 김정은 핵무장 선언은 그 가정(假定)이 얼마나 허구로 가득한 희망 사항(Wishful Thinking)이었나를 명백히 보여주었다.

1994년 이후 한국에서 북핵 미사일 협상은 마치 미국과 북한의 일처럼 취급되었다. 2010년 천안함 폭침과 연평도 포격 사건 이후에야 국민 안보 의식이 깨어나기 시작했다. 2013년 3차 핵실험 이후 2014년 한국형 킬체인과 미사일 방어체계 개발이 착수되었다. 그러나 2017년 정권교체 이후 미사일 방어무기 체계 개발은 지연되었고, 배치된 무기 '사드'는 사실상 방치되었다.

1994~2008년 계속된 대북 화해정책과 안보 전략충돌이 2019년 또다시 반복되었다. 1990년대 대북 전략충돌은 핵 개발 억제실패와 핵미사일 방어 능력 부재를 초래했다. 2019년 전략충돌은 전 분야에 걸친 국가이익에 큰 피해 발생을 초래했다. 중국의 사드배치 경제 보복이 계속되었다.

1590년 "일본의 공격징후는 없다"라던 김성일 주장과 2001년 "북한은 핵을 개발한 적도, 능력도 없다"라는 주장은 어떻게 다를까? 1592년 조선은 김성일 주장 바로 2년 후부터 임진왜란 7년간을 일본군에게 전국을 약탈 유린당했다. 대한민국은 2006년 직후부터 2~6차 핵실험과 탄도미사일 발사로 전 국민이 김정은 핵전쟁 위협에 시달리고 있다. 왜 이렇게 똑같은 국가 위기가 반복되는 것일까?

정치세력은 국가 위기에도 국익보다 권력 장악 이익을 중시(重視)했다.
정치세력은 스스로 지킬 능력이 없는 평화는 존재하지 않음을 무시했다.
정치세력은 미래 전쟁을 충분히 인식하고도 눈앞에 평화를 내세웠다.
정치세력은 언제나 권력 장악을 위한 것에는 국가 존망 위기도 회피했다.

따라서 "민족이 동맹을 우선한다"라는 주장은 근본적으로 틀린 말이다. 대한민국의 유일한 불패 기반은 한미동맹이다. 한미동맹은 이승만이 오직 김일성 남침 방어 보장을 위해 목숨 바쳐 체결한 동맹이다. 김일성 정치세력은 6·25 남침, 대통령 암살 기도 2회, 영부인 총격 사망 등 3,119건의 크고 작은 군사 침투 및 공격을 끊임없이 계속해 왔다. 핵 포기 불가능한 김정은과 민족평화통일 주장은 허구(虛構)일 수밖에 없다. 1974년 남북공동선언과 1993년 남북 비핵화 공동선언, 2000년 6·15 공동선언, 2019년 판문점 선언 등 모든 남북 공동선언은 국민의 평화 환상(Illusion)만을 일으켰을 뿐이다. 북한 핵무장 고도화는 지금도 계속되고 있을 뿐이다. 북한은 국가를 개인재산으로, 주민을 노예로 만든 김정은 개인 왕권 국가일 뿐이다.

하버드대의 한 연구보고서는 "미국정치는 지지 세력의 사적이익(Private Benefits)을 추구하는 '양당 독점(Duopoly) 정치 산업(Politics Industry)'으로 전락했다"라고 분석했다.[01] 보고서는, 민주-공화 양당의 집권정책과 입법목적이 대부분 일반 국민이 아닌 자기당 세력 이익을 위한 것이었다고 지적했다. 1994년 이후 미국과 유사한 정치부패 현상이 대한민국 정치세력의 집권 정책에서도 나타났다. 2022년 대통령선거에서도 예외 없이 명백한 포

---

01   Katherine M. Gehl and Michael E. Porter, *WHY COMPETITION IN THE POLITICS INDUSTRY IS FAILING AMERICA: A strategy for reinvigorating our democracy* (Harvard Business School, including the Institute for Strategy and Competitiveness and the Division of Research and Faculty Development, 2017. 9); 보고서는 미국 양당 독점정치를 정치-산업 복합체(political industrial complex)라고 불렀다.

퓰리즘 선거공약이 쏟아졌다. 더욱 심각한 문제는 모든 정치세력의 유력후보들이 사회주의국가에서 나타난 전 국민 현금분배 정책을 남발하고 있다는 점이다. 이것이 시진핑이 주장한 자유민주주의 국가체제의 모순(矛盾)이요, 역설(逆說)의 틈새다. 1994년 이후 대한민국 대북 전략은 국가이익을 최우선 선택 했는가?

생존사업전쟁은 끝없는 모순(矛盾)과 역설(逆說)을 만들고 있다. 1945년 이전의 전쟁은 승자가 얻은(Win) 만큼 패자가 잃는(Lose) 제로섬(Zero-Sum) 게임이었다. 전쟁목적(Ends)은 영토 확장, 자원 확보, 식민지 시장획득 등이었다. 1945년 이후 냉전 시기에 전쟁 승패 개념은 완전히 바뀌었다. 승패 없는 합의(Bargain)로 일정 이익을 나누어 갖는 양자 승리(Win-Win, Non-Zero-Sum)의 역설적 생존사업 개념이 정착되었다. 신기술 무기의 가공할 파괴력은 피해 없는 일방적 전쟁 승리를 불가능하게 만들었다. 미국과 소련 핵전략은 상호 공멸을 초월해서 인류 공멸을 위협하기에 이르렀다.

세계국가는 군사전략 방향을 공격에서 방어와 억제 중심으로 대전환했다. 이러한 '전쟁의 역설'을 김일성은 한국전쟁 패배에서 절감했다. 김일성이 1950년대부터 집중했던 핵 개발의 목적은 생존사업 불패(不敗)의 기반 확보였다. 그러나 더욱 역설적인 것은 김정일은 핵 개발 성공으로 북한경제를 더욱 파탄으로 이끈 점이다. 김정일은 핵무기가 국가생존을 보장했던 시대는 냉전 해체와 함께 끝나고 있었음을 인식하지 못했다. 21세기는 경제발전 없이 국가생존을 보장할 수 없는 시대다. 그러함에도 2025년 현재 김정은 정권의 유일한 생존사업 전략은 핵무기 고도화뿐이다. 중국식 경제개혁 개방은 북한폐쇄 사회주의 종말로 인식한다. 참으로 역설적인 것은 김정일 정권 불패 기반의 상징인 핵무기가 그의 아들 김정은 정권 패망의 상징이 되고 있다는 점이다.

◆ 중국의 한반도 속국화 위협

시진핑 머리에 민주주의 그림은 없다. 중국의 꿈(Chinise Dream), 중국몽(中國蒙)이란 무엇인가? 중국몽은 개인의 자유와 행복을 보장하는 자유민주주의 꿈은 확실히 아니다. 바이든 미국 대통령은 "시진핑 머리에 민주주의 그림은 없다"라고 말했다. 중국몽은 중화민족 부흥을 앞세운 공산당 사회주의독재 패권의 꿈이다. 개인의 자유와 행복을 추구하는 미국의 꿈(American Dream)과 전혀 다른 꿈이다.

중국몽(中國夢)은 '2049년까지 중화민족 부흥'을 목표로 한다. 2049년 넘볼 수 없는 국력 확장, 완전한 국가장악 제도, 중국 특색 국제질서(World Order) 재구축을 목표로 한다. 중국에 국민과 개인은 없다. 중국몽 부활은 분명 수천 년 한반도 생존을 위협했던 대륙지배 세력의 21세기 재등장임이 틀림없다. 중국몽(中國夢)의 시간대별 달성 목표는 다음과 같다.

- 첫째 2021년 공산당 창당 100주년까지 1인당 GDP 1만 달러 달성
- 둘째 사회주의 중국 건국 100주년까지 1인당 GDP 5만 달러 달성
- 셋째 2035년까지 과학기술 강국 도약(Made in China 2035)

  1단계(2025년) 세계 제조국 2등급 도약(독일, 일본 수준)

  2단계(2035년) 세계 제조국 1등급 도약(미국 수준)

  3단계(2049년) 세계 제조국 선두 도약, 기술 패권 장악

  ※ 2020년 미국 100% 기준으로 평가할 때, 한국 기술 수준(80.1)은 중국(80.0)과 비슷하다. (한국 과학기술정보통신부, 11대 중점기술 2020년 기준평가 결과)

- 넷째 2049년 중국 사회주의 패권국가 완성, 중화의 꿈 달성

　2021년 3월 5일 공산당 양회(兩會)에서 중국 총리 리커창은 '10년간 칼을 갈 전략 분야'로 신산업, 신기술, 8대 산업 7대 과제를 발표했다. 7월 1일 중국 시진핑은 공산당 창당 100주년 목표 소강사회(小康社會)가 달성되었음을 선언했다. 동시 제2의 100년 2049년에 사회주의 현대화 강국 전면 건설을 외치며, 중국특색 사회주의만이 중국을 구하고 발전시킬 수 있다고 주장했다.[02]

　중국 미래를 예측한 BOA(Bank of America) 보고서는 시진핑의 2035년 중국 국내총생산(GDP) 및 1인당 국민소득을 2021년보다 2배 증가시키자는 목표는 달성 가능한 시나리오며, 중국은 6~7년 뒤 미국을 제치고 세계 1위에 오를 것으로 평가했다.[03] 조지 메이슨 대학과 Forward US 공동 연구보고서는 2021년 미국 인구 변화와 증가추세가 지속 이어진다면 2030년 중국은 미국을 제치고 세계 최대 경제국이 될 것이며, 2050년 미국 경제 규모는 중국의 4분의 3 수준에 불과할 것이라고 추산했다. 그러나 만약 현재 수준보다 이민을 두 배로 늘리면 2035년까지 중국은 미국을 추월할 수 없으며, 2050년 미국과 중국 국내총생산 규모도 큰 차이가 없을 것으로 추산했다.[04] 한편 2019년 미국 텍사스 National Security Review는 중국의 급부상뿐 아니라 조기 쇠퇴에도 대비해야 한다고 보도했다.[05] 2021년 9월 존스홉킨스대 브랜즈 교수와 터프트 대학 버클리 교수는 "정점 권력의 함정(peaking power Trap)"을 주장하며, 2008~2019년 실질경제성장률 1.3%인 중국은 사실상 제

02　중앙시사매거진 외교특집/글로벌 포커스, "노골화하는 시진핑의 중화패권주의 노선, 미국 뛰어넘는 세계 초강대국 야심 드러내다." http://jmagazine.joins.com/art(2021. 10. 08 검색)

03　한국경제 2021년 3월 1일 보도

04　아시아경제 2021년 4월 9일 보도

05　Collin Meisel and Jonathan D. Moyer, "Preparing For China's Rapid Rise and Decline" (Texas National Security Review, 2019년 4월 15일 보도)

로성장의 '잃어버린 10년(Lost Decade)'에 직면했고 1930년대 독일, 일본 같이 국제적 고립상황의 위험한 쇠퇴기로 접어들고 있다고 분석했다.[06] 중국 급부상과 조기 쇠퇴 전망이 동시에 교차하고 있다.

대한민국은 세기적 국제질서와 전략 상황변화에 어떻게 대응하고 있는가? 세계 최고로 평가받는 원전 기술은 원전 해체로 사장될 위기에서 겨우 벗어났다. 고려대 경제연구소 강성진 교수는 완전 사회주의경제가 10이라면 2021년 한국경제는 7~8에 해당하며, 지난 69년(1948-2017) 동안 발생한 총 국가부채가 600조 원인데 문재인 정권에서 그 절반이 새로 생겨 2021년 국가부채는 약 1,000조를 초과한다고 비판했다.[07] 2025년 정부 국가채무추이 통계에 의하면 2024년 채무는 1195.8조였다.

| 중국의 꿈 : 선승(先勝) 후전(後戰) |

모택동은 1970년 미국과 화해를 선택했다. 시진핑은 사회주의 패권 전략 중국의 꿈을 선언했다. 모두 『손자』 모공(謨攻)의 선승후전(先勝後戰) 전략이다. 모택동은 1단계로 '선 부국(先 富國), 후 강병(後 强兵)'을 선택했다. 이는 미국을 이용한 소련견제 이이제이(以夷制夷), 그리고 미국 기술을 이용해 미국을 능가하는 부국(富國) 달성 전략이었다. 1972년 미국 닉슨 대통령과 최초 정상회담은 모택동이 치밀하게 유도한 외교전략이었다고 필스버리(Michael philsbury)는 저서 『100년의 마라톤(The Hundred Year-Marathon』에서 주장했다. 실제 닉슨은 모택동이 요구한 미국-중국 관계 개선조건인 '베트남에서 미 지상군 철수'를 전격 수용했다. 미국은 모택동 요

---

06   Hal Brands and Michael Beckley, "China is a Declining Power. That's the Problem." (2021년 9월 24일)

07   조선일보(2021. 3. 8일 보도), 송의달이 만난 사람: "총체적 경제악화, 문정권의 사회주의 노선이 주범이다"

구수용으로 베트남 전쟁 패배를 자초했다. 모택동은 주한미군 철수도 강력히 요구했다. 한반도 문제는 닉슨이 일본 재무장을 내세워 한미연합사령부 창설로 정리되었다. 모택동은 중국 생존에 치명적 주변국인 소련과 한반도 그리고 베트남에 대한 미국 영향력을 최소화할 형세구축에 성공했다. 『손자』의 전형적인 선승후전(先勝後戰) 형세구축 전략이었다.

2단계 전략은 1978년 등소평의 국가 경제개혁 개방이었다. 중국은 1974년부터 등소평의 도광양회(韜光養晦)로 미국, 일본의 적극적 경제지원을 받아냈다. 후진타오는 화평굴기(和平崛起)로 미국의 지원하에 WTO에 가입했다. G-2로 급부상한 중국은 2017년 시진핑의 일대일로(一帶一路)로 2049년 중국몽(中國夢) 달성을 선언했다. 미국과 실질적인 세계 패권국가 경쟁에 돌입했다. 트럼프 대통령은 중국과 무역전쟁을 공식 선포했다. 바이든 대통령은 독재국가와 자유민주주의 국가체제 대결을 선언했다.

레이건은 1983년 모공(謀攻), 선승후전(先勝後戰) SDI 전략을 선택했다. 1945년 이후 봉쇄전략(Containment Strategy)은 미국의 소련 대응 기본전략이었다. 1960~1970년대는 동서 화해 데탕트 전략으로 전환했다. 미국 내 반전 여론과 재정적자 때문이었다. 1983년 레이건은 전략방위구상(SDI: Strategic Defense Initiative), 별들의 전쟁 계획을 발표했다. 1986년 소련 고르바초프의 전략방위구상(SDI) 포기 요구를 레이건은 거부했다. 레이건의 힘을 통한(Through The Power) 왕패지병(王覇之兵) 전략형세(Strategic Posture)는 마침내 냉전 종식과 소련 해체를 주도했다. 전형적 군사전쟁 없는 냉전 승리, 선승후전(先勝後戰) 전략이었다.

1991년 냉전 종식 후 세계국가의 전략 중심은 '군사에서 경제로' 급속한 전환이 이루어졌다.[08] 1945년 이후 국가 간 분쟁에서 군사적 대결보다 경제분쟁 현상이 두드러지기 시작했다. 1980~1990년대 미국은 일본과 무역전쟁을 강행했다. 1992년 경제분쟁을 분석한 미 전략가 Luttwak은 미래전략은 국가 경제력을 수단으로 전략 목적을 달성하는 지경학(Geo-Economics)이 전략 중심이 될 것이라고 주장했다. 중국 경제력 급부상과 미국과 중국의 무역전쟁은 21세기 국가경제 세력의 중요성을 극명하게 보여준다.

시진핑이 주변국 통제에 최대 활용하는 수단이 지경학(Geo-Economics)이다. 일대일로(一帶一路, One Road One Belt) 정책은 세계 전략적 요충지역에 도로, 항구 등 경제적 거점을 구축하여 해당 지역 내 강력한 경제적 영향력을 발휘하고 있다.[09] 호주 외교정책 갈등과 중국의 무역 보복, 대한민국 사드 배치와 중국의 무역 관광사업 보복은 잘 알려진 사실이다. 미국은 인도-태평양 전략서(Indo-Pacific Strategy, 2016. 6.)에서, 중국은 동중국해와 남중국해의 의도적 군사 충돌 위기를 조성해 중국이 희망하는 새로운 국제질서 구축을 추구한다고 분석했다. 주변국의 군사 대응이 불가능함을 이용해 자연스럽게 중국 중심의 지역 질서를 재구축하고 있다는 것이다. 미국은 중국의 남중국해 전략을 미국을 배제하고 중국을 선택하도록 주변국에 강요하는 지역 패권 장악 전략이라고 분석했다.

21세기 동북아 전략형세는 G-2 중국의 힘(power) 작용으로 인해 급격한 지각변동이 요동치기 시작했다. 한국은 정치, 경제, 군사 등 전 분야에서 전방

---

08   Luttwak, From Geo-politics to Geo-economics(1992)

09   Robert D. Blackwill and Jennifer M. Harris, *War by other Means*(2016)

위적 압박을 강력히 받고 있다. 대한민국 생존을 좌우하는 북한 핵미사일 방어체제인 사드 배치조차도 중국의 3불(不) 정책 요구로 중단되었다. 중국은 북한 비핵화 유엔제재 결의내용을 무시하고 비공식적인 북한 지원으로 한반도 정책에 깊게 개입하고 있다. 북한 핵무장 기술과 관련 물자가 중국 루트를 통해서 획득되고 있음을 1999년 미국 COX 의회보고서는 명시하고 있다. 2021년 미국 의회의 중국경제 안보 검토위원회(USCC)는 "중국 내 금융기관 등 민간 행위자들이 북한의 핵미사일 프로그램 자금지원에 필요한 외화 접근을 용이하게 만들고 있다"고 밝혔다.[10] 대한민국은 중국의 직간접적인 정치적, 경제적 영향력 행사에 온 국민이 극도로 예민해졌다. 중국은 2020년부터 서해상 한중잠정조치지역(PMZ)에 구조물을 설치했다. 2025년 중국인의 공군기지 사진 촬영 사건과 함께 한중 충돌이 급증하고 있다.

일본은 대만해협과 관련된 동중국해 센카쿠 섬과 지역 해상안보에 국방예산을 집중적으로 투입하고 있다. 미국은 미일동맹, 한미동맹, 대만동맹, 쿼드(Quad)체제, 미국-호주-영국 오커스(AUKUS) 체제 등을 강화하고 있다. 2019년 이후 영국을 비롯한 유럽국가 해상전력이 아시아 태평양 지역에서 연합훈련을 태평양 전쟁 이후 처음 실시했다. 중국 급부상 이후 나타나는 이러한 제반 현상은 손무의 '모공 왕패지병(王覇之兵) 패권 전략'이 바로 시진핑의 중국몽(中國夢)임을 명확히 보여주고 있다.

중국은 수천 년 군사 전쟁 없는 주변국 지배전략을 추구해 왔다.[11] 모공

---

10 2021 REPORT TO CONGRESS of the U.S.-CHINA ECONOMIC AND SECURITY REVIEW COMMISSION;
조선일보(2021. 11. 18 보도), 미, 의회 자문기구 "중, 북핵·미사일 프로그램 간접 지원"

11 The Hundred Year's Marathon; 후진타오는 대만 대응 전략은 '대만을 쉽게 사는 방법'이라고 강조했다.

(謀攻) 이이제이(以夷制夷) 전략이다. 모택동은 미국을 이용해 소련을 견제했고, 미국과 화해를 이용한 주변국 국경선 안정화 전략을 달성했다. 모택동의 은밀한 유도전략과 함께 성사된 1972년 미중(美中) 화해는 모택동이 1956년 선언했던 세계 패권국 미국 극복전략의 시작이었다. 등소평은 미국을 이용한 경제개혁으로 "싸우지 않고 승리하는" 도광양회(韜光養晦)를 적용했다. 후진타오는 이를 화평(和平) 굴기(屈起)라고 표현했다. 군민융합(軍民融合, Military-civil Fusion), 과월발전(跨越發展, leapfrog development)의 기술발전 전략은 중국을 첨단 기술선진국으로 급부상시키고 2020년 G-2로 도약시켰다. 2035년 중국의 목표는 미국을 능가하는 G-1이었다. 2049년 중국몽(中國夢)은 사회주의독재 패권 세력의 세계지배 완성을 최종목표로 한다.

중국은 19세기 굴욕을 잊지 말자고 중화 민족주의 사상을 분기시키고 있다. 아편전쟁 이후 서양문명에 지배당한 역사극복을 중화 민족주의에 강력히 호소한다. 자유(Freedom), 자유민주주의(Liberal Democracy)는 중국에 맞지 않는 서양지역의 특수한 가치로 치부하면서 중국특색(Chinese Characteristic) 예외주의(Exceptionalism)를 5000년 역사와 전통을 내세워 강조한다. 서양의 개인주의(Individualism)와 자유주의(Liberalism)는 중국 전통사상 대동(大同), 대일통(大一統)으로 대체되어야 함을 주장한다. 중국 시진핑이 주장한 공동부유론(共同富裕論)은 모택동의 공부론(共富論)에 뿌리를 둔 마르크스 레닌의 전체주의를 말한다.

과연 중국몽이 목표하는 세계질서는 어떤 것일까? 그들 주장대로 자유롭고 평화로운 세계질서일까? 시진핑의 2049년 중국몽 최종목표는 '주변국 속국화'의 명나라 시대 조공체제라는 의구심이 사실로 확인되고 있다. 중국이 국제적으로 발언 수위를 높이기 시작한 것은 2008~2013년 기간부터라고 롤란드(Nadège Rolland)는 그의 특별연구보고서 「중국의 새로운 세계질서 비젼(china's vision for a new world order)」에서 분석했다.[12] 특히 2013년 중국은 국가 외교정책으로 '국제 활언권(活言權, huayuquan)'을 높이도록 공식 지시되었다고 한다. 2002년 강택민은 제16차 인민대표 회의에서 기존 세계 정치, 경제적 질서는 불공정함으로 근본적으로 바뀌어야 한다고 주장했다. 2010년 양제츠는 아세안 외무장관 회의에서 "싱가포르는 작은 나라이고, 중국은 대국(大國)이다. 그것만이 중요한 팩트(Fact)다"라고 남중국해 문제를 회의 주제로 채택하는 것에 화를 내며 강력히 거부했다. 2017년 19차 당 대회에서 시진핑은 국제적 영향력 주도 리더 국가가 되는 "중국 사회주의 신시대(New Era)"를 선언했다. 미국의 전 국무장관 메티스(James Mattis)는 2018년 미 해군대학원 연설에서 "명(明)나라 체제를 모델로 하는 주변국이 조공국가(Tribute states)로서 3배(拜)의 경의를 북경에 표하는(demanding other nations become tribute states, kowtowing to Beijing) 장기적 국제질서 재구축이 중국의 미래계획"이라고 주장했다.[13] 2020년 롤란드는 특별 연구보고서에서 "21세기 천하(天下)는 중국 패권 중심의 미래 세계질서"라고 결론을 내고 있다.[14]

  시진핑은 김정은에게 보낸 기밀문서에서 사회주의국가 북한을 양보할 수 없는 중국의 사활적 핵심 이익으로 명시했다. 인공지능(AI)을 이용한 안면 인식 감시체제는 중국 전역, 전 분야에 24시간 운용되고 있다. 중국의 '디지털 독재체제(Digital Authoritarianism Regime)'가 전 세계에 심각한 영향

---

12   Nadège Rolland, *"china's vision for a new world order"* (the national bureau of asian research nbr special report #83, 2020. 1)

13   James N. Mattis, Remarks at the U.S. Naval War College (Newport, 2018. 6. 15.)

14   Nadège Rolland, 동상서 (2020.1)

을 미치고 있다.[15] 티베트 통제를 위해 한족(漢族)이 강제 이주 되고, 신장-위구르 지역에 주민 재교육 명목의 강제 수용소가 운영된다. 2022년 6월 뉴욕타임즈(The NewYork Times) 조사팀은 다음 5가지 조사 결과를 보도하면서, 중국 정부가 원하는 것은 모든 디지털 자료를 중국 시민 종합 프로파일 구축에 연결하는 것이라고 보도했다.[16] ① 중국 인터넷 통제 기술은 4가지(게시글 삭제, 계정 봉쇄, 키워드 차단, 가장 노골적 반대자 체포) 외 '게시글 사용자 위치추적 기술'이 추가되었다. ② 중국 내부감시 카메라 수는 총 10억 개 이상으로, 복건성(福建省) 경찰 수집 안면인식 자료가 25억 개이며, 개인 디지털 사용 전화추적체계는 31개 모든 성이 운영하고 있다. ③ 인공지능 안면인식(노래방, 호텔 등에서 수집)과 연계된 음성녹음인식을 시작했다. ④ 홍채인식(iris scan : 위구르 지역 3천만 명 정보 저장데이터베이스 2017 최초 구축) 기술을 광범위하게 적용하고 있다. ⑤ DNA 남성 Y 염색체 저장데이터베이스를 구축했다.

영국 이코노미스트는 중국의 한국 대응 전략을 2017년 11월 9일 중국발 기사에서 '한국 길들이기 개집 접근(Doghouse Approach) 전략'으로 명명했다. 박근혜 대한민국 대통령이 중국 공산당의 제2차대전 천안문 중공군 승전식에 참석했다. 2017년 미국 사드 한국 배치에 강력한 경제보복을 가했다. 문재인 대통령은 2021년 시진핑에게 공산당 창당 100주년 축하 전화를 했다. 시진핑 한국방문은 끝없이 연기되었다. 어느 전직 외교관은 중국의 외교적인 한국 대우 수준을 홍콩, 마카오 수준이라 평가했다. 2020년

---

15   SMA(Strategic Assessment) White Paper(미국 합참, 2019. 12); Andrew Scobell 외, China's Grand Strategy: Long-term Competition(RAND, 2020)

16   The New York Times 보도자료, 1. China's Internet Censors Try a New Trick: Revealing Users' Locations (2022 년 5월 18일), 2. Four Takeaways From a Times Investigation Into China's Expanding Surveillance State (2022년 6월 21일)

10월 시진핑은 1950년 한국전쟁 개입을 미국과 대결하여 승리한 항미(抗美) 전쟁 승리라고 특별 강조했다. 역사적으로 중국의 한반도 정책개입은 깊고도 강력했듯이 김정은 정권 중국 의존도는 미중 패권경쟁과 함께 급격히 더욱 증가하고 있다.

시진핑의 한반도 사회주의독재 체제 구축 확대 정책은 성공할 것인가?
개혁개방 42년, 중국은 과연 어디로 갈 것인가?

중국 공산당은 사회주의독재 패권 확장전략을 대외정치에 더욱 선명히 드러내고 있다. 홍콩 보안법 제정, 신장-위구르와 티베트 지역 통제강화, 한국 사드 경제보복 지속, 남중국해 점령, 미중 무역전쟁 정면 대결, 서해 구조물 설치, 북한을 사활적 이익으로 규정 등은 시진핑 의도를 명백히 보여주고 있다.

미국 트럼프 대통령은 2017년 8월 14일 중국 지적 재산권 침해와 기술 강제 이전 조사 행정명령에 서명했다. 미국과 중국 무역전쟁의 시작이다. 미국은 2019년 6월 1일 인도 태평양 전략보고서에서 대만을 국가로 지칭해 '하나의 중국(One China)' 정책을 사실상 거부했다. 폼페이오 미 국무장관은 6월 3일 천안문사태 무력 진압과 신장위구르 인권 유린 실태를 처음으로 공식 비판했다.

미국은 중국경제가 발전되면 자유민주주의 길로 들어설 것이라는 정치학자들 주장을 수용해 중국 경제개혁을 적극 지원해 왔다. 그러나 시진핑은 집권 후 도광양회에서 대국굴기로 대외정책을 전환했다. 일본과 센카쿠 섬 분쟁, 남중국해 건설된 인공섬 군사기지화, 유엔 압박전략에 공해상 환적과 국경무역 틈새를 북한에 제공, 홍콩 보안법 강행 등은 중국의 미래전략을 예측 가능케 한다. 특히 한국 사드 배치에 대한 무자비한 무역 보복과 3불정책 강요는 중국이 공산당 사회주의독재 패권 추구 정권임을 확실하게 보여주었다.

한반도는 1990년대 초 '군사 전투 없는 생존전쟁 승리'의 전략환경이 조성되고 있었다. 김정일의 브라질 망명설이 제기되기도 했다. 등소평은 박정희 산업발전 모델 배우기에 집중했다. 북한과 중국의 중대 위협은 사실상 사라지는 듯했다. 1988년 노태우 7.7선언은 그러한 전략환경평가 결과였다. 1993년 12월 남북은 한반도 비핵화를 공동 선언했다. 사상 최초 한국 주도의 한반도 평화가 오는 듯했다. 그러나 착각이었다.

대한민국 정치세력은 1994년 이후 한반도 미래 생존전쟁 통찰에 실패했다. 냉전 해체와 소련 붕괴로 나타난 일시적 착시현상을 미래평화로 착각하는 치명적인 오류를 범하고 있었다. 노태우 7·7선언 대북 화해 정책은 최초 의도와 다르게 대북 전략의 중심축(Strategic Center of Gravity) 자체를 흔들기 시작했다. 1998년 햇볕정책 추진은 안보 전략 논쟁과 혼란을 더욱 증가시키기만 했다.

북한 핵무장과 중국 강대국 부상은 1990년대 이미 예측된 한국의 미래 위협이었다. "북한은 핵을 개발할 능력도, 의도도 없다"라고 김대중 대통령은 주장했다. 2006년 노무현 정부 '국방개혁 2020'은 "북핵 위협 2020년 소멸"을 가정(假定)했다. 예상대로 북한은 2017년 11월 29일 ICBM(화성-15형) 발사 후 핵 무력 완성을 선언했다. 북한의 유일한 군사 동맹국 중국은 미국을 위협하는 G-2 강대국이 되었다.

북한은 이미 중국의 경제 일부가 되었다고 일부 전문가들은 평가한다. 중국은 북한을 시진핑이 주장한 수천 년 속국으로 만들고 있는 것 아닌가? 후진타오가 말한 대로 돈으로 북한을 사려고 하는 것 아닌가? 한국경제의 중국 의존도 또한 2020년 기준 30%에 육박한다. 2000년 마늘 파동 경제보복,

2017년 사드 배치 경제보복, 2018년 3불(不) 정책 강요 등 중국은 한국을 변방의 말 잘 듣는 작은 나라로 만들어가고 있다. 중국의 사드 배치 보복은 한국경제에 치명적 영향력을 미치고 있다. 사드 배치를 위한 부지를 국가에 제공한 롯데그룹은 보복으로 중국 본토에 진출한 모든 사업에서 철수했다. 2010년 이후 중국은 속국과 같은 영향력을 한국 정치 세력에게 이미 직접적으로 행사하고 있는 주장이 급증하고 있다. 이것이 대한민국 정치세력의 한계인가?

 중국은 남북한을 극단적 반일, 반미민족주의 감정을 일으켜서 한미동맹 균열의 기회를 기다리고 있다. 대한민국 좌파 정치세력의 국민 반일 감정 이용은 한일협력체제 약화에 이미 성공했다. 더 나아가 그 정치세력은 한미동맹을 부자연스러운 동맹이라 주장한다. 대한민국 현직 외교원장이 한미동맹을 "가스라이팅(Gaslighting: 상황을 조작해 자기 자신을 의심하게 만들어 통제하는 것) 상태"라고 강력히 비판했다. 주미 한국대사는 2020년 국정감사에서 철저한 자국 이익이 대미외교 기준이라고 강조했다.

중국 사회주의독재 패권 세력은 이미 한반도 정치세력을
그들 의도대로 통제하고 있는 것 아닐까?
분명 시진핑 머리에는 자유민주주의 그림이 전혀 없다.

| 중국을 넘는 우직지계(迂直之計) |

> **원문** 군쟁위리(軍爭爲利), 군쟁위위(軍爭爲危).
> **해석** 군사 전쟁은 이익을 위한 것이며, 동시에 위험극복을 위한 것이다.
>
> **원문** 군쟁지난자(軍爭之難者), 이우위직(以迂爲直), 이환위리(以患爲利)
> **해석** 군사 전쟁의 어려운 점은, 우회로 직진을 만들고, 환난으로 이익을 만드는 것이다.

대한민국은 중국을 넘지 않고 미래를 보장받을 수 없다. 대한민국 전략사상은 생존과 패망에 대한 인식이 가득차 있다. 현재와 미래, 전체와 부분, 그리고 국내와 세계가 보이지 않는다. 이는 수천 년 굴복을 반복한 한반도 국가의 역사 때문으로 보인다. 대한민국 국민의 가장 큰 공포는 군사 전쟁이요, 가장 큰 불안은 망국(亡國)이다. 대한민국은 중국몽과 북한 핵을 극복할 전략 세력 확충이 시급하다. 특히 중국몽 극복, 소국 패배주의 극복이 가장 시급한 21세기 국가생존 문제다. 그런데 대한민국 소국 패배주의가 재등장해 정치세력 내분이 더욱 극심하다. 내전으로 평가하는 전문가들도 있다. 약소국 생존 위기는 모순과 역설의 틈새를 통해 생존사업 기회를 포착하는, 시대 흐름을 꿰뚫어 보는 '미래 통찰 리더'가 존재할 때만 극복되었다. 미래를 이끌 리더는 능력주의(Meritocracy) 중심의 자유경쟁에서만 성장했다.

베트남 전쟁은 모택동 말대로 진행되어 1975년 4월 공산화 통일되었다. 1973년 8월 미국과 중국 화해 외교가 한창일 때 모택동은 주은래를 통해 베트남 팜반둥 외무장관에게 다음 메시지를 전달했다.

"베트남–미국 담판과 관련해 군사와 정치문제는 분리하여 해결할 수 없
다. 남베트남에서 '좌, 중, 우' 3파가 참여하는 연합정부 수립은 옳은 일이
다. 먼저 미국이 군대를 전부 철수토록 하고, 전쟁 포로를 교환하라. 연합
정부 수립에 관해서는 직접 응우옌반티에우와 담판해도 되며, 시간이 필
요하다. 대화가 안 되면 다시 싸운다. 미군은 다시 들어올 수 없을 것이다.
연합정부의 담판은 과도기를 가져야 하고, 휴식과 정리 후 다시 싸워 최후
의 승리를 거둬야 한다." (주) 마이클 필스버리(한정은 번역),「백년의 마라톤」(영림카이널, 2016)

한국군은 전략을 다음과 같이 정의했다: "승리에 대한 가능성과 유리한
결과를 증대시키고, 패배의 위험을 감소시키기 위해 제 수단과 잠재역량
을 발전 및 운용하는 술(術)과 과학[17]" 한국군의 전략 정의는 전통 전략사
상과 세계전략의 패러다임이 보이지 않는다. 중국군은 전략을 다음과 같
이 정의했다: "전체 국면과 모든 계층, 그리고 장기간에 걸친 문제에 대한
방침과 책략이며, 국가전략, 국가안전 전략, 경제발전전략 등이다(전략학,
2013)" 중국군 전략 정의에는 손자병법, 모택동 전략사상, 세계전략 개념
이 포함되어 있다. 한국군과 중국군의 전략 개념 차이는 무엇을 말하는가?
골드만삭스는 2050년 세계 2위 부국이 될 대한민국의 잠재능력 분석 결과
를 공식 발표한 바 있다. 그것은 자유민주주의 시장경제 국가로서 대한민국
의 미래 국가경쟁력 분석 결과였다. 그러나 2025년 대한민국은 자유민주주
의와 시장경제 체제 근본이 흔들리면서 국가경쟁력의 급격한 약화 위기에
직면하고 있다. 세계 전략가들은 대한민국 대외정책이 중국 쪽으로 확실히
기운다고 평가했었다.[18] 미국과 중국 패권 경쟁 가속화와 함께, 한국 국민

---

17   합동 및 연합작전 군사 용어집, 2010
18   빅터 차, 중국 앞에만 서면 달라도 너무 다른 한국과 호주(조선일보 컬럼, 2020. 10. 31.): 지난 7년 미중 대립
      10개 핵심 쟁점 중 호주는 8개 미국 쪽에 섰지만 한국은 6개 중국 편을 들었다.

75% 이상은 수천 년 속국을 주장한 중국을 미래안보 위협 국가로 인식하고 있다. 그러나 대한민국 집권 정치세력은 중국 시장에 매달려 친중 정책을 멈추지 않는다. 반미와 한미동맹 해체를 주장하는 정치세력도 증가하고 있다. 미국 CSIS, 한국재단이 주최한 2020년 6월 25일 한국전쟁 70주년 한미동맹 세미나에서 미국의 전·현직 한국 담당 관리들은 한미동맹을 훼손시키고 있는 한국 정책에 대한 노골적 불만을 쏟아냈었다.[19] 2020년 11월 17일 '미국의 소리(Voice of America)' 방송은 중국 변수에 대한 한국 태도를 분석하면서, 한국이 오판으로 중국 관계를 강화한다면 미래 한국은 처참한 결과에 직면하게 될 것이라는 전문가 분석을 집중적으로 보도했다.[20]

 고조선 이후 한반도 국가패망은 언제나 정치세력의 내부분열이 핵심 원인이었다. 1910년 8월 29일 일본 강제 합병은 조선 정치세력의 미래 생존사업 통찰 실패 결과였다. 21세기 미국과 중국 경쟁은 대한민국의 2050년 미래전략 선택을 강요하고 있다.

 대한민국은 2017년 시진핑 주장대로 수천 년 중국의 속국이었는가?[21] 미국 키신저 또한 한국을 "중국의 속국(Technically Tributary State)"으로 지칭했다.[22] 통일신라 이후 한반도 정치세력은 '대륙의 꿈'을 사실상 포기해 왔다.

---

19 ROK-US Strategic Forum 2020 co-hosted by CSIS & The Korea Foundation (2020. 6. 25): Michael J. Green과 Randall Schriver는 한국이 북한 비핵화에 중국지원이 필요하다는 이유로 미국의 인도-태평양 전략에 동참하지 않으면 미래 한국의 핵심안보이익을 상실하게 될 것이라고 사실상 경고했다.

20 Voice of America-Korean, 한미동맹 위협 '중국변수…' "한국, 중국 택해 고립자초 말아야" (2020. 11. 17일 보도)

21 2017년 4월 중국 시진핑은 미국 트럼프 대통령과 회견 후 "한국은 사실상 중국의 일부(Korea actually used to be a part of China"라고 주장했다.

22 Henry Kissinger, *On China* (Penguin Press, 2011) 한국 학자들은 'tributary state'를 '조공국'으로 해석하나 올바른 해석이 아니다.

한반도는 고구려, 발해 시대의 만주 지역 패권을 상실한 이후 1,500여 년을 주변 강대국 패권 경쟁의 희생물로 존재해 왔다. 한반도 국가는 대륙진출 장악보다 내부 정권 안정에 주력했다.

한반도 정치세력은 대륙 세력 관계에서 정복(征服)보다 굴복(屈伏)이 많았다. 고조선 멸망 후 한사군(漢四郡) 설치, 고구려의 당에 멸망, 몽골의 고려 지배, 조선의 사대 외교, 인조의 청 태종 삼전도 굴복 등이 그러했다. 그러나 중국에 속국이 되었던 역사는 없다. 중국 '조공체제'는 BCE. 200년 흉노(匈奴)에 굴복한 한(漢)나라가 만든 협상 외교 제도였다. 한(漢)은 매년 여인과 공물을 흉노에 바치는 조약으로 조공체제를 유지했었다.[23]

대한민국은 세계 유일한 자국 창조 문자 훈민정음을 보유한 국가다. 대한민국 고유문화의 창조성과 기술적 우수성은 중국을 포함한 주변국과 전혀 다른 특징을 갖고 있다. 21세기 전 세계를 놀라게 하는 K-POP과 드라마, IT 산업기술 등은 대한민국만의 특별한 창조성을 보여주고 있다. 대한민국이 70여 년 만에 근대 산업혁명과 자유민주주의를 완전 정착시킨 선진국 진입은 수천 년 속국 문화로는 불가능한 일이다.

중국은 오히려 진(秦)~청(淸)까지 총 2,132년 역사 중 약 40%, 871년을 이민족에 지배를 받아 통치당했다. 원(元)과 청(淸)은 한족(漢族) 정치세력을 멸망시키고 수백 년간 중국을 지배했다.[24] 현대 중국 공산당은 역사

---

23   김종학, IFANS. 주요 국제문제분석 2020-50: 한국은 중국 일부였는가? 한중관계사 속에서 '속국'의 의미(국립외교원 외교안보연구소, 2020.12.31)

24   전재성, 동아시아 전통질서 연구의 현황과 과제: 국제정치학과 역사학의 만남, 「세계 정치 12」 제30집 2호 (2009)

(歷史) 공정(工程) 이름의 정책으로 그 이민족 지배역사를 중국 역사로, 동북아 한반도 정치세력의 역사를 중국 역사로 주장한다. 특히 중국은 전통적으로 한반도 북방 만주 지역을 중국 정치세력의 사활적 이익으로 취급해 왔다. 만주 지역은 중국을 정복한 침략 세력들의 전략적 접근 중심 통로였기 때문이다. 1592년 명군(明軍)의 조선 파병은 일본군 진출을 막기 위한 전략적 조치였었다. 1950년 중공의 한반도 무력 개입 사건은 자유민주주의 세력인 미군의 만주 지역 영향력 발휘 거부를 위한 선제 조치였을 뿐이었다.[25]

따라서 시진핑 수천 년 속국 주장은 명백히 틀린 말이다. 속국 주장은 중국 안보를 위한 미래 한반도 지배 또는 통제 의도를 분명하게 드러낸 말이다. 1950년 중공군 한반도 무력 개입은 대한민국 통일을 저지시킨 모택동의 의도적 미래전략이었다. 이승만은 중공군과 김일성 재침략 저지를 위해 한미동맹을 체결했고, 주한미군 한반도 주둔이 시작되었다. 이를 불패 기반으로 삼아 대한민국은 자유민주주의 시장경제 체제 선진국으로 발전했다. 따라서 모택동의 1956년 미국 극복선언을 실현하려는 시진핑의 2049년 중국몽 선언은 자유민주주의 대한민국과 충돌이 불가피하다.[26] 김정은의 주한미군 철수와 종전선언, 평화조약 체결 주장 또한 시진핑의 속국 주장과 그 맥을 같이한다.

중국몽(中國夢)은 19세기 이전까지 누렸던 과거 패권영광의 부흥을 목표로 한다. 중국 과거 영광이란 주변국 지배를 완성한 중국 천하를 말한다. 현대 중국 공산당 정치세력은 마르크스 사회주의독재 패권국가, 중화

---

25 중국은 1592년 명군 조선 파병을 항왜원조(抗倭援朝)라고 부른다.

26 중공군 한반도 공격으로 통일에 실패한 1953년, 이승만은 미래 생존전략으로 한미동맹을 선택했다.

(中華) 완성을 추구한다. 중국은 수천 년 주변국 지배를 위해 이이제이(以
夷制夷) 전략을 추구해 왔다. 1949년 중국을 지배한 모택동 공산당은 티
베트, 인도, 소련, 베트남 등 주변국 선제공격(先制攻擊)으로 14회 이상 국
경전쟁을 지속해 왔다.[27] 인도와 국경분쟁은 아직 계속되고 있다. 따라서
1950년 한반도 중공군 투입은 갓 수립된 중국 공산당 정권의 사활적 생존
이익을 위한 너무나 당연한 조치였었다. 한국전쟁 혼란을 역이용한 1951
년 티베트 기습 선제공격은 그들의 야욕을 잘 보여준다. 그러한 중국 공산
당의 홍콩과 마카오 자유민주주의 허용은 용납될 수 없는 일이었을 것이
다. 미국과 자유민주주의 14개 선진국의 중국에 대한 위협인식은 2002년
20~30%에서 2010년 50~60%로, 2020년 62~86%로 급증했다.[28] 중국은 티베
트 무력 강압 통치, 신장-위구르 주민 강제수용소 운영에 이어 인공 모래
섬 군사기지를 구축한 남중국해까지 지배를 서두르고 있다. 그리고 서해
에 구조물을 설치했다.

　1995~2015년 조사된 「중국 핵미사일 기술확산 미 의회 보고서」[29]는 중국
의 파키스탄, 이란 등에 대한 핵미사일기술과 부품 비밀판매가 세계 핵미
사일기술 확산에 결정적이었음을 적시했다. 즉 중국의 주변국 핵미사일기
술 확산은 파키스탄, 리비아 등 주변국 종속화 이이제이(以夷制夷) 전략이
었다. 이러한 중국 주변국 전략은 북한의 핵미사일 기술획득과 개발에 직간

27　서상문, 「중국의 국경전쟁(1949-1979)」(국방부군사편찬연구소, 2013); 이동률 외 8명, 「중국의 영토분쟁」(동
　　북아역사재단, 2008년)

28　PEW Research Center(CSIS), Global Attitudes & Trends Survey(2020. 10. 05); Unfavorable Views of
　　China reach Historic Highs in Many Countries.

29　Shirley A. Kan, Chinse Proliferation of Weapons of Mass Destruction and Missiles(CRS Report for Congress,
　　1996~2015)

접적으로 결정적 역할을 해왔다. 2017년 북한 핵 완전 폐기를 주장하지 않 겠다고 북한에 공식 통보한 중국 공산당 비밀문서는 명확한 공식선언이었 다. 중국의 일개국가(一介國家) 양종제도(兩宗制度) 주장은 불가함이 드러 났다. 2020년 5월 홍콩 보안법 제정으로 중국 위협론은 지배론이 되었다. 2013년 5월 중국 공산당은 내부문건「칠불강(七不講): 보편가치, 언론자유, 공민 사회, 공민 권리, 공산당 착오, 권력과 부자소유 자산계급, 사법 독립 등 7개 강론 불가」를 전국에 하달했다. 중국몽이 주장하는 대동(大同), 화이 부동(和而不同)의 실천지침이다. 신장-티베트 지역 감시통제, 동맹국 북한 지원 확대, 중국-러시아 연합훈련 강화, 인도 국경분쟁, 남중국해 영토분쟁, 대한민국 사드 배치 보복, 한반도 전쟁 개입의 항미원조(抗米援朝) 홍보, 코 로나19 우한 발원 확인 거부 등은 21세기 중국 사회주의 체제의 실체를 적 나라하게 보여주고 있다.

시진핑 사회주의독재경제는 조롱(鳥籠) 경제로 전문가들이 평가한다.[30] 사 회주의(Socialism) 근본목표는 자유민주주의와 시장경제, 개인의 자유경쟁 타도다. 따라서 두 체제는 원천적으로 공존 불가능하다. 모든 재산이 국가 소유로 인센티브(Incentives)만을 도입한 중국 공산당은 그 제도를 '사회주 의시장경제'라고 주장한다. 중국 경제는 인센티브(Incentives)만을 도입한 사회주의독재 명령경제 체제이다.[31] 사유재산권은 일시적 허용이었다. 2020 년 11월 세계 언론은 마윈(알리바바 창업주) 실종을 예상해 왔던, 충격적 사 건으로 보도했다. 유명 연예인, 자본가 등이 구속되었다. 부패사건 소환자 들은 사형과 모든 재산 몰수 처벌을 받았다. 중국 경제는 인센티브로 위장

---

30 공산당이 만든 새장(중국식 시장) 안에서만 기업가들을 놀게 하는 경제라는 뜻.

31 Milton Friedman, *Free to Choose:* A Conversation with Milton Friedman in the National Speech Digest of Hillsdale College(IMPRIMIS, 2006. 07)

된 명령경제(Command Economy)일 뿐이다.

2007년 자본가 부르주아(bourgeois) 세력 통제를 위해 중국 공산당은 웨탄〔약담(約談)〕 제도를 도입했다. 그리고 황광위(2008. 중국부호 1위), 마윈, 판빙빙 등 기업가, 언론인, 연예인 등 사회적 리더들을 중점 관리해 왔다. 인터넷과 언론은 허락되지 않은 내용을 보도하지 못한다. 특히 중국 디지털 정보 감시통제체제는 세계의 큰 관심 대상이 되고 있다. 도시 쓰레기 분리수거장에도 안면인식 시스템이 도입 적용되고 있다. 김일성 신격화 국가 "북한의 경제개방은 왜 불가능할까?"의 이유를 중국 사회주의경제는 잘 설명해준다.

북한은 노동당 법 제정을 통해 1945년 이후 김일성-김정일-김정은 3대 세습 독재국가를 만들었다. 2018년 3월 11일, 중국 인민대표 회의는 국가주석 3연임 제한조항 삭제 헌법개정으로 시진핑 종신집권을 보장했다. 냉전 해체 후 자유민주주의 도입에 실패한 러시아는 2020년 3월 상·하원에서 푸틴 종신 권력을 사실상 보장하는 헌법 개정안을 통과시켰다. 구소련 연방국들은 중국과 러시아 영향으로 헌법개정에 의한 사회주의독재체제 하이브리드(Hybrid) 국가로 회귀가 늘고 있다.

중국은 2017년 북한 사회주의 체제 붕괴를 중국의 사활적 이익손실로 규정했다. 그리고 북한 핵 완전 폐기가 필요치 않음을 북한에 공식 통보했다.[32] 중국은 19세기 이후 지속된 서양 지배 국제질서로부터 해방, 즉 반미(反美)와 민족주의를 외치며 주변국 우호 연합세력 구축을 추구해 왔다. 중국의

---

32   절밀(絶密) 중공중앙판공청문건(中共中央辦公厅文件), 中共中央辦公厅關于 我國与朝鮮民主主義人民共和國 就 進一步深化解决该國核問題 開展構通協調工作的决定(中辦發〔2017〕94号)(2017. 9. 15); Top Secret Document of General Office of the Communist Party of China, the Decision of General Office of the Communist Party of China on Conducting Communication and Coordination Work between Our Country and The Democratic People's Republic of Korea for Further In-Depth Solution of Its Nuclear Issue(GOC Issuance(2017) No. 94)(2017. 9. 15); 뉴스타운(2018년 1월 3일자), "중국 공산당 극비문서, 북핵 완전폐기 불필요"

핵미사일 기술확산과 친북 동맹 정책은 북한 핵미사일 개발에 치명적 영향력을 미친 이이제이(以夷制夷) 전략의 계속이었다. 민족주의를 앞세워 '반일, 반미, 친중, 탈 한미동맹'을 외치는 중국 공산당 영향력을 대한민국 정치세력은 깊이, 깊이 통찰해야만 한다. 그리고 중국을 넘는 우직지계를 찾아내야 한다. 대한민국은 중국이 경제를 개방하기 이전 "중공(中共)을 넘은 우직지계"에 성공했었다.

> 21세기 대한민국 생존을 위협하는 3대 세력이 있다.
> "남한 내부, 북한, 중공 사회주의독재 혁명세력이다."
> 대한민국은 20세기 자유민주주의를 선택했다.

◆ 중공(中共)을 넘은 우직지계(迂直之計)

2022년 5월 20일 5시 22분 오산 기지에 도착한 바이든 미국 대통령은 6시 11분 세계 최대 반도체 회사 삼성 평택공장을 방문했다. 윤석열 대통령도 그곳에서 바이든과 최초 인사를 나누었다. 이재용 부회장은 세계 최초 차세대 반도체 3nm(나노미터) 웨이퍼를 공개했다. 1974년 12월 삼성전자는 미국, 일본에 27년 뒤처진 반도체 무명 기업이었다.[01]

반도체 산업은 1947년 윌리엄 쇼클리(William Bradford Shockley) 트랜지스터(TR)와 1959년 페어차일드사 IC(Integrated Circuit) 집적회로) 개발로 시작되었다. 당시에는 반도체가 미래의 인류 식량이 될 줄은 아무도 예상하지 못했었다. 바이든 방문 직후, 대한민국 재계는 2026년까지 1,107조 원(2022. 5. 30일 기준) 신규 투자계획을 발표했다.[02] 대한민국

---

[01] 2022년 현재 삼성은 메모리 반도체 세계 1위, 설계대로 반도체를 만드는 파운드리(foundry) 분야 2위이다. 1938년 별표 국수 삼성상회로 창업 후 1969년 삼성전자를 창립해 1974년 한국반도체를 인수하고 1983년 DRAM 사업에 본격 진출한 삼성은 창업 84년 후 미국 대통령이 직접 찾는 세계기업으로 발전했다.

[02] 2022년 5월 30일 전후 발표된 투자금액은 삼성 450조, 현대자동차 76조, 롯데 37조, 한화 37조 6,000억, SK 247조, LG 260조 원으로 총 1,107조 6,000억 원이다. 포스코 53조, GS 21조, 현대중공업 21조, 신세계 20조를 합하면 모두 1222.6조 원이다.

2022년 예산 607.7조를 훨씬 넘는 금액이다. 국가 예산 규모 9,000만이 던 1949년 대한민국에서 상상조차 불가능했던 금액이다. 이재용 회장은 "목숨 걸고 투자하고 있다."라고 말했다. 투자금액 1,100조는 삼성 21세 기 백년대계 금액이다.

대한민국은 21세기 어떤 백년대계를 선택해야 하는 걸까? 식민지 암흑에 서 해방된, 대한민국의 20세기 첫 번째 백년대계 선택은 자유민주주의 시 장경제 국가체제였다. 1948년 건국 직후 대한민국은 이승만 주도로 자유민 주주의를 선택했다. 소중화(小中華)를 자랑했던 한반도에 동아시아 대륙 최초의 자유민주주의 국가가 탄생했다. 신생 독립국 초대 대통령 이승만은 1905년부터 조지 워싱턴대, 하버드대, 프린스턴대에서 석박사를 취득하며 1945년 귀국할 때까지 온몸으로 미국 민주주의를 체득하고 신봉해 온 선각 자였다.[03] 이승만은 소련군 대위 출신 '김일성과 남북한 총선거 민족협상'을 고집한 김구 주장이 실현 불가능함을 명확히 인식하고 있었다.[04] 그의 반공 정책 구상은 그때부터 시작되었었다.

---

03 이승만은 1907년 조지 워싱턴 대학교 학사, 1910년 2월 하버드 대학교 석사, 1910년 7월 18일 프린스턴 대 학교에서 우드로 윌슨(Thomas Woodrow Wilson, 미국 28대 대통령)을 지도교수로 철학박사(논문 : 미국의 영향 을 받은 영세 중립론) 학위를 받았다.

04 이승만은 1941~ 45년 5월까지 임시정부 승인을 위해 다방면 모든 노력을 집중했었다. 미 국무부 코델 헐 장관, 알 저 히스 보좌관, 루스벨트 대통령, 영국 처칠 수상 등에게 편지와 면담을 통해 "임시정부를 승인하지 않으면 전후 한반도에 친소련 공산정권이 수립될 것"이라고 경고했다. 『소련 군사고문단장 라주바예프의 6.25 전쟁 보고서』 (2001년 국방부 군사편찬연구소 번역, pp. 81~84)" : 보고서는 한반도 신탁통치가 무산되자 1948년 초 소련군과 미군 한반도 완전 철수에 대한 소련 주장과 1948년 8월 남북한 모든 좌파 정당과 단체를 통합한 '조국통일민주주 의전선(일명 조국전선)'이 북한에 이미 존재했음을 기록했다. '조국전선'은 1948년 8월 조선 최고인민회의 대의원 을 선출해 북한 정부를 수립한 직후 한반도에서 소련군과 미국의 완전한 철수를 주장했고, 소련군은 1949년 1월, 미군은 6월 30일 완전히 철수했다. 1948년 소련이 유엔에 제기한 한반도 철수론이었다. 1950년 6월 19일 북한 최 고인민회의와 남한 국회를 합치는 통일방안을 제의와 1950년 6월 25일 남침을 '남조선 군대 침공 일'이라고 기록했다. 이 보고서는 1945년 이후 남북한 정세와 군사력 건설 세부 내용, 북한의 모든 분야 세부 내용을 기록하 고 있어 해방 초기 북한 점령에 소련이 얼마나 깊이 개입했는지를 명백히 보여준다.

마르크스 공산당 선언과 레닌 사회주의 혁명을 너무나 잘 알았던 이승만은 1942년부터 미국 루스벨트와 영국 처칠에게 "대한민국 임시정부를 승인하지 않으면 전후 한반도에 '친 소련' 공산정권이 수립될 것"이라고 경고했었다. 이를 증명이나 하듯, 1950년 김일성은 6.25 남침 군사 전쟁을 일으켰다. 이승만은 1941년 저서 『일본의 내막 폭로(Japan Inside-out)』에서, 6개월 후에 일어난 진주만 기습을 예언해 세계를 놀라게 하며 유명 인사가 된 사람이다.

이승만과 그를 지지한 국민은 1948년 유엔 감시하에 자유 총선거로 대한민국을 건국하고 자유민주주의 국가체제를 선택했다. 1948년 여수-순천 사건이 발생하면서 이승만은 숙군(肅軍)과 함께 12월 1일 국가보안법을 제정했다. 1949년 봉건적 '지주-소작농' 토지제도를 자작농 제도로 바꾼 농지개혁법 시행으로 국민을 실질적 국가주인으로 만들었다. 1949년 교육법 제정과 1954년 문맹 퇴치 6개년 초등의무교육사업은 1945년 문맹률 78%를 58년 4.1%로 급격히 감소시켰다. 1959년 초등의무교육취학률은 96%였다.[05] 1954년 '국유(國有), 국영(國營)' 원칙 국가주의 경제 헌법을 '사유(私有), 사영(私營)' 원칙의 자유 시장경제 체제로 개헌했다. 최광 전 복지부 장관은 경제개발 5개년 계획 60주년 기념 연설에서 "이승만 대통령은 천재 중의 천재로 한반도가 공산화되는 것을 막았다. 오늘날 우리 모두 즐기고 있는 자유민주주의 국가체제는 전적으로 이승만 대통령 덕분이다."라고 회고했다.

대한민국은 두 번째 백년대계로 1953년 한미상호방위조약, 한미동맹 체결을 선택했다. 한미동맹은 1950년 6월 25일 스탈린이 사주한 김일성 대남무력 적화통일 기습남침 공격의 비극이 또다시 발생하지 않게 할 목적으로

---

05   국가기록원(검색일 : 2022. 6. 5), 1. "교육은 공공의 책임", 기록으로 만나는 대한민국〉 교육〉 의무교육에서. 2. "문맹 퇴치 사업 1954년", 한글이 걸어온 길〉 한글 회복 및 정착기〉 문맹 퇴치 사업 1954년에서.

1953년 체결되었다. 미국 투르먼 대통령은 김일성 기습남침 정보 보고 23시간 만인 6월 25일 오후 9시에 미국 참전 파병을 결정했었다.[06] 1950년 9월 15일 인천상륙작전으로 한반도 통일이 확실해지자, 10월 19일 통일 저지를 위한「모택동의 한반도 무력 개입」사건이 발생했다. 모택동 무력 개입은 한미동맹 체결의 직접적 원인을 제공했다. 1950년 모택동은 한반도 병력투입 시기를 탐색하고 있었다. 미국 파병 결정으로 1949년 장악한 대륙을 다시 빼앗길 수도 있다는 공포감과 모택동은 동시에 한반도가 자유민주주의 세력에 장악되면 동아시아 대륙은 그가 꿈꾸는 사회주의 패권을 상실할 수 있다는 공포가 그를 사로잡았을 것이다. 모택동은 참전과 동시 휴전 협상을 제의했다. 이승만은 거제도 반공포로를 석방하면서 중공이 제기한 휴전에 반대하며 미국과 정면충돌했다. 이승만은 한미동맹 체결만이 대한민국 평화를 보장받는 유일한 방법임을 통찰했다. 미국의 이승만 제거 계획을 알고 있었던 그는 한미군사동맹 조약을 기어코 뜻대로 체결했다. 한미동맹은 2025년 현재「한반도 전략 평형(strategic equilibrium)」을 유지한 '대한민국의 불패 기반(不敗基盤)'이다.

대한민국의 세 번째 백년대계 선택은 박정희 '식량과 무기' 산업혁명이었다. 박정희는 "내 무덤에 침을 뱉어라!"라는 혁명가의 말을 남겼다. 박정희가 '식량과 무기를 동시 얻는' 생존사업으로 선택한 중화학 공업은 대한민국 도약적 발전의 기반을 제공했다. 그는 단순 통치체제 안정과 경제발전 계획에 그치지 않았다. 한민족의 수천 년 안고 있었던「가난의 한(恨)」을 완전히 제거하는 궁극적 목표를 추구했다. 그의 국가혁신계획은 종합적이고도 체계적이었으며, 장기적인 국가생존사업은 끝없는 고뇌와 통찰을 요구

했다. 모든 희생을 감수하면서, 미래 생존사업 성취에 국가 모든 역량을 총체적으로 집중했다. 큰 미래를 위해 작은 부패를 묵인한 박정희 산업혁명은 세계를 놀라게 할 뿐이었다.

박정희 백년대계 산업혁명은 대한민국 선진국 진입의 '근본 틀'이었다. 그는 반대 세력이 만든 정치적 고행(苦行)의 길을 마다하지 않았다. 그 결과 그는 총격 암살되어 사라졌다. 아내 육영수 여사도 총격으로 암살되었다. 미국 경영학 대부 피터 드러커는 "2차 세계대전 이후 인류가 이룩한 성과 가운데 가장 놀라운 기적은 바로 박정희가 위대한 지도력으로 경제발전을 성취한 대한민국이다."라고 평가했다. 앨빈 토플러 미래학자는 "민주화란 산업화가 끝나야만 비로소 가능하다. 자유화란 그 나라 수준에 맞게 제한된다. 박정희를 독재자라고 매도하는 것은 말이 되지 않는다."라며 대한민국의 산업혁명과 자유민주주의 발전을 재평가했다. 박정희와 이승만은 그렇게 조국에 온몸을 불사른 지도자였다.

대한민국 네 번째 백년대계 선택은 자유민주주의 시장경제 선진화 정착이었다. 1987년 대통령 직접선거와 1994년 민간 대통령 선출, 1997년 최초 야당 출신 대통령 선출과 여야 정권교체는 아시아 국가 최초 서구형 자유민주주의 정착을 알렸다. 대통령 임기 단임 5년의 국가대표 책임자 선출과정은 자연스럽게 최대 국가행사가 되었다. 이승만 이후 대통령선거는 수많은 우여곡절을 겪으며 변화를 거듭했었다. 1987년 이후 대한민국 국민은 자유민주주의가 무엇이고, 얼마나 중요한가를 절감하며 대통령, 국회의원, 지방자치단체장을 선출해 왔다. 대한민국은 20세기 후반 역사상 최초로 중국의 벽을 넘었다.

대한민국은 이제 21세기 국가 백년대계를 선택해야 한다. 국민「같은 마음의 소리」는 대한민국 생존사업을 선택하는 힘의 원천이며, 원동력이다. 그 힘은 정치세력을 통해서 발휘된다. 그러나 대한민국 자유민주주의 체제는 좌-우 정치세력 극한대립이라는 암초에 충돌했다. 동시 '선전 선동 포퓰리즘' 정치부패 현상의 일상화는 대한민국 미래를 암울하게 만들고 있다. 2004년 이후 대통령 탄핵이 3번째 반복되었다.

인류공동체는 '같은 마음의 소리'로 어떤 극한 위기도 이겨내 생존에 성공해 왔다. 특히 1945년 이후 대한민국 리더는 공동체를 '같은 마음의 소리'로 만든 능력자들이었다. 이승만은 「자유민주주의」를 선택해 '같은 마음의 소리'를 만들었고, 박정희는 「산업혁명」을 선택해 '같은 마음의 소리'를 만들었다. 그리고 1987년 전두환-노태우는 「대통령 직접선거」 '국민의 소리'를 수용했다. 대한민국 선진국 진입은 모든 국민을 '같은 마음의 소리'로 만든 정치세력 리더의 국가생존사업 선택과 1987년 진정한 자유민주주의 정착 덕분이었다.

이승만, 박정희를 부정하고 김구를 내세우며 대한민국 자유민주주의 시장경제를 뿌리째 흔드는 정치세력이 급증하고 있다. 그들은 누구인가? 국가체제의 근본 틀을 바꾸려는 그들은 어떤 선택을 주장하고 있는가? 대한민국 선진국 진입을 성공시킨 '자유민주주의 시장경제의 틀'을 바꾸는 선택을 주장한다. 자유민주주의에서 '자유를 빼자는' 주장과 시장경제에서 '소득 주도 분배경제' 주장은 '사회주의 명령경제'를 연상시킨다. 자본주의 '식량 활동의 자유'는 소득을 충분히 창출했으나, 사회주의 '소득 강제 분배'는 극심한 식량부족으로 수많은 사람을 굶어 죽게 만든 체제였음을 사회주의독재 소련 공산혁명 체제가 증명해 주었다. 자유는 결코 불평등의 원천이 아니며, '평등으로 자유를 속박한' 사회주의 독재 이념정치의 주장일 뿐이다.

대한민국은 "북한 핵전쟁 위협, 중국 속국 위협, 국내 사회주의 독재 전복 위협"이라는 극한적 상황에 직면했다. 대한민국 국민은 이를 극복할 수단이 오직 자유민주주의를 지키는 길뿐임을 모두 잘 알고 있다. 그러나 2025년 대한민국 정치세력은 적대적 대립으로 더욱더 국가를 양분하는 양상이다. 어느 정치세력이 국민을 속이고 있는 걸까? 대한민국 정치세력은「국민의 소리」를 왜곡하며 진정 듣는 능력을 상실한 걸까? 대한민국 정치세력은 '자유민주주의'라는「같은 마음의 소리」를 상실한 걸까?

> 21세기 대한민국 국민은
> 자유민주주의 정치세력을 선택할까,
> 사회주의독재 정치세력을 선택할까?

◆ 21세기 선택: 한글 지식혁명과 초일류 과학기술

국가는 '국민 이익증진 및 조정'을 위한 정책을 선택하는 사업기구이다.

국가정책은 국민 이익증진을 목표로 '정치세력'이 선택한다.

정치세력은 '국가권력 독점'을 목표로 조직된 '이익 세력'이다.

국민은 '정치세력'을 그들의 '권리 대리행사자'로 선택한다.

정치세력은 종종 '은밀한 자기세력 이익 선택'으로 국민을 현혹, 분열시킨다.

국가생존을 파괴하는 망국병이「속이는 정치」인 이유이다.

2004년 3월 12일 노무현 대통령은 국회의원 271명 중 193명 찬성으로 탄핵 되었다. 2004년 5월 14일 헌법재판소는 노무현 대통령 탄핵 기각을 선고했다. 2016년 12월 9일 박근혜 대통령은 국회의원 300명 중 234명 찬성으로 탄핵 되었다. 2017년 3월 10일 헌법재판소는 박근혜 대통령 파면을 선고했다. 2024년 12월 3일 윤석열 대통령은 비상계엄을 선포했다. 2024년 12월 14일 윤석열 대통령은 국회의원 300명 중 204명 찬성으로 탄핵 되었다.

21세기는 「개인과 자유(freedom), 사유재산」 시대정신의 '초일류 과학기술' 시대이다. 중세 「자유로운 개인」은 과학혁명을 일으켰고, 근대 「개인의 자유」는 현대 자유민주주의 시장경제를 탄생시켰다. 19세기 「개인의 자유」는 수천 년 절대왕정 폭정을 무너뜨리고 산업혁명기술 덕분에 「사유재산」을 폭발적으로 증가시켰다. 산업혁명기술은 제국주의 자유무역을 통해서 국가자본을 축적했으나 지구촌을 제1-2차 세계대전 소용돌이에 던져넣었다. 1945년 "개인보다 전체"를 외친 세계 사회주의독재 공산혁명은 1991년 자본주의 시장경제에 패배했고, 지구촌은 자본주의 기반의 자유민주주의 시장경제 국가체제가 장악하는 듯했다. 그러나 20세기 사회주의독재 공산혁명 사상은 자본주의 원리를 도입해 '21세기형 사회주의독재 체제'로 변신과 진화를 지속하고 있다.

1948년 이승만이 선택한 대한민국 자유민주주의 시장경제 체제는 산업혁명을 압축 달성하고 2021년 선진국에 진입했다. 한강의 기적으로 불리는 산업혁명은 수천 년 '세계로 진출의 꿈'을 역사상 최초의 현실로 만들었다. 동시에 민·군 융합 과학기술로 '군사 현대화의 꿈'도 동시 성취해 냈다. "한강의 기적"은 한글 지식혁명과 함께 21세기 세계 초일류 과학기술을 선도하고 있다. 그러나 중국 G-2 진입 이후 '21세기형 사회주의독재' 정치세력 위협은 급격히 증가해 왔다. 대한민국 자유민주주의는 부민(富民) 선승(先勝)의 주도권을 얻었으나, 국내외 사회주의 독재 정치세력은 자유민주로 위장한 선동정치로 국가체제를 위협하는 전복세력으로 변신했다. 더구나 김정은 자폭 핵전쟁 위협은 대한민국의 불가피한 후전(後戰)을 강요하고 있다. 대한민국은 1945년 이후 제2의 좌파-우파 정치체제 전쟁을 시작했다.

21세기 자유민주주의 시장경제는 국가정책 투명성(transparency)과 공정성(fairness)을 강력히 요구한다. 김정은 핵무장 정권과 중국 사회주의독재 위협에 맞선 '100년 전쟁 국가[07]' 대한민국은 특히 그렇다. 그래서 속이는 부패 정치세력의 선동정치에 맞선 감시체제 정착과 국민의 냉정한 심판은 국가존망의 과제로 떠올랐다.

왜, 세계 인재는 미국으로 몰려갈까? 미국에 '이익과 기회'가 있기 때문이다. 이익은 적도 스스로 오게 만든다. 왜 초일류 과학기술은 선진 초강대국이 선도개발 할까? '가장 자유로운 환경'이 초일류 과학기술 발명 극대화에 맞는 조건이기 때문이다. 자유민주주의 선진국은 '가장 자유로운 연구환경'을 최대 보장한다. 미국은 투명하고 공정한 자유경쟁을 최대 보장하면서 세계 인재들이 스스로 선택하는 환경을 창출해 왔다. 미국은 국력 우세보다 인재가 몰려오는 「아메리칸드림」 보장체제를 자랑한다. 개인 성공의 아메리칸드림은 국가패권의 중국몽과 근본이 다르다. 열린 사회는 개인 능력 발휘의 기회를 충분히 제공함으로써 그들의 꿈을 성취할 기회를 보장하는 사회다. 미국을 선택한 인재들은 아메리칸드림 성취로 미국 국가체제 위대성을 증명해 왔다. 투명성은 부패 근절과 국력 낭비 최소화를 가능케 해준다. 「개방사회 자유경쟁 시스템」은 1970년대 박정희 대통령의 산업혁명 달성 방법이며, 중국이 G-2로 급성장한 비결이기도 하다.

「속이는 이념정치」는 '이익세력 조직화'를 이용해 국가체제를 전복시킨다. 사회주의(socialism)는 "평등을 앞세워 자유를 통제한다." 빈부격차에 시달

리던 국민은 '평등 선동에 속아' 이익세력 조직화에 적극적으로 참여한다. 이익세력 조직화는 투명보다 비밀을, 개방보다 통제를, 생산보다 분배를, 자유보다 감시를 통해서 달성된다. 그러한 조직화 과정은 사회주의 독재국가목적 '절대 평등사회' 건설을 위한 불가피한 조치로 선전한다.

'평등' 단어는 그 자체에 통제와 강제를 내포한다. 절대 평등은 동서고금 지구촌 인류사회 어디에도 존재하지 않았다. 19~20세기 초기 민수주의는 자유를 평등으로 잘못해석한 혁명 정치세력에 의해 쉽게 선동되어 패망했다. 독일 나치스 히틀러, 소련 레닌 볼셰비키 혁명, 중국 모택동 공산혁명은 선전 선동술이 국민을 얼마나 쉽게 속일 수 있는지 명확히 보여주었다. 21세기 현재에도 그와 똑같은 현상이 남미, 아프리카, 동남아시아, 아프가니스탄, 중동 등에서 끝없이 계속되고 있다. 그런데 '평등을 앞세운' 사회주의 정치세력 선동술이 최근 미국과 대한민국에서도 난무하고 있다. 대한민국 정치세력은 내전상태의 극한 대립으로 치닫고 있다.

21세기 중국 공산당은 전통적 대동 사회를 주장한다. 대동 사회는 공자가 내세운 유학 이상사회이다. 그러나 유학은 역으로 왕정을 앞세워 '민(民)'을 착취해 왔다. 중국 공산당은 사회주의 이념 "전체는 하나" 개념을 유학 대동 사회로 위장하고 있다. 평등을 앞세운 개인재산을 국가에 귀속하고, 질서를 앞세운 강제력으로 국민을 감시한다. 사유재산과 개인 사생활은 감시 통제된다. 공산당 정책을 위협하는 시장경제정책은 제한되고, 국가를 위협하는 규모의 개인재산을 몰수하는 '명령경제(command economy)'가 나타난다. 그런 국가의 국민은 사회주의 독재 국가건설에 필요한 개체요, 부속품일 뿐이다.

원시 평등사회는 현대 사회주의 독재와 근본이 달랐다. 인구가 적었던 원시 가족공동체 사회는 말 그대로 모두 같이 공동생존한 씨족 평등사회였다.

원시 사회의 식량은 비축 없이 즉시 분배 소비했으므로 사유재산이 존재할 수 없었다. 도시혁명이 일어나 다종족 공동체가 형성되고 사유재산이 발생하면서 원시 평등사회는 이익사회로 변화되었다. 고대 그리스 아테네 시민 2만은 대한민국의 가장 작은 군(郡) 단위 인구수에 불과하다. 공자 대동 사회는 아테네 2만 인구 도시국가에서도 불가했음을 플라톤『Republic』과 아리스토텔레스는『Law』에 기록했다. 플라톤 '선포되지 않은 전쟁'은 절대 평등의 불가능을 말해준다.

1989년 사회주의독재가 허구임이 증명되었고, 공산권 명령경제 체제는 해체되었다. 국제공산당 사회주의독재 세력은 1950년 한국전쟁을 일으켰으나 전쟁 패배로 대한민국 자유민주주의 세력 말살에 실패했다. 1991년 소련 사회주의독재체제 해체 패망으로 냉전이 종식되었다. 그러나 세계 사회주의독재 세력은 2010년 일본을 넘어선 중국 G-2 부상으로 또다시 부활하고 있다. 1972년 키신저 미-중 수교는 바로「2023년 민주-독재 대결」의 시작점이었다. 모택동의「미국에 의한 미국 극복전략」은 과연 성공한 것인가?

중국 공산당은 구소련을 대신한 세계 사회주의독재 패권 세력으로 재탄생했다. 2017년 시진핑은 북한을 '21세기 중국 사활적 생존이익'으로 규정했다.[08] 2017년 핵무장 고도화를 선언한 김정은은 미국 본토 핵미사일 타격 능력완비에 혈안이 되어있다. 중국 공산당은 2022년 우크라이나를 침공한 러시아를 지원하며 2049년 중국몽 달성을 위한 국제질서 재편 기회를

---

[08] 절밀(絕密) 중공중앙판공청문건(中共中央辦公厅文件), 中共中央辦公厅關于 我國与朝鮮民主主義人民共和國 就 進一步深化解決該國核問題 開展構通協調工作的決定(中辦發〔2017. 94호)(2017. 9. 15); Top Secret Document of General Office of the Communist Party of China, the Decision of General Office of the Communist Party of China on Conducting Communication and Coordination Work between Our Country and The Democratic People's Republic of Korea for Further In-Depth Solution of Its Nuclear Issue(GOC Issuance(2017) No. 94)(2017. 9. 15); 뉴스타운(2018년 1월 3일 보도), "중국 공산당 극비문서, 북핵 완전 폐기 불필요"

확대하고 있다. 시진핑은 모택동 이외 누구도 하지 못한 3기 연속집권으로 종신집권의 첫발을 내디뎠다. 대한민국에 '한반도 사회주의화'와 '중국 한반도 속국화' 그림자가 현실로 다가오고 있다.

자연의 생존 전쟁은 찰나(刹那)의 멈춤도 없다. 식량에 매달린 인류 생존사업전쟁 또한 멈춤이 있을 수 없다. 개인, 기업, 국가 모든 분야 누구에게나 생존이익 계산(計算)과 통찰(洞察)은 미래 생존의 대전제 조건이다. 인류는 '위기와 기회, 실(實)과 허(虛)'라는 현실 상황에서 미래 생존이익에 기반한 생존기술을 선택해 왔다. 개인, 가족, 국민은 모두 생존사업 최전방, 최전선에 있다. 국가 정치세력은 국민 생존사업을 선택해야 하며, 항시 최후의 군사 전쟁을 선택할 준비를 해야만 한다. 현재의 생존사업전쟁을 통찰하지 못한 정치세력은 미래「국가의 길」이 아닌 미로를 선택한다.[09] 국민은 정치세력이 선승-부민(富民), 후전(後戰)-안국(安國)을 선택하기 희망하나, 그 선택은 오직 정치세력 이익에 달려있었음을 역사는 알려준다.

대한민국은 세계 G-2 초일류기술 자유민주주의 선도국이 될 것인가?
중국 공산당과 북한 사회주의 독재(autocracy)체제로 전락할 것인가?

---

[09] 현대 전쟁목적은 적국의 파괴와 정복이 아닌, '더 좋은 평화(Better Peace)'다. '전쟁(War)'은 본래 군사 전쟁(Military War)을 뜻했었다. 현대는 경제전쟁, 기술 전쟁, 무역 전쟁 등과 같이 제로섬(Zero-Sum)의 최후 경쟁을 의미하는 보통명사가 되었다. 이는 19세기 군사전략을 뜻하던 '전략'이란 용어가 21세기 '국가전략, 경제 전략, 안보 전략, 인생 전략, 기업 전략' 등과 같은 보통명사가 된 것과 같다.

바이든 대통령은 "민주(Democracy)-독재(Autocracy) 대결 21세기"를 선언했다.[10] 2024년 12월 3일 대한민국 윤석열 대통령은 비상계엄을 선포했다. 2024년 12월 14일 윤석열 대통령은 국회의원 300명 중 204명 찬성으로 탄핵되었다. 그리고 2025년 4월 4일 파면되었다. 대한민국 세 번째 대통령 탄핵사태이다. 한반도 자유민주주의는 사망하는가?

1950년 6월 25일 북한 김일성과 소련 사회주의독재 세력은 대한민국 기습 남침 전쟁에서 실패했다. 1953년 한국전쟁 정전 이후 70년은 피와 땀과 눈물로 얼룩지며 한강의 기적을 이룩한 대한민국 국민 승리의 시간이었다. 마침내 대한민국은 2019년 자유민주주의 시장경제 선진국에 진입했다. 그러나 대한민국은 김정은 핵전쟁 도전에 직면하고 있다. 끝없는 남북대결은 한반도를 중국 공산당 속국으로 전락시킬 위기마저 만들고 있다. 2025년 대한민국은 3면의 사회주의독재 세력 위협에 직면했다.[11] 첫째 국내 사회주의독재 정치세력, 둘째 중국 공산당 독재 세력, 셋째 김정은 핵무장 독재 세력이다.

대한민국 내부 포퓰리즘 정치세력은 자유민주주의를 흔들어대고 있다. 2018년 3차에 걸친 남북정상회담(4.27, 5.26, 9.18~20)과 미국 트럼프 정부의 3차에 걸친 미북 비핵화 정상회담(1차: 싱가포르 2018.6.12. 2차: 하노이 2019.2.27.~28. 3차: 판문점 2019.6.30.)이 있었다. 2019년 대통령 통일외교 안보 특보는 "주한미군이 철수하면 중국이 핵우산을 제공하고 북한과

---

10   2021년 바이든 미국 대통령은 최초 의회 연설에서 미국 민주주의는 독재와 대결에서 반드시 이기고 번영할 것이라고 강조했다.

11   대한민국의 3면 위협은 이 책 중심주제 중 하나다. 1. 대한민국 내부 사회주의 세력의 정치투쟁은 자유민주주의를 파괴하고 국가경쟁력을 약화하는 정책을 추구하고 있다. 2. 시진핑의 중국몽은 한반도 속국 관련 발언으로 대한민국 자유민주주의 체제를 파괴하려는 직접 요인임이 확인되었다. 3. 김정은 4~6차 핵실험과 핵무기 고도화 개발은 한반도 생존사업전략의 근본 균형을 완전히 무너뜨렸다.

협상하는 방안 제기"를 주장했다.[12] 2018년 미 외교전문지 포린 어페어스에는 "한반도 평화협정이 체결되면 주한미군 주둔을 정당화하기 어렵다"라는 기고문을 발표했다. 2020년 8월에 통일부 장관은 국회 청문회에서 "이승만 대통령이 국부라는 주장에 솔직히 동의하기 어렵다. 우리 국부는 김구가 됐었어야 했다는 역사 인식을 갖고있다."라고 답변했다. 김구는 1948년 대한민국 단독성부 '건국 반대 성명서'를 발표했었다.[13] 2021년 3월 동아TV는 "한미관계는 가스라이팅 상태"이며, 한미동맹 70년을 '동맹중독'으로 주장한 현직 국립외교원장 책 발간을 보도했다. 2021년 1월 김정은이 다탄두 ICBM, 핵잠수함, 전술핵무기 개발을 공식 선언했다. 2022년 4월 26일 김정은이 핵 선제사용을 공식 선언했다.[14]

대한민국 우파정권은 튼튼한 안보만을 반복 외쳤다. 좌파 정권의 대북 햇볕정책은 대한민국 정체성을 주장한 우파와 충돌을 반복해 왔다. 그 와중에 1921년 소련 명에 따라 자행된 자유시 참변(1921. 6. 28일)에서 독립군 재판을 주도했던 군사재판 위원 홍범도 장군 유해가 2021년 대전현충원에 안장되었다.[15]

12　2019년 12월 4일 문정인은 국립외교원 주최 국제회의에서 "만약 북한 비핵화가 이뤄지지 않은 상태에서 주한미군이 철수하면 중국이 한국에 '핵우산'을 제공하고 그 상태로 북한과 협상을 하는 방안은 어떻겠느냐?"라고 주장했다. 조선일보 보도자료(2019. 12. 05)

13　김구의 성명서, "삼천만 동포에게 읍고(泣告)함" (1948. 02. 10–12일까지 신문게재)

14　2022년 4월 25일 조선인민군 혁명 90주년 열병식 김정은 연설문 중 일부 : "우리 핵 무력의 기본사명은 전쟁을 억제함에 있지만 이 땅에서 우리가 결코 바라지 않는 상황이 조성되는 경우에까지 우리의 핵이 전쟁 방지라는 하나의 사명에만 속박돼 있을 수는 없다. 어떤 세력이든 우리 국가의 근본 이익을 침탈하려 든다면 우리 핵 무력은 우리의 둘째가는 사명을 결단코 결행하지 않을 수 없을 것이다. 우리 국가가 보유한 핵 무력을 최대의 급속한 속도로 더욱 강화 발전시키기 위한 조치들을 계속 취해나갈 것이다."

15　홍범도는 1927년 소련 공산당에 입당하였다. 1922년 소련 코민테른에 참석해 레닌이 권총을 선물했다.

군사전략에 기반한 대북 햇볕정책은 지나친 희망일까?

햇볕정책에 기반한 대북 군사전략은 헛된 망상일까?

대한민국의 좌-우파 정치세력 대립과 사회적 갈등은 '매우 심각' 상태로 평가되었다. 2021년 미국 퓨리서치 센터는 한국과 미국의 국내 정치 갈등이 조사대상 17개국 중 가장 극심한 90%(평균 50%) 수준이라고 발표했다.[16] 2013년 삼성경제연구소는 사회갈등으로 인한 한국의 경제적 비용을 연간 82조~246조 원으로 추산했다.[17] 2021년 8월 전국경제인연합회는 한국 사회갈등지수(2016년 기준)가 OECD 30개국 중 3위(1위 멕시코, 2위 이스라엘)이며 정치 4위, 경제 3위, 사회 2위라고 발표했다. 2021년 서울연구원의 서울시민이 느끼는 한국 사회갈등 체감도 조사 응답자 10명 중 9명(87.6%)은 '심각'으로 답했으며, 그 원인을 "편 가르는 정치권 문화(51.5%)"로 지적했다.[18] 2021년 10월 OECD는 한국미래 GDP 잠재성장률을 2030~2060년 연간 0.8%(OECD 평균 1.1%)로 전망하면서 구조적 국가개혁을 주문했다.[19] 2018년(GDP 잠재성장률 1.7%)보다 2분의 1 이상 감소한 수치다. 국가 미래 100년 전망이 암울하게 바뀌고 있다. 1990년대 중반 이후 계속된 정치세력의 극한대립은 끝이 전혀 보이지 않는다.

"공정과 상식"을 외친 윤석열 대통령은 2024년 12월 3일 비상계엄을 선포했다. 전 국민은 놀랐다. 국회의원들은 긴급하게 국회로 몰려가 계엄 해제를

---

16   Pew Research Center, October, 2021, "Diversity and division in Advanced Economies"

17   박준(삼성경제연구소), 2013년 국민 대통합 심포지엄(전국경제인연합회 주최); 박준 외, 한국의 사회갈등과 경제적 비용 (삼성경제연구소, 2009. 6. 24.)

18   조권중 외, 서울시민의 사회갈등 인식과 시사점 (서울연구원, 정책리포트 제334호, 2021. 11. 8)

19   OECD Economic Policy Paper(No. 29), The Long Game: Fiscal Outlooks to 2060 Under Need for Structural Reform (2021. 10)

의결해 요구했고. 대통령은 국회 의결대로 계엄을 해제했다. 도대체 무슨 일인지 영문을 모르던 국민은 국회 앞에 뛰어나와 대통령 탄핵을 외쳤다. 이때는 민주당을 포함한 야 4당이 6개월 안에 대통령을 끌어내려야 한다며 광화문 집회를 반복하던 때였다. 그리고, 2024년 12월 14일 19시 24분 국회는 윤석열 대통령 탄핵 소추안을 의결했다. 윤석열 대통령의 권한 행사가 정지되고 한덕수 국무총리 권한대행의 직무가 시작되었다. 2024년 12월 27일 한덕수 국무총리 탄핵으로 경제부총리가 권한대행이 되었다. 그리고 2025년 5월 1일 10시 28분 경 경제부총리가 사표를 냈고, 5월 2일 교육부총리가 대통령(대통령 권한대행의 대행의 대행)를 맡았다.

1956년 모택동은 "앞으로 50~60년 후 미국을 따라잡는 것은 중국의 절대적 요구과제다"라는 미래 목표를 제시했다.[20] 2017년 시진핑은 미국을 따라잡는 목표로 '2049년 중국몽(中國夢) 달성'을 발표했다. 그리고 그는 "중국 특색 사회주의독재체제는 마르크스주의를 장기적으로 견지 발전시켜갈 체제"라고 선언했다.[21] 2021년 11월 중국 공산당중앙위원회는 "시진핑 사상은 중국 정신의 시대적 정수로 마르크스주의 중국화의 새로운 도약을 이뤄냈다"라는 세 번째 역사결의를 발표했다.[22]

중국은 2017년 이후 한국과 호주 등 중국에 불리한 정책을 추진하는 국가에 경제보복을 강행했다. 남중국해에 인공섬 군사기지를 만들었다. 홍콩

---

20   모택동, 제8차 중국 공산당 전국인민대표대회 예비회의 연설문(1956. 08. 30): 모택동은 1956년 제8차 전인대 연설에서 미국을 50~60년 이내 따라잡지 못하면 중국은 강대국이 될 수 없을 것이라는 미래 중국이 가야 할 국가목표를 제시했다.

21   부산주재 중국 영사관, 「시진핑, 새 시대 중국특색 사회주의 사상은 전 당과 전 국민이 중화민족의 위대한 부흥을 위해 분투하는 행동 지침」 (원문출처: 신화사, 2018. 02. 02)

22   TV-CHOSUN(2021.11.11 보도), "중 40년 만의 역사결의…시진핑, '마오쩌둥. 등소평' 반열에"

민주화 시위를 무력 진압하고 안보법을 제정해 시민 통제를 시작했다. 중국 공군의 대한민국 방공식별구역 무단침입 횟수는 매년 급증하고 있다. 중국 티베트와 신장지역에 강제수용소 운영은 국제적 비난의 대상이 되었다. 시 진핑은 김정은 정권을 21세기 사활적 이익으로 규정하고 북한 핵 프로그 램을 포함한 전 분야의 직·간접적 지원을 늘리고 있다. 중국은 쿠바, 베네수 엘라에 '디지털 감시기술'을 전수한 사실이 밝혀졌다. 그리고 북한과 함께 2022년 우크라이나를 무력 침공한 러시아를 지원하고 있다. 2023년 3월 미국은 중국과 북한을 사이버 적성국으로 공식 지정하고 사실상 사이버 전 쟁을 선포했다.[23]

대한민국은 '미래 100년 생존사업'에서 중국몽(中國夢)과 충돌이 불가피 하다. 『손자』는 생존이익 득실(得失)-승패(勝敗)의 원리(Principles)를 정확 히 제시한 세계 최고(最古) 국가생존사업 전략서다. 수천 년 동아시아 대륙 정치세력과 중국 공산당의 국가전략 원리서다. 미국의 중국전략 분석 기준 서이며, 세계전략 전문가 최우선 필독서다. 동서고금의 추종을 불허한 『손 자』 원리로 '2050년 대한민국 미래 생존의 길'을 찾고자 한다.[24]

미국 바이든 대통령은 21세기를 "민주(Democracy)-독재(Autocracy) 대결 시대"로 규정했다.[25] 「2018년 인도-태평양전략」 비밀문서를 공개하고 미 국, 인도, 호주, 일본 4개국 동맹체제를 구축했다.[26] 미국, 영국, 호주 오커스

---

[23] U.S. National Cyber security Strategy (2023. 3. 2), p. 3.

[24] 이 책에서 피아 생존사업전략 비교분석 기준은 생존이익이다.

[25] 2021년 바이든 미국 대통령은 최초 의회 연설에서 미국 민주주의는 독재와 대결에서 반드시 이기고 번영할 것이라고 강조했다.

[26] 미국 CSIS 수석 부소장, 빅터 차는 2022년 3월 5일 조선일보 칼럼에서 "미국이 한국에 쿼드 참여 요청을 하지 않았다는 문재인 정부 답변은 진심을 감추는 것이며, 한국이 먼저 동참 요청 말아 달라는 요구를 했다."라며 문 대통령이 불참을 결정한 것이라고 주장했다.

(AUKUS) 3개국 체제를 구축했으며, 'Battle Force 2045' 함대 건설을 추진했다. 2023년 윤석열 대통령과 바이든은 대북한 핵 확장억제전략으로 '워싱턴 선언'을 발표했다.

> "2050년은 1900년과 같은 '한반도 생존사업 변곡점 시대'가 될 것이 분명해졌다." 21세기 대한민국 국민의 가장 큰 공포(Fear)는 김정은 자포자기 핵전쟁이다. 그리고 가장 큰 불안(Anxiety)은 제2의 망국(亡國), 중국 공산당 속국화이다.

세계의 꿈을 달성한 한반도 최초 국가는 1948년 건국된 '자유민주주의 대한민국'뿐이다. 대한민국이 수천 년 중국 공포에서 유일하게 완전히 벗어난 시기에 이룩된 성취 결과다. 시진핑은 한반도가 중국 일부였다고 트럼프와 정상회담에서 강조했다. 장개석은 카이로 회담에서 루스벨트에게, 모택동은 닉슨과 최초회담에서 시진핑과 같은 말을 했다.

골드만삭스는 대한민국이 2050년 세계 2위 부국(富國) 잠재 성장력의 미래전망 분석 결과를 발표한 바 있다. 그런데 대한민국 선진국 번영을 주도해 왔던 정치세력이, 핵전쟁 공포와 중국 위협을 극복할 정치세력이 사라지고 있다.

역사적으로 독재자는 국력 강화(self-strengthening)보다 국력 약화(self-weakening) 정책에 집중해 왔다.[27] 대한민국 자유민주주의 시장경제 체제는, 2021년 바이든 미국 대통령 절규대로, "대한민국 국력의 원천이요 국가 미래번영의 엔진"이다.[28] 그러나 대한민국 일부 정치세력은 친중, 친북 포퓰

---

27   Daron Acemoglu and James A. Robinson, *Why Nations Fail: The Origin of Power, Prosperity, and Poverty* (2012); Milton Friedman, *Capitalism and Freedom* (1962)

28   Joseph R. Biden, JR., Why America Must Lead Again: Rescuing U.S. Foreign Policy After Trump (Foreign Affairs 2020. March/April)

리즘 정책으로 자유민주주의 시장경제 체제를 재규정하면서 헌법의 근간까지 흔들고 있다. 사회주의경제를 10으로 볼 때, 2021년 한국경제는 이미 7~8에 도달했다고 평가되기도 했다.[29]

구한말(舊韓末)같이, 대한민국은 미래 생존사업 주도 정치세력을 이미 상실한 것일까? 한국은 구소련 체제 붕괴와 함께 발생한 1994년 김정일 핵 개발 위기에서 절호의 남북대결 부전승(不戰勝) 기회(Opportunity)를 맞이했었다. 중국과 러시아는 사회주의 패권 동력을 상실했고, 북한은 고립무원의 완전 실패국가였었다. 당시 한국 대통령의 "동맹보다 민족 우선, 무조건 전쟁 반대선언"과 이어진 "햇볕정책"은 그 절호의 기회를 사라지게 했다. 그 절호의 기회는 역으로 김정일, 김정은에게 절묘한 핵 개발 기회를 제공했고 한반도 핵전쟁 위기가 되어 돌아왔다. 수천 년 한반도를 위협해 온 중국은 1980년대 한국경제 모델을 배웠으나, 2000년 이후 대한민국을 노골적으로 위협하는 경제보복 국가요, 한반도 속국을 다시 운운하는 국가로 재등장했다.

왜 1990년대 절호의 부전승(不戰勝) 기회가 한반도 핵전쟁 위기로 변한 것일까? '민족 우선, 전쟁 반대, 평화보장'을 내세운 국가정책이 어떻게 자유민주주의 시장경제 체제 위기와 중국 속국의 위기를 만들고 있는 걸까? 국민은 참으로 궁금하기 짝이 없다. 그러함에도 역대 정부, 집권 정치세력, 전문가, 누구의 어떠한 설명도 없다.

대한민국 미래의 길은 집권 정치세력이 결정하고, 실행해 왔다. 집권 정치

29　　조선일보(2021.0308보도), "사회주의경제가 10이면 문 정부는 이미 7-8까지 왔다." (송의달이 만난 사람: 강성진 한반도선진화재단 정책위 의장이 말하는 한국경제)

세력은 국민이 선거에서 투표로 선택한다. 대한민국 국민은 자신이 원하는 정치세력 선택의 권리를 갖고 있다. 따라서 21세기 미래전략은 "국민이 정치세력을 선택해" 결정할 수 있다. '자유민주주의 시장경제 세력'을 선택해 세계 2위 부국(富國)이 될 것인가? '사회주의독재 세력'을 선택해 중국 속국(屬國)으로 전락할 것인가?

첫째 대한민국에 자유민주주의 시장경제를 지킬 정치세력은 있는가?
둘째 중국 사회주의독재 속국 위협은 극복 불가능한가?
셋째 왜 1990년대 부전승 기회가 핵전쟁 위기로 돌변했는가?
넷째 김정은 핵 폐기는 가능한가?

| "식량의 자유" 선택: 지식혁명과 초일류 과학기술 |

1974~78년 아프리카에서 약 350~60만 년 지난 인류 조상 두개골과 직립 보행 발자국 화석이 발견되었다. 인류학자들에 의하면, 인류는 약 160만 년 전에 불(fire)을 사용했고, 약 4만 년 전부터 현대 인류(Homo-sapiens)로 진화해 약 100가지 이상 생존 도구를 발명해 사용했다. 인류는 약 1백 만 년 경부터 발성 언어(articulatory language)를 사용했고, 약 5만 년 경부터는 개인 의도를 표현한 문장 언어(propositional language)를 사용했으며, BCE. 5000년 경부터 그림, 상징 등 기호 쓰기(writing)가 시작되었다.[30]

원시인류는 가족공동체 단위의 식량 수렵-채집으로 생존했다. 약 10만 년 전부터 가족공동체는 부족한 「식량」을 찾아 지구촌 곳곳으로 이동을 시작

---

30   Jose Morais, Literacy and Democracy (ISSN: 2327-3801 online journal homepage, 2017), p. 5.

했다. 식량을 찾아 떠난 인류는 도구 혁명→농업혁명→문자 발명→기술혁명 등 생존기술 혁명을 계속해 왔다. 지구촌 생존기술 혁명은 지역별 독립적으로, 또는 다른 종족과 접촉-교류를 통해서 이루어졌다.

농업혁명이 일어났다. 가족공동체는 씨족(25~30)과 부족(100~2,000명) 그리고 부족 연맹 도시국가(4~5만 명) 등으로 공동체 규모 확대 사업을 선택했다. BCE. 3400년 경 메소포타미아 최초의 도시 우룩(Uruk: BCE. 4000~3200)은 쐐기문자를 사용했다. 우룩은 공공업무 요원을 공식교육(formal education)으로 양성해 행정 기록을 남겼다.[31] BCE. 1600년 경 고대 인도-유럽지역에서 흑해, 카스피해 지역을 중심으로 대규모 인구 이주 현상이 일어났으며, 차후 유럽지역 언어와 문명발전에 지대한 영향력을 미쳤다.

인류는 공동체 규모가 확대되면서 「내부반란과 외부공격」 문제에 직면했다. 가족 응집력(family cohesion)은 오히려 다종족 공동체 이익갈등 원인으로 작용했다. 공동체는 '내부 결속'을 위한 전통, 관습, 도덕을 발전시켰다. 특히 외부공격을 「같은 마음의 소리」로 격퇴하는 공동체 전통은 무장 군사 조직을 탄생시켰다. 공동체 문제 해결 최종수단은 언제나 무력(武力), 즉 병자(兵者)였다.

생존기술 전수와 새로운 기술 발명은 인류 생존사업의 중심이었다. 농업혁명으로 공동체 이익분쟁이 본격 발생했고, 전쟁사업 조직인 군대가 탄생했다. BCE. 5000년 경 고대 이집트는 그림문자를 사용했고, BCE. 3100년 경 메소포타미아 쐐기문자와 BCE. 2000년 경 상나라 갑골문자가 등장했

---

31 Tyrel C. Eskelson, How and Why Formal Education Originated in the Emergence of Civilization (Journal of Education and Learning, Vol. 9. No. 2, 2020), P. 34~36.

다. BCE. 800년 경 그리스 아테네는 알파벳 문자를 발명해 지식혁명을 일으켰고, 동아시아 대륙은 춘추시대에 한자 지식혁명이 일어났다.

인류공동체는 군사 전쟁을 조직적, 체계적으로 수행할 사업기구가 필요했다. 공동체는 군사 전쟁사업 수행조직기구와 무기 개발에 집중했다. 바로 고대 동양 병법과 서양 전략이다. 군사 전쟁기술은 공동체 자원을 총동원해 생존흥망을 선택해야 하는 기술이었다.

종족공동체 씨족장들은 「같은 마음의 소리」로 정부를 수립했다. 씨족 대표자들은 정부 대표를 선발해 그를 왕(king)이라고 불렀다. 정부는 내부질서 통제로 결속력을 다지는 통치체제를 발전시키면서 외부공격 위험극복을 위한 군대를 양성했다. 왕은 타협 불가능한 공동체 내부-외부 문제 해결에 군사력을 불가피 사용했다. 군사력이 강하면 공동체 평화가 왔다. 군사력이 약하면 전쟁과 파멸이 왔다. 왕은 강병을 육성하면서 군사 전쟁사업 조직기구와 통치체제를 발전시켰다. 전쟁사업기구가 바로 국가였다. 동서양 고대 국가는 BCE. 500년 경 춘추시대와 그리스-로마 시대에 성립되었다. 인류 최초 지식혁명이 일어나 치열한 통치체제 논쟁이 계속되었고 왕정, 민주정, 공화정이 탄생했다.

고대사회에서 문자를 읽고 쓰는 능력은 사실상 마법으로 통했다.[32] 이는 원시 종교 상징물이 어떻게 공동체를 지배했고, 왕은 왜 모두 제사장을 겸했는지 설명해 준다. 동아시아 한자(漢字)는 소수(小數)만 습득 가능한 학습이 매우 어려운 문자로, 일반적 지식 습득에만 최소 20년이 필요했으며, 고급 지식은 평생을 배워도 모자란다고 알려졌다. 농업공동체였던 동아시아 대륙은 유학을 최고 통치이념으로 선택했고, 「지상군(地上軍) 병법(兵法)」

---

32   pp. xxxiii~xxxiv.

을 최후생존기술로 발전시켰다. 한자는 유학 지식을 배운 소수 지배층을 탄생시켰고 19세기까지 모든 평민은 사실상 문맹이었다. 소수(小數) 유학자들은 귀족층 관리로 공동체를 지배해 주민세뇌 교육으로 국가를 통치하며 수천 년 왕권 체제를 유지했다. 한자 학습의 어려움을 무기로 삼았던 '유학우민(愚民)정치'는 19세기까지 유지되었고, 해외 교류 접촉을 완전히 차단한 고립정책을 강행했다. 이것이 청과 조선의 쇄국정책(鎖國政策)이다. 조선 르네상스 시대의 명군(名君)으로 알려진 '정조의 문체반정(文體反正)'은 조선 쇄국정책(鎖國政策)의 근원이 되었으며, 패배를 선택한 정책을 의미했다.

페니키아에서 전파된 아랍지역 문자는 일반 주민 누구나 쉽게 학습 가능한 알파벳 문자로 발전했다. 알파벳 문자는 그리스 도시국가 모든 종족에 의해 완성되었다. 그리스 아테네는 알파벳 문자 덕분에 서양 철학과 과학의 종주국이 되었다. 알파벳 문자로 인해 그리스 도시국가 시민 대부분은 체계적인 대중교육을 받았고, 지식혁명을 일으켜 현대 역사, 철학, 과학의 기원을 이룩했다.[33] 알파벳 교육 덕분에 우수한 평민 자제들은 상류층으로 많이 진출할 수 있었다. 「알파벳 문자 지식혁명」은 농업과 연안무역 공동체로 성장한 고대 그리스-로마 원로원-민회의 타협정치를 발전시켰고, 군사 전쟁 사업으로 지상군 해군 「전술(taktike)」을 개발했다.

그리스 주민은 알파벳 문자 지식을 유럽과 아라비아 대부분 지역으로 널리 전파했고, 특히 인접국 로마에 지대한 영향을 미쳤다. 알파벳 교육으로 문맹에서 깨어난 그리스-로마시민들을 왕과 귀족이 공동체를 마음대로 통치하도록 맡기지 않았다. BCE. 500년 전후에 그리스-로마 평민들은 왕정

---

33   동상서, p. xxxiv.

을 폐지하고 타협정치 중심의 공화정-민주정을 정착시켰다. 그들은「시민의 권리」가 바로 생존사업 그 자체임을 깊이 깨달았다.

고대 동서양의 생존기술 선택은 유사하면서도 근본이 서로 달랐다. 알파벳 표음문자와 상형 한자 표의문자의 차이가 동서양 문명의 거대한 차이를 초래했음은 분명해 보인다. 동아시아 한자 지식인 지배층은 일반 백성과 사실상 완전히 분리된 계층이었다. 동아시아 백성은 그리스-로마에서 추방된 왕을 영웅과 전지전능의 신으로 인식했다. 반면 그리스-로마시민들은 국가권력을 그들이 맡긴 위임사업으로 분명하게 인식했다. 왕정을 폐지하고 원로원-민회 중심 통치체제를 발전시킨 그리스-로마시민은 국가공동체의 실질적 주인이었다. BCE.1세기 로마의 평민 플레브스(plebs)는 원로원 의석 다수를 차지했으며, 평민이 로마제국 황제로 진출하기도 했다.

플라톤은, 페르시아에 아테네 민주정과 다른 왕정 독재체제가 정착된 주된 이유를「지배층의 잘못 선택한 교육정책」때문이라고 보았다. 문자 교육의 차이는 국가통치체제를 전혀 다르게 정착시켰고, 19세기 동서양 문명에 거대한 차이를 가져온 근원이었다. 고대 그리스-로마는 누구나 쉽게 배울 수 있는 문자가 문명발전에 어떤 영향을 주었는지 극명하게 보여준다. 또한 알파벳 문자 유럽국가들이 현대 세계 선진국으로 발전한 이유도 설명해 준다.

서로마 제국 멸망 이후 동로마 제국은 그리스 학문 지식을 최대한 발굴해 이용했다. 동로마 제국은 그렇게 1,000년을 더 번영했고, 고대 그리스 학문을 부흥시킨 중세 지식혁명으로 르네상스 시대를 열었다. 르네상스는 과학혁명의 원동력을 제공했고, 종교개혁 발판을 제공했다. 근대 산업혁명과 계몽사상은 수천 년 발전된 알파벳 문자 지식혁명의 열매였다. 19세기 모든 평민이 새롭게 깨어나 자유를 외쳤다. 영국 입헌군주국이 성립되었고, 미국 독립혁명이 성공했으며, 프랑스혁명이 유럽 국가체제를 바꾸었다.

19세기는 그리스 민주주의가 20세기 자유민주주의로 재정착된 전환의 시대였다. 정치가, 사상가, 과학자들의 끝없는 논쟁이 계속되었다. 산업혁명이 일어났고, 경제는 군사 전쟁을 대체할 새로운 국가생존사업 수단으로 등장했다. 프랑스혁명 이후 민주주의가 정착되었으나 다시 피지배층을 앞세운 대중독재 정치사상이 나타났다. 마르크스-엥겔스의 사회주의독재 정치사상이 그것이다. 21세기 자유민주주의와 사회민주주의독재 대결은 그렇게 시작되어 2025년 현재까지 계속되고 있다.

지구촌은 농업혁명 이후 「지식 권력(knowledge power)」 강대국이 지배해 왔다. 지식은 평민을 문맹(文盲)의 어둠에서 꺼내어 지배층 권력 독점을 거부할 능력을 부여했고, 문명에 눈을 뜬 자유로운 평민은 생존사업의 자유를 마음껏 누리는 공동체 건설을 끝없이 추구해 왔다. 그것은 원시인류의 자유로운 식량 경쟁 본능의 소산이었다. 1776년 계몽 시민들은 마침내 인류 최초의 왕이 없는 독립국 건설을 선언했고, 20세기 자유민주주의 시장경제 국가건설에 성공했다. 역사상 국민이 국가대표를 직접 선발한 최초의 자유민주주의 국가가 탄생했다. 자유민주주의 시장경제 체제는 수천 년 동안 수많은 희생을 감수하며 인류가 절실히 갈망해 온 공동체 생존사업 체제가 아닐까? 미국 대통령 바이든은 2021년 3월 25일 기자회견에서 "독재일까? 자유민주일까?"를 외쳤다.[34]

대한민국은 21세기 한글지식혁명 자유민주국가로 재탄생해야 한다. 대한민국은 한글 지식혁명을 일으키며 지구촌 21세기를 선도할 것인가? 역사가

---

34 "Look, I predict to you, your children or grandchildren are going to be doing their doctoral thesis on the issue of who succeeded: autocracy or democracy? Because that is what is at stake, not just China."

보여주듯, 지구촌은 지식혁명 강대국이 지배해 왔다. 원시인류의 '자유로운 식량 경쟁'은 고대 그리스-로마 그리고 중세와 근대 지식혁명을 일으켜 자유민주주의 시장경제 체제를 만들었다. 21세기는 분명 자유민주주의 시대이며 또한 분명 끝없이, 새로운 미래 변화에 맞게 발전할 것이다. 그런 면에서, 세계 최우수 문자 보유국 대한민국은 21세기 지식혁명 잠재력 보유국임에 틀림없다. 한글 지식혁명의 징후는 모든 영역에서 세계적 최고 수준에 거침없이 오르고 있는 한국인들의 대활약에서 드러나고 있다. 과연 대한민국은 21세기 「한글 지식혁명」의 바람을 타고 미래 지식혁명 강대국으로 부상할 수 있을까?

◆ 한반도 핵전쟁: 선승(先勝) 억제게임

　① **선승**: 압도적 우세 "무한반복 게임전략체계" 구축
　② **후전**: 김정은 「자폭 핵전쟁」 억제게임

　원시 사회 "만인에 의한 만인의 식량 투쟁"은 농업혁명 이후 "만국(萬國)에 의한 만국의 영토전쟁"으로 바뀌었다. 산업혁명 이후 "정치 이념에 의한 군사 혁명전쟁"이 계속되었고, 정보혁명 이후 "독재자 핵무기 생존전략"이 출현했다.

　한반도 핵전쟁 위기는 지구촌 전체 위기로 확대되나, 그 해법은 요원하다. 러시아-우크라이나 전쟁은 한반도 핵전쟁 위기의 미래를 예측 가능케해 준다. 트럼프와 비핵화 협상 실패는 김정은 생존전략을 원천 재검토하게 했다. 북한 내부 신세대인식 변화는 한반도 위기 극복의 열쇠를 제공할 수 있

다. 북한 변화 이전까지, 대한민국 자유민주주의는 성장을 계속할 수 있을까? 단기 대책은 북한 핵무기 확증 파괴 억제전력을 충분히 갖추는 것이다. 독자적 확증 파괴 억제전력은 초일류 과학기술과 동맹국 지원을 절실히 필요로 한다. 중장기 대책은 압도적 우세 G-2 경제력을 달성하는 것이다.

한반도 핵전쟁 선승 억제게임은

① 동북아 대륙의 전략 평형 주도권 장악에 있다.

② 인도 태평양과 지구촌의 전략 평형 핵심세력으로 진입여부에 있다.

③ 지구촌 자유민주주의를 선도하는 핵심세력 성장 여부에 있다.

| 선승(先勝): 압도적 우세 "무한반복 게임 전략체계" 구축 |

「한글 지식혁명」이 일어나고 있다. 1948년에서야 국민의무교육을 시작한 대한민국이 70년 이후 한글 지식혁명을 일으키고 있다. 한글 지식혁명은 대한민국 선승 부민의 핵심 무기이다. 19세기 소중화(小中華)를 자처하며 화석 학문 유학을 신봉하던 한반도 민족이 1948년 대한민국을 건국해 자유민주주의를 선택하고, 지구촌 생존지식을 융합하는 기적을 일으키고 있다. 세계 가장 우수한 문자, 동양 알파벳 「한글」은 모방을 넘는 독창적 지식영역을 확대하며 대한민국 지식융합을 주도하고 있다. 한글은 반도체와 K-POP 영역에서 대표적 독창성을 보여주고 있다. 미국, 영국 등 세계 선진국의 제2외국어로 채택된 한글은 인류 지식 데이터베이스화를 촉진하고 있다.

농업혁명은 문자 발명을 촉발했다. 문자는 지구촌 생존기술 "상호 전파교류" 속도를 급격히 증가시켜 거대한 지식융합의 흐름을 만들었다. 고대 동서양 생존기술 전파교류와 지식융합은 BCE. 8~3세기 지구촌 곳곳에 지식혁명을 일으켰다. 공자, 노자, 묵자 등의 백가쟁명 학자들과 메소포타미아 조로아스터, 인도 힌두교와 불교, 유대교, 아테네 플라톤의 지식을 전파했다. 독일 정신의학자 칼 야스퍼스는 이 시대를 「축의 시대(Axis's Age)」라고 불렀다. 인류 생존지식 축적 융합인 지식혁명은 '인류문명의 축'이었다. 동양 춘추전국시대와 서양 고대 그리스 아테네 전성 시대이다.

진나라 대륙통일의 힘은 한자에서 나왔다. 동양 은나라 갑골문은 주나라 대전(大篆)으로 발전해 문자 기능을 갖추게 되었다. 춘추시대 한자(漢字)는 새로운 완성 단계였으며, 공자는 사학교육으로 제자들을 양성했다. 전국시대 제나라는 국가학문 기관 직하(稷下) 학궁(學宮)을 설립해 백가쟁명(百家爭鳴) 학자들을 배출했다.[35] 진나라 승상 이사(李斯)는 통일 문자 소전(小篆)을 만들어 서체를 통일시켰다. 한나라는 유학을 국가 공식 학문으로 선택해 전국 오경(五經) 교육기관을 설립하고, 유학자를 시험을 거쳐 관리로 선발했다. 유학은 관리 진출의 유일한 학문이 되었고, 왕권 강화를 위한 백성세뇌 교육 도구로 사용되었다. 유학자들은 그렇게 왕에게 "길들여진 학자"로 전락했다.

유럽 문명은 '알파벳의 힘'에서 나왔다. 고대 아테네는 '페니키아 문자에 모음을 더한' 그리스 알파벳을 발명했다. 말하는 대로 쓰는 문자가 완성된 것이다. 문자 완성으로 아테네는 문자를 배워 지식을 익힌 소피스트들이 그리스 전역에서 몰려왔다. 초기 소피스트들은 지역별 생존지식을 융합 교육한 댓가로 생계비를 벌었던 '직업적 유랑 선생'이었다. 아테네 부유층 자제들은 소피스트를 고용해 많은 전문지식을 배우고 익혔다. 아테네 시민 3~5% 이상이 문자를 익힌 전문지식인 되었다. 아테네는 당시 주변국 지배층 0.1% 이하만이 문자를 익혔던 것과 대비된 혁명적 변화를 겪고 있었다.

---

[35]   춘추전국 시대에는 나라마다 다른 문자체를 사용했고, 진시황 승상 이사(李斯)가 대전을 간략히 만든 문자체 소전(小篆)을 만들어 통일시켰다.

아테네 공화정 아르콘 솔론은 농민과 무역 상인 자제들을 포함한 아테네 시민교육을 특별히 장려했다. 이 교육정책은 민주주의 기틀을 마련했다. 당시 아테네의 "초등-중등-전문" 교육체제는 현대 초-중-대학 교육체제에 그대로 적용되고 있다. 소크라테스는 비용을 전혀 받지 않는 사학교육으로 제자들을 양성했다. 그의 제자 플라톤은 아카데미아 교육기관을 설립해 제자들을 양성했고, 그의 제자 아리스토텔레스는 알렉산더 대왕 가정교사 이후 그리스로 돌아와 라이세움(The Lyceum)을 세워 사학교육의 꽃을 피웠다. 고대 그리스 아테네 학문 교육정책은 지중해 지역 패권국 발전의 원동력이었다. 고대 그리스 알파벳은 현대학문의 기원으로 오늘날까지 심대한 영향력을 발휘하고 있다.

고대 그리스 철학은 중세 종교개혁과 르네상스, 과학혁명의 원천학문이었다. 르네상스는 고대 그리스-로마 학문과 사상을 재탄생(rebirth)시킨 "인간 중심사상 회복"을 뜻하는 말이다. 르네상스로 중세에서 근대로 진입한 유럽은 신대륙 발견과 18세기 산업혁명을 거쳐 20세기 과학기술 혁명을 일으키며 세계 중심지역으로 번영했다. 서양 알파벳은 그리스, 로마, 스페인, 영국, 미국의 지식혁명을 일으키며 유럽국가 번영을 주도했다. 21세기 미국 과학기술 지식혁명은 지구촌 생존기술과 미래지식을 주도하고 있다.

한반도에도 21세기 한글 지식혁명 바람이 일어나고 있다. 1975년 이후에 세계 생존기술과 모든 분야 전문지식은 대한민국에서 새로운 융합이 일어났었다. 그 결과 대한민국에는 한강의 기적이 일어났고 반도체 기술 세계 주도국으로 우뚝 섰다. 2000년 이후 한류와 K-POP은 세계 젊은이들을 열광시키며 대한민국으로 몰려오게 만들고 있다. 사교육과 학원 교육에 몸살을 앓는 대한민국에서 세계 생존기술 융합의 지식혁명 바람이 분명하게 불고 있다. 2021년 세계 혁신지수(Global Innovation Index)는 대한민국을 세계 5위 혁신국가로 평가했다. 블룸버그(Bloomberg) 지수는 세계 1위로 평가했다. 중국은 블룸버그 지수 12위였다. 각 분야 세계 최고 전문가들이 방한해 생존사업 기술 토론회를 열고 있다. 대한민국은 그 덕분에 중진국 함정(middle-income trap)을 벗어난 두 번째 기적을 이룩했다. 2024년 세계은행은 "1960년 한국 1인당 국민소득은 1,200달러 밑이었으나, 2023년 3만 3,000달러에 이르렀다"라며 대한민국을 기적의 "슈퍼스타"로 호칭했다.

대한민국의 '자본주의 시장경제'는 정치 투명성이 보장될 때 완전히 정착된다. 여야 정당 정치세력이 초일류 과학자를 양성하는 투명한 자유경쟁체제를 선택하면 대한민국은 초일류과학기술국의 지름길을 달리게 된다. 전제조건이 정치부패 일소와 투명성 보장이다. 국민의 올바른 정치세력 선택은 초일류 과학기술력을 선도하는 핵심 열쇠이다. 2018년 크리스토스 카불리스(Cabolis) 스위스 IMD 경영대학원 국가경쟁력 센터 부소장은 조선일보 인터뷰에서 "투명하고 믿을 수 있는 정부가 좋은 정부다. 국가경쟁력에 영향을 주는 특히 중요한 두 요인은 인재 경쟁력과 기술혁신이다."라고 강조했다.[36]

세계 초일류 과학기술 초강대국, 미국은 20세기 이후 첨단기술의 민군융합 개발전략으로 세계 경제와 군사를 모두 장악하고 있다. 미국은 국방성이 국가 기술개발 예산을 총체적으로 통합 운용한다. 민군융합 기술개발전략은 17-8세기 재정-군사국가(Fiscal Military State) 영국이 산업기술 혁명을

---

[36] 조선일보 보도자료(2018. 10. 5) 스위스 로잔 IMD(경영대학원) 국가경쟁력 센터는 1989년 이후 연 1회 세계 63개 주요국을 대상으로 국가경쟁력을 평가하고 그 결과 보고서와 경쟁력 지수를 발표한다.

창출해 부국강병(富國强兵)을 달성한 전략에서 비롯되었다. 영국은 동인도 회사 등의 초기 '군사 기업' 앙트레프래너(entreplaneur)를 이용해 해외무역을 장악하고 축적된 자본과 기술로 산업혁명을 선도하면서 세계패권국으로 성장했다. 21세기 굴기(崛起)로 국제질서 패권을 꿈꾸는 중공은 민군융합(民軍融合), 과월발전(跨越發展)의 기술전략을 내세우며 2049년 G-1 부상을 추구하고 있다.

21세기는 투명성(Transparency), 공정성(Fairness)의 자유민주주의를 강력히 요구한다. 김정은 핵 정권과 중국 사회주의독재 위협에 맞선 '100년 전쟁[37] 국가' 대한민국에서 특히 그렇다. 정치세력의 권력 독점, 남용은 경제적 잠재경쟁력에 치명적 영향을 미친다. 대한민국은 정치세력 부패 방지, 권력 독점 감시체제 정착이 절실하게 요구된다.

2022년 5월 23일 우크라이나 법원은 빅토르 야누코비치 전 대통령에 대한 체포 명령을 내렸다.[38] 러시아 흑해함대의 크림반도 주둔을 2017년에서 2042년으로 25년을 연장해 준 하르키우 조약이 국가반역죄에 해당한다고 판결했기 때문이었다. 야누코비치 전 대통령은 2014년 우크라이나 의회 탄핵을 쿠데타라고 비난하며 러시아로 도주해 망명했다. 2022년 러시아가 우크라이나를 침공하면서 러시아 함대는 흑해 모든 항구를 봉쇄해 전쟁사업 형세에 치명적인 영향을 주고 있다. 야누코비치는 조선의 선조를 닮았다.

---

37 「대한민국 100년 전쟁」은 '한국전쟁 발발 1950년부터 2050년까지'를 말한다. 이 책에서 '생존이익(生存利益, Interests for Survival)'이란 개인 또는 공동체의 생사존망(生死存亡)을 좌우하는 이익을 말한다. 식량과 생명 안전 그리고 생존과 번영에 치명적 영향을 주는 이익이다. '생존사업'이란 생존이익을 추구하는 제반 사업을 말한다. '생존사업전쟁'은 정치전쟁, 경제전쟁, 기술전쟁, 군사전쟁 등 분야별 생존사업에서 최후 사용하는 극단적 방책을 말한다. 국가의 최후 생존사업은 군사전쟁이다.

38 조선일보 보도자료(2022년 5월 25일) "친러로 떴다 친러로 몰락한 우크라 전 대통령에 체포령"

조선 선조는 임진왜란을 선택했다. 조선 선조실록은 다음과 같이 기록했다.[39]

《1590년 선조는 황윤길이 "반드시 병화(兵禍)가 있을 것입니다."라는 도요토미 히데요시에 대한 '전쟁 준비' 건의를 무시했고, "신은 그러한 정세가 있는 것을 보지 못하였습니다. 황윤길이 인심을 동요시키는 것은 옳지 못합니다."라는 김성일의 일본정세 판단을 따랐다.[40] 1592년 4월 13일 부산포가 함락되고 정발(鄭撥)이 전사했다. 4월 30일 선조는 새벽 한양을 떠났다. 6월 11일 일본의 파죽지세 공격으로 평양을 떠나 영변을 향해 출발했다. 6월 13일 선조는 "내선(內禪 : 세자에게 왕위를 물려줌)을 하지 않을 수 없다."라고 전교를 내렸다. 14일 요동으로 갈 것을 결정하고 명나라에 내부(內附 : 한나라가 다른 나라 안으로 들어가 붙음)할 자문(咨文)을 작성하여 요동 도사에게 발송토록 했다. 종묘사직의 신주는 세자와 함께 강계(江界)로 보내어 보전토록 하였다. 중국 황제는 "조선은 스스로 속국이 되었으니 요동 병력을 보내 도우라."라고 지시했다. 6월 18일 명나라 군대가 압록강을 건넜으나 모든 고을이 텅텅 비어 길 안내 향도(嚮導)조차 없었다. 중국 군대가 도착하여 선조는 "한 나라의 존망이 대인들의 진퇴에 달렸으니, 지휘를 삼가 받겠소이다."라고 명나라 장수에게 군사작전권을 위임했다. 6월 27일 이덕형이 선조의 요동 들어가는 것을 중국 황제가 허락했다고 보고했다. 7월 1일 중국 차관 황응양은 일본이 보낸 편지를 본 후 황제에게 급히 돌아가서 조선에 원병의 발병을 보고토록 하였다. 7월 3일 선조는 이덕형이 보고한 요동으로 들어갈 일에만 깊은 관심을 보였다.》

대한민국 「초일류 과학기술 선점 형세구축」은 정치세력 부패 문제에 달려 있다. 동서양 모든 정치세력은 그 세력 이익과 직결되어 있기 때문이다. 프

---

39   한국고전종합DB, 조선왕조실록 중 선조실록의 선조 25년

40   유성룡, 「징비록(이재호 번역)」 (위즈덤하우스, 2019), p. 31.

랑수아 쥘리앵 프랑스 파리7대학 교수는 "중국은 신종 코로나바이러스(코로나19) 사태로 최고의 순간을 맞았다"라고 2022년 동아일보 새해 인터뷰에서 말했다. 그는 "중국은 이미 미국에 전혀 휘둘리지 않고 있다. 그러나 공포와 통제를 기반에 둔 사회는 한계가 명확하다. 어느 시점에서 중국 내부적으로 큰 문제가 폭발할 것이다"라고 중국 미래를 전망했다. 중국 인센티브 제도가 시진핑 공산당 세력 이익 추구로 그 역할이 한계에 봉착했음이 분명하기 때문이었다. 역시 중국 정치부패 문제이다. 국가번영의 길은 정치세력 부패가 가장 심각한 장애물이다.

대한민국 정치세력은 초일류 과학기술 선점전략 성공을 위해 그들 이익을 온전히 포기할 것인가? 원자력 발전소 폐기 정책은 대한민국이 선점했던 '소형 원자로' 세계 최고 기술을 스스로 폐기한 결과를 초래하지 않았던가? 대한민국의 초일류 과학기술 전략은 '시장경제 최적 운용체계'를 절대적으로 요구한다. 그 열쇠는 정치세력이 갖고 있다. 투명하고 공정한 자유경쟁 국가체제는 초일류 과학기술 선점에 단연 유리하다. 국가자원을 과학기술 개발에 집중하고, 과학기술 인재를 육성할 수 있다. 부패로 인한 국가자원 낭비를 최소화할 수 있다.

싱가포르는 인구 550만 아시아 소국(小國)으로 1인당 GDP 64,103달러(2021년 IMF 기준, 세계 12위), 부패인식지수(CPI) 세계 3위(2020년 기준 85%) 국가이다. 영토는 728㎢(한국의 1/138) 176위로 사실상 세계에서 가장 작은 국가다. 대한민국은 인구 5,170만, 1인당 GDP 35,196달러(2021년 IMF 기준, 세계 36위), 부패인식지수(CPI) 세계 33위(2020년 기준 61%)다. 영토는 100,363㎢(싱가포르의 138배) 107위로 중국의 1개 성(城)보다 작은 넓이다. 싱가포르에 대한민국이 뒤처진 가장 큰 차이는 국가 부패인식지수(CPI) 때문이다. 다른 모든 분야에서 압도적으로 우세한 대한민국은 국민 1인당 GDP가 싱가포르 1/2 수준이다. 이러한 비교는 대한민국 정치부패(corruption)가 얼마나 심각한 문제인가를 보여주고 있다.

동양의 알파벳 국민교육, 한글 보급은 일제 치하 1920년 초부터 본격 시작되었다. 1945년 한반도 문맹률은 90%를 넘었다. 1950년 이승만 대통령은 문맹 퇴치를 위한 국민의무교육을 국가 핵심 정책으로 추진했고 1970년 문맹률이 30% 이하로 하락했다. 1945년부터 1979년까지 대한민국 산업혁명의 힘은「한글 국민교육」으로 육성된 인재들의 피와 땀의 결실이었다.

1980년대 이후 세계 반도체 산업을 선도한 대한민국은「한글 글로벌 지식혁명」에 성공할 것인가? 지식혁명(knowledge revolution)이란 무엇인가? 21세기 새로운 길과 '세계의 꿈'을 향한 대한민국 열정이 더욱 뜨겁게 타오르고 있다. 대한민국 역사상 최초로 세계의 꿈을 향한 발걸음을 내딛고 있다. 한강의 기적을 실현한 대한민국 기반은 "자유민주주의 시장경제" 체제이다. 미국이 발전시킨 자본주의 시장경제 '국제 자유무역 체제'는 국제기반이다. 1948년 건국 이후 대한민국 77년 생존사업은 '자유민주주의 시장경제'를 불패(不敗) 기반으로 선진국에 진입했다.

21세기는 영토 대국(大國)의 강국시대가 아니다. 초일류 과학기술 대국의 시대다. 세계 선진 영토 소(小) 강국(强國)이 늘고 있다. 대한민국은 선진(先進) 강국(强國)에 진입한 대표적 영토 소국(小國)이다. 이러한 시대 흐름을 거부하는 국가가 나타났다. 바로 수천 년 영토 대국(大國)을 추구한 중화인민공화국이다. 중국 관리들은, "소국(小國)은 대국(大國)에 감히 대항해서는 안 된다"라고 대한민국에 말했다. G-2 급부상 이후, 중국은 주변 소국(小國)에 대국(大國) 정책을 추종하도록 강요해 왔다. 중국 사회주의독재 체제가 주도하는 국제질서 구축에 주변국의 참여를 노골적으로 강요하고 있다.

　　대한민국과「손자(孫子)」: 국가흥망 선택게임

'자유민주주의 시장경제'는 "영토소국 경제대국"을 실현한 국가체제이다. 자유민주주의 시장경제는 80년 대한민국 생존사업의 불패 기반이었다. 그리고 자유민주주의 시장경제를 지켜준 불패(不敗) 기반은 한미동맹이었다. 대한민국 선진국 진입 과정은『손자』선승(先勝) 후전(後戰), 부민(富民)의 길과 일치한다. 자유민주주의 시장경제와 한미동맹 체제는 미래 100년 대한민국의 불패 기반일 수밖에 없다.

대한민국은 한글을 창제한 국가이다. 역사적으로 문자가 없이 강대국으로 발전한 사례는 없다. 수천 년 동아시아 중원 대륙 세력에 조공을 바친 굴복 외교는 자국 문자가 없었기 때문이었다. 한자(漢字) 지식층은 전체인구 0.1% 이내 지배층으로 제한되어 생존술 지식축적과 독창적 전략 개발은 대단히 어려웠다. 1945년부터 본격 보급된 한글은 쉽게 배워 전문지식을 축적하며 쉽게 응용지식을 창출해 2022년 선진국 진입에 결정적 역할을 해냈다. 21세기 IT 기술경쟁에 가장 유리한 문자로 평가된 한글은 미래 생존무기임에 틀림없다.

한글 보급 100년! 인류생존사업 뿌리, 지식축적은 21세기 대한민국 중대 과제이다. 한글지식혁명은 초일류과학기술을 주도하는 근본이며, 동북아 전략평형을 이룩할 "한반도 무한반복게임 전략체계 구축"의 시작점이다.

| 후전(後戰): 김정은 「자폭 핵전쟁」 억제게임 |

『양측 군대가 1초 안에 서로를 궤멸할 수 있게 되는 날,

 그날이 되면 모든 문명국가가 전쟁을 포기하고 군대를 해산할 것이다』

알프레드 노벨

2005년 2월, 김정일은 핵보유국을 선언했다.

2006년 10월, 김정일은 최초 핵실험을 강행했다.

2013년 4월, '자위적 핵보유국 지위를 더욱 공고히 할 데 대하여' 법령을 채택했다.

2015년 5월, 김정은이 '경제 및 핵 무력 건설 병진'을 국가전략으로 선언했다.

– 핵무기에 대한 김정은 공식 연설문과 발언

· 2016년 4월 : "전쟁할 생각은 없다. 외교 쪽 인간들이 미국에 접근하면 (미국 측이) 무리한 난제를 들이대는 바람에 울컥해서 미사일을 발사하고 있다.

· 2022년 9월 8일 : "우리의 핵무기는 건국 초기부터 세계 최초의 핵 사용국이며 세계 최대의 핵보유국인 미국의 핵 공갈을 받아온 우리 공화국이 자기의 존엄과 안전을 굳건히 수호하고 핵전쟁 위험을 완전히 제거하기 위하여 수십 년간의 간고하고 피어린 투쟁으로 마련한 억제 수단, 절대병기입니다. 절대로 먼저 핵 포기란, 비핵화란 없으며 그를 위한 그 어떤 협상도, 그 공정에서 서로 맞바꿀 흥정물도 없습니다. 시간이 과연 누구의 편에 있습니까?"

· 2024년 1월 15일 : "조선 반도에서 전쟁이 일어나는 경우 대한민국을 완전히 점령, 평정, 수복하고 공화국 령역에 편입시키는 문제를 (헌법에) 반영하는 것도 중요하다고 봅니다."

– 「2007년 노무현과 김정일 정상회담 회의록」

· **김계관의 발언**: "우리가 핵 계획, 핵물질, 핵시설 다 신고합니다. 그러나 핵물질 신고에서는 무기화된 정형은 신고 안 합니다. 왜? 미국하고 우리하고는 교전 상황에 있기 때문에 적대 상황에 있는 미국에다가 무기 상황을 신고하는 것이 어디 있갔는가. 우리 안 한다? 그다음 핵 계획과 관련해서는 모든 핵 계획인데 농축 우라늄 문제가 해명되는 차제로 한다. - 중략 - 우리는 전 조선 반도 비핵화를 요구하고 있습니다. 그들은 북반부 비핵화, 우리한테서 핵무기 빼앗아 내면 비핵화 다됐다고 생각하는 게 차이점입니다."

– 북한 핵무기에 대한 한국 대통령의 발언

· **2001년 김대중 전 대통령**: "북은 핵을 개발한 적도 없고, 개발할 능력도 없다. 그래서 우리의 대북 지원금이 핵 개발로 악용된다는 얘기는 터무니없는 유언비어다. 북이 핵을 개발했다거나 개발하고 있다는 거짓 유언비어를 퍼트리지 마라, (만약 북에 핵이 개발된다면) 내가 책임지겠다"

· **2004년 10월 6일 김대중 전 대통령**: "핵은 수단이고, 목적은 미국과의 관계 개선입니다. 미국 핵 앞에서 북한의 핵은 장난감도 아닙니다. 북한이 미국과 싸워 이길 수 있겠습니까? 북한 주민 굶주림을 해결하는 데 무슨 도움이 되겠습니까. 결국 북한의 목적은 사는 거예요. 살기 위해서, 나 죽이면 너 죽고 나 죽는다는 식으로 얘기하는 것이지요"

· **2006년 10월 11일 김대중 전 대통령**: "북한의 핵 보유를 악의적으로 무시하고, 압박과 경제제재를 계속하는 것은 오히려 북한의 도발을 조장하는 결과가 될 것"(10월 9일 북한 최초 핵실험 직후 전남대 연설)

· **2004년 11월 노무현 전 대통령**: "북한이 핵과 미사일을 외부 위협으로부터 자신을 지키기 위한 억제 수단이라고 주장하는 것은 일리 있는 측면이 있다고 본다."(LA 방문 시)

· **2006년 9월 노무현 전 대통령**: "북한 핵실험 아무런 징후나 단서를 갖고 있지 않다."(9월 7일 핀란드 방문 시)

· **2006년 9월 28일 노무현 전 대통령**: "그런 일이 없도록 노력 중이다." (MBC 100분 토론 북한의 핵실험 가능성 질문에 대한 답변)

· **2024년 문재인 전 대통령**: 2018년 "핵을 사용할 생각이 전혀 없다."라는 김정은 말을 그대로 인용 (대통령 회고록 기록내용)

| **"무조건 전쟁 반대"의 모순: 한국은 썩었고, 북한은 미쳤다?** |

"한국은 모두 썩었고, 북한은 모두 미쳤어!"[41]

1997년 민족 공멸을 막기 위해 탈북했다는 황장엽 전 북한 노동당 비서의 한탄이었다. 세습 독재정권 핵무장을 막기 위해 탈북했다고 주장한 황장엽은, 한국의 '평화를 빙자한 대북 전략주도권 포기'에 한없이 절망했다고 한탄했다. 대한민국 정치세력도 김정일같이 그들 이익만 있고 국가이익은 없다고 그는 절규했다.

김일성은 정권 목적(Ends)이자 수단(Means)으로 1953년 한국전쟁 직후 핵무기 개발을 시작했다. 1994년 김정일은 식량 배급경제 파탄을 통탄하다 사망한 아버지 김일성마저 외면하고 핵무기 개발에만 집중했다. 김정일 최초 핵실험(1차 2006년, 2차 2009년)은 김정은에게 4~6차 핵실험(2016년, 5~6차: 2017년)으로 세습되었다. 김정은은 2017년 대륙간탄도미사일 발사실험 후 핵 무력 완성을 선포했다.

김정은의 자발적 핵 포기는 가능한가? 역설적으로 김씨 삼대 세습 핵 개

41 　필자는 육군 제39사단장 재직시절 황장엽을 만나 절망의 소리를 직접 들었다. 그는 한국 정치세력의 대북 전략주도권 포기로 민족의 미래희망이 사라졌다고 한탄했다.

 대한민국과 「손자(孫子)」 : 국가흥망 선택게임

발은 북한을 회복 불가능한 실패국가(Failed State)로 만들었다. 국가폐쇄는 경제 파탄과 충돌하고, 핵 개발은 개혁개방 세계화 시대 흐름을 역행하는 것이었다. 김정일은 한국 핵 인질에는 성공했으나, 2천만 북한 주민을 한없는 고통의 터널 속으로 몰아넣었다. 북한 세습 독재체제는 '모순의 덫'에 더욱 깊게 빠졌다. 2017년 북한 핵무장 선언은 70년 한국전쟁을 언제 끝날지 예측조차 어렵게 만들었다.

국가 생존사업전략은 불가능을 가능하게 만드는 수단과 방법을 찾는 것이다. 대한민국과 한반도 평화는 오직 김정은 핵 폐기 성공 여부에 달려 있다. 역사는 어떠한 생존사업도 '불가능이 없다'는 사실을 보여준다. 비핵화 성공전략은 절묘한 '강요-설득'의 융합에 있다. 장기적인 설득(Persuasion)과 대화, 군사위협(Military Threat) 강요(Compulsion) 등의 수단 총동원은 '필연적 성공'을 만들 수 있다. 특히 대한민국의 군사력 사용 의지(signal of the will)는 김정은 자폭 핵전쟁 억제기반 요인으로 절대적이다.

대한민국은 1994년 김정일 핵 위기 발생에 '무조건 전쟁 반대'를 선언했다. 김정일에게 남은 유일한 전략은 '대남전쟁 공포조성 위협전략' 수단뿐일 때였다. 대한민국의 무조건 전쟁 반대는 김정일의 핵 개발전략 성공 가능성을 즉각 확인시켜 주었다. 대남전쟁 공포조성은 북한 아닌 한국과 미국에 의해 더욱 조장되었다. 미국 전략연구소와 한국 언론은 주기적으로 북한 서울 공격 사상자 예상인원을 발표하여 한국 국민을 치명적이고도 직접적 공포에 떨게 했다. 사재기 공황 상태까지 발생했었다. 2010년 천안함 폭침과 연평도 포격 도발은 이를 다시 현실적 공포로 뒷받침했다. 전쟁 반대선언은 더욱 국민 지지를 받으며 한반도 평화환상을 부추겼고, 한미 연합전력 대북 압박의 힘을 무력화시켜 왔다.

햇볕정책은 주적(主敵) 북한을 잠재적 위협으로, 전략 중심을 주변국 중심으로 바꾸어버렸다. 대북 군사적 압박은 사실상 배제되었다. 김정일은 1994~2008년 이러한 전략 환경조성 성공 후 핵실험과 미사일 발사, 동해안 잠수함 침투, 제1-2차 연평해전, 천안함 폭침, 연평도 포격 등 모든 유형의 군사 공격과 도발을 마음껏 자행했다.

1990년 중반 햇볕정책 시행 후 그 이전 없었던 대담한 정규군 직접 군사 공격이 유독 자행된 이유는 무엇이었을까? 동해안 잠수함 침투사건은 CNN, BBC 등 외신에 제2 한국전쟁 발발처럼 보도되었다.[42] 한국군은 대북 군사력 사용 제한으로 속수무책 기습을 당할 수밖에 없었다. 연평해전 어느 전사자 유족은 국가를 못 믿는다고 미국 이민을 떠났다. 미국 군사력은 무력시위용일 뿐임을 대통령이 선언했다.[43] 다행히 늦게나마 2017년 이후 미국 트럼프 정부의 최대 압박, 강요-설득의 대북 전략이 추진됐다.

한국의 북핵 대응 전략(1994~2017)은 '무조건 전쟁 반대, 대화 협상, 일방적 경제지원'이 전부였다. 군사적 압박은 배제되었고, 핵미사일 방어무기 획득-배치는 계획도 없었다. 김정일이 요구한 휴전선 대북 홍보 전광판도 제거되었다. 2017년 사드(THAAD) 배치도 특정 세력의 결사반대로 중국의 한국 경제보복 당위성만 제공했다. 역대 대통령들의 '무조건 전쟁 반대, 자발적 핵 포기' 협상은 군사, 비군사 대북 전략이 서로 충돌하는 모순을 자초했을 뿐이었다.

대화에 의한 민족통일 추진은 1945~1948년 김구, 1960년 4·19혁명 세력, 그리고 햇볕정책 세력이 세 번째였다. 지난 30여 년간 대화에 의한 '북한 자

---

42   필자는 1996년 당시 한국군 최초 유엔군사령부 참모로 해외 파견되어 앙골라 유엔사령부 교육훈련 참모로 재직 중이었다. 당시 앙골라 유엔사령관 시반다 소장은 갑자기 나를 불러 한국에 전쟁이 발생한 것 같으니 확인하여 대응책을 보고해 달라고 요구했다. 나는 즉시 합참본부에 확인하여 동해안 잠수함 침투사건을 확인하고 계속 근무가 가능함을 사령관에게 보고했다.

43   Modern War Institute of US Military Academy, Reassessing Deterrence in the 21ˢᵗ Century (2016)

발적 핵 포기', '한반도평화통일' 협상은 한 걸음도 더 나가지 못했다. 군사 전략 회피는 유리한 핵 개발 여건만 조성해 주었다.

1994년 1차 핵 위기 발생 직후 한국의 정치세력 판도에는 대변혁이 발생했다. 1994년 한국은 1960년 이후 처음으로 민간 출신 대통령이 집권했다. 그는 무조건 전쟁 반대를 외쳤다. 1998년에는 좌파 정치세력이 최초로 집권했다. 그 이후 북한은 한국 정치세력의 집권 교체 변화를 대남전략에 최대 이용했다. 북한은 좌파 집권 시기에만 남북대화로 경제지원 획득에 집중했다. 2000년, 2007년, 2018년에 개최된 남북정상회담은 모두 좌파 정부 시기였다. 남북정상회담 직후는 언제나 한반도 전쟁 종식을 선언한 것처럼 행동했다. 2006년 2009년 2차 핵실험 강행에도 북핵 개발은 우파 정치세력의 군사 대결 정책 결과라고 주장했다.

북한은 전쟁 공포조성 직후 극적 반전으로 남북정상회담을 반복하며 좌파는 평화 세력, 우파는 전쟁 세력이라는 국민 인식을 고착시켰다. 북한은 한국 우파집권 시기 전쟁 공포조성으로 군사 대결을 극대화했고 어떠한 대화에도 응하지 않았다. 2010년 천안함 폭침과 연평도 포격 도발을 자행했다.[44] 제3차 핵실험은 2013년 2월 12일 대통령 이취임식 불과 며칠 전이었다. 2016~2017년 제4-5차 핵실험도 우파집권 시기였다. 2017년 좌파 정부 집권 직후 김정은 행동은 정반대로 바뀌었다. 핵실험으로 조성된 대남전쟁 공포를 2018년 평창올림픽 참가로 대 반전시키면서 문재인 정부와 남북정상회담을 했다.

2022년 미국 트럼프와 하노이 협상에 실패한 김정은은 바이든 정부와 새로운 전략을 모색할 갈림길에 섰다. 트럼프는 철저한 상호주의 핵 폐기 협

---

44   천안함 폭침, 연평도 포격은 김정은 후계자 수업 일환임이 탈북자들에 의해 밝혀지고 있다.

상으로 무조건적 북한 지원을 모두 차단했다. 동시 한국 스스로 안보의 불패 기반(不敗基盤) 한미동맹을 앞장서 훼손한다는 우려를 반복 표명했다. 2019년 미국 평화협회(USIP)는 한미동맹 균열 우려가 있는 청와대의 대북 정책감시(excessive exuberance to guard)를 미국 정부에 공식 권고했다.[45] 미국 협의 없는 청와대 평양 우선 정책에 대한 의구심을 감추지 않았다.[46]

| "북한은 핵을 개발할 적도, 능력도 없다?" |

　남북한의 '갈등 연속체(The Conflict Continuum)[47]' 대결은 북한 핵 무력 완성선언으로 예측이 불가해졌다. 한국 우파 정치세력은 1994년 절대 유리한 전략 기회를 전혀 활용하지 못했었다. 2020년 한국 국방부 장관은 북한 미사일 발사와 한국군 미사일 발사시험이 무엇이 다르냐고 국회에서 항변했다. 한국 국민은 귀를 의심했다. 어느 국회의원은 "미국은 5,000개 핵무기를 보유하면서 어떻게 북한 핵을 폐기하라고 강요할 수 있는가?"라고 주장했다. 2020년 12월 국회는 대북 전단 금지법을 토론 없이, 국민여론수렴 없이 일사천리 통과시켰다. 미국 의회, 외국 전문가, 언론이 언론자유 침해에 대한 심각한 우려 전달에도 소용없었다. 국가정보원 핵심 기능인 대공 수사권도 폐지 입법 공포했다. 180석 거대 여당의 횡포라고 언론은 꼬집었으나 소용없었다.

45　USIP Senior Study Group Report, China's Role in North Korea Nuclear and Peace Niegotiations(2019. 05.)

46　US Congressional Research Service, South Korea: Background and U.S. Relations(2019. 12. 11)

47　US Joint Chief of Staff Field Manual, *Joint Operation*(2018); 국제관계를 3단계로 구분된 갈등연속체로 본다. 1. 평시-국익협력조정단계, 2. 갈등발생고조-갈등분쟁억제단계, 3. 분쟁억제실패-분쟁과 군사전쟁단계로 구분한다.

대한민국은 국가보다 집단이익을 우선하는 전략문화(Strategic Culture) 국가인가? 국가정책 결정자, 집권 정치세력이 국가이익보다 집단이익을 우선하는 순간 국가전략(National Strategy)은 무너지고 국민 이익은 사라진다. 1994년 이후 대북정책에 당연히 통합되어야 할 군사전략은 사실상 보이지 않았다.[48] 2006년 김정일 최초 핵실험과 "김정일은 핵을 개발할 능력도, 의도도 없다"라는 주장은 두고두고 거론될 것이다. 2010년 3월 어뢰 공격으로 침몰한 천안함을 대한민국 국방부는 현장 수거 북한제 어뢰를 증거로 북한소행임을 공식 발표했다. 일부 정치세력은 천안함 북한 어뢰 공격 발표는 대한민국 정부의 음모라고 주장했다. 2016년 김정은 제4차 핵실험과 탄도미사일 발사로 긴급 배치된 사드(THAAD) 핵미사일 방어무기를 그들은 지역주민을 선동한 배치반대 극렬시위를 지속했다. 역으로 사드 배치가 한반도 평화를 파괴하고 핵전쟁 위험을 발생시킨다는 주장을 굽히지 않았다.

청와대 안보상황실 차장이 북한 핵미사일방어를 위해 긴급 체결한 한일군사정보보호협정(GSOMIA: General Security of Military Information Agreement) 파기를 공식 선언했다. 미국은 주한미군 철수까지 거론하며 GSOMIA 협정 즉각 회복을 공식 요구했다. 그러나 대한민국 국방부 장관은 일본 수출 보복을 거론하며 한일군사정보보호협정 파기는 한미동맹에 해가 되지 않는다고 강변했다. "한국도 하는 미사일 발사실험으로 왜 북한을 비난하느냐?"는 국방부 장관 국회 답변은 끝장 답변이었다. 1994년 이후 정치세력의 극한충돌과 혼란은 고조선 이후 한반도 정치세력의 집단이익 우선 선택의 전략문화가 아니길 희망한다.

---

[48] 1988~2012 국방백서는 북한 핵 위협 위험성을 누누이 강조하고 있으나, 그 위협에 대한 어떠한 군사적 대응조치도 언급한 바 없다.

2021년 대한민국의 정치세력 갈등은 세계 최악이라는 미국 연구기관(Pew Research Center) 조사 결과는 무엇인가? [49] 대한민국에 정당 지지자 극단 충돌(Very Strong Conflicts) 약 50%, 강한 충돌(Strong Conflicts) 40%가 존재한다고 발표했다. 대한민국 정치세력 갈등은 조사대상국 총 17개 국가 중 미국과 함께 단연 1위였다. 17개국 정치세력 갈등 수준은 평균 50%다. 미국과 대한민국은 90%다. 영국 The Economist는 정치세력 극한 권력투쟁으로 제한되는 "시민의 자유"를 한국 정치의 중대 결점(Flaw)으로 보았다. [50]

2000년 남북정상회담은 마치 한반도 평화가 즉시 정착되는 듯한 환상을 주었다. 2000년 평화환상은 2020년 똑같은 판문점 평화환상으로 반복되었다. 2006년 김정일 핵실험 직후, '북한 핵 위협은 2020년 소멸할 것이다'라는 국방개혁 2020 계획이 입법 추진되었다. 2020년 대한민국은 김정은과 트럼프 핵 협상으로 심각한 상황에 놓여 있었다. 2019년 세계 이목을 집중시켰던 미국 트럼프와 북한 김정은 하노이 핵 협상은 예상대로 결렬되었다. 2025년 현재 북한 핵 위협의 감소는 고사하고 핵무기 3축 체제를 향한 김정은 핵무장 고도화정책이 한창 진행 중이다.

대한민국 국가전략은 역설과 모순의 전략 방향 변경이 반복되고 있다. 2018년 한국은 판문점 선언과 9·19 군사합의를 명목으로 군사훈련까지 중지했다. 2024년 9·19 군사합의는 북한이 폐기했다. 1838년 링컨 대통령은 남북전쟁 직전의 연설에서, 미국의 패배는 나폴레옹 같은 외부 위협이 아니라 미국인 스스로 선택한 국가분단 자살행위가 될 것이라고 말했

---

49 Laura Silver and, Diversity and Division in Advanced Economies Most embrace diversity but see conflicts between partisan, racial and ethnic groups (Pew Research Center, 2021. 10. 13)

50 영국 The Economist는 대한민국이 지난 3년간 시민의 자유 악화(deterioration in the country's score for civil liberties)의 결점 민주주의(Flawed democracy)가 2020년 완전 민주주의(Full democracy)로 개선된 작은 발전이 있었다고 발표했다.

다.[51] 링컨은 남북전쟁을 강행해 오히려 남북분단을 방지했다. 링컨은 미국인들이 가장 존경하는 대통령이 되었다. 그러나 2015년까지 사우스캐롤라이나 주의회 앞마당에는 남부 연합기가 게양되어 있었다. 그해 백인 우월주의자 흑인 인종 차별사건은 공식적으로 남부 연합기가 완전히 제거되는 계기를 제공했다. 당시 오바마 대통령은 금기어 '깜둥이(Negro)'를 언급하면서 인종차별을 강력하게 비판했다.[52]

정치세력의 적대적 갈등은 심각한 정치부패(Political Corruption)를 초래한다. 세계은행은 부패를 '공공권력(Public Power)의 사적이익(Private Benefit)을 위한 남용(Abuse)'으로 정의했다. 국제투명성 기구(Transparency International)는 정치부패를 정치가(Politicians)나 공무원(Public Officials)이 정치 권력을 사용해 자신들의 지위(Statues), 부(Wealth), 사적이익(Private Interests)을 추구하는 것이라고 정의했다.[53] 정치부패 행위는 권력 남용(Abuse of Power), 국가자원의 잘못된 분배(Mis-allocation of national resources), 정책 결정에 의도적인 영향력 발휘(to affect the Manner in which Decisions are made) 등의 형태로 나타난다.

정치부패는 국가통치의 핵심 가치(Value)인 '신뢰(Trust) 상실'로 정치가

---

51 Abraham Lincoln, The Perpetuation of Our Political Institutions(Lyceum Address in 1838); Adrian R. Lewis, The U.S. and Its Allies are already at war, and we are Losing; A call for a New Strategic Outlook from America's Allies (2019. 국방대 제37차 국제안보학술회의 발표자료.)

52 2019년 문재인 대통령 3.1절 100주년 기념사; "일제는 독립군을 '비적'으로, 독립운동가를 '사상범'으로 몰아 탄압했습니다. 여기서 '빨갱이'라는 말도 생겨났습니다. 사상범과 빨갱이는 진짜 공산주의자에게만 적용되지 않았습니다. 해방된 조국에서 일제 경찰 출신이 독립운동가를 빨갱이로 몰아 고문하기도 했습니다. 많은 사람이 '빨갱이'로 규정되어 희생되었고 가족과 유족들은 사회적 낙인 속에서 불행한 삶을 살아야 했습니다. 지금도 우리 사회에서 정치적 경쟁 세력을 비방하고 공격하는 도구로 빨갱이란 말이 사용되고 있고, 변형된 '색깔론'이 기승을 부리고 있습니다."

53 Transparency International, *Anti-Corruption Plain Language Guide(2009)*.

와 공무원에 대한 국민 불신(不信)을 증폭시킨다. 신(信)이 국가통치 최고 가치라는 공자의 지적과 같다. 국민 평등(Equality)과 공정은 왜곡되고 정책 공개(Openness)와 투명성(Transparency)은 사라지게 된다. 정치적 이익을 '죽음의 권력투쟁'으로 지키려 하면 국가이익과 국민 안전은 무시되고 내전(內戰) 발생으로 국가는 결국 멸망한다. 국가는 멸망하고 국민은 노예가 되어도 정치세력은 새로운 권력을 갈아타고 생존에 성공한다. 1910년 합일 합방 당시 조선 정치세력의 권력투쟁 현상에 대한 설명이다.

왕과 귀족의 극심한 정치부패로 폭발한 혁명이 1789~1794년 프랑스혁명이다. 프랑스혁명 이후 1945년 이전까지도 대부분 국가는 소수 정치 엘리트가 지배하는 제국주의(Imperialism) 정치체제가 유지되었다. 국가 소수 엘리트의 잘못된 국가전략 결정으로 발생한 전쟁이 제1, 2차 세계대전이다. 1945년 이후 승자도 패자도 없는 전쟁참상을 처절하게 경험한 서유럽 국가들은 진정한 자유민주주의에 관심을 집중하기 시작했다. 역사적 위대한 지도자는 대중적 지지와 자신 이익에 반할지라도, 국민 불안 해소와 국가이익을 위한 전략 선택에 조금도 주저하지 않았다. 대한민국에 그러한 지도자가 절실히 요구되는 시점이다.

국가실패(failure of State)는 '미래위험 왜곡 인식'에서 시작되었다. 집권 정치세력은 언제나 '위험징후'를 '희망적인 생각(Wishful Thinking)'에 맞도록 의도적으로 왜곡해 대응했다. 1938년 영국, 프랑스는 히틀러 전쟁 위험징후를 왜곡 인식해 대응했다. 히틀러는 1939년 프랑스 기습 공격에 성공했으나, 연합국 군사동원 능력을 잘못 인식해 나치 정권 제3 제국은 멸망했다. 이러한 '위험 왜곡 인식'은 한반도에서도 반복되었다. 1948년 대한민국은 자유민주주의 국가건설에 성공했으나 김일성 남침위험 인식에 실패했다. 1950년 김일성은 6·25 기습남침 공격에 성공했으나, 미군 개입 인식에 실패해 전쟁에 패배했다. 1953년 대한민국은 한반도 통일에 실패했으나, 한미동맹 협정에 성공했다. 1960년 대한민국은 이승만 정치세력 장기집권 위험 인식에 실패했으나, 4·19혁명에 성공했다. 1961년 대한민국은 박정희 군사쿠데타 위험 인식에 실패했으나, 산업혁명에 성공했다. 1980년 김일성은 소련공산권 경제체제 붕괴와 국가 경제 파탄위험 인식에 실패했으나, 김씨 세습 정권 유지에 성공했다. 1994년 대한민국은 북방정책에 성공했으나, 김정일 핵 개발 위험 인식에 실패했다. 1994년 김정일은 국가 경제 파탄과 붕괴위험에 직면했으나, 핵 개발에 성공했다. 2000년 김대중은 햇볕정책으로 최초 남북정상회담에 성공했으나, 김정일 핵 개발 위험 인식에 실패했다. 2018년 김정은은 3대 핵무기 완성을 선언했으나, 국가 경제는 파탄에 직면해 제2 고난의 행군을 선언했다.

1972년 미국은 중국 모택동 사회주의독재 세력의 미래위험 인식에 실패했다. 1978년 등소평은 사회주의 정치-경제이념의 모순충돌을 정확히 인식하고 개혁개방을 시작했다. 1990년대 중국은 도광양회(韜光養晦) 화평굴기(和平崛起)로 선승(先勝) 후전(後戰)을 본격 추구했다. 1990년대 미국은 '중국 경제발전 위험성'을 인식하고도 중국 민주화 전략으로 대응했다. 2000년대 미국이 중국 민주화 전략실패를 인식했을 때는 이미 늦은 시기였다. 2017년 중국 경제는 G-2에 진입했고, 시진핑은 미국과 대결을 본격화했다. 그러나 중국 공산당은 사회주의독재 체제 정치개혁 모순의 한계에 직면했다. 2021년 중국은 시진핑 사상 역사결의 채택으로 자유민주주의 사상 배격을 공식화했다.

영국, 프랑스가 1938년 히틀러 전쟁위험 인식에 실패한 원인은 무엇일까?

미국이 1990년대 중국 사회주의독재 패권 대국화 위험성을 무시한 원인은 무엇일까?

대한민국이 북한 핵 개발 위기에서 1998년 햇볕정책을 추진한 이유는 무엇일까?

중국 시진핑이 사회주의독재 패권 대국 중국몽을 선언한 이유는 무엇일까?

전략 균형(strategic equilibrium)은 피아(彼我) 경쟁전력의 평형 상태를 말한다. 한반도 전략 균형은 남북한과 그 동맹국의 정치, 경제, 군사력 균형 상태를 말한다. 한반도 전략주도권 싸움은 1945년 분단 직후부터 2024년까지 79년째 계속되고 있다. 2016년 김정은 4차 핵실험은 한반도 전략주도권을 완전히 북한으로 기울게 했다. 대한민국은 미국 핵확장 억제전략에 의존해 그 균형을 맞추고 있다.

한반도 전략주도권은 1980년 이전 북한에 있었으나, 1980년 후반부터 대한민국이 장악하기 시작했다. 1994년 김정일은 잃어버린 전략주도권 회복을 위해 핵 개발을 강행했다. 핵전략을 세습한 김정은은 2017년 핵 무력 완성을 선언하고, 2025년 핵무기 고도화로 '군사전략 주도권'을 주장하고 있다. 2006년 최초 핵실험 직전, 김정일은 중국과 유엔 등 세계 모든 국가 비난에 대해 다음과 같이 말했다. "억천만 번 죽더라도 모든 고난과 시련을 뚫고 사회주의를 지켜나갈 것이다. 누가 최후에 웃는가 보자!" 그리고 그해 10월 9일 핵실험을 강행했다. 그러면서도 '핵 포기 협상'을 계속했다. "시간이 과연 누구의 편에 있습니까."라는 김정은을 설명해 준다.

2005년 노벨 경제학 수상자 로버트 아우만(Robert Aumann)은 노벨상 수상 강의에서, "반복(repetition)은 강제 메커니즘(enforcement mechanism)이며, 평형(Equilibrium)의 반복은 협력적 결과를 도출하는 힘을 제공한다.[54]"
라고 말했다. 「반복게임(Repeated Game)」은 국가 전쟁과 평화 선택의 중대
한 수단이 될 것이라고 그는 역설했다.

대한민국은 헌법에 평화적 통일을 천명하고 있다. 평화통일 전략의 실천
정책이 "대북 화해 협력 7·7선언"이다. 평화통일은 북한의 변화에 기반한
다. 북한 변화는 인위적 요인과 함께 자연적 요인이 작용한다. 인위적 변화
는 북한의 자발적 선택요인과 외부의 강압적 압박 요인에 의해 일어난다.
북한의 자발적 변화는 김정은 선택과 지시에 의해서만 가능하다고 예측한
다. 북한 시민혁명은 사실상 불가능하다고 학자들은 판단한다. 외부 강압적
요인은 북한의 정치, 경제, 외교, 군사적 변화를 강요한다. 그 대표적 변화가
김정일 핵 개발 선택과 고난의 행군 선언이었다. 한편 역사는 아무리 강력
한 독재 정권도 자연적 요인에 무너졌음을 알려준다. 이것이 로보트 아우만
의 무한반복게임 모델이 한반도에 필요한 이유이다.

2021년 제8차 당 대회에서 김정은은 핵무기 강화로 민족통일을 앞당긴
다는 노동당 강령수정을 채택했다. 1950년 전면 남침 기습전쟁을 일으킨
김일성 대남무력 적화통일 전략에 '핵무기 작전개념'을 추가했다.

김정은 정권 자발적 핵 포기, 자발적 변화는 불가능하다.
외부 강제 요인이 일정 수준 넘으면 「자폭 전쟁」 선택이 유력하다.
대한민국 평화통일은 자연법칙 '내부 변화'로만 가능하다.

---

54   Robert Aumann, WAR AND PEACE of 2005 Nobel Prize Lecture. 인용 원문 "Repetition is like an
enforcement mechanism, which enables the emergence of cooperative outcome in equilibrium."

중국 G-2 급부상은 동북아시아 태평양 지역 전략 균형을 깨뜨리고 있다. 북한 김정은 핵무장 고도화 추구정책은 중국의 직간접적 지원을 받고 있음이 드러나고 있다.[55] 중국학자들은 한반도 통일은 중국 이익에 맞아야 가능하다며 "통일 한반도 중립국"을 강조했다.[56] 미국과 중국 신냉전 논쟁도 점점 가열되고 있다.

대한민국은 동북아시아 전략 균형 주도국 위치를 반드시 견지해야만 한다.
주도국에서 제외되는 순간, '속국의 길'을 강요하는 중국을 선택할 수밖에 없다.
대한민국 자유민주주의 붕괴는 중국 패권 체제 편입, 즉 '중국 속국 편입'을 의미한다.
중공 속국 편입은 한반도의 '북한 체제로 통일'을 뜻한다.

대한민국은 자유민주주의 체제를 지킬 때만 존재할 수 있다.
자유민주주의 대한민국은 동북아시아 전략 균형 주도국이 된다.
미국 인도−태평양 전략에 주도세력으로 대한민국이 참여해야 하는 이유이다.
「자유민주주의 한미동맹」 생존체제만이 대한민국 미래 생존을 보장할 수 있다.

2021년 3월 한국을 방문한 오스틴 미 국방장관은 경북 성주 주한미군 사드(THAAD·고고도미사일방어체계) 기지의 열악한 생활 여건을 방치한 우리 정부에 강한 불만을 표시하며 '동맹으로서 용납할 수 없는 일(unacceptable)'이라 언급했다.[57] 사드는 북한 제6차 핵실험과 탄도미사일 시험으로 발생한 핵미사일방어 공백을 메꾸기 위해 긴급 배치된 대한민국 핵

55　2016년 중국의 '홍상그룹'은 북한 핵 개발프로그램 모든 핵심부품과 물자를 공급해왔음이 밝혀졌다. 2021년 미 의외자문기구, 미·중 경제 안보 검토위원회(USCC)는 중국이 북한 핵미사일 프로그램 자금지원과 민군 겸용(Dual-Use) 부품 획득을 간접 지원하고 있다고 연례보고서에서 밝혔다.

56　2022년 1월 10일 조선일보. "한중 학자 설전, 중 "통일한반도 중립화돼야", 한 "스위스처럼 될 수 없어"

57　조선일보 보도자료(2021. 3. 26)[단독] 美국방 "성주 사드기지 방치, 동맹으로 용납 못할 일" 오스틴 美 국방, 방한 때 "동맹으로서 반드시 고쳐져야 한다" 항의

심 생존사업이다. 동년 7월 빈센트 브룩스 전 주한 미군 사령관은 '정치적 장애물'이 주한미군 사드 배치 주요시설 접근을 크게 제한하고 있다고 비판했다.[58] 2022년 5월 마크 에스퍼 전 미국 국방장관은 문재인 정부가 트럼프에게 전달한 "김정은이 비핵화 의도가 있다."라는 어떠한 증거도 임기 동안 발견하지 못했으며, 중국이 북한 핵 프로그램을 늦추거나 중단시키는데 어떤 역할을 했다는 증거 또한 보지 못했다고 증언했다.[59]

대한민국 정치세력은 친중 정책선택 이유를 경제적 이익 때문으로 주장한다. 경제적 이익은 식량이다. 식량은 과거도, 현재도, 미래도, 국가생존사업의 궁극적 목표임이 틀림없다. 그러나 식량이 국민생명과 국가안전을 보장해줄 수는 없다. 식량과 안전은 정치세력과 경제 세력이 군사 세력과 전략적 융합을 이룰 때 만 동시에 보장된다. 대한민국이 한미동맹을 강화하며 미국-인도 태평양전략에 참여하면서도 동시 중국과 경제협력을 강화해야만 하는 이유이다. 그러나 중국은 남북한을 식량이라는 생존이익으로 유인, 통제하려 하고 있다. 식량으로 유인하는 중국의 한반도 사회주의화 정책은 중국 공산당 통치 기간 중 계속될 것이다.

58　"A Grand Bargain With North Korea : Pyongyang's Economic Distress Offers a Chance for Peace By Vincent Brooks and Ho Young Leem (Foreign Affairs, 2021. 7. 29)

59　조선일보 보도자료(2022. 5. 23) 이민석이 만난 사람 : "트럼프 툭하면 미군 철수 얘기, ~중략~, 북 비핵화 하려면 강군 육성을"

대한민국은 ① 미군과 대등한 조기경보체제 구축을 시급히 완성해야 한다. ② 레이저 무기를 포함한 초일류 신무기 전력화에 매진해야 한다. ③ 구체적 핵무장 계획을 단계적 현실정책으로 추진해야 한다. 이러한 단기과제는 대한민국 불패 기반인 한미동맹을 전제로 추진되어야 한다. 중장기적으로는 ① 국가 시뮬레이션 워게임 센터를 구축해야 한다. ② 정권 교체가 동북아와 대북전략 평형에 영향주지 않도록 내부정치 통합에 집중해야 한다. 이러한 선택은 대한민국 자유민주주의가 지속보장될 때만 가능하다.

대한민국은 자유민주주의를 지킬 때만 생존할 수 있다. 세계 사회주의독재는 중국 공산당이 주도하고 있다. 만약 자유민주주의가 무너진다면, 그것은 대한민국의 사회주의독재 체제 편입을 뜻한다. 즉 중국 속국 편입이다. 중국 속국 편입은 북한 체제가 한반도를 통일함을 뜻한다. 그러니 대한민국은 자유민주주의 선진국 위치를 견지할 때만 동북아시아 전략균형을 주도하여 생존 가능하다. 전략주도국에 제외되는 순간, 중국 속국의 길을 선택하도록 강력한 강요가 덮쳐올 수밖에 없다. 사드 배치에 따른 중국 보복은 이러한 가정을 설명해 준다. 동북아시아 전략 균형은 자유민주주의와 사회주의 체제의 전략 균형을 말한다. 세계 16개국 참전으로 6.25 전쟁에 승리한 대한민국은 동북아시아 자유민주주의 상징이다.

인류는 「자유민주주의의 길」을 향한 한 걸음, 한 걸음의 끝없는 선택을 반복해 왔다. 역사시대를 꿰뚫어온 인류 생존전략은 가족공동체의 자유로운 힘을 극대화하는 사업이었다. 원시인류는 식량 수렵채집 자유경쟁이 극심해지면서 지구촌 전제로 이주해 생존사업 자유경쟁을 계속했다. 생존사업

자유경쟁은 가족공동체 규모를 씨족에서 부족으로 확대하는 선택을 강요했다. 공동체는 규모를 확대하면서 내부 질서 유지와 생존사업 보장을 위한 규칙을 만들고 리더를 선발하는 선택을 했다. 공동체 생존에 필수적인 생존사업 규칙은 "도덕과 전통"으로 발전했다.

인구 증가로 식량부족에 직면한 인류는 마침내 농업기술을 발명했고, 농업 경작지 확보를 위한 자유경쟁을 시작했다. 정착촌 농업혁명으로 식량은 증산했으나 인구가 더욱 급격히 증가하며 식량부족에 따른 내적, 외적인 공동체 갈등은 더욱 극심해졌다. 공동체 내부에 사유재산을 축적한 부유층이 나타났고, 신분 계층이 형성되었다. 극심한 식량 자유경쟁은 공동체를 자원 부족으로 소멸하는 이른바 맬서스 함정(Malthusian trap)에 빠뜨렸다.[60] 식량 수렵채집 지역이 확대되며 다른 종족공동체와 불가피 무력 충돌이 반복되었고, 공동체 규모가 더욱 커지며 무력 전쟁은 대규모로 발전했다. 마침내 조직적 체계적인 상시 군사 전쟁 수행 능력을 갖춘 조직기구가 출현했다. 바로 국가공동체 출현이다. 국가는 공동체 주민을 군사 전쟁에 모두 동원했다. 가족공동체 생존사업 자유경쟁은 불가피한 제약을 받았고 개인 기본 권리도 사라지기 시작했다.

영국 정치학자 로드 액턴은 2,460년 전 아테네 자유의 씨앗이 1877년에야 수확이 시작되었다면서, 그 자유는 수천 년 '피지배층 희생과 투쟁'의 결과라고 주장했다.[61] 이러한 19세기 논쟁은 「21세기 민주-독재 대결」이 되었다. 홉스의 "만인에 대한 만인의 투쟁"은 원시 사회「식량 자유경쟁」을 가장 적절히 표현한 구절이다. 원시 사회는 평화롭지 않았다. 아니 평화로울 수

---

60   "맬서스 함정"이란 인구증가율이 농업생산율을 초과할 때, 기근과 전쟁의 재난이 발생한다는 이론이다.

61   John Emerich Edward Dalberg-Acton, *The History of Freedom and Other Essays* (Macmillan and CO. 1907), p. 1.

가 없었다. 오스트리아 경제학파 미제스(Ludwig von Mises)는 "원시인류는 서로 불구대천의 원수와 같은 화해 불가능한 적이었으며, 양보할 수 없는 부족 식량 경쟁자였다."라고 주장했다.[62] 한스 헤르만 호페(Hans Hermann Hoppe)는 저서 『인간의 짧은 역사(A short history of Man)』에서 "원시 수렵 채집 사회부터 인간은 인구 증가와 식량 경쟁으로 인해 근본적으로 적대적 이었다."라며 원시 경제특성 분석 결과를 제시했다.[63]

원시 가족공동체는 수렵채집 기술을 독창적으로 가장 자유롭게 사용 할 때 생존했고 그렇지 못하면 소멸했다. 그것이 자연 생존경쟁의 법칙이 었다. 수렵채집 원시 사회에서 개인과 가족공동체는 타 종족과 무력투쟁 을 가장 자유롭게 선택해 부족 식량을 해결했다. 인육을 먹는 캐니발리즘 (cannivalism)은 원시 사회의 일상이었다. 원시 사회는 "독창적 생존 도구와 사용기술을 강요받은 「발명의 시대」"였다.

> 자연 생존 법칙에 "절대 평등"은 없다.
> 원시인류 「절대 평등사회」 또한 존재하지 않았다.
> 빈부 불균형은 「식량 자유경쟁」의 유산일 뿐이다.

사회주의는 인류 역사를 지배층 착취 역사로 해석한다. 지배-피지배 인 간관계는 어떤 생명체도 피할 수 없는 「식량 자유경쟁 법칙」의 결과이다. 지구촌 모든 생명체는 "식량 없이 생존 불가능한" 대자연 법칙 속에서 생 존한다. 절대 평등사회를 목표로 혁명에 성공한 노동자-농민 프롤레타리 아 독재는 소수 엘리트가 독점한 가장 참혹한 폭정 정치체제였음을 사회주

---

62   Ludwig von Mises, Mises, *Human Action: A Treatise on Economics*(Chicago: Regnery, 1966), p. 144.

63   Hans Hermann Hoppe, A short history of Man (Mises Institute, 2015), p. 30.

의자들은 냉전체제 붕괴로 깨달았다. 20세기 프랑스 최고의 석학 사르트르조차도 공산주의 환상을 적극적으로 지지한 독선에 깊이 갇혀 있었다.[64] 그의 친구이자 학문적 최대경쟁자 레이몽 아롱은 절대 평등을 내세운 공산 사회주의자 사르트르를 『지식인의 아편』 중독자라고 비난했다. 소련-중공 사회주의독재는 인간 생존본능을 부정하고, 부국(富國) 성공 전제조건 "생존이익 자유경쟁", "시장경제", "사유재산권"을 원천 금지했다. 그곳에 인센티브 제도는 존재할 수 없었다. 절대 평등정책은 국가재산 몰수로 "보이지 않는 손"의 자유시장, 개인기업 자유경쟁을 금지한 국력 약화(self-weakening) 정책임이 밝혀졌다. 그곳에 식량을 향한 자유로운 「국민 마음의 소리」는 존재할 수 없었다. 인류 역사에서 독재 폭정 주범은 언제나 평등과 대동사회를 외쳤던 소수 엘리트 지배계층이었음은 참으로 역설적 아이러니가 아닐 수 없다.

　유럽 르네상스와 함께 인류 근대문명이 시작되었다. 지식인들은 인간과 생존에 대한 자각을 통해서 자연의 생존 법칙을 통찰했다. 중세 과학혁명과 근대 산업혁명 그리고 시민혁명이 일어났다. 이른바 혁명의 시대(Age of Revolution)였다. 절대왕정 독재 폭정이 무너지고 근대국가가 나타났다. 그때까지도 동아시아의 왕은 신이었다. 19세기 서양 세력이 동아시아를 점령하면서 유학자 절대왕정 체제는 한순간에 물거품처럼 사라졌다.

64　사르트르는 유럽을 대표한 프랑스 좌파 지식인으로 6.25 전쟁이 발발하자 북한을 적극 지지했다. 김일성의 한국 북침설을 사망할 때까지 지지했다. 사르트르가 상당수 유럽 좌파 지식인들과 같이 주장한 북침설은 1990년대 소련 기록이 공개되고 남침유도설로 정정되었다. 사르트르는 죽는 그날까지 북한정권을 지지했으며, 냉전 시기 소련 공산당을 적극 지지해 친구이자 학문적 경쟁자였던 레이몽 아롱과 끝없는 논쟁을 벌였다.

「민주-독재 대결」은 현대에 시작된 대결이 아니다. 1989년 12월 2일 몰타섬에 정박 중인 막심 고리키 소련 선박 위에서 소련 공산당 서기장 고르바초프는 "세계는 한 시대를 끝내고 새로운 시대로 들어서고 있습니다. 우리는 지속 가능한 평화의 시대로 가는 먼 길에 서 있죠. 무력을 통한 위협, 불신, 심리적 이념적 투쟁은 모두 과거의 것이 되어야 할 것입니다."라고 선언했다. 그 선언은 한반도 핵전쟁 위기의 서막을 알리는 징후였다. 2006년 10월 9일 김정일 최초 핵실험 이전까지 그 징후를 누구도 인식하지 못했다.

> 국가생존사업은 단기전쟁이 아니다.
> 최소 수십, 수백 년을 지속하는 장기전쟁이다.
> 「민주적인 통합 리더」 선택은 '모순-역설'을 역사적 '기회'로 만들었다.
> 고대 그리스-로마, 진-원-청나라, 영국-미국은 그 대표적 국가이다.

로마 공화국은 카르타고와 3차에 걸친 118년의 포에니 전쟁(BCE. 264~146년)에서 최종 승리했다. 제1차 전쟁(BCE. 264~241) 밀레 전투에서 카르타고가 패배했으나, BCE. 249년 드레파나 전투에서 로마 해군이 패배했다. 로마는 7년 동안 해군을 재건해 BCE. 241년 아에가테스 제도 전투에서 최종 승리했다. 이후 한니발은 BCE. 218년 로마 본토를 직접 공격해 제2차 포에니 전쟁(BCE. 248~183)을 시작했다. 칸네 전투(BCE.216년)에서 로마군은 전멸했으나, 로마는 굴복하지 않았다. 게릴라전에 의한 장기 지연전술로 치명적 병력손실을 모두 회복했다. BCE. 202년 로마 스키피오는 카르타고 본국을 기습 공격해 자마 전투에서 최종 승리했다. BCE. 147년에는 카르타고 도시를 파괴해 그 흔적을 제거하고 소금을 뿌려 카르타고를 지구상에서 완전히 소멸시켰다. 마침내 로마는 세계 대

제국으로 성장했다. 로마 118년 장기전쟁의 결정적 승리요인은 원로원의 우수 인재 발굴 및 임명과 탁월한 군사동원 능력 발휘 덕분이었다.

로마제국 변방의 조그마한 섬나라 영국은 17세기 스페인 무적함대를 격파하고 나서야 '해가 지지 않는 나라'로 발전할 수 있었다. 유럽의 실패한 이민자 국가, 미국은 당대 최강의 영국군을 패배시킨 이후에야 독립한 강대국으로 발전할 수 있었다. 고립된 섬나라 일본은 청일전쟁, 러일전쟁에서 대국 중국과 러시아 함대를 격파한 이후에야 강대국으로 발전할 수 있었다. 중국 공산당은 공존 불가능한 자본주의 시장경제 인센티브 제도를 사회주의에 도입한 선택으로 체제모순을 극복하고 강대국으로 발전하고 있다.

근대 자유민주주의(Liberal Democracy) 제도는 "기술 발명자 인센티브 제도"를 만든 18세기 군주 특허권 독점권력 붕괴에서 시작되었다고 역사학자들은 분석한다. 그 독점권력에서 정치적, 경제적 자유를 창출해 낸 요인은 인센티브 제도였다. 인센티브 제도는 15세기 영국 식민지회사 버지니아 기업이 도입한 '성과 보상 임금제도(incentives wage system)'로 시작되었다. 영국 최초 경제학자 애덤 스미스는 시장의 '보이지 않는 손(Invisible Hand)'은 자유경쟁(competition) 시장 '이익 최대화' 도구임을 통찰해 냈다. 애덤 스미스의 자유경쟁 시장개념은 하이에크와 밀턴 프리드먼에게 계승되어 현대 자본주의 시장경제와 자유민주주의 이론의 기반을 제공했다. 2005년 노벨상 수상 경제학자 로버트 아우만(Robert Aumann)은 "경제는 인센티브에 관한 모든 것"이라고 정의했다.[65] 인간 생존본능은 인센티브에 극대화 반

---

65   Jim Tobin, "경제를 한 단어로 요약하면 인센티브이다. One word sum up economics is incentives"; Robert Aumann, "경제는 인센티브에 관한 모든 것이다.: Economics is all about incentives" (PNAS, 2006. 11. 14.)

응한다는 뜻이다. 아우만의 경제정의는, "자본주의 시장경제 자유민주주의 기반이 왜 인센티브 제도인가?"를 설명해 준다.[66]

15세기 버지니아회사 '성과 보상제도'는 영국 식민지 통치체제를 착취제도 (extractive institutions)에서 포용제도(Inclusive Institutions)로 전환시켰다. 영국 인센티브 제도는 미국 독립운동 원천인 식민지 자치제도와 자본주의를 발전시킨 원동력으로 작용했으며, 미국 민주주의 시장경제 체제의 근간이 되었다.[67] 1789년 세계 최초 '왕 없는' 대통령제 민주주의 국가 미국이 탄생했다.

민주주의(democracy)는 국민이 국가를 지배하는 정치체제이다. 현대국가의 국민 생존이익 자유경쟁은 '개인 자유와 권리'를 헌법에 규정함으로써 보장되었다. 군주 종속민(從屬民)이던 국민(國民)이 국가 주인(主人)이 되었다. 국민은 비밀투표로 원하는 정치세력을 선택하는 자유민주주의(Liberal Democracy)를 만들었다.[68] 1215년 최초 의회를 신설한 영국은 1688년 명예혁명으로 국왕 절대 권한인 징세권을 대폭 제한하고 개인의 사유재산권을 강화했다. 왕의 개인재산과 국가재정이 분리되기 시작했다. 1694년 설립된 영국 은행은 금융제도를 도입해 국가자본 축적과 재정운영제도 발전에 획기적 전기를 제공했다. 왕의 개인재산과 국가재정이 완전 분리되었다. 해군력 집중육성과 해상무역 지배, 국가자본 축적과 왕권 제한, 개인 기술특허권 보장제도는 영국의 재정 군사 국가(Fiscal Military State) 체제를 만들었고, 1760년 세계 최초로 일어난 근대 산업혁명의 원동력을 제공했다. 국가자본 축적 세력은 수백 년 정치 권력투쟁의 피를 통해 성장했고, 의회는 국민 생존이익 보

---

66   Daron Acemoglu and James A. Robinson, *Why Nations Fail: the origins of Power, Prosperity and Poverty.* (Crown Publishers, 2012), 제15장.

67   Daron Acemoglu and James A. Robinson(2021), 제15장.

68   Hayek. F. A., Competition as a Discovery Procedure translated by Marcellus S. Snow from Hayek's 1968 Lecture in German University of Kiel(2002); 하이에크는

장정책의 토론장(討論場)으로 정착되었다. 생존사업 자유경쟁이 쟁취한 개인의 자유와 권리는 1776년 미국 독립, 1897년 프랑스혁명, 그리고 19세기 근대 자유민주주의 체제로 수렴되었다.

1760년 영국 산업혁명에 반동(反動) 혁명가들이 나타났다. 독일 혁명사상가 마르크스와 프랑스 엥겔스는 자본가의 노동 착취를 주장하며 프롤레타리아 독재 사회주의를 추구했다. 마르크스주의 사상가들은, 자본가 이익을 노동자의 노동 가치 착취로 규정하고 착취 방지를 위한 사회정의(social justice)를 주장했다. 자본가 이익은 오직 노동으로만 창출된다는 마르크스 사회주의 이론은 현대 경제학에 이미 죽은 학문이 되었으나, 노동자 이익을 보호하는 사상적 핵심 이론의 기반이 되었다.

마르크스 이론은 자유경쟁 "보이지 않는 손"이 자본과 부를 창출한다는 애덤 스미스 경제 기본원리를 거부했다. 자유시장 경쟁은 제로섬(zero-sum)이 아닌 윈-윈(win-win) 경쟁 시장임을 보지 못했다. 마르크스주의 노동자 착취 사상은, 소련공산권 경제가 붕괴했음에도, 좌파 정치세력의 중심사상으로 그 역할이 더욱 강화되고 있다. 부(富)의 불균형(Inequality of wealth) 문제를 제기한 소위 경제민주화 사상의 원전(原典)으로 취급받고 있다.

식량은 생존사업 궁극목적이며, 부(富)의 불균형 발생 근원이다.
식량은 인류의 자유민주주의 정치체제 선택을 주도해 온 역사적 원동력이다.

사회적 약자 노동자 보호는 자유민주주의 탄생의 원인이며 목적이다. 사회적 약자의 식량 해결을 위해 자유민주주의가 탄생했다. 그런데 노동자는 좌파 사회주의 정치세력의 분배중심 선전 선동 포퓰리즘 정책을 지지하며 그들을 사회적 약자를 대변하는 세력으로 선택한다. 이 관점은 국가 성장정책과 분배정책 균형점이 얼마나 중요한가를 대변한다.

　인류 생존사업은 독재폭정에서 자유민주주의로 향한 선택을 끊임없이 계속해 왔다. 국민은 이제 「속이지 않는 정치세력」을 선택해야만 독재가 사라짐을 역사는 확인해 준다. 독재는 '국민 이익증진'이 아닌, 자기 가족과 지지세력 이익을 교묘히 끼워넣는 '속이는 정책'을 추구한다. 정치부패(political corruption)이다. 부패없는 청정국가는 선진국 진입의 대명사이다. 부패는 가족공동체의 생존사업 자유경쟁을 근본적으로 왜곡시킨다. 인류는 '부패 없는 국가'를 '정의(justice)'가 실현되는 이상향으로 인식했다. 그것이 『손자』 선승(先勝) 형세의 최우선 조건이었다. 바로 법치(rule of law)를 말한다.

◆ 인류 역사는 자유를 향하고 있다

대한민국은 사회주의독재 패권을 추구하는 중국 접경국이며, 동시 동북아시아 자유민주주의 최전방 국가이다. 중국 경제부상이 빠르고, 클수록 북한 핵 위협도 그만큼 더욱더 커지고 있다. 중국 국력이 커질수록 대한민국 자유민주주의 위협 수준 또한 급상승했다. 대한민국 정치세력의 적대적 대립은 더욱 격화되고 있으며 친중-반중 정치세력 충돌은 사회 전 분야 구석구석에서 광범위하게 일어나고 있다. 최악의 국가 위기이다.

왜, 대한민국 정치세력은 전쟁 반대, 평화통일을 같이 주장하면서도 극한 대립을 멈추지 않을까? 대한민국 우파 정치세력은 한미동맹, 전쟁 억제, 평화통일을 반복하기만 했다. 그들의 모든 대북정책은 북한 거부로 정상 추진된 적이 없다. 1970년대 중반 김일성은 대한민국 선거 공작개입을 결정했다. 1994년 이후 북한은 모든 우파 대북정책을 거부했고, 모든 좌파 정책만을 수용했다.

2021년 3월 15일 문화일보는 선출된 권력이 민주적 통제를 내세운 문민 독재의 길로 가고 있다고 평가했다.[69] 2021년 3월 12일 대한민국 민주주의는 희망이 보이지 않는다고 김형석(당시 102세) 연세대 명예교수가 일갈했다.[70] 김형석 교수는 1920년 평양에서 출생해 1945~47년 공산주의 치하를 경험하고 남하한 대한민국 근현대 역사의 산증인이다. 그가 일갈했던 내용이다.

---

69 문화일보(2021. 3. 15일 보도), '민주적 통제' 내세워 비판 세력 제거, '문민 독재의 길' 걷는 文 (민주주의는 만능인가 저술팀, 허민 기자)

70 김형석 교수는 "문재인 정권은 「국민을 섬기는 정부」로 보이지 않는다. 더불어민주당 리더들과 친문 실세들 발언과 주장을 보면 민주주의로 갈 희망이 보이지 않는다. 북한 노동당과 중국 공산당 같은 유일 절대의 정당정치를 지향하고 있다는 의구심을 갖게 한다. 정치와 사회 지도층에서 서민까지 붕괴하고 있는 반도덕적 사회질서가 증대되어가고 있다."라고 한탄했다.

"민주적 통제라는 이름으로 국민의 뜻을 앞세워 권력 남용을 하는 경우 투표로 위임받은 제한적 권력은 무제한 권력이 되고, 민주주의는 문민 독재로 흐른다. 거여(巨與)가 장악한 국회가 비리를 감시하고 수사하는 감사원장과 검찰총장을 압박하거나, 법무부 장관이 검찰총장에게 잇달아 수사지휘권을 발동하는 등이 대표적 사례다. 통치자는 일부 국민의 의사를 전체 국민 의사로 선전 선동에 익숙하다. 거기에 반대하면 인민의 적으로 낙인 찍는다."

2021년 1월 박정아 브루킹스 연구소 연구원은 한국 민주주의는 모든 정치 세력이 반대파와 협력하기보다 그들 비판을 억압하고 보복해 왔다고 평가하며, 대북 포용 정책이 한국 민주주의를 훼손시키고 있다고 비판했다. 민주주의 이론의 세계적 석학 레리 다이아몬드 스탠퍼드대학 교수는 미국 민주주의를 지적하며 "한국에서도 민주주의가 퇴보하고 있다"라고 지적했다. 2021년 3월 11일 메릭 갈런드 미법무부 장관은 다음과 같이 말했다. "공직은 직업 그 이상이다. 그것은 소명이다. 우리가 성공하고 국민의 신뢰를 유지할 수 있는 유일한 방법은 '같은 것을 같게 취급하는 규범'을 지키는 일이다."

인류는 수백만 년 "식량의 자유"를 찾아왔다. 21세기 세계 자유민주주의와 사회주의독재의 대결은 새로운 자유를 찾는 여정일 것이다. 그리고 대한민국은 그 대결 최전방 전선에서 선승(先勝)할 것이다. 인류 역사는 영원히 자유를 향하고 있기 때문이다.

부록

 남북한 및 중국 주요 국가지표 비교

북한	남한	중국
3대 세습 독재, 폐쇄경제	자유민주주의, 시장경제	공산당 독재, 명령경제
• **인구**: 25,549,820명	• **인구**: 51,635,260명	• **인구**: 1,392,730,000명
• **절대빈곤인구**: 58%5	• **절대빈곤인구**: 0.2%	• **절대빈곤인구**: 0.7%
• **종합국력지수**: 0.129, 16위	• **종합국력지수**: 0.024, 8위	• **종합국력지수**: 0.199, 1위
• **1인 GDP**: 1,300불	• **1인 GDP**: 31,246불	• **1인 GDP**: 10,099불
• **국가평화지수**: 149/163	• **국가평화지수**: 55/163	• **국가평화지수**: 110/163
• **민주주의지수**: 1.08/167	• **민주주의지수**: 8.00/23	• **민주주의지수**: 2.26/153
–선거/다원주의 : 0.00	–선거/다원주의 : 9.17	–선거/다원주의 : 0.00
–정부기능 : 2.50	–정부기능 : 7.86	–정부기능 : 4.29
–정치참여 : 1.67	–정치참여 : 7.22	–정치참여 : 3.33
–정치문화 : 1.25	–정치문화 : 7.50	–정치문화 : 2.29
–시민자유 : 0.00	–시민자유 : 8.24	–시민자유 : 1.18
• **언론자유지수**: 98, 198/198	• **언론자유지수**: 34, 66/198	• **언론자유지수**: 87, 186/198
• **경제자유지수**: 5.9, 180/	• **경제자유지수**: 72.3, 29/180	• **경제자유지수**: 58.4, 100위
–법의 지배 :	–법의 지배 :	–법의 지배 :
재산권 31.6	재산권 79.3,	재산권 49.9
사법정의 5.0	사법정의 57.5,	사법정의 75.2
정부청렴성 24.4	정부청렴성 50.5	정부청렴성 49.1
–정부규제 :	–정부규제 :	–정부규제 :
사업자유 5.0	사업자유 91.3,	사업자유 56.2,
노동자유 5.0	노동자유 57.4,	노동자유 54.2
금융자유 0.0	금융자유 82.0	금융자유 71.9
–정부규모 :	–정부규모 :	–정부규모 :
세금부과 0.0	세금부과 64.2	세금부과 70.4
정부소비 0.0	정부소비 68.6	정부소비 70.1
재정건전성 0.0	재정건전성 96.8	재정건전성 76.0
–시장개방 :	–시장개방 :	–시장개방 :
무역자유 0.0	무역자유 80.4	무역자유 73.0
투자자유 0.0	투자자유 70.0	투자자유 25.0
회계자유 0.0	회계자유 70.0	회계자유 20.0

북한	남한	중국
		1949　공산당 정권수립
		1950　한국전쟁 군사개입
	1948　자유민주주의 선택	1966　문화대혁명
1948　공산사회주의 선택	1953　한미 안보동맹	1969　중소 국경분생
1955　김일성 권력독점	1962　선경제, 후군사 전략	1972　미중 상해공동성명
1962　선군사, 후경제 전략	1979　박정희 피살	1974　미중 수교
1972　주체사상 헌법규정	1987　대통령 직접선거	1978　시장경제원리 도입
1974　김정일 후계지정	1988　대북화해협력선언	1989　천안문사태 무력진압
1994　김정일 권력세습	1993　동맹보다 민족우선	1992　등소평 도광양회
1994　경제포기 핵 개발	1994　전쟁반대 핵협상	2001　중국 WTO 가입
2006-2009 1-2차 핵실험	1998　야당정권 집권	2003　후진타오 화평굴기
2011　김정은 권력세습	1998　민족우선 햇볕정책	2012　시진핑 중국몽
2013-2017 3-6차 핵실험	2006-09 핵실험 무 대응	2018　미국-중국 무역전쟁
2017　핵무장 완성선언	2013　미국사드 한국배치	2019　홍콩사태 발생
	2017　남북, 미북 핵협상	

북한	남한	중국
•국가붕괴지수 : 92.7, 6/179	**•국가붕괴지수** : 33.7, 159/	**•국가붕괴지수** : 71.1, 88/
•국가평화지수 : 2.99, 151/	**•국가평화지수** : 1.87, 55/172	**•국가평화지수** : 2.22, 110/

북한	남한	중국
※ 정치경제체제 모순충돌 ※ 국가 통치체제 일원화 　-정치경제체제 추락붕괴, 　-국가붕괴위기 가속심화 　-독점권력 자폭전 우려 ※ 핵-경제병진 가능한가? ※ 붕괴극복 가능한가? ※ 자폭전 발생 가능한가?	※ 정치경제체제 융합발전 ※ 국가통치체제 다원화 : 　-국가 정치세력 대립심화 　-자유민주주의-사회주의, 　좌우 정치세력 대립 심화 　-국가·개인 권리다툼 심화 ※ 북핵폐기 가능한가? ※ 핵전쟁억제 가능한가? ※ 자폭전 대응 가능한가? ※ 1국 2체제 가능한가? ※ 평화통일 가능한가?	※ 정치경제체제 모순충돌 ※ 국가통치체제 단순화: 　-독점권력 신흥자본가장악, 　-권력체제 중장기 불확실 ※ 경제지속발전가능한가? ※ 자본가장악 가능한가? ※ 미 무역전쟁 가능한가? ※ 1국 2체제 가능한가? ※ 자유민주주의가능한가?

◆남북한 주요 전략변화

·1948년	대한민국은 자유민주주의 시장경제 체제로 건국(8. 15)
	북한은 공산 사회주의 계획경제 체제로 정권 수립(9. 9)
·1950년	김일성 6.25 남침 전쟁, 무력 적화통일 기도
	전쟁 결과 인명피해 약 300만 명(남 162만, 북 173만) 발생
	※ 69년 분단 지속, 북한침투 및 도발 3,119건(2022년 현재)
·1953년	이승만 한미군사동맹 체결, 안보 불패 기반 준비
·1958년	김일성 6.25전쟁 사후평가로 반대파 숙청, 권력 독점
·1961년	김일성 조선–소련 군사동맹 체결, 1996년 효력 상실
	2000년 조선–러시아 우호협력조약 체결
·1962년	김일성 4대 군사노선 시행: 전 인민 무장화, 전군의 간부화,
	전 국토 요새화(지하갱도, 땅굴), 장비 현대화
·1965년	북한, 구소련 원자로 최초 도입(4,000kw급, 영변 일대)
·1970년대	박정희 '산업기술 혁명 성공', 대북 전략주도권 장악
·1974년	김일성 김정일을 후계자로 지정, 권력 세습에 착수
·1983년	북한 핵 기폭장치 88년까지 70여 회 실험(1994 국방백서)
·1986년	김일성 한반도 비핵지대화 제의(핵 개발 은폐 기도로 평가)
·1988년	7.7선언 남북문제를 '민족 내부 특수문제'로 규정
·1988년	국방백서: 북한을 핵무기 보유 잠정 국가로 최초 판단
·1990년	국방백서: 최초 북한 핵 능력평가, 1995년 핵 보유 가능 판단
	※ 소련 KGB 보고서: 북한 영변에서 핵무기 완성, 실험보류[01]
·1991년	남북 유엔 동시 가입, 남북 '두 개의 국가'로 분리
·1991년	국방백서: 북한 핵미사일 주요 군사 위협으로 최초 평가

---

01   Larry A. Niksch, p. 27. On March 10, 1992, the Russian newspaper Argumenty I Fakty (Arguments and Facts) published the text of a 1990 Soviet KGB report to the Soviet Central Committee on North Korea's nuclear program. The KGB report asserted that "According to available data, development of *the first nuclear device* has been completed at the DPRK nuclear research center in Yongbyon." The North Korean government, the report stated, *had decided not to test the device* in order to avoid international detection.

12월 13일 남북기본합의서 서명(화해 불가침, 교류 협력)

12월 31일 한반도 비핵화 공동선언, 1993년 3월 파기

·1993년 김영삼 "동맹보다 민족이 우선한다"라고 선언

국방백서: 북한이 핵 개발 능력과 기반을 구축했다.

북한은 노동미사일 1호 시험 성공(사거리 1,000km)

·1993년 3월, 북한 NPT 탈퇴 선언, 제1차 핵 위기 발생

·1994년 국방백서: 북한 핵연료주기 완성, 핵무기제조 직전 단계

"시간을 벌어 핵을 완성"할 의도로 문제 장기화 예측

※ 그러나 '핵 협상은 미국–북한 문제'로 인식

※ 7월 8일 김일성 사망(7월 25~27일 남북정상회담 준비 중)

※ 10월 21일 제네바 미북 기본합의서 채택

·1995년 국방백서: 북한을 주적으로 규정, 벼랑 끝 전술 구사 예상

·1996년 국방백서: 핵무기 1~2개 제조 분량 플루토늄 추출 평가

국제원자력기구 IAEA 미신고시설 사찰 및 측정 거부

·1997년 국방백서: 포괄적 핵실험 금지조약(CTBT) 가입 거부

대포동 1, 2호(사거리 1,500, 4,000km) 장거리 미사일 개발

·1998년 국방백서: 초보적인 1~2개 핵탄두 생산능력 보유평가

북한 대포동 미사일 시험발사(사거리 최대 6,700km)

북한이 투명한 핵 협상을 할 것인지 의문 제기

※ 한국은 미국의 미사일 방어시스템 공동개발 참여 거부

　※ 국민 의식 조사: "북한은 친구로 미국은 적으로" 인식

·1999년 국방백서: 초보적인 핵무기 생산능력 보유 추정

국제원자력기구 미신고시설 사찰 거부

5 Mw 원자로 운전기록, 시료 채취, 연료봉 측정 거부

대포동 미사일 1호(2,000–2,500km), 2호(6,700km) 개발평가

·2000년 남북 최초 정상회담, '낮은 단계 연방제통일방안' 발표

·2006년 10월 9일 김정일 최초 지하핵실험

국방백서: 94년 이전 추출 추정 플루토늄 10~14kg,

핵무기 1~2개 제조추정, 2003~05년 연료봉 처리 추가 30kg 추출 추정

대포동 2호(6,700km) 개발 중 평가

※ 북한 핵미사일 위협 대응 무기나 전략 언급은 없음

※ 전·현직 대통령이 "북한은 핵 개발 의도도, 능력도 없다"라고 주장

·2008년 국방백서: 핵미사일 위협평가

국방개혁법 입법: 2020년 북한 핵 위협 소멸 가정 병력축소

·2009년 제3차 핵실험 성공

·2010년 천안함 폭침, 연평도 포격 사건 발생

국방백서: 2009년 2차 핵실험, 40kg 플루토늄 확보 추정, 고농축 우라늄(HEU)

프로그램 진행평가, 3,000km 중거리 무수단 탄도미사일 작전 배치, 2006년

대포동 2호 시험 발사, 2009년 장거리 탄도미사일 시험 발사. 대응 무기 개발

계획 없음

·2011년 김정일 사망

·2012년 국방백서: 2010년과 내용 동일

·2014년 국방백서: 2013년 3차 핵실험 실시. 핵 소형화 능력평가, 장거리 미사일 미 본토

도달 능력 보유평가. 북한 핵·대량 살상 무기 위협 대응능력 킬체인과 한국형

미사일 방어체계 구축추진

·2016년 김정은 4차 핵실험, 미국 한국에 사드 배치

·2016년 중국 한국 사드 배치에 무역 보복 강행

·2017년 　　김정은 5～6차 핵실험에 한국 대응책은 미국 핵우산뿐

·2017년 　　북한 핵 폐기 협상은 미 본토 위협 문제로 취급

·2018～19년 미국과 북한 2차에 걸친 정상회담

·2019년 　　북한 비핵화는 1994년과 동일한 불확실 상태

·2019년 　　한반도 내전은 국제 핵 전쟁위험지역이 되었다.

※ 1994년 이후 남북화해 협력 정책은 착각이었음이 증명되었다.

※ 1994년 이후 민족 우선 정책은 불가능한 허구였음이 증명되었다.

　2018～19년 세계 전쟁 국가는 총 45건이며 내전이 33건이다.[02]

　그리고 한반도는 가장 위험한 핵 분쟁지역이 되었다.

◆1945년 이후 대한민국의 대북전략

1. 공산주의 봉쇄, 남침 억제전략 : 자유민주주의 선택, 반공 국시

　1) 1948년 건국, 자유민주주의, 6.25전쟁, 한미동맹 체결

2. 근대산업 경제개발, 전쟁 억제전략 : 산업혁명, 공산 체제 붕괴

　1) 1953년 휴전 이후 5.16군사혁명

　2) 1961년 이후 1979년 박정희 대통령 서거

　3) 1980년 이후 1989년 노태우 대통령 7.7선언

3. 선진국 건설, 대북 화해, 핵 개발 억제전략 : 중진국, 민족의 착각

　1) 1989년 이후 2006년 자유민주주의 정착

　2) 1996년 12월 12일 한국 OECD 가입, 선진국 경제 지향

　3) 1998년 햇볕정책, 대포동 미사일 발사, 2000년 남북정상회담

　4) 1999년 다우 선진국지수 편입

　5) 2006년 북한 1차 핵실험

02　2019년 5월 기준, 인터넷 위키 백과사전 통계임. 1,000명 이상 사망자 발생 분쟁을 전쟁(War)으로 분류하였음. 한반도 분쟁은 포함 안 됨.(2019. 9. 15. 검색)

4. 선진국 진입, 좌파-우파 대립 : "민족-동맹 세력" 충돌, 핵 개발 억제실패

　　1) 2006년 이후 2019년 북한 핵무장 현실화

　　2) 2008년 S&P 지수, 2009년 FTSE 선진국지수 편입

　　3) 2018년 현재 MSCI 신흥국 지수 적용

　　4) 2019년 이후 핵전쟁 위기 조성, 핵전쟁 억제전략 긴요

◆1945년 이후 북한의 대남전략

　1. 국제 공산주의 운동, 대남무력 공격 : 무력 적화통일 추구

　　1) 1948년 북한 정권 수립 이후 6.25 남침 전쟁

　　2) 1961년 조소 및 조중 우호 및 상호원조조약

　2. 주체사상, 김일성 개인 국가화 : 남한 내 혁명역량구축

　　1) 1960년대 중소분쟁, 등거리 외교

　　2) 1974년 김정일 후계체제 구축(김일성 민족 개념화 시작)

　3. 국가폐쇄 정책, 비대칭 전략 : 남한 민족자주 위장 세력 구축

　　1) 1980년대 공산권 경제 붕괴, 우리민족끼리

　　2) 북한경제 붕괴, 남북경제력 격차 심화

　4. 선군정치, "핵 포기 협상-핵 개발전략"과 김정일의 착각

　　1) 1994년 김정일 세습, 북한경제 파탄

　　2) 실패국가, 같은 민족끼리-민족협력 위장전략

　5. 핵-경제 병진, 핵 포기 협상-핵 거래 전략: 김정은의 착각

　　1) 2011년 김정은 세습, 핵무장-경제발전 병행

　　2) 2012년 주체 사상화를 김일성 주의화로 변경(당 규약)

　　3) 미국 본토 핵 위협, 미-북 직접 협상 핵 거래

플라톤은 "인간은 선포되지 않은 전쟁상태에서 살아가는 존재"라고 말했다. "선포되지 않는 전쟁"이란 '찰나의 중단도 없는' 대자연 생존경쟁을 말한다. 생존이란 개체 또는 공동체가 본능적인 계획과 준비로 선택하는 사업(business)이다. 인류학자들은 수백 만년 식량 사냥과 여성 납치로 종족을 보존한 생존전쟁을 「남성의 사업」이라고 본다. 모리스는 "전쟁은 자연에 의해 조건화된 생존사업(war is the business of life conditioned by nature)"이라고 규정했다.[01] 인류는 「식량과 안전보장」 생존사업기구를 만들었다. 그 생존사업기구가 정부요, 국가이다. 따라서 생존사업은 식량과 안전을 보장하는 병자 대사업(大事業)이다.

손무는 BCE. 545~470년 생존한 제나라 전략가다. 그는 관중(BCE. 725~645년)보다 100년 늦게 태어난 공자(BCE. 551~479년)와 동시대 사람이다. 관중은 "군사-행정 일원화"로 춘추오패를 만든 제나라 '상(相)'이다. 상(相)은 '재상(宰相)과 장군(將軍)'의 직책 분리 이전의 명칭이다. 손무는 진통일을 준비한 재상 상앙(BCE. 390?~338년)보다 140년, 진시황(BCE. 259~210년)보다 219년 앞에 생존했다.

손무는 관중의 제나라 군사-행정 일원화 통치체제를 직접 체험한 전략가이다. 동아시아 대륙은 BCE. 3500년 농업혁명 이후 3000년 이상의 군사전쟁사업이 계속되었다. BCE. 500년은 주나라가 쇠퇴한 춘추시대(BCE. 770~403년) 말기였다. 『손자』 "도(道), 천(天), 지(地), 장(將), 법(法)"은 춘추시대가 국가생존사업이 세분화되기 이전 시대였음을 보여준다. 그러한

01　　Maurice R. Davie, *The Evolution of War: A study of its role in early society* (Kennikat press, 1929), p. 23.

흔적은 『손자』 죽간본 여기저기에서 더 찾아볼 수 있다. 지형의 안내자 "향도(嚮導) 없이 군사작전이 불가하다"라는 『손자』 구절은 '관도(官道)-도로'가 절대 부족했던 당시 상황을 말해준다. BCE. 221년 진시황의 수레바퀴와 도량형 '규격 통일'은 BCE. 500년 경의 생존환경을 추정하게 해준다.

『손자』 해석에서, 그 핵심은 첫 단어 병자(兵者)에 있었다. 병자(兵者)의 해석은 '군사 전쟁'보다 「생존 무기」의 뜻이 더욱 타당하다. 갑골문에 '도끼를 양손에 잡은' 남자 모습이 그려져 있었던 그 문자가 병(兵)이다. 병(兵)은 도끼(斤, 도끼 근)를 양손(廾, 받들 공)에 든 모습의 글자이다. 인류는 약 2백만 년 전부터 사냥도구 무기를 만들어 생존해 왔다. 인류학자들은 최초 사냥도구가 돌도끼이며, 다음에 '나무 창'이 나타났다고 추정했다. 『춘추』 기록[02] '융(戎)'은 창[戈, 과]에 갑옷(甲, 갑옷)을 합한 '융(戰)'의 간편화 글자이다. 융(戎)과 병(兵)은 병사, 무기, 싸움, 전쟁 등의 같은 뜻을 나타낸다. 손무는 '병자(兵者)'를 그러한 '공동체 생존 무기'로 인식했고, "생사의 땅이요, 존망의 길"로 규정한 것이다.

손무는 왜, 「대사(大事)」란 단어를 사용했을까? "병자(兵者), 국지대사(國之大事)"는 「병(兵)은 공동체 생존 무기」이니 그보다 더 중대한 국가사업은 없다는 뜻이다. 주석자들은 『손자』 첫 구절의 기원을 『춘추』의 《국지대사(國之大事), 재사여융(在祀與戎)》에서 찾았다.[03]

원시 공동체의 가장 중대한 일은 씨족공동체의 상징 깃발을 들고, 주변 씨족대표를 만나서 생존사업영역(농경지, 사냥터, 마을 촌락 주거지 경계 등)을 담판으로 상호 확정하고, 그 경계 표식과 기록을 보존하는 업무였다.

---

02   "국(國)의 대사(大事)는 제사(祭事)와 더불어 융(戎, 병장기 융)에 있다"

03   춘추시대에 '국가(國家)' 단어는 사용되지 않았다. 여기서 국(國)은 주나라 제후국을 말한다.

'사(事)'는 그러한 업무 모두를 뜻했던 글자였다.

'사(事)'는 "吏, 史, 使"라는 제사업무를 담당한 주나라 관리 명칭이었다. 차후 사(事)는 '관리, 외교관, 사관, 사업' 4가지 뜻으로 분화되었다. '리(吏)'는 벼슬아치로, 사(使)는 다른 씨족대표를 만나 담판 짓는 '외교관'으로, 사(史)는 정부 사업 결과를 기록하는 '사관(史官)'으로, '사(事)'는 씨족공동체 생존사업으로 각각 분화되었다. 따라서 손무시대「사(事)」는 현대 경제, 외교, 안보, 국방을 모두 포함한 포괄적 생존사업을 뜻했었다.「손자」첫 구절 병자(兵者)는 그러한 사업 도구로서 "국가생존 무기"였다.

전쟁은 본래 군사, 비군사 수단 모두가 총동원된「생존사업전쟁」이다. 특히 현대는 군사-비군사, 국가-비국가의 구분이 모호한 생존사업전쟁의 극한충돌 현상이 비일비재하다. 테러와 전쟁(war on terror), 사이버 전쟁, 무역전쟁은 대표적이다. 9.11테러는 이슬람 비국가 극단주의 무장단체가 자행한 테러였다. 미국은 "테러와 전쟁" 선포에서 비국가 무장 테러단체를 적으로 최초 규정했다. 사이버 전쟁은 식별된 적(敵) 없이 인터넷 공간에서 사이버 수단에 의해 자행되는 비군사 전쟁이다. 경제전쟁, 외교전쟁, 무역전쟁, 기술전쟁, 체제전쟁 또한 모두 전통적 군사전쟁개념을 뛰어넘는다. 미-중 "무역, 경제, 기술전쟁"은 국가생존사업 총력전쟁이다.

「손자」병자는 생존사업전쟁 개념으로 해석되어야 한다. 춘추시대 생존사업전략은 '모공(謀功)'이었음을「춘추」노나라 역사 기록은 보여준다. 모공은 비군사 전략 벌모(伐謀), 벌교(伐交), 벌병(伐兵)과 군사전략, 공성(攻城)을 이용한 전투없는 부전승(不戰勝) 전략이다.

"병자(兵者)=군사 전쟁"으로 규정한 기존 해석은「손자」를 군사 전략서로 만들어왔다.「손자」는 군사 작전술을 수록한 '전술병법'이 아니라, 국가흥망을 다룬 '전략 병법'이다. 손자병법의 본래 명칭은「손자」이다. '병법' 단어는 후세에 붙여진 이름이다. 누가, 언제부터 첫 구절 병자(兵者)를 군사 전쟁으로 해석했는지 모르나, 최초 주석서 조조의『손자약해』에도 관련 기록은 없다.『손자 교석』은『춘추』와『손빈병법』기록을 예로 들며 병(兵)을 '전쟁'이라고 해석했다.

『손자』에 '전쟁' 단어는 없다. '군쟁(軍爭)'과 '전(戰), 그리고 쟁(爭)'이 있을 뿐이다. 전(戰, 싸움 전)은 '싸움, 전쟁'을 뜻한 글자이다. 戰은 單(홀 단) 자와 戈(창과)를 결합한 모습이다. 單 자는 새총 모양의 고대 사냥도구를 그린 글자다. 사냥 무기에 戈 자가 결합된 전(戰)은 '서로 다툰다'를 표현했다. 쟁(爭, 다툴쟁)은 조(爪, 손톱 조)와 우(又, 또 우) 그리고 궐(｜ , 갈고리 궐)이 결합한 글자다. 조(爪)는 '손톱, 손동작'을 뜻한다. 쟁(爭)은 '소의 뿔을 서로 잡아당기는 모습' 갑골문 문자다. 금문(金文)에는 쟁기를 잡고 서로 다투는 모습의 글자이기도 하다.[04]

　원시 인류는 무기로 식량을 수렵-채집해 생존했다. 인간은 먹잇감을 공격하는 무기, 즉「병(兵)」을 사용하는 천부적 감각과 재능을 갖고 태어난다. 약 1만 년 전 농업과 목축이 시작되었고, 인구 급증으로 식량이 부족해지자 무력 전쟁이 급격히 증가했다. 종족공동체는 "식량과 안전보장"을 관리하는 정부를 수립해 공동체 생존사업을 모두 맡겼다. 정부는 생존기술의 지혜를 절실히 필요로 했고, 생존기술을 전수하는 문자가 발명되었다. 문자는 생존사업 지식을 축적해 기술혁명을 일으켰고, 그 결과 공동체의 가장 효율적이고 체계적인 생존사업 수행기구인 국가가 탄생했다. 국가는 바로 생존 무기, 병(兵) 없이 생존이 불가능하다.

　대자연「생존 법칙」을 무시하거나 통찰하지 못한 그 종족은 사라졌다. 종

04　Naver 한자 사전, 한자 구성원리 (검색일: 2023년 8월 3일)

족공동체는 정치세력이 생존사업전쟁을 통찰할 때 번영했다. 공동체 리더는 모든 지혜는 모아 불확실성 통찰에 집중했다. 예언과 점이 난무했고 신화와 종교가 발생했다. 공동체 생존사업 도구 '병(兵)을 무시한 선택'은 자살행위였다. 공자도, 소크라테스와 플라톤도, 홉스도 모두 생존사업 도구 병(兵)이 얼마나 중요한가를 역설했다. 노비코프(J. Novicow)는 BCE. 1496~CE 1861년(3,357년) 사이에 군사 전쟁 기간은 3,130년(93%)이었고, 평화 기간은 227년(7%)뿐이라고 분석했다. 그의 저서 『전쟁과 이익』은 네덜란드 전쟁 역사학자 요한 덴넨의 『전쟁의 기원』을 뒷받침했다.[05] 1945~2020년(75년) 기간에 대규모 전쟁은 193회 발생했다.[06] "전쟁(war)은 생존사업의 근본 현상(fundamental phenomenon)이며, 군사 전쟁은 생존사업(business of life) 최후 수단"이라고 인류학자들은 분류한다.[07]

  BCE. 550년 경 최초 인류 지식혁명이 일어났다. 동아시아 춘추전국시대에 아테네는 민주정을 시작했고, 탈레스(Thales BCE. 625~524)와 피타고라스(Pythagoras BCE. 570~495)는 소크라테스, 플라톤, 아리스토텔레스와 그들 제자들에게 사학교육을 통해 「지혜 사랑(Love of wisdom)」을 전수했다. 동아시아 최초의 사학교육 선생 공자가 세상을 주유하며 제자를 육성한 것과 너무나 유사하다. 문자가 의사소통의 중심 수단이 되면서 단어와 어휘 숫자가 급격히 증가했다. 새로운 단어가 탄생했고, 뜻의 분화 현상이 두드러졌다. 이 시기 이집트와 메소포타미아, 페니키아 글자가 그리스에 전파되어 그리스 알파벳이 완성되었고 세계 최초 시민교육이 시작되었다. 인도,

---

05   J. Novicow. *War and Its Alleged Benefits* translated by Thomas Seltzer (1911)

06   위키백과(https://ko.wikipedia.org/wiki/전쟁목록, 2020. 04. 13. 검색)

07   Maurice R. Davie, *The Evolution of War: A Study of Its Role in Early Societies (1929)*, p. 23. BCE.1500~A.D.1860년 기간 총 8,000회 평화조약이 있었다고 분석했다.

아랍 숫자 개념도 동시 전파되어 무게, 크기, 넓이 등의 도량형 기준이 통일되었다.

노나라 역사서 『춘추(春秋)』는 동양 지식혁명의 원전이 되었고, 『손자(孫子)』는 생존흥망 선택법칙의 비책으로 전파되었다. 직하학궁(稷下學宮, Jixia Academy)과 백가쟁명 학자들은 공개적으로 또는 은밀히 생존사업 비책을 연구했다. 춘추시대 통치술과 군사 작전술은 『손자』 선승(先勝)-후전(後戰) 전략 개념으로 귀결되었다. 진나라 대륙통일은 전형적 선승(先勝) 후전(後戰) 전략이 적용된 결과였다. 『손자(孫子)』 국력 평가 7개 요소 또는 7사(事) 중에서 "법령(法令) 숙행(孰行)"을 정확히 이행한 통치자가 진나라 상앙과 이사였다. 마키아벨리에 비유되는 『한비자(韓非子)』에 『손자』 원리가 그대로 수록되어 있다.

인류공동체 생존사업의 본질은 무엇일까? 공동체 존망을 위탁받은 정치세력의 생존사업 통찰은 쉬운 일이 아니었다. '병자(兵者)'는 단순한 공동체 대사(大事)가 아니었다. 언제나 적보다 한 수(數) 나은 「지략(outwit)」이 절대 필요했고, 적보다 나은 「신형 무기(weapons)」 없이 식량과 안전은 보장이 어려웠다. 『맹자』는 '교(校)'에서 활쏘기, 말타기, 수렵 모의 군사훈련에 대한 하(夏)나라 전사(戰士) 양성교육을 수록했다.[08] 하나라 '교(校)'는 인류 최초 학교로 인정되었다.[09] 고대 유목민의 노인(생존사업에 부담되는) 살해 풍습은 현대 오스트레일리아, 브라질 부족에서도 발견되었다.[10] 한반도 고구려 시대 고려장(高麗葬)도 이와 같은 생존사업 풍습이다. 생존은 공동체 전

---

08   백기인, 『중국 군사제도』 (국방 군사연구소, 1998), p. 24.

09   Patrick J. Mccormick, *History of Education* : A Survey of the Development of Educational Theory and Practice in Ancient, Medieval and Modern Times (The Catholic education press, 1915), p. 6.

10   Maurice R. Davie, 동상서 p. 219~221.

체의 피나는 몸부림이었다.

생존사업전쟁은 인류의 흥망이익 갈등상태 그 자체를 말한다. 왜 스파르타는 강한 아이만을 선발해 정부가 직접 전사(戰士)를 육성했을까? '스파르타식 교육'은 현대 다양한 분야에서 지속되고 있다. 로마 역사가 베게티우스(Publius Flavius Vegetius Renatus)는 "고대부터 기술을 자유롭게 연구 기록해 왕에게 제출하는 것은 전통과 관습이었다. 그래서 왕은 누구보다 지식이 우월했으며, 이는 공동체에 큰 이익이 되었다."라고 『군사과학(Military Science)』에 기록했다.[11] 당시 생존기술은 농업(agriculture), 의약(medicine), 수사법(rhetoric), 군사기술(military) 4종류로서 지배층의 핵심 교육과제였다. 특히 군사기술은 공동체 존망의 비책이었다. 플라톤(BCE. 428~347?)은 "인간은 선포되지 않는 본질적 전쟁상태에서 변함없이 살아가기 때문에, 모든 기술 중에서 전쟁기술이 가장 유용하다."라고 강조했다.[12] 플라톤과 똑같이 전쟁상태를 인식한 중세 정치사상가가 "만인에 의한 만인의 투쟁"을 주장한 홉스이다.

---

11 Publius Flavius Vegetius Renatus, *Vegetius: Epitome of Military Science* (Liverpool Univ. 2001), p. 1.

12 Plato, *The Laws of Plato* Book 1 translated by A. E. Taylor (J.M. Dent & Sons Ltd., 1934), pp. 2~4. : "In fact, the 'peace' of which most men talk—so he held—is no more than a name; in real fact, the normal attitude of a city to all other cities is one of undeclared warfare."

대한민국과 손자孫子

국가흥망 선택게임

펴 낸 날   2025년 5월 20일

지은이   이 준 구
펴 낸 이   심 재 추
펴 낸 곳   (주) 디플랜네트워크

등록번호   제16-4303
등록일자   2007년 10월 15일
주   소   서울시 성동구 성수일로8길 5 SK V1타워 1004호
전   화   02-518-3430
팩   스   02-518-3478
홈페이지   www.diplan.co.kr

값 35,000 원

ISBN   978-89-86667-33-2